Economics 第6版
經濟學

許可達　主編

李見發　執行編輯

戴錦周、陳更生、陳俊宏、嚴宗銘　編著

全華

國家圖書館出版品預行編目資料

經濟學 / 許可達, 李見發, 戴錦周, 陳更生, 嚴
宗銘, 陳俊宏編著. -- 六版. -- 新北市：全華圖
書股份有限公司, 2021.05
　面；　公分
　ISBN 978-986-503-701-7(平裝)
　1.經濟學

550　　　　　　　　　　　　110005784

經濟學(第六版)

作者 / 許可達、李見發、戴錦周、陳更生、嚴宗銘、陳俊宏
發行人 / 陳本源
執行編輯 / 葉佩祈
封面設計 / 盧怡瑄
出版者 / 全華圖書股份有限公司
郵政帳號 / 0100836-1 號
印刷者 / 宏懋打字印刷股份有限公司
圖書編號 / 0807805
六版二刷 / 2022 年 08 月
定價 / 新台幣 700 元
ISBN / 978-986-503-701-7
全華圖書 / www.chwa.com.tw
全華網路書店 Open Tech / www.opentech.com.tw
若您對本書有任何問題，歡迎來信指導 book@chwa.com.tw

臺北總公司(北區營業處)
地址：23671 新北市土城區忠義路 21 號
電話：(02) 2262-5666
傳真：(02) 6637-3695、6637-3696

南區營業處
地址：80769 高雄市三民區應安街 12 號
電話：(07) 381-1377
傳真：(07) 862-5562

中區營業處
地址：40256 臺中市南區樹義一巷 26 號
電話：(04) 2261-8485
傳真：(04) 3600-9806(高中職)
　　　(04) 3601-8600(大專)

六版序

　　自 2019 年 9 月經濟學第五版出版後，作者群與全華圖書的編輯群隨即構想新版的修訂，並付諸行動。國內的經濟學教科書與英文圈的教科書比起來，似乎總是缺那麼一點有趣生動與引人入勝的小地方。

　　這一次的改版著重在教學影片的加入，使老師們在上課時，能很方便的找到相關教學影片讓同學觀賞，使同學對於上課的內容能夠有身歷其境的體會。由於全球經濟環境在過去兩年快速變化，各章節的介紹以及「經濟小百科」、「FYI專欄」也有相應的改寫。

　　作者群也盡力建立線上題庫的題量、更新計算題。這些瑣碎的工作占據了在大學裡必須同時進行研究、服務與教學的老師們大量的時間，謹對參與的師長朋友致上敬意與歉意。只不過，這些瑣碎的事對於作者們也是終身學習的一環，希望對於採用本書的師長與同學，能夠化為日後成就的基石。

許可達　謹識

2021 年 5 月

序

　　本書的前身為「經濟學32講」，自2006年開始編寫之後，匆匆已經過了11個年頭。在這段期間，作者群由一群同為朝陽科技大學的同事，或者永離塵世，成為天上的星辰；或者退休，開拓美麗的第二人生；或者分枝散葉，落於全國北中南各校為教育事業在不同的位置奮鬥。11年內的人生變動也給了本書重新出發的理由。這次的重新出發除了仍然在各校堅守教育崗位的作者之外，這次我們的團隊也加入了之前未加入的國立臺中科技大學管理學院院長戴錦周教授。

　　由於本書的作者群分散於技職教育體系與普通高教體系的大學，使得本書適用的學生族群較之前多元化，章節架構也必須適應這樣的改變。經過討論後，我們決定將原來的32章大幅簡化為目前的24章，卻仍能涵括技職大學與普通大學的大一經濟學的內容。更有進者，如果某些科系並沒有提供大二以上的經濟學課程，本書的內容也可以部分涵蓋，讓這些科系的同學在日後課程的銜接上能夠無縫接軌。

　　本書作者在內容的編寫上，除了將許多的內容加以改寫，將已經過期的資料重新更新為即時最新的資料，並在每一章的標題頁加上「名人名言」，將全章的意旨畫龍點睛；在全章內文前加上「學習架構圖」讓同學得以對於全章的架構邏輯一目了然；在內文中加入「FYI專欄」以及「經濟小百科」，使同學對於相關經濟問題在現實世界中如何呈現以及相關問題或人物在歷史中的脈絡角色有所理解。這些都可以算是在內容上一新耳目的地方。

　　自2006年之後，世界的經濟體系發生了根本的變異，這些變異可能由明顯可見的重大事件加以標示，也可能是由漸進而慢慢從不可察覺而不可忽視的趨勢改變而構成的。前者如2008年的金融海嘯以及因此誘發的「占領華爾街」運動，後者如中國在經濟實力的竄起，可能漸次改變世界經濟體系的規則與內涵。這些的變異也可以在本書的內容中找到他們的蹤跡。

　　經濟學作為一門「經世濟民」的學問，在研習時能夠體會先輩經濟學者對於改善天下蒼生經濟生活的澎湃熱情，可能是激發興趣的第一條件，這不僅是對於同學的要求，也是作者群們對於自己的要求。

許可達　謹識

2017年9月

Contents 目錄

目錄 Contents

PART 3　市場均衡分析

目錄 Contents

PART 6　總體經濟均衡分析

目錄 Contents

目錄 Contents

Chapter

1

經濟學導讀

許可達

名人名句

亞當‧斯密

(Adam Smith,1723 年 6 月 5 日(受洗)～ 1790 年 7 月 17 日)

　　我們並不是因為祈望肉販,啤酒商或麵包師的善心義舉,才能得到晚餐,而是因為這些人看重自身利益。

研習重點 ───────────────────

- 經濟學的定義
- 個體經濟學與總體經濟學的分別
- 個人福利與社會福利的協調
- 自由與平等:報酬與風險
- 本書的架構

學習架構圖

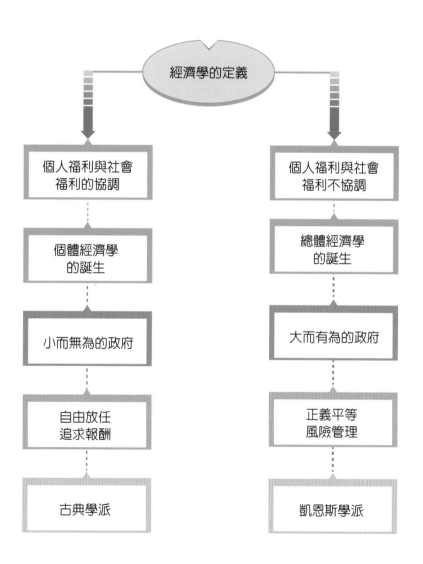

經濟學的定義

個人福利與社會 福利的協調	個人福利與社會 福利不協調
個體經濟學 的誕生	總體經濟學 的誕生
小而無為的政府	大而有為的政府
自由放任 追求報酬	正義平等 風險管理
古典學派	凱恩斯學派

1.1 經濟學的定義

經濟學中的「經濟」二字是「經世濟民」四個字的縮寫，並不是自古以來用以指稱特定學科的專有名詞，而是自古以來儒家傳統中一個很重要的治學目的，日本明治時期的學者用經濟一詞翻譯英文的「political economy」而後清朝學者將此種譯法引入漢語，從而爲整個漢文化圈所接受。因爲這門學問所處理的問題是如何讓所有人的生活能夠獲得提升，與所有的人相關，更確切地說，是與所有的人所擁有資源之運用效率息息相關。

在筆者念大學接觸到經濟學時，教科書提到：「由於人類欲望無窮，有限的資源無法滿足人類所有的欲望，這就是經濟學的起因。」但是如果仔細思考一下就會注意到，這個陳述是有些小問題的。

首先，人類欲望並非無窮的，把時間的範圍限制在當下，我們的欲望都是有窮的欲望。如果用來滿足欲望的工具是金錢的話，我們在這裡面臨的問題是：如何在目前的金錢預算限制下，有效分配金錢使用以滿足最大可能的欲望。

因此，經濟學要處理的問題與「人類無窮的欲望」沒有關係，重點在於「預算限制」。「預算限制」才是經濟問題的第一個共通點。由於預算限制，我們必須對欲望做抉擇。因此，「選擇決策」成爲經濟問題的第二個共通點。如果我們將經濟學的問題如此定義描述，可以發展出許多可能的經濟學範圍，例如環境經濟、法律經濟學，甚至愛情經濟學。

我們可以定義：經濟個體（economic individuals）爲經濟決策之行爲主體。在經濟個體因爲預算限制進行選擇時，就會牽涉到成本。因爲選擇就是取捨（trade-off），當經濟個體選擇了某一決策，必須放棄其他可能的決策。機會成本（opportunity cost）是指在面臨多方案時，選擇其中一個決策時，被捨棄的選項中最高價值者。我們其實隨時都在進行這樣的抉擇。這個時間同學來上課，同時還可以有很多其他的選項，可以去打工，可以看電影，可以在家睡覺。但是同學選擇了來上課，所有其他的選項必須放棄，而放棄的選項中具有最高價值的，我們假設爲打工好了，爲了上課放棄打工所付出的成本，就是上課的機會成本。

基本上，經濟學假設經濟個體會做出理性的選擇（rational choice）。理性的選擇指經濟個體會比較他們所付出的機會成本與可以得到的效益（benefit），而且

會試圖極大化他們的純效益。如果把經濟個體區分為家計單位（household）或是消費者（consumer）與廠商（firm）。家計單位或是消費者的目的在極大化其效用（utility）；廠商的目的則在極大化其利潤（profit）。

那麼經濟個體的行為準則也可以導出來：在預算限制下，經濟個體利用所有機會以窮盡其最大利益。經濟個體可以是個人消費者、家計單位、廠商或是政府。對消費者而言，他們會在預算限制下，利用所有機會以極大化其效用；對廠商而言，他們會在預算限制下，利用所有機會以極大化其利潤。

從經濟學的定義導出這樣的行為原則，在過去的歷史經驗中顯示，一個願意給經濟個體依照這樣的行為原則來進行經濟抉擇的國家或是經濟體，越能夠有良好的生活，水準及開放的社會。例如：在 1980 年代改革開放之前的中國，就是一個政府沒有給人民空間，去利用機會極大化效用與極大化利潤的經濟體。

義大利電影大師安東尼奧尼在 1972 年，拍攝了一部長達 3 小時 40 分鐘的紀錄片，紀錄了 1970 年代初真實的中國。如果我們把這部影片中的北京、上海與同時期的臺北影像加以對比，就可以知道，政府追求自由經濟或是國家經濟體制，對於人民的生活會有多大的影響。

安東尼奧尼 - 中國（上）-1972
https://youtu.be/7zaZyx6htdc

但是這樣極大化自己的效用或是利潤的行為準則如果趨向極端，廠商或是個人在極大化自己的利益時，無所不用其極，甚至可能毀壞了經濟體系所賴以存在的基礎，例如市場中自由競爭的可能性、可信任的監管體系（如司法體系、會計師體系）等，會造成整個自由經濟體系的自我毀滅。這樣的案例可以美國安隆破產醜聞，或是美國次級房貸風暴作為例子。

1973 年的台北市珍貴影像
https://youtu.be/ZDH69Br2rpA

FYI 專欄

安隆公司（Enron Corporation）醜聞

　　在 2001 年宣告破產之前，安隆擁有約 21,000 名雇員，是世界上最大的電力、天然氣以及電訊公司之一，2000 年披露的營業額達 1,010 億美元。安隆公司成立於 1930 年，1999 年 11 月安隆開通線上服務。安隆線上是第一個在全球的企業中實現線上交易的系統，但系統只允許用戶與安隆進行交易。

　　通過率先將電力、電信等業務及附屬業務轉化成可以買賣的金融產品，甚至包括非同尋常的「氣候衍生產品」，安隆自稱公司一直保持著健康成長。《財星》雜誌自 1996 年到 2001 年，持續 6 年將安隆評為「美國最具創新精神公司」，2000 年安隆更被該雜誌評為「全美 100 最佳僱主」。

　　一般投資者被建議繼續買進安隆股票。安隆高層向投資者承諾公司股價會漲到 130 ～ 140 美元一股，背地裡卻悄悄將自己手裡的公司股票出空，因為他們知道公司前景不妙。公司高層的拋售行為導致了安隆股價回落。

　　到 2001 年 8 月 15 日，安隆的股價已經跌至 42 美元一股。許多投資者仍舊深信公司高層的講話，認為安隆股票會引領市場。到 10 月底，股價已跌至 15 美元，而很多投資者卻視此為一個買入安隆的良機，只因為公司高層不斷在媒體上為他們加油打氣。2001 年 11 月 28 日，公眾才獲知了安隆以前所隱藏的經營虧損，而這時安隆的股價已經跌破 1 美元。

　　美國法院於 2006 年 1 月對安隆公司創始人、前董事長肯尼斯 · 雷伊和前執行長傑弗里 · 史基林為在公司醜聞中的作為進行審判。此事牽動到美國和英國政壇，據悉自 1990 年以來安隆向兩國政要獻金超過 600 萬美元。與此同時，以前與安隆有染的機構也被殃及，為安隆服務的著名五大國際會計事務所之一安達信被訴妨礙司法公正，並因此倒閉，更由此引出另一電信巨頭世界通訊的醜聞，隨後世界通訊宣告破產，取代安隆成為歷史上最大的倒閉案。花旗集團、摩根大通、美國銀行等也因涉嫌財務欺詐，向安隆破產的受害者分別支付了 20 億、22 億和 6900 萬美元的賠償金。

　　安隆事件導致了《沙賓法案》（Sarbanes-Oxley Act）的產生，該法案被視為自 1930 年代以來美國證券法最重要的修改。

資料來源：整理自維基百科

ENRON（安隆）— 貪婪者沒好下場之啟示：安隆事件專題
https://youtu.be/7EpChLVOx4I

▎1.2　個體經濟學與總體經濟學

在經濟學發展的歷史中，有了個體經濟學（Microeconomics）與總體經濟學（Macroeconomics）的區分。對於初學者，似乎有兩種經濟學的區分，其實這種區分跟學派比較有關係。不管是個體經濟學，還是總體經濟學，他們都希望對整個經濟體系的運作加以了解，只不過使用的方式不同而已。

　　早期的經濟學家們，這些經濟學家們可以稱之爲「古典學派」（Classical School），有一個共同的假定：經濟體系運作的原則與經濟個體抉擇的原則相同。因此個體經濟學探討經濟體系運作的方式爲，探討對象爲個別行爲主體，研究經濟個體如何透過資源最有效率的運用，使消費者的效用達於極大化，使生產者的利潤達於極大化。同時，經濟行爲主體，或爲消費者，或爲生產者，或爲要素供給者，或爲要素需求者，其間存有密不可分之互動，而有不同商品市場結構、不同要素市場之部分均衡分析。這些部分均衡分析構成了一般均衡分析的基礎，提供了爲整個經濟體尋求最大福利的基礎。

　　創立總體經濟學的凱因斯（John M. Keynes）放棄了這個假定，他把經濟體系看成是一部機器，這部機器由許多的零件所組成，這些零件可以稱之爲「總體經濟變數」（macroeconomic variables），如果我們可以知道總體經濟變數間的因果關係，就可以依循這些因果關係操縱經濟體系的方向。因此，就總體經濟學而言，則以總體經濟變數爲對象，在探究如何針對整體經濟資源進行最有效率之運用，來達成沒有通貨膨脹或通貨膨脹下之資源充分就業，以及在經濟不產生太大波動之前提下，促成經濟之成長。

　　有關於個體經濟學與總體經濟學之間的關係與對照，在第 11 章中會有更詳細的解釋。

經濟機器是怎樣運行的（時長 30 分鐘）Ray Dalio
https://youtu.be/rFV7wdEX-Mo

經濟小百科

亞當・斯密與經濟學的創立

　　亞 當 ・ 斯 密（Adam Smith，1723 年 6 月 5 日（受洗）－ 1790 年 7 月 17 日）蘇格蘭哲學家和經濟學家，他所著的《國富論》成為了第一本試圖闡述歐洲產業和商業發展歷史的著作。這本書發展出了現代的經濟學，也提供了現代自由貿易、資本主義和自由意志主義的理論基礎。

　　1748 年他在亨利 ・ 霍姆（Henry Home）的贊助下開始於愛丁堡大學演講授課。最初是針對修辭學和純文學，但後來他開始研究「財富的發展」，到了他年近 30 歲時，他第一次闡述了經濟哲學的「明確而簡易的自然自由制度」，他後來將這些理論寫入被簡稱為「國富論」的《國民財富的性質和原因的研究》一書裡。在 1751 年斯密被任命為格拉斯哥大學的邏輯學教授，並在 1752 年改任道德哲學的教授。他的講課內容包括了倫理學、修辭學、法學、政治經濟學、以及「治安和稅收」的領域。

　　1763 年斯密辭去了在大學的教授職位，並在 1764 年至 1766 年間和他的弟子一同遊覽歐洲，大多是在法國，在那裡斯密也認識了許多知識份子的精英，例如阿內・羅貝爾・雅克・ 杜爾哥和達朗貝爾，尤其重要的是弗朗索瓦 ・ 魁奈─重農主義學派的領導人，斯密極為尊重他的理論。在回到可可卡地後，斯密在接下來 10 年時間裡專注於撰寫他的巨作——《國民財富的性質和原因的研究》，又稱為《國富論》，在 1776 年出版。這本書備受推崇並且被普遍流傳，斯密也隨之聲名大噪。

　　國富論一書成為針對重商主義（認為大量儲備貴金屬是經濟成功所不可或缺的理論）最經典的反駁，在這本書於 1776 年出版後，英國和美國都出現了許多要求自由貿易的聲浪。國富論一書非常成功，事實上還導致許多早期學派的理論被拋棄，而後來的經濟學家如托馬斯 ・ 羅伯特 ・ 馬爾薩斯和大衛 ・ 李嘉圖則專注於將斯密的理論整合為現在所稱的古典經濟學（現代經濟學由此衍生）。

資料來源：整理自維基百科

POLITICAL THEORY - Adam Smith（中文字幕）
https://youtu.be/ejJRhn53X2M

1.3 個人福利與社會福利

從經濟學之父亞當·斯密（Adam Smith）以來，對於經濟學家而言，個人的經濟福利與社會的經濟福利是一致的，經濟個體追求自己的經濟福利的同時，他不僅自覺的在追求個人的經濟福利，他同時也在不自覺地追求整個社會的經濟福利的增加。這個觀點跟前一節提到的早期經濟學家的共同假設有關：經濟體系運作的原則與經濟個體抉擇的原則相同。這個原則導出來的涵義就是：經濟體系的總福利是所有經濟個體的福利加總。所以個人增加了自己的福利也同時增進了社會的總福利。

對於個人的福利與社會的福利，亞當·斯密所著的「國富論」（The Wealth of Nations）中有以下的敘述：

「由於每個人都會盡力把他的資本用以支持並管理國內的產業，這些產業的生產於是便能達到最大的價值；每個個人也必然竭力的使社會的年收入盡量擴大。確實，他通常並沒有打算要促進公共的利益，也不知道他自己促進了這種利益至何種程度。由於寧願支持國內的產業而非國外的產業，他只是盤算著他自己的安全；他管理產業的方式在於使其生產的價值能夠最大化，他所盤算的也只是他自己的利益。在這些常見的情況下，經過一雙看不見的手的引導，他也同時促進了他原先無意達成的目標。並非出自本意並不代表就對社會有害。藉由追求他個人的利益，往往也使他更為有效地促進了這個社會的利益，而超出他原先的意料之外。我從來沒有聽說過有多少好事是由那些佯裝增進公共利益而干預貿易的人所達成的。」

但是這樣的假設在現在的環境下是否依然能夠適用？以目前大家關心的全球暖化議題而言，個人的福利與社會的福利似乎無法互相符合。許多的政治領導者都注意到此問題也都想辦法要降低碳排放量。但是，身為消費者的我們，基於個人效用的極大化，而選擇使用冷氣、自行開車或是騎摩托車，從而增加了碳排放量。當然，我們可以選擇忍受炎熱不開冷氣、不開車或是騎摩托車而選擇走路來減少碳排放量，但是這顯然不符合個人的福利。另外，現在全球碳排放量最高的地方是美國、中國、歐盟、俄羅斯與印度，碳排放量增加最快的國家為中國與印度。顯然，要求這些國家減少碳排放量以增進全球的福利與其國家利益有所牴觸。

FYI 專欄

川普宣布─退出巴黎氣候協定

2017 年 6 月 1 日川普在記者會宣布，美國退出（withdraw）巴黎氣候協定。他說，美國將與其他國家各別協議其他的氣候協定。

他會通過談判，協商再加入巴黎協定的條件，或是一個全新交易，條件是必須對美國及其商業、勞工、人民、納稅人有利的協議。在退出前，所有和美國在巴黎協定自願承諾的措施，都將停止執行。川普在大選期間前曾說，氣候變化是中共造成的「騙局」，損害了美國經濟，並誓言如果當選總統將退出《巴黎協定》。

美聯社報導，他們在記者會前拿到的川普談話要點，提到這項協定「對美國人是一項壞合約（a BAD deal for Americans）」，川普決定退出是「實現美國優先的競選承諾」。川普指出，這項由歐巴馬政府在渴望的情況下簽署的協定，條件極差，「美國已經在能源生產領先世界，美國不需要一項會傷害美國工人的壞協定」。「巴黎協定將使美國損失利益，並讓其它國家如中國及印度獲益」，他說，「這是將美國利益重新分配給其它國家的協定，使美國處於不利競爭地位。這樣的事情，只要我在位一天，就不容許它的發生，對不起了。」美國是全球排碳量第二高的國家，一旦退出巴黎氣候協定，不為緩解全球暖化稍盡義務，將淪為與敘利亞和尼加拉瓜同等層次，成為全球少數幾個未加入巴黎氣候協定的國家。

白宮內部對於是否退出巴黎氣候協定意見分歧，川普女兒伊凡卡、國務卿提勒森等人反對退出協定，首席策士巴農、環保署長普魯特則主張退出。紐約時報報導，雖然川普政府一直在爭論對巴黎氣候協定的立場，但主張退出的最終勝過伊凡卡和提勒森的意見。

科學家表示，由於美國是全球主要溫室氣體排放國之一，若背棄其減排承諾，地球升溫可能較快達到危險程度。研究人員估算，美國退出巴黎協定可能導致每年額外多排 30 億噸二氧化碳，足以使冰層融化更快，海平面升至更高，並引發更多極端氣候現象。

資料來源：整理自新聞報導

川普退出巴黎協定 對世界會有什麼影響
https://youtu.be/uMCqKQPwzXo

▌1.4　自由與平等；報酬與風險

經濟學之父亞當・斯密所著的國富論一書中最為人所津津樂道的就是「自由市場」（free market）。自由市場表面看似混亂而毫無拘束，實際上卻是由一隻被稱為「看不見的手」所指引，將會引導市場生產出正確的產品數量和種類。這隻「看不見的手」其實暗喻著市場中的上帝，祂會導引市場自動走向均衡。

換句話說，由人類組成的政府在這樣的經濟體系中根本沒有任何地位或是角色。亞當・斯密反對絕大多數政府管制經濟的行為，包括關稅在內，他認為關稅最終將導致長期的效率低落以及價格的居高不下。他主張的是「自由放任」的經濟體系。因此我們可以說，經濟學起於對自由的追求。在放任自由的經濟體系下，所有人都可以自由追求最大可能的報酬。

但是，經濟的自由從來都不是天經地義的。1980 年代以前，在資本主義的世界中盛行的是凱因斯主義，在社會主義國家當然就是社會主義。凱因斯主義的特色是「管制」，而社會主義追求的是「平等」。因此，1980 年代之前的經濟體制不是「自由放任」的經濟體制。在 1980 年代之後，進行了反管制化（deregulation）或稱為「自由化」的經濟體制改革，最後達到了所謂的「全球化」（globalization）之後，全球各國都向「自由放任」的經濟體制趨近。

但凱因斯主義要管制甚麼呢？這個問題的答案，在 1980 年代，筆者還是大學生時，根本不知道。過了 21 世紀的前 10 年才知道，凱因斯要管制的是自由放任的經濟體制下所可能帶來的壟斷危機，以及越來越大的風險。

理想的市場結構是完全競爭市場，但是歷史證明，完全競爭市場通常只是獨占市場的前身。這種市場結構的改變，個人所能感受到的是越來越不平等的財富分配，以及各種機會的不平等。2011 年發生的「占領華爾街」爆發了對「自由放任」經濟體制的大規模抗議。有關分配的問題，會在第 13 章進行更詳細的討論。

機會的不平等可以從失業率表現出來。圖 1.1 顯示我國歷年失業率。在早期經濟成長的年代中，我國失業率呈現下降趨勢；在經濟成長穩定年代，我國失業率呈現平穩趨勢。進入 21 世紀之後，經濟失去動能，又有自由化所加強的不確定性，我國失業率在波動中攀升。

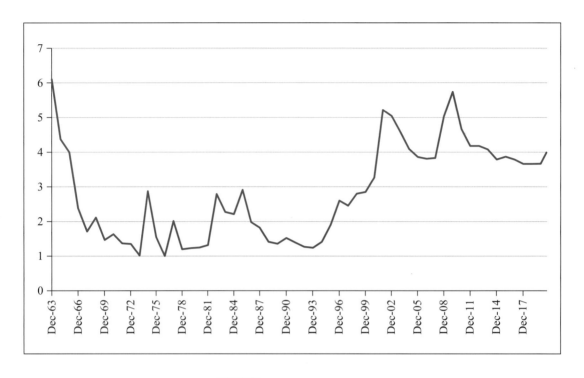

圖 1.1　我國歷年失業率

圖 1.2 顯示美國歷年失業率。進入 21 世紀之後，美國失業率的波動加大了。

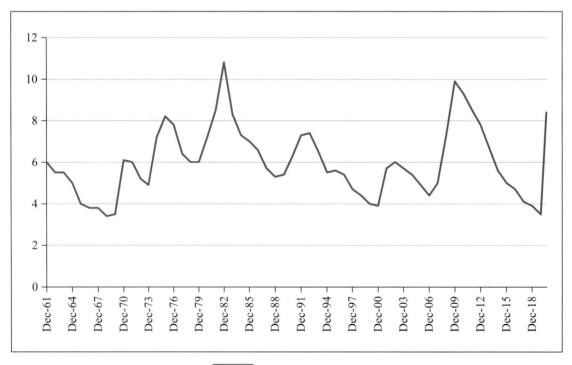

圖 1.2　美國歷年失業率

　　圖 1.3 顯示歐元區歷年失業率。跟美國一樣，進入 21 世紀之後，歐元區失業率的波動加大了。

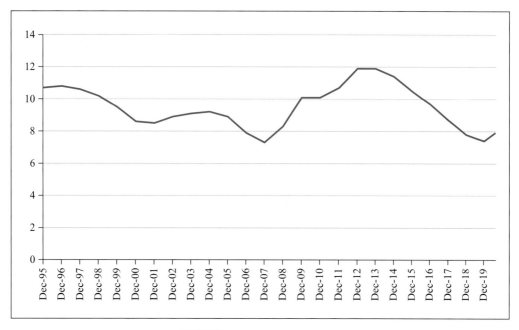

圖 1.3　歐元區歷年失業率

　　在圖 1.4 中我們把幾個國家的歷年失業率放在一起比較，發覺在這樣的比較中，我國好像還是幸運的國家之一，比起美國、歐元區或是義大利好像都好一些。

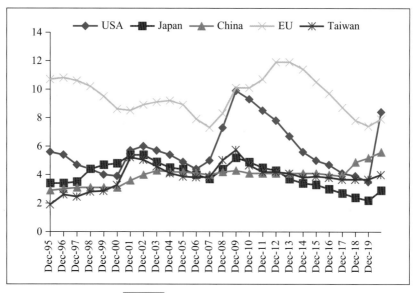

圖 1.4　各國歷年失業率比較

　　另一方面，自由放任經濟體制的另一個面向，是越來越大的風險。在 1980 年代的經濟自由化改革之後，金融危機的次數似乎增加了，這一點我們將在第 24 章討論。另一方面，越來越大的風險也可以從黃金價格的波動，與原物料價格的波動，例如原油價格的波動等表現出來。圖 1.5 顯示歷年黃金價格、圖 1.6 顯示歷年原油價格。可以看出：進入 21 世紀之後，價格的波動比之前大幅增加。

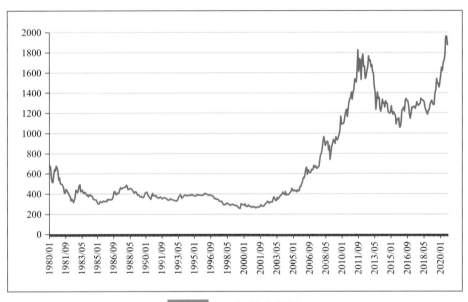

圖 1.5　歷年黃金價格

圖 1.6　歷年原油價格

1980 年代之後隨著國際間經濟活動的大幅鬆綁，全球化的程度日益加速，伴隨著越來越頻繁也越來越大的風險。這些風險不只限於經濟活動，而是在其他的領域發生，卻對經濟活動產生影響，因此也必須在經濟學中加以討論。例如 2020 年所發生的 COVID-19 病毒的疫情就是最明顯的例子。

我們可以想像，在 19 世紀時，有一隻帶著可以人傳人並高度致命禽流感病毒的野雁降落在西伯利亞某偏僻的村莊，結果造成可以人傳人的禽流感大流行。數月之後，莫斯科的官員抵達時，只見村莊一片死寂。但是這次大流行的犧牲者只限於這個村莊。如果這樣的情節發生在 20 世紀地球村的時代，這隻病毒可以在兩個星期內經由陸上交通傳染到達莫斯科，並從莫斯科在半年之內經由陸空海交通擴散到全球。事實上，由於經濟活動的高度自由化，在全球化的時代裡，我們看到了其他例如 2002 年的 SARS 流行；或是 2003 年 12 月開始，禽流感在越南、韓國、泰國等地的嚴重爆發；2012 年在中東引起大型爆發的中東呼吸症候群（MERS）等許多案例。甚至在 1918 年第一次世界大戰發生的西班牙流感，都可以說是第一版的全球化所造成的風險。這些傳染疾病所引起的不只是巨大數量的人命或健康損失，更可能對經濟活動造成重大影響。

2020 年所發生的 COVID-19 病毒的疫情加深了美國與中國之間的衝突，也加速了全球化的逆轉風險。美國與中國之間的貿易爭端源起於美國總統川普於 2018 年 3 月 22 日簽署備忘錄，宣布依據 1974 年貿易法第 301 條，指示美國貿易代表署（USTR）對從中國進口的商品徵收關稅，以懲罰中國大陸侵略美國經濟。迄至 2019 年 12 月，美國已對中國實施四波貿易制裁。2020 年 1 月 15 日，美中雙方在白宮正式簽署協議，中國承諾將履行第一階段協議的義務。2020 年 3 月之後隨著疫情在中國以外地區擴散，美國與中國的衝突也擴及到經濟活動以外的領域，形成了價值觀的對立，最後可能造成美國與中國經濟脫鉤，甚至造成全面性的衝突。這樣的發展讓人疑慮全球化的未來發展，也讓人產生一個疑問：「這個版本的全球化是否已經走到盡頭了？」

總結從 1980 年以來的經驗，自由好像是平等的敵人，而且自由會讓自己所產生的危機所顛覆。

FYI 專欄

COVID-19 對於 GDP 的影響

　　2019 冠狀病毒疾病（COVID-19）疫情加重打擊經濟之際，作為全球疫情最嚴重的地區之一，美國經濟難逃衝擊。資料顯示，2020 年第二季，美國 GDP 按年增率計算下滑了 32.9%，創下自 20 世紀 40 年代以來的最大降幅。疫情之下，失業人數激增，大多數企業、工廠停擺，居民消費支出急劇收縮，是美國第二季經濟低迷的主要原因。歐洲國家的第二季經濟成績單同樣慘澹。

　　英國國家統計局近日發佈數據稱，英國 4 月至 6 月 GDP 同比下降 21.7%，是 1955 年有記錄之後最大的季度降幅。歐盟發佈的最新資料顯示，與去年同期相比，由 19 個成員國組成的歐元區在第二季度經濟萎縮了 40.3%。其中，作為歐洲經濟兩大成長引擎，德國 GDP 較去年同期收縮 11.7%，法國 GDP 比去年同期降低了 19%。

　　由於新冠肺炎疫情期間實施緊急狀態，各種經濟活動受到限制，日本 4 至 6 月國內生產毛額（GDP）折合年增率萎縮 27.8%，創 1955 年以來最大跌幅。印度國家統計局公布的國內生產毛額（GDP）數據，因為受到武漢肺炎疫情衝擊，2020 年 4 到 6 月 GDP 大幅萎縮 23.9%。此外，俄羅斯、泰國、以色列、哥倫比亞、芬蘭、馬來西亞、菲律賓、印尼等國已經公佈的 2020 年第二季經濟資料表明，其經濟均出現不同程度的萎縮。

資料來源：整理自新聞報導

日本 GDP 暴跌　肺炎疫情衝擊經濟
https://youtu.be/ahBk2AU39oE

1.5　本書的架構

本書的編排架構可以如圖 1.7 所示。並加以解說如下：

(一) 經濟學導讀與經濟學基本概念

　　如同一般的經濟學教科書，本書的內容大致分為個體經濟學與總體經濟學。由於個體經濟學是較早發展出來的經濟學型態，而且較貼近一般人的日常生活，所以先行介紹。

　　在第 2 章中介紹的需求與供給是對於一般商品最直接的分析方式，二者都在描述商品數量與價格的關係。如果從消費者的角度來看，需求曲線是一條負斜率的曲線；如果從廠商的角度來看，供給曲線是一條正斜率的曲線。如果兩方面在價格及數量上都達到不會再行改變的共識，就代表市場達到均衡了。但是如果廠商或是消費者想要知道：價格下降一塊錢，廠商的營業收入，這同時也是消費者會支出的金額，會上升或是下降幾塊錢？這個時候就要請出「彈性」了。

　　這樣好像很簡單，經濟學的需求與供給分析可以應用到萬事萬物的場合了。但是，經濟學家其次想到的是：為甚麼需求曲線是一條負斜率的曲線？以及為甚麼供給曲線是一條正斜率的曲線？這兩個問題開啟了兩門經濟學的分析，也就是消費者分析理論與廠商的分析理論。

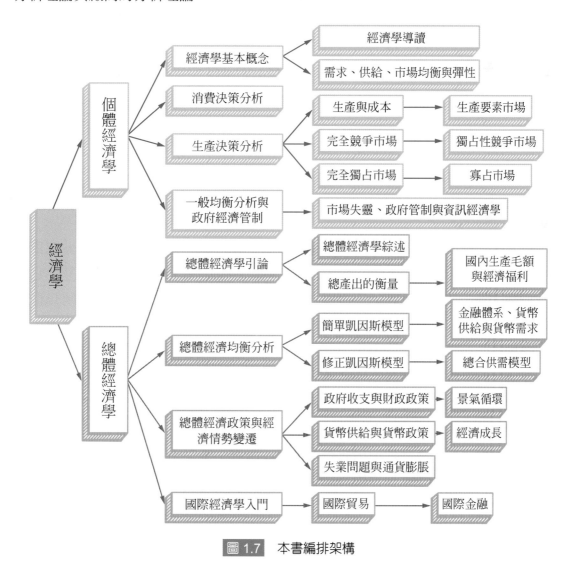

圖 1.7　本書編排架構

(二) 消費與生產決策分析

第 3 章講述消費者行為分析，其目的就在說明如何導出一條負斜率的需求曲線。這裡曾經有兩種理論可以導出負斜率的需求曲線，第一種是基數效用分析，第二種是序數效用分析，與這二者相關的分析是邊際分析，我們可以用來導出邊際效用。利用邊際效用分析可以輕易解決所謂「水與鑽石的矛盾」。這個問題曾經困擾了經濟學家百年之久，直到邊際效用分析法出現才獲得解決。

廠商的行為分析的篇幅從第 4 章涵蓋到第 9 章，這一部分最主要的目的在於導出一條正斜率的供給曲線。

第 4 章介紹生產函數與成本函數。生產函數是生產要素的投入量與產出量之間的關係。生產的週期可以區分為短期與長期。成本函數是成本與產量水準之間的關係，它其實是生產函數的另一種表現方式。生產要素的投入量乘以生產要素的價格就是成本。這個章節對日後的學習十分重要，因為它是許多管理課程的基礎。許多個體經濟分析的分支，也都是以這一章做為發展的基礎。

但單單從成本函數無法導出一條正斜率的供給曲線，我們必須把廠商的收益考慮進來。由於廠商的收益在不同的市場結構中有不同的型態，所以要介紹市場結構。經濟學家把市場結構區分為四種：完全競爭、完全獨占、獨占性競爭以及寡占市場。從第 5 章到第 8 章我們分別介紹這四種市場型態。

(三) 市場均衡分析

第 5 章介紹的完全競爭市場，是經濟學家對於市場的完美想像，也因此在日後許多經濟學家的分析中，都不自覺假設研究的市場就是完全競爭市場的型態，它也是我們在評斷市場的優劣時的對照標準。它假設廠商家數很多，這些廠商可以自由的進出市場，廠商所賣的產品是同質性的產品，因此廠商對於價格沒有影響力，只能被動地接受市場上存在的價格，而且價格的資訊可以讓廠商及消費者隨時免費得知，在完全競爭市場中所導出的廠商收益結合廠商的成本結構就可以導出一條正斜率的供給曲線。

在市場結構光譜的另一個極端是獨占，在第 6 章中介紹，這個市場結構中只有一家廠商，而之所以如此的原因有幾個，例如因為生產要素或是生產技術的獨家掌握，或是由於政府為了某些原因而只容許一家廠商的存在，或是由於「自然獨占」的經濟現象。

　　第 7 章介紹獨占性競爭市場，這個市場型態結合了完全競爭與獨占，或許臺灣到處看得到的小吃攤是這種市場型態的最佳寫照。廠商與消費者的數目都很多，廠商對於價格有些微的影響力，因為它們各自生產有些許差異，但是無法完全替代的商品。這個市場跟完全競爭廠商比起來，效率上似乎也要略遜一籌，但是它提供給消費者一個很重要的特性，「多樣性」與「獨特性」。

　　第 8 章介紹的寡占市場是一個很特殊的市場，包含了幾家廠商，最大的特色是「廠商彼此間在決策上有互相依存的關係」。雖然曾經提出過許多可能的模型來說明這個市場中的現象，經濟學家目前傾向於利用「賽局理論」說明。廠商在行為上也會發展出「非價格競爭」。這種現象是一些管理學科的基礎，例如「行銷學」。在完美的完全競爭市場中，廠商可能完全沒有行銷的必要。

　　到第 8 章為止，經濟學家都假定市場就是商品市場。但是不管是廠商還是消費者，會發現他們至少面對了兩個市場，除了商品市場以外，還有勞動市場。對於廠商的生產行為而言，由於廠商必須購買生產要素，所以生產要素的市場影響了廠商的生產行為，所以必須在第 9 章加以介紹。

(四) 一般均衡分析與政府經濟管制

　　發展出個體經濟學的經濟學家們可不認為這種經濟學只是「個體」經濟學，他們認為這就是「經濟學」，對於整個經濟體系運作方式的探討。因此，在建立了經濟個體的經濟行為分析之後，會開始探討整個經濟體系的運作方式，而且也會探討政府在整個經濟體系中的角色為何，以及政府介入經濟體系運作的理論基礎為何？個體經濟學的最後一章，第 10 章就在討論這些問題。

(五) 總體經濟學引論

　　從第 11 章開始，本書進入總體經濟學的內容。由凱因斯提出的總體經濟學，最終目標跟個體經濟學的最終目標是一致的，也就是對於整個經濟體系運作方式的探討。只不過，總體經濟學採取的方式跟個體經濟學不一樣，它把經濟體系看成是一部包含許多零件的機器，總體經濟變數就是零件，如果我們能夠明白這些零件之間的因果關係，我們就可以控制整個經濟體系。在第 11 章開始介紹了總體經濟學的歷史性因緣，也交代了總體經濟學與個體經濟學的不同。在本章對經濟學的各學派進行一個小小的回顧。除了縱向的回顧外，本章也以橫向的議題襯托出凱因斯學派與承襲古典學派傳統的各學派之基本立場差異。

　　總產出是最重要的總體經濟變數，第 12 章介紹總產出的衡量方式。經濟周流圖可以顯示，衡量一個經濟體的總產出可以從哪些不同的面向切入。具體而言，總產出可從生產面、所得面及支出面三個面向加以衡量。本章分別介紹二部門、三部門以及四部門的經濟周流圖，以及總產出的衡量方式。在以後的章節中會發現，這裡導出的關係式是導出總體經濟模型的基礎。

　　我們常常以國內生產毛額的高低與否衡量一國的福利高低與否，但是仔細思考一下，問題似乎沒有這樣簡單，至少到了 21 世紀的第一個 10 年之後，分配的問題成了全球新的關切焦點。在第 13 章區分了名目國內生產毛額、實質國內生產毛額與購買力平價，以排除物價上漲率與匯率對於國內生產毛額衡量的影響。接著介紹如何衡量所得分配的平等與否。最後也要注意，有很多的因素讓國內生產毛額無法準確地被衡量。其中一項是，未扣除污染等負產品。因此衍生出綠色國民所得的概念，在本章中也加以介紹。

(六) 總體均衡分析

　　總體經濟均衡分析的重點在總體經濟模型的介紹，本書介紹 3 個總體經濟模型：簡單凱因斯模型、修正凱因斯模型以及總合供需模型。這樣的安排在一本適合大一同學的經濟學中並不常見。一般在大一經濟學中只會介紹簡單凱因斯模型，或是進一步簡略介紹總合供需模型。由於有部分學校只有大一安排經濟學課程，所以本書在內容上盡量涵蓋可能的內容。此外更重要的原因是，如果不介紹修正凱因斯模型，而直接介紹總合供需模型，在日後同學的觀念上容易有混淆不解之處。

　　第 14 章介紹簡單凱因斯模型，這個模型所說明的凱因斯學派的特色，深深地影響一般人有關總體經濟的思考，它可能是影響人類經濟學觀念最大的模型之一。這個模型的重點在於「有效需求」。凱因斯認為：1930 年代發生經濟大恐慌，當時經濟體系中所存在的問題源於有效需求（effective demand）的不足。由於有效需求不足，所以才引起大量失業與資源的閒置。這個模型說明了經濟大恐慌，也導出了利用擴張性的財政政策來對應經濟大恐慌的可能性。

　　在介紹修正凱因斯模型前，本書利用第 15 章介紹金融體系、貨幣供給與貨幣需求。本章介紹以間接金融為主要業務的金融中介機構；以及以直接金融為主要業務的金融市場。在金融市場上，依照古典學派的可貸資金市場決定均衡實質利率與均衡可貸資金量的水準。間接金融方面，能夠創造存款貨幣的金融中介機構稱為存款貨幣機構。中央銀行、存款貨幣機構與家計部門與廠商共同決定貨幣的供給。貨幣

數量學說同時代表古典學派的貨幣供給與貨幣需求理論。凱因斯有關貨幣需求與利率的理論稱為流動性偏好理論。Friedman 的貨幣需求理論與貨幣數量學說結論相近。

第 16 章介紹修正凱因斯模型。內容主要在呈現凱因斯學派與重貨幣學派的對話與政策爭論。修正凱因斯模型是一個功能遠比簡單凱因斯模型強大的分析工具，它不僅可以用來說明凱因斯學派的思想，也可以用來說明秉持古典學派傳統的重貨幣學派對於凱因斯學派的反動。為了說明各自學派立場的特性，不管凱因斯學派或是重貨幣學派都曾經提出一些特殊場合，來強化自己的觀點。我們利用這些特殊場合對照出凱因斯學派與重貨幣學派立場的不同之處。

第 17 章介紹總合供需模型。總合供需模型由總合供給曲線與總合需求曲線所構成。總合供給曲線的形狀很像第 2 章介紹的供給曲線，總合需求曲線的形狀很像第 2 章介紹的需求曲線。許多基礎經濟學教科書並沒有很清楚地說明這些曲線背後所代表的意義。由於導出總合供給曲線時，必須介紹凱因斯學派以及古典學派對於勞動市場的不同假設，本章也介紹如何從這些不同假設，導出不同的總合供給曲線。從不同的總合供給曲線可以導出經濟體系的短期均衡與長期均衡。總合供需模型不僅可以同時描述古典學派與凱因斯學派的觀點，它同時也可以用以說明重貨幣學派與新興古典學派適用的場合。

(七) 總體經濟政策與經濟情勢變遷

我們可以利用在前面介紹的三個總體經濟模型討論財政政策與貨幣政策的有效與否，這就是第 18 章與第 19 章所要討論的。第 18 章討論政府收支與財政政策。本章首先介紹政府收入與支出的來源，財政赤字時的融通之道，與預算編列原則，接著利用前面介紹的三個總體經濟模型探討各學派對於財政政策是否有效的立場。第 19 章討論中央銀行與貨幣政策，首先介紹中央銀行的組織、業務與貨幣政策，接著介紹中央銀行的貨幣政策目標與它所擁有的貨幣政策工具。我們在這章使用修正凱因斯模型與總合供需模型探討各學派對於貨幣政策是否有效的立場。除了學理上的論爭，貨幣政策的時間落後問題也會影響其有效性。

失業問題與通貨膨脹除了是目前眾人關心的總體經濟問題，也是總體經濟學中各學派爭論的另一個重點，因此在第 20 章加以介紹。本章首先介紹了失業的類型、衡量的方法。接著介紹通貨膨脹的類型與衡量方法，最後介紹失業與通貨膨脹間的抵換關係，Phillips 曲線。

經濟大恐慌其實是經濟循環的一個階段，我國自第二次世界大戰結束迄今，已歷經 13 次景氣循環。在第 21 章中介紹了景氣循環主流學說，共同特色是假設充分就業總產出（長期的總合供給）是以穩定的速度成長，相對的，總合需求面的成長率則常有波動，因此景氣循環的原因在於總合需求面的波動。而 1970 年代的石油危機造成的景氣低迷長達數年，造成實質景氣循環理論的興起。實質景氣循環理論主張造成總產出波動的原因主要來自總合供給面，尤其是技術進步所造成的生產力波動。最後介紹了景氣指標。

臺灣曾經是經濟成長的模範生，早期許多留學美國的老師他們博士論文都在探討臺灣的經濟成長。第 22 章介紹了這個早期對臺灣十分重要的議題。當然現在這個議題已經由四小龍而四小虎，而中國而轉到了東南亞國協新興發展國家。本章介紹經濟成長的定義，以及古典成長理論、Harrod-Domar 成長模型、新古典成長理論以及內生成長理論等對於經濟成長的看法。

(八) 國際經濟學入門

爲了提供同學國際經濟學的基本知識，第 23 章介紹國際貿易，第 24 章則介紹國際金融。在第 23 章初步介紹了絕對利益理論、比較利益理論、要素稟賦理論等，並用貿易條件的決定與社會福利的分析說明國際貿易對於經濟體可能有的影響。並說明貿易障礙與貿易管制的損失。由於區域經濟整合是目前的熱門議題，所以也介紹了關稅暨貿易總協定、世界貿易組織與區域經濟整合。第 24 章首先介紹國際收支表、外匯市場、匯率制度等基本觀念。也介紹了匯率決定的基本理論、國際金融市場，也介紹了 1980 年代全球化開始之後的新現象，國際金融危機。

本章結論

經濟學中的「經濟」二字是「經世濟民」四個字的縮寫，因爲這門學問所處理的問題是如何讓所有人的生活能夠獲得提升，與所有的人相關，更確切地說，是與所有的人所擁有資源之運用效率息息相關。經濟學要處理的問題與「人類無窮的欲望」沒有關係，重點在於「預算限制」。「預算限制」才是經濟問題的第一個共通點。由於預算限制，我們必須對欲望做抉擇。因此，「選擇決策」成爲經濟問題的第二個共通點。

　　在經濟學發展的歷史中，有了個體經濟學與總體經濟學的區分。不管是個體經濟學，還是總體經濟學，他們都希望對整個經濟體系的運作加以了解，只不過使用的方式不同而已。早期的經濟學家們，有一個共同的假定：經濟體系運作的原則與經濟個體抉擇的原則相同。因此個體經濟學探討經濟體系運作的方式，探討對象為個別行為主體，研究經濟個體如何透過資源最有效率的運用，使消費者的效用達於極大化，使生產者的利潤達於極大化。創立總體經濟學的凱因斯把經濟體系看成是一部機器，這部機器由許多的零件所組成，這些零件可以稱之為「總體經濟變數」，如果我們可以知道總體經濟變數間的因果關係，就可以依循這些因果關係操縱經濟體系的方向。

　　經濟學之父亞當·斯密所著的國富論一書中最為人所津津樂道的就是「自由市場」。自由市場表面看似混亂而毫無拘束，實際上卻是由一隻被稱為「看不見的手」所指引，將會引導市場生產出正確的產品數量和種類。而凱因斯要管制的是自由放任的經濟體制下所可能帶來的壟斷危機以及越來越大的風險。

　　最終，我們把本書的編排架構及編排的理路加以說明，以方便所有同學的學習。

Chapter

2

需求、供給、市場均衡與彈性

戴錦周

名人名句

麥可・尤金・波特

（Michael Eugene Porter，1947 年～）

　　一個經濟體中，顧客的需求越多，就有越強的壓力，迫使廠商持續經由產品創新、品質精進等措施，來改進其競爭力。

原文：*The more demanding the customers in an economy, the greater the pressure facing firms to constantly improve their competitiveness via innovative products, through high quality, etc.*

研習重點

- 需求和供給的定義
- 需求量的變動與需求的變動
- 市場均衡的決定與改變
- 需求彈性與供給彈性

學習架構圖

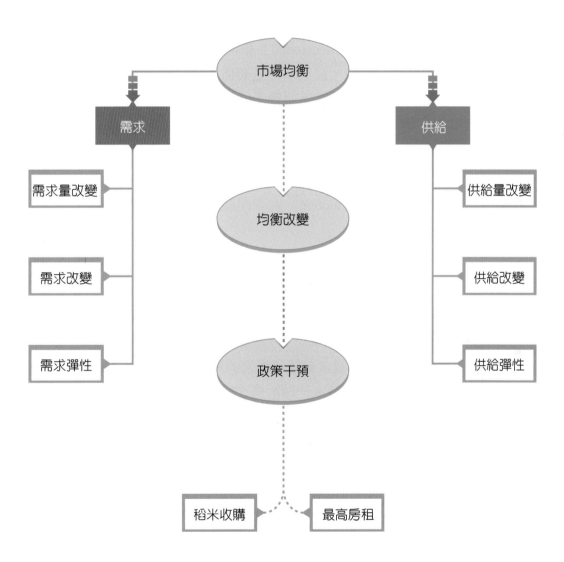

2.1 需求與供給

供給和需求是經濟學最重要的觀念，「**供需模型**」是經濟分析的基礎方法，所以學習本章節，可以掌握經濟學的核心。首先介紹需求，因為這是一個**需求導向**（demand driven）的時代，了解消費者的需求是企業家和執政者最重要的事情。

2.1.1 需求

　　一般人常將**需求量**（quantity demanded）和**需求**（demand）混淆，經濟學對需求的定義是：當其他條件不變時，在某一特定價格下，消費者「**願意**」且「**能夠**」購買的商品數量。這裡的「能夠」是指消費者的**購買力**。對應不同的價格，消費者願意購買的數量也不同，價格越低，消費者願意購買的數量越多；價格越高，消費者願意購買的數量越少，所以，需求不只是一個需求數量，而是一種**價量關係**（relationship）。「關係」在數學上是以**函數**（function）來表示，故需求的價量關係可表示為**需求函數**（demand function），亦即商品 X 之需求量 q_x^d 是價格 P_x 的函數，如（2.1）式所示。

$$q_x^d = 30 - \frac{1}{2} P_x \qquad (式\ 2.1)$$

其中 q_x^d 為在一段期間（例如一週）內消費者某甲對商品 X（咖啡）的需求量，P_x 為商品 X 的價格。

　　此外，將各種價格和對應的需求量羅列出來，便成為**需求表**（demand table），如表 2.1 所示，某甲在價格 10 元時，一週消費 25 杯咖啡。若價格為 20 元，一週消費 20 杯，乃至於價格漲到 50 元，一週消費 5 杯。表 2.1 顯示咖啡價格越高，某甲每週消費的咖啡杯數就越少。

表 2.1　咖啡價格與某甲需求量

價格 P_x（元／杯）	需求量 q_x^d（杯）
10	25
20	20
30	15
40	10
50	5

如果進一步將表 2.1 的資料畫成圖形，則成為**需求曲線**（demand curve），如圖 2.1 所示。

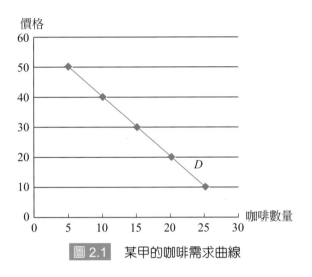

圖 2.1　某甲的咖啡需求曲線

一、需求法則

一般來說，商品價格與需求量，**在其他條件不變下**，呈**反向**變動關係，是為**需求法則**（Law of Demand）。所以，需求曲線多為負斜率的形態。

二、影響需求的其它變數

需求的定義中提到「當其他條件不變時（all else being equal）」，那何謂「其他條件」呢？其他條件包括：**所得、嗜好、預期、消費人數**等，茲依序說明如下：

1. 所得

   所得改變時，對商品的需求也會跟著改變。若所得增加，需求也跟著增加的商品稱為**正常財**（normal goods）；若所得增加，需求卻減少的商品稱為**劣等財**（inferior goods）；若商品的需求不受所得影響，則稱為**中性財**（neutral goods）。在研究某種商品的需求時，如果我們不把所得控制住、讓所得維持不變，則我們便不知道需求數量的變動是因為價格改變、還是因為所得改變。同理，以下的其它變數也需要維持不變，才能看出純粹由價格變動所導致的需求量變動。

2. 相關商品價格

   相關商品價格改變，對商品 X 的需求也會跟著改變。相關商品可分成**替代品**（substitute goods）和**互補品**（complementary goods）。替代品的用途相似，彼

此間可以相互替代；互補品則是必須共同搭配使用的物品。例如：咖啡和茶是替代品，茶價格上漲，人們會多喝相對便宜的咖啡，因而增加對咖啡的需求。所以商品 X 的替代品價格上漲，對商品 X 的需求量的影響是正向的。又如：咖啡和蛋糕是互補品，蛋糕價格上漲，喝咖啡配蛋糕的套餐也變貴了，套餐的需求減少，咖啡的需求也就減少了。所以 X 的互補品價格上漲，對商品 X 的需求量的影響是負向的。

3. 嗜好

消費者嗜好（態度、品味）的改變也會造成需求改變，例如：近年來國人對西式食物接受的程度漸增，所以麵粉類食物需求增加，米食需求減少。因為嗜好常隨時間改變，所以在實證研究上，常以**時間**（time）當作**嗜好**（taste）的**代理變數**（proxy variable）。

4. 預期

如果消費者預期某商品明天會漲價，他今天便會多買一些，因為相對於明天，今天的價格是較便宜的，所以需求會增加；如果消費者預期某商品明天會降價，他今天便會少買或乾脆不買了，因為相對於明天，今天的價格是較貴的，所以需求會減少。例如颱風時期，人們預期未來菜價會上漲，所以現在多買一些，因而造成蔬菜需求增加。又如中油公司宣布明天起汽油降價，今天加油的人們便會顯著地減少，因為大家等著明天去加較便宜的油，所以對於未來價格的預期，會影響到現在的消費。

5. 消費人數

「個人需求」**橫向加總**（horizontal addition）成為「市場需求」，亦即相對於某一價格，將所有「個人」需求量「橫向」加相，即得「市場」需求量。相對不同價格，相加得到不同市場需求量，因而求得市場需求。所以消費人數越多，市場需求越大。近來臺灣人口「**少子化**」，教育的需求減少，對教育產業產生嚴重衝擊，即是一例。此外，中國有 14 億人，印度有 13 億 6 千萬人，印尼有 2.68 億人，越南有近 1 億人，這些人口數量龐大的國家，都意味著一個巨大的市場需求潛力，所以會吸引外商前往投資或開發市場。

6. 需求函數

綜合以上，商品 X 的需求量除了受自身價格的影響，也會受相關商品價格、所得、嗜好、預期、消費人數的影響。若以需求函數（demand function）來表示：

$$Q_x^d = D(P_x, I, P_y, t, E, N) \qquad (式\ 2.2)$$

其中 Q_x^d 為商品，X 需求量，P_x 為商品 X 的價格，I 為所得，P_y 為相關商品價格，t 為嗜好，E 為預期，N 為消費人數。

FYI 專欄

國人飲食習慣西化

　　臺灣人飲食習慣改變，逐漸西化，讓「米飯」反而成了次要的選擇。根據農委會統計，白米消費量從 1986 年，每人 84.4 公斤，一路下滑。2013 年不到 45 公斤，2019 年 45.4 公斤；相對地，小麥消費量逐漸增加，麵包、麵條這類主食，喧賓奪主，逐年成長。民眾表示：「因為麵包的口味比較多吧，飯的口味只有一種而已。」麵包店經理表示：「整體來說，來客數有微幅上升 5%-10%。」

　　麵包店如雨後春筍越開越多，但白米包裝卻開始吹起「精緻風」，越做越小。有機白米業者：「剛開始種的時候，臺灣也沒辦法接受。」白米小包裝，搶的是方便財，反而大行其道。但國人飲食習慣西化的危機在於，仰賴進口原料的狀況下，臺灣糧食自給率，由 2011 年 33.9%，減至 2019 年 32.1%，想要達到政府 2020年 40% 的口號目標，難度真的很高。

　　臺灣農業經濟學者表示：「主食的話就是肚子的問題，所以把主要肚子的問題，交給其他國管理的時候，不是會很擔心嗎，一旦戰爭發生，我們就糧食就沒辦法供給，所以稻田廢耕之後很難在短時間恢復生產，這是我們最擔心的。」畢竟比起日本 41%，南韓 45%、英國 70%，以及美國的百分之百，臺灣糧食自給率太低，無疑是另一種「國安危機」，不吃米飯，只吃麵食，你我的飲食習慣，等於間接拱手讓出「糧食安全」的主導權。

資料來源：整理自新聞報導

飲食西化！臺人年吃米量 44 公斤　10 年新低
https://youtu.be/9QQOuJjxeD4

經濟小百科

麥可・尤金・波特（**Michael Eugene Porter**）

麥可・尤金・波特（Michael Eugene Porter，1947 年～），生於美國密西根州安娜堡，是著名的經濟學家和管理學家、競爭策略和國家發展競爭力權威。26 歲便成為哈佛大學商學院教授，據說是哈佛歷史上最年輕的教授。於 2001 年起主持「策略和競爭研究所」，曾任美國雷根政府「產業競爭力委員會」委員。他喜歡棒球，也是波士頓紅襪隊的資深策略顧問。

波特的學習歷程是跨領域的，他於 1969 年取得普林斯頓大學航空及機械工程學士學位。於 1971 年取得哈佛大學商學院 MBA 學位。於 1973 年取得哈佛大學企業經濟學（Business Economics）博士學位。他主要的學術貢獻為：價值鏈（Value Chain）、產業競爭的五力分析（5 Forces Analysis）、鑽石理論（Diamond Model）、市場定位（Market Positioning）、策略群組（Strategic Groups）、一般競爭策略（Generic Strategies）等。

三、需求量的變動與需求的變動

自身價格的影響稱為「**需求量的變動**」（change in quantity demanded）；所得、嗜好、預期、消費人數等**其它變數**的影響稱為「**需求的變動**」（change in demand）。需求量的變動是**沿著需求曲線的變動**，如圖 2.2，當價格由 P_0 降到 P_1 時，需求量由 Q_0 增加到 Q_1，亦即由 A 點沿著需求曲線移動到 B 點。而需求的變動是**整條需求曲線的移動**。為何是整條線的變動呢？因為縱軸是 P_x，橫軸是 Q_x，其它變數（不在兩軸上）的改變無法從沿著需求曲線移動表現出它們的影響，只能反映

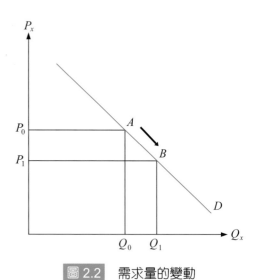

圖 2.2　需求量的變動

在整條需求線的移動。如圖 2.3，若價格 P_0 維持不變，但所得提高，需求增加，所以由 A 點移動到 C 點；相對應地，亦即整條需求曲線由 D_0 移動到 D_1，則整條需求

曲線會向右移動。同理，如果所得減少，則整條需求曲線會向左移動。又如：咖啡需求曲線會因為茶葉（替代品）價格下跌，而向左移動，如圖 2.4 所示。同理，如果茶葉價格上漲，則整條需求曲線會向右移動。

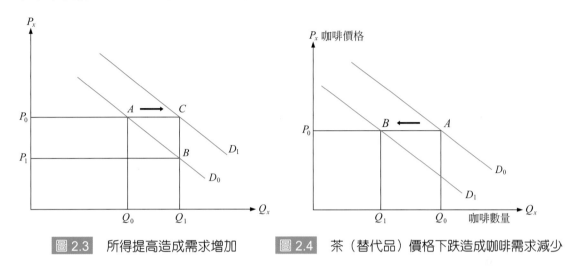

圖 2.3 所得提高造成需求增加　　圖 2.4 茶（替代品）價格下跌造成咖啡需求減少

2.1.2 供給

　　供給是：**當其他條件不變時**，在某一商品之特定價格下，生產者「**願意**」且「**能夠**」供應的數量。這裡的「**能夠**」是指生產者能夠將商品生產出來的**技術能力**。此外相對應不同的價格，生產者願意提供的數量也不同。價格越高，利潤就越高，生產者願意提供的數量也就越多；價格越低，利潤就越少，生產者願意提供的數量也就越少，所以，供給是一種**價量關係**，若以數學函數表示，是為**供給函數**（supply function）：

$$q_x^s = -20 + 8P_x \qquad （式 2.3）$$

其中 q_x^s 為在一段期間（週）內生產者（A 廠商）對商品 X（咖啡）的供給量（quantity supplied），P_x 為商品 X 的價格。

　　將價格和相對應的供給量之數字，羅列出來為**供給表**（supply table），如表 2.2 所示。由該表可知，A 廠商在價格 10 元時，一週願意生產與供應 60 杯咖啡。若價格為 20 元，願意生產與供應 140 杯，乃至於價格漲到 50 元，願意生產與供應 380 杯。

表2.2　咖啡價格與 A 廠商供給量	
價格 P_x（元／杯）	供給量 q_x^s（杯）
10	60
20	140
30	220
40	300
50	380

將供給表的資料，畫成圖形，則成為**供給曲線**（supply curve），如圖 2.5 所示。

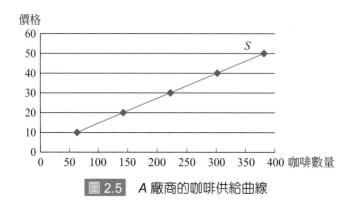

圖 2.5　A 廠商的咖啡供給曲線

一、供給法則（Law of Supply）

當其他條件不變下，商品價格與供給量呈現**正向關係**。由於供給法則，供給曲線多為正斜率的形態。

二、影響供給的其它變數

1. 生產要素價格

生產要素價格改變，對商品的供給也會跟著改變。財貨與勞務的生產必須要靠投入生產要素，生產要素包括土地、勞動、資本和企業家才能。支付給土地、勞動和資本等生產要素的單位酬勞是為生產要素價格。生產要素的投入量和生產要素價格則構成生產成本，所以生產要素價格上漲將造成生產成本的上漲，生產成本上漲之後，如果產品價格不變，等於利潤受到擠壓，於是生產者供給的意願便減少了。例如**能源漲價**，生產成本提高，供給減少。

2. 技術進步

技術進步可以降低生產成本，也會使供給增加。技術表現在將生產要素轉換成產出的效率上，能用較少的投入轉換成較多的產出，即代表技術水準較高。例

如原來我們用 10 單位的投入生產 1 單位的產出，現在改採一種新的製造程序，減少一些不必要的浪費，所以只要用 5 單位的投入便能生產 1 單位的產出（成本降低），或是原來 10 單位的投入能生產 2 單位的產出（產出倍增），都是技術進步。在產品價格不變的情況下，因為技術進步，生產者能夠且願意提供更多的商品數量，此為技術進步所造成的供給增加。因為技術常隨時間改變，所以在實證研究上，常以**時間**（time）當作**技術進步**（technical progress）的**代理變數**（proxy variable）。

3. 預期

如果生產者預期某商品明天會漲價，他今天便會惜售，把產品留到明天出售，因為相對於明天，今天的價格是較便宜的，所以今天的供給會減少；如果生產者預期明天會降價，他今天便會想方設法地多賣一些，因為相對於明天，今天的價格是較高的，所以今天的供給會增加。例如颱風時期，廠商預期未來菜價會上漲，所以現在減少供貨，囤積以待未來高價出售，因而造成現在蔬菜供給減少。

4. 廠商家數

個別廠商的供給「橫向加總」成為「市場供給」，亦即相對於某一價格，將所有個別廠商的供給量「橫向」加相，即得「市場」供給量，因而求得市場供給。當市場有更多廠商加入生產時，會使市場供給增加。例如近年來我國飲料店展店快速，根據財政部營利事業家數統計，2019 年 3 月底飲料店數達 22,482 家，較 2008 年底增加 9,076 家，增加幅度為 68%，其中冰果店及冷（熱）飲店占 8 成，其次為咖啡館 3,403 家，占 15.1%。而且飲料店 7 成集中於六都，其中冰果店及冷（熱）飲店以高雄市、臺南市及臺中市之占比較多，可能與南部天氣較熱有關，咖啡館、茶藝館及飲酒店則以臺北市占比最高。飲料店家數的快速增加，使供給增加，競爭越加激烈，利潤空間將更加壓縮。

5. 供給函數

綜合以上，商品 X 供給量是自身價格、生產要素價格、技術進步、預期、廠商家數的函數，如下所示：

$$Q_x^s = S(P_x, P_m, T, E, N) \qquad （式 2.4）$$

其中 Q_x^s 為商品 X 需求量，P_x 為商品 X 的價格，P_m 為生產要素價格，T 為技術進步，E 為預期，N 為廠商家數。

FYI 專欄

能源危機

能源危機是指，因為能源供應嚴重短缺，或是價格大幅上漲而影響經濟的危機情況，所謂能源通常是指石油、電力或其他自然資源。很多突如其來的經濟衰退，通常都是由能源危機引起的。歷史上著名的能源危機有：

1973 年能源危機：重要石油輸出的阿拉伯國家，不滿西方國家支持以色列，而採取石油禁運，油價因而暴漲。

1979 年能源危機：重要石油輸出國伊朗，爆發革命所導致的能源危機。伊朗於 1978 年 1 月發生反對伊朗君主體制的大規模示威活動，民眾罷工及示威活動癱瘓了整個國家。沙王被迫流亡海外，而在外流亡了 15 年的何梅尼回到德黑蘭，巴勒維政權崩潰。經過了全國公投後，伊朗成為伊斯蘭共和國。

1990 年能源危機：波斯灣戰爭所導致的石油價格暴漲。波斯灣戰爭是以美國為首的 34 個國家組成聯軍，和伊拉克之間發生的一場局部戰爭。1990 年 8 月 2 日，伊拉克軍隊入侵科威特，推翻科威特政府，並宣布科威特的「回歸」以及大伊拉克的「統一」。以美國為首的多國聯軍在取得聯合國授權後，於 1991 年 1 月 17 日開始對科威特和伊拉克境內的伊拉克軍隊發動軍事進攻，以輕微的代價取得勝利，重創伊拉克軍隊。

能源價格受供需關係的影響，石油產地因為政治或戰爭，而使供給顯著減少，導致石油價格暴漲。

資料來源：維基百科

油價飆漲！沙國產油設備遭攻擊　石油危機恐震盪全球經濟
https://youtu.be/XjwsrdFNIXk

三、供給量的變動與供給的變動

自身價格的影響稱為「供給量的變動」（change in quantity supplied）；生產要素價格、技術進步、預期、廠商家數等其它變數的影響稱為「供給的變動」（change in supply）。供給量的變動是沿著供給曲線的變動，如圖 2.6，當價格由 P_0 漲到 P_1 時，供給量由 Q_0 增加到 Q_1，亦即由 A 點沿著供給曲線移動到 B 點。而供給的變動是整條供給曲線的移動，如價格 P_0 維持不變，但技術進步，所以由 A 點移動到 C 點；相對應地，亦即整條供給曲線由 S_0 移動到 S_1。又如前述，近十年來我國飲料店展店快速，增加九千多家，也會使整條供給線往右移動。

又如：因為油價上漲，咖啡生產成本增加，咖啡供給減少，所以咖啡供給曲線向上（或向左）移動，如圖 2.7 所示。又如我國基本工資審議委員會會議結論：「自

2020 年 1 月 1 日起，每月基本工資調整至 23,800 元，調幅 3.03%；每小時基本工資調整為 158 元，調幅 5.33%。」像這樣的基本工資向上調整，一般而言，將帶動工資水準的上漲，造成廠商雇用勞動的成本提高，使供給曲線向上移動，其圖形亦類似圖 2.7。

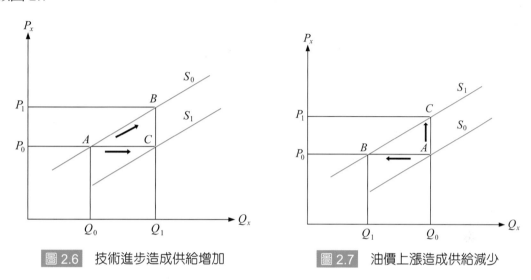

圖 2.6　技術進步造成供給增加　　　　圖 2.7　油價上漲造成供給減少

2.2 市場均衡

2.2.1 市場均衡

　　市場由供給和需求所構成，供給量和需求量相等時，市場達到**均衡**（equilibrium），如圖 2.8 的 E 點，此時均衡數量為 Q_0，均衡價格為 P_0。當價格過高時，如 P_1，供給量大於需求量，故有**供給過剩**（excess supply）的問題，此時價格會向下修正，直到 P_0 為止。當價格太低時，如 P_2，供給量小於需求量，故有**超額需求**（excess demand）的問題，此時價格會向上調整，直到 P_0 為止。所以在沒有外力干預之下，只要有充分的時間，透過所謂的**市場機制**（market mechanism）或**價格調整機制**，存在供給過剩或超額需求的**失衡市場**（disequilibrium market）都會慢慢回到均衡狀態。

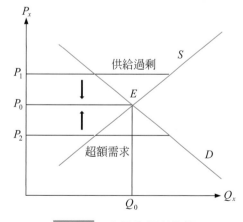

圖 2.8　市場均衡與失衡

FYI 專欄

鑽石模型

「鑽石模型」是由美國哈佛商學院著名的策略管理學家,邁可 · 波特所提出的。波特的鑽石模型用於分析:一個國家某一產業為什麼會在國際上具有較強的競爭力。波特認為:一個國家的產業競爭力決定於四個因素:

(1) 生產要素—包括人力資源、天然資源、知識、資本、基礎設施;

(2) 需求條件—主要是本國市場的需求;

(3) 相關和支持產業的表現;

(4) 企業的策略、結構、競爭對手的表現。

波特認為,這四個要素具有雙向作用,再加上政府政策和機會,便形成一個鑽石體系。利用鑽石體系,可檢視一個產業的優勢和弱勢,如果能夠發揮優勢、補強弱勢,再加上適當的政策引導和把握市場時機,便能強化競爭力。

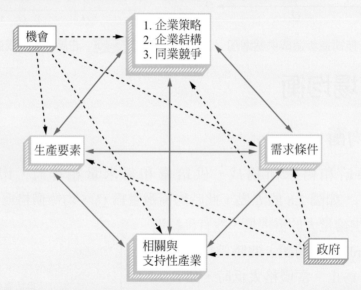

其實,波特鑽石的兩個稜角:需求條件和生產要素,就是本章所學習的需求和供給,所以供需模型是經濟分析的重要基礎。由瑞士洛桑管理學院每年會公布「IMD 世界競爭力年報」,各國競爭激烈,排名常有更動。臺灣 2020 年全球排名是第 11 名,比 2019 年進步 5 名;三年來排名首度超越中國,同時也排在韓國、日本前面,在亞太地區僅次於新加坡與香港。

IMD 世界競爭力排名公布 臺灣第 11 名
https://youtu.be/NI3WyDl-zgs

2.2.2　均衡的變動

　　市場由供給和需求所構成，供給或需求的改變，會造成均衡的變動。如圖 2.9 所示，若**所得增加**，需求曲線會由 D_0 移動到 D_1，所以均衡由 A 點移動到 B 點，均衡價格由 P_0 漲到 P_1 時，均衡交易量由 Q_0 增加到 Q_1。例如中國在加入 WTO 之後，國民所得快速成長，對汽車的需求也突飛猛進，至 2009 年 3 月間，中國已成為全球第一大車市。此為所得增加帶動需求增加的典型例子，其圖形如圖 2.9 所示。

　　另外，如圖 2.10 所示，若**技術進步**，供給曲線由 S_0 移動到 S_1，均衡由 A 點移動到 B 點，均衡價格由 P_0 跌到 P_1 時，均衡交易量則由 Q_0 增加到 Q_1。又如前述，近年來我國飲料店展店快速，使整條供給線往右移動，其對均衡的影響，也如圖 2.10 所示，均衡價格會下跌，均衡交易量會增加。均衡價格下跌意味著單位收入減少，而在競爭激烈的情況下，廠商為了維持品質，強調優質食材，成本也難降低，所以利潤將更加微薄。

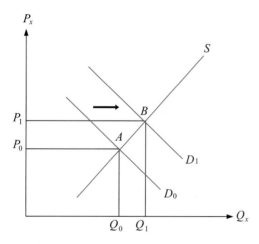

圖 2.9　所得增加造成均衡改變

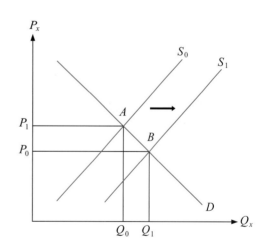

圖 2.10　技術進步造成均衡改變

FYI 專欄

COVID-19 促進宅經濟

2020 年初新冠肺炎（COVID-19）疫情全球大爆發，已讓全球 8,000 多萬人染疫，近 175 萬人死亡（2020/12/27）。秋冬疫情二次來襲，歐洲包括德、法、英又陸續傳出封城、管制。疫情的發展似乎看不到盡頭，重創各國旅遊業、航空業、百貨公司、大賣場零售業。但是遠距辦公（work from home）和遠距教學（study from home），一舉激出了筆電與遊戲機換機潮。換言之，COVID-19 促進了宅經濟的發展！

過去幾年筆電已被視為成熟產業，年需求都在 1.5 億台左右，但今年受到疫情影響，大部分企業選擇讓員工在家上班，紛紛補貼換購筆電。同時，疫情也讓全球 10 多億學生無法到校上課，改採線上教學模式，許多國家大舉補助學生採購筆電，讓 2020 年筆電需求高達 2 億台，年增率 23%。供應鏈大廠透露，筆電品牌紛紛大幅加碼 2021 年出貨量目標，預估 2021 年全球出貨量將高達 2.8 億台，創下歷史新高，年增率高達四成，更是 10 多年來首見。為了滿足筆電增產目標，相關鍵零組件，從處理器、面板、驅動 IC、電源 IC、MOSFET 無一不缺，ABF 載板與晶圓代工產能滿載，供應鏈甚至不惜向上游，祭出加價搶產能的策略。

另外，疫情也讓遊戲機產業從 2020 年初旺到年底，像是靠著健身環、《集合啦！動物森友會》等熱門遊戲大賣，使得任天堂 Switch 今年出貨量飆升，從原先預估的 2,000 萬台提高到 2,500 萬台，負責代工 Switch 的鴻海，也一直被客戶狂催貨。

根據本章的供需模型可知，疫情使在家工作或遠距教學的筆電需求增加，因此整條需求曲線會向右移動，其圖形類似圖 2.9，將造成筆電均衡交易量增加和價格上漲的結果。

資料來源：鏡週刊

科技業爆缺料潮
https://youtu.be/u0cu-WOCmaY

▌2.3　需求彈性與供給彈性

一、需求彈性

彈性（elasticity）是一種衡量變數間之**連動程度的指標**，亦即用一個簡單的數字來表達需求（供給）函數中的變數之變動對需求（供給）數量的影響程度，而為了去除變數單位大小的干擾，彈性中所使用的資料均化為百分比變動。首先介紹需求的價格彈性（price elasticity of demand）：

$$需求的價格彈性 = \frac{需求量變動率}{價格變動率} = \frac{\Delta Q / Q}{\Delta P / P} = \frac{\Delta Q}{\Delta P}\frac{P}{Q} \qquad （式 2.5）$$

需求的價格彈性在衡量當價格變動 1% 時，需求量會變動多少 %。由（2.5）式的第三個等號可知，彈性等於需求曲線的**斜率**（$\Delta P/\Delta Q$）**的倒數**乘上（P/Q），因此需求曲線的傾斜程度和座標會決定彈性的大小。至於要怎麼代入資料，會導致兩種公式：

$$點彈性 = \frac{\Delta Q}{\Delta P}\frac{P}{Q} = \frac{(Q_1 - Q_0)}{(P_1 - P_0)}\frac{P_0}{Q_0} \qquad （式 2.6）$$

其中（Q_0, P_0）和（Q_1, P_1）分別為原座標和新座標。

$$弧彈性 = \frac{\Delta Q}{\Delta P}\frac{P}{Q} = \frac{(Q_1 - Q_0)(P_1 + P_0)/2}{(P_1 - P_0)(Q_1 + Q_0)/2} = \frac{(Q_1 - Q_0)(P_1 + P_0)}{(P_1 - P_0)(Q_1 + Q_0)} \qquad （式 2.7）$$

若 P/Q 以原座標代入，即為**點彈性**（point elasticity）；若以新舊座標的平均值代入，即為**弧彈性**（arc elasticity）。當變動較大時適宜用弧彈性，變動較小時適宜用**點彈性**。由於需求法則，所以需求的價格彈性多為負值，所以談到需求價格彈性多指其絕對值。一般來說，若一種商品的**替代品種類眾多、觀察的時間較長**，需求的價格彈性也較大。

對於商品的不同彈性程度（絕對值），我們將商品分為五類：

1. **彈性** $= 0$：完全無彈性（perfectly inelastic）
2. $0 <$ **彈性** < 1：缺乏彈性或無彈性（inelastic）
3. **彈性** $= 1$：單位彈性（unitarily elastic）
4. $1 <$ **彈性** $< \infty$：富有彈性（elastic）
5. **彈性** $= \infty$：完全有彈性（perfectly elastic）

而影響需求彈性的因素分為以下幾點：

1. **替代品的多寡**

   一件商品的替代品愈多，該商品的需求彈性就愈大。例如一支普通書寫的原子筆，有無數的廠牌的原子筆可以替代，稍微賣貴一點，消費者便可能選擇其它廠牌，所以價格些微的漲價，會造成需求量大幅度的減少，因此彈性很大。

2. **支出佔總所得的比例**

   商品之消費支出佔總所得的比例越大，消費者越在意其價格的變化，只要有顯著的漲跌，便會趕快調整購買的數量，以節省開支；商品之消費支出佔總所得的比例越小，消費者越不在意其價格的變化，因為其花費相對較少，所以不需特別關心。例如手機之網路使用費佔打工族生活支出相當的比例，只要有較優惠方案推出，他們就會考慮更換，所以彈性較大；而對於大老闆來說，日理萬機，可能不在意手機網路費的優惠方案，而懶得更換，所以彈性較小。

3. **物品耐久性**

   耐久財（durable goods）可使用較長的時間，不急於換新，如果出現漲價，消費者將會將手中已有的商品湊合使用，延遲購買新品，所以此類商品彈性較低，例如汽車和鋼琴等。

4. **時間的長短**

   隨著時間的長度增加，商品會愈來愈有彈性，因為消費習慣是需要時間去做調整的，短期之下，一時調整不過來，所以彈性較小；時間夠長，就能夠適應新的方式，所以彈性變大。例如：當汽油的價格上漲時，汽油的需求量只會在頭幾個月微幅減少。不過，隨著時間的增加，人們會買更省油的汽車、改搭大眾運輸工具、或搬到離上班地點較近的區域居住。在幾年之內，汽油的需求量會明顯減少。

【例題】

已知 (Q_0, P_0) 和 (Q_1, P_1) 分別為 $(15, 30)$ 和 $(10, 40)$，求點彈性和弧彈性。

【解】

點彈性 $= \dfrac{(10-15)}{(40-30)}\dfrac{30}{15} = -1$

弧彈性 $= \dfrac{(10-15)(40+30)}{(40-30)(10+15)} = -1.4$

　　點彈性 = −1 告訴我們：當商品價格上漲 1% 時，其需求量將下跌 1%；弧彈性 = − 1.4 顯示：當商品價格上漲 1% 時，其需求量將下跌 1.4%。

二、彈性的應用

　　需求的價格彈性可以應用在**訂價策略**（pricing strategy）上，若彈性的絕對值大於 1，代表價格上漲 1%，需求量會減少大於 1%，收入（= P × Q）會因為漲價而減少；反之，價格降低 1%，需求量會增加大於 1%，收入會因減價而增加。所以應該走**平價路線**，商品價格訂便宜一點，薄利多銷，以量取勝。例如量販店和生鮮超市，銷售的商品價格彈性多半大於 1，同時家庭主婦對價格也特別敏感，所以其商品不宜訂價太高。

　　若彈性的絕對值小於 1，代表價格上漲 1%，需求量會減少小於 1%，收入會因為漲價而增加，所以應該走高價路線。例如珠寶手飾、鑽戒名錶、跑車名牌包等，多採取精品高價路線，其訂價往往超過其製造成本許多，但是由於其訴求的客層多為高所得人士，他們在乎商品的品質、獨特性和炫耀性更勝於價格，因此賣貴一點，也不會影響需求數量，反而可以創造更高的業績。

　　另外，需求之價格彈性在需求量的預測上，也有所應用。例如根據林祖嘉、林素菁（1994）研究估計，臺灣地區自有房屋的價格彈性介於 −0.45 至 −0.74 之間；而租賃房屋的價格彈性介於 −0.94 至 −0.99 之間。假設全國 2019 年有 700 萬戶自有房屋，根據信義房屋全國房價指數（2019 年 10 月）年增率為 3.23%，再假設價格彈性為 −0.45，則自有房屋的需求量估計應減少 3.23% × 0.45=1.45%，亦即減少（700 萬戶 × 1.45% =）10 萬戶的購屋需求。假設全國 2019 年有 70 萬戶租賃房屋，且價格彈性為 −0.94，則租賃房屋的需求量估計應減少（3.23% × 0.94）= 3.04%，亦即減少（70 萬戶 × 3.04% =）2.1 萬戶的租賃需求。

（資料來源：林祖嘉、林素菁，1994，「臺灣地區住宅需求價格彈性與所得彈性之估計」，住宅學報，2 期，頁 25-48。）

三、其它需求彈性

　　由需求函數（2.2）式知道除了自身價格之外，相關商品價格、所得等對需求也會有影響，所以也可以計算**交叉彈性**（cross-price elasticity）和**所得彈性**（income elasticity）：

$$交叉彈性 = \frac{X需求量變動率}{Y價格變動率} = \frac{\Delta Q_x / Q_x}{\Delta P_y / P_y} \qquad (式 2.8)$$

$$所得彈性 = \frac{X需求量變動率}{所得變動率} = \frac{\Delta Q_x / Q_x}{\Delta I / I} \qquad （式 2.9）$$

（2.8）式爲交叉彈性的公式，代表 Y 商品價格上漲 1% 時，X 商品的需求量會變動的百分比。交叉彈性若大於 0，代表 X、Y 的關係是**替代品**（substitute goods）；交叉彈性若小於 0，代表 X、Y 的關係是**互補品**（complementary goods）。例如咖啡和茶葉的關係爲替代品，茶葉價格變貴了，我們就多喝咖啡替代之，所以咖啡對茶葉價格的交叉彈性大於 0；又如咖啡和蛋糕的關係爲互補品，蛋糕價格變貴了，咖啡加蛋糕的下午茶組合也跟著漲價，我們因爲少吃下午茶而少喝咖啡，所以咖啡對蛋糕價格的交叉彈性小於 0。

其次，（2.9）式爲所得彈性的公式，代表消費者的所得增加 1% 時，X 商品的需求量會變動的百分比。所得彈性若大於 0，代表 X 是**正常財**（normal goods）；所得彈性若小於 0，代表 X 是**劣等財**（inferior goods）。前者如百貨公司的商品，後者如路邊攤的商品，一般來說，當我們所得增加、經濟條件改善了，在百貨公司消費的機會便會增加，而逛路邊攤的機會反而減少了。

此外，所得彈性若小於 1，代表 X 是**必需品**（necessity goods）；所得彈性若大於 1，代表 X 是**奢侈品**（luxury goods）。因爲必需品是缺乏所得彈性的，例如衛生紙，不管所得高低，生活上都要使用衛生紙，所以其所得彈性小；而奢侈品（例如鑽戒）則是一旦所得增加，買得起了，就會考慮購買，所以奢侈品富有所得彈性。

另外，我們可以應用需求之所得彈性在需求量預測上，再次根據林祖嘉、林素菁（1994）研究估計，臺灣地區自有房屋的所得彈性應介於 1.17 至 1.30 之間；而租賃房屋的所得彈性應介於 0.81 至 0.90 之間。假設全國 2019 年有 700 萬戶自有房屋，若所得彈性爲 1.17，經濟成長率（所得成長率）爲 2.73%，則自有房屋的需求量估計應增加（2.73% × 1.17 =）3.19%，亦即增加（700 × 3.19% =）22 萬戶的購屋需求。假設全國 2019 年有 70 萬戶租賃房屋，若所得彈性爲 0.81，則租賃房屋的需求量估計應增加（2.73% × 0.81 =）2.21%，亦即增加（70 × 2.21% =）1.5 萬戶的租賃需求。

四、供給彈性

和需求一樣，供給也可以計算供給的價格彈性（price elasticity of supply），以衡量價格變動 1%，供給量會變動多少 %。

$$供給的價格彈性 = \frac{供給量變動率}{價格變動率} \qquad （式 2.10）$$

【例題】

　　假設每加侖牛奶的價格從 3 美元上漲至 3.5 美元時，酪農每個月的產量從 8,000 加侖增加為 10,000 加侖，請利用點彈性和弧彈性公式計算供給的價格彈性。

【解】

　　供給的價格彈性公式類似上述的需求的價格彈性公式（式 2.6）和（式 2.7），計算過程如下：

$$供給的價格彈性（點彈性）= \frac{(Q_1 - Q_0)P_0}{(P_1 - P_0)Q_0} = \frac{(10000 - 8000)3}{(3.5 - 3)8000} = 1.5$$

$$供給的價格彈性（弧彈性）= \frac{(Q_1 - Q_0)(P_1 + P_0)}{(P_1 - P_0)(Q_1 + Q_0)} = \frac{(10000 - 8000)(3.5 + 3)}{(3.5 - 3)(10000 + 8000)} = 1.44$$

　　一般來說，生產要素用途越多、生產要素間之替代程度越大、觀察的時間較長，供給的價格彈性也較大。茲說明供給彈性的影響因素如下：

1. 生產要素的特質

　　生產要素用途越多、生產要素間之替代程度越大，越能夠彈性調整要素的投入量，以因應價格變動所造成的供給量的變化，所以供給彈性就會較大。此外，資本密集型產業，因受專業化設備的限制，要增減機器設備需要時間，所以其供給彈性較小；反之，勞動密集型產業，對供給量變化的因應方式，主要是增減勞動的雇用數量，所以其供給彈性較大。

2. 生產週期的長短

　　生產週期短的產品，產量調整比較快，供給彈性大；反之，生產週期長的產品，則供給彈性小。例如蔬菜 20 天就可以採收，稻米則需要四個月，所以蔬菜的供給彈性大於稻米。

3. 觀察時期的長短

　　當商品價格發生變化時，廠商對產量的調整需要一定的時間。由於在短期內，廠商的生產設備等無法改變，如果廠商要根據商品的價格變動及時改變產量，則存在著不同程度的困難，所以短期上供給彈性比較小。但是在長期，生產的規模是可以調整的，不管是增加生產線或是減少生產線，乃至於擴建或關閉廠房都是可行的，所以供給量可以對價格變動作出充分的反應，供給彈性也就比較大。

2.4 政策干預的效果─價格管制

供需市場模型可以應用在政策干預效果的分析上，在此以兩種常見的價格管制政策為例。

2.4.1 稻米收購

政府為維持農家所得，實施「**稻米保證價格收購政策**」。保證價格是一種**價格下限**（price floor），常高於均衡價格，如圖 2.11 所示，保證價格 P_1 高於均衡價格 P_0，在 P_1 下農民樂於提供 Q_1，可是消費者只願購買 Q_2，於是產生了**供給過剩**的問題。過剩的稻米（$Q_1 - Q_2$）可貯藏起來，成為**糧食安全**（food security）政策的工具，以調節市場供需，但必須承擔**倉儲管理成本**。

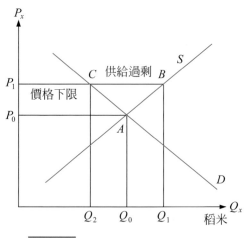

圖 2.11 稻米保證價格收購政策

利用供需模型分析政府所實施的稻米保證價格收購政策，可以知道它將產生以下的影響：稻米價格會上漲，或維持在較高的價位，如此一來，農民的所得可以得到部分的支持，但是消費者要付出較高的支出，且市場會出現供給過剩的問題和社會要負擔倉儲管理的成本，所以該政策有利有弊，因此政府在實施之前，需要規劃一些配套措施，以降低政策的副作用。

2.4.2 最高房租

若政府為照顧「無殼蝸牛」租屋者，實施「**最高房租政策**」，以免高房租剝削經濟弱勢者。由於最高房租是一種**價格上限**（price ceiling），所以常低於均衡價格，如圖 2.12 所示，最高房租水準 P_1 低於均衡價格 P_0。在 P_1 下租屋者樂於租賃 Q_1 單位的房間，可是房東只願出租 Q_2，於是產生了**超額需求**的問題，有（$Q_1 - Q_2$）的需求量找不到房屋可租。急於租屋的人，迫於無奈，可能只好出高於 P_1 的房租，房東在接受高於 P_1 的房租的同時，也涉及違法的風險。不管是租不到房子或是違法的問題，都是社會所承擔的一種代價。

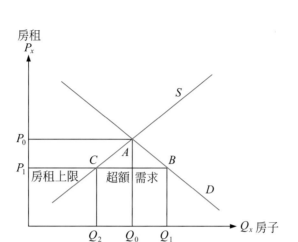

圖 2.12　最高房租政策

　　由以上的兩個例子可知：價格管制或其它政策想透過市場干預來解決問題，往往會造成市場失衡，而創造新的問題，這是一種副作用。所以，除非情況嚴峻非干預不可，政府應該儘量尊重市場機制。那政府應該做些什麼呢？**訂定適宜的法規，維持公平交易的市場秩序，取締不法，嚴懲黑心商品，讓市場機制能夠順暢運作。**

本章結論

　　一般來說，每一種商品都有其市場，而市場是由供給和需求所構成，供給和需求的共同作用因素叫做價格。消費者希望價格越低越好，所以需求曲線是負斜率的；生產者希望價格越高越好，所以供給曲線是正斜率的。兩條線交叉，決定均衡的價格和交易數量，即為市場均衡。除了自身價格之外，其它條件也會影響供給和需求：亦即需求會受相關商品價格、所得、嗜好、預期、和消費人數的影響；供給會受生產要素價格、技術進步、預期、和廠商家數的影響。「其它條件」改變會使需求曲線或供給曲線整條移動，因而使市場均衡發生變動。我們學習了供需模型之後，可以利用它來分析各種市場條件的變化或政策措施對市場的影響，了解價格和交易量的變化趨勢，進而可以趨吉避凶，立於不敗之地。

Chapter

3

消費者行為分析

李見發

名人名句

約翰・斯圖爾特・密爾

（John Stuart Mill，1806 年 5 月 20 日～ 1873 年 5 月 8 日）

做一個不滿足的人，勝過一隻滿足的豬；做一個不幸的蘇格拉底，勝過做一個滿足的癡人。

研習重點

- 效用、基數效用與序數效用
- 消費者剩餘、鑽石與水的矛盾
- 無異曲線的特性和預算線的觀念及需求曲線的推導
- 價格效果、替代效果與所得效果

學習架構圖

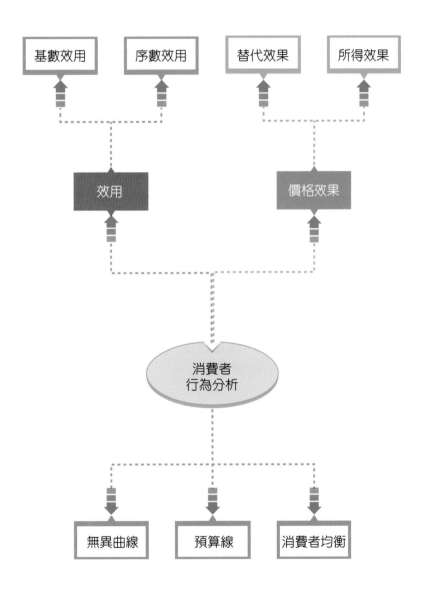

3.1 基數效用分析

3.1.1 效用、總效用與邊際效用

在經濟社會裡，每個人對於財貨或勞務的偏好各有不同，在經濟學中，我們以「效用」（utility）來描述一個人消費財貨或勞務所獲得的滿足程度，它是主觀的，因此效用會因人、時、地而不同。邊際效用論者採用的是基數效用（cardinal utility）的概念，也就是說，效用可以被衡量並可加總，數字的大小即代表效用水準的高低。總效用（total utility, TU）是指一定時間內消費者從消費財貨或勞務中所獲得滿足程度的總和；而邊際效用（marginal utility, MU）是指在一定時間內消費者從額外增加一單位財貨或勞務的消費中所獲得總效用的增加量。邊際效用可用數學式表示為：

$$MU = \frac{\Delta TU}{\Delta Q} \qquad （式 3.1）$$

Q 代表某一財貨或勞務的消費量。

總效用是消費的財貨或勞務數量的遞增函數，即隨著所消費的財貨或勞務數量的增加，總效用會隨之增加，但是總效用增加的速度呈遞減，亦即每增加一單位財貨或勞務所增加的總效用會愈來愈少，這種現象普遍存在於經濟社會裡。這一現象經濟學家稱之為邊際效用遞減法則（principle of diminishing marginal utility）。邊際效用遞減法則是指假定消費者對其他財貨或勞務 的消費量保持不變，消費者從連續消費某一特定財貨或勞務中所得到的滿足程度（邊際效用），將隨著對該財貨或勞務消費量的增加而遞減。邊際效用遞減可表示為：

$$\frac{\Delta MU}{\Delta Q} < 0 \qquad （式 3.2）$$

圖 3.1 說明總效用與邊際效用之間的關係，隨著對某一財貨或勞務消費量（Q）的增加，從消費該財貨或勞務所獲取的總效用（TU）隨消費數量增加而增加，且剛開始消費某一財貨或勞務時，邊際效用（MU）會隨著額外增加一單位消費量而遞增（原點→A點），但消費量到達某一水準後（A點），若再繼續增加該財貨或勞務的消費量，邊際效用遞減法則開始發揮作用，總效用增加的速度變得緩慢（A點→B點），而隨著該財貨或勞務消費量的繼續增加，總效用將達於極大（B點），此時邊際效用為零（$MU = 0$，如 B'點）。伴隨著財貨或勞務的消費量繼續增加，總效用將開始下降（B點以後），這時邊際效用轉為負（$MU < 0$，如 C'點）。

邊際效用遞減法則：雪中送炭 vs 錦上添花
https://youtu.be/8UrYHzDk-Ag

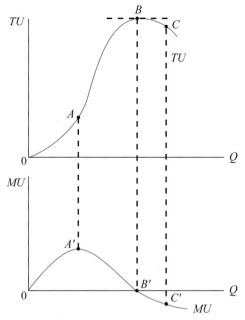

圖 3.1　總效用與邊際效用

FYI 專欄

邊際的觀念

　　邊際分析（marginal analysis）在經濟學中，許多經濟量－效用、產量、成本、收入、利潤、替代率、消費傾向等，都冠以邊際兩字，以表示這些經濟量的變動，邊際即「額外的」、「追加」的意思，指處在邊緣上的，已經追加上的最後一個單位「或」可能追加的下一個單位，也就是說，自變數增加一單位，應變數所增加的量就是邊際量。例如，消費數量（自變數）增加一單位，效用（應變數）增加了 2 個單位，這應變數增加的兩個單位就是邊際效用。而斜率是指「每一單位變動所導致的影響」，屬於微分的概念，在函數關係中，自變數發生微量變動時，在邊際上應變數的變動，邊際值表現為兩個微增量的比。所以邊際就是斜率，就是要用微分求得，由此可知：邊際、斜率、微分，三者是一體的。斜率就是：「縱軸變數的變動量除以橫軸變數的變動量」，其重要涵義是：X 變動會影響 Y 的變動，隱含著變數與變數之間的因果關係，X 是因，Y 是果。

　　可以用以下的公式來表示：

　　邊際值 $= \Delta Y/\Delta X$，其中，Δ 表示變動量。

　　或用一次微分來表示：

　　邊際值 $= dy/dx$

3.1.2　邊際效用均等法則與消費者均衡

　　就消費者對財貨或勞務的購買數量選擇而言，**消費者均衡**（consumer equilibrium）**是指在現行價格和消費者所得不變的條件下，消費者已無法透過變動其消費組合來達到更大的效用**。在分析消費者均衡前，我們需先作如下之假設：

(1)　消費者的行為是理性的，亦即在有限的貨幣所得（money income）之下，消費者會追求極大的效用（utility maximization）。而消費者所面對的預算限制，則是由消費者的貨幣所得及市場上財貨或勞務的價格所共同決定。假設經濟社會中只有兩種財貨或勞務可供消費者作選擇，其對第 1 種財貨或勞務的消費量與價格分別為 Q_1 與 P_1，而對第 2 種財貨或勞務的消費量與價格是 Q_2 與 P_2；又假設消費者的貨幣所得為 I。如此，消費者所面對的預算限制，或稱預算線（budget line），將如 （3.3）式所示：

$$P_1 \cdot Q_1 + P_2 \cdot Q_2 = I \qquad\qquad （式 3.3）$$

(2)　貨幣的邊際效用不會因貨幣數量的改變而改變。

(3)　除了貨幣之外，其他財貨或勞務的邊際效用會隨著消費量的增加而遞減。

　　以下，我們以邊際效用均等法則（principle of equally marginal utility）來說明消費者均衡。**所謂邊際效用均等法則，係指每一種財貨或勞務的價格固定，適度地分配預算，使得花在每一種財貨或勞務最後一塊錢的邊際效用皆相等，即消費者獲得極大效用的原則。**

　　假設某一消費者只消費 1 和 2 兩種財貨或勞務，且其價格與邊際效用，分別為 P_1、MU_1 與 P_2、MU_2：那麼 $\dfrac{MU_1}{P_1}$，代表消費者花在第 1 種財貨或勞務的最後一塊錢所獲得的邊際效用；同樣地，$\dfrac{MU_2}{P_2}$ 則表示消費者花在第 2 種財貨或勞務的最後一塊錢所獲得的邊際效用。當 $\dfrac{MU_1}{P_1} > \dfrac{MU_2}{P_2}$ 時，此不等式表達消費者花在第 1 種財貨或勞務的最後一塊錢所得到的邊際效用，大於花費在第 2 種財貨或勞務的最後一塊錢所得到的邊際效用。

　　在此情況之下，消費者可重新調整其貨幣所得的運用，以增加其總效用。也就是說，消費者會增加對第 1 種財貨或勞務的購買數量，同時減少對第 2 種財貨或勞務的購買數量。但由於邊際效用遞減法則發揮作用，第 1 種財貨或勞務的邊際效用

（MU_1）會隨著其消費量的增加而下降，而第 2 種財貨或勞務的邊際效用，則會隨著其消費量的減少而上升。

另外，由於假定財貨或勞務的價格 (P_1, P_2) 維持不變，調整消費組合的結果使得 $\dfrac{MU_1}{P_1} = \dfrac{MU_2}{P_2}$ 均衡的條件式成立，而消費者的總效用也達到極大。我們可擴及至 N 種財貨或勞務之消費，又 MU_N、P_N 分別表示第 N 種商品的邊際效用與價格，而以 $\dfrac{MU_N}{P_N}$ 代表花在第 N 種財貨或勞務的最後一塊錢的邊際效用，（3.4）式代表著消費者消費 N 種財貨或勞務的均衡條件。

$$\frac{MU_1}{P_1} = \frac{MU_2}{P_2} = \cdots = \frac{MU_N}{P_N} \qquad （式 3.4）$$

也就是說，消費者將其所能運用的貨幣所得，按照每一種財貨或勞務的價格，適度地分配，使得花在每一種財貨或勞務的最後一塊錢的邊際效用皆相等。即消費者獲得極大效用的原則是：「如果消費者的貨幣所得是固定的，且市場上各種財貨或勞務的價格為已知，則消費者一定會使其所購買的各種財貨或勞務的邊際效用與他所支付財貨或勞務的價格成比例。」

一、需求曲線之推導

接下來我們以（3.4）式來推導出該消費者對某一財貨或勞務的需求曲線。當考慮消費者之貨幣所得固定與財貨或勞務之價格已知條件下，消費者為了獲得極大之效用，最後一塊錢花費在所有財貨或勞務上所得到的邊際效用皆應相同。

利用邊際效用分析法，可推導出消費者對 X 財貨或勞務的需求曲線：已知消費 X 財貨或勞務所獲得的邊際效用（MU_X），且邊際效用均等法則成立下，因為貨幣的邊際效用（MU_m）為固定數，故當 X 財貨或勞務的價格（P_X）下降時，MU_X 也會隨之下降；又根據邊際效用均等法則，當 P_X 上升時，MU_X 則會上升。

所以，可以得知，當 P_X 下降時，在均衡達成時，MU_X 也隨之下降，即 X 財貨或勞務的消費量上升，如圖 3.2，如果 X 財貨或勞務的價格由 P_{X_A} 下降到 P_{X_B}，則消費者能

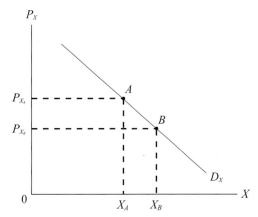

圖 3.2　對 X 財貨或勞務的需求曲線

夠且願意購買 X 財貨或勞務的數量會從原先的 X_A 增加到 X_B，故連接 A、B 兩點，便可導出該消費者對 X 財貨或勞務的需求曲線（D_X）。

經濟小百科

邊際享樂故事

德國經濟學家赫爾曼・海因里希・高森（Hermann Heinrich Gossen，1810～1858 年）是邊際效用理論的先驅，生於德國西部的迪倫（Duren）；1829 年至 1833 年先後在波恩大學學習法律和公共管理學，畢業後曾當過律師、地方政府稅務官；退休後與他人合辦過保險公司，後退出經營，專心致力於經濟學研究與寫作。在他的著作《人類交往的法則與人類行為規律的發展》中，他首先闡述了邊際效用的理論。他認為：人類為滿足欲望和享樂，需不斷增加消費次數，而享樂因隨消費的增加而遞減，享樂為零時，消費就應停止，如再增加，則成為負數，使享樂變為痛苦。即「欲望強度或享樂遞減定律」，亦稱「高森第一定律或邊際效用遞減法則」。

而假如有人在幾種享樂之間有選擇自由而無充分享受的時間，則不論這幾種享樂起初的絕對量如何不同，要取得最大的享樂總量，必須在他們之間依次消費其享樂量（個量）最大者，直到各種欲望之數量（個量）彼此相等為止，這就是「享樂均等定律」，也叫做高森第二定律，又稱邊際效用相等規律、邊際效用均等定律。

資料來源：整理自 MBA 智庫百科

二、消費者剩餘

消費者剩餘（consumer's surplus）是**指消費者對某財貨或勞務所願意支付的金額與其實際支付的金額間之差額**。消費者剩餘並不是消費者實際所得的增加，而是一種正面的心理感受。它表現在圖 3.3 中，需求曲線（D_X）以下且 P_{X_B} 以上的部分（即 $\triangle AP_{X_B}B$）為消費者剩餘，即消費者按照最後一單位財貨或勞務（X）的價

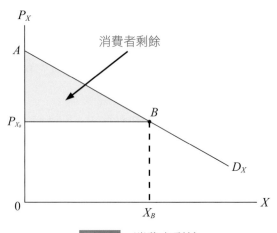

圖 3.3　消費者剩餘

格（P_{X_B}）支付所有購買該財貨或勞務的金額，但這最後一單位財貨或勞務以前的消費量，消費者願意支付的價格都大於最後一單位財貨或勞務的價格，消費者卻沒有對這大於 P_{X_B} 的部分支付，這毋須支付卻能享有的部分就是消費者剩餘，可用以衡量消費者的福利。

3.2　水與鑽石的矛盾

長久以來，經濟學家一直想區分「價格」和「價值」之間的差別。在市場交易裡，某財貨或勞務的「價格」，並不見得能精確地代表消費者從這個財貨或勞務所獲得的「價值」。有些財貨或勞務的價格雖不高（如水），但它對人們的生存影響至鉅，所以水應該是很有價值才對，但是水的價格卻很低。又有些財貨或勞務對人們的生存並不那麼重要（如鑽石），對面臨水荒的人們而言，實在沒有多大價值，但它的價格卻居高不下。這種價格與價值的差異，稱之為價值的矛盾（paradox of value），或稱之為水與鑽石的矛盾（water-diamond paradox）。

　　一般而言，人們對水的消費量遠大於對鑽石的消費量，根據邊際效用遞減法則，水的邊際效用遠低於鑽石的邊際效用，然而消費者為達到極大效用，根據 3.1.2 小節所述，須符合邊際效用均等法則，即花費在水與鑽石的最後一塊錢所獲得的邊際效用應相等。因此，水的價格會遠低於鑽石的價格。以上說明了在決定財貨或勞務的交易價格時，需求面應考量的是邊際效用而非總效用。消費者對某一財貨或勞務所願意支付的價格是以該財貨或勞務的邊際效用為準。若邊際效用愈大，消費者願意支付的價格愈高，如果邊際效用小，消費者只願意支付較低的價格。

麥當勞可樂為什麼能免費續杯？初戀最讓人難忘的經濟學原因
https://youtu.be/FBxBR6VVKkg

3.3　序數效用分析

由於消費者消費財貨或勞務所帶來的滿足感（效用），是消費者個人主觀的心理感受，我們很難設定一個數值來加以測度並予以加總。在這一節裡，我們介紹另一種經濟學者常常採用的序數效用分析，藉以探討消費者的選擇行為。我

們結合了無異曲線與預算線，來分析消費者的選擇行為。所謂的**序數效用**（ordinal utility）**是將消費組合依照被偏好的程度排列大小，由最高依序排至最低**，此方法優於基數效用分析法之處，在於不以數值代表效用水準的大小，而只是以序數將消費者消費財貨或勞務組合所得到的效用高低排出順序，卻不需指出效用相差多少。

3.3.1 偏好

消費者對各種財貨或勞務的偏好程度（preference）可能會有相當的差異，經濟學家把某人在某個時點的偏好視為固定。當經濟學家著手探討描述人們偏好時，作了以下幾個基本假設，茲分別說明如下：

1. **完整性（completeness）**

   偏好被假設具有完整性，其意謂著消費者能夠將所有財貨或勞務的消費組合進行比較及排列偏好高低次序，換言之，對財貨或勞務組合 A 和 B，消費者可以分辨：對財貨或勞務組合 A 的偏好大於對財貨或勞務組合 B 的偏好；或是，對財貨或勞務組合 A 的偏好小於對財貨或勞務 B 的偏好；或是，對財貨或勞務組合 A 和 B 的偏好相同，即偏好無差異。

2. **遞移性（transitivity）**

   偏好是可遞移的，偏好的遞移性指出當消費者相對於財貨或勞務組合 B，較偏好財貨或勞務組合 A，而財貨或勞務組合 B 又較財貨或勞務組合 C 受到偏好，由此可以推知相對於財貨或勞務組合 C 而言，消費者亦會偏好財貨或勞務組合 A。

3. **非飽和性（non-satiation）**

   所有的財貨或勞務都是好的、被需要的，因此消費者永遠會偏好擁有較多的財貨或勞務。此外，消費者永遠不會滿足，希望消費愈多愈好。當然，有些財貨或勞務，如空氣污染，不被需要，消費者將儘可能的避開。在現階段有關消費者選擇行為的討論中，我們暫且忽略這些產生負效用的財貨或勞務（bads）。

4. **稠密性（density）**

   對財貨或勞務的消費，消費者永遠可選擇擁有平均數量的財貨或勞務組合，即在 (X_1, Y_1) 與 (X_2, Y_2) 兩財貨或勞務組合之間永遠存有 $[(X_1 + X_2)/2 , (Y_1 + Y_2) / 2]$ 之財貨或勞務組合。

吃到飽生魚片喜好排行「鮭魚」奪第一
https://youtu.be/H9OadgCWXEc

3.3.2　無異曲線

　　無異曲線（indifference curve, *IC*）**表示能使消費者獲得相同滿足程度之所有財貨或勞務組合所形成的軌跡**。其所用的效用概念為序數效用，而我們可以用無異曲線將消費者偏好圖形化。一條無異曲線代表提供某一特定消費者相同滿足程度（效用）之所有財貨或勞務組合的連線，故線上每一點所代表財貨或勞務組合對此消費者來說並無差異。由之前對偏好的完整性假設，我們知道消費者一定能指明偏好某一種財貨或勞務組合，或是兩者皆無差異。這項假設就可以用來將所有可能的消費組合，依偏好的程度作排序。

　　要描述所有財貨或勞務組合的偏好情形，可以畫出一組無異曲線圖（an indifference map）。在無異曲線圖中，同一條無異曲線上每一點所代表的財貨或勞務組合，都能帶給消費者相同的滿足程度（效用）。例如，圖 3.4 表示 *A*、*B* 兩點分別代表消費者對 *X*、*Y* 這兩種財貨或勞務的消費組合為 (1, 2) 與 (2, 1)，而消費者對這兩種消費組合的效用是無差異的，因此無異曲線（*IC*）亦可稱之為等效用曲線（iso-utility curve）。

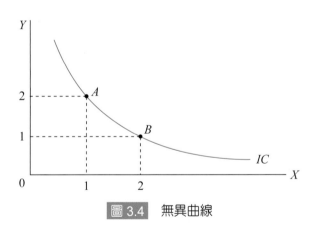

圖 3.4　無異曲線

3.3.3　無異曲線的特性

　　一般而言，無異曲線具有以下五個特性：

特性 1：無異曲線具有負斜率

　　由於位在同一條無異曲線上之各點，代表著不同的財貨或勞務消費組合，卻能使消費者獲得相同的滿足程度。因此，點與點之間的移動，表示若對其中一種財貨或勞務消費的增加，則必然對另一種財貨或勞務消費的減少，如此一來，才能維持效用水準不變。只要兩種財貨或勞務都具有正的邊際效用，無異曲線必然是一條向

右下方傾斜的曲線，其斜率為負值。因為當 X 財貨或勞務的消費量增加時，在 Y 財貨或勞務的消費量不變下，必然會提高消費者所獲得的總效用（如圖 3.5 中 A、C、E 或 B、D、E）。因此，若想保持總效用在原來的水準，則勢必要減少對 Y 財貨或勞務的消費量。如此，表現在圖形上的 X、Y 兩財貨或勞務的消費量，就是一種反向變動的關係，即無異曲線為向右下方傾斜的曲線，其斜率值為負。如圖 3.5 中，C 點代表 (X, Y) 的消費組合為 $(2, 3)$，D 點代表的消費組合為 $(3, 2)$。消費者將其消費組合由 C 點移至 D 點，X 財貨或勞務的消費量雖然增加，但為維持同一效用水準，Y 財貨或勞務的消費量卻減少了。

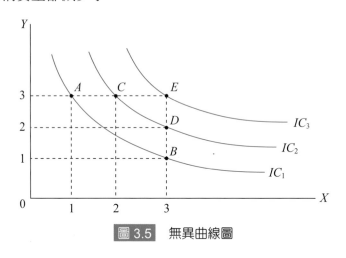

圖 3.5　無異曲線圖

特性 2：任何兩條無異曲線不可相交

在同一平面圖上，任何兩條無異曲線不能相交。因為，若同一平面圖上的兩條無異曲線相交，即違反偏好滿足遞移性的基本假設。在圖 3.6 中，假設兩條無異曲線 IC_1 與 IC_2 相交於 A 點，因為消費組合 A 點與 B 點都位於無異曲線 IC_1 上，消費者對此兩種消費組合的偏好無差異；但是，A 點與 C 點位於無異曲線 IC_2 上，故消費者對此兩種消費組合的偏好亦無差異。於是，消費者對消費組合 B 點與消費組合 C 點亦應無差異。然而消費組合 B 點比消費組合 C 點更被偏愛，因為相對於消費組合 C 點而言，消費組合 B 點有更多的 X 財貨或勞務，但卻有相同數量的 Y 財貨或勞務，兩者不可能無差異。所以，兩條無異曲線相交會產生矛盾的結果。換言之，任何兩條無異曲線不可相交。

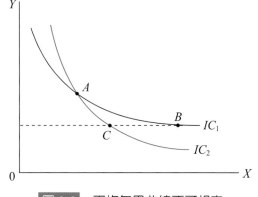

圖 3.6　兩條無異曲線不可相交

特性 3：無異曲線呈現凸向原點

　　代表財貨或勞務之間消費邊際替代率是遞減的，無異曲線呈現凸向原點（convex to the origin）其意義是**指消費者為維持一定的效用水準，持續增加某一財貨或勞務 X 的消費，由於其邊際效用遞減，所能替代的另一種財貨或勞務 Y 的消費量會愈來愈少。無異曲線上每一點所衡量出的消費邊際替代率，即是無異曲線在該點的切線斜率的絕對值，亦即消費邊際替代率**（marginal rate of substitution, MRS）可表示為：

$$MRS_{XY} = \left| \frac{\Delta Y}{\Delta X} \right| = \frac{MU_X}{MU_Y} \qquad\qquad （式 3.5）$$

而消費邊際替代率遞減（diminishing marginal rate of substitution）可表示為：

$$\frac{\Delta MRS_{XY}}{\Delta X} < 0 \qquad\qquad （式 3.6）$$

　　消費者在保持相同滿足程度之前提下，為了獲得更多的其他財貨或勞務，而願意放棄某一財貨或勞務的數量時，可以用消費邊際替代率（MRS_{XY}）來衡量，X 財貨或勞務對 Y 財貨或勞務的消費邊際替代率遞減（MRS_{XY}）是人們為獲得額外一單位 X 財貨或勞務所願意放棄最大數量的 Y 財貨或勞務。若 MRS_{XY} 為 5，表示消費者將放棄 5 單位的 Y 財貨或勞務以換取額外一單位的 X 財貨或勞務，若 MRS_{XY} 是 $\frac{1}{3}$，則會只有 $\frac{1}{3}$ 單位的 Y 財貨或勞務願意被放棄來換取額外一單位的 X 財貨或勞務。因此，衡量的是消費者以其他財貨或勞務的數量來衡量額外一單位財貨或勞務的價值。

　　在圖 3.7 中，在 A 點，X 財貨或勞務對 Y 財貨或勞務的消費邊際替代率比 B 點的消費邊際替代率來得大，乃因 B 點的消費組合中含有較多的 X 財貨或勞務。因此，在 B 點，X 替代 Y 的能力較在 A 點時差。而反映在無異曲線形狀時，消費邊際替代率遞減使得無異曲線凸向原點。

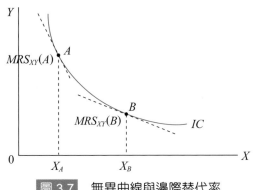

圖 3.7　無異曲線與邊際替代率

特性 4：愈向東北方的無異曲線，效用水準愈高

　　無異曲線圖包含許多條代表不同效用水準的無異曲線，例如，圖 3.8 中的無異曲線圖是由三條無異曲線所構成：IC_1、IC_2、IC_3 各自代表著不同的效用水準。在該圖中，愈靠近原點的無異曲線代表所包含 X 與 Y 兩商品數量較少，因而效用水準愈低；離原點愈遠的無異曲線所代表的效用水準愈高，因此其效用水準由低到高的次序為 IC_1、IC_2、IC_3。

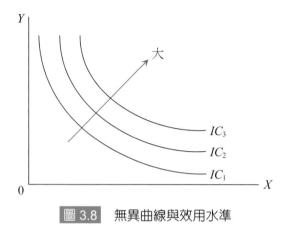

圖 3.8　無異曲線與效用水準

特性 5：平面上任何一點，必有唯一的一條無異曲線通過

　　由稠密性可以得知，無異曲線不可相交，一條無異曲線代表一種可能的滿足水準。事實上，每一種可能的財貨或勞務組合，對應於圖上的一點，即每一點都有一條無異曲線通過。

3.3.4　無異曲線的可能形狀

　　無異曲線的形狀，說明了消費者願意如何取捨，即以一種財貨或勞務來替代另一種財貨或勞務的問題。當消費者所消費的 X 財貨或勞務愈來愈多，而消費的 Y 財貨或勞務愈來愈少時，則他願意放棄較少的 Y 財貨或勞務以換取相同數量的 X 財貨或勞務，如圖 3.7 從無異曲線上的 A 點移至 B 點。同樣地，當消費者擁有愈多的 Y 財貨或勞務，他所願意放棄的 X 財貨或勞務將愈少。

　　一般財貨或勞務相互之間的替代性是有限的，因此當一種財貨或勞務數量愈多，它能替代另一種財貨或勞務的能力就愈來愈差。但是，有些財貨或勞務彼此之間具有完全替代的特性。完全可以互相替代的兩種財貨或勞務，稱之為完全替代品（perfect substitutes）；消費時維持一定消費比例，且兩種財貨或勞務須同時增加消費量才會導致效用水準增加，則稱此兩種財貨或勞務為完全互補品（perfect complements）。我們可以繪出一般財貨、完全替代品以及完全互補品的無異曲線，如圖 3.9 所示。

　　圖 3.9(a) 代表消費者消費一般財貨或勞務的無異曲線：當兩財貨或勞務之間具有若干替代性時，無異曲線是一條凸向原點的曲線，且其消費邊際替代率隨著 X 的消費量增加而遞減。

　　圖 3.9(b) 代表兩財貨或勞務可以完全的互相替代：完全替代品的無異曲線是直線而非曲線，其消費邊際替代率爲一常數，不會隨著 X 的消費量增加而改變，例如，完全替代品的商品可能爲不同廠牌，但具有相同消費功能的商品。

　　圖 3.9(c) 代表兩財貨或勞務間具有完全互補關係，兩財貨或勞務稱之爲完全互補品，它們必須同時消費才能帶給消費者效用，即兩財貨或勞務呈固定比例同時被消費，無異曲線呈直角型態，例如，對需加奶精才會想喝咖啡之消費者而言，咖啡與奶精的消費組合即可能構成此種型態的無異曲線。

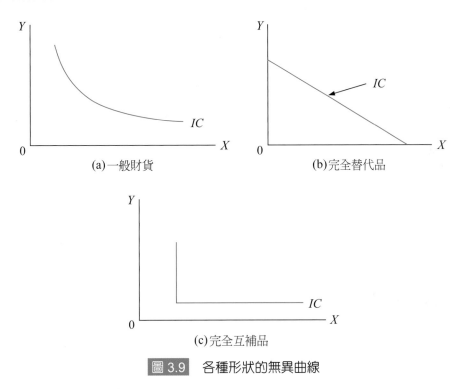

圖 3.9　各種形狀的無異曲線

3.3.5　預算線

　　在分析消費者行爲時，除了要討論消費者在消費中所得到的主觀效用，還要考慮消費者所面臨的客觀條件，也就是消費者的預算限制（budget constraint）。消費者所面對的預算限制，是由消費者的所得及市場上財貨或勞務的價格共同決定的。假設經濟社會中只有兩種財貨或勞務供消費者作選擇，即 X 財貨或勞務與 Y 財貨或勞務，且 X 財貨或勞務的價格是 P_X，Y 財貨或勞務的價格是 P_Y；又假設消費者的貨幣所得（money income）爲 I。如此，消費者所面對的預算限制，或稱預算線（budget line），已如前述，可用（3.7）式表示：

$$P_X \cdot X + P_Y \cdot Y = I \qquad\qquad （式 3.7）$$

（3.7）式顯示預算線的斜率，其實就是兩財貨或勞務 X 與 Y 的相對價格比的負值（$-P_X/P_Y$），如圖 3.10 所示，$\overline{AB}$ 就是預算線，其斜率 $-\dfrac{\overline{OA}}{\overline{OB}} = -\dfrac{P_X}{P_Y}$，而 X 軸的截距（$I/P_X$）是把所有的錢都花費在 X 財貨或勞務時，所能購買 X 財貨或勞務的最大數量，同理，Y 軸的截距（I/P_Y）是把所有的錢都花費在 Y 財貨或勞務時，消費者所能購買財貨或勞務的最大數量。

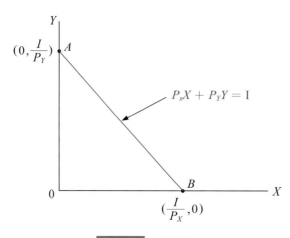

圖 3.10　預算線

若消費者的貨幣所得（I）改變，而兩財貨或勞務的相對價格（P_X/P_Y）不變，則預算線斜率不變，預算線只會平行移動。反之，若兩財貨或勞務的相對價格改變而消費者的貨幣所得不變，則預算線的斜率會隨之改變。所得與兩財貨或勞務的相對價格的變化對預算線的影響，我們可用圖 3.11 來加以說明：

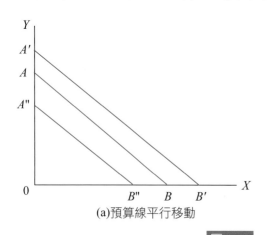
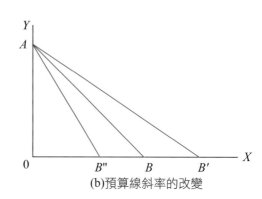

圖 3.11　預算線的變動

　　圖 3.11(a) 顯示，當兩財貨或勞務的相對價格不變時，消費者的貨幣所得增加，會導致預算線平行向外移動（$\overline{AB} \rightarrow \overline{A'B'}$）；同理可知，若所得減少，則預算線會平行向內移動（$\overline{AB} \rightarrow \overline{A''B''}$）。

　　而圖 3.11(b) 顯示，在其他條件不變的情況下，兩財貨或勞務的相對價格改變，會使預算線的斜率產生變化。當 P_X 下跌時，全部所得用於購買 X 財貨或勞務的最大數量增加，但由於 Y 財貨或勞務的價格（P_Y）不變，故全部的貨幣所得用於購買 Y 財貨或勞務的最大數量維持不變，因此預算線由 $\overline{AB}$ 旋轉至 $\overline{AB'}$。反之，若 P_X 上升，則預算線由 $\overline{AB}$ 旋轉至 $\overline{AB''}$。

3.4　消費者均衡與需求曲線

3.4.1　消費者均衡

　　消費者購買財貨或勞務時會考量所能獲得的滿足感（效用）、財貨或勞務的價格與支付能力（所得）等因素以取得均衡（最適消費組合），在有限資源（所得或預算）下獲取極大滿足（極大總效用）。

　　因此，將客觀的預算線與主觀的無異曲線相配合，可用以決定消費者均衡的最適消費組合。亦即在有限的預算下，消費者達到極大效用。消費者均衡點必定座落於無異曲線與預算線的切點處，在切點處時，無異曲線和預算線的斜率相等。

　　無異曲線斜率的絕對值即財貨或勞務的消費邊際替代率，而預算線斜率的絕對值即兩種財貨或勞務的價格之比，如圖 3.12 中的 E 點所示。圖 3.12 中，IC_1 曲線上 C 點斜率的絕對值大於預算線（$\overline{AB}$）斜率的絕對值；反之，IC_1 上 D 點斜率的絕對值小於預算線（$\overline{AB}$）斜率的絕對值。

　　因此，C、D 兩點皆不是消費者均衡點。圖 3.12 中，IC_2 曲線上 E 點斜率的絕對值與預算線斜率的絕對值相同，因此 E 點即是消費均衡點，符合消費者均衡的條件（3.8）式：

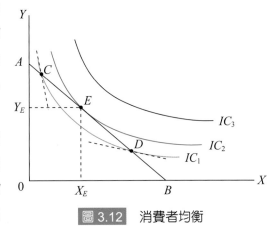

圖 3.12　消費者均衡

$$MRS_{XY} = \frac{MU_X}{MU_Y} = \frac{P_X}{P_Y} \qquad (\text{式 } 3.8)$$

3.4.2 需求曲線的推導

消費者對某一財貨或勞務的需求曲線乃表示，他購買該財貨或勞務之數量與其價格間之關係。在 3.1.2 小節裡，我們已由邊際效用均等法則推導出需求曲線，而需求曲線亦可由消費者追求效用極大化行為推導而來，當消費者的偏好、所得及相關財貨或勞務價格均不變，而僅某一財貨或勞務的價格發生變動時，將引起消費最適組合發生變動，由此可推導出消費者對該財貨或勞務的需求曲線。

在圖 3.13(a) 中，$\overline{AB}$ 為原有的預算線，X 的價格為 P_0，均衡點 E_0 表示消費者購買 X_0 數量的 X 財貨或勞務，以及購買 Y_0 數量的 Y 財貨或勞務，對應到圖 3.13(b)，可對應出 E_0' 點。

若現在假設 Y 財貨或勞務的價格不變，而 X 財貨或勞務的價格下跌（由 P_0 下跌至 P_1），則此時預算線會成為 $\overline{AC}$，此新的預算線 $\overline{AC}$ 與另一條無異曲線 IC_1 相切於點 E_1，E_1 為新的消費均衡點，同理，可再對應圖 3.13(b) 之價格軸得點 E_1'，將 E_0' 與 E_1' 兩點連接即可得出消費者對 X 的需求曲線（D_X）。

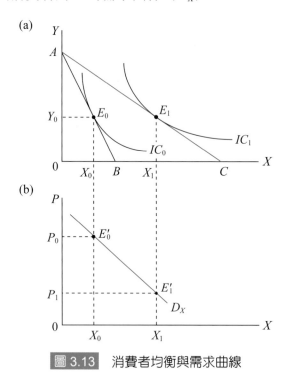

圖 3.13 消費者均衡與需求曲線

3.4.3 價格消費曲線和所得消費曲線

價格消費曲線（price consumption curve, PCC）又稱之為價格擴展曲線，它表示在消費者所得和其他相關財貨價格不變的情況下，隨著某一種財貨或勞務價格的變動，消費均衡點變動的軌跡。而所得消費曲線（income consumption curve, ICC）又稱之為所得消費擴展曲線，它表示在所有財貨或勞務價格保持不變的條件下，隨著消費者所得的變動，消費均衡點變動的軌跡。

圖 3.14 中，當貨幣所得與 Y 財貨或勞務的價格不變，而 X 財貨或勞務的價格下降時，預算線由 $\overline{AB}$ 旋轉至 $\overline{AB'}$ 或 $\overline{AB''}$，均衡點分別是 E_1、E_2 及 E_3，將這些點連結起來，形成 X 財貨或勞務的價格消費曲線（PCC）。而在圖 3.15 中，線段 $\overline{A_1B_1}$、$\overline{A_2B_2}$ 與 $\overline{A_3B_3}$ 相互平行，表示 X 財貨或勞務與 Y 財貨或勞務的（相對）價格不變，但消費者的所得發生改變，連接均衡點 E_1、E_2 與 E_3 可形成所得消費曲線（ICC）。

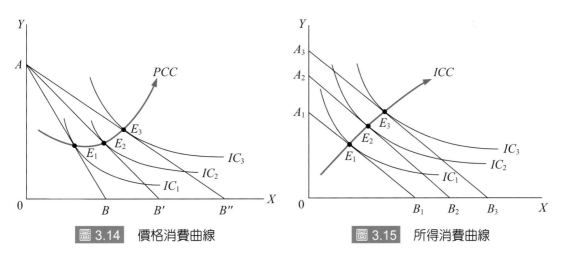

圖 3.14　價格消費曲線　　圖 3.15　所得消費曲線

▌3.5　替代效果、所得效果與價格效果

3.5.1　價格效果

在其他條件不變的情況下，價格改變對財貨或勞務的消費量造成的總影響，稱之為價格效果（price effect, PE）。價格效果又可拆解為替代效果（substitution effect, SE）和所得效果（income effect, IE）。

　　替代效果是指假設某一財貨或勞務的價格下降時，由於其他財貨或勞務的價格維持不變，因此該財貨或勞務相對變得較便宜，所引起消費者以該財貨或勞務替代其他財貨或勞務的消費，因而變動的數量。替代效果發生時，消費者的滿足程度不變，即替代行為發生在同一條無異曲線上。

　　而所得效果是指當消費者的實質所得（real income）或購買力發生變動時，消費者對該財貨或勞務之消費變動的數量。

　　我們用圖 3.16 來說明：價格效果（PE）、替代效果（SE）和所得效果（IE）三者之間的關係。圖中原來 X 財貨或勞務的價格為 P_0 時，在預算限制下的效用極大點為 E_0 點，若現在 X 財貨或勞務的價格降為 P_1 時，預算限制放寬，新的預算線與無異曲線（IC_2）相切於 E_2 點。E_0 點到 E_2 點的變動，是價格引起的全部效果，以 X 財貨或勞務的數量表示，線段 X_0X_2 即表示價格效果。

　　當 X 財貨或勞務的價格下跌，而 Y 財貨或勞務的價格不變時，此時 X 財貨或勞務與 Y 財貨或勞務的相對價格改變，即預算線的斜率改變，但把實質所得增加部分先行扣掉，即在新相對價格下只維持相對價格改變前的原效用水準，則預算線會與原來的無異曲線（IC_1）相切於 E_0 點的右方，如 E_1 點，消費組合由 E_0 點到 E_1 點，是由於相對價格變動的效果（因 E_0 點到 E_1 點原效用不變，實質所得維持不變），亦即替代效果為 $\overline{X_0X_1}$（因價格變動所引起）。

　　由 E_0 點到 E_2 點之 X 財貨或勞務消費量變動中，扣除 E_0 點到 E_1 點 X 財貨或勞務消費量的變動後，剩下的 E_1 點到 E_2 點的 X 財貨或勞務消費量變動（$\overline{X_1X_2}$），則是因實質所得改變所導致的結果，故稱它為所得效果。

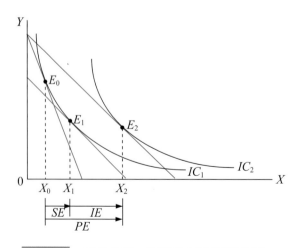

圖 3.16　替代效果、所得效果與價格效果

<u>3.5.2</u>　正常財貨、劣等財貨與所得中性財貨

不論是什麼財貨或勞務，只要有替代品存在，則當其價格上升時，該財貨或勞務的需求量會減少，當其價格下降時，該財貨或勞務的需求量會增加，所以替代效果與價格的變動成反方向變動。而財貨或勞務之所以有不同的類型，就是因為其所得效果與價格變動的方向不盡相同。

對於**正常財貨（normal goods）而言，當所得下降時，消費者對該財貨或勞務的需求量減少，而當所得增加時，消費者對該財貨或勞務的需求量增加。因此，所得與需求量呈同方向變動。**

對於**劣等財貨（inferior goods）而言，當所得下跌時，消費者對該財貨或勞務的需求量反而增加，而當所得增加時，消費者對該財貨或勞務的需求量反而減少。劣等財貨的所得與需求量呈反方向的變動。**

而 Giffen 財貨（Giffen goods）亦是劣等財貨的一種，其所得與需求量呈反方向的變動，且所得效果大於替代效果，所以價格變動的最終結果是財貨或勞務的需求量隨價格上升而增加，成為違反需求法則之特殊情況。對於所得中性財貨（income neutral goods）而言，在其他條件不變下，消費者對該財貨或勞務的需求量，不受所得變動的影響。

本章結論

本章第一部分先是利用邊際效用（基數效用）來分析消費者的選擇行為，這個分析法有一項很明顯的缺點，即是假定效用的「可測性」，實際上效用的可測性很不容易做到。但是，邊際效用分析法幫助我們了解消費者行為的許多特質，如效用極大化的條件，需求曲線應有的負斜率，「價格」和「價值」是可以分別決定，而且消費者剩餘可用來衡量消費者的福利。

在本章後半部分，我們放棄效用的「可測性」假設，利用一個新的分析工具，即無異曲線來作分析，只要求消費者能排列其偏好程度的順序，是一種序數性的效用觀念，可以幫助我們了解個人的消費行為。進一步而言，雖不再假定效用具有可測性，無異曲線分析依然可獲得相同之分析結果。

Chapter 4 生產者行為：實物面與成本面分析

李見發

名人名句

華倫・艾德華・巴菲特
（Warren Edward Buffett，1930 年 8 月 30 日～）

　　當市場下跌時，你輕易的將好東西打折變賣，但是一旦市場向上，再想買回來，難之又難。

研習重點

- 生產要素種類與特性及生產函數的型態
- 總產量、平均產量與邊際產量三者之間的關係
- 等產量曲線與廠商如何從事生產活動
- 生產成本如何衡量
- 短期總成本、短期平均成本與短期邊際成本之間相互關係
- 廠商長期成本結構與生產者之生產均衡條件

學習架構圖

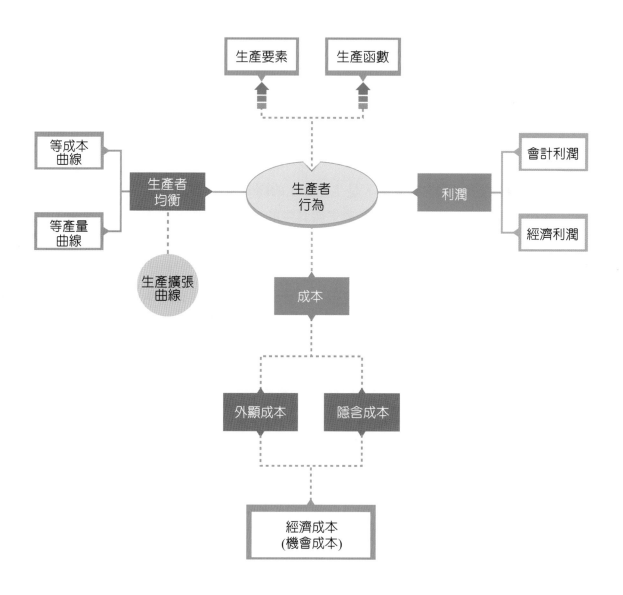

4.1 廠商與生產函數

廠商（firm）是生產財貨或勞務的基本單位，廠商的型態一般可分為獨資、合夥和公司等三種型態。

廠商出現的第一個主要的原因是可以降低交易成本（transaction cost）。舉個例來說，如果要自建一棟房屋，而在市場上可分別找到泥水匠、木工、水電工與材料商，你可以分別和他們訂定契約來完成交易。這樣一來，許多大小雜事都要在市場上一項一項的完成交易。而且，他們會不會配合，是需要你來監督。你會不勝其煩，而且完成每項交易都具有相當的交易成本。如果有人成立一家建築公司，把所有的工人和材料都結合起來，而這時，只需要與這家建築公司打交道，並請該建築公司負責監督協調，那自己需承擔的交易成本也就可以大幅的降低。這就是廠商出現的主要緣由之一。

廠商出現的第二個主要原因，是生產分工的團隊生產（team production）。由多位工人組成一個生產團隊，每人專業生產其中的一部分零件，然後再組裝起來，由於熟能生巧，專業分工後，每個人的生產會更有效率，使得整個生產團隊之總產量大於團隊各成員產量之總和。而這也就是廠商出現的另一主要緣由。

但另一方面，廠商規模太大也會帶來管理上的困難，這正負兩方面的因素同時存在，就決定了廠商的最適規模。

4.1.1 生產函數

生產函數（production function）是指在特定的生產技術下，把生產要素轉化為產出量的過程表現，亦即生產財貨或勞務的過程中生產要素的投入與產出量之間的技術關係。一般為便於說明起見，會將多種生產要素投入簡化為兩項：即勞動（labor, L）與資本（capital, K）。在此簡化假設下，生產函數可設定為：

$$Q = f(L, K) \qquad (式 4.1)$$

生產要素（production factor）是指在生產財貨或勞務的過程中所使用之要素投入，經濟學家通常將基本生產要素分為勞動（labor）、土地（land）、資本（capital）及企業家精神（entrepreneurship）等四種。

廠商之所以需要購買生產要素，目的不在於對生產要素的直接需求，而在於用以生產其他財貨或勞務，以滿足消費者之慾望，所以廠商對生產要素的需求乃是一種引申性需求（derived demand）。

廠商為了賺取利潤，必需生產財貨或勞務以滿足消費者之慾望，而當從事財貨或勞務之生產時，即需雇用各種的生產要素，故廠商對於生產要素有所需求，乃是由於消費者對財貨或勞務之原始需求（primary demand）所引申出來的。此外，生產要素需求之另一特性為生產要素間存在相互依存的關係，廠商不可能只用一種生產要素來生產財貨或勞務，而必須結合多種生產要素，才能生產出財貨或勞務。

4.1.2　短期與長期

經濟學家所指的短期（short run）和長期（long run）的概念與一般人的認知略有不同。二者的區別不全然在於時間的長短，更強調的是生產要素能否全部調整：**短期是指在一定技術水準下，廠商來不及調整所有的生產要素的數量，至少有一種生產要素數量維持不變的期間。**

在短期裡，將勞動（L）視為可變生產要素，而將資本（K）視為固定生產要素，亦即生產規模沒有變動。

而長期是指生產者可調整全部生產要素的數量，所有生產要素數量都可以變動的期間，也就是指勞動（L）與資本（K）皆為可變生產要素，但廠商的生產技術仍然是假設固定不變。在短期內所反映出的投入產出關係稱之為短期生產函數；而在長期裡，所反映出的投入產出關係稱之為長期生產函數。

FYI 專欄

舉一個簡單例子來說明平均產量與邊際產量兩者之間的關係，假定原來本班的經濟學期中考試平均分數是 80 分（視同 AP），若隔壁班的一位學生轉入本班，而他的經濟學期中考試成績為 85 分（邊際分數，視同 MP），則本班新的經濟學期中考試平均分數將高於 80 分（因 $MP > AP$，所以 AP 會上升）。反之，若隔壁班的一位學生的經濟學成績為 75 分，則他轉入本班後，本班新的經濟學期中考試平均分數將低於 80 分。而若該生分數為 80 分，則本班的平均分數將維持不變。

4.2 生產理論的短期分析

4.2.1 總產量曲線

假設廠商租用的場地訂有租約，烹煮食物的鍋爐一時也難於脫手變賣，這些在短時間內無法變動的生產要素，稱之爲固定生產要素（fixed production factors）。一般來說，有二種重要的固定生產要素，包括土地和資本設備。爲了簡化說明，就以一個符號 $\overline{K}$ 來代表。其他的生產要素，像雇用多少幫手或購買多少材料，都是可以改變的，就稱之爲可變生產要素（variable production factors）。在可變生產要素中，以勞動最爲重要，花費成本也最多。

總產量（total physical product, TP）指在一定時間短期內，生產技術水準與固定生產要素（K）不變之下，投入某一種的可變生產要素（L）所累積的產量總和。總產量會隨著勞動投入的增加而增加，而總產量增加速度會先遞增後再遞減。Q 代表在給定固定生產要素（$\overline{K}$）下，變動可變生產要素數量下所能生產的最高產量。短期的生產函數以數學式表示如下：

$$Q = f(L, \overline{K}) = TP \qquad （式 4.2）$$

我們以一個虛擬的生產例子來說明短期的生產函數，表 4.1 中，第一欄顯示出勞動投入的數量，第二欄爲固定數量的資本，第三欄爲產出的數量，故前三欄爲每月以不同的勞動數量與固定 10 單位的資本所能生產的產量。

表 4.1　可變生產要素的投入與產出

勞動數量（L）	資本數量（$\overline{K}$）	總產量 TP（Q）	平均產量（Q/L）	邊際產量（ΔQ/ΔL）
0	10	0	–	–
1	10	10	10	10
2	10	30	15	20
3	10	60	20	30
4	10	80	20	20
5	10	95	19	15
6	10	108	18	13
7	10	112	16	4
8	10	112	14	0
9	10	108	12	−4
10	10	100	10	−8

當勞動投入為 0 時，總產量也是 0。當勞動投入量增加至 8 單位之前，總產量會隨勞動投入量增加而增加。超過此點後，總產量開始降低。一開始每單位的勞動可以儘量利用現有的機器及工廠，但到了某個點之後，多餘的勞動投入量已不再有用且可能造成反效果。在表 4.1 中，若由 5 個工人來操作一條生產線可能會比 2 個工人更有效率，但是若為 10 個工人卻可能會因為工作場所太過於擁擠而降低生產效率。

而在生產技術水準與固定生產要素 $\overline{K}$（表 4.1 中第二欄）不變之下，投入某一種可變生產要素（L）（表 4.1 中第一欄）與總產量（表 4.1 中第三欄）之間，表現在圖形上，即為圖 4.1 中之總產量曲線（TP）。橫軸代表可變生產要素（L）的雇用數量，縱軸為總產量（TP）。在原點至 A 點（反曲點），總產量增加的幅度會隨勞動雇用量增加而遞增。A 點至 B 點（最高點），總產量增加的幅度會隨勞動雇用量增加而遞減。B 點以後（如 C 點），總產量隨勞動雇用量增加而遞減。

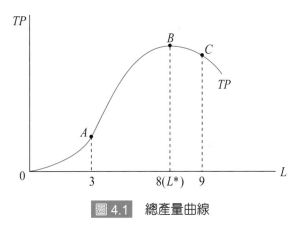

圖 4.1　總產量曲線

4.2.2　平均產量曲線的推導

在一定時間內，**平均產量（AP）是指每單位勞動所平均生產的產量**，如表 4.1 中第四欄的值，為總產量（TP）除以勞動投入量（L）。平均產量可以讓我們瞭解每位勞動者平均可生產多少產量，以數學式表示如下：

$$AP = TP/L = Q/L \qquad \text{（式 4.3）}$$

當總產量曲線是圓滑的曲線時，我們可直接由圖推導出平均產量曲線。如圖 4.2 的 (a) 圖，我們連接原點和總產量曲線上的點（稱之為割線），可以得到很多條割線。隨著勞動投入量的增加，割線由平緩漸趨陡峭，過了 A 點以後割線又漸趨平緩。在 A 點的割線與總產量曲線相切，即與在 A 點的切線重合。而割線的斜率值等於平均產量。在圖 4.2 的 (b) 圖我們繪出相對應的平均產量曲線。平均產量應先逐漸上升，直到 A' 點（相對應於在圖 4.2 的 (a) 圖中的 A 點）；過了 A' 點以後，又會逐漸下降，A' 點為平均產量的最大值。

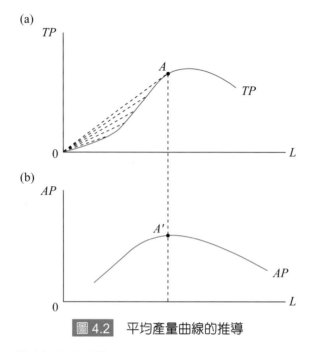

圖 4.2 　平均產量曲線的推導

4.2.3 邊際產量曲線的推導

在短期內，**邊際產量**（marginal product）**是指每增加一單位勞動投入量所能增加的產量**（如表 4.1 中第五欄的數值），用 *MP* 表示。亦即指勞動投入量（*L*）增加所引起總產量（*TP*）的變動。邊際產量可以讓我們瞭解新僱用勞工或增加工時可以增加多少產量，以數學式表示如下：

$$MP = \frac{\Delta TP}{\Delta L} = \frac{\Delta Q}{\Delta L}$$　　　　　　　　（式 4.4）

我們可直接由圖推導出邊際產量曲線，在圖 4.3(a) 中，我們對總產量曲線作很多切線，可以看到剛開始切線（如 *A* 點），隨著勞動量（*L*）增加，切線漸趨陡峭。但過了 *R* 點以後，隨著勞動投入量（*L*）增加，切線漸趨平緩，我們稱此點為反曲點（inflection point）；到了 *B* 點與割線重合，而當到了 *C* 點時切線已成水平狀態。在圖 4.3(b) 中，我們繪出相對應的邊際產量曲線。我們知道，切線的斜率值為邊際產量。所以，邊際產量應該逐漸上升，直到 *R'* 點達到邊際產量最高值，隨後下降，到了 *C'* 點時邊際產量等於零。而在 *B'* 點時切線與割線重合，所以在 *B'* 點時邊際產量就等於平均產量。

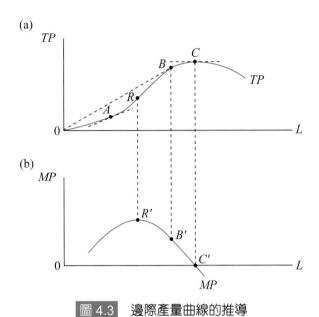

　邊際產量曲線的推導

4.2.4　總產量、平均產量與邊際產量三者間的關係

短期生產函數的性質可用圖 4.4 來說明。在圖 4.4(b) 中，將平均產量曲線和邊際產量曲線擺放在一起。以 B' 點（相對應於在圖 4.4(a) 中的 B 點）作為分界點，隨著勞動投入量的增加，各種產量概念之間的關係如下：

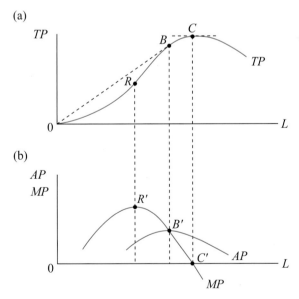

　總產量曲線（TP）、平均產量曲線（AP）與邊際產量曲線（MP）三者之間的關係

（1）由圖 4.4(b)，在原點與 *B'* 點之間，隨著勞動投入量的增加，只要 *MP* 大於 *AP*，*AP* 會上升（*MP* 可能上升也可能下降）；(2) 過了 *B'* 點，繼續增加勞動投入量，*MP* 小於 *AP*，*AP* 會下降；(3) 在 *B'* 點，平均產量曲線與邊際產量曲線兩條線相交，且邊際產量曲線通過平均產量曲線，即當 *MP* 等於 *AP* 時，平均產量達到最大值；(4)*TP* 達於最高點（*C* 點）時，邊際產量剛好等於 0（*C'* 點）；(5)*TP* 減少時（*C* 點之後），邊際產量（*MP*）會小於 0（*C'* 點之後）。

機械手臂也會做馬達！60 年老廠效率增三倍
https://youtu.be/lEYxmEMvOzI

4.2.5　邊際報酬遞減法則

邊際報酬遞減法則（law of diminishing marginal returns）是指在生產技術不變的條件下，當把一種可變生產要素連同其他一種或幾種固定生產要素投入到生產過程之中，隨著該可變生產要素投入量的增加，最初每增加一單位該可變生產要素所帶來的產量增加量是遞增的，但到一定程度後，每增加一單位可變生產要素所帶來的產量增加量終將遞減。

4.2.6　生產三階段之短期分析

在短期中，資本是固定的，勞動是可變動的。首先，隨著勞動投入量的增加，最初總產量、平均產量和邊際產量都是遞增的，但各自增加到一定程度之後分別遞減，從圖 4.5 可看出 *TP*、*AP* 與 *MP* 都經歷遞增而後遞減的過程。其次，在圖 4.5(b) 中，*MP* 曲線和 *AP* 曲線一定相交於 *AP* 曲線的最高點，在相交前 *AP* 遞增，相交後 *AP* 遞減。而當 *MP* = 0 時，總產量達到最大。因此，我們可把生產分為三個不同的階段，如圖 4.5 所示：

生產第一階段 (I)：勞動投入量從原點增加到 *B* 點的階段

在生產的第一階段裡，位於 *AP* 曲線最高點的左邊，這時平均產量是處於遞增狀態，邊際產量大於平均產量。在這一階段，相對於不變的資本量，勞動投入量的增加可以使資本得到充分利用（這是因為相對於固定生產要素（資本）來說，勞動投入量相對缺乏，所以勞動投入量的增加可使資本的作用得到充分發揮），從而平均產量遞增。換言之，在圖 4.5(a) 中，勞動投入量至少要增加到 *B* 點（相對應於圖 4.5(b) 中的 *B'* 點）為止，否則資本無法得到充分利用。在 *B* 點之前，如 *A* 點（相對應於圖 4.5(b) 中的 *A'* 點）平均產量是處於遞增狀態，表示增加勞動投入的雇用量，可增加總產量，而邊際產量大於平均產量。

生產第二階段 (II) ： AP 最高點與 $MP = 0$ 間的階段

　　此時，勞動量從 B 點增加到 C 點（相對應於圖 4.5 的 (b) 圖中的 C' 點）這一階段，這時平均產量開始下降，邊際產量遞減。但邊際產量仍然大於零，增加勞動雇用量時，總產量以遞減率增加。當勞動投入量增加到 C 點時，總產量可達到最大，表示對勞動作充分效率之使用。此區域為有效率的生產區域，即合理生產區域。

生產第三階段 (III) ： MP 為負的階段

　　在這一階段是指勞動量超過點之後，這時由於 $MP < 0$，表示當增加勞動投入量，不僅對生產沒貢獻，總產量反而下降，一個理性廠商絕對不會選擇在此區域生產。

　　綜合以上說明，勞動量最佳的投入區域座落在生產第二階段（B 點與 C 點之間）。但座落在生產第二階段的哪一點，必須留待下一節討論生產成本時，再予分析。

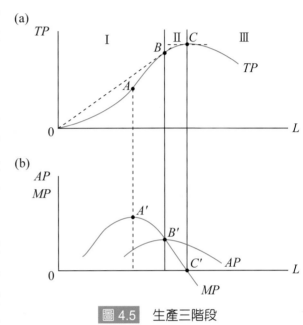

圖 4.5　生產三階段

經濟小百科

邊際產量遞減法則

　　邊際產量遞減法則（Principle of Diminishing Marginal Productivity），在經濟學中，指在投入生產要素後，每單位生產要素所能提供的產量增加發生遞減的現象。譬如在一塊土地上增加化學肥料的投入，所增產的糧食呈遞減趨勢。到最後，終會達到這一點，由於施肥太多，化肥非但不能增產反而造成減產。如果產量不遞減，我們可以放棄其他的耕地，專心耕作一塊土地，僅靠不斷增加化學肥料就可滿足全世界人口所需的糧食。所以說，幸虧我們生活在一個產量遞減的世界裡，否則這就變得很荒謬無法理解。最早提出時間為 1768 年，古典經濟學家安·羅伯特·雅克·杜爾哥（Anne Robert Jacques Turgot）認為，在符合古典經濟學認為的最高產量條件（生產要素比例最適：不管增或減任一的生產要素都會導致產量的下降）的情況下，會有三階段的變化。

1. 階段一：邊際產量上升，平均產量上升；

2. 階段二：邊際產量遞減，平均產量上升；

3. 階段三：平均產量遞減。

　　早期的經濟學家，忽略了科學與技術的進步可以增加產量，認為在人口的增加下，隨著邊際產量遞減的影響，會發生人均產出持續下降，造成人類生活在痛苦的水平中，同樣的概念也應用在托馬斯 · 馬爾薩斯其著作《人口論》提出的人口鐵律（Iron Law of Population）中。

資料來源：整理自維基百科

4.3 生產理論的長期分析

4.3.1 等產量線

　　在長期裡，由於所有的生產要素的雇用量都是可以變動，在本節我們引進等產量曲線的概念來描述廠商長期的生產活動。廠商的等產量曲線相當於消費者的無異曲線，**等產量曲線**（isoquant curve）**是指在特定產量水準下，所須投入兩種生產要素各種可能組合之軌跡。**等產量曲線是一條表示生產要素（如勞動與資本）雇用量可有不同組合，卻能生產出相同產量的曲線，如圖 4.6 所示。在一條等產量曲線上之要素投入組合，其產量均相等。一般而言，等產量曲線通常具有的以下幾個特性：

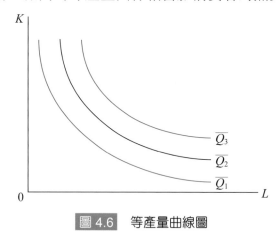

圖 4.6　等產量曲線圖

特性 1：等產量曲線具有負斜率

　　由於位在同一條等產量曲線上之各點，代表著不同的生產要素組合，廠商卻能生產出相同的產量。因此，點與點之間的移動，表示對其中一種生產要素投入量增加，則另一種生產要素投入量必會減少。如此一來，才會維持在相同的產量水準。只要兩種生產要素都具有正的邊際產量，等產量曲線必然是一條負斜率的曲線。表現在圖形上（如圖 4.6）的 L、K 兩生產要素的投入量，是一種反向變動的關係。

特性 2：任何兩條等產量曲線不可相交

　　在不同生產要素投入量下，廠商可建構出所謂的等產量曲線圖（如圖 4.6）。在同一平面圖上有無限多條等產量曲線，同一條等產量線代表相同的產量水準，不同的等產量曲線則代表不同的產量水準。但某一生產要素投入量組合，只能有唯一條等產量曲線通過，若兩條等產量曲線相交，代表兩條等產量線上有一相同之生產要素組合點，但卻落在兩條產量不同之等產量曲線上，即違反了等產量曲線的定義。

特性 3：愈向東北方的等產量曲線，產量水準愈高

　　等產量曲線圖包含許多條代表不同產量水準的等產量曲線，例如，圖 4.6 中的等產量曲線圖；$\overline{Q_1}$、$\overline{Q_2}$、$\overline{Q_3}$ 各自代表不同的產量水準。離原點愈遠的等產量線所代表的產量愈高，反之則愈低。在特定技術水準條件下，其中一種生產要素投入量增加，或兩種生產要素投入同時增加，將使產量增加，因此等產量曲線離原點愈遠，即愈往右上方的等產量曲線所表示的產量愈高：$\overline{Q_3} > \overline{Q_2} > \overline{Q_1}$。

特性 4：任何一個生產要素組合均有一條等產量曲線經過，即等產量曲線圖具稠密性

　　由於假定生產函數是連續的函數，所以平面上任何一點皆有一條等產量曲線通過。換言之，在已知的兩條等產量曲線之間，我們可再繪出無限多條的等產量曲線。

特性 5：等產量曲線凸向原點，又稱為邊際技術替代率遞減法則

　　無異曲線上每一點的切線斜率的絕對值是所謂的消費邊際替代率（*MRS*）；同樣地，等產量曲線上每一點的切線斜率的絕對值，則代表邊際技術替代率（marginal rate of technical substitution, $MRTS_{LK}$）。邊際技術替代率是指在該點上，為維持固定的產量水準，廠商用一種生產要素投入來取代另一種生產要素投入的比例，亦即兩種要素投入在生產過程中可以互相替代的程度。如圖 4.7 所示，表示在同一條等產量曲線上，每增加一單位勞動的使用量（$\overline{L_A L_B}$），所能取代資本投入的數量（$\overline{K_A K_B}$）。邊際技術替代率可用數學式表示如下：

$$MRTS_{LK} = \left| \frac{\Delta K}{\Delta L} \right| = \frac{MP_L}{MP_K} \qquad （式 4.5）$$

　　在分析廠商的生產行為時，我們假設是遞減的（邊際技術替代率遞減法則，law of diminishing marginal rate of technical substitution），也就是說當沿著一條等產量曲線往下方移動時，是依次下降，即每增加一單位勞動的雇用量，所能取代資本的數量會愈來愈少（如 $\overline{K_B K_C} < \overline{K_A K_B}$）。反映在圖形上，如圖 4.7 所示，等產量曲線為

一凸向原點的曲線。而遞減的邊際技術替代率說明了每種生產要素的生產力是有限的。當投入大量勞動以取代資本時，勞動的生產力會下降。

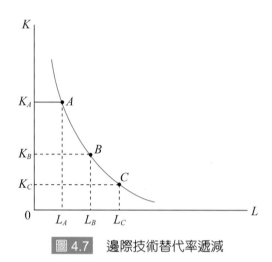

図 4.7　邊際技術替代率遞減

4.3.2 等成本曲線

　　等成本曲線的含義及性質與預算線相似，**等成本曲線（iso-cost curve）是在生產要素平面上，在同一成本下廠商可購買不同數量之生產要素組合的軌跡。**當兩種生產要素之價格（P_L、P_K）已知，在維持相同的生產成本下，雇用兩種生產要素（勞動（L）、資本（K））的各種可能組合的連線謂之等成本曲線，其數學式如下：

$$\bar{C} = P_L L + P_K K \qquad\qquad （式4.6）$$

　　等成本曲線之斜率為生產要素價格比例的負值（$-P_L/P_K$），而等成本曲線在橫軸（L）之截距（$\bar{C}/P_L$）表示廠商將所有生產預算（成本）用於雇用勞動時，所能雇用的最大勞動數量，而縱軸（K）之截距（$\bar{C}/P_K$）則表示廠商將所有生產預算（成本）用於購買資本時，所能買到的最大資本數量。而圖 4.8 僅繪出等成本曲線圖中的三條等成本曲線，當總成本支出愈大，則其在橫軸（L）與縱軸（K）之截距愈大，因此等成本曲線離原點愈遠，表示生產預算（成本）愈大，如圖 4.8 中 $\bar{C_3} > \bar{C_2} > \bar{C_1}$ 所示：

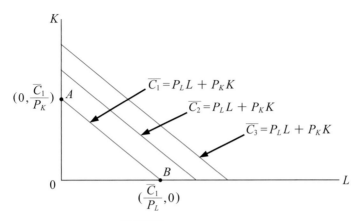

圖 4.8　等成本曲線

4.3.3　生產者均衡

　　將等成本曲線與 4.3.1 節介紹的等產量曲線相結合，廠商可以決定出最適的生產要素組合，廠商雇用生產要素時會權衡所能獲得的產量，生產要素價格與支付能力的等成本曲線等因素，以取得最適生產要素組合的均衡點。**生產者均衡**（producer equilibrium）**就是發生在等產量曲線與等成本曲線相切之處。**廠商在既定的產量水準之下，選取總成本極小的生產要素的組合，由圖 4.9 得知，廠商為了達到生產 1,000 單位，其極小成本的生產要素組合是等產量曲線（$\overline{Q}_2$）與等成本曲線（$\overline{C}_2$）相切的 E 點，E 點所示勞動與資本的數量代表廠商雇用生產要素的最佳配置，該點即是生產者均衡。$\overline{C}_1$ 的總成本雖然較低，但卻無法達到 1,000 單位的產量；$\overline{C}_3$ 的總成本，雖可達成 1,000 單位之產量，又較 $\overline{C}_2$ 的總成本為高。因此，$\overline{C}_2$ 的總成本是生產 1,000 單位所花費的最低成本，亦即等成本曲線與等產量曲線之切點，表示限制下的極大產量或極小成本，在圖 4.9 中，$\overline{Q}_1$ 為總成本 $\overline{C}_1$ 下的極大產量，而 $\overline{C}_3$ 的總成本則為產量 $\overline{Q}_3$ 下的極小成本。在均衡點 E，等產量曲線的斜率的絕對值（$MRTS_{LK}$）與等成本曲線的斜率絕對值（P_L/P_K）相等，這也是生產者均衡條件式，如（4.7）式：

$$MRTS_{LK} = \frac{P_L}{P_K} \qquad\qquad （式 4.7）$$

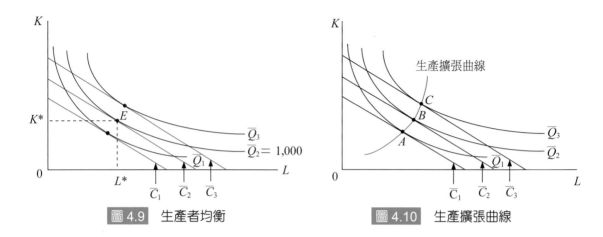

圖 4.9 生產者均衡　　　　圖 4.10 生產擴張曲線

在圖 4.10 中，當兩種生產要素的相對價格不變，而廠商之生產預算不斷增加的情況下（即等成本曲線平行往外移動，如 $\overline{C}_1 \rightarrow \overline{C}_2 \rightarrow \overline{C}_3$），等產量曲線與等成本曲線相切之點（如在圖 4.10 中 A、B 與 C 三點），所形成的軌跡稱之為**生產擴張曲線**（production expansion path），**表示在生產要素相對價格不變下，隨著生產預算的變動所引起生產要素雇用最佳組合的變動。** 這種生產要素雇用組合與成本變動所形成的擴張路徑，和財貨勞務消費組合與所得預算變動所形成的所得消費曲線相對應。連接各切點即為廠商的生產擴張曲線，理性的廠商會選擇生產擴張曲線上的生產要素組合點來進行生產。

4.4　生產成本與利潤

生產成本是指在一定期間內，廠商為生產一定數量的產出，所必需購買生產要素的總支出，是廠商生產財貨或勞務的一種代價，產量愈大則需要愈多的生產要素投入，此時須花費愈高的生產成本。以下，我們介紹幾個相關的生產成本概念：

4.4.1 成本的分類

一、外顯成本與隱含成本

　　廠商雇用生產要素，以貨幣對外支付的成本就是外顯成本（explicit cost），如工資、地租、機器、廠房設備的折舊及原料、燃料及材料的支出。因為這些支出一筆一筆地記在會計帳簿中，所以，亦稱之為會計成本（accounting cost）。至於，隱含成本（implicit cost）是廠商使用自有的生產要素，雖不需直接以貨幣對外支付，但實際上亦屬生產成本。

二、機會成本

　　機會成本（opportunity cost）是指外顯成本和隱含成本之加總，又稱為經濟成本（economic cost），機會成本的產生是一種資源具有兩種或兩種以上的用途時，此時該資源使用於某一種用途而不能用於其他用途的代價，這被放棄之次佳用途的報酬就是資源使用於該用途的機會成本。在大多數情況下，機會成本通常用貨幣來表示。

一例一休衝擊大
https://youtu.be/2kIpHgWBXtA

4.4.2　會計利潤和經濟利潤

　　所謂**會計利潤**（accounting profit）是廠商的銷售收入與會計成本之間的差額。而所謂的**經濟利潤**（economic profit）就是指廠商的銷售收入與機會成本之間的差額。

> 會計利潤＝銷售收入－會計成本
> 經濟利潤＝銷售收入－（會計成本＋隱含成本）
> 　　　　＝銷售收入－機會成本
> 　　　　＝會計利潤－隱含成本

　　經由上述兩公式可以得知：當經濟利潤為正時，會計利潤必然為正；反之，當會計利潤為正時，經濟利潤可正可負。

▍4.5　短期成本函數

我們在經濟學裡所談的成本是指經濟成本。在短期的生產裡，有些是固定生產要素，而有些是可變生產要素。所以，短期總成本（short-run total cost, STC）亦可分為總固定成本（total fixed cost, TFC）和短期總變動成本（short-run total variable cost, $STVC$）兩種。

4.5.1　固定成本

　　固定成本是指廠商雇用固定生產要素的支出，由於固定生產要素的雇用量在短期不隨產量變動而變動，因此總固定成本與產量水準（Q）無關。固定成本可區分為總固定成本（TFC）與平均固定成本（average fixed cost, AFC）兩者。隨著產量增加，總固定成本仍然不會變動，其與短期總成本（STC）的關係如下所示：

$$STC = TFC + STVC \qquad\qquad (式 4.8)$$

而平均固定成本（AFC）是短期平均總成本（short-run average total cost, $SATC$）的成員之一，其與短期平均總成本的關係為：

$$SATC = AFC + SAVC \qquad\qquad (式 4.9)$$

由（4.9）式知，短期平均總成本可分為平均固定成本（AFC）與短期平均變動成本（short-run average variable cost, $SAVC$）兩項。而平均固定成本等於總固定成本（TFC）除以產量（Q）：

$$AFC = \frac{TFC}{Q} \qquad\qquad (式 4.10)$$

由圖 4.11 可知，TFC 為水平線，而 AFC 為雙曲線的一支。因此，AFC 會隨著產量 Q 的增加，而必然逐漸遞減，可表示為 $\dfrac{\Delta AFC}{\Delta Q} < 0$。

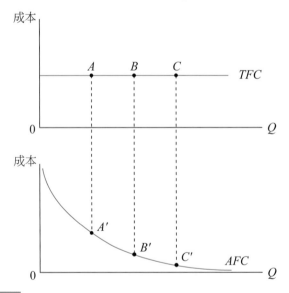

圖 4.11　總固定成本曲線、平均固定成本曲線與產量的關係

4.5.2 短期總變動成本與短期平均變動成本

短期總變動成本（$STVC$）是雇用可變生產要素的支出，廠商在短期的生產裡，如欲增加產量，必須增加可變生產要素的雇用量，因此短期總變動成本與產量水準之間存在著正向的關係。短期總變動成本會隨著產量的增加而增加，且短期總變動

成本所增加的幅度會先遞減後再遞增。短期平均變動成本（*SAVC*）等於短期總變動
成本（*STVC*）除以產量（*Q*），因此可寫成：

$$SAVC = \frac{STVC}{Q} \qquad (\text{式 4.11})$$

　　圖 4.12 中，短期平均變動成本曲線（*SAVC*）為短期總變動成本曲線（*STVC*）
上的點與原點連線（割線）的斜率。在 *B* 點時，割線恰好亦為切線，表示短期邊際
成本（short-run marginal cost, *SMC*）將會通過短期平均變動成本曲線（*SAVC*）的最
低點（*B'*），如圖 4.12 所示。

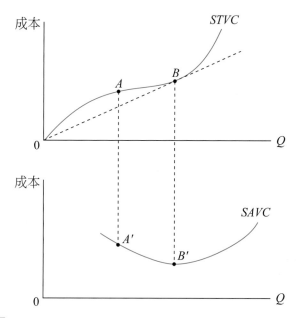

圖 4.12　短期總變動成本曲線與短期平均變動成本曲線之間的關係

4.5.3　短期邊際成本

　　短期邊際成本是衡量產量增加一單位時，所導致的短期總成本增量，亦即短期
總成本曲線（*STC*）或短期總變動成本曲線（*STVC*）上任何一點的切線斜率：

$$SMC = \frac{\Delta STVC}{\Delta Q} = \frac{\Delta STC}{\Delta Q} \qquad (\text{式 4.12})$$

4.5.4 短期總成本、短期平均成本與短期邊際成本間之關係

由表 4.2 的資料，可進一步了解各種成本之間的關係。在產量變動時，總固定成本保持 50 不變，短期總變動成本與短期總成本隨著產量變動而變化，平均固定成本隨產量增加而下降。短期邊際成本、短期平均總成本、短期平均變動成本三者均隨著產量增加呈現先降後升的趨勢。因此，由表 4.2 的資料，我們可以繪出圖 4.13 所示的各種短期成本曲線。圖 4.13 中，短期邊際成本曲線（SMC）、短期平均總成本曲線（$SATC$）與短期平均變動成本曲線（$SAVC$）間，雖都隨產量的增加而先降後升，呈 U 型曲線型態，但這三條曲線有著明顯差別。

由於短期平均變動成本（$SAVC$）不含平均固定成本（AFC），故小於短期平均總成本（$SATC$）。而短期平均變動成本曲線（$SAVC$）比短期平均總成本曲線（$SATC$）先達到的最低點。短期平均變動成本在產量為 7 時，達到最低點 25；短期平均總成本在產量為 8 時，達到最低點 31.8。

表 4.2　廠商的短期成本結構

產量水準	總固定成本 (TFC)	短期總變動成本 ($STVC$)	短期總成本 (STC)	短期邊際成本 (SMC)	平均固定成本 (AFC)	短期平均變動成本 ($SAVC$)	短期平均總成本 ($SATC$)
0	50	0	50	–	–	–	–
1	50	50	100	50	50	50	100
2	50	78	128	28	25	39	64
3	50	98	148	20	16.7	32.7	49.4
4	50	112	162	14	12.5	28	40.5
5	50	130	180	18	10	26	36
6	50	150	200	20	8.3	25	33.3
7	50	175	225	25	7.1	25	32.1
8	50	204	254	29	6.3	25.5	31.8
9	50	242	292	38	5.6	26.9	32.4
10	50	300	350	58	5	30	35
11	50	385	435	85	4.5	35	39.5

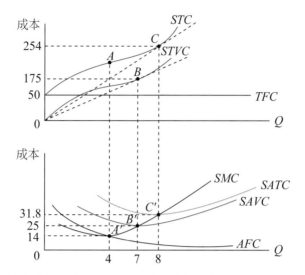

圖 4.13　短期總成本曲線、短期平均成本曲線與短期邊際成本曲線之間的關係

　　如果短期邊際成本小於短期平均變動成本（或短期平均總成本）時，則隨著產量的增加，短期平均變動成本（或短期平均總成本）會下降；反之，如果短期邊際成本大於短期平均變動成本（或短期平均總成本）時，則短期平均變動成本（或短期平均總成本）會上升。所以，短期邊際成本變動比短期平均變動成本（或短期平均總成本）變動來得快。例如當短期邊際成本在產量為 4 時，已達到最低點 14。

　　短期平均固定成本隨產量的增加而下降，也就是說當產量愈多時，其分攤每單位固定成本會愈少，故以水平軸為其漸近線。而短期平均變動成本變化呈 U 型趨勢為：短期平均總成本剛開始時隨產量增加而下降，當產量增加至相當程度後，會隨產量增加而增加。短期邊際成本亦呈 U 型為：在產量增加的最初階段，短期邊際成本隨產量增加而呈下降趨勢，當產量增加到相當程度後，短期邊際成本會隨產量增加而上升。

　　在圖 4.13 中，短期邊際成本曲線（SMC）為短期總變動成本曲線（STVC）與短期總成本曲線（STC）上切線的斜率。而短期邊際成本曲線會先通過短期平均變動成本曲線（SAVC）的最低點（B'），然後再通過短期平均總成本曲線（SATC）的最低點（C'）。短期邊際成本曲線變化趨勢的此一特點，成為決定廠商的生產數量之關鍵因素。

4.6　長期成本結構分析

經濟學裡所稱的長期，是指在該生產期間內，廠商所雇用的生產要素皆可以變動其雇用量，不像短期至少有一種固定的生產要素。亦即，在長期，廠商可以選擇最適的生產規模（即資本（K）亦可變動），而所有的成本皆是可變成本。長期成本函數與長期生產函數之間的關係，除不再有固定成本之外，就如同短期成本函數與短期生產函數之間的關係一樣。而長期成本曲線可由等產量曲線與等成本曲線導出。

在長期成本分析中，與生產規模增加相對應的成本為長期總成本曲線（long-run total cost curve, LTC）、長期平均成本曲線（long-run average cost, LAC）及長期邊際成本曲線（long-run marginal cost, LMC）等。從長期總成本曲線可以推導出長期邊際成本曲線與長期平均成本曲線，長期平均成本曲線亦可由短期平均總成本推導出。

4.6.1　長期總成本曲線

在長期下，所有生產要素皆可變動，在各種不同產量水準之下，廠商選擇最適生產規模（K^*），使總成本最小，而連接在各產量水準下之最適各種短期生產規模，即最低的生產成本的軌跡，就稱為長期總成本曲線。

由於沒有固定成本，長期總成本曲線由原點出發，從圖 4.14 可以看出：若在產量 Q_1 時，會選擇成本最小的點（A），即選擇其所對應之最適短期生產規模（此時資本規模為 K_1）；若在產量 Q_2 時，會選擇成本最小的點（B），即選擇其所對應之最適短期生產規模（此時資本規模為 K_2）；若在產量 Q_3 時，會選擇成本最小的點（C），亦即選擇其所對應之最適短期生產規模（此時資本規模為 K_3）。

然而，在各個不同產量水準下，**長期總成本曲線（LTC）上的每一點皆為在各種短期生產規模下之成本最小的點**，即廠商隨著最低成本點的變動，選擇最為合適的生產規模。圖 4.14 也說明了長期總成本曲線是短期總成本

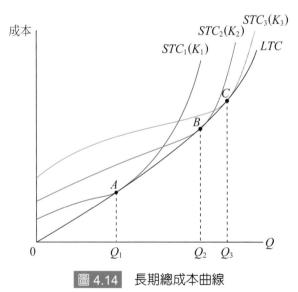

圖 4.14　長期總成本曲線

的包絡曲線（envelope curve）之特性，即長期總成本曲線與各短期總成本曲線在一點上相切但不相交。

4.6.2　長期平均成本曲線

在長期下，針對每一個產量水準，廠商生產之規劃必須要能使其單位成本達到最低的生產規模，長期總成本曲線可以透過短期總成本曲線求得。同理，長期平均成本曲線也可以透過短期平均總成本曲線求得。因此，**長期平均成本曲線通常是一先隨產量增加而遞減，然後再遞增的曲線**，因此形成一條類似 U 型的曲線。

由圖 4.15 得知，長期總成本曲線（LTC）與長期平均成本（LAC）曲線上的每一點代表在該產量的最適短期生產規模。例如，在 Q_1 的產量水準，短期的最適生產規模為資本規模 K_1，因為代表在資本規模 K_1 的短期總成本（STC_1）小於代表在資本規模 K_2 及資本規模 K_3 的短期總成本（STC_2）及（STC_3），且前者的短期平均總成本（$SATC_1$）也小於後者的短期平均總成本（$SATC_2$）及短期平均總成本（$SATC_3$）。而生產 Q_2 的產量時，最適生產規模為資本規模 K_2，由於短期總成本（STC_2）小於（STC_1）短期總成本及短期總成本（STC_3），且其短期平均總成本（$SATC_2$）也小於短期平均總成本（$SATC_1$）及短期平均總成本（$SATC_3$）。

圖 4.15 中，長期平均成本曲線（LAC）上有一點為最低點，該點代表廠商在長期間經由生產規模之調整而找出其最適的生產規模，因此在該最適產量（Q_2），廠商的長期平均成本曲線（LAC）達到最低點。而在長期平均成本曲線的最低點，與之相切的短期平均總成本曲線（$SATC_2$），也在該產量水準達到短期平均總成本（$SATC$）的最低點，其原因為：(1) 在 LAC 的最低點，$LMC = LAC$；(2) 在每一個最適產量水準下，$SMC = LMC$，且 $SATC = LAC$。在前述兩項條件成立下，在長期平均成本曲線的最低點，$SMC = LMC = LAC = SATC$ 可以成立。

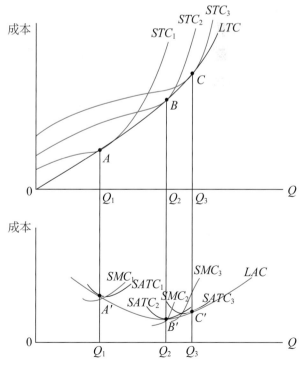

圖 4.15　長期平均成本曲線與短期平均成本曲線之間的關係

4.6.3 長期邊際成本曲線

長期邊際成本曲線（*LMC*）是由短期邊際成本曲線（*SMC*）所決定的，故可以從短期邊際成本曲線推導出來。

在圖 4.16 中，每一個代表最適生產規模的短期平均成本曲線上，都有一條相對應的短期邊際成本曲線（*SMC*）。廠商生產財貨或勞務的數量由邊際成本決定，在產量（Q_1）下，短期邊際成本為 AQ_1。

由於長期平均成本曲線（*LAC*）與短期平均總成本曲線（*SATC*）相切，代表在長期中，生產該產量的最適短期生產規模在規模 1，所以 AQ_1 既是短期邊際成本也是長期邊際成本，即 $LMC = SMC_1 = AQ_1$。

在生產規模可以無限細分的條件下，可以得到無數個如同 A、B 與 C 的點，以及對應的長期邊際成本，將這些點連結起來，即可得到一條平滑的長期邊際成本曲線。唯須注意者，長期邊際成本曲線並非短期邊際成本的包絡曲線。

長期平均成本與長期邊際成本之間的關係，若和短期平均總成本與短期邊際成本的關係相較，具有相同特點，即當長期平均成本處於下降階段時，長期邊際成本一定處於長期平均成本的下方，且長期邊際成本（*LMC*）與長期平均成本曲線（*LAC*）必定相交於長期平均成本曲線的最低點。

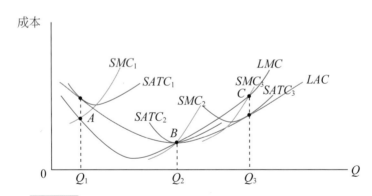

圖 4.16　長期邊際成本曲線與短期邊際成本曲線之關係

本章結論

　　本章討論廠商實物面與成本面的生產行為。廠商之所以會出現，是因為它能降低交易成本和發揮團隊生產的效益。但當生產規模過大時，將會帶來管理上的困難，因此，廠商在生產時，存在著最適生產規模。生產要素的投入量與產量之間的技術關係，可用生產函數來表示。生產函數描述在給定的生產要素數量下，技術上所能生產的最大產量。

　　在短期裡，我們描述總產量曲線、平均產量曲線、邊際產量曲線三者之間的關係，並將生產分成不同的三個階段來分析。當技術與某些生產要素是固定不變時，若只增加可變生產要素的雇用量，遲早會造成其邊際產量的下降，這就是邊際報酬遞減法則。長期的生產行為可用一組等產量曲線來加以描述，在生產要素都有正面貢獻時，等產量曲線會滿足五個特性：

(1)　具有負斜率；

(2)　不相交；

(3)　凸向原點；

(4)　愈往右上方的等產量曲線其所表示的產量愈大；

(5)　任何一個生產要素組合均有一條等產量曲線經過。

　　而成本曲線可由生產函數轉化而來，加入等成本曲線後，再以金額表示出來。視生產過程中，是否至少存在一個固定生產要素，成本也有長期與短期之分。在既定的生產要素價格下，短期成本函數描述生產任何給定的產量，所必須支付給生產要素的最低金額。我們介紹短期總變動成本曲線（$STVC$），並由短期總變動成本曲線推導出短期平均變動成本（$SAVC$）與短期邊際成本曲線（SMC）。

　　在長期成本結構分析中，長期總成本曲線（LTC）與長期平均成本曲線（LAC）分別為短期總成本曲線（STC）與短期平均總成本曲線（$SATC$）的包絡曲線。唯須注意者，長期邊際成本曲線（LMC）並非短期邊際成本曲線（SMC）之包絡曲線。長期中，最低成本的生產要素組合是等產量曲線與等成本曲線的切點，也就是說花費最後一塊錢購買各種生產要素所增加的產量都相同時，長期成本會達於極小。

PART 3 　市場均衡分析

Chapter 5

完全競爭市場

陳更生

名人名句

唐納德・克雷斯

真正的問題不在於你比過去做得更好，而在於你比競爭者做得更好。

研習重點

- 完全競爭市場的定義與特性
- 完全競爭市場中個別廠商的收益
- 完全競爭市場的長、短期均衡
- 產業規模變動與生產要素價格

學習架構圖

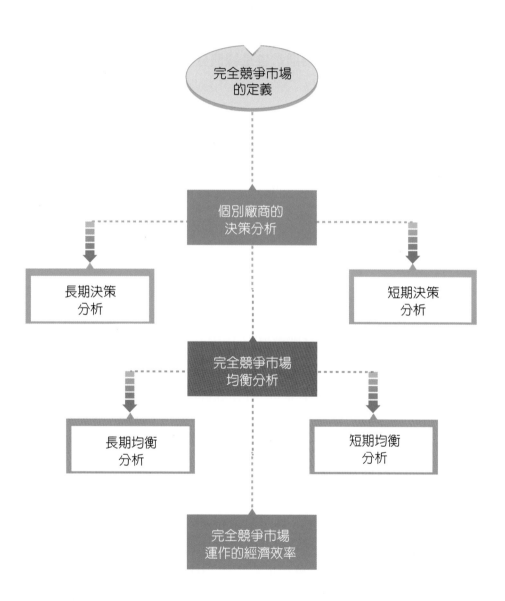

完全競爭市場
的定義

個別廠商的
決策分析

長期決策
分析

短期決策
分析

完全競爭市場
均衡分析

長期均衡
分析

短期均衡
分析

完全競爭市場
運作的經濟效率

5.1 完全競爭市場的定義與特性

在經濟學裡，所謂的完全競爭市場（perfect competitive market），是一種虛構的完美市場型態，在真實的世界裡，其實並不真的存在。即使有若干市場，在特徵上或許接近完全競爭市場的定義，但通常也僅止於接近而已，與定義上的完全競爭市場還是存在著一些距離。**定義完全競爭市場之目的，是在作為一個分析架構，用以探討市場中廠商的決策行為與市場均衡的決定過程，幫助我們瞭解競爭與效率之間的關聯性。除此之外，完全競爭市場通常也是經濟分析時的比較標竿（bench-mark），**透過比較與對照分析，讓我們可以了解，一旦市場結構偏離完全競爭市場型態時，對市場的運作效率會有何影響。

所謂的完全競爭市場，必須同時符合以下的所有特性：

1. 廠商數目眾多

    完全競爭市場中存在無限多家廠商，每家廠商的市場佔有率都相當低，因此即使市場中增加一家廠商，或減少一家廠商，對商品的市場價格的影響都微小到可以忽視。

2. 自由加入或退出

    市場沒有任何進入或退出的障礙，因此所有的廠商都可以自行衡量利弊得失來決定其去留：當市場中有利可圖時，所有潛在廠商都可以選擇加入生產的行列；當廠商面臨虧損時，廠商亦可選擇退出市場。

3. 同質性商品

    市場中所有生產者提供的都是完全同質的商品，對消費者來說，各家廠商的產品完全沒有任何差異。這種沒有差異的感覺不僅僅針對商品的本身，還包括在整個購買行為當中，如包裝、服務態度、距離遠近等等，因此無論向哪家廠商購買商品，對消費者而言都一樣。

4. 個別廠商只是價格接受者

    完全競爭市場因為廠商數目多，且每家廠商所生產的產品也完全同質，因此任何一家廠商均無法藉其交易行為，單獨影響商品的價格水準。所有廠商都只能在既定的市場價格下，各自決定其最適生產數量，因此被稱為「價格的接受者」（price taker）。

5. 訊息完全

    買賣雙方對市場中的任何訊息均瞭若指掌。因此不僅生產者能具體知道可以使用何種生產技術，或雇用成本最低的生產要素從事生產，應該生產哪種型式、

類型的商品等，而消費者也充分了解其所要購買商品之屬性，在何處購買，以及何時購買等。

　　在真實的經濟社會中，有些商品交易活動在性質上相當接近完全競爭市場，例如計程車市場。在馬路上一眼望去，大街小巷中計程車的數量很多；想要加入開計程車這個行業的門檻也不高；在同業公會的管理下，同一營業區域的計程車費率完全一樣，提供的服務也都是標榜將客人安全舒適地載往目的地。然而，同一營業區域的計程車市場仍然不能算是一個真正的完全競爭市場。因為，在這些計程車當中，總有些車子看起來比較新、比較乾淨，司機的服務態度也有好壞之別，因此多少仍有一些品質上的差異。在上車之前，乘客很難判斷自己這一次會碰到什麼樣的司機，所以不能說市場中的訊息是完全的。從這些現象看來，計程車市場與完全競爭市場的所描述的情況相近，但仍有一些出入。

　　另一個比較接近完全競爭的例子是信用卡市場，但也只是接近而已。根據「聯合信用卡處理中心」的統計，目前國內發行信用卡業務的金融機構約有 40 家之多（外商發卡銀行尚未計入），彼此競爭相當激烈，就其中競爭最為白熱化的「普通卡」業務而言，由於每家銀行都有發行，而且服務的內容大同小異，且幾乎每家發卡銀行都不向使用者收取年費，而刷卡的手續費也是由發卡銀行向商家收取，不是由持卡者負擔。儘管這些銀行發行的普通卡在消費者心目中近乎完全同質，但是因為辦理信用卡業務的金融機構的身份仍有限制，除非經由政府主管機關同意，否則外國金融機構無法任意進入臺灣的信用卡市場，所以信用卡市場仍不能看作是一個真正的完全競爭市場。

　　為什麼經濟學家會把完全競爭市場視為理想狀態？這其實是因為經濟學家從 19 世紀物理學家的研究成果中借來數學演算，他們把社會中的個人和企業視為物理世界中可交換的原子，而非獨特的創造者，並借用物理學中的均衡概念來討論市場活動，完全競爭市場中的種種簡化設定，使得模型變得比較容易建立。

5.2　完全競爭市場中廠商的收益

在討論廠商的生產決策之前，我們先來探討有關廠商的生產收益。所謂收益（revenue）是指廠商從生產活動中所得到的好處，生產活動所能產生的好處很多，例如從生產過程中所得到的成就感、累積生產經驗有助於未來的生產活動等。

　　然而爲了簡化分析，在經濟學裡面，我們通常將上述的好處予以忽略，並假設廠商生產的目的不在於自己消費，而是將全部的產品在市場上銷售，以換取貨幣上的收入，在這樣的假設下，產品的市場價值就成爲該廠商的生產收益（revenue）。我們可以分別從總收益（total revenue, TR）、邊際收益（marginal revenue, MR）與平均收益（average revenue, AR）等三個角度來衡量廠商的生產收益。**其中總收益指的是廠商的產品在市場中的總價值；邊際收益則是指廠商生產額外一單位產品時，其產出市場總價值的變動量；至於平均收益，則是指廠商的產品在市場上販售的價格。**

FYI 專欄

市場規模與競爭效率

　　完全競爭市場是一種最完美的市場型態，從完全競爭市場的定義看來，爲了確保所有廠商都是市場價格的接受者，市場中廠商與消費者都必須人數眾多，此隱含市場的規模必須很大，市場運作的結果才能帶來最大經濟效率。但也有學者認爲，不管市場規模如何，只要市場中的所有消費者與廠商都認爲，或者相信市場價格是既定的，且個人不能影響市場價格時，這樣的市場狀態仍然可以獲得與完全競爭市場相同的效率。也就是說，市場規模足夠大是競爭帶來效率的充分條件之一，但並非必要條件。

　　在完全競爭市場中，市場價格是由市場的總供給與總需求共同決定的，個別廠商只是價格的接受者。因爲所有廠商都生產完全同質的商品，且市場中有完全的訊息，故任何一家廠商單獨將產品價格調高，使其高於市場價格，必然會失去所有的客戶。另一方面，既然在目前的市場價格下就能賣出所生產的所有商品，廠商也沒有必要降價求售。而**因爲個別廠商可以在市場所決定的價格水準下，出售任意數量的商品。因此，個別廠商相當於面對一條水平的需求曲線，其高度對應著產品在市場上的價格水準。**

　　我們可用圖形來說明完全競爭市場中，個別廠商面對的需求曲線與市場供需曲線兩者之間的關係。在圖 5.1(a) 裡面，S 曲線爲市場的總供給曲線，D 曲線爲市場的總需求曲線，兩者共同決定市場的均衡價格 P_0，而在圖 5.1(b) 中，對應價格 P_0 高度的水平線，即爲個別廠商所面對的需求曲線，個別廠商只要依此價格即可銷售其所欲賣出數量的商品。

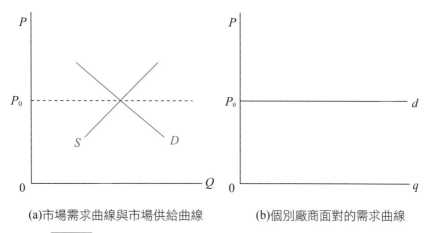

(a)市場需求曲線與市場供給曲線　　　(b)個別廠商面對的需求曲線

圖 5.1　個別廠商面對的需求曲線與市場供需曲線的關係

　　在完全競爭市場中，個別廠商的生產收益要如何衡量呢？假設市場所決定的均衡產品價格為 100 元，某廠商銷售 5 個單位，則總收益為 100 元 × 5 = 500 元，若銷售 6 單位，總收益為 100 元 × 6 = 600 元。

　　銷售量若由 5 單位增為 6 單位，總收益增加 100 元，也就是邊際收益為 100 元，與單位售價相等。另外，無論是銷售 5 單位或 6 單位，其平均收益也都為 100 元。在不同銷售數量下，我們可將該廠商的總收益、邊際收益與平均收益，以表 5.1 表示：

表 5.1　完全競爭市場中廠商的收益

價格（P）	數量（q）	總收益（TR）	邊際收益（MR）	平均收益（AR）
100	1	100	100	100
100	2	200	100	100
100	3	300	100	100
100	4	400	100	100
100	5	500	100	100
100	6	600	100	100

　　觀察表 5.1 可以發現：給定商品的市場價格為固定的常數，個別廠商產量的邊際收益（MR）、平均收益（AR）與商品價格（P）三者恆相等，這表示圖 5.1(b) 中個別廠商面對的水平需求曲線其實也是個別廠商產量的平均收益曲線與邊際收益曲線。換句話說，這三條曲線不僅完全疊合，且為一條水平的直線，其高度對應市場的均衡價格水準（P_0）。

　　此外，完全競爭市場中個別廠商的平均收益與邊際收益兩者之間的關係也可以數學推導的方式說明，根據定義：

$$AR = \frac{TR}{q} = \frac{P \cdot q}{q} = P \qquad\qquad (式\ 5.1)$$

$$MR = \frac{\Delta TR}{\Delta q} = \frac{P \cdot \Delta q}{\Delta q} = P \quad（因為\ P\ 為固定的常數）$$

　　其中，符號 Δ 代表變動的意思，如 Δq 代表產量的變動。從上面這些方程式我們同樣地也可以得到 $MR = AR = P$ 的結論。為什麼會這樣呢？這是因為在完全競爭市場中，個別廠商只是價格的接受者，也就是說，對個別廠商來說，P 是一個固定的常數，而因為 $AR \equiv P$（$\because AR \times Q \equiv P \times Q$），這表示個別廠商的平均收益也是一個固定的常數。根據我們在生產理論的討論得知，經濟變數的平均量與邊際量之間存在一個特定的關係，也就是當邊際量大於（小於）平均量時，平均量將呈現遞增（遞減）的性質，而當邊際量等於平均量時，平均量將呈現固定的性質。所以**當個別廠商的平均收益為固定常數時，廠商的邊際收益將等於平均收益**，也就是廠商的平均收益曲線與邊際受益曲線完全疊合。

FYI 專欄

Paypal 創辦人：失敗者才去競爭，成功企業走的是壟斷之路

　　俄國小說家托爾斯泰的名著《安娜‧卡列妮娜》（Anna Karenina）是從一個觀察開場：「幸福的家庭全都非常相似，不幸的家庭則各有不幸。」不過，經營企業卻恰恰相反，成功的企業長得都不一樣，每家公司靠解決一個獨特的問題而贏得獨占地位；倒閉的企業則都一樣，無法從競爭中逃脫。

資料來源：摘錄自天下雜誌出版《從 0 到 1》一書第 3 章〈打造有創意的獨占企業〉

彼得‧蒂爾獨家專訪：做第一個，不如做最後一個
https://youtu.be/hnN_HIzNmgE

▌**5.3　完全競爭市場的短期均衡**

5.3.1　市場短期均衡的定義

　　一般說來，經濟學所說的短期指的是一種只能進行局部調整的狀態，而與時間的長短沒有一定的關係。在分析完全競爭市場的短期均衡時，所謂的**市場短期**（short run），包含以下兩個條件：

1. **市場中廠商的數目固定**
　　指一種市場中既存廠商來不及退出，潛在廠商也來不及加入市場的狀態。
2. **市場中所有廠商均處於生產的短期**
　　其所雇用的生產要素中，至少有一種無法改變雇用量之生產要素存在。

5.3.2　個別廠商的最適決策

　　在市場的短期情況下，完全競爭市場中個別廠商面臨兩個決策問題：是否生產與最適產量水準是多少？這兩個決策問題其實是有先後順序的，首先，廠商先決定要不要生產？若決定要生產，則接下來再決定最適的產量水準來追求利潤水準極大。

　　理性的廠商會對這個決策問題進行反向分析：先探討最適產量決策問題，再決定是否要生產。由於廠商追求的目標是利潤極大化，因此給定廠商決定生產，其最適產量水準必須符合邊際收益等於短期邊際成本（$MR = SMC$）這個原則，來決定其產量水準，而因為在完全競爭市場中，個別廠商生產的邊際收益即為商品的市場價格，因此 $P = SMC$ 即為個別廠商的最適生產條件。

　　接著討論是否要生產的決策問題，由於對短期的情況下，廠商雇用的生產要素中，至少存在一種固定要素，因此即使廠商決定不生產，仍然必須繼續承擔這些固定要素的成本，因此即使其產量水準為 0，也只能算是處於一種「歇業」狀態，並沒有真正地退出市場。比較廠商在最適產量和歇業二種情況下的利潤水準，即可知道廠商的最適決策。

　　在生產屬短期情況下，給定產量已處於最適水準，只要生產總收益超過生產的總變動成本，廠商就會願意生產。為什麼呢？這是因為在短期的情況下，不管生產者是否從事生產，都必須支付生產的總固定成本。若廠商決定生產，其生產損益為總收益（TR）－短期總變動成本（$STVC$）－總固定成本（TFC）；若決定歇業，其虧損將為 $- TFC$。故只要生產的總收益（TR）大於總變動成本（$STVC$），生產將會

比歇業下來得有利，因爲虧損將小於 TFC。若我們將廠商的生產總收益與短期總變動成本同時除以產量水準，則廠商選擇不會歇業的條件，可用 $P \geq SAVC$ 加以表示。

由於個別廠商的最適產量條件爲 $MR = SMC$，故結合 $P \geq SAVC$ 與 $P = SMC$ 這兩個條件，我們可以得到一個結論，亦即：**個別廠商的短期邊際成本（SMC）曲線超過其平均變動成本（$SAVC$）曲線以上的部分，即爲該廠商的短期供給曲線。**

我們可將個別廠商的短期供給曲線以圖 5.2 表示如下（即 SMC 中，A 點以上部分，若 $P < \overline{P}$ 則廠商的供給量爲 0，供給曲線與縱軸重疊）：

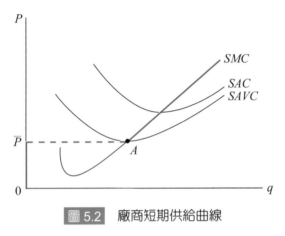

圖 5.2　廠商短期供給曲線

5.3.3　市場短期均衡的決定

我們曾經對所謂的市場均衡下過定義，儘管處於市場的短期，市場均衡仍須滿足相關的定義。也就是說，在均衡狀態下，給定商品的市場價格，所有的交易者均已處於最適的決策狀態，因此沒有任何改變交易現狀的動機；另一方面，商品的價格水準必須使市場中的供、需恰好相等，因此市場均衡時商品的價格將不會再有任何的調整。

現在，我們以圖 5.3 來說明完全競爭市場短期均衡的決定過程。首先，若商品的市場需求曲線如圖 5.3 最右邊小圖中的 D 所示。假設市場中共有 n 家廠商（在市場的短期下，n 爲固定的常數），其對應的 $SAVC$ 與 SMC 曲線分別以 $SAVC_1$, $SAVC_2, \cdots, SAVC_n$ 與 $SMC_1, SMC_2, \cdots, SMC_n$ 來表示，已知每家廠商的短期邊際成本（SMC）曲線超過其短期平均變動成本（$SAVC$）曲線以上的部分，即爲該廠商的短期供給曲線，將個別廠商的供給曲線水平加總，即可得到整個市場的市場供給曲線，此即爲圖 5.3 中最右邊小圖中的 S 曲線。圖中 S 曲線與 D 曲線的交點所決定的 P^* 與 Q^* 即爲市場短期均衡下的均衡價格與均衡交易量。

　　其次，給定 P^*，市場中的所有廠商根據 $P^* = SMC$（也就是 P^* 與其 SMC 曲線的交點）來決定其最適產量水準，在圖 5.3 中，第 1 家廠商的最適產量水準為 q_1，第二家廠商的最適產量為 $q_2, \cdots$，其餘依此類推。（請注意：此處我們以小寫的 q 來代表個別廠商的產量，而以大寫的 Q 來代表整個市場的交易數量，第 3 家至第 n 家廠商的圖型已被省略）在此情形下，所有廠商的最適產量水準之總和，必定等於市場的均衡交易量，亦即 $q_1 + q_2 + \cdots + q_n = Q^*$。

　　雖然市場中的商品均衡價格只有一個，但由於各家廠商的成本條件不同，每家廠商的利潤水準也不相同。廠商的利潤（π）決定於其生產總收益（TR）與短期總成本（STC）之間的差距，亦即 $\pi = TR - STC$，若以平均的觀點來看，利潤可以表示為平均收益（AR）與短期平均成本（SAC）的差距，再乘以交易數量（亦即 $\pi = (AR - SAC) \times q$）。因為，完全競爭市場中，個別廠商生產的平均收益等於商品價格水準（$AR = P$），故只要 $P > SAC$，廠商的利潤就是正的，否則就會面臨虧損。

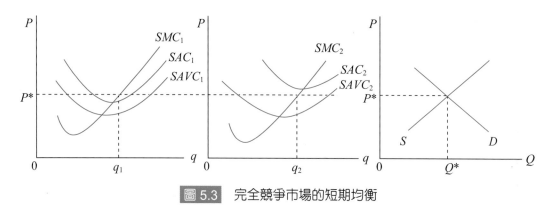

圖 5.3　完全競爭市場的短期均衡

　　在圖 5.3 中，給定所有廠商均生產最適的產量水準，廠商 1 的短期平均總成本低於市場均衡價格（亦即 $P^* > SAC_1(q_1)$），表示在均衡時廠商 1 的均衡利潤水準為正。而廠商 2 的情況則恰好相反，其短期平均總成本高於市場價格（亦即 $P^* < SAC_2(q_2)$），表示廠商 2 正面臨虧損。為什麼廠商 2 即使面臨虧損，卻仍然願意繼續生產呢？由圖 5.3 可以看出：對廠商 2 來說，由於 $SAVC_2(q_2) < P^* < SAC_2(q_2)$，表示雖然面對經營虧損，但因為商品價格仍然高於短期歇業點的水準，選擇生產可使虧損小於不生產時必須支付的固定成本，因此在兩害相權取其輕之下，仍會選擇繼續生產。以上的分析顯示：在完全競爭市場的短期均衡下，市場中的有些廠商可能處於獲利狀態，但有些廠商則可能處於虧損狀態，有些則是處於歇業狀態。

5.4 完全競爭市場的長期均衡

5.4.1 市場長期的定義

　　與市場短期的情況不同，所謂的**市場長期**（long run）是指：

1. **所有廠商可以自由進出市場**，因此市場中廠商的數目不再是固定的，而是視廠商的加入家數或退出家數來決定。
2. **個別廠商可以任意調整其雇用的所有生產要素數量**，亦即不再有固定生產要素的存在。

　　在市場的長期情況下，市場中主要的調整有兩個：包括個別廠商的生產規模調整與市場中廠商家數的調整，我們在下一小節中將作進一步之說明。

5.4.2 長期情況下個別廠商的最適決策

　　在市場屬長期情況下，個別廠商的決策自由度變得比較大，不但可以決定所有生產要素的投入數量，而且因為不存在固定要素的關係，廠商不必再考慮是否要歇業的問題，可以直接決定要不要退出或是加入市場，來追求利潤的極大化。茲就個別廠商在市場長期情況下的決策，分別說明如下：

1. 廠商生產規模的調整

   在市場屬長期情況下，廠商雇用的所有生產要素，都可以自由地調整數量。也就是說，廠商可以根據欲生產的產量大小來選擇最適當的生產規模，根據第 4 章的分析，此情況下廠商的成本條件可以用長期邊際成本（LMC）曲線與長期平均成本（LAC）曲線來表示。在長期情況下，個別廠商將根據生產的邊際收益（MR）等於長期邊際成本（LMC）的條件，來決定最適生產規模與最適的產量水準。而因為所有的廠商都只是市場價格的接受者，亦即 $MR = P$，故給定商品的價格水準，透過個別廠商的產量與生產規模調整，將可確保 $P = LMC$。

2. 市場中的廠商家數調整

   對個別廠商來說，在最適的生產規模與產量水準之下，其生產總收入（TR）與生產的長期總成本（LTC）兩者的相對大小，將會影響其在市場中去留的決定。這是因為 TR 一方面代表廠商加入、或留在市場中的利益，另一方面也代表廠商退出、或選擇不加入市場的機會成本；其次，LTC 一方面是廠商加入或留在市場中從事生產活動的機會成本，另一方面也是廠商選擇退出、或不加入市場

所能得到的總利益。因此當廠商的 $TR > LTC$ 時，**該廠商將選擇加入或不退出市場，使市場中的廠商總家數增加；相反地，若廠商的 $TR < LTC$ 時，該廠商將會選擇退出或不加入市場，使市場中廠商家數減少。**

　　值得強調的是，在完全競爭市場的長期情況下，所有廠商使用的生產要素數量皆可調整，因此並不存在如同市場短期分析中的短期歇業決策問題。只要廠商發現它營運的經濟利潤小於零，將會立即結束營業並且完全退出市場，絕對不會有面臨虧損而仍然繼續生產的可能。

　　若市場中的廠商成本條件存在差異，則使市場中廠商家數維持不變的條件是：將所有廠商依生產成本由低至高排列，市場中生產成本相對較高廠商的 TR 恰好等於 LTC，也就是其經濟利潤水準恰好為零，或 $P = LAC$，這家廠商又稱為邊際廠商（marginal firm）。生產成本條件優於邊際廠商的廠商，將因為 $TR > LTC$ 而選擇留在市場裡面，至於生產成本條件不如邊際廠商的廠商，將因為 $TR < LTC$ 而選擇退出市場。而 $TR = LTC$ 的邊際廠商，通常假設會靜觀其變，選擇繼續留在市場內。

　　上述廠商或產業完全競爭的長期調整，兩者並無先後順序，而是同時發生的，當這二種調整過程結束時，完全競爭市場的長期均衡於焉實現。以下，我們假設市場所有廠商的成本條件完全相同，並以圖 5.4 來說明完全競爭市場長期均衡之調整過程：

1. 當市場的需求曲線為 D，市場的供給曲線為 S_1，市場均衡位於 E_1，此時市場均衡價格為 P_1，廠商根據 $P_1 = LMC$ 的均衡條件，決定其產量為 q_1。
2. 在 q_1 時，市場的價格高過廠商生產的的長期平均成本，亦即 $P_1 > LAC$，也就是說，廠商的收益高過成本，因此享有超額利潤。
3. 在有超額利潤的的誘惑下，會有新的廠商加入生產，或是有些原有廠商會擴大生產規模，而使得市場供給增加，利潤減少。
4. 若前一步驟使得供給由原先的 S_1 外移至 S_2，在需求不變之下，均衡價格降為 P_2，均衡交易量增為 Q_2，此時廠商的收益小於平均成本，亦即 $P_2 < LTC$，此時廠商將面臨經濟損失。
5. 在有經濟損失的情形下，將有部分廠商會退出市場，或是有些原有廠商會縮小生產規模，以減少損失，而使市場供給減少，價格因而回升，廠商虧損開始減少。
6. 此種調整過程，直至供給曲線調整至 S_0，市場在 E_0 點獲得均衡，均衡價格為 P_0，廠商長期均衡產量為 q_0。此時所有廠商都只享有正常利潤，市場均衡乃得以達成。

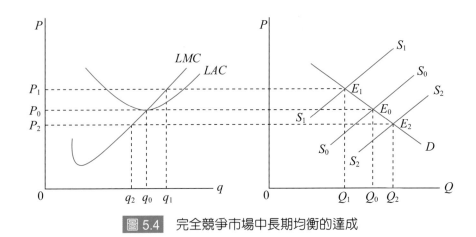

圖 5.4 完全競爭市場中長期均衡的達成

5.4.3 完全競爭市場長期均衡的特性

從圖 5.4 可以看出：若所有廠商的生產成本條件完全相同，則完全競爭市場的長期均衡具有以下的特性：

1. **所有廠商的生產效率極大**
   由於在長期均衡下，所有廠商的生產決策滿足 $P = LAC = SAC = LMC = SMC$，這表示廠商們的長期平均成本與短期平均成本均處於最低點，亦即以最低成本規模生產最適產量水準，因此其生產的經濟效率已臻於極大。

2. **所有廠商均只享有正常利潤**
   由於廠商的加入或退出市場決策，可以確保市場的長期均衡下邊際廠商滿足 $P = LAC$，如假定所有廠商的成本結構均相同，則均衡時所有廠商的經濟利潤均為 0。也就是說，所有廠商在長期均衡下的收益都恰好只等於其從事生產活動的機會成本，故可被視為一個「合理」的收益水準，而 P 也可被視為一個合理的價格。

3. **市場均衡產量等於社會最適產量**
   完全競爭市場的長期均衡之下，所有廠商的產量均滿足 $P = LMC$ 這個條件。如果沒有生產或消費上的外部性問題，商品的市場均衡價格（P）可用於反映該商品對整個社會的邊際利益，而生產該商品的長期邊際成本（LMC）可視為整個社會的邊際成本。故 $P = LMC$ 隱含長期均衡下，市場的均衡產量水準恰好使該產品的社會邊際利益等於社會邊際成本，此時市場均衡產量等於社會最適產量（optimal social output），因此整個社會的資源配置達於極大效率。

從以上的三個特性可以看出：完全競爭市場的長期均衡之下，廠商以最有效率的方式來生產商品，並且生產最符合整個社會利益的總產量水準，最後又以合理的價格水準將商品出售。因此，若無生產或消費上的外部性等其他因素存在，完全競爭市場的長期均衡將可以確保整個市場中的經濟資源以最有效率的方式來配置。這也就是為什麼經濟學家們總是會把完全競爭市場視為一個完美理想市場型態原因之所在。

值得說明的是：有關完全競爭市場中資源配置的效率極大的說法，其實只是一種靜態下的觀點，在本章的分析中，我們忽略了廠商的生產技術進步或市場中出現產品創新的可能性，若將這些因素加以考慮，則完全競爭市場在資源配置效率上的優勢是不是還繼續存在，不無疑問。例如，在完全競爭市場中，若廠商在技術或產品上有所創新，導致超額利潤，必定會引來其他廠商的競相模仿，使創新者的利潤被稀釋，此將削弱廠商從事創新與研發活動的動機，因此競爭市場其實不利於技術與產品創新。

其次，有些產品的生產技術存在著明顯的規模經濟現象，如果因為市場競爭因素，由許多小規模的廠商生產，反而使產品的平均生產成本過高。另一方面，為了簡化分析，完全競爭市場理論中通常忽略廠商進出市場的調整成本，事實上，此調整成本可能相當巨大，特別是當廠商進出市場的門檻較低，將會導致頻繁進出市場，從而耗費大量資源。因此，從動態的觀點來說，完全競爭市場是否可以確保資源配置效率極大，仍有許多爭辯的空間。

▍5.5 產業規模變動與生產要素價格

由前一節的討論得知：在完全競爭市場的長期均衡下，市場的均衡價格水準取決於廠商的平均成本極小值，然而這個極小值並非固定不變的，有可能因為廠商本身以外的因素而改變，例如當市場中的廠商數目變動，可能使整體產業對生產要素的需求也隨之改變，改變了生產要素的價格水準（生產要素的價格水準也是由要素之市場供需決定的），進而使廠商的整條平均成本曲線的位置發生移動。

根據市場中廠商數目變動對生產要素價格之影響，完全競爭產業可分為成本遞減產業、成本遞增產業與固定成本產業等三種情況，茲分別說明如下：

1.　**成本遞減產業**

當完全競爭市場中的廠商數目增加，對生產要素的使用量也增加，若經由數量折扣或規模經濟等因素，導致生產要素的價格下跌，將使廠商的長期平均成本曲線向下移動，其最小值也跟著降低（由 P^* 降為 P_1）。換言之，廠商的長期成本曲線將隨著產業的均衡總供給量之增加而下移，使得整體產業的長期供給曲線（LS）具有負斜率的特性，如圖 5.5 所示，此稱為成本遞減產業（decreasing cost industry）。

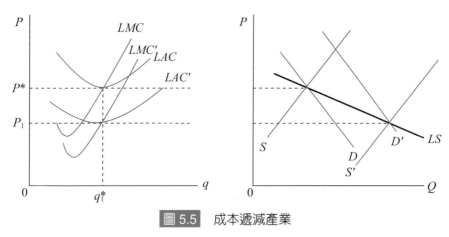

圖 5.5　成本遞減產業

2.　**成本遞增產業**

當完全競爭市場中的廠商數目增加時，若隨生產要素需求之增加，生產要素的均衡價格隨之增加，此時廠商長期平均成本曲線將向上移動，使完全競爭市場之產業長期成本曲線將隨著產業均衡總供給量增加而上升，整體產業的長期供給曲線（LS）呈現正斜率的狀態，如圖 5.6 所示，此稱為成本遞增產業（increasing cost industry）。

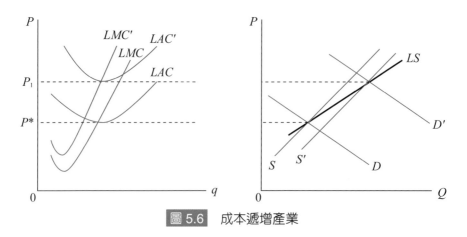

圖 5.6　成本遞增產業

3.　固定成本產業

　　若完全競爭市場中全體廠商對生產要素的需求變動，對相關生產要素的市場只有微不足道的影響，不足以影響生產要素的價格，則所有廠商的長期平均成本位置將不會有任何改變。在此情況下，完全競爭市場之產業長期供給曲線（LS）的位置不會隨著產業均衡總供給量改變而改變，如圖 5.7，成水平線，此稱為固定成本產業（constant cost industry）。

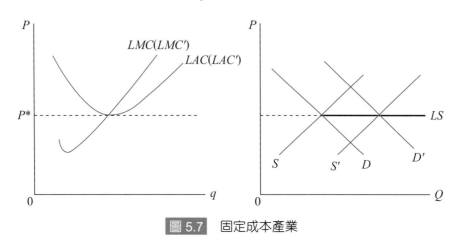

圖 5.7　固定成本產業

經濟小百科

國富論與一隻看不見的手

　　《國富論》首版於啟蒙時代的 1776 年 3 月 9 日。它不僅影響了作家和經濟學家，同時也影響了各國政府和組織。

　　一般認為這部著作是現代經濟學的開山之作，後來的經濟學家基本是沿著他的方法分析經濟發展規律的。這部著作也奠定了資本主義自由經濟的理論基礎，第一次提出了「市場經濟會由『無形之手』自行調節」的理論。後來的經濟學家李嘉圖進一步發展了自由經濟、自由競爭的理論，可以說，本章有關完全競爭市場的討論，其實是奠基於《國富論》這本書之上的。

資料來源：整理自維基百科

本章結論

完全競爭市場是一個經濟學家所虛構出來的一個市場型態，它的主要功能在分析競爭下廠商之最適生產決策，以及眾多廠商在自利動機驅使下，整體市場運作績效之良窳，並作為評量各種市場結構下市場運行績效之比較標竿。在完全競爭市場裡面，我們假設所有廠商的產品均為同質，且廠商家數眾多，因此排除了個別廠商影響商品市場價格水準的可能性，這些極端的假設，使廠商的決策問題被簡化到只剩下產量決策、是否歇業決策與市場進入（退出）決策。

在所謂的市場短期與長期兩種情況下，完全競爭市場中廠商的決策有若干的差異。其中市場短期情況下，由於固定成本的存在，個別廠商無法真正退出市場，在生產不利的情況下，最多只能選擇歇業。因此，只要總收益大於總變動成本，廠商即使面臨虧損仍然會願意繼續營運。但在市場長期情形下，這種兩害相權取其輕的情況不復存在，由於沒有固定成本，廠商只要就總收益與總成本作比較，只要在最適產量下生產蒙受虧損，就會選擇退出市場。而在外部廠商的競爭威脅之下，若廠商有超額利潤，就會引來大量想分一杯羹的對手，因此當市場長期均衡達成時，邊際廠商也僅能享有正常利潤（也就是經濟利潤恰好為零）。

就社會資源配置效率而言，完全競爭市場似乎呈現出一種非常積極正面的性質：因為在市場競爭的壓力下，產品由生產效率最佳的廠商負責生產，且所有廠商都以最小成本規模生產，並生產符合社會需要的最適產量，且邊際廠商只享有正常利潤水準，這顯示出完全競爭市場帶來了資源配置效率極大的結果。儘管如此，完全競爭市場長期均衡是否真的最有效率還是不無疑義，因為當我們進一步考慮生產技術進步或產品創新的可能性，完全競爭市場長期均衡在資源配置效率上的優勢是不是還繼續存在不無疑問。因為，在完全競爭市場中，廠商只能享有正常利潤，未必有能力與誘因來從事研發活動。因此，從動態的觀點來說，完全競爭市場未必能夠保證最有效率的資源配置。

Chapter 6

完全獨占市場

陳更生

名人名句

孫正義（1957 年 8 月 11 日～）

　　有人把壟斷市場致富看成罪大惡極，這點我不盡然同意，沒錯，比爾蓋茲確實靠微軟作業系統壟斷市場而賺得巨額財富，但他的產品也為個人電腦的普及立下了難以磨滅的功勞。

研習重點

- 完全獨占市場的定義與特性
- 完全獨占廠商的收益
- 完全獨占市場的長、短期均衡
- 完全獨占廠商的差別取價與多工廠獨占
- 完全獨占市場與完全競爭市場的資源配置效率

學習架構圖

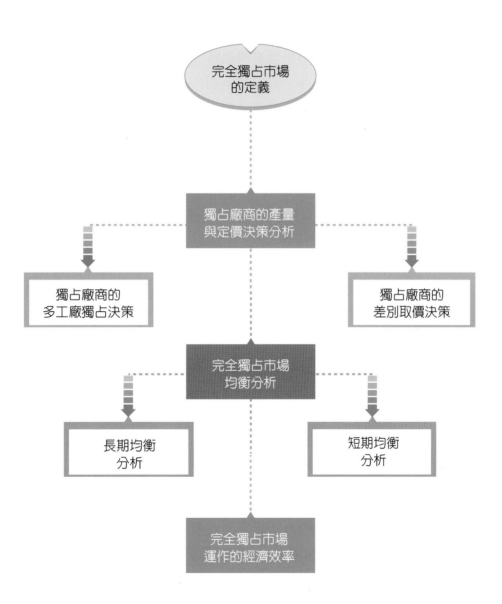

▌6.1 完全獨占市場的定義與形成原因

獨占有時又稱壟斷，指市場中廠商對產品價格具有絕大影響能力。根據經濟學家所提出之完全獨占市場（complete monopoly）的定義，**完全獨占市場必須同時具備以下三個條件：(1) 產業中只有一家廠商；(2) 其產品缺乏相近的替代品；(3) 市場存在高度的進入障礙**。與完全競爭市場並不真實存在的情況類似，在真實世界中，完全獨占市場亦不多見。

舉例來說：臺灣鐵路局雖然是提供臺灣鐵路運輸服務的唯一廠商，但因為鐵路運輸存在許多替代品，如國道客運、高速鐵路與空運等，因此雖然臺鐵具有相當高程度的壟斷地位，但鐵路運輸市場仍不能被歸類為完全獨占市場，而臺鐵也不能被視為完全獨占廠商。從此角度觀之，與完全競爭市場經濟理論相似，完全獨占理論之主要功能，在提供一套分析方法，幫助我們分析接近獨占市場下廠商之最適生產決策行為，以及市場壟斷與效率之間的關聯性。

完全獨占市場如何形成？為什麼在市場中只有一家廠商而別無其他對手呢？這其中當然是有某種因素，使得其他廠商不能或不願意進入該市場，如法律的保護或既存廠商擁有某獨特傳家秘方等，這類因素統稱市場的進入障礙（barriers to entry）。這些進入障礙牽涉相當廣泛，包括生產層面、法律層面、經濟層面等，以下我們將分別加以說明：

1. 生產層面

   某些產品的生產可能需要特殊的生產技術或原料等作為生產投入，若這個技術或原料，掌握在某家廠商的手上，因為只有這家廠商具有生產能力，它自然就成為這個市場的獨占廠商。在生產技術方面，例如一些中藥秘方在過去通常「只傳長子」，而成為一種獨門的生產技術；在生產資源方面，例如美國鋁業公司，擁有全世界大部分的鋁礦，因而主宰全世界鋁錠的生產。

2. 法律層面

   政府基於某些目的，以法律的方式規定某些市場必須以獨占的方式運作：例如為了增加財政收入，政府規定菸酒、糖或鹽等產業必須由政府獨占經營；或者，政府為了保護消費者利益，規定電信、電力等公用事業必須由政府獨占經營；或者，為了鼓勵發明與創作，政府對擁有專利權或著作權的生產者給予保護，使其擁有生產的獨占地位…等。專利權的保護常見於高科技產業，如微軟公司

在早期推出視窗軟體時即申請專利，日後任何人使用該軟體時均須支付若干權利金給微軟公司。

3. 經濟層面

如果商品的生產技術具有明顯的規模經濟特性，且其生產的單位成本隨著產量的擴增而逐步下降，使得單一廠商在生產足以應付整個市場需求，其他廠商難以進入市場與其競爭，經濟學家將這種現象稱為自然獨占（natural monopoly）。例如鐵路運輸產業，因為經營鐵路運輸需要很多的土地，鐵軌的舖設固定成本很高，故通常在市場上只能存在一家廠商，在臺灣就是臺鐵。

無論形成獨占的原因為何？在完全獨占市場中，獨占廠商不必擔心其他廠商的競爭威脅，可以透過產量調整來影響商品的價格水準，因此獨占廠商可說是價格訂定者（price setter），而不像完全競爭廠商只是價格的接受者。獨占廠商可以透過各種手段來追求極大的超額利潤，例如從事差別訂價，這些作法通常會導致消費者的福祉受損與資源的利用效率降低等後遺症。因此，一般而言，獨占市場都有賴政府的介入與規範。

FYI 專欄

企業會說謊：獨占企業為自保而說謊，非獨占企業為自欺而說謊

獨占企業撒謊是為了自保。他們知道誇口壟斷會引來查核、監管和抨擊。因為想要持續保有獨占利潤，他們通常會誇大（根本不存在的）競爭，想盡辦法掩飾獨占地位。想想 Google 如何形容它的事業？當然不能承認它是獨占企業，但到底有沒有獨占市場呢？要看情況而定，以及是在什麼地方獨占？我們說 Google 主要業務是搜尋引擎。2014 年 5 月，Google 在搜尋市場的占有率約 68%。微軟和雅虎是最接近的競爭者，市占率分別是 19% 和 10%。但如果我們說 Google 主要是廣告公司，那情況就會完全不一樣。

美國搜尋引擎廣告市場規模 1 年 170 億美元，網路廣告市場 370 億美元，全美廣告市場 1,500 億美元，全球廣告市場 4,950 億美元。所以即使 Google 完全壟斷美國的搜尋引擎廣告市場，在全球廣告市場的占有率只有 3.4%。從這個角度看，Google 在競爭激烈的全球市場還只是小咖。如果把 Google 看成多角化經營的科技公司呢？由於全球消費性電子產品市場規模有 9,640 億美元，Google 占不到 0.24%，根本沒什麼影響力，遑論獨占。因此 Google 將自己描述成一家科技公司，藉以躲過別人不必要的注意。

非獨占的企業說的謊恰好相反，他們會說：「我們獨霸一方。」創業家對競爭態勢總是輕描淡寫，但那是新創事業會犯下的最大錯誤。 創業家的致命誘惑是把市場描述得很窄，表現出自己完全主掌大局的樣子。假設你想在加州帕羅奧圖市（Palo Alto）開一家專門提供英國菜的餐廳，你可能覺得沒有其他人做，市場完全屬於你。但這個講法只有限定在英國食物市場才是對的。萬一真正的市場是帕羅奧圖市的餐飲市場呢？萬一附近城鎮的所有餐館也都是市場的一部分呢？這些都是困難的問題，但更大的問題是，你根本沒有動機去問這些問題。當你聽到大部分的新餐廳在 1 到 2 年就會倒閉，你會直覺地解釋你的餐廳不一樣。你會花時間試著說服大家你很傑出，而不是慎重考慮這個傳聞是不是對的⋯。

資料來源：摘錄自天下雜誌出版《從 0 到 1》一書第 3 章〈打造有創意的獨占企業〉

Google、臉書操縱廣告市場！美 10 州告上法院
https://youtu.be/6ZhoQtyIp2I

▍6.2　獨占廠商的收益

與完全競爭市場的情況一樣，假設廠商生產的目的在於將產品在市場上銷售來換取貨幣收入，因此產品的市場價值就成為該廠商的生產效益的唯一來源。也就是說 $TR = PQ$。以下我們探討獨占廠商生產的總收益（total revenue, TR）、邊際收益（marginal revenue, MR）與平均收益（average revenue, AR）三者之間的關係。

　　首先，已知經濟變數的邊際量與總量之間具有以下的關係：當邊際量大於（小於）零時，總量將呈現遞增（遞減）的性質，而當邊際量等於零時，總量將達於極大。在正常的情況下，獨占廠商的生產總收益會存在一個極大值，這表示其生產的總收益先遞增後遞減，因此邊際收益也是由原先之正值轉為負值，呈現遞減的狀態。

　　其次，在獨占市場中，獨占廠商所面對的是整個市場的需求曲線，這條需求曲線是負斜率的，表示獨占廠商可以透過降低商品價格來增加產品銷售量，或者透過減產來提高消費者的願付價格。市場需求曲線既然是獨占廠商的產量與價格之間的對應關係，而商品售價也是獨占廠商的生產平均收益，因此市場需求曲線其實正是獨占廠商的平均收益曲線。根據第 4 章之說明，當經濟變數的平均量呈遞減時，其

邊際量小於平均量。換句話說，獨占廠商的平均收益隨產量增加而遞減，隱含其生產的邊際收益小於平均收益。

　　為了使同學們對獨占廠商生產的總收益、平均收益與邊際收益三者的關係有進一步的了解，表 6.1 中我們虛擬出獨占廠商在不同價格下的商品銷售量，並根據這些數字，計算該廠商的生產總收益、平均收益與邊際收益：

表 6.1　獨占市場價格、數量與收益間之關係

價格（P）	數量（Q）	總收益（TR）	平均收益（AR）	邊際收益（MR）
100	1	100	100	100
90	2	180	90	80
80	3	240	80	60
70	4	280	70	40
60	5	300	60	20
50	6	300	50	0
40	7	280	40	-20
30	8	240	30	-40
20	9	180	20	-60
10	10	100	10	-80

　　根據表 6.1 的資料，我們可將獨占廠商的銷售總收益、銷售平均收益與銷售邊際收益三者於圖 6.1 中以圖形方式表示。觀察圖 6.1，我們可以發現三者之間的關係與以上討論的結果完全吻合，即具有以下之特性：

1. 若銷售量小於 6 個單位時，廠商的生產邊際收益大於零，但呈遞減現象，因此其生產的總收益呈現遞增的狀態，但遞增的速度愈來愈慢。（用心的同學可能發現，在表 6.1 的數據中，邊際收益係以固定的速率遞減）

2. 當產量水準等於 6 單位時，邊際收益等於零，此時總收益的水準已達於極大。

3. 若廠商的產量超過 6 個單位，此時邊際收益為負，因此總收益將隨銷售量的增加而呈遞減狀態。

4. 平均收益與邊際收益均是隨著銷售量的增加而遞減，但平均收益遞減的幅度小於邊際收益，因此平均收益大過邊際收益。

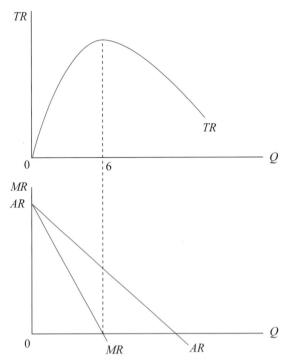

圖 6.1　獨占廠商的銷售總收益，銷售平均收益與銷售邊際收益

6.3　完全獨占市場的短期均衡

6.3.1　獨占廠商的短期最適決策

所謂「短期」，是指獨占廠商的生產規模固定而無法調整的情況。既然生產規模固定，獨占廠商在蒙受虧損時，或許可以考慮歇業，但無法退出市場。在短期的情況下，獨占廠商多生產一單位產出的額外成本被稱為短期邊際成本（SMC），而平均每單位產出的生產成本則被稱為短期平均成本（SAC）。

獨占廠商的經營目標在於追求極大利潤，與完全競爭市場中的廠商不同的是，除了產量決策之外，獨占廠商還可以透過訂價決策來實現利潤極大化目標。當然，與完全競爭廠商相同，在市場短期的情況下，獨占廠商也可以選擇歇業。以下，我們分別討論這些決策問題。

1.　獨占廠商的最適訂價決策

對獨占廠商來說，雖然市場中「只此一家，別無分號」，但這並不表示廠商就可以對消費者予取予求，因為若商品價格過高，消費者還是可以選擇不買。因此，給定商品的銷售量，獨占廠商的商品單位價格最高不可以超過消費者對該

商品的需求價格水準（也就是消費者為了購買一單位商品時，所願意支付的最高價格），而獨占廠商想要追求極大利潤，當然希望商品價格能夠越高越好。因此兩相權衡，最好的安排就是將商品的價格訂在恰好等於消費者需求價格之處。以圖形來說，給定商品的生產量，獨占廠商的商品最適訂價水準恰好等於該產量下所對應的需求曲線高度。這樣的訂價方式稱為獨占訂價法則。

2. 獨占廠商的最適產量決策

根據上述的獨占訂價法則，市場需求曲線將成為獨占廠商的平均收益曲線，我們可以找出與該平均收益曲線對應的邊際收益曲線，以便於探討完全獨占廠商的產量決策。若獨占廠商欲追求利潤水準極大化，則在短期的情況下，獨占廠商的最適產量須滿足生產的邊際收益恰等於生產的短期邊際成本，亦即 $MR = SMC$，這個最適產量條件。獨占廠商的最適產量是否能夠滿足市場上的需求呢？由於獨占廠商將會根據獨占訂價法則來訂價，而在該價格下，市場的需求量將恰好等於獨占廠商的產量水準。

3. 獨占廠商的短期歇業決策

在市場的短期情況下，獨占廠商雖然不能退出市場，但仍可以選擇是否歇業（也就是停止生產，但繼續負擔固定成本）。獨占廠商的短期歇業決策與完全競爭廠商的情況十分類似，也就是在最適的獨占訂價與產量水準下，比較其生產的總收益與短期總變動成本兩者的相對大小：只要生產總收益超過生產的短期總變動成本，廠商就會願意繼續生產，否則將選擇歇業。為什麼呢？這是因為在短期的情況下，不管生產者是否從事生產，都必須支付生產的總固定成本。若廠商決定生產，其利潤或虧損為 $TR - STVC - TFC$；若決定歇業，其虧損將為 TFC。故只要生產的總收益（TR）大於短期總變動成本（$STVC$），從事生產將會比歇業來得有利，因為其虧損將小於 TFC。當然，經由簡單的換算，完全獨占廠商不歇業的條件也可用 $P \geq SAVC$ 來表示。

<u>6.3.2</u>　完全獨占廠商的短期均衡利潤

一般人的印象中，總是覺得獨占廠商佔盡優勢，所以市場均衡下一定可以享有暴利。但實際上，並非必然如此。為什麼呢？因為**在市場短期情況下，獨占廠商必須負擔生產的固定成本，又不能退出市場，所以在某些情況下，獨占廠商有可能只享有正常利潤，甚或出現虧損**。以下我們分別說明獨占廠商在短期均衡下，經濟利潤為正、經濟利潤為零、與經濟利潤為負的三種可能情況：

1. 經濟利潤為正

如圖 6.2，獨占廠商根據 MR 與 SMC 之交點 C 來決定產量，其利潤極大的產量為 Q*，其次，與產量 Q* 對應的需求曲線（亦即 AR）來決定均衡的商品價格 P*，在此價格與產量水準下，獨占廠商的經濟利潤則是 P* 與 SAC 之差距乘上 Q*，也就是 P*ECP₁ 所圍之面積，圖 6.2 顯示短期下獨占廠商的經濟利潤為正，亦即擁有超額利潤。

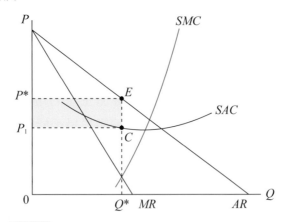

圖 6.2　獨占廠商的短期均衡（經濟利潤 > 0）

2. 經濟利潤為零

如圖 6.3，獨占廠商的最大利潤產量與商品價格水準分別 Q* 為與 P*，在這組最適的量、價格組合下，獨占廠商的平均收益恰等於其生產的短期平均總成本，因此獨占廠商的經濟利潤恰等於零，這表示獨占廠商僅獲取正常的利潤水準。

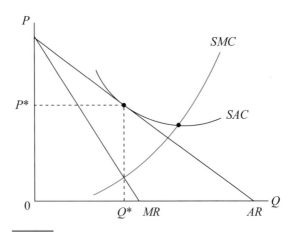

圖 6.3　獨占廠商的短期均衡（經濟利潤 = 0）

3. 經濟利潤為負

如圖 6.4，獨占廠商最大利潤產量與商品價格水準仍以 Q^* 與 P^* 表示，而在該均衡下，由於獨占廠商的平均收益（AR）低於生產的短期平均成本（SAC），表示廠商的經濟利潤為負，如圖 6.4 P^*ECP_1 所圍之面積。不過，由於圖 6.4 中 P^* 仍高過 Q^* 下的短期平均變動成本（$SAVC$），表示雖然面臨虧損，但若獨占廠商選擇歇業，則其虧損將會更大，故仍願意繼續生產。

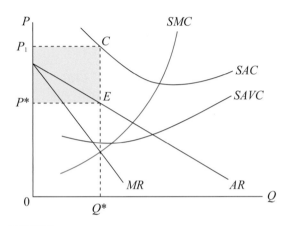

圖 6.4　獨占廠商的短期均衡（經濟利潤 < 0）

6.4　完全獨占市場的長期均衡

完全獨占市場中存在高度的加入障礙，因此即使處於長期情況，仍不會有新廠商加入的問題。長期與短期的分析，最主要的差別在於：在長期情況下，獨占廠商可以根據其產量水準來選擇最適的生產規模。在這樣的情況下，獨占廠商的生產成本稱為長期總成本（LTC），而多生產一單位產出所造成長期總成本的變動量則稱為長期邊際成本（LMC）。

與前一小節中短期分析的原理相同，在長期情況下，獨占廠商會依據邊際收益等於生產的長期邊際成本（也就是說 $MR = LMC$）來決定最適產量水準，並根據獨占訂價法則訂價，也就是以需求曲線的高度（亦即需求價格）來決定最適的商品價格。在該價格下，市場的需求量恰好等於獨占廠商的產量，因此市場也恰好處於均衡狀態。

　　由於在長期情況下，獨占廠商可以選擇是否繼續經營、或是退出市場。因此，只要廠商仍在經營，其均衡利潤水準必然不可能小於零。儘管如此，獨占廠商的長期均衡利潤仍存在著大於零與等於零兩種可能的情況，換句話說，**即使是在長期均衡的情況下，獨占廠商仍有可能沒有一般人想像中的暴利，而只享有正常的利潤水準。**

　　以下我們分別以圖 6.5 與圖 6.6 來說明獨占市場在長期均衡時，獨占廠商的均衡利潤水準大於零與等於零的兩種可能情況：

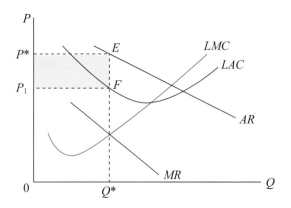

圖 6.5　獨占廠商的長期均衡利潤為正之情況

　　在圖 6.5 中，獨占廠商的最適產量為 Q^*，在該產量下，廠商的平均收益為 OP^*，而平均成本為 OP_1，因此均衡時獨占廠商有超額利潤，如圖 6.5 中 P_1P^*EF 所圍成的面積所示。

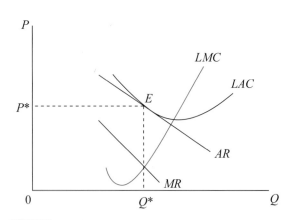

圖 6.6　獨占廠商的長期均衡利潤等於零之情況

　　在圖 6.6 中，由於在均衡產量水準下，獨占廠商的最適訂價恰等於其長期平均成本，表示廠商的均衡利潤水準恰好為零，亦即恰好反映生產的機會成本，故為一

個合理的利潤水準。值得注意的是：在完全獨占市場中，由於完全獨占廠商擁有完全的獨占地位，因此商品的價格與產量水準都是由完全獨占廠商來決定，這與完全競爭市場中產量與價格由市場供給與需求共同決定的情況有很大的不同。對獨占廠商而言，其最適產量與產品最適售價之間的對應關係，並非一成不變的，給定相同的最適產量水準，在不同的需求條件下，廠商的最適獨占訂價也會不同。由圖 6.7 可知，不同的需求條件 D 及 D'，有不同的訂價 $P*$ 及 $P**$，但卻對應相同的產量 $Q*$。也就是因為這樣的緣故，**不論是長期或短期情況，獨占廠商均不存在符合先前定義的供給曲線**。不過，這並不會妨礙分析的進行。因為，在獨占市場中，商品的價格水準本來就是由獨占廠商依市場需求曲線決定，而不是取決於市場的供給與需求。這也就是，何以在進行分析時，我們先行決定獨占廠商之最適產量，再將最適產量代入市場需求曲線決定市場均衡價格的理由。

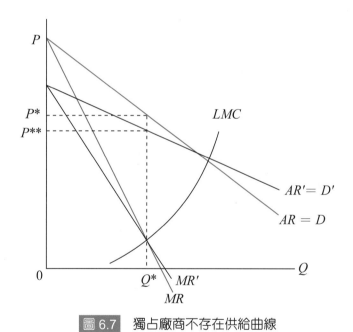

圖 6.7　獨占廠商不存在供給曲線

6.5　獨占廠商的差別取價

由於獨占廠商有決定價格的能力，為了進一步提高利潤，除了一般的獨占訂價以外，獨占廠商有時還會透過差別取價（differential pricing）的方式來與消費者進行交易。**差別取價又稱價格歧視（price discrimination），是指相同的產品以不同的價格出售給消費者**，依作法之不同，可以分成以下幾種類型：

1. 第一級差別取價（或稱完全差別取價）

   第一級差別取價（first-degree price discrimination），係指獨占廠商在交易時，取消傳統收取單位價格的方式，而改以「根據交易量，收取總費用」的方式來與消費者交易，這樣做的目的，在於對消費者剩餘做最大程度的剝削。在完全差別取價的情況下，消費者只能選擇完全與廠商交易並依近於最大願付價格付款，或是拒絕購買，因此決策的自由度變得很小，而且也幾乎沒有任何的消費者剩餘（不過，只要仍有一絲絲的消費者剩餘，消費者仍會選擇購買）。如圖 6.8 所示，若獨占廠商規定：若消費者要交易，就必須購買 q 單位商品，並支付相當於 $OABq$ 面積的總費用（再減去一個微小的正數），則該交易將使消費者參與交易後的消費者剩餘幾乎為零，但消費者仍會選擇購買。

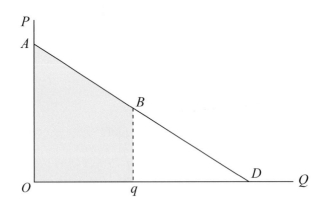

   圖 6.8 獨占廠商的完全差別取價

2. 第二級差別取價

   第二級差別取價（second-degree price discrimination），係根據消費者的購買數量多寡，以區段的方式，訂定不同的單位售價，目的還是在於剝奪消費者剩餘，以提高廠商的利潤。例如自助洗衣店的訂價，洗第一個五公斤時每公斤 30 元，洗第二個五公斤時每公斤 25 元，洗第三個五公斤時每公斤 20 元等。如圖 6.9 所示，二級差別取價之下仍享有部分的消費者剩餘，即圖中需求曲線以下的小三角形的區域。

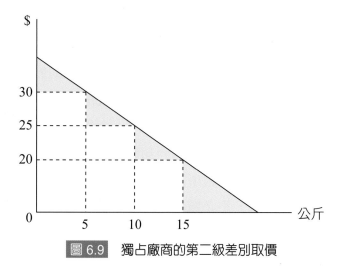

圖 6.9　獨占廠商的第二級差別取價

3. 第三級差別取價（又稱市場分割取價）

第三級差別取價（third-degree price discrimination），**係指在不同的市場訂定不同的銷售價格**。此為最常見的一種差別取價方式，目的也是在於進一步提高利潤水準。不過，第三級差別取價並非無往不利，因為當獨占廠商採行第三級差別取價的作法時，聰明的消費者也可為了賺取價差而進行套利行為，我們可以看到在以往為嘉惠軍公教，而有軍公教福利社的設置，在其中販售的商品價格通常較外面超商便宜，因為二者價格有所差異，所以一般市井小民常會透過有軍公教身份的親朋好友代為購買生活必需品，使得廠商差別取價的進行不是那麼成功。因此，**獨占廠商若想能成功地執行第三級差別取價，需要具備下列條件：**

(1) **市場界定清楚：**實施三級差別取價之前，須先根據需求彈性的大小，界定出不同的市場，以便在不同市場訂定不同的交易價格。例如公車業者將乘客區分為學生族群與一般的上班族群。

(2) **市場可有效區隔：**商品必須在這些市場之間無法流通，以排除讓消費者有從中套利的可能性。如學生票、軍警票的使用，需有證明文件，不可能轉賣給一般民眾使用。具備了這兩個條件以後，獨占廠商可以成功地實施第三級差別取價，其原則為：在需求價格彈性大（也就是價格敏感度高）的市場裡，訂定較低的價格水準；而在需求價格彈性小（也就是價格敏感度低）的市場裡，則訂定較高的價格水準。

　　具備了以上兩個條件以後，獨占廠商可以成功地實施第三級差別取價，其原則為：在需求價格彈性大（也就是價格敏感度高）的市場裡，訂定較低的價格水準；而在需求價格彈性小（也就是價格敏感度低）的市場裡，則訂定較高的價格水準。這個訂價原則又稱為反彈性訂價法則（inverse elasticity rule），在進階的經濟學課本裡通常會介紹它們的數學推導過程，此處我們只討論這個法則的經濟涵義。

　　第三級差別取價之所以能夠提高廠商的利潤水準，背後的原理不難理解，在需求價格彈性小的市場中訂定高價，跟所謂的「趁人之危」原理差不多：因為消費者對價格敏感度低，價格訂得高，不必擔心銷售量有太大的減少（反正他們非購買不可）。在價格敏感度較高市場訂低價，原理跟所謂的薄利多銷差不多，因為消費者價格品感度高，訂低價能夠有效地增加銷售量。

　　電影票的訂價就是一個標準的第三級差別取價的例子：學生因為所得低，對看電影的需求價格彈性較大，所以戲院將學生票的票價訂得較低；而一般社會人士所得較高，對看電影的需求價格彈性較小，因此戲院就將票價訂得較高。台電的夏季電價其實也是一個差別訂價的例子：夏季時大家一定得開冷氣，因此用電需求的價格彈性小，夏季電價也特別高，表面上的理由是以價制量，鼓勵大家節約用電，但其實就是一種差別取價。

　　有些差別取價的操作比較委婉，不容易被認出來。例如新手機推出的時候價格特別貴，過了幾個月，明明成本沒有什麼改變，卻開始降價，這其實也是一種差別取價。因為市場中總有一些樂於追求時尚，喜歡新鮮感的消費者，他們對產品價格的敏感度較小，新手機剛推出時，鎖定的就是這些消費者，因此訂定高價格，過了一陣子，等這些客群已經買得差不多了，廠商就會降價，吸引其餘的務實消費者購買他們的產品。

　　此外，有些電子產品銷售時會推出舊換新的優惠，這其實也是一種差別取價策略，因為手上已經擁有舊產品的消費者，對新產品的購買沒有急切性，換句話說，也就是對新產品的價格敏感度較高，除非夠便宜，否則不會輕易出手，所以廠商對他們訂出低價格。相反的，手中沒有舊產品的消費者，因為非買不可，也就是對新產品的價格敏感度較低，因此廠商對他們訂出高價格。從以上的說明，大家應該可以瞭解，所謂的舊換新，其實只是廠商根據消費者手上有沒有舊產品來判斷消費者的需求價格彈性大小的一種幌子罷了。

6.6 完全獨占廠商的多工廠獨占

透過前一節的討論，我們了解完全獨占廠商如何利用各種商品訂價的技巧來提升利潤水準。事實上，獨占廠商提升利潤的方法不只如此，**若獨占廠商擁有一個以上的生產場所，那麼，它也可以透過生產線的分散來進一步提升利潤**，經濟學裡面將這樣的現象稱爲「多工廠獨占」（multiplant monopoly），詳以下之說明。

假設某完全獨占廠商擁有兩個工廠（工廠 1 與工廠 2），假定這兩個工廠除生產成本有所差異外，其他生產條件均完全相同。此外，這兩個工廠的邊際生產成本都具有遞增的特性。（請注意：這是一個很重要的假設，它是獨占廠商可以透過多工廠獨占來提高利潤的關鍵所在。）給定獨占廠商想要生產一個特定的產量水準 Q^*，這些產出應該如何在這兩個工廠之間來分配呢？

爲便於說明起見，令 q_1 與 q_2 分別代表工廠 1 與工廠 2 的產出水準，而 $MC_1 = MC(q_1)$ 與 $MC_2 = MC(q_2)$ 則分別是兩個工廠在 q_1 與 q_2 這兩個產出水準下的邊際生產成本。對獨占廠商來說，如果想要維持總產量水準不變，則兩個工廠的產量必須維持等額的增減關係，也就是 $\Delta q_1 = -\Delta q_2$。我們可以發現：若 $MC_1 > MC_2$，則 q_1 減少 1 單位、q_2 增加 1 單位，即廠商的總產出水準維持不變，將可以使獨占廠商的利潤提高。爲什麼呢？這是因爲 MC_1 不僅是工廠 1 產量增加 1 單位時的額外成本，也是產量減少 1 單位時的邊際利益，因此當 $MC_1 > MC_2$ 時，表示 q_1 減少 1 單位的邊際利益大於 q_2 增加 1 單位的邊際成本，因此兩個工廠間的產量調整將使廠商的生產總成本降低，而因爲獨占廠商的總產量並未改變，因此其生產的總收益也將維持不變。既然總收益不變，而總成本降低，表示產出的重新配置將可以提升廠商的利潤水準。

依循同樣的邏輯，若 $MC_1 < MC_2$，獨占廠商也可以透過 q_1 增加 1 單位和 q_2 減少 1 單位，來提高它的利潤水準。以上的分析顯示：「除非兩個工廠的邊際生產成本完全相同，否則獨占廠商必然可以透過兩個工廠產量的重新調整來提升利潤，因而兩個工廠產出的最適配置條件爲 $MC_1 = MC_2$。」

以上的分析中，我們將討論的重心放在兩個工廠間的產量如何配置之上。若我們同時考慮獨占廠商的總產出決策與工廠的產量配置決策，則情況將會變得稍微複雜一些。我們已經知道：獨占廠商在決定總產出水準時，最適總產量的條件爲是生產的邊際收益等於邊際成本，而在決定兩個工廠的產量配置時，最適的條件則是兩個工廠生產的邊際成本必須相等。結合以上兩個條件，在多工廠獨占下，獨占廠商的最適產量條件將成爲：

$$MR(Q^*) = MC_1(q_1^*) = MC_2(q_2^*) = MC$$

其中 $Q^*(=q_1^*+q_2^*)$ 為獨占廠商的最適總產量，MC 為 MC_1 與 MC_2 之水平加總，q_1^* 與 q_2^* 則分別代表工廠 1 與工廠 2 的最適產出水準。我們將上述條件以圖 6.10 表示：

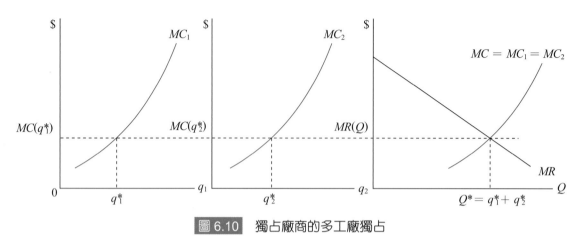

圖 6.10　獨占廠商的多工廠獨占

為什麼透過生產場所的分散，獨占廠商可以進一步提高利潤呢？道理其實很簡單，因為要素報酬遞減或產能限制等原因，個別工廠的邊際生產成本通常呈現遞增的性質，故當廠商將產量過份集中於單一工廠，將使生產的總成本變得很大，適當的分散生產，則有助於規避在某一特定工廠邊際成本快速遞增的現象，可以降低總生產成本，進而提高廠商的利潤水準。

6.7　完全獨占市場與完全競爭市場的比較

完全獨占市場與完全競爭市場在產品、生產技術與廠商規模等各方面都不盡相同，因此兩者要進行比較並不容易。為了方便比較，以下我們假設獨占廠商的 LMC 曲線為圖 6.11 中的正斜率直線，並且假定這條直線也就是完全競爭市場下的市場供給曲線（我們可以想像成政府將獨占廠商解散，市場中形成許多小廠商，而成為完全競爭市場，再把市場中

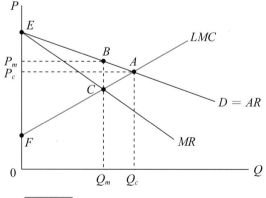

圖 6.11　完全獨占與完全競爭的比較

眾多廠商的 *LMC* 曲線進行水平加總就成為市場的供給曲線）。此外，圖中的 *D* 曲線可以視為市場的需求曲線（完全競爭情況），或完全獨占情況廠商的平均收益曲線（*AR*），*MR* 則為完全獨占情況廠商的邊際收益曲線。

　　我們可以在市場的長期情況下，來比較完全競爭市場與完全獨占市場兩者的差異。若市場為完全競爭，則由市場供給與市場需求所共同決定的均衡價格與交易量分別為圖 6.11 中的 P_c 與 Q_c。而當市場為完全獨占，根據獨占廠商的最適產量條件（*MR* = *LMC*）與獨占訂價條件（*P* = *AR*），市場均衡價格與交易量分別為 P_m 與 Q_m。觀察圖 6.11，我們可以得到幾個重要的推論：

1. **獨占廠商的生產效率較低**

　　由圖 6.11 可以看出，當市場為完全獨占，獨占廠商為了追求利潤極大化，將會選擇生產較低產量，以便訂定較高的商品價格。因此，其生產效率將會低於完全競爭市場下的情況。

2. **長期均衡達成時，獨占廠商可能享有超額利潤而完全競爭廠商則無**

　　若市場為完全獨占，則因為獨占廠商產品售價 P_m 高於均衡時其生產的 *LAC*，表示長期均衡時獨占廠商的經濟利潤為正，亦即享有超額利潤，與完全競爭市場中，廠商的長期均衡利潤水準為零的結論有很大的不同。獨占價格高於生產的平均成本，顯示此一價格並不是一個合理的價格水準。

3. **獨占市場的社會福利水準較低**

　　若市場為完全獨占，則長期均衡達成時商品的價格水準 P_m（社會邊際效益）將高於其生產的 *LMC*（社會邊際成本），這表示長期均衡下，完全獨占市場的均衡產量 Q_m 小於社會最適產量水準，也就是說獨占廠商為了哄抬價格、追求利潤，結果使商品的產量過少。另一方面，完全獨占市場的社會福利水準較低也可以從市場總剩餘的大小來說明。比較完全競爭與完全獨占兩種情況下的市場總剩餘（市場中消費者剩餘與生產者剩餘兩者的總和），可以發現：完全獨占下的市場總剩餘（*BCFE* 區域）小於完全競爭下的市場總剩餘（*AFE* 區域），故表示市場的獨占現象將會造成社會福利上的無謂損失（*ABC* 區域）。

FYI 專欄

市場壟斷的好處

　　經濟學家通常強調市場競爭的好處，而把壟斷市場當作是罪大惡極的行為。但看過香港電影《五億探長雷洛傳》的同學，對於電影劇情中有一段情節一定印象深刻，那就是 1940、1950 年的香港仍然是英國的殖民地，吸毒問題嚴重，而警察收賄也時有所聞。劇中雷洛探長為了增加來自毒梟的賄款收入，而將整個香港分成若干區域，將各區域的販毒特權分配給特定的販毒集團，並透過對其他未獲授權的毒梟的嚴格掃蕩，使獲得授權的販毒集團在指定的區域中，享有獨占的特權。雷洛探長這樣的安排有兩個用意：首先，各區域的毒梟因為壟斷市場而享有獨占利潤，有能力支付給警方更多的賄款（當然，這樣的行為是非法的）。其次，是各區域的毒品市場因為被壟斷而使毒品的價格昂貴，以價制量的結果，反而使得香港吸毒問題獲得控制。

　　毒品市場被壟斷，反而能夠帶來較好的結果，這應該是亞當斯密當初沒有想到的吧。

『為什麼禁毒越禁越毒？！』拼經濟吧　第 1 集
https://youtu.be/v2aJWNNV004

　　以上的討論結果顯示：與完全競爭市場相比，完全獨占市場的運作結果顯然較不完美。首先，由於獨占市場存在高度的加入障礙，獨占廠商不必接受其他廠商的挑戰，因此無法確保商品由最具生產優勢的廠商來生產。其次，獨占廠商基於自利的考量，並未以最有效率的方式來生產商品，以致於商品的產量水準低於社會最適產量。最後，這些商品在市場上的售價過高，也剝奪了一些消費者剩餘，使消費者的福利水準降低。不過，這些結論是在極度簡化的情況下得到的，並不能當作最終的結論。若我們進一步分析，完全獨占市場也不是全無優點，茲分別說明如下：

1. **大規模生產之利益**

　　獨占廠商面對整個市場，因此它的產量水準比一般的完全競爭廠商要大得多，故通常在生產成本上享有規模經濟的利益，其平均成本隨產量的增加而獲得顯著的節省，因此消費者也可能擁有可用較低價格享受消費該種商品的好處。

2. **促進創新**

　　創新需要龐大的研發費用與長期的努力，這些成本非小規模完全競爭廠商所能夠承擔。與此不同，獨占廠商因可能享有鉅額的超額利潤，故有能力從事創新研發，從而提高產品品質，或降低產品成本，對整體經濟社會而言，自有其好處。

經濟小百科

藍海策略與獨占利潤

《藍海策略》（英語：Blue Ocean Strategy）一書，是由韓國學者金偉燦（W. Chan Kim）和法國學者勒妮‧莫博涅（Renée Mauborgne）共同著作，於 2005 年出版的一本經濟學暢銷書。

書中主要為批評過去企業慣用的獲益方程式：壓低成本、搶佔市占率、大量傾銷等傳統商業手法，稱為紅海策略，為現今市場競爭中產生的種種弊端，如企業獲利不易、生產成本提高等現象的根本原因。為此，作者同時提出解決方案，也就是所謂的藍海策略，作法包括開創尚未被開發之全新市場、創造獨一無二價值等。

在藍海中，只要企業足夠的創意和創新就能獲取高額的報酬（如：蘋果公司的 iPad 與 iPhone）。有人認為藍海策略是一種「新」的商業手段，事實上，從經濟學的角度來說，所謂的藍海策略，說穿了就是鼓勵廠商藉由創新，建立一個全新的市場，並利用其獨占地位，享受該市場的獨占利潤而已。

資料來源：整理自維基百科

本章結論

技術因素、法律因素與經濟因素使得某些市場被一家廠商壟斷，既然沒有潛在加入者的競爭威脅，獨占廠商因此成為價格訂定者，擁有操縱商品價格的能力。

與其他市場結構相同，無論是短期或長期，完全獨占廠商之最適產量，須符合邊際成本與邊際收益相等之條件。獨占廠商可以透過減少產量來哄抬商品價格，也可以利用分散生產地點來降低生產成本，然而這並不保證獨占廠商一定可以享有超額利潤，不論是生產的長期還是短期情況，完全獨占廠商也可能只享有正常利潤水準。在短期均衡達成時，完全獨占廠商甚或可能出現虧損。

除了一般的獨占訂價之外，獨占廠商還可以進一步透過各種差別取價的方式來進一步提高利潤，不論是哪一種差別取價，獨占廠商所獲得的利益，都是以消費者剩餘的減少為代價。完全獨占市場中，不僅獨占廠商的生產比較沒有效率，獨占廠商利用其特殊的獨占地位，不論是減產以哄抬價格，或透過各種差別取價手段來提升其利潤水準，這些作為雖可以讓獨占廠商得到較多的超額利潤，但卻會造成消費者剩餘之減少。從這個角度上來看，完全獨占市場中資源配置狀態比較沒有效率。不過，獨占也並非全無好處，大規模生產的利益、促進研發與創新，以及獨占為高階經理人所帶來的非貨幣利益等，顯示獨占亦有可能有益於資源配置效率的提升。

PART 3　市場均衡分析

Chapter 7

獨占性競爭市場

戴錦周

名人名句

杰‧山米特

（Jay Samit，1961～，美國企業家）

　　品牌忠誠度的力道最初來自於人們如何感受你的產品。

原文：*The strength of brand loyalty begins with how your product makes people feel.*

研習重點

- 獨占性競爭的特性
- 獨占性競爭的短期均衡
- 獨占性競爭的長期均衡
- 獨占性競爭與完全競爭之比較

學習架構圖

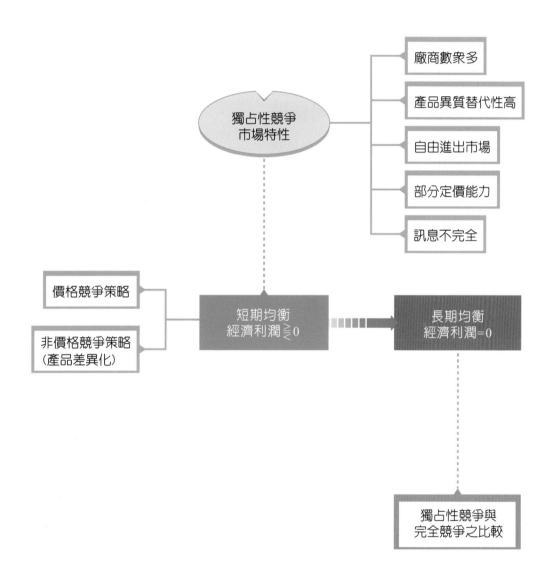

7.1 獨占性競爭市場的定義

獨占性競爭市場（monopolistic competition market）又稱壟斷性競爭市場，是兼具獨占和競爭特性的市場。考慮某一特定產品，提供此產品的廠商是唯一的，故稱獨占，但其類似的產品又很多，故廠商必須面對其它類似產品的競爭壓力，故稱獨占性競爭。獨占性競爭市場的產品是同屬某一大類的產品項下，產品間不同質，但其差異是些微的不同。例如洗髮精，在香味、顏色、容量、配方、裝瓶形狀等雖有不同，但其洗淨頭髮的功能是一致的。由於功能相似但各有特色，故消費者可依其偏好，進行選購。

7.1.1 獨占和競爭之間的市場結構

廠商在市場中的商業行為，受**市場結構**（market structure）的影響。所謂的市場結構是指市場的主要特性，包括**廠商的數目**、產品是否具有**同質性**（homogeneity）、是否有**進出市場的障礙**（barriers to entry and exit）、**市場資訊流通程度**、和廠商**訂價能力**（pricing power）等。

其中根據「廠商的數目」和產品是否具有「同質性」兩項特性，可以區分常見的四種主要的市場結構：**獨占**（monopoly）、**寡占**（oligopoly）、**獨占性競爭**（monopolistic competition）、和**完全競爭**（perfect competition）。如圖 7.1 所示，當市場只有一家廠商，是

圖 7.1　四種主要市場結構

獨占市場，如公用事業之自來水公司、電力公司等；當市場中有少數幾家廠商，則為寡占市場，如汽車、3C 產品、石油等產業；當市場中有許多廠商，則是獨占性競爭和完全競爭，但前者的產品是異質的，後者的產品是同質的。獨占性競爭市場，如藥妝、服飾、餐飲業等；完全競爭市場，如農產品市場。

市場**結構**會影響廠商的**行為**（**價格接受者** price taker 者或**價格決定者** price maker），廠商的行為進而影響市場的**績效**（社會福利是否達到最大），此即所謂的「**結構 - 行為 - 績效**（structure-behavior-performance）」理論。完全競爭廠商是價格的接受者，市場價平而量多，所以社會福利達到最大。獨占、寡占、和獨占性競爭廠商能夠或多或少地影響價格，它們所用的策略是「**以量制價**」（提供較少的產量，得到較高的售價）所以社會福利和市場績效較低。

7.1.2　獨占性競爭市場的特性

根據上文，獨占性競爭市場的特性可以歸納為：

1. **廠商數眾多**

   在獨占性競爭市場中，有很多廠商及潛在預備進入市場的廠商。廠商數眾多的這個特性，使廠商的行為對市場的影響微不足道，所以廠商得以自由訂價。譬如說，一家廠商為了促銷可以進行折扣降價策略，而不用擔心競爭對手的報復。

2. **產品異質但替代性高**

   獨占性競爭市場的產品具有品質或品牌上的差異，但均能提供給消費者類似的功能，所以說是產品異質但替代性高。獨占性競爭廠商利用真實性或感受性的差異化來銷售產品。所謂的產品差異化在此要強調是指產品在消費者心目中的印象，有時候該產品其實並沒有不同於其它公司的產品，但是由廣告或品牌印象的作用，讓消費者在感受上有所不同，這樣也算是差異化產品。除了產品的特質外，銷售產品時之一切附帶的服務和條件，如售後服務（保固維修、更換零件）等，也能產生差異化的效果。獨占性競爭市場的產業包括餐館業、穀類加工食品業、服飾業、鞋業等，都容易在細微處創造產品差異化（product differentiation）。

3. **廠商可以自由進出市場**

   廠商進入或離開市場的障礙不多，所謂障礙包括技術、資本、法律（特許權、證照等）等門檻。要進入獨占性競爭市場通常不需要高端的技術、不需要龐大的固定資本投入（機器設備等）、也不需要主管機構特別批准始能經營，多半屬於傳統產業，所以多數的廠商都可以跨足這些領域；當然，前提是要有利可圖。

4. **廠商具有部分價格決定能力**

   因為「廠商數眾多」、廠商可以「自由進出」市場、產品「異質但替代性高」等三種特性，所以此市場具有高度的競爭性；另外，因為產品「異質」，所以每一個產品的廠商某種程度都像一個獨占者，但是又因為產品之間具有高度「替代性」，所以廠商只有「部分」價格決定能力。

5. **市場資訊不完全**

   在獨占性競爭市場中，雖然消費者可以得知商品的完整價格資訊，了解何時何地銷售以及如何購買，也明白價格差異，甚至可能知道廠商的獲利情形，但是對於不同品牌的產品品質有實際差異，還是存在許多資訊不對稱（information asymmetry）。所謂「資訊不對稱」是指買方和賣方的資訊內涵不一致，常指廠商對於商品的資訊多於消費者的情形。由於消費選擇與決策部分屬於有限理性（bounded rationality），亦即受品牌的忠誠度（brand loyalty）和非結構性或非理性的感覺成分所影響，以致於左右了消費者對產品之品質真實資訊的掌握，並影響其選購的決定。例如，消費者可能偏好選擇某些品牌的化妝品，雖然他們了解這種產品與其他類似商品的價格差異，但是偏好多來自感覺，對於化妝品的化學成分─防曬劑、防腐劑、礦物油、激素、重金屬（汞、鉛、砷等）等資訊，可能一知半解或是不在乎。

以上這些特性會影響獨占性競爭廠商的行為，並左右市場的運作和績效，最後影響到社會的福利。

7.2 獨占性競爭廠商的短期均衡

獨占性競爭廠商因其在某一特定產品市場的獨占性，導致其需求曲線是負斜率的，如圖 7.2 中的 d 線。回顧前文，獨占廠商是市場中唯一的廠商，所以整個市場的需求就是該廠商所面對的需求，整個市場的需求曲線是負斜率的，所以該廠商所面對的需求曲線也是負斜率的。

而在獨占性競爭市場中，若針對某一品牌的產品而言，由於產品的異質性，使得生產該產品的廠商就像一個獨占者一樣，所以同理可得，獨占性競爭廠商所面對的需求曲線呈現負斜率的形狀。不過由於類似產品的廠商數眾多，所以獨占性競爭廠商的需求曲線相當平坦，因為競爭激烈的緣故需求的價格彈性很大，亦即些微的價格變動，將導致顯著的需求量之改變。

如圖 7.2 所示，需求曲線同時也是平均收益線，所以 $AR = d$。由 AR 線可以導出邊際收益線（MR），亦即任意畫一條水平線（如 $P*E$），取其中點，然後從 AR 線的縱軸截距連線經過中點，即是 MR 線。獨占性競爭廠商以短期邊際成本 = 邊際收益（$SMC = MR$）為準則，決定在圖 7.2 中的 C 點生產數量 $q*$。而又根據需求曲線的 E 點得到相對應的訂價為 $P*$，根據短期平均成本線 SAC 的 B 點得到相對應的平均成本為 D，所以廠商可以得到**經濟利潤 $P*DBE$**。亦即售價為 $Eq*$，單位成本為 $Bq*$，所以單位利潤為 EB，所以總利潤為 $EB \times q* = P*DBE$。

值得一提的是經濟利潤可能 > 0、$= 0$、< 0，圖 7.2 的情況是經濟利潤 > 0 的情況，若短期平均成本線 SAC 的位置較高，使 B 點高於 E 點，就會造成經濟利潤 < 0，或稱經濟損失。

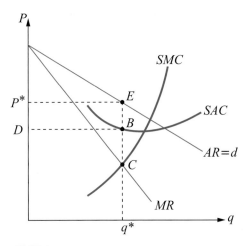

圖 7.2　獨占性競爭廠商的短期均衡
（經濟利潤 > 0）

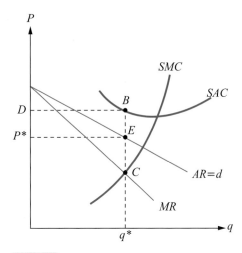

圖 7.3　獨占性競爭廠商的短期均衡
（經濟利潤 < 0）

如圖 7.3 所示，在此市場的獨占性競爭廠商的短期平均成本線 SAC 位置較高，以至於根據 $SMC = MR$（C 點）所決定的產量 $q*$ 所對應的價格 $P*$（E 點）低於短期平均成本（B 點），造成經濟損失 $P*DBE$，亦即售價為 $Eq*$，單位成本為 $Bq*$，所以單位損失為 BE，所以總損失為 BE × $q* = P*DBE$。

不過，經濟利潤 > 0 和 < 0 的情況只是暫時的。在長期的情況下，獨占性競爭市場是允許廠商自由進出的，所以廠商會自由地加入或退出市場，直到經濟利潤 = 0 為止。

經濟小百科

愛德華‧哈斯汀‧錢柏林

愛德華‧哈斯汀‧錢柏林（Edward Hastings Chamberlin，1899/5/18 ～ 1967/7/17），生於華盛頓州拉康那，美國著名經濟學家，提出「獨占性競爭理論」。錢柏林就讀愛荷華大學時，受到法蘭克‧奈特的影響，致力於經濟學的研究。研究所就讀密西根大學，1927 年在哈佛大學拿到博士學位。錢柏林提出「產品差異化」的概念，認為廠商可以藉由創造產品差異性，來取得訂價的能力，脫離完全競爭市場的情況，形成獨占性競爭，以提高廠商的利潤。

資料來源：整理自維基百科

7.3 獨占性競爭廠商的長期均衡

在長期的情況下,若經濟利潤 > 0,有利可圖,會吸引新廠商進入市場;若經濟利潤 < 0,虧損累累,廠商自然會退出市場,最後達到經濟利潤 = 0 的長期均衡。所謂**經濟利潤 = 0** 是指沒有超額利潤,但仍有正常利潤。在此以經濟利潤 > 0 的情況,進行說明。由於新廠商進入市場,個別廠商所分到的市場份額減少,圖 7.2 中的個別需求曲線 d 下降,來到圖 7.4 的情況,d、AR、MR 的位置都會向下移動,直到 d 和長期平均成本線 LAC 相切於 E 點。同時在 C 點,長期邊際成本線和邊際收益線相交,LMC = MR,廠商會生產數量 q* 產品,在 E 點相切,意味著 AR = LAC,所以經濟利潤 = 0。同時在 C 點,長期邊際成本線和邊際收益線相交,LMC = MR,廠商會生產 數量 q* 產品。所以獨占性競爭廠商的短期經濟利潤雖然 > 0,但是無法長期存在,廠商必須不斷精進,創造**產品的差異性**,維持顧客的品牌忠誠度,才能立於不敗之地。

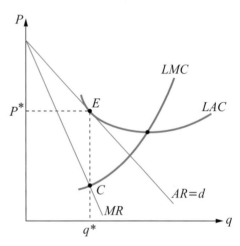

圖 7.4　獨占性競爭廠商的長期均衡

在市場均衡時,獨占性競爭市場有多少廠商會留在市場中,取決於生產成本、市場規模、及產品差異化程度等因素。由圖 7.2 和圖 7.4 所示,更高的生產成本將使短期平均成本線 SAC 和長期平均成本線 LAC 位置更高,要維持經濟利潤更爲困難,很多廠商將因虧損而退出市場,意味著市場所能容納的廠商數量將更少。

7.4 獨占性競爭市場與完全競爭市場之比較

雖然獨占性競爭廠商的長期經濟利潤 = 0,但是並不代表它的效率已經和完全競爭廠商一樣。如圖 7.5 所示,若市場是完全競爭的,個別廠商所面對的需求曲線應該是水平的,如虛線 P_1F 所示,所以完全競爭廠商的長期均衡會出現在 F 點,而不是 E 點。E 點是獨占性競爭市場的長期均衡點,獨占性競爭廠商根據邊際收益 = 邊際成本($MR = MC$),決定在圖 7.5 的 G 點生產數量 q*,而又根據需求曲線的 E 點得到對應的價格爲 P*。F 點和 E 點都在長期平均成本線 LAC 上,代表在 q_1 生產的成本爲 P_1,在 q* 生產的成本爲 P*。F 點的成本較低,$P_1 < P^*$,產量亦較多 $q_1 > q^*$。

成本較低代表生產較有效率，價格較低、數量較多，代表消費者可以較低的代價享受較豐富的產品，所以社會福利較高。

因此長期平均成本線的最低點 F 的產量 q_1，被經濟學家視爲**最適產能**（optimal capacity），或稱爲**效率規模**（efficient scale）。在長期之下，完全競爭廠商在最適產能進行生產，而獨占性競爭廠商的產量小於最適產能，所以獨占性競爭廠商有超額產能（excess capacity）的問題。由於產量 $q^*<$ 最適產能 q_1，獨占性競爭廠商即使在長期均衡的情況下，仍是在**無效率**（inefficiency）狀態下進行生產。

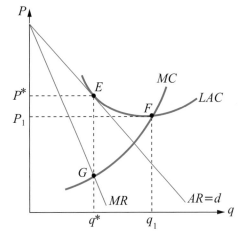

圖 7.5　獨占性競爭市場與完全競爭市場比較

此外，完全競爭和獨占性競爭的第二個差異在於價格和邊際成本之間的關係。如圖 7.5 所示，由於獨占性競爭廠商具有部分的訂價能力，所以價格超過邊際成本，超過的部分 EG 即是價格加成（markup）的部分。完全競爭廠商的價格等於邊際成本（F 點），並沒有價格加成。所以完全競爭和獨占性競爭之間存兩個主要的差異：超額產能和價格加成。

獨占性競爭市場存在價格加成的現象，是否與獨占性競爭廠商「長期經濟利潤爲零」的條件牴觸呢？答案是不會。因爲經濟利潤爲零是根據長期平均成本＝價格（LAC＝P）得到；而價格加成則是價格超過邊際成本的部分，長期均衡並沒有要求價格必須等於邊際成本。事實上，如圖 7.5 所示，獨占性競爭廠商總是在平均成本大於邊際成本之處（LAC＞MC）進行生產。

上述的價格加成可以轉化爲 Lerner 指數 M：

$$M = \frac{(P-MC)}{P} \qquad\qquad (\text{式 7-1})$$

Lerner 指數（M）越大，表示獨占性競爭廠商的市場獨占力（monopoly power）越大，亦即訂價的能力越強。由圖 7.5 所示，Lerner 指數和廠商所面對需求曲線有關，需求曲線越平坦（需求的價格彈性越大），P 會越靠近 MC，所以 Lerner 指數越小；需求曲線越陡（需求的價格彈性越小），P 和 MC 會越分開，所以 Lerner

指數越大。完全競爭廠商的需求曲線是水平的（需求的價格彈性無限大），使得 Lerner 指數等於零。也就是說完全競爭廠商是完全不具有獨占力。如圖 7.5 所示，如果獨占性競爭均衡價格 $P*$ 為 125 元，完全競爭均衡價格 P_1（$P_1 = LAC = MC$）為 100 元，G 點的邊際成本 MC 為 60 元，則

獨占性競爭廠商的市場獨占力　　$M = \dfrac{125 - 60}{125} = 0.52$

完全競爭廠商的市場獨占力　　$M = \dfrac{100 - 100}{100} = 0$

7.5　獨占性競爭廠商的非價格競爭策略

獨占性競爭廠商除以低價來作為競爭的策略外，也可以用**非價格競爭**（non-price competition）策略，若獨占性競爭廠商在消費者購買商品之時，並未提供價格折扣，但仍能吸引消費者進行購買的競爭活動，均稱為非價格競爭，例如以廣告、品質、服務、額外利益等吸引顧客，增加顧客的產品忠誠度。非價格競爭策略以**產品差異化**（product differentiation）策略為主，其最初的倡導者之一為美國經濟學家錢柏林（Edward Hastings Chamberlin），他認為廠商可以藉由創造產品差異性，來取得訂價的能力，進而脫離完全競爭的情況，形成獨占性競爭，以提高廠商的利潤。

7.5.1　產品差異化

在完全競爭市場中，雖然有無數的生產者，但產品是相同的，沒有品質上的差異，消費者也沒有特殊偏好，只會對價格本身做出反應。由於產品是相同的，而且假設資訊完全，所以賣貴一點，沒人買，同時也沒有必要賣便宜一點，最後所有的交易者統一用相同的均衡價格進行交易，供給者因此不具有左右價格的能力，只能扮演價格接受者（price taker）的角色。

但是在獨占性競爭市場中，產品差異化使廠商獲取部分訂價能力成為可能。廠商可以根據本身的優勢，針對不同消費族群的偏好來設計和提供略為不同的產品或服務，使消費者在主觀上對某廠商的商品出現較高的偏好，使這個廠商取得競爭優勢，而造成市場區隔，增進利潤。

其中建立品牌（brand）是產品差異化的主要方式之一，透過品牌，消費者可以更容易識別不同公司的產品，讓差異化產品的生產和消費過程更有效率。品牌差異

通常是很小的，它們可能只是一些功能、設計、包裝或廣告主題的差異，而實質的產品可能改變，也可能沒有改變。透過產品質量差異化，讓廠商可以進行價格的差異化。為了宣傳自家公司產品和其它公司的不同，廠商必須積極進行各種促銷活動，尤其是廣告。

例如一般運動鞋的售價約為兩、三千元，而 Nike 的頂級運動鞋可能要上萬元，就是因為 Nike 是一個著名的品牌。由於各種原因，就是有人願意多花數倍的價格，去購買提供類似功能的運動鞋。Nike 是一家美國體育用品生產商，前身為成立於 1964 年 1 月 25 日的 Blue Ribbon Sports，1971 年 5 月 30 正式成為 Nike, Inc.。主要生產運動鞋、運動服裝、體育用品，並建立自己的品牌進行銷售，包括 Nike、Air Jordan、Nike Golf 、Team Starter 等。品牌中最為人熟悉的商標為 Just Do It。Nike 的名稱源自希臘神話中的勝利女神尼姬（Nike，意為「勝利」）。Nike 廣受各界肯定，故能同時為世界上多個足球俱樂部及國家足球隊提供球衣套件。Nike 的總部位於 Oregon 州 Portland 市郊的 Beaverton，在臺灣亦設有分部。根據球鞋實測網站 Solereview 做的一份報告，Nike 一年支付給體育明星、大小球隊、演藝圈名人的代言費，大概十億美金，約佔總行銷預算 32 億美金的 30%。

（資料來源：Solereview；圖片來源：網路）

7.5.2　廣告的作用

廣告（advertisement）是獨占性競爭廠商常採用的行銷策略，它可以提供給人們關於產品特色、優點、價格、銷售地點的資訊，加深人們的印象，且可協助人們在琳瑯滿目的產品中，更有效率地挑選出符合自己需求的產品。某些消費者有其愛用的化妝品品牌、或常買某品牌的鞋子、某品牌的衣服等，此即所謂的品牌忠誠度（brand loyalty）。而當初之所以開始使用這些品牌的產品，可能是因為廣告的宣傳，試用之後覺得不錯，從此一試成主顧。所以廠商經營其品牌價值的兩大策略是品質的維持（改善、創新）和廣告行銷。另一方面，廠商花大錢進行廣告、建立品牌，實屬不易，所以理論上廠商會更愛惜羽毛，比較不會有產品瑕疵或黑心商品的問題，所以消費者可以更放心選用有品牌的商品。

但是有些人對廣告是不以為然的，他們批評：廣告試圖操縱消費者的偏好、強化品牌忠誠度，以影響人們的消費選擇，其目的在增加廠商的銷售收入，並不是在

為人們帶來正確、有用的訊息。而且廣告常邀請明星、球星代言產品，代言者成功亮麗的形象常使人們產生一種錯覺：使用該產品就可以和代言者一樣成功亮麗，這當然不是真的。有時候廣告會以街訪的形式進行，演員扮演的路人之使用感想，當然不具參考性。此外，廣告可能創造原本可能不存在的慾望，例如電視購物台，大量、密集、長時間地介紹各種商品，可能刺激觀眾的購買慾望，於是一時衝動之下買了許多不需要的東西。

再者，廣告阻礙實質競爭。廣告會強化人們的品牌忠誠度，其先入為主的印象使人們忽略關於產品的品質和價格方面的資訊，而價格較低或品質較優的其它產品因此無法與之競爭。另一方面，競爭者也可能捨棄價格或品質的競爭策略，而將原本應該用於降低成本和改善品質的資源，用於廣告行銷上。過度的廣告，將造成社會資源的浪費。

所以，廣告到底是一種有價值的活動，還是一種社會資源的浪費？值得吾人省思。

在以下 FYI 專欄中，以化妝品產業為例，來分析獨占性競爭廠商的非價格競爭策略。以「抗老」、「保濕」的市場需求趨勢，針對不同膚質、年齡，進行細部區隔，以設計不同成分的產品，來增加銷售業績。

FYI 專欄

化妝品產業千億商機

化妝品產業是常見的獨占性競爭市場。隨著愛美的需求持續增加，全球與我國化妝品市場規模均呈現成長趨勢。從銷售品項占比來看，全球與我國均以皮膚保養品為化妝品市場的主流。化妝品市場廠商眾多，競爭相當激烈，因此廠商大多採取差異化的經營策略以擴大經營規模。在銷售通路方面，目前雖以實體通路為主，但網路購物的占比已逐漸提升。

臺灣化妝品業蓬勃發展，近年成長快速的 3 大類，分別是保養品（面膜、面霜、乳液、化妝水等）、化妝品（口紅、眼影、粉底、睫毛膏、香水等）、清潔用化妝品（洗面、洗手、沐浴乳等）。國內化妝品市場持續成長，主要有兩大趨勢，一是進入老齡社會後，老年化人口比例增加，很多廠商會開發抗老化或熟齡使用的化妝產品；其次，保養年齡層下降，有越來越多年輕女生從 10 多歲、20 多歲就開始提早做保養，因為整體年齡層被拉大，帶動市場也往上提升。以「抗老」、「保

濕」兩大類比較高，保濕產品可能是乳液、乳霜等，屬於基礎產品，抗老產品則會針對不同膚質、年齡而有差別，臺灣廠商也開始做這方面的細部區隔。

臺灣消費者偏好購買通路佔比中，前四大依序是百貨公司（25%）、藥妝店（10%）、直銷（10%）、網路購物（近 11%）。消費者還是較偏好國外品牌，不過近年有廠商開始開發自有品牌，並且逐漸累積知名度、能見度，在佔比中也有成長趨勢。有關全球與臺灣化妝品市場概況，可參考影片。

資料來源：整理自新聞報導

隱形冠軍！　臺灣美妝拚經濟　連續 9 年成長
https://youtu.be/UDgWULuIHOo

本章結論

　　獨占性競爭市場是兼具獨占和競爭特性的市場。因為「廠商數眾多」和廠商可以「自由進出」市場，所以此市場具有高度的競爭性；另外，因為產品「異質」，所以每一個產品的廠商都像一個獨占者。

　　獨占性競爭廠商短期均衡可能存在經濟利潤，但是由於廠商可以「自由進出」市場，所以難以避免長期經濟利潤為零的趨勢。因此廠商必須不斷創新，創造產品的「差異性」，才能維持顧客的品牌忠誠度。

　　另外，雖然獨占性競爭廠商的長期經濟利潤為零，但並不代表它的效率已經和完全競爭廠商一樣。由於獨占性競爭廠商面臨的需求曲線是負斜率的，獨占性競爭廠商具有部分的訂價能力，所以獨占性競爭廠商的產量較少，售價較高，因此生產較無效率，社會福利較低。

Chapter

8

寡占市場

戴錦周

約翰・奈許

（John F. Nash，1928 ～ 2015）

　　我的天才與我的精神分裂症，來自相同的地方。

原文：*My genius and my schizophrenia, all running out in the same place.*

研習重點

- 寡占廠商的競爭策略
- 價格領導模型
- 拗折需求曲線
- 卡特爾組織
- 賽局理論

學習架構圖

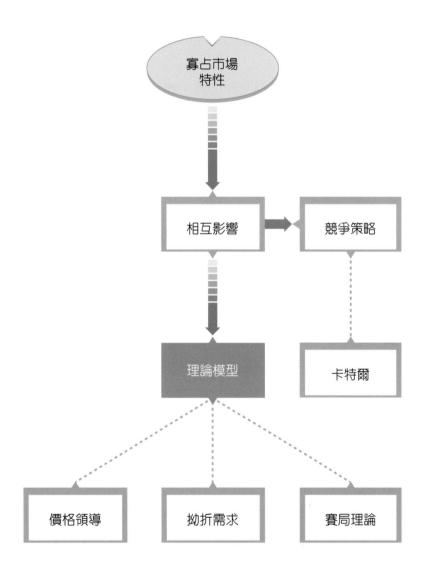

寡占市場
特性

相互影響 → 競爭策略

理論模型 ⋯⋯ 卡特爾

價格領導　拗折需求　賽局理論

▋8.1 寡占市場的介紹

寡占（oligopoly）市場是僅有少數幾家廠商提供產品的市場。最簡單的寡占市場，是市場中僅有兩家廠商，則稱為**雙占**（duopoly）。寡占市場的特性為：

1. 寡占市場產品可能同質，也可能異質。

2. 廠商很難自由進出市場。寡占市場中廠商人數較少，新廠商加入時容易受到現有廠商的抵制與排擠。且各個廠商的生產規模較大，退出的**沉沒成本**（sunk costs）亦高。沉沒成本是指已經付出且不可收回的成本。由於沉沒成本的存在，除非虧損慘重，廠商不會輕言退出。

3. 由於市場中的廠商數目少，所以所作所為，都容易被競爭對手察覺，成為決策參考的商業情報，所以寡占廠商的決策會**相互影響**（interaction）。

在現代經濟中，大企業寡占市場的例子所在多有，例如加油站市場中，台塑及中油加油站，兩家企業龍頭對市場有重大影響力。又如面板廠的瀚宇彩晶、友達、華映、Sharp 等；電子書閱讀器的蘋果電腦公司、亞馬遜公司、Barnes and Noble；再如手機大廠 iPhone、Samsung、Sony；全球半導體廠的台積電、Samsung、Intel 等，也是大家所熟悉的寡占例子。

▋8.2 寡占廠商的競爭策略

寡占廠商的競爭策略可以分成**產量競爭策略**（competitive strategy）、**價格**競爭策略、和**品質**競爭策略。產量競爭策略是：透過提高產量，擴大自己的市場占有率（market share），進而提高產品的銷售收益和利潤；價格競爭策略則是：廠商以降價方式，來擴大自己的市場占有率、收益或利潤。當然，這樣的作法都將遭致其他廠商在產量或訂價上的反制，而使得策略效果不如預期。至於品質競爭策略，則是以品質取勝、或是利用功能上的創新，來吸引消費者。但是其研發費用和製造成本，將因而提高。

在科技產品競爭激烈、且生命週期縮短的情況下，如果新產品沒有一上市就熱賣，要回收研發創新的投資，將是一個困難的挑戰。不管是產量競爭策略、價格競

爭策略、還是品質競爭策略，都有其利弊，故經營者當謹慎取捨，或是搭配使用各種策略，才能維持長期的獲利和事業的永續發展。

FYI 專欄

護國神山台積電稱霸全球

　　台積電（Taiwan Semiconductor Manufacturing Company，TSMC）靠著晶圓代工領先技術，成為全球半導體產業不可或缺的重要角色，被封為台股的「護國神山」。為了擴大產能，近年來台積電積極在南科、竹科大舉購地建廠。台積電挾著技術領先的優勢，預估未來 10 年內將繼續稱霸全球，使競爭對手難以撼動其地位。

台灣積體電路製造股份有限公司
Taiwan Semiconductor Manufacturing Company, Ltd.

　　而一直以來，臺灣電子製造業在全球資通訊產業具有高市占率，其中半導體產業供應鏈（supply chain），2020 年成長率預估達到 13%，未來 10 年我國的半導體產值，有希望從 3 兆躍升到 5 兆台幣。由於美中貿易戰（U.S.-China trade war）的延燒，加上突如其來的新冠肺炎疫情全球肆虐，導致各主要市場與產業活動停擺，全球經濟陷入急凍狀態，但在這充滿不確定的時刻，臺灣電子產業鏈卻能突破重圍，表現亮麗，令人驚喜。

　　整個臺灣半導體業的投資額已超過三兆，帶動許多材料廠商、設備廠商到臺灣投資發展，讓產業群聚更加完整，再加上業界自己深耕技術，臺灣半導體可以用爆發性成長來形容，2020 上半年有 24% 的成長。專家認為這要歸功於疫情控制得當、宅經濟（stay-at-home economy）爆發、以及華為的禁制令，導致前三季供應鏈的轉單效應（order-transfer effect）。

　　據市場研究及調查機構 TrendForce 旗下拓墣產業研究院調研結果顯示，2020 年第 3 季預估全球晶圓代工市場，台積電仍以過半 53.9% 市占率稱霸全球，且年成長率高達 21%。排名第二的三星市占率到 17.4%，年成長為 4%。根據半導體協會的統計，產業鏈中，臺灣的晶圓代工占全球市占率六成，晶片封測市占率五成；零組件方面，電路板也高達三成市占率，就連光電產業也有一成市占率，因此認為半導體產業未來仍將在臺灣經濟成長中，扮演領頭羊角色。

資料來源：民視新聞

「護國神山」台積電制霸產業　被評 10 年無對手
https://youtu.be/56KzQSrqVSA

8.3 寡占廠商的競爭模型

在文獻上有許多有名的寡占廠商的競爭模型，如**庫諾產量競爭模型**（Cournot Model）、**貝德蘭價格競爭模型**（Bertrand Model）和**史塔貝克模型**（Stackelberg Model）、**價格領導模型**（Price Leadership Model）、和**拗折需求模型**（Kinked Demand Model）等，其主要的考量是關於廠商對於競爭對手的反應和競爭策略的設定不同，而有不同的模型。

在庫諾產量競爭模型中，兩個廠商在決定自己的產量時，均**天眞的**（naive）認爲對手不會改變生產數量，而各自追求利潤的最大化。產品的市場價格則依據該兩個廠商的總和產量而定。在貝德蘭價格競爭模型中，兩個廠商削價競爭，直到市場價格下降到邊際成本爲止。史塔貝克模型－雙占市場中，**狡猾的**（sophisticated）廠商知道天眞的廠商會依照庫諾模型從事生產，因而會將天眞的廠商之行爲考量納入自身的產量決策中，再據以追求其利潤最大。

8.3.1 價格領導模型

價格領導模型（Price Leadership Model）是指當市場中有一個獨大的**領導廠商**（dominant firm、leader）和若干規模較小的追隨廠商（followers）所構成。領導廠商決定產品的市場價格後，其他追隨廠商默默接受此一價格，然後決定產量。

如圖 8.1 所示，假設市場需求爲 D，追隨廠商的總供給爲 S_f，領導廠商的需求等於市場需求減去追隨廠商的總供給：$D_l = D - S_f$。在價格爲 P_3 時，如圖 8.1 所示，市場需求 D 等於追隨廠商的總供給 S_f，所以領導廠商的需求量爲零，故此時的位置爲 D_ℓ 線的縱軸截距；在價格爲 P_2 時，這是一個相當低的價格水準，沒有追隨廠商願意提供商品，所以追隨廠商的總供給量爲零，此時全部仰賴領導廠商來供給，所以市場需求 D 即是領導廠商所面對的需求 D_ℓ，也因此如圖 8.1 所示，D_ℓ 線在 P_2 的水準產生了拗折，不過一般來說此拗折不會影響到市場均衡的達成，只是我們在繪圖時要注意一下而已。

另一方面，由 D_l（= 平均收益 AR_l）可以導出領導廠商的邊際收益線 MR_l。領導廠商根據 A 點（$MR_l = MC_l$），決定其利潤最大的產量 Q_l，然後再根據 D_l 之 B 點決定價格 P_1。在 P_1 之下，根據 S_f 之 C 點決定追隨廠商的總供給量 Q_f，亦即由追隨廠商一起來提供 Q_f 的數量於市場之中。

　　亦即在價格 P_1 之下，由領導廠商和追隨廠商總共供給（$Q_\ell + Q_f$）的數量。由於訂價的決定權在領導廠商手中，所以只有它能確保最大的利潤，而追隨廠商並沒有訂價能力，其獲利情形則依個別的生產成本高低而定了。

　　前面談到寡占市場的特色為廠商的決策會相互影響，在價格領導模型中，領導廠商在作決策時，會將追隨廠商的總供給納入考量；而另一方面，追隨廠商會等領導廠商決定價格之後，再依之決定供給量，像這樣領導廠商和追隨廠商都會考慮彼此的行為再行決策，即是寡占廠商之間決策依存性的表現。

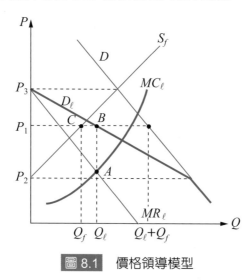

圖 8.1　價格領導模型

8.3.2　拗折需求模型與價格僵固性

　　寡占市場可能出現**價格僵固**（Price Rigidity）的現象，即使生產成本有所變動，但是產品的價格在一段時間內仍然保持不變，究其原因，是寡占廠商的決策依存性。

　　美國學者 P. Sweezy 提出拗折需求曲線模型（Kinked Demand Model）來解釋寡占市場中價格之所以僵固的原因。假設某一廠商調高價格時，其它廠商為了奪取市場，不跟進；某一廠商調降價格時，其它廠商為了維持市占率，也跟著降價。廠商調高價格時，因為別人不跟進，所以銷售量減少很多（彈性大，需求曲線較平坦）；調降價格時，因為別人跟進，所以銷售量增加有限（彈性小，需求曲線較陡峭）。

　　於是，形成一條**拗折需求曲線**，如圖 8.2 的 *FAD* 線。由 *FA* 線段所導出的邊際收益線 MR_1，和由 *AD* 線段所導出的邊際收益線 MR_2，在經過 *A* 點的虛線處中斷了。

　　如果短期邊際成本線 SMC_1 和邊際收益線剛好交於中斷處，如 *C* 點，則決定生產 Q^*，價格為 P^*。如果現在邊際成本增加了，變成 SMC_2，交點變成 *B* 點，還是生產 Q^*，價格還是 P^*，於是產生價格僵固現象。

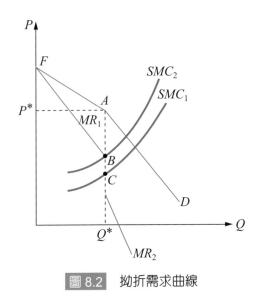

圖 8.2 拗折需求曲線

8.4 寡占廠商的勾結行為

不管是產量競爭策略還是價格競爭策略，結果都是不利於廠商的，所以與其因為競爭而互蒙其害，不如**勾結**以共謀其利，於是乎產生了寡占廠商的**卡特爾組織**（Cartel）。所謂卡特爾，是說同一產業中，幾個生產同質產品的廠商，為了降低競爭而形成的合作組織。卡特爾整合寡占廠商的行為，而表現出像一個獨占廠商，以量制價，形成一個**產量少、價格高、效率低和增加社會無謂損失**（deadweight loss）的結果。

最著名的卡特爾是**石油輸出國家組織**（OPEC），聯合壟斷石油的生產，影響油價，以追求會員國的利益。OPEC 全名 Organization of Petroleum Exporting Countries，目前共有 11 個會員國，約佔世界石油蘊藏 77% 及石油產量 40%。OPEC 於 1960/9/14 在伊拉克首都巴格達成立，成立時有沙地阿拉伯、委內瑞拉、科威特、伊拉克及伊朗等五國。其後陸續加入新的會員國，包括卡塔爾、利比亞、印尼、阿拉伯聯合酋長國、阿爾及利亞、尼日利亞、厄瓜多爾及加蓬等八國。其中厄瓜多爾及加蓬已退出。

但是卡特爾組織並**不穩定**，因為在價格較高的時候，常有成員想要私下增產，以獲得額外的利益。而人同此心，心同此理，大家都想私下增產的結果，以量制價的協議就崩潰了。為了避免成員私下增產，卡特爾就必須監督成員的行為，因此要付出**監督成本**。一般來說，卡特爾組織能否持續運作，和下列因素有關：

1. **組織成員數**

   組織成員越少時，越容易觀察到成員的行為，監督成本越低，卡特爾組織的約束力越大，組織運作越順暢；組織成員越多，監督成本越高，卡特爾組織越難運作。

2. **監督成本**

   監督成本（monitoring cost）是指監督和保證成員國能夠切實履行協議（石油產量配額）而付出的成本支出。監督成本越高，卡特爾組織越難運作。

3. **經濟景氣**

   不景氣時，成員比較願意配合控制產量，讓價格穩定，共渡時艱。相反地，經濟景氣時，市場需求大，產品價格高，私下增產以獲暴利的誘因大，所以卡特爾瓦解的可能性就增加了。

4. **產品的需求價格彈性**

   需求的價格彈性越小，提高價格導致需求量的減少越小，卡特爾控制價格的能力越強。反之，需求的價格彈性越大，提高價格導致需求量的減少越大，卡特爾控制價格的能力越弱。

5. **進入障礙**

   若進入障礙小，門檻低，較高的卡特爾價格，會吸引新廠商加入，以量制價的策略就容易失效，卡特爾組織自然難以維持。

▌8.5 賽局理論

賽局理論研究賽局中個體的決策行為如何相互影響、如何制訂最適策略，以及賽局的均衡問題。賽局理論的分析方法正好可以應用在寡占廠商勾心鬥角、又競爭又合作的問題上。任何賽局都有四個基本元素：**參賽者**（players）、**遊戲規則**（rules）、**策略**（strategies）、和**報酬**（payoffs）。參賽者在給定的遊戲規則下，決定各自策略，策略施行之後，達成均衡，最後獲得各自的報酬。

賽局理論的經典的例子就是**囚犯困境**（prisoner's dilemma），學習囚犯困境賽局可以讓我們了解在寡占市場中，工於算計的廠商之合作是多麼不容易達成，以及寡占廠商的均衡是多麼脆弱。假設有甲乙兩人結夥犯案，不慎失風被逮，後來甲乙被分開審訊，以防他們串供。警方為了誘導囚犯招供，設計了表 8.1 的賽局，甲和

乙都有兩種策略（招供、不招）可以選擇，所以有四種策略組合的情況，括弧內第一個數字為甲被判刑年數，第二個數字為乙被判刑年數。如果你招供，而對方不招供，則你將被立即釋放，而對方將被判刑 5 年；如果兩人都招供，則都被判刑 2 年。如果兩人均不招供，因證據不足，只被能各判刑 1 年。所以顯然兩人都不招、矢口否認，是對彼此最有利的。

如果囚犯可以溝通的話，相信他們會選擇合作，相約都不招供，於是產生類似前面介紹的寡占廠商勾結的均衡（卡特爾組織）。但兩人被分開審訊，無法溝通，只能從各自的利益角度進行思考。站在甲的立場，若乙招供，甲招供判 2 年，不招判 5 年，所以甲應該招供；若乙不招，甲招供判 0 年，不招判 1 年，所以甲還是應該招供。所以不管乙招不招，甲都應該招供，此即所謂的**優勢策略**（dominant strategy）。

優勢策略是不管對方採取之何種策略，參賽者都應該採用的策略。同理，若站在乙的立場，招供也是他的優勢策略。所以最後兩人都會招認，而各判 2 年。而當所有參賽者都依據**個體理性**（individual rationality）而選擇了招供，這種情況就稱為**奈許均衡**（Nash equilibrium）。

在奈許均衡之下，參賽者都不想改變策略的動機，一動不如一靜，故稱之為**均衡**。換言之，奈許均衡是指：彼此相互影響的參賽者，在給定其它參賽者所選擇的策略之下，每個參賽者選擇其最佳策略的情況。如表 8.1，在 (2，2) 之下，甲不會想改變成「不招」，因為如此一來他會變成被判 5 年；同理，乙也是一樣的想法。於是，達成均衡。但是站在整個賽局來看，(1，1) 的結果是最好的，具有**社會理性**（social rationality），但是由於分開審訊，無法**串供**及傳達**訊息**，只能依據個體理性做選擇。

當然，聰明的囚犯在犯案之前，也可能事先約定：「萬一失風被補，我們絕對都不能招供，以免落入警方設下的囚犯困境。」但是基本上這種默契是脆弱的，因為為非作歹之人，大都沒有什麼「信用」可言，而且囚犯對別人也是「不信任」的，常認為別人跟自己一樣隨時可以為了利益而出賣朋友，所以最後還是會招供。

囚犯困境是不合作賽局（non-cooperative games）之個體理性與社會理性不一致的典型例子。這也告訴我們：溝通和合作在增進社會福利過程中的重要性。

| 表 8.1 | 囚犯困境賽局 |

囚犯 (甲，乙)		乙	
		招供	不招
甲	招供	(2，2)	(0，5)
	不招	(5，0)	(1，1)

備註：括弧內第一個數字為甲被判刑年數，第二個數字為乙被判刑年數。

再舉一個例子，說明賽局理論在商業上的應用：有兩家廠商 *A*、*B* 是市場的主要對手，同時在考量要不要花重金進行廣告策略，表 8.2 是報酬矩陣，括弧內第一個數字為 *A* 廠商之報酬，第二個數字為 *B* 廠商之報酬。

| 表 8.2 | 廣告策略的報酬矩陣 |

廠商 (*A*，*B*)		*B*	
		廣告	不廣告
A	廣告	(12 億，13 億)	(14 億，10 億)
	不廣告	(10 億，14 億)	(9 億，9 億)

備註：括弧內第一個數字為 *A* 之報酬，第二個數字為 B 之報酬。

站在 *A* 的立場，若 *B* 採廣告策略時，*A* 也採廣告策略，*A* 可賺 12 億，若 *A* 不採廣告策略，可賺 10 億，所以相形之下，*A* 應該採廣告策略；若 *B* 採不廣告策略，*A* 採廣告策略，可賺 14 億，若 *A* 也採不廣告策略，可賺 9 億，所以 *A* 應該採廣告策略。所以不管 *B* 採取廣告策略與否，*A* 都應該採取廣告策略，廣告策略是 *A* 的**優勢策略**。另一方面，站在 *B* 的立場，前面的分析，*B* 應該早在意料之中，而知道廣告策略是 *A* 的優勢策略。所以當 *A* 採廣告策略時，*B* 採廣告策略，可賺 13 億；若 *B* 採不廣告策略，可賺 10 億，所以相形之下，*B* 應該採廣告策略。所以，最後兩家廠商均採廣告策略，而達到**奈許均衡**。

這個例子和前面的囚犯困境不同，當廠商 *A*、*B* 都採取廣告策略的結果為（12 億，13 億），勝於 *A*、*B* 都採取不廣告策略的結果（9 億，9 億），所以沒有個體理性和社會理性不一致的問題，也沒有 *A*、*B* 兩廠說好彼此都採取不廣告的誘因（都不廣告的報酬反而較少），沒有合作、不合作的問題，所以此賽局的均衡解相對較為穩定（stable solutions）。究其原因，廣告雖然費用高昂，但在此例子，廣告的確創造個別公司的利潤，也擴展了整體市場的總利潤：由「都不廣告」的 18 億（=9+9）增加為「都廣告」的 25 億（=12+13）。所以每個賽局因參賽者人數、遊

戲規則、策略、和報酬的不同而不同,因而產生豐富的管理意涵,對學術界產生深廣的影響。

　　賽局理論被廣泛運用在經濟學、計算機科學(computer science)、演化生物學(evolutionary biology)、人工智慧(artificial intelligence)、會計學、政策和軍事理論等方面。所以 1994 年的諾貝爾經濟學獎(Nobel Memorial Prize in Economic Sciences)便頒給了 John Forbes Nash Jr.、Reinhard Selten 和 John Harsanyi 等三位賽局理論學家。

經濟小百科

約翰・奈許

　　約翰・奈許(John F. Nash,1928 ～ 2015),美國數學家,任教於普林斯頓大學、麻薩諸塞州理工學院。1950 年,奈許獲得美國普林斯頓大學博士學位,他在僅僅 28 頁的博士論文「非合作的賽局」(Non-cooperative Games)中提出了一個重要概念,成為賽局理論中一項重要突破。這個概念被稱為「奈許均衡」,廣泛運用在經濟學、計算機科學、演化生物學、人工智慧、會計學、政策和軍事理論等方面。

　　1958 年,奈許因其在數學領域的優異表現被美國《財富》雜誌評為新一代數學家中最傑出人物。奈許因研究賽局理論,於 1994 年獲 得諾貝爾經濟學獎。奈許曾罹患精神分裂症,在 1959 年之後,由於出現精神上的症狀,他的研究生涯曾經中斷,在 1959 年及 1961 年兩度進入醫院療養。但奈許拒絕接受精神藥物治療,在 1970 年後,症狀逐漸好轉,因此再度回到學術研究工作。

　　其奮鬥經歷,由 Sylvia Nasar 寫成傳記,並翻拍為電影《美麗境界》(A Beautiful Mind),於 2001 年上映,共獲得了四項第 74 屆奧斯卡金像獎。在 2015 年 5 月 23 日,奈許和妻子在一場車禍中過世。

▌8.6 確保公平競爭的政府干預

如前所述，獨占廠商、寡占廠商和卡特爾組織對市場價格具有完全或部分操縱力量，以提供較少數量的商品，出售較高的價格，以追求廠商利潤的最大。站在需求面，消費者必須面對有限數量的商品，被迫支付較高的價格，所以消費者的剩餘（consumer surplus）受到剝削；站在供給面，生產者不是在長期平均成本線的最低點進行生產，效率有再提昇的空間。所以，社會有無謂的損失，而未達到最大的社會福利（social welfare）。政府應設法提高廠商間的競爭程度，使資源配置更有效率。這種促進公平競爭的法律，在美國稱為反托拉斯法（Antitrust Law），歐盟稱為競爭法（Competition Law），在臺灣稱為公平交易法（Fair Trade Act），茲分別介紹如下：

8.6.1 美國反托拉斯法

美國反托拉斯法可以追溯到 1890 年休曼法案（Sherman Antitrust Act），該法案試圖禁止大型公司的反競爭行為，因為有些大公司企圖透過合資（joint venture）、信託基金（trust fund）、或其它與競爭對手合作的途徑，訂定產出、價格與市場占有率，阻礙了市場公平競爭的發展。

例如美國的鐵路產業成立信託基金，掌握了建設鐵路所需的龐大資本，阻礙了土地開發上之競爭服務。該信託基金讓鐵路公司可以差別定價（price discrimination）的方式，嚇阻潛在的競爭對手。又如標準石油公司（Standard Oil）的信託基金，在 1880 年代控制了燃料油、鉛礦與威士忌的市場。

休曼法案主張市場應能提供參與者在價格、產出、利益上的競爭調節機能，所以該法案禁止反競爭行為。休曼法案第 1 條宣稱「所有以信託基金或其他形式或共謀，為在各州間或與國外限制貿易或商業行為之合約」均是非法的。第 2 條禁止獨占，或試圖及共謀獨占。自 1890 年制定休曼法案以來，美國法院已將這些原則應用於各產業與市場上。

另外一個重要的法案為 1914 年施行的克萊頓反托拉斯法（Clayton Antitrust Act），該法案禁止排他性買賣協議（exclusive dealing arrangements），如搭售（tie-in sales）協議、透過購買股票達成的合併（merge）等。所謂搭售即一個廠商要求購買其產品或者服務的買方同時也購買其另一種產品或者服務。

　　而反托拉斯法和政府干預，背後必須有經濟學理的支持。在不同時期，有不同的經濟學派提供貢獻：在 1936 至 1972 年間，法院對反托拉斯法的應用以哈佛學派的結構 - 行為 - 績效模式（structure-behavior-performance model）為主。從 1973 年至 1991 年間，反托拉斯法的施行在芝加哥學派變成主流後，以效率（efficiency）解釋為其基礎。自 1992 年開始，賽局理論開始經常被用於反托拉斯案件中。

8.6.2　歐盟的競爭法

　　歐盟的競爭法起源於歐洲煤鋼共同體（European Coal and Steel Community，ECSC）協議。ECSC 為法國、義大利、比利時、荷蘭、盧森堡與德國，於 1951 年簽訂的協議，該協議第 65 條禁止卡特爾，第 66 條規定公司的集中化或合併，及主導地位之濫用。1957 年，競爭規則被包含於創建歐洲經濟共同體（European Economic Community，EEC）的羅馬條約內，確保共同市場內競爭不會被扭曲，並確立了各會員國競爭法的原則，涵蓋了公用事業及有關國家補助的規定。此外，在 2007 年，歐盟成員國簽署的里斯本條約（Treaty of Lisbon），規定禁止反競爭協議（如價格操縱，price manipulation）、禁止濫用支配地位（如價格歧視及排他性交易），並規定了國家不得補助私有組織，及扭曲自由競爭之一般規則。

8.6.3　公平交易法

　　我國的公平交易法（Fair Trade Act）於 1991 年公布施行，並於 1992 年成立中華民國公平交易委員會（Fair Trading Commission）為該法的主管機關。第 1 條明訂「為維護交易秩序與消費者利益，確保自由與公平競爭，促進經濟之安定與繁榮，特制定本法。」

　　第 9 條明訂：「獨占之事業，不得有下列行為：

一、以不公平之方法，直接或間接阻礙他事業參與競爭。

二、對商品價格或服務報酬，為不當之決定、維持或變更。

三、無正當理由，使交易相對人給予特別優惠。

四、其他濫用市場地位之行為。」

　　第 14 條規定：「本法所稱聯合行為，指具競爭關係之同一產銷階段事業，以契約、協議或其他方式之合意，共同決定商品或服務之價格、數量、技術、產品、設備、交易對象、交易地區或其他相互約束事業活動之行為，而足以影響生產、商品交易或服務供需之市場功能者。」

　　但是在第 15 條載明聯合行為的例外條件：「有下列情形之一，而有益於整體經濟與公共利益，經申請主管機關許可者，不在此限：

一、為降低成本、改良品質或增進效率，而統一商品或服務之規格或型式。

二、為提高技術、改良品質、降低成本或增進效率，而共同研究開發商品、服務或市場。

三、為促進事業合理經營，而分別作專業發展。

四、為確保或促進輸出，而專就國外市場之競爭予以約定。

五、為加強貿易效能，而就國外商品或服務之輸入採取共同行為。

六、因經濟不景氣，致同一行業之事業難以繼續維持或生產過剩，為有計畫適應需求而限制產銷數量、設備或價格之共同行為。

七、為增進中小企業之經營效率，或加強其競爭能力所為之共同行為。

八、其他為促進產業發展、技術創新或經營效率所必要之共同行為。」

　　我國制訂公平交易法和成立公平交易委員會，可以說是維持市場交易秩序與保護消費者利益，以確保自由與公平競爭的具體落實。

8.6.4　反托拉斯法的反思

　　在政府的良法美意實行之後，可能產生一些新問題或副作用，而需要一些更精緻的思維和配套措施。例如依據歐盟法律，高度的市場占有率可作為一家公司是否具有市場支配地位的推定，但是有時候可舉反例以推翻如此的推定。而當一家公司具有支配地位時，則主管機關有義務，不讓其行為傷害一般市場上的競爭。對於勾結行為，勾結公司的合計市占率，依相關公司或商品所販售之特定市場來決定。

　　其次，某些類型的濫用行為通常會被國家法律所禁止。例如將一商品與另一商品搭售，因而限制消費者選擇與剝奪競爭對手的公平銷售機會，可能被認為是濫用行為。如在「微軟訴執委會案」中，最終微軟因將 Windows Media Player 放入 Microsoft Windows 裡可被處以數以百萬美元的罰金。再者，拒絕提供企業競爭所需之關鍵設備或原料也會構成濫用行為。例如商用溶劑公司（Commercial Solvents Corporation）於抗結核藥物市場裡，被迫繼續提供該藥物的原料給它的競爭對手—Zoja。因為 Zoja 是市場上唯一的競爭公司，若沒有法院的強制商用溶劑公司提供原料，所有的競爭都將消失。

　　另外，與定價有關的濫用類型，主要是價格剝削（price exploitation）。價格剝削是指具支配地位的廠商低價買入（剝削供應商）或高價售出（剝削買方）的行為。但是其實很難舉證具支配地位之廠商的價格，在哪裏變成了「剝削」？

　　掠奪性訂價（predatory pricing）也是常見的類型，掠奪性訂價是將一商品的價格調降至其他較小的競爭對手無法回收其成本的程度，使其最終退出市場，然後該公司便可以擴大其市占率，取得更大的市場支配地位。

　　在「法國電信訴訟執委會案」中，該寬頻網際網路公司被要求為調降其價格至低於其自身之生產成本，而支付百萬美元之罰金，因為該公司被認為「不可能有興趣採取如此低的價格，除非是為了消滅競爭對手，並以交叉補貼的方式來獲取市場占有率」。最後一類與定價有關之濫用行為是價格歧視，例如某公司提供出口其砂糖的企業用戶折扣，但沒有給予同一市場其他客戶相同的優待。

　　此外，反托拉斯法越來越與版權（copyright）、商標（trademark）、專利（patent）、工業設計權及某些國家會有的商業秘密（trade secret）等智慧財產權（intellectual property rights）交織在一起。傳統上，我們認為施行智慧財產權的保護可以促進創新和市場競爭。但是事實可能正好相反，透過累積智慧財產權，可能得市場獨占地位。在這種情況下，我們必須在智慧財產權與促進競爭之間作出選擇—反托拉斯法是否應給予智慧財產權特殊待遇？智慧財產權是否應在違反反托拉斯法時被撤銷？還有，我們必須深思智慧財產權所造成的反競爭影響與後果，譬如說，當此類智慧財產權被接受成為產業標準時，對競爭的進一步之影響為何？此外，智慧財產權的交叉授權（cross-licensing）是否影響公平交易？而且，長期將智慧財產權與商業交易綁在一起，延伸智慧財產權於超過其法定期限後的市場排他性，也是值得吾人思考。

本章結論

　　寡占市場是僅有少數幾家廠商提供產品的市場。由於市場中的廠商數目少，因此所作所為，都容易被競爭對手察覺，所以寡占廠商的決策會相互影響。

　　寡占廠商的競爭策略可以分成產量競爭策略、價格競爭策略、和品質競爭策略。不管是產量競爭策略還是價格競爭策略，結果都可能不利於廠商，所以與其因為競爭而互蒙其害，不如勾結以共謀其利，於是產生了卡特爾組織。

　　但是卡特爾組織並不穩定，因為在價格較高時，常有成員想要私下增產，以獲得更多的利益。若大家都想私下增產，那麼以量制價的卡特爾就會崩潰。另外，寡占廠商在訂價上，可能跟降不跟漲，形成一條拗折需求曲線，所以產生了價格僵固現象。此外，近代被廣泛應用的賽局理論，對於了解寡占廠商的競爭行為，也很有幫助。綜而言之，在現代經濟中，大企業寡占市場的例子所在多有，所以本章提供了解市場的重要知識基礎。

Chapter 9

生產要素市場

戴錦周

研習重點

- 要素邊際生產力
- 邊際產值和邊際生產收益
- 勞動市場
- 土地市場
- 資本市場

學習架構圖

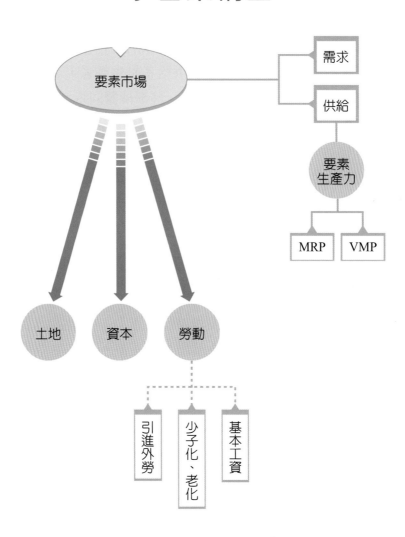

前面所談的多是**產品的市場**（product market），本章則是要討論**生產要素的市場**（factor market）。廠商結合**勞動**（labor）、**資本**（capital）、**土地**（land）和**企業家才能**（entrepreneurship）等四種生產要素，進行商品的生產或勞務的提供，以滿足消費者的需求。

　　生產要素和產品一樣也有其各自的市場，生產要素市場是交易生產要素的地方，是由生產要素的**供給和需求**所構成。生產要素的供給者主要是**家計單位（消費者）**，生產要素的需求者是**廠商（生產者）**，所以消費者和生產者角色，在要素市場和產品市場是剛好相反的。在產品市場，供給者是生產者，需求者為消費者；在要素市場，供給者是消費者，需求者為生產者。經濟個體同時是生產者也是消費者，此稱為經濟個體的**雙元性**（duality）。雙元性是經濟周流得以循環不息的重要原因。

　　不過，和產品需求不同的是：生產要素的需求是一種「**引申需求**（derived demand）」。廠商對生產要素的需求，並不是要直接消費的，而是為了進行生產而引申出來的間接需求，故稱之為引申需求。也因此廠商對要素的評價不是根據**邊際效用**，而是根據（後面要談到的）**邊際生產力**。

▎9.1　生產要素邊際生產力

廠商對生產要素的需求決定於生產要素邊際生產力。所謂邊際生產力，是增加一單位生產要素的施用，在產出上所增加的貢獻。邊際生產力越高，生產要素的需求就越強。生產要素邊際生產力有三種衡量的方式：**邊際實物產出**（marginal physical product, *MPP*）、**邊際產值**（value of marginal product, *VMP*）和**邊際生產收益**（marginal revenue product, *MRP*），茲說明如下。

　　所謂生產要素的邊際產出是：在其它生產要素投入量不變下，增加投入一單位生產要素，所能增加的產量。如（9.1）式所示，生產要素X的邊際產出MP_x等於產量的變動Δq除以生產要素投入量的變動Δx：

$$MP_x = \Delta q / \Delta x \qquad\qquad (式9.1)$$

　　如果一個生產要素所創造的邊際產出越高，我們就說它的邊際生產力越高，生產者對它的評價也越高，所以願意出越高的價格去雇用它。由於以實物產出的數量來衡量的，所以又稱為：邊際實物產出（marginal physical product，*MPP*）。由於生產要素所創造的產品到底價值多少，只靠產品的數量是表達不出來的，所以必須進一步換算成貨幣價值。

　　若改以**貨幣價值**計算生產要素的邊際產出，則有**邊際產值**和**邊際生產收益**兩種。如（9.2）式所示，邊際產值VMP_x等於生產要素的邊際實物產出MP_x與**產品價格**P的乘積：

$$VMP_x = MP_x \times P = \Delta q / \Delta x \times P \qquad （式9.2）$$

　　而所謂邊際生產收益，則是：增加一單位生產要素可以得到的額外收益，如（9.3）式所示，MRP_x亦等於生產要素的邊際實物產出MP_x與**邊際收益**MR之乘積：

$$MRP_x = MP_x \times MR = \Delta q / \Delta x \times \Delta TR / \Delta q \qquad （式9.3）$$

　　比較（9.2）和（9.3）式，可知VMP_x和MRP_x的差別在於產出價值的估算方式，若用P，則得到VMP_x；若用MR，則得到MRP_x。當產品市場是完全競爭時，$P = MR$，所以$VMP_x = MRP_x$，如表9.1的數字範例所示。

　　表9.1的第(1)欄為某要素的投入量x，逐漸由1增加到5。第(2)欄為和投入量相對應的產量q，逐漸由10、20增加到38。第(3)欄為產品價格P，因為是在完全競爭市場中，所以對廠商來說價格都固定在10。第(1)～(3)欄可提供第(7)～(10)欄計算所需的數字。第(4)欄的邊際收益$MR = \Delta TR / \Delta q$，故為第(8)欄的$\Delta TR$除以第(6)欄的$\Delta q$。而第(6)欄的$\Delta q$和第(8)欄的$\Delta TR$分別為第(2)欄的$q$和第(5)欄的$TR$的變動量。而第(7)欄的$MP_x = \Delta q / \Delta x = \Delta q / 1 = \Delta q$，所以等於第(6)欄的$\Delta q$。而第(9)欄（$VMP_x = P \times MP_x$）為第(3)欄的$P$乘以第(7)欄的$MP_x$；第(10)欄（$MRP_x = MR \times MP_x$）為第(4)欄的$MR$乘以第(7)欄的$MP_x$。由於在完全競爭市場中，$P = MR$，第(3)欄$P$和第(4)欄$MR$的數字是相同的（都是10），計算出來的$VMP_x$和$MRP_x$也是相同的。

　　所以在完全競爭產品市場中，要素的邊際生產力用邊際產值或邊際生產收益來表示都可以，結果是一樣的。

　　當產品市場是不完全競爭時，產品需求曲線呈負斜率，亦即當產量增加時，價格會下跌，而MR跌得更快，所以MR曲線比需求曲線更為陡峭。因為在不完全競爭市場中，$P > MR$，所以$VMP_x > MRP_x$，如表9.2所示。

　　表9.2的第(3)欄為產品價格P是遞減的，隨著產量q的增加而減少，由10逐漸減少到7，此為表9.2和表9.1基本上的不同，進而導致第(3)欄的P和第(4)欄的MR的數字之不同，最後造成第(9)欄的VMP_x大於第(10)欄的MRP_x的結果。

申而言之，在完全競爭產品市場中，要素的邊際生產收益MRP_x遞減的原因來自於邊際實物產出MP_x的遞減；而在不完全競爭產品市場中，MRP_x遞減的原因來自於邊際實物產出MP_x的遞減和產品價格P也遞減之雙重作用。由於MRP_x多考慮了產品價格遞減對邊際生產力的影響，所以在不完全競爭產品市場中，要素的邊際生產力以邊際生產收益來表示較為合適。

表 9.1　完全競爭產品市場（價格不變）的 VMP_x 和 MRP_x 之比較

(1)	(2)	(3)	(4)	(5)	(6)	(7)	(8)	(9)	(10)
x	q	P	MR	TR	Δq	MP_x	ΔTR	VMP_x	MRP_x
			(8) / (6)	(2) × (3)		(6)		(3) × (7)	(4) × (7)
1	10	10	–	100	–	–	–	–	–
2	20	10	10	200	10	10	100	100	100
3	28	10	10	280	8	8	80	80	80
4	34	10	10	340	6	6	60	60	60
5	38	10	10	380	4	4	40	40	40

表 9.2　不完全競爭產品市場（價格遞減）的 VMP_x 和 MRP_x 之比較

(1)	(2)	(3)	(4)	(5)	(6)	(7)	(8)	(9)	(10)
x	q	P	MR	TR	Δq	MP_x	ΔTR	VMP_x	MRP_x
			(8) / (6)	(2) × (3)		(6)		(3) × (7)	(4) × (7)
1	10	10	–	100	–	–	–	–	–
2	20	9	8	180	10	10	80	90	80
3	28	8	5.5	224	8	8	44	64	44
4	34	7.5	5.2	255	6	6	31	45	31
5	38	7	2.8	266	4	4	11	28	11

所以當產品市場是完全競爭市場時，我們用VMP_x來衡量要素的邊際生產力；當產品市場不是完全競爭市場時，價格對廠商來說不是固定的（價格隨銷售量的增加而減少），所以用MRP_x來衡量要素的邊際生產力。由於邊際報酬遞減法則（law of diminishing marginal returns）的作用，不管是MP_x、VMP_x、還是MRP_x，基本上都是隨要素的使用量的增加而遞減的。而另一方面，廠商的最適要素雇用量決定於：

> 要素價格 = 要素的邊際生產力（VMP_x 或 MRP_x）　　　　　（式 9.4）

其中要素價格代表雇用要素的邊際成本，而邊際生產力代表要素對生產的邊際貢獻，故生產者均衡時兩者必須相等。

換言之，當要素價格大於要素的邊際生產力時，增加要素的使用量將減少廠商的利潤，所以追求最大利潤的廠商應該要減少該要素的投入；反之，當要素價格小於要素的邊際生產力時，增加要素的使用量將有利於廠商利潤之增加，所以廠商應該增加該要素的投入；如此一來，廠商將不斷地調整其要素的投入量，直到要素價格等於邊際生產力時，此時要素的投入量即是最適的要素雇用量。

接下來，我們以產品市場非完全競爭市場為例（亦即以邊際生產收益 MRP_x 來衡量要素的邊際生產力），說明如何由（9.4）式導出生產要素的需求線（demand curve for a factor of production）。如圖 9.1 所示，縱軸為要素價格 P_x 或邊際生產收益 MRP_x，首先我們將邊際生產收益線 MRP_x 畫出來，而邊際生產收益 MRP_x 隨要素投入量 x 的增加而遞減，所以 MRP_x 是負斜率的曲線。

當要素價格為 P_x^1 時，要素價格線與 MRP_x 線交於 A 點，廠商決的最適要素雇用量為 x_1；當要素價格為 P_x^2 時，要素價格線與 MRP_x 線交於 B 點，廠商決的最適要素雇用量為 x_2；當要素價格為 P_x^3 時，要素價格線與 MRP_x 線交於 C 點，廠商決的最適要素雇用量為 x_3，依此類推，我們不斷地更動要素價格，便可以不斷找到相對應的要素數量，將這些點連綴起來便可以得到一條要素需求線（其實這條線和 MRP_x 線是重合的）。

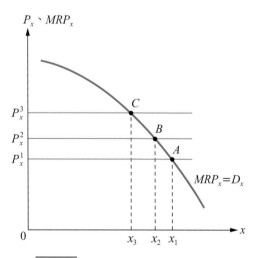

圖 9.1　生產要素需求線的導出

另一方面，一般來說要素價格越高，家計單位越願意提供要素於市場之上，所以要素供給曲線是正斜率的。要素市場的需求曲線和供給曲線，共同決定均衡的要素價格和交易量，如圖9.2所示，要素需求線D_x和要素供給線S_x相交於均衡點E，決定均衡的要素雇用量x^*和均衡的要素價格P_x^*（為了簡化，在此將要素需求線畫成負斜率的直線）。

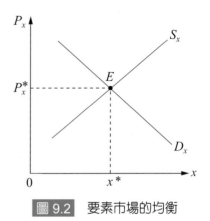

圖 9.2　要素市場的均衡

在生產要素市場中，勞動市場是最重要的，因為工資率和失業是影響國民經濟最重要的課題，所以我們先來介紹勞動市場。

9.2 勞動需求

勞動市場由勞動的需求和供給所構成。先介紹勞動需求是如何導出的：假設產品市場是完全競爭市場（在 9.1 節，我們假設產品市場是非完全競爭市場，在此特別以完全競爭市場為例，如此一來兩種情況都分析了）。所以廠商是產品價格的接受者，產品價格是給定的。一個追求利潤極大的廠商，最適的勞動雇用量應當決定於：

$$W = VMP_L = MP_L \times P \qquad\qquad (式9.5)$$

其中 VMP_L、MP_L、P、W 分別是勞動的邊際產值、邊際實物產出、產出價格和工資率。（9.5）式是說當工資率等於勞動的邊際產值時，是達到生產者均衡（producer equilibrium）的必要條件（necessary condition）。

若將勞動的邊際產值或工資率畫在縱軸，勞動雇用量畫在橫軸，可以得到圖 9.3 的邊際產值 VMP_L 線，它同時也是勞動需求線 D_L。因為當工資率為 W_0 時，勞動雇用量為 L_0；而改變工資率，又會得到另一個雇用量，當工資率為 W_1 時，勞動雇用量為 L_1，依此類推，整條 VMP_L 線其實就是工資率和雇用量的關係曲線，亦即勞動需求線（demand curve for labor）。

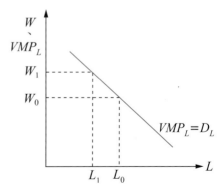

圖 9.3　邊際產值與勞動需求

9.2.1　勞動需求線的移動

　　產品價格和**技術進步**（technology progress）是影響勞動需求的重要因素。例如當產品價格P上漲時，如（9.5）式所示，$VMP_L = MP_L \times P$，增加勞動的邊際產值VMP_L，進而使勞動需求增加，於是勞動需求曲線向上移動；產品價格P下跌，減少勞動的邊際產值，進而使勞動需求減少，勞動需求曲線向下移動。另外，技術進步可以提高邊際實物產出MP_L，勞動的邊際產值因而提高，進而使勞動需求增加，勞動需求曲線上移。如圖9.4所示，**產品價格上漲**或**技術進步**，使勞動需求曲線D_L上移至D'_L，均衡點由A變成B，結果是工資率上漲且勞動雇用量增加。工資率上漲使勞工所得增加；而勞動雇用量增加，則是就業情況改善，所以**產品價格提高和技術進步是增進勞工福祉的重要途徑**。

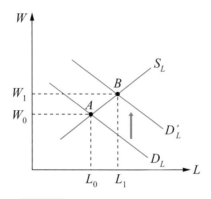

圖 9.4　勞動需求增加的影響

9.3　勞動供給

　　勞動的供給決定於**工資水準**和**人口特性**，包括年齡、性別、教育以及勞動者的生理和心理等因素。。少子化（lower birth rate）、人口老化（aging population）、人們延後退休（delayed retirement），會影響勞動力的**年齡結構**；性別平等（gender equality）趨勢之下，職業婦女增加，勞動力之**性別結構**改變。大學生比例增加，高階人力供給增加，但相對地低階藍領供給減少，必須**引進外勞**（或稱**外籍移工**，migrant worker），以補不足。

　　此外，勞動者的**心理因素**也會影響勞動的供給，如勞動者更重視**休閒活動**和**小確幸**，工資率的**所得效果**（income effect）大於**替代效果**（substitution effect）。所謂「所得效果」是指工資率提高使人們實質所得提高，而增加休閒活動（使工作時

數減少）的效果；「替代效果」是指工資率提高使人們更願意增加工作時數，以工作替代休閒的效果，當前者之「工作時數減少」大於後者之「工作時數增加」，會產生勞動**供給曲線後彎現象**（backward-bending supply curve of labor），工資率高於某一水準後，工資率提高，勞動供給量反而減少，如圖 9.5 所示。

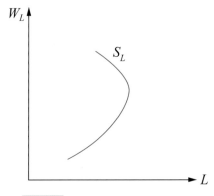

圖 9.5　後彎的勞動供給曲線

　　工資率以外的因素若發生變化，會使勞動供給曲線移動，如少子化和人口老化，使勞動供給減少，如圖 9.6 所示，勞動供給曲線 S_L 左移至 S'_L，（為了簡化，在此將供給線畫成正斜率的直線）結果使均衡點由 A 變成 B，工資上漲且勞動雇用量減少。亦即少子化和人口老化使青壯年階段的勞動力減少，造成基層勞動力和技術勞動力之「缺工」問題，廠商為了競爭較少的勞動力，不得不支付較高的工資率。如此將造成生產成本的提高，恐影響產業的競爭力。

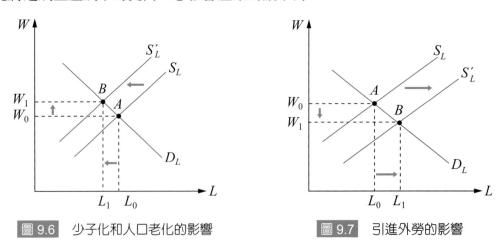

圖 9.6　少子化和人口老化的影響　　　　圖 9.7　引進外勞的影響

　　又如為了補充低階藍領勞動力（blue-collar worker）的不足，政府引進外勞，使勞動供給增加，如圖 9.7 所示，勞動供給曲線 S_L 右移至 S'_L，結果使均衡點由 A 變成

B，工資下跌且勞動雇用量增加。一般來說工資下跌的影響是一把兩面刃，工資下跌使廠商得利，因為勞動成本下降；但是工資下跌使本國基層勞工受害，因為工資下跌使所得減少。

經濟小百科

人口老化

人口老化，是指因少子化和壽命延長導致高齡人口占比增加的現象。大多數已開發國家人口長壽，高齡人口變多；但是開發中國家目前也出現類似現象，所以全世界普遍出現這一現象。自 1950 年來，年過 60 歲的人數增加了三倍，達 2000 年的 6 億，在 2006 年超過 7 億。預期到 2050 年，高齡人口會達 21 億。雖然人口老化造成各國在人口老化程度和速度上不一，政府若忽視此一趨勢而沒有提前採取因應的政策措施，當問題浮現時，將會措手不及。表 9.3 是我國與主要國家的人口老化的情形，日本最嚴重，中國大陸相對年輕，但各國人口都有老化的趨勢。此外，根據 65 歲以上人口占總人口比率可以將高齡化國家分成三類：

高齡化社會：7 ～ 14%，

高齡社會：14 ～ 21%，

超高齡社會：21% 以上。

日本 2018 年的比率為 28.1%，所以日本是超高齡社會；臺灣 2018 年的比率為 14.6%，所以臺灣正在步入高齡社會的階段。

表 9.3　主要國家 65 歲以上人口占總人口比率

國別/年度	2007	2008	2009	2010	2011	2012	2013	2014	2015	2016	2017	2018
臺灣	10.2	10.4	10.6	10.7	10.9	11.2	11.5	12.0	12.5	13.2	13.9	14.6
新加坡	8.5	8.7	8.8	9.0	9.9	9.9	10.5	11.2	11.8	12.4	13.0	13.7
日本	21.5	22.1	22.7	23.0	23.3	24.1	25.1	26.0	26.6	27.3	27.7	28.1
南韓	9.9	10.3	10.7	11.0	11.4	11.8	12.2	12.7	13.1	13.5	14.2	14.8
中國大陸	8.0	8.2	8.5	8.9	9.1	9.4	9.7	10.1	10.5	10.9	11.4	11.9
美國	12.6	12.8	12.9	13.1	13.3	13.7	14.1	14.5	14.9	15.2	15.6	16.0

資料來源：各國統計年報、月報及網頁、聯合國統計年鑑。

　　前述的引進外勞是一種**政策性的**、**內向型的**勞動移動，其實在**國際化**、**全球化**之下，勞動力的**跨國性移動**（移民）更為可能，如果國外的勞動報酬和勞動條件更好，便會產生外向型的勞動移動，高階白領、技術勞動力就可能跨國就業、乃至於移民。目前因為我國面臨少子化之人口結構轉變，加以國際人才競逐激烈、我國吸引外國專業人才誘因不足等因素，造成「人才外流」及「人才短缺」問題日趨嚴重。因此，為快速及通盤鬆綁外國人才來臺及留臺工作與生活之各類法規限制，政府已訂定「外國專業人才延攬及僱用法」，於2018年2月8日開始施行，為我國的留才、攬才，立下重要里程碑。凡此種種，都將影響到國內的勞動市場。

▋9.4 基本工資

相對於廠商（資本家），勞工是較為弱勢的一群，尤其是基層勞工，由於技術成分較低，替代性高，往往不具工資（或工作條件）的**議價能力**。此時有**兩種保護勞工權益的方式，一是組成工會，二是政府介入**。工會常運用各種途徑，促使政府設定基本工資，俾使工資維持在一定的水準之上，此工資的下限又稱「**基本工資（minimum wage）**」。政府為保障勞動市場中基層勞工、弱勢勞工最基本的生活，也會主動地設定基本工資。基本工資通常是**依照當時生活水準、勞動生產力狀況**，而設定勞動市場的工資下限。基本工資會依物價水準上漲的情況，在政府、資方和勞方的協議下，進行調漲。

　　我國政府早在 1930 年便批准了國際勞工組織的「設釐定最低工資機構公約」，但因為戰亂的關係，無法實施，一直到政府播遷來台，始於 1956 年初，訂定基本工資為每月 300 元。之後陸續調高基本工資，而近年來，為了照顧勞工，更是頻頻調整，例如：

2018 年每月基本工資調整為 22,000 元，每小時基本工資（時薪）調整為 140元。

2019 年基本工資調整為 23,100 元，時薪調整為 150 元。

2020 年基本工資調整為 23,800 元，時薪調整為 158 元。

2021 年基本工資調整為 24,000 元，時薪調整為 160 元。

　　其實，設定基本工資水準是對勞動市場的一種**人為干預**，可能會產生**後遺症**。如圖 9.8 所示，如果最低工資 W_1 低於均衡工資 W_0（如 $W_1 < W_0$），則此一規定對勞動市場不會產生任何實質的影響，此種照顧勞工的政策形同虛設。如果最低工資 W_2 高於均衡工資 W_0（如 $W_2 > W_0$），則會造成勞動市場的**超額供給** $\overline{AB}$，產生失業問題。甚至有人認為：調高基本工資，**只照顧到有工作者**，因為他們可以領到較高的工資；但是原本失業者，在失業問題更嚴峻之下，將更難找到工作。另一方面，調高基本工資，會增加廠商的**經營成本**，在經濟不景氣的時候，廠商可能選擇**歇業**（shutdown），或進行**生產自動化**（automation of production），引進機器人，以**資本密集**（capital intensity）取代**勞動密集**（labor intensity）的生產方式，凡此都將加重失業的嚴重性。

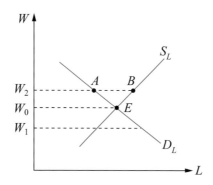

圖 9.8　基本工資對勞動市場之影響

FYI 專欄

南韓最低工資飆漲 四成企業喊要裁員！

　　韓國 2018 年大調基本工資 16.4%，引爆企業反彈。調查有四成企業想要裁員，同時青年失業率也呈現嚴重的情況，到達 9.9%，連續四年創下新高。根據經濟學家分析，其實臺灣和韓國都一樣，調高基本工資就勢必面臨物價上漲和失業的問題。

資料來源：東森財經新聞

南韓最低工資飆漲 四成企業喊要裁員！
https://youtu.be/_Fdql1Sx2ik

9.5 其它生產要素

其它的生產要素主要是**土地**和**資本**，土地是**自然的**生產要素，資本是**人造的**生產要素，或稱人造的生產工具。土地和資本都是可以**長期重複使用**的生產要素，所以要區分兩種相關的價格，一是**購買價格**（purchase price），一是**租用價格**（rental price）。前者是取得此生產要素所必須支付的價格；後者是某一期間（如一年）使用此生產要素所必須支付的價格。兩者概念不同，但有密切的關係，購買價格越高，租用價格當然就越高。

9.5.1 土地市場

土地在經濟學中的意義不只是指土地而已，而是屬於自然資源類（natural resources）的生產要素，包括土地、地下的礦藏（金銀銅鐵、煤、石油和天然氣等）、地上的空氣、乃至於領空、領海等自然界的產物。由於土地面積和其所在的區位（location）是固定的，礦場的蘊藏量也是固定的，所以其供給有限，供給的價格彈性較小。

換言之，土地價格即使漲很多，土地的供給量也無法增加很多，因為透過開墾荒地、土地重劃（land readjustment）和變更地目等方式所增加的土地面積極其有限，所以其供給曲線形狀陡峭，甚至**垂直**。所以，**市場租用價格主要決定於需求**，若需求增加，則價格上揚，反之亦然。

以土地使用類別為例，土地有農業用地（agricultural land）、工業用地（industrial land）、商業用地（commercial land）、住宅用地（residential land）等等，經過城鄉規劃（town and country planning）之後，變更並不容易。如圖9.9所示，都市土地的供給，如不經變更地目，其供給量幾乎固定，所以供給曲線S_N是一垂直線。當**都市化**（urbanization）過程，人口集中到都市找工作時，土地需求由D_N增加D_N'，均衡點由A變成B，都市土地租用價格由P_N^0漲到P_N^1。

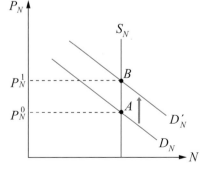

圖 9.9 都市土地市場

另外，如前所述土地是可以長期重複使用的生產要素，相關的價格有兩種，一是**購買價格**或稱**地價**（price of land），一是**租用價格**或稱**地租**（rent）。地價和地租在均衡時存在以下的關係：

$$地價 = 地租/利率 \qquad （式9.6）$$

將（9.6）式移項，有助於於我們理解此式的經濟意義：

$$地價 \times 利率 = 地租 \qquad （式9.7）$$

若投資人手上有1000萬的資金，可以存在銀行賺取5%的年利率（利息 = 1000萬 × 5% = 50萬）或購買土地賺取租金。在均衡時，租金應該至少要等於50萬，才值得投資購買此土地，所以（9.7）式成立。因此，在5%的年利率之下，一筆年產生50萬租金收入的土地，其價格應該是（9.6）式所評估的：

$$地價 = 地租 / 利率 = 50萬 / 5\% = 1000萬$$

9.5.2 資本市場

資本是人所創造的生產工具，如工廠中的廠房、機器設備等。**資本**（capital）常和**資金**（fund）混淆，因為資本必須花資金去購買，稱為「**投資**」，所以資本常和資金有密切的關係。此外，資本是一種「**存量**」（stock）的概念，所以又稱為「**資本存量**」（capital stock）；而投資是「**流量**」（flow）的概念，大約等於一段期間內資本存量的變動。資本是花資金去買的，所以資本的供給主要來自於家計單位的儲蓄，而儲蓄行為受**利率**等經濟因素的影響，所以長期資本供給也會受這些變數的影響。

資本的需求則決定於資本的邊際產值（或邊際生產收益），由於邊際報酬遞減法則的作用，資本的需求呈現負斜率的形狀。如圖9.10所示，資本的供給和需求決定資本的均衡租用價格與資本數量。當經濟景氣時，投資報酬率提高，資本的需求增加，如圖9.11所示，D_K 增加 D_N'，均衡點由 A 變成 B，均衡租用價格由 P_K^0 漲到 P_K^1；均衡資本數量由 K_0 增加到 K_1。例如台積電（2330）股價在2020年6月、7月之後屢創新高，同時也帶動台股大漲到「萬三行情」。台積電在2020年8月24日公告，大舉斥資48.4億元，買進台南科學園區內，原屬於彩晶的南科廠房，而這已是台積電第四度出手買進鄰近的其他公司廠房，總計投資金額已達上百億元。

（資料來源：工商時報，2020/9/6）

所以當經濟景氣時，我們可以觀察到市場的投資增加、資本存量增加，工業區到處都在興建廠房和擴充產能，一片欣欣向榮。

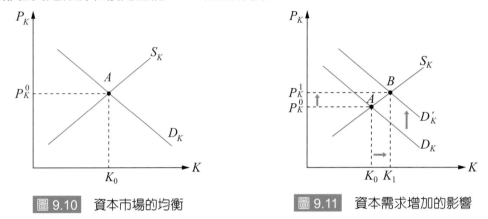

圖 9.10　資本市場的均衡　　　　圖 9.11　資本需求增加的影響

人力資本（human capital）指人的知識、經驗、制度與習慣等。具備這些資本的勞工，擁有更高的生產能力。人力資本可以經過教育訓練等投資手段來成長。人力資本是介於勞動和資本之間的一種無形資本。知識、經驗、制度與習慣雖然無形，但卻是生產過程不可或缺的因素，而且這是人所創造的、不存在於自然界，且具有累積性（存量的概念），所以說它是一種資本。廿世紀末興起的知識經濟（Knowledge Economy）便是注重人力資本的一種新經濟型態。

經濟合作暨發展組織（Organization for Economic Cooperation and Development，OECD）於 1996 年定義「知識經濟」為以擁有、創造、獲取、傳播及應用「知識」為重心的經濟型態。知識經濟運用新的技術、員工的創新、企業家的毅力與冒險精神，作為經濟發展原動力。知識經濟係超越資本、有形資產和勞動力等傳統生產要素，與農業經濟、工業經濟並列的新經濟型態。所以政府應該注重人力資本的累積，經由學校教育、在職訓練、在職進修等方式，提升社會大眾的知識水準。

9.5.3　投資學的資本市場

投資學（Investments）中的資本市場（capital market）和上述經濟學（Economics）的資本市場有關但意義不同。投資學中的「資本市場」指交易長期有價證券的市場，所謂長期證券是指到期日在一年以上的證券，包括股票和債券；而交易短期有價證券的市場稱為「貨幣市場」。公司發行股票和債券以籌募公司所需的資金（或稱融資），投資人（investors）購買股票和債券以進行投資。購買股票

的投資人稱為股東，為公司的「部分」擁有者，因為公司為所有股東所共同擁有。公司賺錢時會以股利的形式回饋股東。購買債券的投資人稱為債權人，可以定期從公司得到固定的利息支付。

資本市場又可分為初級市場和次級市場。初級市場是證券首次上市的市場，次級市場為證券流通的市場。想要投資該公司，就在初級或次級市場中購入該公司的證券；不想要持有該公司的證券了，可在次級市場把手上的證券賣掉。我們平常所謂的資本市場通常指的是次級市場。而事實上公司取得資金是初級市場，取得資金之後，可用以購買廠房和設備等「資本」財，所以說經濟學的資本市場和投資學的資本市場有關但意義不同。

一個國家要有發達的產業，一定要有發達而健全的資本市場（股票市場、債券市場等）來服務產業和投資大眾。如果沒有資本市場，創業者的資金可能要用自己和親朋好友的積蓄，或拿自己的房子向銀行抵押借款，這樣的融資方式所獲得資金極其有限，也非常沒有效率，而且萬一事業失敗，恐讓自己傾家蕩產和連累親朋好友。另一方面，如果沒有資本市場，投資人也沒有什麼可投資的標的物，只能存在銀行賺取微薄的利息，若要賺多一點，可能只有「跟會」（民間儲蓄互助會），但是在過去的年代，倒會時有所聞，因此風險太高了。

臺灣的股票市場稱為「臺灣證券交易所」（Taiwan Stock Exchange）於 1962 年 2 月 9 日正式開業。證交所編製「臺灣證券交易所發行量加權股價指數」，是呈現臺灣經濟走向的櫥窗。發行量加權股價指數的特色是股本較大的股票對指數的影響會大於股本小的股票，市值高者如台積電、鴻海、國泰金、大立光及台塑四寶等更是其中的重要代表。以下是臺灣股價指數幾個關鍵時點的表現：

1986 年 10 月 17 日，首次站上千點關卡。

1989 年 6 月 19 日，首次站上萬點關卡。股票成為「全民運動」。

1990 年 2 月 12 日，當天早上 9:35 時，指數創下 12682.41 的歷史高點，但隨後便出現達 8 個月的大崩盤走勢。

1990 年 10 月 12 日，出現 2485.25 的低點，八個月內跌了一萬點，號稱「股災」。

1997 年 7 月，指數因電子股、金融股榮景，第二度站上萬點。

2001 年 9 月 26 日，指數因科技股泡沫與美國 911 恐怖攻擊事件、納莉颱風影響，跌至 3411.68 點，為 2000 年以來最低記錄。

2015 年 4 月 27 日，指數再度站上萬點。

2020 年 11 月 23 日，因爲臺灣疫情控制得宜、中美貿易戰之供應鏈重新調整，科技產業表現亮麗，台股盤中達到 13921.16 點，再創下歷史高點。

綜合以上，臺灣股市總市值已達 38,246,435.4 百萬台幣（2020 年 10 月），股市總市值 GDP 占比高達 1.9%，對臺灣經濟發展提供巨大的貢獻。

9.5.4　生產要素的關聯性

生產要素的需求具有**互補性**（complementarity）和**替代性**（substitution）。生產必須結合土地、勞動、資本等多項要素才能完成，所以生產要素之間具有**互補性**。但是多用某項要素可以少用其它因素，如生產自動化，多用機器人（資本）可以少用勞動，所以生產要素之間具有**替代性**。如何搭配和組合生產要素以進行生產，稱爲「**生產方式**」，如：多用勞動力的**勞動密集**（labor intensity）生產方式，和多用資本的**資本密集**（capital intensity）生產方式。常見的勞動密集產業有護理、水果採收、零售業、和教育產業等；常見的資本密集產業有：汽車製造、石油開採、鋼鐵業、電信業、交通業（鐵路、航空）等。

此外，**資源秉賦**、**經濟發展和科技水準**也是影響生產方式的重要因素。中國、印度、印尼和越南等國，人口眾多，勞動力充沛，在**經濟發展初期**，採用**勞動密集生產方式**。美國、日本等**已開發國家**，累積豐厚資本，再加上少子化，資本相對於勞動爲充裕，故採用**資本密集生產方式**。另外**網路經濟**（cyber economy）、**知識經濟**、和**工業4.0**（Industry 4.0，或第四次工業革命，the Fourth Industrial Revolution），也促成了以電腦網路、人工智能（artificial intelligence, AI）和機器人，取代人力的資本密集生產方式。

本章結論

生產要素是生產過程中的投入，支付給生產要素的報酬，是廠商的生產成本，但是另一方面也構成家計的所得，所以生產要素市場是關係國計民生的重要市場。**充裕的要素數量和合理的要素價格，是促進經濟發展和社會福利的重要基礎。**

廠商對生產要素的需求，並不是要直接消費的，而是為了進行生產而引申出來的間接需求，故稱之為引申需求。廠商對要素的評價是根據要素的邊際生產力，而邊際生產力有三種衡量的方式：邊際實物產出、邊際產值和邊際生產收益。在完全競爭產品市場中，要素的邊際產值等於邊際生產收益；當產品市場是不完全競爭時，要素的邊際產值大於邊際生產收益。

產品價格上漲或技術進步，使勞動需求曲線上移，結果是工資率上漲且就業情況改善，所以產品價格提高和技術進步是增進勞工福祉的重要途徑。少子化和人口老化使勞動供給減少，造成基層勞動力和技術勞動力之「缺工」問題。為了補充低階藍領勞動力的不足，政府不得不引進外勞。此外，政府為保障基層勞工的生活，依照物價水準、勞動生產力狀況，設定基本工資。

土地和資本都是可以長期重複使用的生產要素，所以要區分購買價格和租用價格。兩者概念不同，但兩者有密切的關係，購買價格越高，租用價格當然就越高。土地的購買價格為地價，其租用價格為地租，地價在均衡時等於地租除利率。資本是人所創造的生產工具，如廠房和機器設備。資本是一種「存量」，而投資是「流量」，投資等於資本存量的變動。投資學的資本市場和上述經濟學的資本市場有關，但意義不同。投資學的資本市場指長期有價證券（股票和債券等）的市場。

已開發國家，擁有豐厚的資本，再加上少子化，資本相對於勞動為充裕，故多採用資本密集生產方式。另外網路經濟、知識經濟、和工業 4.0，也促成了以機器人取代人力的資本密集生產方式。

Chapter 10

市場失靈、政府管制與資訊經濟學

李見發

名人名句

約翰‧梅納德‧凱因斯

（John Maynard Keynes，1883 年 6 月 5 日～ 1946 年 4 月 21 日）

「長期」這回事是誤導人的，因為長期來說，我們都會死。

研習重點

- 市場失靈的定義和產生的原因
- 公共財的產生及其經濟效果
- 外部性的種類及其經濟效果
- 資訊不對稱問題：逆選擇問題與道德危機問題
- 代理問題
- 資訊不對稱下政府的角色

學習架構圖

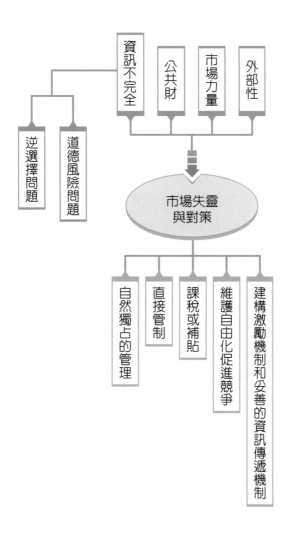

10.1 市場失靈的定義與原因

在第 6 章至第 8 章的不完全競爭市場分析中，說明了其經濟效率在某些條件下不如完全競爭市場。因此，即使在市場價格機能完全的運作下，若市場未能處於完全競爭狀態，將造成資源錯誤配置（resources mis-allocation），而使社會福利無法達於極大。進一步言，即使是完全競爭狀態，由於所有權無法有效設定（property rights assignment）及公共財供給量不足（shortage in public goods）等因素，也無法達成極大化經濟效率。凡此種種，稱之為市場失靈（market failures）。

簡單地說，**市場失靈係指「儘管市場機能有所發揮，市場仍無法圓滿達成經濟效率」**。由上述定義，我們歸納造成**市場失靈**，基本上，有四項原因：**市場力量**（market power）；**資訊不完全**（incomplete information）；**外部性**（externalities）；**以及公共財**（public goods）。

10.1.1 市場力量

在不完全競爭市場分析中，每個廠商面對產品的需求曲線是負斜率的，同時生產者對市場的價格與產量，均有某些程度的影響力、或可尋求有利價格出售，也就是有市場力量存在。當廠商面對負斜率的需求曲線時，各個廠商產出水準的邊際收益（MR）將小於價格（P）。而我們也學到，廠商的最適產量或稱利潤極大化產量，決定於 $MR = MC$ 時之產量。因此，**在不完全競爭市場中，我們可以知道，廠商的訂價必定高於其生產的邊際成本，即 $P > MR = MC$ 的結果**。相較於完全競爭市場，如果成本結構相同，**不完全競爭市場的產量（Q_1）將較少（小於完全競爭的產量 Q_0），且價格（$75）則較高（高於完全競爭的價格 $50）**，如圖 10.1 所示。因此，這時候市場不可能是有效率的。

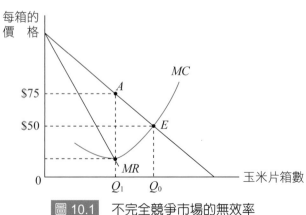

圖 10.1　不完全競爭市場的無效率

<u>10.1.2</u>　自然獨占的管理

　　所謂**自然獨占，指的是某一產業，因生產的規模經濟、多角化經營或創新，以致長期平均成本 LAC 線呈現不斷下降的趨勢，生產規模愈大成本愈低，甚至比由多家廠商形成的競爭市場還來得低，產量也來得大。**在第 6 章完全獨占市場分析中，曾敘述這是獨占市場勝過競爭市場的潛在優點。儘管獨占者能發揮前述的優點，且在放任市場自由運行、廠商自由進出下，「自然」形成的「獨占」。但「獨占造成經濟效率的損失」這一點，並不會因而改變。如何減少自然獨占所造成經濟效率的損失，是本節要詳加討論的重點。

　　獨占者由於面對負斜率的需求曲線，$AR = P > MR$，在利潤極大化的條件下（$MR = MC$），均衡產量必然是 $P > MC$，將會損及經濟效率。這種無謂的損失（deadweight loss），在人為獨占或自然獨占都存在，而後者也是造成市場失靈的原因之一。為了消除自然獨占的經濟效率損失，政府應對自然獨占企業作適度的干預，例如，臺北市的「大台北瓦斯公司」及「大臺北公車系統」，其訂價都須經市議會的審核通過，就是典型的例子。

　　圖 10.2 中，自然獨占長期平均成本 LAC 在下降之處與市場需求線相交，因此長期邊際成本線（LMC）低於 LAC，自然獨占廠商為了追求最大利潤，會以 $MR = MC$（LMC）的產量進行生產（Q_1），並將其商品價格訂為 P_1。此時 $P > MC$（LMC），有無謂的損失，即面積 eca 部分。若要使經濟效率達到最大，應要求廠商在價格與長期邊際成本相等（$P = LMC$）的 a 點生產，決定之 $P = P_2$ 與 $Q = Q_2$，這種訂價方法稱之為**邊際成本訂價法**（marginal cost pricing），**但此時價格低於平均成本，除非政府對廠商進行補貼，否則廠商將因發生虧損而退出市場。**

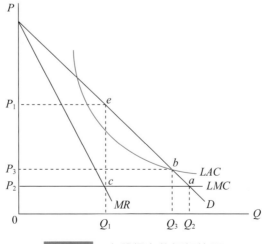

圖 10.2　自然獨占的價格管理

若政府不願意補貼，可採用平均成本訂價法（average cost pricing），即 $P = LAC$ 的相交點 b 決定的價格爲 P_3，產量爲 Q_3，可使產量較趨近於社會最適生產水準。此時，自然獨占廠商沒有超額利潤，也不會蒙受損失。目前，各級政府對與民生相關的自然獨占事業，多數採取此種訂價法。

10.1.3 維護自由化促進競爭

爲了維護市場機能的有效運作，降低市場力量（market power）的不當影響，有賴於建立公平合理的競爭環境。世界各國對於維持自由公平的競爭市場，大都採取特別立法方式，例如美國的反托拉斯法（Antitrust Law）、韓國的穩定物價公平交易法、以及我國的公平交易法，名稱雖然不同，但立法的最終目的是一致的，均是用來規範企業聯合壟斷、具獨占力廠商濫用市場力量，以及大企業的不當競爭行爲。

美國自南北戰爭後，大規模之資本密集生產方式興起，致使資本過度集中與企業擴張，形成許多產業有被操控的現象。爲了針對這些企業濫用市場力量之行爲，予以限制或禁止，在 1890 年通過第一個反托拉斯法案（Sherman Act）之後，經過多次不斷修正，構成了現在的反托拉斯法。對維護美國市場自由競爭的環境，一直扮演著重要的角色。不久前著名的案例，是「美國電話與電信公司」（American Telephone & Telegraph, AT & T），在 1982 年以前是壟斷全美最大的電信業務公司，在反托拉斯法的壓力下，該公司與政府達成協議，同意自 1984 年元月起，讓所屬 22 家地區分公司獨立經營，打破了 AT&T 壟斷的局面，而使市場更具競爭力。我國的公平交易法（Fair Trade Law），於 1992 年 2 月由立法院通過並開始實施，由行政院公平交易委員會擔任執法機關。其目的是爲了建立市場公平交易制度，維護市場經濟秩序，使市場力量較大的企業不致濫用其市場力量，而損及市場的競爭性。除此而外，我國公平交易法對不肖業者以仿冒或以不實廣告、標示或欺罔等不公平競爭手段，招來顧客之行爲加以規範。隨著公平交易法之頒布實施，對維護我國市場公平競爭，提升經濟效率，確實有正面的效果。

▍10.2 公共財與外部性

10.2.1 公共財的定義與經濟效率

在前述各個章節裡，我們討論各種交易行爲所提到的財貨，例如麵包、衣服等，在消費性質上均屬於私有財（private goods），私有財相較於公共財，有兩項截然不同的消費特質：第一：私有財的消費具有衝突性（rivalry），或稱之爲獨享性，

也就是說**財貨給某人消費後，即無法再讓他人享用**。例如，麵包給某人吃了，其他人就吃不著。第二：**私有財產具有排他性（excludability），指技術上可禁止他人使用，主要是使用者付費的觀念**，例如，須先買票才能入場觀賞電影，而排除其他未購票者之消費。

然而，公共財（public goods）與衣服或麵包不同，它具有「非衝突性」（non-rivalry）和「非排他性」（non-excludability）。所謂非衝突性，**乃指財貨可由眾人同時共享，且增加一個人的消費，其他人消費該財貨的效用並不致因此而減少，又稱具集體消費性**（collective consumption）。例如：國防可同時保障全體國民的安全；路燈可照亮每一位用路人；公園及其相關設施可讓附近的居民同時享受休閒活動等。凡此種種，都是屬於共享的財貨。這些公共設施，在技術上，亦很難排除任何居民消費該財貨，即使在技術上可禁止某些人消費，但所需成本過高，而失卻實質意義，這就是「非排他性」的消費特性。

依上述兩種消費特性分類商品，尚有以下兩種情形：除了私有財與公共財之外，尚有可共享（非衝突性）但具排他性的「準公共財」，例如：有線電視、電影院、博物館、收費的高速公路等；以及，有衝突性但不具排他性的「準私有財」，例如：空氣、水、海裡的漁產資源以及消防設施等。準公共財因為有「可排他性」，仍可透過市場機制來決定價格與產量的關係。公共財最主要的特徵還是在於其「共享性」，即具有「非排他性」的特性，因而成為市場失靈的一個常例。此外，準私有財也需要政府加以規範，否則也會造成市場失靈的現象，這一部分將在後續的節次中再詳加討論。

由於公共財「非排他性」的緣故，使得不付費者也可以分享公共財的好處，因此願意付出代價方進行消費的人必定是極少數，大家都在等待別人付費而坐享其成。即使有部分消費者，不存著「搭便車」的心理，願意付費購買，但他也只限於根據此公共財對他個人所帶來的好處，來決定他所願意支付的價格，而不會將他付費後所帶來的「外部效益」－讓別人共享的好處－計算在他願意支付的價格之中。因此，公共財若由私人生產並銷售，必將與具有「外部效益」的產品相同，其產量必小於社會福利最大的產量。此時若能透過政府的規劃與購置，並提供大家使用，當可有效彌補市場失靈所造成之問題。

經濟小百科

搭便車問題（free-rider problem）

由美國經濟學家和社會學家曼瑟爾·奧爾森於 1965 年在《集體行動的邏輯》一書中所提出。其基本含義是不付成本而坐享他人之利。是一種發生在公共財上的問題。指一些人需要某種公共財，但事先宣稱自己並無需要，在別人付出代價去取得後，他們就可不勞而獲的享受成果。在日常生活中常可找到搭便車的例子，例如許多輪船公司不肯興建燈塔，他們可以獲得同樣的服務，此種搭便車問題會影響公共政策的順利制定及有效執行。假設在一條街道有 25 名住戶，並且本街道即將進行衛生設施改造，改造的費用為 $2,500。因此分攤到每個住戶的改造費用為 $100。雖然設施的改造會使得所有住戶都可以受益，但當費用是自願支付時，肯定會有一部分的住戶拒絕交納。這部分住戶盤算著其他住戶會分擔改造費用，而此種衛生設施肯定會投入使用。解決方法是使得 25 名相互獨立的住戶作為一個整體支付這筆費用，即集體意志代表個人意志。在此情況下，住戶可以通過投票決定是否進行設施改造。如果投票的結果認為應該進行改造，則所有住戶都必須交納費用。在教育上常見教師指派團體作業，而部分學生不執行作業而讓他人去分攤其作業量。老師不小心輸入錯成績，眾多同學坐等少數同學向老師反應處理。又不少工會為避免經談判甚至發動罷工而爭取得來的勞工權益，被未參與工會的勞工坐享其成，在與資方談判團體協約時，會要求加入「禁搭便車條款」，明定爭取得到的勞工權益只限參與工會的勞工可適用。

資料來源：整理自維基百科

10.2.2　外部性

一、外部性的種類

所謂外部性（externalities）是指人們的經濟行為有一部份的利益不能歸自己享受，或有一部份的成本不必由自己負擔，前者那一部份不能歸自己享受的利益稱之為「外部經濟」（external economies）或「外部利益」（external benefits），後者那種成本則稱之為「外部不經濟」（external diseconomies）或「外部成本」（external costs）。不論是外部經濟或者是外部不經濟，可通稱為「外部性」（externalities）、「外部效果」（external effect）或「外溢效果」（spillover effect），表示其正或負之效果外溢到不相關的第三者身上。

　　此外，外部性若是因生產者生產行爲而產生者，受影響的是邊際私人成本
（*MPC*）與邊際社會成本（*MSC*）的差異；而若是因消費者的消費行爲而產生者，
受影響的則爲邊際私人利益（*MPB*）與邊際社會利益（*MSB*）的差異。不論是哪一
方行爲造成的外部性，都將使社會產生無謂的損失（deadweight loss）。

　　**外部效果發生的原因，與無法有效設定私有財產權（private property rights）有
關，它是屬於共同財富或共同資源（common-property resource）**，例如空氣、河川
與整體環境是由社會眾人所擁有，在法律上通常很難明確劃分其所有權之歸屬。一
旦工廠製造空氣污染或排水污染，附近居民很難主張空氣歸他們所有，或河川水歸
他們專用，而不讓沒付費之廠商所排出的廢氣或污水入侵。由於這些外部效果不具
排他性，即使法律可對空氣所有權之歸屬定有明文規定，例如私有住宅周圍數公尺
之內，但所有權人仍難有效執行其對空氣所擁有的財產權，不被廢氣
侵入。因此，空氣污染所形成的外部成本仍將存在。再舉一例，鄰居
後院花園賞心悅目也同樣會產生外部效果，不過是正面的外部效果。

大台中新聞 加嚴管制污染物 中市雨水 pH 值接近中性
https://youtu.be/_wVtWo-Y0IU

二、外部性與經濟效率

　　在本章第一節曾經提到，只要有外部性存在，即使是在完全競爭市場，也將使
市場機能無法達到資源配置效率的極大化。首先，我們先區分社會利益（成本）與
私人利益（成本），兩者間的關係，可利用下列公式說明之：

> 社會利益＝私人利益＋外部利益
> 社會成本＝私人成本＋外部成本　　　　　　　　　　　　　　　　（式 10.1）

　　如果沒有外部效果發生，即外部效果等於零，則社會利益（成本）＝私人利益
（成本）。根據邊際分析法則，**產量的水準，使資源配置達到最高效率，所需滿足
的條件，應該是其邊際社會效益（marginal social benefits, *MSB*），等於邊際社會成
本（marginal social cost, *MSC*）。因此，若無外部效果存在，自由經濟市場會自動達
成社會福利之極大化。**

　　圖 10.3(a) 爲生產上有外部成本的情況：首先假設是一個無外部效果的完全競
爭市場，供給線 S_P 代表廠商的邊際成本，亦即邊際私人成本 *MPC* 將等於社會邊際
成本 *MSC*（＝ S_S），此時 *MSC* 與 *MPC* 重合。需求線 *D* ＝ *MPB*（邊際私人利益）＝

MSB（邊際社會利益），這表示消費面也無外部效果，圖中 S_P 與 D 相交所決定的均衡量 Q_P，即為社會福利極大的產量。但如果該廠商的生產過程中，增加排放污水量而危害四周無辜的居民，因而造成邊際外部成本（marginal external cost, MEC），如圖中 ac 距離，若以數學表示，有外部成本的社會供給線可寫成：

$$S_S = MSC = MPC + MEC \qquad （式 10.2）$$

（10.2）式中，MEC 代表額外生產 1 單位商品所增加的外部成本，由於排放污水造成社會成本增加，社會供給曲線（S_S）落在廠商供給曲線（S_P）的左上方，社會供給曲線（S_S）與廠商供給曲線（S_P）的垂直差距就是 MEC。當產量等於 Q_S 時，表示消費最後一單位的邊際利益等於最後一單位的邊際社會成本，從整個社會觀點看，此時經濟效率達於極大。然而，由於生產者未考慮外部成本問題，仍以私人成本來決定產量 Q_P，使得消費的邊際利益（$MPB = MSB$）小於生產的邊際社會成本（MSC），而導致社會福利損失，生產過多的無謂的損失是面積 abc。

此外，消費也可能產生外部成本，例如，酒後開車肇事機率大，一旦出事所造成人命、財物的損失，將增加邊際外部成本（MEC）。如圖 10.3(b) 所示，正常駕車的消費利益是 $D_P = MPB$（邊際私人利益）所表示的需求曲線（等於邊際社會利益），而酒後開車將使社會邊際利益減少，使得社會需求曲線（D_S）往左移動，以數學方式表達，可寫成：

$$D_S = MSB = MPB - MEC \qquad （式 10.3）$$

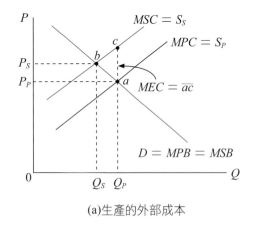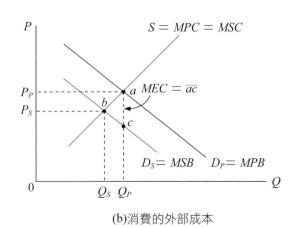

(a)生產的外部成本　　　　(b)消費的外部成本

圖 10.3　負的外部效果—外部成本

在圖 10.3(b) 中 a 點的均衡並未考慮外部成本，而 b 點的均衡產量 Q_S 才是經濟效率最高的社會最適產量。因此，消費者若酒後開車，而仍然消費 Q_P 的量，此時，最後一單位邊際成本超過社會邊際利益 ac 的距離，也將產生無謂的總損失 abc 的面積。

接下來我們以圖 10.4 來說明生產上正的外部效果，圖 10.4(a) 為生產的外部利益，a 點是私人供給曲線與私人需求曲線的交點，廠商的最適產量為 Q_P。如果該廠商將研究發展成果公諸於世，嘉惠其他廠商因而創造外部利益 ac 的距離，使得產品的邊際社會成本小於邊際私人成本，即 MSC 曲線在 MPC 曲線的右下方。以數學方式表達，可寫成：

$$MSC = MPC - MEB \qquad （式 10.4）$$

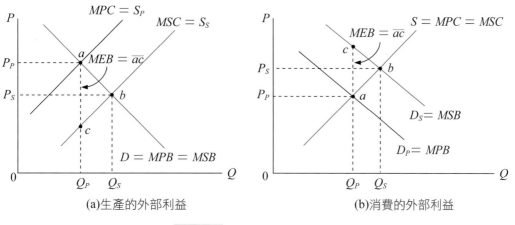

(a)生產的外部利益　　　　(b)消費的外部利益

圖 10.4 正的外部效果—外部利益

其中，MEB 為邊際外部利益（marginal external benefit），社會最適產量 Q_S 是需求曲線（D）與社會供給線（MSC）的交點 b，此時社會最適產量大於個別廠商最適產量 $Q_S > Q_P$，而消費者在社會最適產量下也享受到較低的價格（$P_S < P_P$）。**當存有正的外部效果時，若將之納入考慮，增加其生產量可提高社會福利，面積 abc 是社會福利因而增加的部分。**

同樣，消費也會產生外部利益，例如網路電話即是，因為使用的人愈多，在維持網路「不塞車」之假設下，使用電話的功效愈大，電話的單位價值也愈高。以圖 10.4(b) 說明，個人使用網路電話的需求線是 $D = MPB$ 曲線，均衡價格為 P_P，均衡使用量是 Q_P。當網路外部性存在時，由於使用人數愈多，消費者得到的利益愈大，

願意支付的價格提高爲 P_s，而使用量也增加到 Q_s。此時社會的邊際利益（c 點）大於邊際成本（a 點），增加網路電話的消費量可提高社會福利，abc 即代表社會福利因而增加的部分。

10.3 直接管制、租稅或補貼

當市場存在外部性，尤其是外部成本，造成資源配置不當時，直接管制成爲環境污染防制中最普遍被採用的對策。所謂**直接管制乃是由政府（在我國爲行政院環境保護署）針對不同性質的污染源，分別訂定可計量的污染排放標準，作爲禁止或取締的依據，以達到減少或控制污染的目的。**

10.3.1 直接管制

施行上，直接管制可分爲數量管制和價格管制兩種方法：

1. 數量管制方面（quantity regulation）
    是指政府規定廠商製造排放污染的最高數量。例如空氣污染防制法，係制訂總量排放標準，以及制訂不同地區和各種產業別排放標準；又如噪音管制法，係針對車輛、航空器等交通噪音的防治規定，並定有罰鍰額度；還有水污染防治法，係訂定的放流水標準規定等。凡此種種，均屬於數量管制的範例。在直接管制措施下，污染排放者若爲了符合排放標準，避免受到取締，必須增加防治污染的設備支出。因此，可以達到減少污染源，或減少污染源排放污染量的政策目標。除了上述對污染物排放標準之管制外，另一種數量管制方式爲直接禁止，例如，禁止製造或販售無觸媒轉換器的汽油使用車，或禁止含鉛汽油的販售，還有一些農藥或殺蟲劑等，足以對生態產生嚴重危害時，都被列爲禁用的物品，其目的是直接減少污染源，而不是減少污染源所排放的污染物。

2. 價格管制方面（price regulation）
    是指政府對每一單位污染排放，徵收污染排放費用。例如，我國環境保護法，係針對空氣污染和水污染徵收污染防制費用；廢棄物清理法中，爲貫徹污染者及受益者付費原則，規定執行機關爲執行一般廢棄物的消除處理，應向指定清除地區內居民徵收費用，例如，臺北市的垃圾清理費是隨居民使用的水費一併徵收。這些都是價格管制的例子。

雖然制定排放標準，與徵收污染防制費用的基本結論相同。但是，在某些情況下，這兩種管制措施各有其優缺點。例如，假設兩家廠商污染防治成本不完全相同，如果政府要求相同污染排放數量，則兩家污染廠商所造成之社會污染程度不同－高污染廠商造成較大的污染，低污染廠商造成較小的污染－但卻被允許相同的法定排放量，殊不公平，且不符合生產效率的要求。若以費用徵收方式，則廠商可依其污染防治成本，而有不同污染排放數量，使兩家廠商都可達到效率境界。因此，在此情況下，費用徵收比標準制定措施更能符合生產效率的要求。與此情形不同，如欲達成之目標，在於直接減少污染源，而不在管制污染量，則數量之直接管制較諸價格之直接管制，來得有效。

10.3.2　租稅或補貼

政府除了對廠商採取直接管制，亦可對產生外部成本的廠商予以課稅（罰鍰），或針對產生外部利益的廠商予以補貼，使得外部成本（利益）內部化。例如，在圖 10.3(a) 的分析中，由於存在外部成本，使得廠商追求極大利潤的產量 Q_P，大於社會最適產量 Q_S。

當政府針對負的外部性課稅，且稅額等於該廠商產生的 *MEC* 時，廠商因生產成本提高，供給曲線向左移動，新的供給曲線即是與社會供給曲線 S_S 重合，與需求曲線的交點 b，所決定的均衡產量正是社會最適產量 Q_S。

若以圖 10.4(b) 而言，則對酒後開車的消費者處以重罰，金額為所產生的外部成本 ac 的距離，促使酒後開車情況減少，需求線往左移動，新的需求曲線即是社會需求曲線 Q_S，與供給曲線的交點 b，所決定的均衡產量正是社會最適產量 Q_S。

同樣地，在圖 10.4(a) 的分析中，因為產生外部利益，使得廠商追求利潤極大的產量 Q_P，低於社會最適產量 Q_S，此時**政府應對創造外部利益的廠商予以補貼，廠商受到鼓勵後，使得供給線向右移動。新的供給曲線 $MSC = S_S$ 與需求曲線的交點 b，所決定的均衡產量正是社會最適產量 Q_S。**與此情形類似，圖 10.4(b) 則是對創造外部利益的消費行為給予補貼，達到社會最適產出量 Q_S。

在前述完全競爭市場分析中，曾提到課稅會扭曲生產的誘因，並造成資源配置的不當，因而產生無謂的損失。但是若因外部成本減損第三者的福利，政府介入對廠商課稅，如此一來無謂的損失將減少，資源配置將更有效率。因此，**針對外部成本課稅，一方面可增加政府稅收，另一方面又可提高經濟效率，可說一舉兩得。**同

樣地，對產生外部利益的廠商予以補貼，使外部利益內部化，無謂的損失將減少，資源配置將更有效率。有時，政府亦可對因外部成本損及第三者，對第三者予以適度的補貼，也是可行的政策之一。因此，政府有時不必藉價量管制或強制取締，也可使資源配置趨於經濟效率的境界。

▌10.4　資訊不對稱問題

資訊不對稱問題，可以分成兩類：第一類是決策參與者雙方知識的不對稱，係指決策者的一方不知道另一方的基本資訊，例如身體健康、知識能力等。資訊經濟學將此類資訊視為外生的、先天的，不是決策者雙方當事人的決策行為所造成的。對於此類的資訊不對稱，**資訊經濟學稱之為先天性之資訊不對稱。**

　　例如，某一銀行在雇用行員時，每位新行員能力的高低，雇主並不完全知情。要解決此種問題，就必須設計一種機制，決策者才能獲得所需要的的資訊，從而達到一種最好的決策結果或取得決策的均衡解。

　　第二類的不對稱資訊，係指決策時決策者雙方所擁有的資訊是對稱的，但在作成決策之後付諸執行時，決策者的一方對另一方的行為無法管理或無法約束，這是內生的，取決於另一方的行為。對於此類的資訊不對稱，**資訊經濟學稱為後天性之資訊不對稱。**

　　例如，銀行在雇用行員後，新行員是否努力工作，雇主並無法完全掌握。要解決此類問題，就必須建立一種激勵的機制，期使行員努力工作。

　　在現實的經濟社會中，決策者會在兩種情況下遭遇到前述的資訊不對稱問題：「**若資訊不對稱問題發生的時點在決策行為之前者，稱之為逆選擇（adverse selection）問題；若資訊不對稱問題發生的時點在決策行為之後者，稱之為道德風險（moral hazard）問題。**」逆選擇和道德風險是資訊經濟學的兩大支柱。例如，公司在選任經理人時，如果董事會事前不完全清楚經理人的能力，但經理人自己完全清楚時，即會出現逆選擇問題；如果事先雙方都知道經理人的能力，但任命之後，董事會並不完全清楚經理人的努力程度，就會有道德風險問題出現。有關於逆選擇問題及道德風險問題，將於本章的下列各節，作進一步之說明。

經濟小百科

檸檬市場 "Lemon" Market

　　這裡指的檸檬市場並不賣檸檬，而是指資訊不對稱的市場。檸檬（Lemon），是一個美國俚語，指在購買後才被發現品質有問題的車子；而高品質的舊車，在美國俚語中稱為桃子（P_{peach}）。Akerlof（1970）研究指出，假定在一個二手車市場中，存在著高品質的舊車（價格為 P_{peach}）跟低品質的車（價格為 P_{lemon}）。假設買方不能分辨出這兩種車的差異，在這個狀況下，買方願意付的價格，是好車與壞車價格的平均值（P_{avg}）。但是賣方知道他們擁有的車，是桃子，還是檸檬。在買方願意支付的價格是固定的前提下，只有在賣方擁有的車是檸檬時，才會達成交易（因為 $P_{lemon} < P_{avg}$）。若他們擁有的車是桃子，賣方將會退出市場，無法達成交易（因為 $P_{peach} > P_{avg}$）。

資料來源：整理自維基百科

「檸檬車」掰掰！ 購車 180 天內修 4 次可求償
https://youtu.be/3OckXBRP-v8

10.4.1　逆選擇問題及其對策

　　承前所述，決策時點之資訊不對稱，是指涉及交易的經濟行為主體對於資訊的取得或認知不一致，導致欠缺充分完整的資訊供其作成正確的決策。在此情形下，擁有較完整資訊者，可能會利用其資訊優勢進行欺瞞行為而坐享其成，而資訊較缺乏或屬於資訊劣勢者，會因為擔心受騙而使得決策行為受到壓抑或是作成對其不利的決策。

　　以前述的借貸市場為例，銀行對客戶信用所取得的資訊即有資訊不完整現象而影響其貸款的執行。資訊不對稱是借貸市場上一個很重要的現象，且經常造成逆選擇的問題：即貸款之對象，並非最佳的貸放對象。既然逆選擇是在交易之前就存有資訊不對稱現象，因此，最積極尋求貸款的人通常都是具有潛在不良信用的人，刻意將對其不利之資訊加以隱匿，致使銀行將款項貸放給信用不佳者，而信用較佳者反而貸不到款項。

　　改善逆選擇的對策，可由兩個層面著手：首先，在資訊不對稱無法改善的前提下，透過資訊的揭露，以謀求降低資訊不對稱所造成之不利影響。例如，借助信用評等機構所提供的公有資訊，或決策者自行蒐集的私有資訊等。其次，是**採行降低**

風險的措施。例如，可由銀行要求客戶提供足以保障銀行債權之擔保品，當逆選擇發生而使銀行蒙受損失時，銀行可以取得相對性的補償。另一可行之作法，是從直接改善資訊不對稱入手：例如，銀行在聘僱行員時，並不全然了解行員所具有的優、缺點之相關資訊，此時，銀行可經由「資訊傳遞」的機制，如要求應徵行員繳交推薦書或以往之工作紀錄，以期改善資訊不對稱的程度，進而降低資訊不對稱所導致的錯誤決策與所導致的損失。

10.4.2 　道德風險問題及其對策

　　道德風險發生在交易發生之後，例如借款人將所借得之款項，用於貸放者認為不當的用途，而造成貸款之本金與利息無法如期償還。又例如，甲君向乙銀行借入五年期貸款 100 萬元，申貸時表明係作為購置機器設備之用，但在取得該款項之後，卻不用於購置設備而轉用於投機性的期貨操作上，最後可能因發生虧損而使得該項貸款無法如期償還。

　　規避道德風險的對策就是建構激勵機制和妥善的資訊傳遞機制。例如在前述的銀行雇用行員的案例中，新行員受雇後可能不夠努力，或經理人在公司董事會聘任後可能出現投機行為。為了避免發生此類道德風險的問題，必須有一套機制加以規範。此時，我們將雇用人（銀行或公司的董事會）稱之為委託人，而將受雇人（行員或經理人）稱之為代理人：則委託人就要設計一套合宜的獎勵制度，激發代理人能夠遵照委託人的意志去努力創造績效。具體言之，委託人可建立一套妥善的獎懲機制。例如，經理人之績效足為同儕表率時，發給獎金。

10.4.3 　代理問題

　　代理問題的理論是由 Jensen & Meckling（1976）所提出的，他們**認為代理問題的產生來自於經理人僅擁有公司小部份股權，促使經理人傾向增加非金錢性的在職消費，這些支出則由公司股東共同負擔。為了監督經理人之決策行為，就產生代理成本。**此外，Fama & Jensen（1983）亦認為，在公司經營權與所有權分離之情況下，可將決策研擬、決策核准、決策執行與決策評量等四步驟構成之決策流程，適度地切割為「決策管理」（由第一、第三兩步驟所構成）與「決策控制」（由第二、第四兩步驟所構成），即採用內部機制加以解決。又如，當一個公司的經理人績效不彰，導致公司的股價下跌時，經理人的勞動市場或企業併購提供了外部的監理機制，亦可以解決此一問題。

　　代理理論起源於所有權與經營權的分離，它係基於經濟學的兩個假定：

1. **人是自利的**，且會理性地追求個人效用之極大化，在理性選擇之下對於利益的追求也是極大化 的。使得公司經理人在進行決策時，都專注於自身效用之極大化而非公司利潤之極大化，對於事物的考量也是從自利的角度出發。

2. **強調個人層次的個體及經濟人的扮演**。代理理論便是基於這樣的觀點之下，股東（即委託人，或本人）與代理人皆是從個體的角度出發，並將焦點放在如何監督代理人之投機行為。

　　在探討代理問題時，就會有代理成本（agency costs）的出現，此乃委託人為了規避資訊不對稱，或基於專業性之考量，而將事務委由代理人代為作成決策時所發生的成本。**代理成本包括三大項：**

1. 委託人的監督支出

　　即委託人為了促使代理人作成對委託人最為有利決策，所須花用之監督支出（monitoring expenditure）。例如，內控制度之建立。

2. 代理人所承擔的支出

　　即代理人為了取信當事人，所須花用之取信支出（bonding expenditure）。例如，保證金之提供。

3. 殘餘損失

　　縱使代理人是善意的（well-intentioned），其所作成之決策對委託人而言，未必見得最為有利。委託人心目中最適決策與代理人作成決策，就當事人而言，會有效用上之差距，這減損的效用就稱為「殘差損失」（residual loss）。

　　基本上，**代理理論是以解釋「契約結構」與「組織運作」為目標，同時必須採用定性與定量的資料，作為決策的依據。**因此，代理人理論的核心問題是雙方資訊的不對稱性與對承受風險的忍耐度。換言之，代理人理論係在人性追求自我利益、有限理性、風險規避的基調上，決策參與者之間會有目標衝突、委託人與代理人之間彼此存有資訊不對稱的情境下，將資訊視為一種商品，強調如何解決代理問題與如何分攤風險的問題，分析彼此間的契約關係。所以，契約問題（contracting problem）也就是委託人與代理人之間關係的探討主題。

　　整體而言，代理理論是研究最適契約的理論，但是由於真實世界裡追求最適契約的條件並不具備，必須轉為追求次佳的契約理論。例如，代理人可能因為自身利益，刻意調整現金流量預測，而使決策發生偏差。代理人也可能為了交易上利益刻

意調高現金流量預測，也可能因為現金流量超過所需融資水準而刻意調低所需現金流量。實證研究發現，代理人採行較低的風險貼水，會降低預估現金流量的正確性。

從代理理論之觀點論，道德風險即是委託人在與代理人簽訂契約時，無法確實知道代理人的真正情況，由於代理人隱藏資訊而取得資訊不對稱的優勢，以致於代理人不會全力完成委託人的託付，反而進行自利的行為。由此可知，**資訊不對稱、道德風險、代理理論、契約之間，存有系統性的互動關係**。

10.4.4 資訊不對稱下的政府角色

資訊不對稱所產生的問題，同樣也會發生於政府與企業或一般國民之間，以租稅課徵為例，政府與經營者之間即存在著資訊不對稱的問題，而使政府無法達成預期的稅收目標。此外，類似的資訊不對稱問題，亦普遍存在於企業內部、金融市場的管理、社會福利制度中。因此，在資訊不對稱情況下，政府如何建立監督機制、資訊傳遞機制，資訊經濟學提供了理論依據與執行方法。

Adam Smith 在《國富論》一書中指出，經由「一隻看不見的手」自由競爭之市場機能，可以實現社會資源配置的最佳化。然而，在現實的經濟社會中，我們發現基於利益的衝突、資訊的不對稱，自由競爭的市場有時候不僅未帶來高效率，甚且常常讓大家陷入喪失自由競爭市場益處的窘境。尤其在資訊不對稱的情況下，擁有資訊優勢的一方，即可利用此一優勢採行合法或非法的策略，獲取較大的利益；反之，不具資訊優勢的一方，不但會遭受損失，而且會經常處於擔心受怕的不安情境中。凡此均會對經濟活動與社會和諧帶來負面的影響。**政府此時就必須扮演矯正與防範的角色，制定妥善的措施，以消除或減緩資訊不對稱的現象**，例如採取資訊透明化的規範，以確保交易的公平性。

以證券交易為例，在證券市場中資金雄厚的大戶擁有資訊優勢，資金薄弱的散戶投資人則不具資訊優勢，其結果經常出現大戶在證券市場上透過散佈不實的資訊，引誘散戶投資人上當而賺取超額的不當利益。此時政府可以採行強迫公開資訊的措施，以杜絕此一不當現象；例如要求上市與上櫃公司必須定期公佈財務資訊、定期公佈公司董監事的持股比率、並責成證券監理單位監督交易的公平性等。

此外，為了導引公司朝資訊透明化的良性發展，政府可以要求公司的決策階層，必須將資訊透明化的準則列入於其經營制度中：例如，設置「外部董事」即為此一觀念的落實。所謂外部董事制度，係指公司董事會的成員中，**必須納入公司外**

部之社會公益人士，參與公司董事會的運作，其目的即在於避免因董事會成員與一般股東間存有資訊不對稱之現象，致使一般股東之權益受損。

　　除了前述的資訊揭露制度、公平交易制度、外部董事設置等措施之外，政府亦可扮演積極的金融監督者角色以維護市場的紀律。例如設立信用評等機制或強迫金融業採取投保措施等。凡此，均可改善資訊不對稱所引發的逆選擇或道德風險等問題。

本章結論

　　造成市場失靈的四個原因：「市場力量；資訊不完全；外部性；以及公共財的存在。」雖然自由市場機制能有所發揮，然而若出現上述狀況，仍然會形成市場失靈現象。為降低市場失靈所帶來之社會成本，適當的法律規章及管理組織的建制，是有其必要性。即使政府不能取代市場機能，卻可在市場失靈發生時，發揮某種程度的彌補功能。

　　政府有許多工具用來矯正市場失靈：例如，透過反托拉斯法（我國為公平交易法）及管制；政府有時能拉近不完全競爭市場的價格和邊際成本的差距，如外部性─會影響第三者的經濟交易，可透過課稅或補貼來矯正；而公共財─共享及不具排他性的財貨，可由政府負責來提供。當然，政府也非萬能，若制度不夠健全、民主決策程序不夠周延、受制於特殊利益團體、或執行不當，政府未必能發揮功能，即可能出現所謂的政府失靈現象。

　　接著本章討論資訊不對稱所引發的逆選擇、道德風險行為之成因與對策。也說明代理成本之概念，及其與資訊不對稱的關係，以及因應之道。最後，我們論述政府在降低資訊不對稱引發之社會成本上，所能作出之種種努力。相信經由本章的討論，同學們對資訊經濟學已有概括性的理解。

Chapter 11

總體經濟學綜述

許可達

名人名句

米爾頓·傅利曼

（Milton Friedman，1912 年 7 月 31 日～ 2006 年 11 月 16 日）

現在，我們通通都是凱因斯學派了。

研習重點

- 總體經濟學與個體經濟學的比較
- 總體經濟學所使用的分析模型及其變數與市場
- 總體經濟理論的發展以及各學派的核心思想

學習架構圖

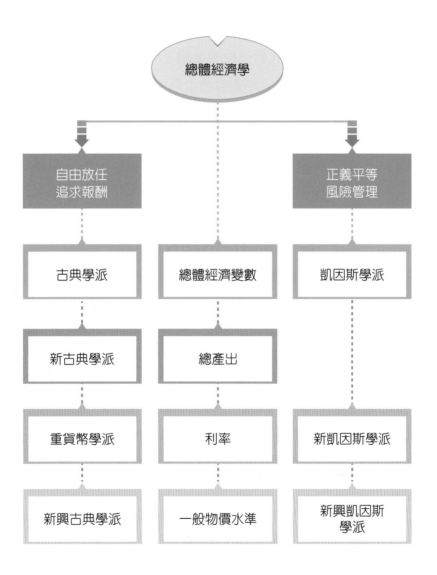

▌11.1 總體經濟學釋義

國民所得、經濟成長率、失業率、油價上漲造成通貨膨脹、18% 優惠存款利率與政府財政收支等，即使一個對經濟學沒有絲毫概念與尚未產生興趣的人，也會對以上的新聞標題稍加閱讀。為什麼我們會不由自主地關心這類總體經濟話題？或者為什麼我們必須關心這類總體經濟的話題？因為這些問題跟我們所得的前景、生意是否有成長的空間、畢業以後找工作的困難度、每月的交通支出、物價的上漲程度（薪水變薄的程度）、我們納稅的金額等均息息相關。

本書的前 10 章，探討個體經濟學涵蓋的主要內容。我們可以說，**個體經濟學是從單一的經濟個體觀點出發，探討家計單位在效用極大化的準則下，以及廠商在追求利潤極大化的準則下，如何進行經濟選擇的行為。**

而後，探討家計單位與廠商，就單一商品或單一生產要素，在商品或要素市場之互動，以達成單一市場均衡之行為。再接著，透過生產成果分派之討論，我們論述了生產要素報酬如何決定的問題。最後一部分則側重於：

(1) 個體經濟行為之一般化均衡分析，以及政府在經濟活動上扮演之角色；

(2) 對於資訊經濟學、金融經濟學與財產權經濟學分別作一概括式之介紹。

相對於個體經濟學，**總體經濟學**則跳過經濟個體的行為分析，而**直接進行總體經濟變數間**，例如國民所得、一般物價水準、經濟成長率、失業率、利率等，**相互關係的探討**。這些總體經濟變數可能是由專職的政府統計部門所衡量出來的。經濟學家的任務在於，將這些變數之間的因果關係加以建立或說明，而專職行政體系的技術官僚則設定其政策目標，然後根據這些因果關係，操縱某些變數以求影響目標變數，達成其政策目標。

就其定義而言，似乎個體經濟學與總體經濟學是針對不同的對象而發展的不同經濟學。事實上，個體經濟學所討論的內容主要源於，總體經濟學中的古典學派（Classical School）與新古典學派（Neoclassical School）——在這個傳統之下，探討經濟體系如何運作的方式是從了解經濟個體的行為入手，但並非自限於經濟個體的層次，其目的仍著重於總體經濟現象的理解。

現在一般把總體經濟學的誕生歸因於經濟大恐慌（The Great Depression）的出現。1930 年代的 10 年被稱為「經濟大恐慌」，其直接起因為美國華爾街股市的大崩盤，造成美國經濟陷入長期性的蕭條，連帶影響到歐洲的經濟。其症狀為大量而

且長期性的失業，在美國以及歐洲國家失業的人口高達數百萬人之多，此一時間長達 10 年之久，直到第二次世界大戰爆發，參戰的雙方全民動員投入戰爭，帶動軍需物資的生產，隨著大量人力的投入，才使嚴重的失業問題獲得解決。

依照亞當‧斯密以來的古典學派傳統，在不受政府干預的經濟體制下，價格機能這隻看不見的手，長期而言，可以使經濟體系中的各個市場達成均衡。在經濟體系可達成充分就業的前提下，將有關總體經濟問題分析的重點，置於如何經由生產資源之累積、生產技術之改進，以促成經濟成長。此外，亦討論總體人口問題與整個經濟體系國際收支問題。

經濟大恐慌的十年中，大量且長期的失業，使這種「經濟體系處於充分就業為常態」的古典學派看法受到強烈質疑。在 1936 年，凱因斯（John M Keynes）出版了《就業、利息與貨幣的一般理論》（The General Theory of Employment, Interest, and Money）。這本書所用的方法不同於古典學派，它並沒有採用傳統上從經濟個體的角度出發，來了解整個經濟體系運作的途徑，而是直接探討重要的總體經濟變數之間的關係，並闡明整體社會有效需求之不足才是長期存在失業問題的根源。

總體經濟的目標，可扼要說明如次：靜態的目標是在維持一般物價水準穩定下，使總產出達於充分就業下之水準；則動態的目標是在經濟活動不要有大幅波動之前提下，追求經濟之持續成長。」

其後的經濟學家，不管其學派傾向如何，在探討總體問題時，似乎也都採取直接探討重要的總體經濟變數之間的關係的方式。這就是何以重貨幣學派領袖 Milton Friedman 曾作有如下之敘述：「現在，我們通通都是凱因斯學派了。」（We are all Keynesian now. Time, Great People of the 20 Centry, pp. 121）因此，可以定義總體經濟學為探討總體變數間相互關係的經濟學。

但是對於總體變數間的關係，有些經濟學家認為需要探討其個體經濟學上的基礎，特別是有關經濟個體的行為假設，這類主張可以稱之為總體經濟學的個體基礎（microfoundation of macroeconomics）。

FYI 專欄

1930 年代「經濟大恐慌」

　　經濟大恐慌是第二次世界大戰前最為嚴重的世界性經濟衰退，是二十世紀持續時間最長、影響最廣、強度最大的經濟衰退。經濟大恐慌從美國開始，以 1929 年 10 月 24 日的股市下跌開始，到 10 月 29 日成為 1929 年華爾街股災，並席捲了全世界。

　　貿易保護主義者抬頭，瘋狂地尋求自保，導致其它國家以報復性關稅作為回應；這加劇了全球貿易的崩潰。斯姆特 - 霍利關稅法（The Smoot-Hawley Tariff Act）於 1930 年 6 月 17 日經赫伯特 · 胡佛總統簽署成為法律，該法案 2,000 多種的進口商品關稅提升到歷史最高水平。當時在美國，有 1,028 名經濟學家簽署了一項請願書抵制該法案；而在該法案通過之後，許多國家對美國採取了報復性關稅措施，使美國的進口額和出口額都驟降 50% 以上。一些經濟學家認為，斯姆特 - 霍利法案是導致美歐之間貿易規模從 1929 年的歷史高位急遽衰退到 1932 年歷史低位的催化劑─這次衰退伴隨著的是大蕭條的開始。1930 年底，全球經濟衰退開始在各國蔓延，並在 1933 年達到谷底。

　　以美國為例，1929 至 1933 年間，工業的產出下降了三分之一。價格水準下降了 20%，造成通貨緊縮，使得償還債務更為困難。美國的失業率從 4% 增加到 25%。除此之外，所有受僱者中的三分之一被調降為支領較低薪資的臨時工作。綜合起來說，全國幾乎達 50% 的人力閒置。當時銀行內的存款沒有保險，當數以千計的銀行倒閉時，存戶也損失了他們的存款。當時沒有國家安全網、沒有公共失業保險、也沒有社會安全法案。救濟窮人的責任在於家庭、私人慈善機構、與地方政府，但是年復一年卻每況愈下，需求直升、救濟的資源遠遠供不應求。1930 到 1933 年間，844,000 件非農場房貸被扣押，總計達五百萬美元。

　　在所有國家中，經濟衰退最重要的問題是失業，在美國，1929 ～ 1933 年間失業率長期介乎 25%，即使是羅斯福新政時期也從未低於 15%，有的國家甚至達到了 33%，在 1932 年失業人數達到極大值：美國 1370 萬，德國 560 萬，英國 280 萬。在美國各城市，排隊領救濟食品的窮人長達幾個街區，市民在勞動市場內需要排著很長的隊伍等候。經濟大恐慌對拉丁美洲也有重大影響，使得在一個幾乎被歐美銀行家和商人企業家完全支配的地區失去了外資和商品出口。

　　大蕭條也造成了嚴重的社會問題。大蕭條期間約有 200 ～ 400 萬中學生中途輟學；許多人忍受不了生理和心理的痛苦而自殺；治安日益惡化。政治與商業領袖都害怕即將發生革命以及後續的無政府狀態。

資料來源：維基百科

Hoover and the Great Depression（中文字幕）
https://youtu.be/KfeHWnaK7rY

▎11.2 總體經濟學各學派：歷史性回顧

一般經濟思想史學者認為，將經濟問題系統化地加以探討者，可以追溯至十六至十七世紀的重商主義（mercantilism），但其本質是政策主張的討論。如果以政策的討論而言，漢字文化圈早在漢代就有類似的討論，漢昭帝在位時，討論鹽、鐵專賣政策的「鹽鐵論」，可視為這方面著作的濫觴。

重商主義主張採取保護與管制政策促進經濟的發展。長期而言，對經濟的保護與管束，阻礙了創新與發明，因此激起十八世紀中葉法國的重農學派以自由放任的主張取而代之。重農學派的自由放任主張，之後由古典學派全盤接收，並進而主張：「干預最少的政府就是最好的政府。」在此時期，並沒有所謂總體經濟與個體經濟的分野。但是，政府管制或是自由放任的爭論，已經在現代經濟學萌芽的初期同時埋下了以後學派間論爭的種子。

提倡政府管制政策的經濟學家通常是「平等」與「風險管理」的信徒，而提倡自由放任的經濟學家通常是「自由」與「高報酬」的信徒。在政府管制占上風的年代裡，個人追求高報酬的投資活動受到抑制，連帶的經濟活動的效率日益低下，為了追求資源更有效率的分配與更高的福利水準，經濟學家們會鼓吹對於各種經濟活動的自由空間鬆綁。但是日益自由的經濟活動的擴張，卻會帶來財富與所得分配的日益不平等，對於不平等的不滿日益高漲之後，對於造成不平等的經濟活動管制措施也會經由另一些經濟學家的鼓吹而開始實施。此外，提倡自由放任的經濟學家通常追求高報酬，在自由放任的年代裡，追求報酬的投資活動帶來越來越高的風險，因此其他的經濟學家希望自由放任所帶來的風險可以受到控制，因此提倡這些帶來風險的經濟活動應受到政府管制。

總體經濟學各學派也可以如此大略區分為兩大陣營：「自由」信念是自亞當·斯密以來經濟學家的主要傳統信念，但卻有另一派服膺「平等」信念的凱因斯學派。 主張「自由」信念的古典學派經濟學家相信經濟體系運行的力量如同自然的力量，像潮水、地震、火山或是無聲的演化，人類只能順從它，如果想要駕馭它，控制它，比較可能的下場就是被市場的力量淹沒。主張「平等」信念的凱因斯學派經濟學家卻認為經濟體系是一部精密的機器，需要熟悉經濟體系運作的技術官僚來加以調控，而這部機器的零件就是總體經濟變數，只要熟知這些零件之間的關係，就可以嫻熟的操控經濟體系這部精密的機器。

這兩大陣營的經濟學家之間的愛恨情仇有點像金庸筆下的武俠小說。武俠小說中大致可以分爲兩大陣營：一派爲名門正教，另一派爲新教派。名門正教歷史悠久，例如少林、武當或是峨眉，高手大師輩出，教衆如雲；新教派則可能在不同的時代有不同的名稱，或者是明教，或者是日月神教，教衆多次被徹底擊滅，卻不絕如縷，在不同的時代重新興起，高手不多，但是教主常常以一人敵名門正教的所有高手。我們若把服膺古典學派傳統的所有學派看成名門正教，凱因斯可能被認爲是新教派的教主。

在以往許多教科書的討論中，都把總體經濟學的起始歸於凱因斯，其實眞實的情況是：凱因斯以一人之力結束了古典學派的傳統，讓政府管制與計畫成了經濟學唯一的道路，也結束了經濟學家一直秉持的「自由」信念。之後，名門正教的高手所有的論爭都以凱因斯的理論爲目標加以攻擊，如最著名的 M. Friedman，他發動了對凱因斯理論最重要且有效的一擊，以及對 M. Friedman 理論加以改進的新興古典學派。但是，這兩大陣營也並非老死不相往來，正如同武當山的張翠山愛上了明教的殷素素，然後生下了張無忌，凱因斯理論與新興古典學派理論的結合創造出了新興凱因斯學派。以下我們就將這兩大陣營分別加以簡略的描述。

提倡自由放任的經濟學家們**根據古典學派的傳統，相信市場有自由調節機能，總是可以結清**（clearing），**不會持續存在超額供給或是超額需求**。屬於這一傳統的學派如下：

1. 古典學派（**Classical School**）

   1776 年亞當‧斯密發表《國富論》（Wealth of Nations），是爲古典學派，其實也是經濟學鼻祖，此派的大師還包括 J. B. Say（1767～1832）、D. Ricardo（1772～1823）與 John Stuart Mill（1806～1873）（其父 James Stuart Mill（1773～1836）亦爲知名經濟學者）。其主要論點可歸結如下：「市場有自動調節機能，充分就業是常態。」

2. 新古典學派（**Neoclassical School**）

   在凱因斯主義風行時期，劍橋學派的 A. C. Pigou、D. Roberson 堅持古典學派的傳統，以實質資產效果（real asset effect）闡明：「在不景氣時期，政府部門施行擴張性的貨幣政策，引發物價下跌後，會造成實質財富的增加，仍然可使經濟回到充分就業。」

   D. Partinkin 在其大作《Money, Interest and Prices》乙書中，證明只要實質餘額效果（real balance effect）存在，貨幣數量學說依然可以成立。他並以 IS-LM 模型將古典理論重新加以詮釋，得到與古典貨幣數量學派相同的結論。

基本上，這個學派是個鬆散的團體，也包含了奧地利學派、甚至後來的重貨幣學派的成員。他們的共同主張是提倡基於個人理性選擇放任自由的市場經濟，反對政府對於市場的管制與干預。

3. **重貨幣學派（Monetarisms）**

   M. Friedman 重新賦予貨幣數量學說新生命，進行對凱因斯革命的嚴厲批判，掀起被稱為重貨幣學派的反革命風潮。其興起年代恰逢 1960 年代美國因參與越戰而產生龐大的預算赤字與通貨膨脹問題，凱因斯學派無法找出適當的政策來控制通貨膨脹，而重貨幣學派認為，由於貨幣需求函數比消費函數來得穩定，所以變動貨幣數量的貨幣政策會比變動政府收支的財政政策來得有效，所以喊出「只有貨幣舉足輕重」（Only Money Matters）的口號。同時，貨幣學派承襲古典學派的自由放任精神，強調經濟政策應以訂定貨幣供給的法則（rule of money supply），而非透過政府干預（governmental intervention）為依歸。相對於凱因斯學派基於 Phillips 曲線，強力主張政府應採行總體經濟政策，使失業率、通貨膨脹率落在可忍受區域，重貨幣學派則指出在適應性預期（adaptive expectation）的假設下，通貨膨脹率與失業率只有在短期存有相互抵換的關係，但就長期而言，Phillips 曲線將成為垂直於橫軸之垂直線，此種抵換關係將隨之消失。

4. **新興古典學派（New classical economics）**

   1970 年代初期的石油危機，其後果是通貨膨脹率與失業率雙雙飆升，R. E. Lucas 將理性預期（rational expectation）導入總體經濟領域，並秉持所有市場始終維持均衡的觀點。運用理性預期假說（rational expectation hypothesis）與市場始終維持結清（clearing）的觀念，主張任何有系統而被民眾掌握的總體經濟政策皆無法左右產出水準，只有未為民眾預期到的政策變動方能影響產出。

5. **實質景氣循環學派（Real Business Cycle School）**

   1973 ～ 1974 年及 1979 年發生石油危機，讓經濟學者體認到供給面可能是造成產出波動的原因。修正凱因斯學派僅著重總合需求面，實質景氣循環學派則嘗試由總合供給面著手，建構能解釋產出波動的總體理論。E. Prescott 沿用 R. E. Lucas 的分析方法，但是發現影響景氣循環最重要的是技術變動等實質變數，而非 M. Friedman 與 R. E. Lucas 所強調的貨幣性變數，故被稱為實質景氣循環學派。

　　但凱因斯革命的創始者、追隨者與鼓吹者則不相信市場的自由調節機能，因此主張需要由政府介入來達成政策上所應達的目標，其主要學派如下：

1. **凱因斯學派（Keynesians）**

　　因 1930 年代經濟大恐慌而興起，凱因斯認為經濟體系無法達到充分就業的癥結在於有效需求不足，政府部門有必要介入經濟活動，以擴張性的財政政策彌補有效需求之不足。另外在勞動市場上，工資的僵固性或是勞動供給者的貨幣幻覺造成勞動市場無法恢復均衡，須透過政府財政政策加以解決。此一觀點，經由往後學者之詮釋與擴充，乃形成凱因斯學派。

2. **新凱因斯學派（Neo-Keynesian economics）**

　　主要代表人物為 P. A. Samuelson、Sir J. R. Hicks、F. Modigliani 與 J. S. Tobin 等。他們比凱因斯學派的主張更激進。凱因斯只把政府的干預視為應付經濟大恐慌的應變措施，但是新凱因斯學派學者把政府對於市場的干預作為調節經濟的基本手段，他們主張在景氣蕭條時採用擴張性政策刺激景氣，在景氣過熱時採用緊縮性政策抑制經濟活動，以求讓經濟平穩發展。新凱因斯學派一個重要的子學派為新古典綜合學派（Neoclassical synthesis），由 Sir J. R. Hicks 與 P. A. Samuelson 所建立。他們希望將凱因斯學派的思想，導入新古典主義經濟學的分析架構之中，也希望個體經濟學與總體經濟學，能夠經由數學模型而統一。

3. **新興凱因斯學派（New Keynesian School）**

　　自從 R. E. Lucas 提出理性預期的假設後，凱因斯學派就無法在理論上與新興古典學派相抗衡，其權衡性政策在新興古典學派的分析下，成為惡夢一場。此一學派修正凱因斯對於工資僵固性的處理方式，以經濟個體的最適選擇來解釋工資的僵固性。惟 1980 年代以降，歐洲方面產生了大量失業的問題，新興凱因斯學派並未能提出令人滿意的答案。

　　不待言，總體經濟學的學派並不止於此。然在一本經濟學入門書中，作者希望提供給讀者的是，一個清楚的脈絡，使初學者能夠在它的引領下，進行有系統的研習。

經濟小百科

凱因斯與國際貨幣基金會

凱因斯（John Maynard Keynes）於 1883 年 6 月 5 日出生在一個大學教授的家庭。他 7 歲進入珀斯中學，2 年後進入聖菲斯學院的預科班。幾年以後他的天才漸漸顯露，於 1894 年以全班第一的優異成績畢業，並獲得第一個數學獎。一年後，他考取伊頓公學，並於 1899 和 1900 年連續兩次獲數學大獎。他以數學，歷史和英語三項第一的成績畢業。1902 年，他成功考取劍橋大學國王學院的獎學金；原先攻讀數學，並對哲學有興趣，但後因新古典學派的阿爾弗萊德 • 馬歇爾（Alfred Marshall，1842 年 7 月 26 日－1924 年 7 月 13 日）鼓勵而開始研究經濟學。

在事業上，凱因斯擔任公職，出任英格蘭銀行董事，並且是數個慈善信託的顧問；他自己也做投資，而且是個成功的投資家，因此凱因斯可謂是理論與應用兼具的經濟學家典範。

他曾經在英國財政部印度事務部工作，任劍橋大學皇家學院的經濟學講師，創立政治經濟學俱樂部並因其最初著作《指數編制方法》而獲「亞當斯密獎」，任《經濟學雜誌》主編，任皇家印度通貨與財政委員會委員，兼任皇家經濟學會秘書，英國財政部巴黎和會代表，主持英國財政經濟顧問委員會工作，出席布雷頓森林聯合國貨幣金融會議，並擔任了國際貨幣基金組織和國際復興開發銀行的董事。

一般來說，國際貨幣基金會和它的支持者會傾向信奉凱因斯主義。在 1990 年代以後，全世界的經濟架構重新回到了亞當斯密所大力提倡的自由放任的理想，因為經濟活動的日益自由，全球化的深度日益提升，隨之而來的金融活動與經濟活動的波動也日益加大，目的在確保全球金融制度運作正常的國際貨幣基金會，有效地減緩了多次金融危機的嚴重後果，發揮了全球金融制度中風險管理的作用。在二戰結束時建立的制度，在戰後 50 年發揮重大功用，不得不讓人欽佩凱因斯及其他創建者的遠見。但其實主要的原因在於 1980 年代啟動的全球化是第二版，凱因斯他們已經看過第一版的全球化所可能有的後果，才會創立國際貨幣基金會防範於未然。

資料來源：改寫自維基百科

經濟學大師 John Keynes（約翰 • 凱因斯）如何從投資中變成富豪
https://youtu.be/5NmiyaaQp2w

▎11.3 總體經濟學議題：（新）古典學派 vs. 凱因斯學派

總體經濟學為探討總體變數間相互關係的經濟學，這些總體變數之間的關係具體表現在經濟周流（circular flow），因此經濟周流是總體經濟學觀察的首要重點。所謂的經濟周流圖是將經濟體系區分為幾個不同的部門與市場，這些不同的部門在各個市場上產生交易。交易的結果體現於不同的經濟變數，這些經濟變數之間的關係可透過對經濟周流圖的觀察，加以了解。

在**總體經濟變數中，一般而言，最受重視的是總產出**（total production）。因此，本書首先在第 12 章介紹經濟周流圖，並利用經濟周流圖介紹總產出與國民所得帳。總產出在衡量一個經濟體在一段期間總產出的產值。總產出的衡量可以依「地域」或「國別」的不同加以區分。**總體經濟學探討總產出如何衡量，並且把它當成一個總體經濟變數，討論它受到那些因素的影響，以及如何受到這些因素的影響。**

討論總產出受到那些因素的影響，即是在討論均衡總產出的決定。凱因斯本人所提出的模型稱為簡單凱因斯模型，此一模型只討論一個市場，即商品市場，要決定的變數只有一個，即總產出。這個模型的提出是凱因斯對大蕭條發生原因的解答，他認為大蕭條所以發生是由於有效需求不足，古典學派與新古典學派無法針對大蕭條提出對策，是因為他們完全只有注意到供給的問題，因為他們認為供給可以創造自己的需求。即使在這個簡單的模型裡，秉持古典學派傳統的經濟學家已經開始對凱因斯加以反擊了，他們提出了「自動穩定機制」（automatic stabilizer）這個概念，強調即使在簡單凱因斯模型之中，經濟體系還是會自動均衡。

從這裡可以知道，模型是一個工具或是武器，因為使用者不同，闡明的學說方向或是攻擊的方向也會不一樣。簡單凱因斯模型雖然由凱因斯本人所提出，在凱因斯的手中，闡明的是凱因斯以擴張性財政政策來解決有效需求的不足；但在新古典學派的手裡，簡單凱因斯模型可以用來說明經濟體系會達成自動均衡，擴張性財政政策的有效性是有問題的。

修正凱因斯模型加入了一個新的變數，「利率」（interest rate），**並且認為利率由貨幣市場決定。**因此，修正凱因斯模型涉及兩個市場，即商品市場與貨幣市場，需要決定的變數也因此有兩個，即總產出與利率。利率於貨幣市場決定，但是會影響廠商的整體投資行為，即「投資」（investment）此一總體經濟變數，進而影響到

均衡的總產出。

　　修正凱因斯模型是一個功能遠比簡單凱因斯模型強大的分析工具，它不僅可以用來說明凱因斯學派的思想，也可以用來說明重貨幣學派對於凱因斯學派的反動。在這個模型中，凱因斯學派的立場獲得更堅定的支持，例如所謂的投資陷阱與流動性的陷阱。同樣的，重貨幣學派的火力也因爲這個分析工具而更爲猛烈，他們提出了投資利率彈性無限大與重貨幣學派場合的主張。

　　但是對於利率的決定，秉持古典學派傳統的經濟學者，有另外一套不同的看法。**古典學派認爲利率是資本財的價格，資本財是一個經濟體系生產因素之一，其價格如同其他的生產因素，是由該市場之供需，即可貸資金的供給與需求加以決定，故通稱之爲可貸資金理論**（Loanable Fund Theory）。

　　由於有不同的金融商品，所以有不同的利率存在。總體經濟學並不探討在不同的金融商品市場上，其單一金融商品市場均衡利率如何決定，而是把它當成一個總體變數，探討它會受到哪些因素的影響，以及如何受到這些變數的影響。總體經濟學探討作爲總體經濟變數的利率是在貨幣市場決定？或在可貸資金市場決定？然後利率再影響廠商的整體投資行爲。另外，總體經濟學也探討「利率」這一因素會影響哪些總體經濟變數，進而影響到均衡的國民所得、失業率或是物價水準。

　　「總合需求與總合供給模型」，又加入了一個新的總體變數：「物價水準」，並在商品市場與貨幣市場以外，增加了勞動市場。所以物價膨脹與失業問題也是總體經濟學的相關議題。但是過去在總體經濟學萌芽時期，物價膨脹與失業常常合併在一起討論，並且通常是一個附屬的議題。

　　在 1960 年代，主要討論通貨膨脹率與失業率關係的是 Phillips 曲線（Phillips curve）。由於當時通貨膨脹率與失業率呈現負向而且穩定的關係，總體經濟政策主管機關只要施行擴張性的總體經濟政策，使通貨膨脹率上升，就可以降低失業率，此一關係可以視爲凱因斯學派理論的最佳詮釋。而有關 Phillips 曲線的討論從這時開始成了凱因斯學派與堅持古典傳統的經濟學者之間的兵家必爭之地，但卻缺少針對通貨膨脹本身的探討。1965 ～ 1982 年間，美國遭遇所謂的停滯性通貨膨脹（stagflation），高失業率與高通貨膨脹率的同時存在，通貨膨脹的問題始成爲焦點，並造成重貨幣學派的風行。

利用「總合需求與總合供給模型」作為分析的共同架構，凱因斯學派與（新）古典學派爭論的重點在於以下三點：

(1) 充分就業是經濟的常態？抑或是，非充分就業才是經濟的常態？

(2) 勞動供給者是否存有貨幣幻覺。這一個問題可以換一個方式表達，也就是決定勞動供給量的變數，究竟是（新）古典學派所強調的實質工資？還是凱因斯學派所主張的名目工資？

(3) 當經濟體發生失衡時，到底是透過數量的調整，還是透過價格的調整，而重新回到均衡。如依遵循（新）古典學派的看法，係透過價格調整，即當勞動市場出現失衡時，名目工資會與一般物價，作同方向同比例的調整，而使實質工資調至原先之均衡水準，進而使就業水準回到該派所主張之常態性充分就業。如依凱因斯學派的看法，係透過數量調整，當有效需求不足時，整體生產部門將發現手中非意願存貨增加。為消除此一現象，整體生產部門減少生產，減少勞動量的雇用，失業現象於焉產生，而總產出將在較充分就業產出水準為低之水準達成均衡。

表 11.1　各模型所包含的市場與變數之比較

	簡單凱因斯模型	修正凱因斯模型	總合需求與總合供給模型
市場	商品市場	• 商品市場 • 貨幣市場	• 商品市場 • 貨幣市場 • 勞動市場
變數	總產出	• 總產出 • 利率	• 總產出 • 利率 • 物價水準

自 1960 年代開始，國際貿易以及國際金融市場的重要性日增。以國際貿易而論，其佔總產出的比重日趨重要，在決定均衡的總產出時，也因此必須討論國外部門。而國際金融市場上資金的流動，對於匯率的決定也扮演越來越重要的角色，匯率此一變數又會影響國際貿易，以及經濟體系的總產出。Robert Mundell 教授於 1960 年代，撰寫了一系列論文，成功地將國外部門融入修正的凱因斯模型，成為開放經濟的標準理論，並因之獲得諾貝爾經濟學獎之殊榮。

以上所述及之各總體經濟學之宗派所提出之論點，一方面可用以說明在經濟周流中，均衡的總產出如何決定，另一方面也可用以說明當某一變數發生變動時，總

產出以及其他的變數的均衡會發生何種變化。憑藉著這些知識，政府應該可以控制與改變某些變數，使總產出與其他變數朝著政府所設定的目標移動。

在以上述及各總體經濟宗派之論點時，並沒有涉及時間的問題。事實上，經濟周流中的各個變數都有可能在時間歷程中產生變化。以國民所得而言，有關代表國民所得的國內生產毛額（GDP）的研究顯示，實質 GDP 會出現長期變動趨勢：如果此長期趨勢為向上，表示在此期間，經濟體系的總產出持續正成長；反之，如果此長期趨勢為向下，表示在此期間，經濟體系的總產出持續負成長。**研究此種長期經濟趨勢之形成與產生原因的理論，即為經濟成長理論**（economic growth theory）。另外，除了長期趨勢之外，短期中，GDP 可能會在此長期趨勢的上下波動，**研究此種短期經濟體系總產出的波動現象，稱為景氣循環理論**（business cycle theory）。一如總體經濟之其他議題，（新）古典學派與凱因斯學派，對於景氣波動之成因，亦持有截然不同之看法，本書將分別加以介紹。

總體經濟學的內容可以因為經濟體系的演進而有所改變，當然內容也會不斷的調整。但這些都是人類在探索經濟活動的智慧汪洋中，所自然出現的嘗試與轉折，欲窮究經濟現象的我們，只能希冀透過對總體經濟學各家核心思想之認識，進而掌握總體經濟學之學術脈動。例如，對於市場是否可以自動達成均衡的論爭，也在財務理論中的效率市場學派與行為財務學派重現。

本章結論

個體經濟學是從單一的經濟個體觀點出發，探討家計單位在效用極大化的準則下，以及廠商在追求利潤極大準則下，如何進行經濟選擇的行為。而總體經濟學則直接以總體經濟變數—即經過加總的經濟變數—作為探討的對象。

與第 1 章強調的總體經濟學所涵蓋的主要內容相呼應，總體變數之間的關係具體表現在經濟周流。總體經濟學探討在經濟周流中總產出如何衡量，並且把它當成一個總體經濟變數，討論它受到那些因素的影響，以及如何受到這些變數的影響。

總體經濟學的議題，依序討論：

(1) 經濟周流的定義及衡量—總產出的定義及國民所得帳的概念；

(2) 經濟周流的決定—總產出均衡分析；

(3) 在總產出的均衡分析當中，也自然地出現利率理論、通貨膨脹及失業率、國際貿易及國際金融等相關議題；

(4) 經濟周流的變動—導向總體經濟政策的討論，特別是有關貨幣政策與財政政策有效性的爭論；

(5) 經濟周流的波動與趨勢—包括景氣循環與經濟成長。

　　本章的論述重點，在於學者間對於總體經濟變數間之關係，持有截然不同的看法，而形成了各種不同的學派。這也就是本書在論述各項分析性總體經濟學議題時，係以深入淺出方式論述各學派主張，以及各學派異同點之主要緣由。

　　最後，依發展先後順序，於本章章末說明總體經濟學兩大陣營各學派形成之歷史背景，各學派之代表人物，以及各學派之基本主張。經由本章針對總體經濟學概觀式之介紹，期使同學們在研習總體經濟學時，能獲致更為豐碩之學習成果。

Chapter 12

總產出的衡量

許可達

名人名句

李克強

（1955 年 7 月 17 日～）

GDP 是人造的，因此不可靠。

研習重點

- 國內生產毛額
- 從經濟周流圖導出不同總產出衡量方式與總體經濟變數間之關係
- 各種總產出計算方式
- 不同的總產出衡量方式之間的關係

學習架構圖

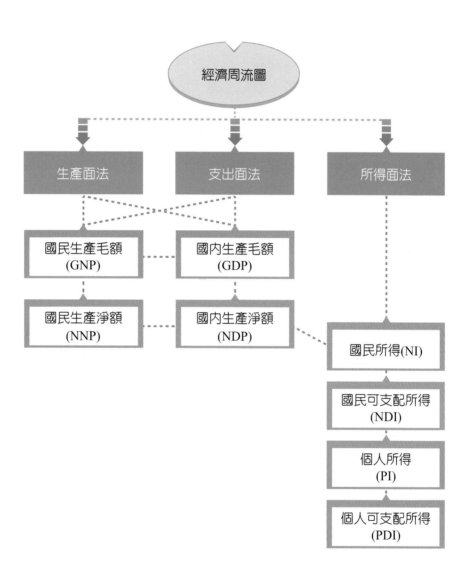

經濟周流圖

生產面法　支出面法　所得面法

國民生產毛額
(GNP)

國內生產毛額
(GDP)

國民生產淨額
(NNP)

國內生產淨額
(NDP)

國民所得(NI)

國民可支配所得
(NDI)

個人所得
(PI)

個人可支配所得
(PDI)

12.1 總產出的定義

21 世紀的第一個十年韓國的國民所得超越臺灣，這讓身爲 5 年級生以上的臺灣人感覺挨了一計悶棍，在這段時間裡，好像韓流的流行正方興未艾。家電有 LG，手機是 Samsung，汽車則爲 Hyundai，似乎生活中各個領域所有商品都被韓國產品所攻佔。

記憶中，韓國的每人平均國民所得通常只達臺灣的七成到八成，臺灣有許多的事物有待韓國人學習。我們的農村建設，經濟發展策略，乃至固有的儒家文化，吸引相當多的韓國留學生來這裡學習。當然，這一切的前提都是臺灣的國民所得比韓國高，所以臺灣是值得學習的對象。如果經濟情勢互換，當然換我們須向韓國看齊。

在 21 世紀的第二個十年，韓國的快速成長似乎已經快要過去，「朝鮮地獄」成爲韓國年輕人的夢魘，而中華人民共和國的成長似乎剛過它的高峰，而餘力未盡。根據聯合國的統計，它已經超越日本，成爲全球第二大經濟體，緊追美國之後。許多經濟學家在預測的，不是中華人民共和國是否可以超越美國成爲世界上最大的經濟體，而是何時超越。原來韓國的家電與手機品牌漸漸受到中國品牌的挑戰。到中華人民共和國留學也是臺灣年輕人新的選擇。中華人民共和國正以自信的步伐走進世界的各個領域：國際企業在世界各地瘋狂購併；人民幣被納入特別提款權；創造力在電影、時尚產業蓄勢奔放；它的領導階層也試圖重新定義普世價值，這些普世價值導源於歐洲與北美，但似乎與中國目前的社會運作有些扞格。

地獄朝鮮
https://youtu.be/TTGN8QcdASA

2017 年，中國的經濟成長率只有 6.8%，高速成長的時代確定過去了。東協十國在經濟上則以令人無法忽視的姿態崛起。在中國製造成本提高，導致外資企業甚至中國企業將製造重心往東協國家移動，東協國家呈現出令人驚豔的經濟活力，這樣的現象不限於東協的特定少數國家，而是普遍現象。經濟活力同時帶動了東協國家的文化自信與輸出：泰國的文創產業已經令人刮目相看；越南電視台在臺灣也看得到；馬來西亞的小吃不僅僅只是美食，而是漢人南方文化的匯萃與創新，更是馬華文化的輸出強項。

菲律賓 GDP 成長顯著首都匯集 200 家購物商場
https://youtu.be/Vtd1i__8KoQ

　　似乎國民所得可用於反映國家是否進步？反映人民是否勤奮？反映政治是否昌明？反映國力是否強盛？既然如此，那經濟學家首先碰到的第一個問題，它是如何衡量的？報紙上常常出現 *GDP*、*GNP*、國內生產毛額、國民生產毛額或是國民所得，究竟它們的意義有何不同？其實一般人心目中所想到的「國民所得」是一個不太精確的概念，經濟學家比較喜歡叫它「總產出」。

　　總產出有許多不同的衡量方式，隨著衡量方式的不同，就會得到不同的結果，也就會有不同的名稱。現在大家都用國內生產毛額（gross domestic product, *GDP*）來代表總產出。**國內生產毛額是指一國國內（或者更精確地說，一個經濟體境內），在一段的期間內（通常指一年），所生產的最終財貨與勞務的市場總價值。**在這個定義中有幾個關鍵詞值得正視。此外，我們也經常聽到國民生產毛額（gross national product, *GNP*），到底 *GDP* 與 *GNP* 有何區別？其實，其間的差異，可從 *GDP* 定義中之一個關鍵詞「一國國內」加以了解。

一、一國國內

　　在一個生產要素移動不頻繁的時代或者是一個封閉的經濟體系，通常會重視以「國別」為準計算出總產出的產值，即國民生產毛額。「國民生產毛額」與「國內生產毛額」不同的地方在於，不論居住何地區的該國國民，在國境以內或以外，所生產出來的最終商品與勞務，都應該納入 *GNP* 之計算。

　　由於跨國公司的興起，以「國別」為準計算出的國民生產毛額無法真實地反映一個經濟體的經濟實況，特別是無法掌握一個經濟體的就業水準，以至於各國越來越傾向於用 *GDP* 來衡量國民所得。臺灣有許多臺商到中國大陸投資，也有許多外勞在臺灣工作，如果依照國民生產毛額的概念，臺商在中國大陸生產的最終商品與勞務，屬於臺灣國民所得的一部分，而外勞在臺灣參與高速公路、捷運等重大建設的勞務屬於其母國，因而無法真實反映臺灣此一經濟體的生產與就業的狀況。

　　經由以上說明，可以得知，**國民生產毛額與國內生產毛額產生差異的原因在於：生產要素的移動，特別是資本與勞動在國際間的移動。**如果要將國內生產毛額換算成國民生產毛額時，須加上本國生產因素在它國所獲得的要素報酬，且須減去本國支付它國生產要素的報酬。

　　本國生產因素在他國所獲得的要素報酬減去本國支付他國生產要素的報酬，稱國外要素所得淨額（net factor income from the rest of world）。這也就是說，國民生產毛額等於國內生產毛額加上國外要素所得淨額。

$$GNP = GDP + NFI \qquad\qquad (式 12.1)$$

（12.1）式中，*NFI* 即國外要素所得淨額。

在一個生產要素移動不頻繁的時代，或在一個封閉的經濟體系，國民生產毛額與國內生產毛額兩者幾乎完全相等，因爲國外要素所得淨額近乎零。但即使是一個生產要素移動頻繁的經濟體，二者之間的差異也不一定很大，以臺灣而言，二者的差異並不大。如圖 12.1 所示，1984 年以前國外要素所得淨額佔 *GDP* 比重都在零附近徘徊，最高也不會超過 3.5%。

在 1999 年以前，我國總產出的產值都是以國民生產毛額（*GNP*）來衡量，自 1999 年以後，改以國內生產毛額（*GDP*）來衡量（但經濟成長率的計算，在 1994 年已由 *GNP* 的成長率改爲 *GDP* 的成長率衡量之），主要因爲其他重要的經濟體均以國內生產毛額來衡量其總產出的產值，我國改以國內生產毛額來計算總產出的產值，有利於與國際接軌。

1993 年聯合國國民經濟會計制度（System of National Accounts, *SNA*），認爲 *GNP* 是衡量收入狀況的總量指標，取名爲「生產」並不適合，因此將國民生產毛額（*GNP*）改稱爲國民所得毛額（Gross National Income, *GNI*），臺灣也於 103 年 11 月發布國民所得統計時，同步進行名詞修訂。雖然在日常生活中由於習慣使然，還是使用 *GNP*，但在本書以下的說明，會將 *GNP* 改爲 *GNI*。

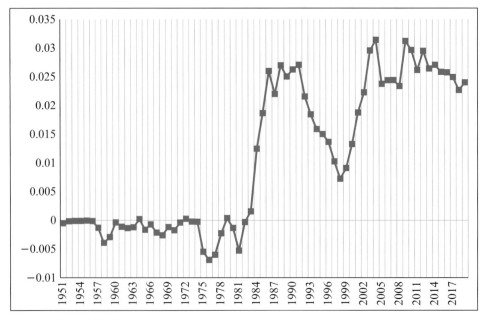

資料來源：行政院主計處

圖 12.1　我國歷年國外要素所得淨額佔國內生產毛額百分比

二、生產性的活動

　　這表示透過非生產性交易活動的財貨或勞務，不應該被計算到總產出中。所謂非生產性的交易有下列幾項：

1. **移轉性支出**

　　退休金、獎助學金、老農津貼、失業救濟金等，係將所得從一個經濟個體轉移到另一個經濟個體的行為，並非是生產性活動。

2. **來自所得重分配的利得**

　　如股票市場中既存股票的交易，樂透的彩金。但是，股票市場與主辦樂透彩銀行的從業人員所提供的勞務則須計入。

三、一段期間

　　國民所得是根據某一段特定時間，例如一季或一年的資料，計算而來的所得流量。所謂「**流量**」，是指**須歷經一段期間，方能加以衡量之變量**，例如投資，指某一段固定時間中資本存量的增加量。至於「**存量**」，則是指**可在某一特定的時點，就能加以衡量的變量**，例如資本存量，指在某一特定的時間點，經濟體所擁有的資本總量。如果產出的時間不在計算期中，則不加以採計，最常見的例子就是二手商品。由於二手商品，其產出時間早於計算期，因此不屬於當期的生產，且其市場價值已經反映到其生產當期的國民所得的統計。惟須注意者，在計算期內之存貨變動，係與計算期間之生產活動有關，必須計入。

四、最終商品

　　有許多商品並非作為最終的使用，而是作為中間投入的商品，例如原油、染料，必須經過進一步加工。在加工製造最終商品的過程中，中間商品的價值已包含在最終商品的價格中，在計算國民所得時，如未將中間投入扣除，會發生重複計算之現象。有些商品，可以是最終商品，也可以是中間投入，在計算經濟體系總產出的產值時，當成最終商品的部分必須加以計算，但作為中間商品的部分則不得採計。

五、市場總價值

　　產生市場總價值的先決條件，商品必須透過市場交易。如果商品沒有透過市場交易，則無法產生交易價格。另外一種可能性是，雖然商品透過市場交易，但是無法有效估計。在現代社會中，常見的例子是黑市與非法交易；另外，家庭主婦所提

供的家庭勞務，諸如打掃住家、調理餐飲、照顧子女等，也因為沒有透過市場交易，因此無法反映在經濟體系總產出產值的統計中。此外，由於商品與勞務每年的市價不一定相同，市場總價值是以當期的市價計算。另須指出者，如市場交易活動，係以生產要素價格計算，將產生另一相關但不同之國民所得。有關此點，在討論各種國民所得概念間之關係時，再作說明。

FYI 專欄

2008 年 *GDP* 的新算法

目前的 *GDP* 計算標準是聯合國制定的國民所得帳（*SNA*），讓世界各國以相同標準計算 *GDP*，便於進行國際比較，類似於民營企業製作財務報表時的會計準則。聯合國于 2008 年修改了 1993 年制訂的標準，目前正敦促成員國加以採用。

澳洲和加拿大已經領先美國採用，美國於 2013 年採用新標準，日本則於 2016 年開始採用新標準。由於臺灣國科會已經有研發統計，臺灣 2014 年起部份採用新算法，將研發納入計算。2016 年中國國家統計局對外宣布，*GDP* 核算將採用和國際接軌的研發支出核算新標準。

按照舊標準，企業投入研發的有形資產，如伺服器、路由器、軟體等被視為不產生附加值的「經費」，在計算 *GDP* 時一直被排除在外，但是新標準把研發費用的納入，這對許多國家 *GDP* 的計算產生巨大影響。

以日本為例，據日本內閣府統計顯示，如果將研發費用納入 *GDP*，日本的名目 *GDP* 有望被推高 3.1% ～ 3.4%。已領先一步引入新標準的澳大利亞和加拿大在加上研發費用後，將 *GDP* 上調了大約 1.1% ～ 1.6%。美國採用 *GDP* 新算法，2012 年 *GDP* 一口氣多出 3.6%。

按照新標準，在研發費用以外的領域也將擴大經濟價值的認定範圍，例如品牌價值、智慧財產權等「智慧原件」。澳大利亞和加拿大已開始將戰鬥機和坦克等兵器計算在內。而美國正打算將電影原作和長壽電視節目等娛樂作品的價值計算在內。

資料來源：整理自新聞報導

什麼是 *GDP*：基礎知識
https://youtu.be/KVCVmkJRkUM

12.2 經濟周流圖與總產出

經濟周流圖可以顯示，衡量一個經濟體的總產出可以從哪些不同的面向切入。具體而言，**總產出可從生產面、所得面及支出面三個面向加以衡量**：「因為在經濟周流圖中，總產出不管從哪一個面向加以衡量其結果均應相同。」不過，從不同面向加以衡量時，重點有所不同：「經由生產面，可以了解與一個經濟體總產出產值攸關之生產活動；經由所得面，可以顯示一個經濟體的總產出產值如何分配給各項生產要素；經由支出面，可以掌握一個經濟體的總產出如何由各個經濟部門的支出所組成。」

在討論經濟周流時，為簡化分析起見，假定只涉及兩個市場：其一為財貨與勞務市場（goods and service markets），簡稱商品市場；其二為生產要素市場（factor markets）。

12.2.1 二部門模型

首先，從一個最簡單的經濟體開始，這個經濟體只包含兩個部門：家計單位與廠商。在商品市場上，廠商部門所生產的最終財貨與勞務的總產出（Y）形成供給面，經濟體系內經濟部門支出的項目為家計單位的消費（C）與廠商部門的投資（I）。在商品市場達成均衡的時候，最終財貨與勞務的總產出應等於消費與投資的加總。

$$Y = C + I \qquad （式 12.2）$$

在生產要素市場上，廠商總產出所得的收益全數用於支付各項生產要素的使用成本，而各項生產要素通常假定由家計單位所擁有，家計單位在生產要素市場上收到所得後，可以用於兩個方面，即儲蓄（S）與消費（C）。所以**儲蓄與消費必須等於總產出**。

$$Y = C + S \qquad （式 12.3）$$

基本上，排除統計誤差，從支出面計算出的總產出（$C + I$）應等於從所得面計算出的總產出（$C + S$），故可得出下列的關係式：

$$I = S \qquad （式 12.4）$$

即在均衡達成時，投資須等於儲蓄。

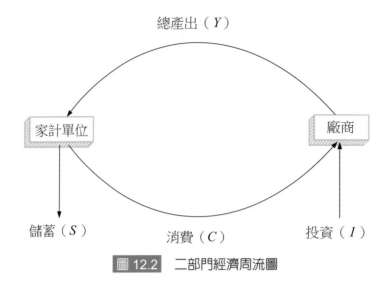

圖 12.2　二部門經濟周流圖

12.2.2　三部門模型

　　介紹最簡單的經濟體系之後,其次可加入政府部門。政府部門也在經濟體系中扮演其角色。在商品市場上,最終的財貨與勞務不僅只流向家計單位,也流向政府部門,政府部門的消費支出稱為政府購買(government purchases, G)。此外,由於有政府部門的存在,其支出購買必須有相應的資金來源。但是在分析時,一般假定政府部門並不擁有生產要素,因此無法從生產要素市場獲取所得。因此,政府支出購買必須由家計單位與企業部門共同負擔。換句話說,家計單位與企業部門必須向政府繳納賦稅。從總產出產值之觀點論,我們可將民間部門繳納給政府部門的賦稅,視為政府部門為使市場順利運轉所提供之勞務所獲取的報酬。

　　在商品市場上,廠商部門所生產的最終財貨與勞務的總產出形成供給面,經濟體系內經濟部門支出的項目為家計單位的消費、政府部門的支出與廠商部門的投資。**在商品市場達成均衡的時候,最終財貨與勞務的總產出應等於消費、投資與政府支出的加總。**

$$Y = C + I + G \qquad\qquad (式 12.5)$$

　　家計單位在生產要素市場上收到廠商所支付的要素所得後,運用於三個方面,即儲蓄、消費與支付給政府部門的賦稅(T)。所以**儲蓄、消費與賦稅的加總必須等於總要素所得。**

$$Y = C + S + T \qquad\qquad (式 12.6)$$

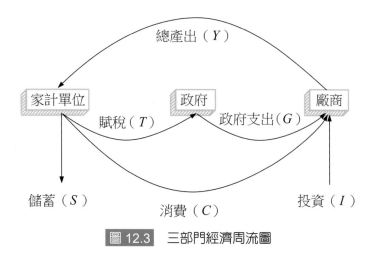

圖 12.3　三部門經濟周流圖

　　基本上，排除統計誤差，從支出面計算出的總產出產值（$C + I + G$）應等於從所得面計算出的總產出產值（$C + S + T$），故可得出下列的關係式：

$$I + G = S + T \qquad\qquad （式 12.7）$$

亦即均衡達成時，投資加上政府部門消費支出須等於儲蓄加上賦稅。

12.2.3　四部門模型

　　一個完整的經濟體系包括家計單位、廠商、政府與外貿部門。在商品市場上，經濟體系所產生一個完整的經濟體系包括家計單位、廠商、政府與外貿部門。在商品市場上，經濟體系所生產最終的財貨與勞務不再只流向國內的部門，另一方面，國內部門所消費的最終財貨與勞務也不再限於國內所生產。

　　國內生產的最終財貨與勞務流向國外的部分稱爲出口（export, *EX*）；國外生產的最終財貨與勞務流向國內的部分稱爲進口（import, *IM*）。出口減去進口的差額稱爲淨出口（net export）。淨出口爲正值時，表示我國享有貿易順差；淨出口爲負值時，表示我國面臨貿易逆差。

　　在生產要素市場上，由於此一簡化的模型並未將勞動力的移動考慮在內，所以外貿部門的加入，並未對因素所得的流向有影響。只不過爲了考慮政府部門的影響，此處進一步假定，除了家計單位須向政府繳納賦稅之外，家計單位也可以從政府部門領取各種移轉性支付（transfer payment, *TR*），例如老人年金、失業救濟金或者是急難救助金等。

　　在商品市場上，國內廠商部門所生產的最終財貨與勞務總產出（Y）以及國外所提供的進口（IM）形成供給面。供給面所提供的最終財貨與勞務的流向為家計單位的消費（C）、政府部門的支出（G）、廠商部門的投資（I）與國外之消費（即出口，EX）。在**商品市場達成均衡的時候，國內最終財貨與勞務的總產出（Y）加上由外貿部門而來的進口（IM）應等於消費（C）、投資（I）、政府支出（G）與對外出口（EX）的加總。即 $Y + IM = C + I + G + EX$，整理後可得下式：**

$$Y = C + I + G + EX - IM \qquad （式 12.8）$$

　　在完整模型中，家計單位的所得不只限於生產要素市場上廠商所支付的要素所得，另外也包括來自政府部門的移轉性支付。這些所得運用於三個方面，即消費、儲蓄與支付給政府部門的賦稅。但是可以把家計單位付給政府部門的賦稅減去從政府部門取得的移轉性支出計算出賦稅的淨額（T − TR），在計算上比較簡便。因此，**要素所得等於消費、儲蓄與賦稅淨額的加總。**

$$Y = C + S + (T - TR) \qquad （式 12.9）$$

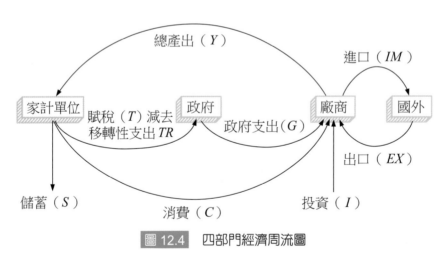

圖 12.4　四部門經濟周流圖

　　基本上，排除統計誤差，從支出面計算出的總產出產值應等於從所得面計算出的總產出產值，則可以得出下列的關係式：

$$I + G + EX - IM = S + (T - TR) \qquad （式 12.10）$$

亦即均衡時，投資加上政府部門消費支出與淨出口應該等於儲蓄加上賦稅淨額。

12.3 國內生產毛額的計算方式

經由經濟周流圖，可以得知，總產出恆等於要素所得總額，也恆等於各部門支出之總額。因此衡量一國的總產出，可以從三個面向著手：「生產面、支出面與所得面。」雖然著手的面向不同，但當經濟體系達到均衡時，三個方法所計算出的總產出數字均應相同。只不過由於著手的方向不同，每個方法直接估算出來的不一定是國內生產毛額，但是不同的方法估算出來的總產出概念可以互相換算，換算之後得到的國內生產毛額理應相同。至於不同的方法估算出來的總產出概念有何不同，以及如何換算，詳見 12.4 節之說明。

12.3.1　生產面法

由生產面（the output approach）衡量國內生產毛額時，並非簡單的將所有廠商所生產的財貨與勞務直接加以加總。因為某些財貨與勞務是中間性商品，在加工製造最終商品的過程中，中間商品的價值已經被包含在最終商品的價值，如果不加以剔除，會產生重複計算的問題。解決的方法是將國內所有廠商生產的附加價值（added value of production）予以加總。所謂的**附加價值是指各生產階段生產總值減去前一生產階段所獲生產總值間之差額**。

由生產面來估算國內生產毛額，在概念上十分容易理解，但是由於現代經濟體系中生產迂迴程度增加，非常多的財貨與勞務，可同時作為中間投入與最終產品之用，再加上生產活動的多樣化，由生產面來衡量國內生產毛額將會顯得十分複雜，估算 *GDP* 比較可行的方法為支出面法或所得面法。

12.3.2　支出面法

就支出面（the expenditure approach）而言，經濟體系中的經濟個體，基於求取效用極大化的目標，尋求最適消費組合，從而在其所得的限制下，購買其所需的最終財貨與勞務。如果將某一特定期間內，經濟體系中各部門對於最終財貨與勞務的支出加總，此支出總值稱為國內支出毛額（gross domestic expenditure）。由支出面衡量國內生產毛額所必須包含的項目可由上一節完整的經濟周流圖之商品市場的支出面加以導出，如下式所示：

$$Y = C + I + G + EX - IM \qquad\qquad (式 12.11)$$

最終財貨與勞務流向家計單位的部分稱民間消費（private consumption, C）。國內的民間消費支出由耐久財（durable goods）消費支出、非耐久財（nondurable goods）的消費支出以及服務消費支出所構成。耐久財消費支出指的是對於使用期限較長的商品，如電視、汽車這類商品的支出。非耐久財的消費支出指的是對於使用期限較短的商品，如食物、衣物這類商品的支出。服務消費支出則指一切有關勞務的支出，例如醫療支出、娛樂支出、繳交學費等。

最終財貨與勞務流向政府部門的部分稱政府購買，包括對財貨的消費支出以及勞務的消費支出。政府購買即政府的消費性支出，但不包括移轉性支付，後者包括社會安全支出，公債利息等。這些移轉性支付是現有所得的重分配，不能列入總產出的一部分。政府的消費支出包括受雇人員報酬、公共資產的固定資本消耗、公共資產的購買淨支出（即支出金額減去銷售收入）等三項。

最終財貨與勞務流向廠商投資的部分稱民間投資（private investment, I），包括設備、建築物與存貨變動等：「設備指的是機器等生產工具；建築物包括住宅與非住宅；存貨則包括原料、半製成品與尚未出售的製成品。」

在建築物部分須注意的是，家計部門自用住宅的購買屬於民間投資，但自用住宅可以提供家計單位居住的勞務。如果家計單位居住的住宅非自用，則必須付出相應的租金。因此家計單位如果居住於自用住宅，雖然不用支付租金，但這不表示自用住宅不產生提供居住的勞務。在衡量一個經濟體的總產出時，為了估算自用住宅所提供的勞務，因此也必須用機會成本之概念將其計算在內。

在存貨部分須注意的是，前期的存貨減少，並不會影響本期的總產出，因為出清前期存貨時，是出售前期製造的商品，其價值已經包含在前期的總產出之中，如果在本期中仍然計入，會產生重複計算的問題。只有本期存貨減去前期存貨的存貨變動，即本期新增的存貨，方可視為本期投資的一部分。

國民所得帳將民間投資支出稱之為國內資本形成毛額（gross capital formation）。因此，此處的民間投資指的是投資毛額而非投資淨額。機器設備與建築物的價值都會在一固定的時間內產生耗損，這部分價值的減損稱為折舊（depreciation, D）。投資毛額減去折舊，方等於投資淨額（net investment），才是投資真正增加的部分。

投資淨額＝投資毛額－折舊　　　　　　　　（式 12.12)

　　國內的投資來源不限於民間的廠商，另外還有公共部門的投資，公共部門的投資由公營事業投資及政府資本支出組成。公營事業投資如台電興建核能電廠，政府資本支出則如興建國際機場、高速公路等公共建設的支出。

　　由國內生產的最終財貨與勞務流向國外的部分稱為出口；由國外生產的最終財貨與勞務流向國內的部分稱為進口。**出口減去進口的差額稱為淨出口**（EX – IM）。淨出口為正值時，表示我國享有貿易順差；淨出口為負值時，表示我國面臨貿易逆差。

　　由支出面計算出的總產出即為國內生產毛額。因此，國內生產毛額可用符號表示如下：

$$GDP = C + I + G + (EX - IM) \qquad （式 12.13）$$

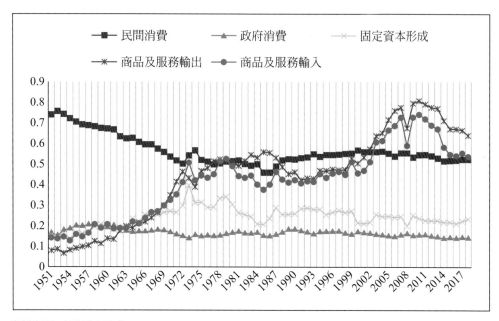

資料來源：行政院主計處

圖 12.5　我國歷年支出面各項目佔國民生產毛額比例

　　圖 12.5 顯示了支出面各項目佔國民生產毛額比例。在臺灣經濟發展早期的 1950 年代，民間消費占最大宗，政府消費佔第二位，國外貿易中進口所佔比重大於出口，可見直到 1960 年代我國的貿易是逆差。在後來的發展中，出口與進口佔國民生產毛額比例上升快速，另一方面，民間消費所佔比重漸次下降，出口與進口佔國民生產毛額比例超越了民間消費。我國政府消費所佔比重相對平穩，約在 15% 到 20% 間徘徊。我國的固定資本形成則在 1970 年代達到最高峰，之後都在 20% 左右波動。

12.3.3　所得面法

就所得面（the factor incomes approach）而言，由於在生產最終的財貨與勞務時，必須使用各種的生產要素。在生產要素市場上，生產要素獲得其報酬，因此經濟體系生產活動所創造的價值必然在生產要素市場上分配給各個生產要素的所有人。**如果，從所得面切入，將所有生產要素所有人所獲得的報酬加總，稱之爲國民所得（national income, NI）。因此，由所得面對於總產出的估算是將提供生產要素的要素所得報酬加總而得。**

經濟體系中的生產要素可以區分爲勞動、資本、土地與經營管理能力。勞動所有人的報酬是薪資；資本所有人的報酬是利息；土地所有人的報酬是租金；經營管理能力所有人報酬是公司利潤或者自營事業所得。當然，如果企業經營的結果爲虧損，則經營管理能力之報酬爲負。

經濟小百科

顧志耐與凱因斯思想的關係

顧志耐（Simon Smith Kuznets，1901 年 4 月 30 日 － 1985 年 7 月 8 日）俄裔美國經濟學家，1971 年諾貝爾經濟學獎獲得者。1960 年起，加盟哈佛大學，直到 1971 年退休。此外，他在 1960 年代末協助臺灣大學籌辦經濟學博士班，成立中華民國第一所經濟學博士研究所；他還是中央研究院的名譽院士。

顧志耐在 1941 年出版了一部重要著作 National Income and Its Composition, 1919 ～ 1938（《1919 ～ 1938 年的國民收入及其構成》），書中提出了具有歷史意義的關於國民生產總值的研究。他對商業週期以及經濟增長不均衡的研究推動了發展經濟學理論的建立。他對經濟發展不均衡狀況隨時間的變化規律進行研究，提出了「顧志耐曲線」。

顧志耐對凱因斯 1936 年提出的絕對收入假說進行了經驗分析。這個假說促成了首個形式化消費函數的誕生。但顧志耐發現凱因斯的假說表面上正確，實際卻僅限於短期情況，無法滿足更嚴格的檢驗。顧志耐的這項研究在經濟學界引起轟動。凱因斯預測，邊際儲蓄會隨著總收入的增長而增長。而顧志耐通過對新數據的分析，證明了經過一個較長時期（1870 年至 1940 年），儘管收入有大幅增長，

儲蓄率卻維持不變。這項研究為米爾頓・傅利曼的持久收入假說以及其他人提出的生命週期收入假說、相對收入假說等鋪平了道路。

　　顧志耐幫助美國商務部將國民生產總值（*GNP*）的計算標準化。然而，他並不贊成將 *GNP* 作為社會福利水平的一項通用指標，指出「一個國家的福利狀況基本不能由其國民生產總值來判斷」。

　　顧志耐所處的時代，經濟學有兩項主要發展，一個是計量經濟學，另一個是凱因斯革命。這兩項研究都利用到顧志耐的研究數據。但顧志耐本人卻既不是計量經濟學家，也不是凱因斯主義者。

資料來源：維基百科

　　生產要素包括勞動、資本、土地以及經營管理能力。勞動包括藍領階級與白領階級的勞動。藍領階級的勞動所得為工資，白領階級的勞動所得為薪水，二者合稱員工報酬（compensation of employees）。廠商在進行機器設備的購買或廠房的興建時所需的資金，須在資本市場上向家計單位籌措，並支付利息。

　　但衡諸實際，廠商部門並不像經濟周流圖中所顯示的，只扮演資金需求者的角色，也可能同時扮演資金供給者的角色。因此在計算資本的報酬時，除本國廠商支付給本國家計單位之利息外，必須將廠商收到的利息扣除，同時加上本國家計單位借給外國廠商所獲得的利息。因此，本國的淨利息收入為本國廠商支付的利息減去本國廠商收到的利息，加上家計部門由外國收到的利息。

　　資本的報酬除了利息之外，也可由土地以及建築物提供勞務而賺取，此一部分稱租金所得（rental income）。經營管理能力的報酬則分為公司利潤與自營事業所得，這是在法律上規定有不同的企業組織型態所造成的結果。如果企業組織型態是股份有限公司，經營管理能力的報酬稱為公司利潤，指公司稅前盈餘的部分，這些稅前盈餘可以分配在保留盈餘、支付股利及繳納營利事業所得稅。如果企業組織型態是獨資、合夥等非公司組織型態的廠商，經營管理能力的報酬稱自營事業所得。

　　由所得面衡量的總產出稱之為國民所得，綜上所述，**國民所得因此等於員工報酬、淨利息、租金所得、公司利潤與自營事業所得各項之加總。**

　　但是，實務上，**國民所得並不等於由支出面衡量的總產出，即國內生產毛額或國民生產毛額**，其原因在於某些國內生產毛額的項目不包括在國民所得中，如果由國內生產毛額計算國民所得時，必須將這些項目扣除。國內生產毛額中的國內資本

形成毛額，包含著折舊（depreciation, *D*），在會計上是屬於費用，是公司利潤的減項，以國內生產毛額計算國民所得時，必須將其扣除。另外，廠商銷售時需要繳納間接稅，這一部分在由產出面計算總產出時列入計算，但是在所得面計算總產出時，不列入計算。另一方面，政府對企業的補貼可以是國民所得的一部分。如果將間接稅減去政府補貼稱為間接稅淨額（net indirect tax, *NIT*），由國內生產毛額計算國民所得時，就必須將此項扣除：

$$間接稅淨額 = 間接稅 - 生產補貼 \qquad (式 12.14)$$

最後，由於國民所得是一國的國民提供生產要素所得報酬的總和，是以「國別」為準來加以計算的，因此由國內生產毛額計算國民所得時，最好是先將國內生產毛額（*GDP*）換算成國民所得毛額（*GNI*），再行計算較為方便。以上所言，可用下列式子作一總結：

$$GNI = GDP + NFI（國外要素所得淨額）\qquad (式 12.15)$$
$$NI = GNI - D - NIT = GDP + NFI - D - NIT \qquad (式 12.16)$$

12.4 各種國民所得概念間的關係

我國的國民所得會計，是從支出面先估算國內生產毛額（*GDP*），再加上要素在國外所得淨額得到國民所得毛額（*GNI*）。如果是從所得面估算，首先是加總生產要素的所得，得到國民所得（*NI*），加回間接稅淨額與折舊，就是國民所得毛額（*GNI*），再減去國外要素所得淨額（*NFI*），就是國內生產毛額（*GDP*）。從支出面的估算與所得面估算出來的國內生產毛額應該相等。

從衡量一個經濟體系總產出的國內生產毛額，到個人可支配所得之間，存在著很多彼此不同但相互有關的所得概念。因此，在下面的篇幅中，作一比較完整的說明：

首先介紹以「國別」為準計算出的總產出的國民所得毛額（*GNI*），**它的定義為，一國國民在一定期間內所生產出來的最終財貨與勞務的總市場價值。**國民所得毛額（*GNI*）與國內生產毛額（*GDP*）的關係有如前述，以下式表示：

$$GNI = GDP + NFI \qquad (式 12.17)$$

其次介紹**國民生產淨額**（net national product, *NNP*），**也是以「國別」爲準來計算的，它的定義如下：一國國民在一定期間內所生產出來的最終財貨與勞務的淨市場總值，也就是將市場總值扣除資本設備在一定期間內的耗損。**因此，國民生產淨額與國民生產毛額的差別就在於折舊：

$$NNP = GNI - D \qquad\qquad （式 12.18）$$

當然也可以利用淨值的概念，由國內生產毛額計算出國內生產淨額。但在實務上，國內生產淨額這個概念本身並不是那麼重要，因爲計算國民生產淨額的目的在於，可經由此步驟逐步計算至個人可支配所得。當然，在 *GNP* 而非 *GDP* 廣爲使用之年代，亦有學者指出，*NNP* 相較於 *GNP*，與整體就業水準有較爲密切的關係。

接著介紹**國民所得**（national income, *NI*），**它是根據生產要素價格計算出來的最終財貨與勞務的價值**。它與國內生產毛額與國民所得毛額之間的關係，已如前述，可用下式表示：

$$NI = GNI - D - NIT \ = GDP + NFI - D - NIT \qquad （式 12.19）$$

其次介紹**國民可支配所得**（national disposable income, *NDI*），國民可支配所得包含國民所得若干未包括的項目，這些項目並非由提供生產要素的報酬而產生。

一個經濟體可能接受國外部門的移轉性支付，這些來自國外部門的移轉性支付，自然並非由提供生產要素的報酬而產生，但卻是這個經濟體系可支配所得的一部分。

但是，一個經濟體不一定只從國外接受移轉性支付，也有可能對其他經濟體提供移轉性支付。因此，這裡應該用淨額的觀念來計算。這些關係可用下列式子表示：

$$國民可支配所得 = 國民所得 + 國外移轉收入淨額 \qquad （式 12.20）$$

家計單位的消費對整個經濟體系的總產出影響很大，而消費受到家計單位的所得很大的影響。**個人所得**（personal income, *PI*）是用來衡量家計單位的所得。國民所得中，家計單位無法得到的部分爲營利事業所得稅與公司未分配盈餘。

公司利潤分爲營利事業所得稅、保留盈餘與股利。營利事業所得稅上繳給政府，保留盈餘則保留於公司之中，只有股利才分配給股東，股東則是來自家計單位。這些關係可用下列式子表示：

$$個人所得 = 國民可支配所得 - 營利事業所得稅 + 保留盈餘 \qquad （式 12.21）$$

個人所得並非是家計單位所可以完全支配的，因此也並非全然對其消費有影響。家計單位的所得只有在完稅之後，才可自由的支配，可自由支配的個人所得，稱為個人可支配所得（personal disposable income, *PDI*）。個人所得與個人可支配所得的關係可用下列式子表示：

個人可支配所得＝個人所得－直接稅 （式 12.22）

要特別強調地是，以上所介紹的各種所得的概念都是經濟總量（economic aggregates）。即使是個人所得（*PI*）與個人可支配所得（*PDI*）也都是經濟總量。因為，這裡所稱的個人所得，或個人可支配所得，意指經濟體系中所有個人相關所得的加總。

表 12.1　我國歷年國內生產毛額、國民所得毛額、國民所得與國民可支配所得

單位：百萬元（新台幣）

年度	國內生產毛額	國民所得毛額	國民所得	國民可支配所得
1951	12,327	12,320	12,276	13,014
1952	17,275	17,271	17,119	18,172
1953	23,036	23,032	22,712	23,994
1954	25,315	25,311	24,759	26,200
1955	30,163	30,160	29,326	30,990
1956	34,672	34,665	33,546	34,971
1957	40,549	40,494	38,965	40,245
1958	45,498	45,317	43,409	45,828
1959	52,523	52,367	49,981	52,755
1960	63,394	63,367	60,479	63,690
1961	71,122	71,039	67,543	71,480
1962	78,405	78,295	74,220	76,414
1963	88,732	88,619	84,162	85,951
1964	103,665	103,681	98,512	99,317
1965	114,762	114,568	108,617	109,932
1966	128,272	128,175	121,272	122,219
1967	148,348	148,025	139,668	140,643
1968	173,008	172,550	162,285	162,929

（表12.1續）

年度	國內生產毛額	國民所得毛額	國民所得	國民可支配所得
1969	200,688	200,441	187,701	188,014
1970	231,397	230,985	216,189	216,746
1971	269,084	268,962	251,184	251,640
1972	322,504	322,572	299,915	300,613
1973	418,460	418,344	385,805	385,815
1974	560,085	559,908	508,314	508,795
1975	601,778	598,434	538,360	538,648
1976	721,529	716,513	645,294	646,067
1977	845,592	840,468	757,030	757,196
1978	1,011,422	1,009,091	913,699	912,623
1979	1,219,496	1,219,896	1,098,674	1,090,683
1980	1,522,495	1,520,389	1,363,191	1,359,768
1981	1,804,431	1,794,778	1,612,497	1,609,105
1982	1,938,023	1,937,341	1,741,516	1,736,249
1983	2,169,446	2,172,702	1,945,865	1,944,157
1984	2,418,240	2,448,215	2,205,432	2,198,106
1985	2,535,056	2,582,170	2,326,610	2,316,375
1986	2,965,448	3,042,373	2,772,721	2,760,802
1987	3,344,935	3,418,256	3,108,455	3,085,666
1988	3,615,662	3,713,008	3,383,964	3,329,016
1989	4,032,464	4,133,153	3,791,784	3,736,144
1990	4,474,288	4,591,514	4,178,789	4,162,760
1991	5,018,019	5,153,461	4,682,161	4,686,479
1992	5,609,357	5,729,967	5,146,484	5,150,536
1993	6,200,154	6,313,988	5,676,853	5,654,846
1994	6,779,396	6,886,649	6,201,831	6,160,825
1995	7,391,062	7,501,637	6,715,711	6,638,586
1996	8,031,305	8,140,368	7,297,677	7,229,389
1997	8,705,149	8,793,900	7,895,859	7,832,455
1998	9,366,337	9,433,416	8,374,791	8,323,703

（表12.1續）

年度	國內生產毛額	國民所得毛額	國民所得	國民可支配所得
1999	9,804,503	9,893,116	8,745,179	8,670,409
2000	10,328,549	10,465,202	9,229,455	9,148,119
2001	10,119,429	10,308,613	8,979,918	8,887,913
2002	10,630,911	10,867,017	9,448,363	9,362,642
2003	10,924,029	11,246,157	9,833,040	9,740,004
2004	11,596,241	11,959,648	10,396,797	10,269,544
2005	12,036,675	12,321,781	10,656,342	10,519,807
2006	12,572,587	12,878,527	11,044,201	10,916,801
2007	13,363,917	13,689,358	11,540,037	11,416,383
2008	13,115,096	13,420,912	11,097,384	11,009,718
2009	12,919,445	13,321,803	10,922,061	10,851,520
2010	14,060,345	14,476,060	12,131,269	12,046,203
2011	14,262,201	14,634,307	12,227,309	12,119,423
2012	14,677,765	15,109,951	12,496,672	12,420,144
2013	15,270,728	15,673,232	13,194,356	13,106,115
2014	16,258,047	16,697,152	14,212,193	14,128,490
2015	17,055,080	17,494,741	14,860,645	14,753,147
2016	17,555,268	18,006,409	15,305,453	15,202,981
2017	17,983,347	18,430,708	15,733,800	15,607,858
2018	18,342,891	18,757,692	15,992,789	15,892,618
2019	18,886,878	19,339,384	16,211,451	16,121,747

資料來源：行政院主計處

FYI 專欄

中國 GDP 的人為操縱問題與李克強指數

　　法新社曾經對中國統計資料的真實性評論：「經濟學家質疑中國統計資料的可靠性已經不是一天兩天，中國資料由各地政府官員提供，而官員們的仕途發展往往取決於該地區的表現，為什麼數位看起來比現實更光鮮也就不難

理解。」因為中國地方政府對政績更加看重。中國社科院區域經濟研究專家徐逢賢表示，*GDP* 增長與地方政績考核緊密掛鉤，各地追逐 *GDP* 高增長，以至於數據逐級「注水」。

2012 年，中國各省（區、市）核算出的國內生產毛額（*GDP*）總和達到 57.69 兆元，比中國國家統計局公佈的 2012 年初步核算的 *GDP* 51.93 兆元高出 5.76 兆元，相當於多出一個廣東省的 *GDP*。

美國經濟研究局（*NBER*）及《經濟學人》都認為李克強指數（Li Keqiang index 或 Keqiang index）比 *GDP* 更貼近現實經濟狀況。李克強指數源於李克強在 2007 年任職中共遼寧省委書記時分析當地經濟狀況的數據，最早由英國政經雜誌《經濟學人》於 2010 年提出，被花旗銀行等國際機構認可。李克強指數包括耗電量、鐵路貨運量和銀行貸款發放量三個指標組成，分別佔比重 40%、25% 及 35%。

以 2015 年而言，中國 *GDP* 季成長率分別為 7%、7%、6.9%、6.8%，季度變化並不顯著，但實際經濟狀況可能要差於 *GDP* 數據所顯示。例如，2015 年李克強指數曾探底歷史最低；財新中國製造業採購經理人指數（*PMI*）觸底 08 年金融危機以來最低；規模以上工業部門企業利潤同比下降 2.3%，其中主營活動利潤同比下降 4.5%；全國總發電量出現 1968 年以來首次出現年度下滑，同比下降 0.2%；粗鋼產量亦出現 1981 年以來首次年度下滑，同比減少 2.3% 等等。

資料來源：整理自新聞報導

人造 *GDP* 又來了？中共稱 2017 年增長 6.9%
https://youtu.be/QH37jd2VyQE

本章結論

國內生產毛額是指一國國內在一段的期間內所生產的最終財貨與勞務的市場總價值。由於跨國公司的興起，以「國別」為準計算出的國民生產毛額無法真實地反映一個經濟體的經濟實況，特別是無法反映一個經濟體的就業水準。以致各國越來越傾向於使用國內生產毛額來衡量國民所得。

藉著經濟周流圖我們知道總產出可從生產面、所得面及支出面三個面向加以衡量，並且結果均應相同。從經濟周流圖的兩部門、三部門以及四部門的模型中，導出在均衡達成時，幾個經濟總量之間的關係，這些關係在往後的分析中極為重要。除此而外，本章亦花了相當的篇幅，論述各種國民所得概念間之關係。

Chapter 13

國內生產毛額與經濟福利

許可達

名人名句

占領華爾街

（Occupy Wall Street，2011 年 9 月 17 日）

　　我們是那群 99% 的人。

研習重點

- 以國內生產毛額代表經濟福利可能產生的問題
- 名目國內生產毛額與實質國內生產毛額，並介紹購買力平價計算各國國內生產毛額的概念
- 所得分配指標：最高最低級距所得倍數、洛倫滋曲線與吉尼係數
- 何以國內生產毛額無法精確衡量

學習架構圖

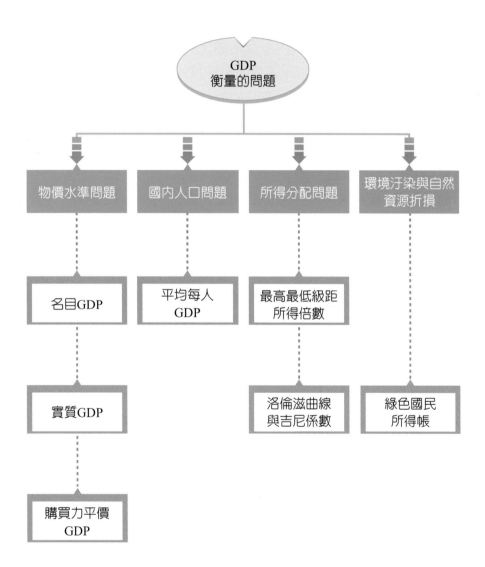

▌13.1 有關國內生產毛額常見的問題

國內生產毛額可以用來衡量一個經濟體的總產出，同時，由於國內生產毛額也具有消費面與所得面的意義，可用以衡量消費能力與生產要素所獲得的報酬。因此，一般也認為，可用國內生產毛額來衡量一個經濟體的經濟福利與生活水準。例如，美國的國內生產毛額遠較中國為高，可推定美國所享有的經濟福利比中國為高。但情況似乎並非全然如此，即總產出越高，或者是國內生產毛額越高，並不必然代表經濟福利越高。例如，印度的國內生產毛額比歐洲小國列支敦斯登來得高，但列支敦斯登的經濟福利與生活水準似乎遠遠高於印度。

我們可以發現在最近的幾十年，產品的價格一般都是往上漲的。依此計算的國內生產毛額，應該是一直在增加的。但是這樣的增加並不必然帶來福利水準的增加。因此，在計算國內生產毛額時，是不是應該把物價水準的影響加以排除，方能得到較精確的估算結果？

如果，我們繼續探討國內生產毛額或總產出與經濟福利的關係，不難發現，他們並無必然的相關。在作者小的時候，村中的田地都是同姓共有的。春耕時，大家一起協力犁田。大家排定時程，昨日到大伯家犁田，今日到二伯家犁田，明天到我家犁田。除草及割稻需要較多人力互相幫忙時，也都採取類似的模式。幫忙的所得，可能只有一頓自家烹煮的點心，這樣的所得當然不會計算進國內生產毛額。到了 1980 年代，大家的想法已經產生了改變，雖然是互相幫忙，但是已經會互相計算工資，如此一來，本來不會計算進國民生產毛額的勞務，現在已經會計算進國內生產毛額。如果把這樣的例子想的極端些，會不會有一些經濟體系，他們的生產與勞務等經濟活動都不透過市場進行，所以在估計他們的國內生產毛額時，會造成有低估的現象？

孔子在兩千年前就曾經說過：「不患寡，而患不均。」這表示總產出的分配狀況，其實與經濟個體所感受的福利有關。在一個國內生產毛額很高的經濟體中，如果極少數人支配大多數的所得，常常容易引起社會貧富的對立，如果這些少數人在種族上或宗教上與其他人有明顯的差距，更容易引起其他群體的敵視。因此除了重視國內生產毛額的絕對數目之外，分配的平均程度也應加以注意。2011 年 9 月 17 日發生在紐約的「佔領華爾街」，則是在大家認為競爭相對公平的美國，所產生的抗議財富與所得分配不公平的運動，並在 10 月 15 日開始全球各大城市串聯。這個現象表示，由全球化所造成的不平等已經在全球各地引起了普遍的憤怒與重視。

佔領華爾街 蔓延全球抗議貧窮
https://youtu.be/xzMmT5PwB7o

　　除了以上所說的問題，我們可以追問，人類的生活難道只在於追求以物質計算的經濟福利？答案是否定的。自 1970 年代起，當時的不丹國王辛希・汪曲克（Jigme Singye Wangchuck）就鼓吹以「國內快樂指數」（Gross national happiness）作為國家發展目標，而非追求 *GDP*，1990 年聯合國開發計畫署（UNDP）開發「人類發展指數」（Human Development Index, *HDI*），用以衡量一國健康、教育及經濟 3 個領域綜合發展成果。

　　2009 年經濟合作暨發展組織（OECD）主辦一場會議，回應 20 國集團（G20）領袖在 9 月高峰會中提議，建立能夠「完善考量經濟發展的社會與環境面向」的統計數字。法國總統沙柯吉（Nicolas Sarkozy）建立一個以此為目標的委員會，諾貝爾經濟獎得主史提格里茲（Joseph Stiglitz）擔任委員會主席，委員會希望將指數系統由產值為主轉變成以幸福為主，亦即包括自由程度、安全、滿意、經濟與生態資源等，最後於 2012 年發布「美好生活指數」（Your Better Life Index, BLI），許多的國際組織或是國家也紛紛走出 *GDP* 導向的思維，建立起衡量福祉的指標或是指數。

　　我國亦參考 OECD 美好生活指數訂定「國民幸福指數」（Gross National Happiness, *GNH*），於 2013 年首次發布統計結果。2016 年我國國民幸福指數國際指標以 11 個領域等權數加權計算之綜合指數為 6.96 分，與 OECD 35 個會員國及 3 個夥伴國相較，在 39 國當中排名第 16。整體而言，我國相對於 OECD 等國家，在物質生活條件面向之表現仍明顯優於生活品質面向。

　　「人類發展指數」與「美好生活指數」均屬結合經濟與社會指數形式。Michael E. Porter 教授等倡導以社會進步指數作為衡量社會進步的工具，包括 3 項綜觀的組成面向，分別是「基本人類需求」、「社會福祉」以及「機會」，設計重點之一，就是專注於社會發展過程中的非經濟面向等因素。

Michael Green: What the Social Progress Index can reveal about your country（中文字幕）
https://youtu.be/N8Votwxx8a0

13.2　名目、實質國內生產毛額與購買力平價

總體經濟學的首要議題在於均衡 *GDP* 的決定。在時間的歷程中，均衡 *GDP* 的成長可用以反映長期的趨勢，但在短期的過程中，均衡的 *GDP* 可能會在此長期趨勢作上下波動。不論是 *GDP* 的長期的趨勢，或是短期的上下波動，必須經由跨年度的 *GDP* 比較方可得知。

　　由於 GDP 是以最終財貨與勞務的當期市場價格來衡量，而影響 GDP 的因素，並不只有最終財貨與勞務的實際產出數量，還包括市場價格的變動。**其原因可能是產出數量發生變動、或者是市場價格發生變動，或者是由於二者同時產生變動。**因而，在比較跨年度的 GDP 時，必須將最終財貨與勞務的市場價格的變動加以考量。不考慮最終財貨與勞務的市場價格變動的 GDP，稱爲名目 GDP（nominal GDP），此種名目 GDP 概念乃依當期的價格來計算的 GDP。如果以名目 GDP 作爲跨年度比較的基礎，可能會產生嚴重的偏誤。

　　如表 13.1，在一個最簡單的經濟體系中，它只有兩種最終財貨與勞務，甲商品與乙商品。如果以當期價格計算名目 GDP，可以看到從 2000 年到 2010 年，名目 GDP 從 150,000 元增加到 180,000 元，其增加比率爲 20%（＝(180,000 元－ 150,000 元)／ 150,000 元）。

表 13.1　2000 年與 2010 年名目 GDP 的比較

	2000 年			2010 年		
	當期價格	數量	當期產值	當期價格	數量	當期產值
甲商品	100	1,000	100,000	120	1,000	120,000
乙商品	50	1,000	50,000	60	1,000	60,000
	名目 GDP		150,000	名目 GDP		180,000

　　但是，如果檢視甲商品與乙商品的數量變動，可以發覺在這十年中，兩種商品的產出數量並沒有變動。所以名目 GDP 的增加，並不意味著總產出增加，也不意味著生活水準的提升，或者是福利水準的提高。在這個例子中，名目 GDP 增加的來源完全來自於物價水準的增加。爲了排除物價水準的變動對 GDP 的影響，定出一個將物價水準固定的基準期間，稱爲基期，**再以基期的價格來計算每個年度的** GDP，經由此方程式估得之 GDP，稱爲**實質** GDP（real GDP）。

　　延續上述的例子，如表 13.2，以 2000 年當作基期，以 2000 年各類商品的價格來計算各種 2010 年最終財貨與勞務的產值，計算出 2010 年之實質 GDP。

表 13.2　2000 年與 2010 年實質 GDP 的比較

	2000 年			2010 年		
	基期價格	數量	基期產值	基期價格	數量	基期產值
甲商品	100	1,000	100,000	100	1,000	100,000
乙商品	50	1,000	50,000	50	1,000	50,000
	實質 GDP		150,000	實質 GDP		150,000

　　比較表 13.2 中的實質 *GDP*，可以知道 2000 年與 2010 年的實質 *GDP* 並無變動。可見作為總產出績效的衡量指標，相較於名目 *GDP*，實質 *GDP* 是一個更為合理的指標。我國歷年名目 *GDP*，與實質 *GDP*，如圖 13.1 所示。

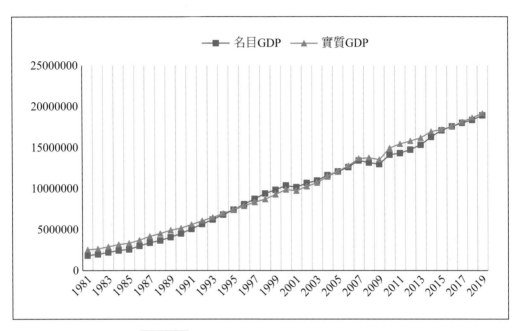

圖 13.1　我國歷年名目 *GDP* 與實質 *GDP*

經濟小百科

GDP 平減指數

　　GDP 平減指數（GDP Deflator）可以定義為名目 GDP 除以實質 GDP。它的最大優點在於其統計範圍包括了所有商品和勞務，因此統計的範圍比消費者物價指數（Consumer Price Index, CPI）更加廣泛，涉及全部商品和服務，除消費外，還包括生產和資本、進出口商品和服務等，因而最適於描述一般價格水準的變動。CPI 則只衡量消費者購買的物品與勞務的價格。因此，企業或政府購買的物品價格上升將反映在 GDP 平減指數上，但並不反映在 CPI 上。

資料來源：整理自 MBA 智庫百科

　　實質 *GDP* 雖然可以較合理地衡量一個經濟體系的總產出，也因此可以衡量此經濟體系的支出能力（亦即消費能力），也可以衡量一個國家的所得水準（亦即生產

要素所能獲得的報酬）。這些都可以用來衡量一個經濟體的經濟福利水準，或是實質生活水準。但是無法反映經濟體系中，經濟個體的平均經濟福利水準，或是平均實質生活水準。因為總人口數多的經濟體系，其實質 GDP 非常有可能大於一個總人口數少的經濟體系，但是，前者的平均實質生活水準卻可能遠較後者為低。例如，前面提及的以印度與列支敦斯登相互作比較，可能得到上述結論。因此，衡量平均實質生活水準必須考慮總人口數，也就是衡量時，須把**實質國內生產毛額除以總人口數**，得到**平均每人實質 GDP**（real GDP per capita）。由表 13.3 可知，在 1951 年，我國平均每人 GDP 僅 154 美元，到 2019 年已增為 25,893 美元。

表 13.3　我國歷年平均每人 GDP 與 NI

年度	平均每人 GDP 當期價格 N.T. 元	平均每人 GDP 當期價格 U.S. 元	平均每人 NI 當期價格 N.T. 元	平均每人 NI 當期價格 U.S. 元
1951	1,589	154	1,582	154
1952	2,147	208	2,127	207
1953	2,764	178	2,726	175
1954	2,928	188	2,864	184
1955	3,364	216	3,270	210
1956	3,732	151	3,611	146
1957	4,225	170	4,060	164
1958	4,586	185	4,376	177
1959	5,105	140	4,858	134
1960	5,943	163	5,670	156
1961	6,448	161	6,124	153
1962	6,883	172	6,515	163
1963	7,545	189	7,156	179
1964	8,542	214	8,117	203
1965	9,173	229	8,682	217
1966	9,964	249	9,421	236
1967	11,231	281	10,574	264
1968	12,771	319	11,979	299
1969	14,266	357	13,343	334
1970	15,870	397	14,827	371

（表 13.3 續）

年度	平均每人 *GDP*		平均每人 *NI*	
	當期價格 N.T. 元	當期價格 U.S. 元	當期價格 N.T. 元	當期價格 U.S. 元
1971	18,045	451	16,845	421
1972	21,191	530	19,707	493
1973	26,991	706	24,885	651
1974	35,485	934	32,206	848
1975	37,438	985	33,493	881
1976	43,995	1,158	39,347	1,035
1977	50,545	1,330	45,251	1,191
1978	59,352	1,606	53,618	1,451
1979	70,202	1,950	63,247	1,757
1980	86,002	2,389	77,004	2,139
1981	100,113	2,721	89,466	2,432
1982	105,607	2,700	94,902	2,426
1983	116,335	2,904	104,343	2,605
1984	127,781	3,225	116,551	2,942
1985	132,142	3,315	121,263	3,042
1986	152,843	4,038	142,885	3,775
1987	170,513	5,350	158,534	4,974
1988	182,226	6,369	170,723	5,967
1989	201,096	7,614	189,255	7,166
1990	220,933	8,216	206,294	7,672
1991	245,019	9,136	228,547	8,522
1992	271,185	10,778	248,639	9,882
1993	296,920	11,251	271,864	10,302
1994	321,741	12,160	294,318	11,123
1995	347,789	13,129	315,952	11,927
1996	374,816	13,650	340,482	12,399
1997	402,939	14,040	365,513	12,736
1998	429,624	12,840	384,543	11,493
1999	445,951	13,819	398,450	12,347

（表13.3續）

年度	平均每人 GDP		平均每人 NI	
	當期價格 N.T. 元	當期價格 U.S. 元	當期價格 N.T. 元	當期價格 U.S. 元
2000	466,598	14,941	417,839	13,379
2001	454,687	13,448	403,556	11,936
2002	475,484	13,750	423,111	12,236
2003	486,018	14,120	438,117	12,729
2004	514,405	15,388	462,211	13,826
2005	532,001	16,532	472,188	14,673
2006	553,851	17,026	487,103	14,974
2007	585,016	17,814	505,770	15,401
2008	571,838	18,131	485,347	15,388
2009	561,636	16,988	476,000	14,398
2010	610,140	19,278	526,963	16,650
2011	617,078	20,939	529,918	17,982
2012	631,142	21,308	536,868	18,125
2013	652,429	21,916	561,817	18,872
2014	688,434	22,668	599,007	19,724
2015	714,277	22,384	623,535	19,540
2016	728,134	22,540	634,055	19,626
2017	763,445	25,080	667,945	21,943
2018	777,898	25,792	678,233	22,488
2019	800,542	25,893	687,140	22,228

資料來源：行政院主計處。

　　由表 13.4 亞洲主要國家平均每人 GDP 的比較中，可以得知一些有趣的結果。亞洲四小龍中的新加坡及香港，在 1997 年時兩個經濟體的每人平均每人 GDP 在 26,000 美元上下，相差不多。但到了 2019 年，新加坡到了 65,233 美元，而香港只 48,756 美元，顯示了一個面向國際的經濟體，與一個越來越依附單一經濟體的地區所發生的對比變化。而韓國在 2003 年平均每人 GDP 開始超越我國。亞洲小虎國家中，馬來西亞已經突破了 10,000 美元。日本的經濟似乎一直停滯不前，甚至有倒退跡象。中國則從 1980 年 195 美元上升到 2019 年的 10,262 美元。

表 13.4　亞洲主要國家平均每人 *GDP*

年度	臺灣	南韓	新加坡	香港	泰國	馬來西亞	越南	印尼	菲律賓	日本	中國	印度
1960	163	158	428	429	101	235			254	479	90	82
1961	161	94	449	437	107	226			267	564	76	85
1962	172	106	472	488	114	230			157	634	71	90
1963	189	146	511	566	118	280			168	718	74	101
1964	214	124	486	630	126	289			176	836	85	116
1965	229	109	517	677	138	310			187	920	98	119
1966	249	133	567	686	161	321			200	1,059	104	90
1967	281	161	626	723	167	317		54	207	1,229	97	96
1968	319	198	709	714	175	323		65	225	1,451	91	100
1969	357	243	813	826	187	347		75	242	1,669	100	108
1970	397	279	926	960	192	358		80	187	2,038	113	112
1971	451	301	1,071	1,106	194	384		79	201	2,272	119	119
1972	530	324	1,264	1,385	209	445		91	211	2,967	132	123
1973	706	407	1,685	1,893	270	661		131	258	3,998	157	144
1974	934	563	2,342	2,145	332	800		202	343	4,354	160	163
1975	985	617	2,490	2,252	352	765		233	361	4,659	178	158
1976	1,158	834	2,759	2,850	392	886		278	403	5,198	165	161
1977	1,330	1,056	2,846	3,429	445	1,027		334	450	6,336	185	186
1978	1,606	1,406	3,194	3,924	529	1,247		366	506	8,822	156	206
1979	1,950	1,784	3,901	4,569	590	1,576		357	597	9,105	184	224
1980	2,389	1,715	4,928	5,700	683	1,775		492	685	9,465	195	267
1981	2,720	1,883	5,597	5,991	721	1,769		567	732	10,361	197	270
1982	2,699	1,993	6,078	6,134	743	1,852		584	742	9,578	203	274
1983	2,903	2,199	6,633	5,595	798	2,048		513	646	10,425	225	291
1984	3,224	2,413	7,228	6,208	818	2,234		525	595	10,985	251	277
1985	3,314	2,482	7,002	6,543	748	2,000	231	517	566	11,585	294	296
1986	4,036	2,835	6,800	7,435	813	1,729	423	475	536	17,112	282	310
1987	5,350	3,555	7,539	9,071	937	1,948	575	442	580	20,745	252	340
1988	6,370	4,749	8,914	10,610	1,123	2,072	390	482	644	25,052	284	354
1989	7,613	5,817	10,395	12,098	1,295	2,216	95	530	706	24,813	311	346

（表13.4續）

年度	臺灣	南韓	新加坡	香港	泰國	馬來西亞	越南	印尼	菲律賓	日本	中國	印度
1990	8,205	6,610	11,862	13,486	1,509	2,442	95	585	716	25,359	318	368
1991	9,125	7,637	14,502	15,466	1,716	2,654	138	632	716	28,925	333	303
1992	10,768	8,127	16,136	17,976	1,928	3,114	139	682	815	31,465	366	317
1993	11,242	8,885	18,290	20,396	2,209	3,433	182	828	816	35,766	377	301
1994	12,150	10,385	21,553	22,503	2,491	3,728	221	912	940	39,269	473	346
1995	13,119	12,565	24,914	23,497	2,847	4,330	277	1,026	1,062	43,440	610	374
1996	13,641	13,403	26,234	24,818	3,044	4,799	324	1,137	1,160	38,437	709	400
1997	14,020	12,398	26,376	27,330	2,468	4,638	348	1,064	1,128	35,022	782	415
1998	12,820	8,282	21,829	25,809	1,846	3,263	348	464	967	31,903	829	413
1999	13,804	10,672	21,796	25,092	2,033	3,493	363	671	1,087	36,027	873	442
2000	14,908	12,257	23,852	25,757	2,008	4,044	390	780	1,073	38,532	959	443
2001	13,397	11,561	21,700	25,230	1,893	3,913	405	748	991	33,846	1,053	452
2002	13,686	13,165	22,160	24,666	2,096	4,166	430	900	1,036	32,289	1,149	471
2003	14,066	14,673	23,730	23,977	2,359	4,462	481	1,066	1,048	34,808	1,289	547
2004	15,317	16,496	27,609	24,928	2,660	4,952	547	1,150	1,121	37,689	1,509	628
2005	16,456	19,403	29,961	26,650	2,894	5,587	687	1,263	1,244	37,218	1,753	715
2006	16,934	21,743	33,769	28,224	3,370	6,209	784	1,590	1,452	35,434	2,099	807
2007	17,757	24,086	39,433	30,594	3,973	7,243	906	1,860	1,745	35,275	2,694	1,028
2008	18,081	21,350	40,007	31,516	4,380	8,475	1,149	2,167	1,991	39,339	3,468	999
2009	16,933	19,144	38,927	30,697	4,213	7,292	1,217	2,261	1,906	40,855	3,832	1,102
2010	19,197	23,087	47,237	32,550	5,076	9,041	1,318	3,122	2,217	44,508	4,550	1,358
2011	20,866	25,096	53,890	35,142	5,492	10,399	1,525	3,643	2,451	48,168	5,618	1,458
2012	21,295	25,467	55,546	36,731	5,861	10,817	1,735	3,694	2,694	48,603	6,317	1,444
2013	21,973	27,183	56,967	38,404	6,168	10,970	1,887	3,624	2,871	40,454	7,051	1,450
2014	22,874	29,250	57,563	40,315	5,952	11,319	2,030	3,492	2,960	38,109	7,679	1,574
2015	22,780	28,732	55,647	42,432	5,840	9,955	2,085	3,332	3,001	34,524	8,067	1,606
2016	23,091	29,289	56,828	43,731	5,994	9,818	2,192	3,563	3,074	38,762	8,148	1,733
2017	25,080	31,617	60,914	46,166	6,593	10,254	2,366	3,838	3,123	38,387	8,879	1,982
2018	25,792	33,340	66,189	48,543	7,295	11,373	2,567	3,894	3,252	39,159	9,977	2,006
2019	25,893	31,762	65,233	48,756	7,808	11,415	2,715	4,136	3,485	40,247	10,262	2,104

資料來源：IMF

　　亞洲以外的地區，美國與加拿大一直都保持著經濟成長的動能，特別是美國，到 2019 年時，平均每人 *GDP* 達到 65,118 美元。歐洲的德國、法國、英國與義大利仍是高所得國家。值得注意的是，俄羅斯的平均每人 *GDP* 從 2013 年的高峰 15,975 美元陡降至 2016 年的 8,705 美元，這是由於國際原油價格以及天然氣價格嚴重影響俄羅斯的 *GDP*（由表 13.5 所示）。

表 13.5　亞洲以外主要國家平均每人 *GDP*

年度	美國	加拿大	德國	法國	英國	義大利	澳大利亞	紐西蘭	巴西	俄羅斯
1960	3,007	2,259		1,335	1,398	804	1,808	2,313	210	
1961	3,067	2,240		1,428	1,472	887	1,875	2,343	205	
1962	3,244	2,269		1,578	1,526	990	1,852	2,449	260	
1963	3,375	2,374		1,745	1,613	1,126	1,964	2,622	292	
1964	3,574	2,555		1,910	1,748	1,223	2,128	2,814	262	
1965	3,828	2,770		2,038	1,874	1,304	2,278	2,151	261	
1966	4,146	3,047		2,186	1,987	1,402	2,340	2,191	316	
1967	4,336	3,217		2,343	2,059	1,534	2,576	2,188	347	
1968	4,696	3,463		2,536	1,952	1,652	2,720	1,885	375	
1969	5,032	3,764		2,752	2,101	1,813	2,987	2,078	404	
1970	5,234	4,122	2,761	2,857	2,348	2,107	3,300	2,311	445	
1971	5,609	4,520	3,192	3,169	2,650	2,306	3,490	2,773	505	
1972	6,094	5,090	3,810	3,855	3,030	2,671	3,944	3,295	586	
1973	6,726	5,839	5,047	4,970	3,426	3,205	4,764	4,323	775	
1974	7,226	7,033	5,639	5,328	3,666	3,621	6,473	4,611	1,004	
1975	7,801	7,511	6,236	6,691	4,300	4,107	6,994	4,172	1,154	
1976	8,592	8,809	6,635	6,867	4,138	4,033	7,477	4,374	1,391	
1977	9,453	8,919	7,683	7,533	4,681	4,604	7,765	4,951	1,567	
1978	10,565	9,124	9,482	9,265	5,977	5,610	8,242	5,937	1,744	
1979	11,674	10,044	11,281	11,180	7,805	6,990	9,282	6,668	1,908	
1980	12,575	11,171	12,138	12,713	10,032	8,457	10,194	7,467	1,947	
1981	13,976	12,337	10,209	11,105	9,599	7,623	11,834	7,814	2,133	
1982	14,434	12,482	9,914	10,497	9,146	7,557	12,767	7,656	2,227	
1983	15,544	13,425	9,864	9,993	8,692	7,833	11,519	7,598	1,571	

（表13.5續）

年度	美國	加拿大	德國	法國	英國	義大利	澳大利亞	紐西蘭	巴西	俄羅斯
1984	17,121	13,878	9,313	9,420	8,179	7,740	12,432	6,714	1,579	
1985	18,237	14,115	9,430	9,763	8,652	7,991	11,438	7,601	1,648	
1986	19,071	14,461	13,462	13,540	10,611	11,315	11,364	9,428	1,941	
1987	20,039	16,309	16,678	16,302	13,119	14,235	11,625	12,331	2,087	
1988	21,417	18,937	17,931	17,680	15,987	15,745	14,255	13,759	2,300	3,777
1989	22,857	20,716	17,764	17,694	16,239	16,387	17,798	13,312	2,908	3,429
1990	23,889	21,448	22,304	21,794	19,095	20,826	18,211	13,663	3,100	3,493
1991	24,342	21,768	23,358	21,675	19,901	21,957	18,821	12,230	3,975	3,490
1992	25,419	20,880	26,438	23,814	20,487	23,243	18,570	11,793	2,597	3,099
1993	26,387	20,121	25,523	22,380	18,389	18,739	17,634	13,094	2,791	2,931
1994	27,695	19,935	27,077	23,497	19,709	19,338	18,046	15,280	3,501	2,662
1995	28,691	20,614	31,658	26,890	23,123	20,665	20,320	17,400	4,748	2,666
1996	29,968	21,227	30,486	26,872	24,333	23,082	21,861	18,794	5,166	2,644
1997	31,459	21,829	26,964	24,229	26,735	21,829	23,469	17,474	5,282	2,738
1998	32,854	20,952	27,289	24,974	28,214	22,318	21,319	14,738	5,087	1,835
1999	34,514	22,239	26,726	24,673	28,670	21,998	20,533	15,322	3,478	1,331
2000	36,335	24,190	23,636	22,364	28,150	20,088	21,679	13,641	3,750	1,772
2001	37,133	23,738	23,608	22,434	27,745	20,483	19,491	13,883	3,157	2,100
2002	38,023	24,169	25,078	24,177	30,057	22,270	20,082	16,874	2,829	2,378
2003	39,496	28,201	30,244	29,568	34,419	27,466	23,447	21,914	3,071	2,975
2004	41,713	32,034	34,044	33,741	40,290	31,260	30,431	25,420	3,637	4,102
2005	44,115	36,266	34,507	34,760	42,030	32,043	33,999	27,751	4,790	5,323
2006	46,299	40,386	36,323	36,444	44,600	33,502	36,045	26,671	5,886	6,920
2007	47,976	44,543	41,587	41,508	50,567	37,823	40,960	32,511	7,348	9,101
2008	48,383	46,594	45,427	45,334	47,287	40,778	49,602	31,290	8,831	11,635
2009	47,100	40,773	41,486	41,575	38,713	37,080	42,772	28,206	8,598	8,563
2010	48,468	47,448	41,532	40,638	39,436	36,001	52,022	33,700	11,286	10,675
2011	49,887	52,087	46,645	43,791	42,039	38,599	62,518	38,438	13,246	14,311
2012	51,611	52,678	43,858	40,875	42,463	35,054	68,012	39,983	12,370	15,421
2013	53,118	52,653	46,286	42,593	43,445	35,550	68,150	42,963	12,300	15,975

（表13.5續）

年度	美國	加拿大	德國	法國	英國	義大利	澳大利亞	紐西蘭	巴西	俄羅斯
2014	55,048	50,893	47,960	43,011	47,426	35,518	62,511	44,553	12,113	14,096
2015	56,823	43,586	41,140	36,638	44,975	30,230	56,756	38,616	8,814	9,313
2016	57,928	42,322	42,099	37,037	41,064	30,940	49,971	40,106	8,710	8,705
2017	59,958	45,149	44,350	38,812	40,361	32,407	54,066	42,849	9,925	10,720
2018	62,840	46,313	47,639	41,631	43,043	34,520	57,396	42,950	9,001	11,371
2019	65,118	46,195	46,259	40,494	42,300	33,190	54,907	42,084	8,717	11,585

資料來源：IMF

　　在比較不同經濟體國內生產毛額時，所使用的方法，是將各經濟體的國內生產毛額，以當時的匯率換算成同一貨幣，一般是採用美元。但是很多經濟學家認為更有意義的方法是以購買力平價（purchasing power parity）來衡量。**購買力平價考量同一商品在不同的經濟體的價格，衡量每個經濟體居民的實際購買力。**此種衡量方式可以不受匯率變動的影響。而且物價在貧窮國家較低，所以一美元在蒙古可以比在臺灣買到更多的商品。購買力平價計算單位為國際元（international dollar, Intl.$）或稱作「國際貨幣單位」（international currency unit, *ICU*）。購買力平價是以 1 美元在美國的購買力為參考基數，1 國際元在個別國家的購買力等於 1 美元在美國的購買力，因此很多情況下，購買力平價直接使用美元表示。

　　不難想像，以購買力平價表示的國內生產毛額與經匯率換算成美元表示的國內生產毛額，二者會有差距。以臺灣跟韓國相比較，2016 年估計，以國際匯率計算，臺灣每人平均 *GDP* 為 24,027 美元，而韓國每人平均為 *GDP* 27,632 美元，韓國高於臺灣；以購買力平價計算，臺灣每人平均 *GDP* 為 49,901 美元，而韓國每人平均為 37,947 美元，韓國遠遜於臺灣。這表示，韓國雖然名目 *GDP* 高於臺灣，但由於一般物價水準較高，使其生活水準可能不如臺灣。

　　此外，依國內生產毛額而得的國家排名，也可能因此有不同的樣貌。如果以美元表示的國內生產毛額來看，發展中國家佔全球所得總值的比率在過去的二十年逐漸下降，如今不到四分之一。但是，如果以購買力平價加以計算，在同樣的期間中，發展中國家佔全球所得的比率逐年上升，目前約佔全球所得總值之一半。

▍13.3 所得分配

雖然國內生產毛額由所得的分配面加以觀察，可以了解總產出在不同的生產要素之間分配的狀況，但是由於哪些生產要素由哪些經濟個體所擁有並不明確，因此無法顯示出國內生產毛額在要素擁有者間的分配狀況。

　　所得分配（income distribution）是在談論經濟福利時應該考慮的項目之一，此一狀況在孔子就已經觀察到了，他說：「不患寡，而患不均。」我們可以假設兩個經濟體，甲國與乙國，二者具有相同的國內生產毛額。但是，甲國將 80% 的國內生產毛額分配給國內少數 2% 的人；乙國，則是將 80% 的國內生產毛額分配給國內 40% 的人。乙國的所得分配相對之下較為平均。因此，乙國的經濟福利應該較甲國為佳。衡量所得分配的指標，可用以反映家計單位之間所得分配不均的程度。此處所得分配所稱之所得係指個人可支配所得。**常用的所得分配指標，包括最高最低級距所得倍數、洛倫滋曲線（**Lorenz curve**），以及吉尼係數係數（**Gini coefficient**）。**

<u>13.3.1</u>　**最高最低級距所得倍數**

　　在報章雜誌上最常看見的指標可能是最高最低級距所得倍數。計算的方式是先將家 計單位依所得高低分為幾個相同的等份，例如十等份，其次計算出最高所得等份的家計單位之所得，相對於最低所得等份的家計單位之所得的倍數。一般使用的「最高最低級距所得倍數」，是將所有家計單位分為五等份加以計算而得。

　　圖 13.2 顯示我國戶數五等分位組之所得分配比，乍看之下，各五等分位組所佔的所得分配比率似乎穩定。但是最低級距的五分位組佔可分配所得百分比一直在下降，而最高級距的五分位組佔可分配所得百分比一直在上升。另外次低級距的五分位組佔可分配所得百分比也一直輕微下降。可見長期而言，所得分配的不平均，對於所得最低者與最高者會越趨極端。

　　由表 13.6 可知，在 1968 年以前，我國最高最低級距所得倍數都在 5 倍以上，這表示在臺灣經濟發展的初期，貧富之間的所得差距是比較大的。從 1970 到 1989 年，最高最低級距所得倍數都在 5 倍以下，吉尼係數也有相同的趨勢，在 1988 年以前都在 0.3 以下。這段期間剛好也是臺灣經濟成長飛快的時期，可見在經濟快速成長的時期，貧富之間的所得差距會有減少的趨勢。在這段時間之後，經濟成長的速度開始放緩，貧富之間的所得差距會有擴大的趨勢，大概在 2001 年最高最低級距所

得倍數達到它的最大值 6.39，吉尼係數也達到它的最大值 0.35，這是在美國的網路泡沫破裂之後的情況。在下一次的金融危機，2009 年的雷曼兄弟的次級房貸風暴引起的金融海嘯，最高最低級距所得倍數達到 6.34，吉尼係數也達到 0.345，也是相對高點。這些數字顯示出，臺灣在進入已開發國家以後，金融危機對於貧富之間的所得差距的影響。

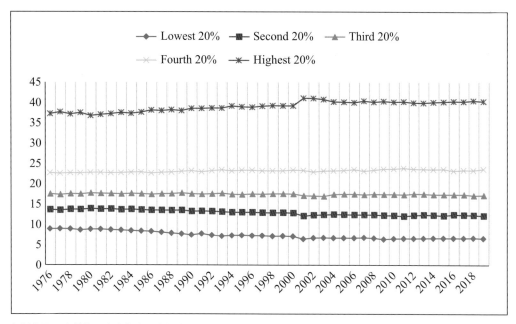

資料來源：臺灣地區家庭收支調查報告

圖 13.2　我國戶數五等分位組之所得分配比

表 13.6　我國最高最低所得倍數與吉尼係數

年度	平均可支配所得第五分位組 （最高所得組）／第一分組（最低所得組）	吉尼係數（吉尼係數）
1964	5.33	
1966	5.25	
1968	5.28	
1970	4.58	
1972	4.49	
1974	4.37	
1976	4.18	0.28
1977	4.18	0.284

（表13.6續）

年度	平均可支配所得第五分位組 （最高所得組）/ 第一分組（最低所得組）	吉尼係數（吉尼係數）
1978	4.18	0.287
1979	4.34	0.285
1980	4.17	0.277
1981	4.21	0.281
1982	4.29	0.283
1983	4.36	0.287
1984	4.4	0.287
1985	4.5	0.29
1986	4.6	0.296
1987	4.69	0.299
1988	4.85	0.303
1989	4.94	0.303
1990	5.18	0.312
1991	4.97	0.308
1992	5.24	0.312
1993	5.42	0.316
1994	5.38	0.318
1995	5.34	0.317
1996	5.38	0.317
1997	5.41	0.32
1998	5.51	0.324
1999	5.5	0.325
2000	5.55	0.326
2001	6.39	0.35
2002	6.16	0.345
2003	6.07	0.343
2004	6.03	0.338
2005	6.04	0.34
2006	6.01	0.339
2007	5.98	0.34

（表13.6續）

年度	平均可支配所得第五分位組 （最高所得組）／第一分組（最低所得組）	吉尼係數（吉尼係數）
2008	6.05	0.341
2009	6.34	0.345
2010	6.19	0.342
2011	6.17	0.342
2012	6.13	0.338
2013	6.08	0.336
2014	6.05	0.336
2015	6.06	0.338
2016	6.08	0.336
2017	6.07	0.337
2018	6.09	0.338
2019	6.10	0.339

資料來源：臺灣地區家庭收支調查報告。

FYI 專欄

停止報導的 20 等分的最高最低所得倍數

　　根據財稅資料中心統計，把全國 546 萬多個綜合所得申報戶分為 20 等分，1998 年，最富有的 5% 與最窮的 5% 的平均所得相差卅二倍，2008 年位於金字塔頂端 5% 的平均所得為 450 萬餘元，位於最底層 5% 的平均所得只有 6.8 萬餘元，兩者相差 66 倍，創歷史新高。

　　2009 年最窮 5% 家庭平均年所得只有 5.1 元，最富有 5% 家庭平均年所得達 382.2 萬元，貧富差距飆升至近 75 倍，不僅續創歷史新高，更遠高於 2008 年的 65 倍。

　　2010 年最窮 5% 家庭平均年所得只有 4.6 萬元，最富有 5% 家庭平均年所得達 429.4 萬元，貧富差距飆升至 93 倍，不僅續創歷史新高，更遠高於 2009 年的 75 倍。在這之後，20 等分的最高最低所得倍數停止推算報導。

　　以 20 等分計算最高最低所得倍數不是沒有問題的。當時國民黨文傳會主委莊伯仲指出，全世界沒有一個國家用報稅資料來推算貧富差距，因為不同稅種的資料，代表

不同性質的所得；以綜合所得稅資料為例，其中就不包括民眾的非課稅所得，也沒有免稅及分離課稅的資料，以這份資料推算貧富差距，明顯與事實不符。國際通用的貧富差距指標，是將全部戶數予以 5 等分位排序，把最高所得 20% 戶數之平均所得和最低所得 20% 戶數之平均所得相除，得到的差距倍數，代表貧富差距。政府公布的貧富差距，主要以行政院主計處的家庭收支調查為依據，將國內家庭分成 5 等分。

　　雖然可能有問題，但是這個數字跟行政院主計處的家庭收支調查，點出相同的趨勢。據主計處的家庭收支調查，自 1998 至 2008 年全體家庭可支配所得成長 4.6%，若以五等分位來看，最富有的 20% 的可支配所得增加 7%，高於整體平均值，但最窮的 20% 的所得則減少 2%。11 年來，最底層的窮人所得不僅沒有增加，反而進一步減少；這項趨勢顯示富者愈富，窮者愈窮。

　　景氣差時，因金融海嘯造成關廠、失業與減薪，對中低所得傷害大於高所得者，因此擴大貧富差距；但景氣好時，貧富差距也未必會縮小，主要因為產業的資本密集度增加，高科技公司紛紛擴產投資，但雇用人數增加有限，高科技公司需要大量工程師，迄今仍供不應求；但低技術勞工的工作機會卻越來越少。

資料來源：整理自新聞報導

貧富差擴大！　最有錢 vs 最窮差逾 96 倍！
https://youtu.be/k0Bo427MIqg

13.3.2　洛倫滋曲線與吉尼係數

　　洛倫滋曲線的繪製，首先將家計單位以所得為標準，將其按所得由低到高排列，其次將它們分為十個等份，並依次計算，從最低所得等份至最高所得等份的家計單位累計百分比，以及其累計所得百分比。洛倫滋曲線，是以橫軸代表家計單位的累計百分比、縱軸代表所得累計百分比的一條曲線。

　　如果經濟體系的所得分配絕對平均的話，則每一等份所得級距群組的人口累計百分比與所擁有的所得累計百分比完全相等，即所得最低 10% 的家計單位擁有 10% 的所得，所得最低 20% 的家計單位擁有 20% 的所得，以此累計到所得 100% 的家計單位擁有 100% 的所得為止。在這種所得分配狀況下，所繪出的洛倫滋曲線為圖 13.3 的對角線，稱為絕對均等線。

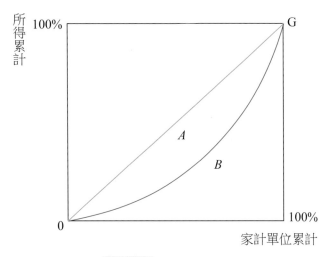

所得累計

100%

G

A

B

0

100%

家計單位累計

圖 13.3　洛倫滋曲線

　　如果經濟體系中最富有的家計單位掌握經濟體系中所有的財富，而其他家計單位完全沒有財富，則對應的洛倫滋曲線為橫軸與右邊縱軸所連成的直角線，此線稱為絕對不均等線。當然沒有國家是處於這兩種極端狀況，正常的洛倫滋曲線應該是落在這兩條線之間。**洛倫滋曲線越靠近對角線（絕對均等線），表示所得分配越平均；洛倫滋曲線越偏離對角線（絕對均等線），表示所得分配越不平均。**

　　以圖形來表示，吉尼係數是 $A \div (A + B)$。因而，我們可用單一數字指標來表現所得分配不平均的程度。所得分配絕對平均的話，圖中與對角線圍成半月形的曲線會等於對角直線，即 *A* 的面積為 0。此時，吉尼係數等於零。反之，所得分配如果絕對不平均的話，圖中與對角線圍成半月形 *A* 的曲線會轉化成折線，即 *B* 的面積為 0。此時，吉尼係數等於一。換句話說，**吉尼係數介於零與一之間，數值越大表示所得越不平均，數值越小表示所得越平均。**

　　相對於世界上其他國家而言，臺灣所得分配惡化的狀況並沒有如許多人想的那樣嚴重，如表 13.7 所示。以每人的分配狀況來說，臺灣的最高最低級距所得倍數為 3.90，吉尼係數為 0.27。以狀況最相近的日本與韓國而言，日本的最高最低級距所得倍數為 4.99，吉尼係數為 0.31；韓國的最高最低級距所得倍數為 6.54，吉尼係數為 0.34。

　　如果與中國相比，中國的最高最低級距所得倍數為 6.97，吉尼係數為 0.38，事實上中國已經是世界上所得分配較不平等的國家。以講求自由競爭，而較不重視分配平等的美國來說，最高最低級距所得倍數為 14.37，吉尼係數為 0.46，比中國更加不平等。所得最不平等的地區應該是中南美洲國家，如哥倫比亞，最高最低級距所

得倍數為 13.85，吉尼係數為 0.50，或是巴西，最高最低級距所得倍數為 18.84，吉尼係數為 0.53。深受福利國家及社會主義思潮影響的西歐及北歐國家，所得分配平等的程度遠高於其他地區。

表 13.7　主要國家（地區）家庭所得分配狀況

國名 Countries		年別 Year	五等分位組之所得分配比 (%) Quintile shares of total income (%)		最高所得組為最低所得組之倍數（倍） Ratio of income share of highest 20% to that of lowest 20% households	吉尼係數 Gini's concentration coefficient
			最低所得組 (20%) Lowest 20%	最高所得組 (20%) Highest 20%		
一、每戶	A. Per household					
香港	Hong Kong	2016	-	-	21.20	0.524
日本 (a)	Japan(a)	2018	6.5	41.7	6.42	-
中華民國	Republic of China	2019	6.6	40.3	6.10	0.339
美國 (a)	U.S.A(a)	2009	4.6	44.4	9.59	0.388
美國 (b)	U.S.A(b)	2018	3.1	52.0	16.98	0.486
二、每人	B. Per capita					
巴西	Brazil	2018	3.1	58.4	18.84	0.539
加拿大	Canada	2013	6.7	40.6	6.06	0.338
中國大陸	China	2016	6.5	45.3	6.97	0.385
哥倫比亞	Colombia	2018	4.0	55.4	13.85	0.504
芬蘭	Finland	2017	9.4	36.9	3.93	0.274
法國	France	2017	8.1	40.0	4.94	0.316
德國	Germany	2016	7.6	39.6	5.21	0.319
義大利	Italy	2017	6.0	42.1	7.02	0.359
日本 (b)	Japan(b)	2014	7.9	39.2	4.99	0.310
南韓	Korea, Rep.	2018	6.0	40.7	6.54	0.345
盧森堡	Luxembourg	2017	6.5	41.4	6.37	0.349
馬來西亞	Malaysia	2015	5.8	47.3	8.16	0.410
墨西哥	Mexico	2018	5.4	51.7	9.57	0.454
荷蘭	Netherlands	2017	8.8	37.6	4.27	0.285

（表13.7續）

國名 Countries		年別 Year	五等分位組之所得分配比 (%) Quintile shares of total income (%)		最高所得組為最 低所得組之倍數 （倍） Ratio of income share of highest 20% to that of lowest 20% households	吉尼係數 Gini's concentration coefficient
			最低所得組 (20%) Lowest 20%	最高所得組 (20%) Highest 20%		
紐西蘭	New Zealand	1997	6.4	43.8	6.84	0.362
挪威	Norway	2017	8.9	36.0	4.04	0.270
中華民國	Republic of China	2019*	9.5	37.2	3.90	0.276
		2019**	9.3	36.2	3.90	0.269
新加坡 (a)	Singapore(a)	2019	4.3	50.0	11.59	0.452
新加坡 (b)	Singapore(b)	2019	-	-	-	0.398
瑞典	Sweden	2017	8.3	37.1	4.47	0.288
英國	United Kingdom	2017	5.0	45.0	8.50	0.390
美國 (b)	U.S.A(b)	2018	3.5	50.3	14.37	0.464

資料來源：臺灣地區家庭收支調查報告。

13.4 國內生產毛額衡量的基本問題

在估算國內生產毛額時，其實無法精確衡量，這些並無法簡單歸因於衡量技術的問題，而是因為在經濟體系內存在著若干基本的問題，甚至可以說是無法克服的問題。這些問題包括地下經濟難以掌握、漏掉了未在市場上交易的生產成果、產品品質的改進無法在國內生產毛額呈現、忽視休閒的價值、未扣除污染等負產品等。以下，針對這些問題分別加以討論。

13.4.1　地下經濟難以掌握

所謂的地下經濟（underground economy）並不是指犯罪的經濟活動，雖然它們是地下經濟的一部分，大部分地下經濟活動與犯罪無關。這些地下化的經濟活動很難在官方的統計資料上呈現。

由於大部分地下經濟的起因在於逃避管制與稅收，因此，管制愈多的國家，其地下經濟的規模就越龐大。進一步而言，落後國家通常管制較多，因此，地下經濟的規模也就比較容易與經濟發展程度呈反向變動。根據世界銀行的估計，臺灣 1990

年代地下經濟的平均值約佔同期國內生產毛額的 16.5%，相當於每年 1 兆 1,235 億的規模。但在 1980 年代，根據當時的研究，地下經濟的平均值約佔同期國民生產毛額的 30%。近年由臺灣大學和成功大學合作團隊研究發現，2012 年地下經濟規模，相當於國內生產毛額的 28.1%，根據主計總處的普查，攤販占地下經濟比重並不高，據此可以推論地下金融、賭博、走私與色情業才是地下經濟最大宗。

地下經濟的存在，導致政府實質稅收的下降，同時使得政府在制定經濟政策時，易對現實的狀況產生誤判。因為**地下經濟會使政府統計單位高估了失業率與物價上漲率，而且誤估了經濟成長率。**

13.4.2　遺漏非市場性的生產活動

低度開發國家的平均每人國內生產毛額，可能在 300 美元上下，你可能會懷疑，這種所得如何過活。這些國家的國民豈不是都應該在生存線掙扎？可是如果你實際觀察這些國家所屬人民的生活，可能會很驚訝地發現，他們大部分國民的生活可能還算富足，至少不愁吃穿，也擁有不錯的休閒生活。

為何數字所顯示之生活水準與實際生活水準有如此大的差異？其主要原因在於這些經濟體中發生的經濟活動，有一大部分不經市場交易，在這些經濟體的某些區域，甚至沒有市場機制的存在。

國內生產毛額的計算遺漏未在市場上交易的生產成果，並不是在低度開發國家才可能發生的狀況。這個現象其實普遍存在於所有的經濟體中。最常見例子的是家庭主婦的家務操作、農人留供自用的農產品等。但是如果這些本來沒有列計在國內生產毛額內的項目，後來由於市場形成，也列入計算，就會造成實際的經濟福利不變，但是國內生產毛額增加的狀況。例如原來在農村，親友之間可以在農忙時，互相幫忙農作，所需的報酬只是一碗點心，這些勞務並不列計在國內生產毛額之中。但如果由於社會進步，市場的觀念漸入人心，這些農作勞務開始必須以金錢來購買，這樣就會造成國內生產毛額的增加。

13.4.3　品質改進無法有效呈現

1980 年代末期一部 286 級的電腦價值約 3 萬元新臺幣，它的速度大概是 20MHz，主要記憶體 1MB，硬碟容量 40MB，單色顯示器。在今天，同樣的價格，可以買到比當時配備勝過千倍的電腦。

　　但是二者在品質上的巨大差異，卻沒有在國內生產毛額的計算上顯示出來。類似的例子，在生活中其實垂手可得。例如行動電話、電視機，甚至於農產品也有類似的情況發生。在過去，蓮霧又小又酸澀，但是今日的蓮霧，不僅甜度明顯提高，個頭也是過去的兩、三倍大。可是，市場價格卻沒有什麼明顯差距。

13.4.4　忽視休閒價值

　　如果兩個國家的國內生產毛額相同，但是兩國國民的每週平均工作時數不同，或者是每年的休假總日數不同，相信兩個國家的國民可以感受到福利的差異。

　　臺灣的白領階級每天上班的平均時數超過九個小時，在世界上名列前矛。在其他行業的工作時數恐怕也不遑多讓。因此我國經濟福利的增進，除了須重視國內生產毛額的增加之外，如何促進國人的工作效率，以較少的工作時數來創造相同之國內生產毛額，而使國民擁有較多的時間從事休閒活動，亦是值得社會各界共同關注之課題。

13.4.5　未扣除污染等負產品

　　經濟學家 W. Nordhaus 與諾貝爾經濟學獎得主 J. Tobin 於 1972 年提出「經濟福利測度」（measure of economic welfare）的新概念，諾貝爾經濟學獎得主 P. A. Samuelson 將之改稱為「社會福利淨額」（net economic welfare）。國內生產毛額的提高往往是以環境的污染與自然資源的折耗作為經濟發展的代價。當經濟活動對環境造成污染、對自然資源造成折耗時，這些負面影響並未從國內生產毛額中扣除，所以污染越嚴重，國內生產毛額可能越高。如果要以國內生產毛額來衡量經濟福利，須先將這些對環境污染的負產品與自然資源折耗加以扣除。

　　聯合國在 1993 年公佈「環境經濟綜合帳整合系統（System of Integrated Environmental and Economic Accounting, SEEA）」。2003 年，我國完成臺灣地區綠色國民所得完整帳表架構及其資料蒐集機制。中華民國行政院主計處研編綠色國民所得帳（Green GDP）主要依循之理論架構及帳表模式包含以上二者。在計算綠色 GDP 時，會將 GDP 扣除環境品質減損（environmental degradation）及自然資源折耗（natural resource depletion）的貨幣價值。

　　其中自然資源折耗係指自然資源使用量超過自然生長及挹注，所造成存量下降的價值；環境品質減損則在於估算為減少排放至環境中，造成危害之污染量所須投入的成本，或人體、生物、景觀與生態系因暴露在此污染下受損的金額。目前因損

害標準仍無統一之衡量準則，且無法區分損害係當期或前期環境污染所致，所以環境品質減損僅估算減少污染排放所須投入的成本。但由表 13.8 可以看出：我國自然資源折耗及環境品質減損佔 GDP 的比例，有逐年下降的**趨勢**，在 2007 年時，占 0.69%，到了 2018 年時，只占 0.33%。

依表 13.8 編算的結果顯示，自然資源折耗目前主要評估項目包括水資源（地下水）及礦產與土石資源。自然資源折耗值由 2007 年 188.4 億元下降至 2018 年之 147.9 億元，其中以水資源折耗值居多。

環境品質減損目前評估空氣污染、水污染及固體廢棄物等三類環境污染物，依維護成本法（maintenance cost approach）推估結果，2007 年三者合計減損值為 703.5 億元，其中以水污染減損值 392.9 億元最多，其次為空氣污染減損值 292.1 億元，固體廢棄物未妥善處理所造成之減損值為 18.5 億元。到了 2018 年，這些環境品質減損均有下降，三者合計質損值為 457.8 億元。這些年自然資源折耗及環境品質減損佔 GDP 的比例下降的原因是由於環境品質減損的下降，自然資源折耗並沒有顯著的下降。

表 13.8　我國經環境調整之綠色國民所得－環境與經濟綜合帳

單位：億元（新台幣）

	2007 年	2018 年
一、國內生產毛額（GDP）：a	129,105.1	183,428.90
二、自然資源折耗	188.4	147.9
（一）水資源（地下水）	154.8	123.3
（二）礦產與土石資源	33.6	24.6
三、環境品質質損	703.5	457.8
（一）空氣污染	292.1	155.1
（二）水污染	392.9	279.2
（三）固體廢棄物	18.5	23.5
四、折耗及質損合計：b	891.9	605.7
占 GDP 比率（%）（b／a）	0.69	0.33
五、綠色 GDP（a、b）	128,213.3	182,823.30

資料來源：行政院主計處。

FYI 專欄

中國「綠色 GDP」

　　GDP 改變了中國的經濟實力和國際地位，讓中國成為了世界第二大經濟體，也形成了中國瘋狂的 GDP 崇拜。不少地方為了迅速做大 GDP，不惜犧牲環境、資源。根據 2012 年《特大城市承載力研究》，中國單位 GDP 的能耗是日本的 7 倍、美國的 6 倍，甚至是印度的 2.8 倍。

　　2004 年，中國總理溫家寶宣布，綠色 GDP 指數將取代原有的中國 GDP 指數，給最高級別政府和黨的官員作為一個績效指標。在 2006 年公佈了對 2004 年 GDP 的綠色核算結果之後，原定於 2007 年要公佈的 2005 年綠色 GDP 核算結果卻一直沒有公佈。國家統計局認為，有關環境核算研究取得的階段性成果，特別是分地區核算資料只向國務院提供，作為決策參考，不對外發佈。而環保總局則認為應該像 2004 年度的報告那樣向社會公佈。由於環保總局和統計局無法取得共識，地區政府又對兩部門施壓，令綠色 GDP 報告推出無期。

　　「綠色 GDP」報告擱淺的另一個原因，是一些省、市地方政府向有關部門正式發函要求不要公佈核算結果，施加壓力。他們透過內部管道，聯合向有關部門施壓，質疑綠色 GDP 的統計過於武斷。許多幹部更不願意看見自己主管部門追求經濟成長的成績被打折扣，甚至影響仕途。

　　統計顯示，2004 年中國大陸環境污染造成的經濟損失，高達 5,118 億元人民幣（約合台幣 2 兆），亦即當年中國大陸經濟成長，應扣減 3.05 個百分點，才能反映真實情況。

　　中國民間智庫政通境和節能研究所所長付華輝表示，此前的「綠色 GDP」，把 GDP 減掉環境污染因素後，地方政府的 GDP 少了很多，導致強烈反對。最終，專案被「擱淺」。

　　從 2008 年以後，環保部再無意願推進綠色 GDP 研究，而是熱衷於下放環評許可權、批准大量高污染高耗能企業，各地仍以 GDP 論英雄，終於導致最近幾年大氣品質的極度惡化。若是緊急煞車，又會造成巨量的經濟損失和大量失業。

　　2015 年中國環保部 3 月 30 日宣布，將重新啟動綠色 GDP 研究工作。

資料來源：整理自新聞報導

中國綠色發展是否有冒進的趨勢？
https://youtu.be/5aXWxOM8CPY

本章結論

以國內生產毛額來衡量經濟福利時，首先會碰到的是物價水準波動所造成的影響。由於 GDP 是以最終商品的當期市場價格來衡量的，在時間的歷程中，影響 GDP 的，包括市場價格的變動。因此經濟學家分別定義實質 GDP 與名目 GDP，來解決此一問題。同時，因各經濟體所屬人口總數存有很大的差異，經濟學者通常採用每人實質 GDP 來衡量各國之經濟福利。

另外，在比較不同經濟體的國內生產毛額所使用的方法，是將各經濟體的國內生產毛額，以當時的匯率換算成美元，再進行比較。但是，很多經濟學家認為更有意義的方法是以購買力平價來衡量，分配的均等程度也會影響到經濟福利水準。經濟學者因而發展出衡量所得分配的指標，最常看見的指標包括最高最低級距所得倍數，另一個衡量所得分配均等程度的方法是洛倫滋曲線，由洛倫滋曲線可以導出吉尼係數。利用吉尼係數，可用單一數值來表現所得分配不平均的程度。

但其實國內生產毛額的估算，存在著許多基本的問題，這些問題使得國內生產毛額無法精確地被衡量。這些基本問題，包括地下經濟難以掌握、遺漏非市場性生產活動、未能有效計入產品品質改善、忽略休閒活動的價值、以及未扣除污染等負產品。其中，在扣除污染等負產品這個議題上，衍生出綠色國民所得的概念，表示以前人們視而不見的成本已經慢慢得到應有的重視。

PART 6　總體經濟均衡分析

Chapter 14　簡單凱因斯模型

許可達

名人名句

凱因斯

（John Maynard Keynes, 1st Baron Keynes，1883 年 6 月 5 日～ 1946 年 4 月 21 日）

　　我稱呼我的理論為一般理論，這表示我主要關心整個經濟體系的行為，如總合所得、總合利潤、總合產出、總合就業、總合投資及總合儲蓄，而非特定產業、公司或個人的所得、利潤、產出、就業、投資與儲蓄。

研習重點 ————————————

• 簡單凱因斯模型的特色
• 有效需求的概念
• 利用簡單凱因斯模型決定均衡總產出
• 緊縮缺口、膨脹缺口
• 乘數的意義與運算方法

學習架構圖

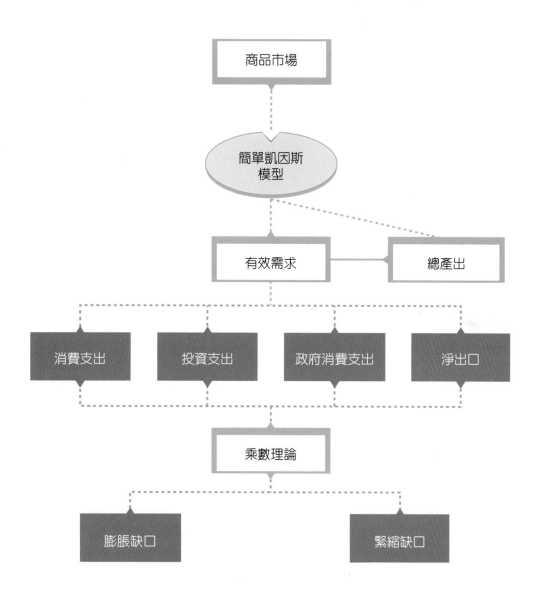

▌14.1 簡單凱因斯模型的特色

一般人對於凱因斯經濟思想的理解，都認為凱因斯鼓勵消費，甚至鼓勵政府借錢來創造經濟榮景，鄙視傳統的儲蓄美德。新聞報導在探討經濟前景的時候，常常很重視消費者信心指數；美國股市在每年年底的表現常常會受到耶誕節消費量多寡的影響。在選舉時，好多政治人物很喜歡慷政府的慨來開支票，希望以此來創造經濟榮景，同時也創造政績、創造選票。這些現象一方面說明凱因斯的思想深深地影響一般人的思考，另一方面也指出凱因斯思想的特色，但是這些特色是從什麼分析方法來導出的呢？

古典學派分析的重心為供給面以及價格的調整。1930 年代發生經濟大恐慌時，各國普遍存在著大量失業，古典學派仍然深信應該順從價格機能的調整，重回市場的均衡。至於需求面，基於 Say 法則，被忽略了。

凱因斯（Keynes）在 1936 年出版《就業、貨幣與利息的一般理論》（*General Theory of Employment, Money and Interest*），他提出經濟體系中所存在的問題源於有效需求（effective demand）的不足。由於有效需求不足，所以才引起大量失業與資源的閒置。

依此觀點發展出來的**簡單凱因斯模型**，又稱 45 度線分析法，或稱所得支出模型（income-expenditure model），**它只考慮到商品市場，忽略了貨幣市場**（money market）、**債券市場**（bond market）**與勞動市場**（labor market）。**同時，在簡單凱因斯模型中，假設一般物價水準固定。在這樣的假設下，經濟體系對於最終產品的有效需求，對於總產出有著決定性的影響。**

由於一般物價水準固定，因此，若有效需求基於某種原因長期處於低水準的狀態，經濟體系的總產出也會長期處於較充分就業總產出水準為低。在此情況下，基於衍生性需求而產生之生產要素需求，自然也無法使勞動市場上的就業水準達於充分就業的狀態。

凱因斯之所以假設一般物價水準固定，是由於他看到在勞動市場上，工資的調整並不像古典學派所作假設，可以自由的上下調整，有關他這部分的看法，留待介紹總合需求與總合供給模型時，再加以說明。

14.2 有效需求

根據第 12 章，由經濟周流圖商品市場的支出面可以導出國內生產毛額（總產出）。換句話說，將某一特定期間內，經濟體系中各部門對於最終商品支出的加總，即可決定總產出。初學者要注意的是：計算國內生產毛額時，各項支出都是已經發生的，我們可以稱之為「實現的支出」。但是這裡說的有效需求包含的各項支出，卻只是目前計畫中，還沒有實現的，我們可以稱之為「預擬的支出」。有關這二者的差別，我們會在下一個章節作更完整的說明。現在只要知道：**經濟體系中各部門預擬支出的加總就是此處所指的有效需求。**

根據經濟周流圖，一個經濟體的有效需求可用（14.1）式表示：

$$y^{ed} = C + I + G + EX - IM = C + I + G + NX \qquad （式 14.1）$$

由於在簡單凱因斯模型中，一般物價水準固定不變，因此我們可以把所有的變數視為實質變數：

y^{ed}：實質有效需求，即經濟體系所有部門在即將到來的期間預擬的總支出

C：家計單位的消費支出，即家計單位在即將到來的期間預擬的消費支出

I：投資支出，即廠商在即將到來的期間預擬的投資支出

G：政府部門消費支出，即政府部門在即將到來的期間預擬的消費支出

EX：出口即在即將到來的期間預擬的出口

IM：進口，即在即將到來的期間預擬的進口

NX：淨出口，即出口減去進口

就家計單位的消費支出 C 而言，最重要的影響因素為家計單位所得，通常假設家計單位的消費支出分成兩個部分：一個部分的消費不受所得影響，稱為自發性消費支出（autonomous consumption expenditure）；另一部分則是受所得影響的部分，稱為誘發性消費支出（induced consumption expenditure）。

影響家計單位消費支出最重要的變數是所得（income），更精確地說，是可支配所得（disposable income）。在假設經濟體系只有家計單位與廠商兩個部門時，由於沒有政府部門存在，沒有稅賦（tax）的問題，故所得（y）與可支配所得（y_d）並沒有差別，即 $y_d = y$。在此情況下，家計部門的消費函數（consumption function）可用（14.2）式表示：

$$C = a + by \qquad\qquad (\text{式 14.2})$$

式中的 a 表示自發性消費支出，by 則爲受所得影響的消費支出。b 表示當所得增加一塊錢時，消費支出會增加的金額，因此稱爲邊際消費傾向（marginal propensity to consume, MPC）：

$$b = \frac{\Delta C}{\Delta y} = MPC \qquad\qquad (\text{式 14.3})$$

如將消費支出除以所得，稱爲平均消費傾向（average propensity to consume, APC），意指每一元的所得平均用於消費支出的部分：

$$APC = \frac{C}{y} \qquad\qquad (\text{式 14.4})$$

但當政府部門存在時，就必須考慮課稅 T 與政府部門對家計單位的移轉性支付 TR 等問題。家計單位的可支配所得爲所得減去賦稅，再加上政府支付民間之移轉性支付的淨額：

$$y^d = y - T + TR$$

因此，政府部門存在時，家計部門的消費函數可改以（14.5）式表示：

$$C = a + b\ (y - T + TR) \qquad\qquad (\text{式 14.5})$$

另一方面，在兩部門的模型中，由於沒有政府及國外部門存在，總產出的用途只有消費與儲蓄。因此，儲蓄等於總產出減去消費，$S = y - C$。當 $C = a + by$ 時，

$$S = - a + (1 - b)y \qquad\qquad (\text{式 14.6})$$

其中 $-a$ 爲自發性消費的負值，而 $(1 - b)y$ 爲誘發性儲蓄，如果所得增加一個單位，儲蓄會增加 $(1 - b)$ 個單位，$(1 - b)$ 因此也被稱爲邊際儲蓄傾向（marginal propensity to save, MPS）。

$$1 - b = \frac{\Delta S}{\Delta y} = MPS \qquad\qquad (\text{式 14.7})$$

　　如將儲蓄除以所得，稱平均儲蓄傾向（average propensity to save, *APS*），意指**每一元的所得平均用於儲蓄的部分**。由於所得僅用於消費與儲蓄，所以所得（*y*）等於儲蓄（*S*）加上消費（*C*）。據此可推論得出，在兩部門的模型中，平均消費傾向加上平均儲蓄傾向恆等於一：

$$APC + APS \equiv \frac{C}{y} + \frac{S}{y} \equiv 1 \qquad （式 14.8）$$

　　由於變動的所得也是用於消費與儲蓄，所以變動的所得（Δy）等於變動的儲蓄（ΔS）加上變動的消費（ΔC）。據此可推論，在兩部門的模型中，**邊際消費傾向加上邊際儲蓄傾向恆等於一**。

$$MPC + MPS \equiv \frac{\Delta C}{\Delta y} + \frac{\Delta S}{\Delta y} \equiv 1 \qquad （式 14.9）$$

　　以圖 14.1 為例，邊際消費傾向為圖中消費函數曲線 $C = a + by$ 的斜率，平均消費傾向則為消費函數曲線上的點至原點連線的斜率。以 *A* 點而言，*A* 點上的平均消費傾向為 $0A$ 線的斜率 $\frac{Ay_0}{0y_0}$。從圖 14.1 還可看出，平均消費傾向會隨著所得的增加而減少，以 *A* 點與 *B* 點比較，*A* 點的所得較低，但 *A* 點至原點的連線之斜率較大。

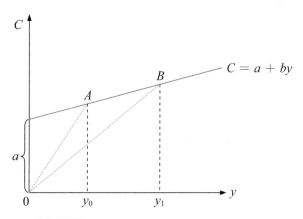

圖 14.1　邊際消費傾向與平均消費傾向

FYI 專欄

性別失衡與儲蓄率

　　2010 年美國哥倫比亞大學商學院金融與經濟學講座教授魏尚進與國際糧食政策研究所（International FoodPolicy Research Institute）研究員張曉波進行的研究顯示，造成中國高儲蓄率的最主要原因，是中國性別比例嚴重失衡。

研究報告指出，目前大陸男女嬰兒比例已達到 122 比 100，遠超過 105 比 100 的正常比例，6 個男嬰中就有 1 個將來找不到對象。男女比例失衡的結果，造成婚姻市場的競爭壓力，迫使男方增加儲蓄，提高競爭地位。

報告發現，男方家庭的儲蓄率不但高於女方，而且性別比失衡越嚴重，男方儲蓄率就越高。與 1990 年代相比，中國儲蓄率幾乎增加 1 倍，躍居世界第一。過去 25 年來，中國民眾儲蓄率增加來自性別比例失衡程度上升。

魏尚進說：「20 多年前，可支配收入的 16% 作為儲蓄，現在是 30%，居民儲蓄率翻 1 倍。」

魏尚進表示，中國政府過去幾年推出消費刺激政策，拉動內需，中國汽車銷售量去年就首次超過美國。但他認為，高儲蓄率是一種習慣性的社會現象，可以調整，但短期內不會大改變。

資料來源：中央社報導

搶媳婦大戰！　中國光棍數字飆新高
https://youtu.be/ZsMrzUwN0T4

投資一般受到利率、企業前景預期與利潤水準（決定內部可用資金之金額）等變數之影響，但假定與所得水準無關。因此，預擬投資 I 不受所得的影響，相對於所有所得水準而言，是一固定常數（I_0）。

$$I = I_0 \qquad\qquad （式 14.10）$$

就政府的消費支出而言，它可能會隨著一個經濟體國內生產毛額的增加而增加，因為當一個經濟體越來越富裕的同時，家計單位與廠商也會要求政府提供越來越完善的各項勞務。但是政府部門在決定其消費支出時，可能受到政治因素的影響更大。換句話說，政府之消費支出有其公共政策目標之考量。因此，政府的消費支出，一般都假設由所得以外之其他因素來決定，故設定亦與所得水準無關。換言之，政府之消費支出，相對於所有所得水準而言，也是一個固定常數（G_0）。

$$G = G_0 \qquad\qquad （式 14.11）$$

外貿部門中的出口與進口分別受到不同的因素的影響。影響出口的因素主要有國外消費者之消費能力（即貿易對手國之國民所得水準）以及我國產品競爭力（受

外國替代商品價格的影響），而與本國之國民所得無關。影響進口的因素主要有本國的所得，以及本國所生產替代商品的價格。我們可假設外國的所得以及外國生產替代商品價格均維持不變，只以本國的所得作為自變數。在以上這樣的假設下，本國的出口為一固定常數 EX_0，進口函數則可以（14.12）式表示：

$$IM = IM_0 + m_{IM}y \qquad\qquad （式 14.12）$$

其中，IM_0 為自發性的進口支出，是固定常數，不受本國所得的影響。m_{IM} **稱為邊際進口傾向**（marginal propensity to import, *MPM*）**，表示當所得增加一塊錢時，進口支出會增加的金額**。淨出口是出口減去進口的差額，所以淨出口可表示為：

$$NX = EX_0 - IM_0 - m_{IM}y \qquad\qquad （式 14.13）$$

為簡化分析起見，進口部分，亦可假定不受本國國民所得水準之影響，即 $IM = IM_0$。

▍14.3 均衡所得的達成

簡單凱因斯模型與之前個體經濟學分析相異之處在於，它的分析方式又稱為45度線分析。它首先區分預擬的總支出與實現的總支出。均衡的達成，指的是預擬的總支出等於預擬的總產出。在討論均衡的達成時，區分二部門、三部門與四部門各種情況分別討論：「最簡單的二部門的模型只考慮家計單位與廠商；三部門的模型加入政府部門；四個部門的模型則再增加外貿部門。」最後，討論有效需求不等於總產出時，經濟體系如何調整。

14.3.1　預擬的總支出與實現的總支出

所謂**預擬的總支出**（planned total expenditure），是指**在經濟個體作支出之前**（ex ante）**計畫中的支出**，預擬的總支出亦即事前的總支出，也是我們在上節所提到的有效需求。如果各個支出項目只受所得的影響，則預擬的消費、投資與淨出口，都是在各種不同的所得水準之下，經濟個體所計畫的消費、投資與淨出口。

在**經濟個體作出支出決定之後的總支出**（ex post total expenditure）即**實現的總支出**（realized total expenditure），也就是已經完成的總支出。每一個經濟個體，包括家計單位、政府部門、廠商及外貿部門對於其支出都事先計畫其預擬的各項支

出；同樣地，生產總產出的廠商也預擬其總產出。當然，由於供需雙方係各自作成決策，事前總支出並不一定等於事前總產出。但是，從國民所得會計帳來看，事後的總支出一定等於事後的總產出。為簡化分析，我們通常賦予廠商須作調整之責任，即等式可透過廠商非意願性存貨的增加或減少來達成。

在國民所得帳與經濟循環周流圖中，所有的項目都是實現的。如（14.14）式所示：

$$y \equiv C + I^r + G + EX - IM \qquad （式14.14）$$

式中，y 代表實現的總產出或是總所得，I^r 代表實現的投資（realized investment）。此式中所表示，實現的總支出等於實現的總產出。

為何預擬的總產出不一定等於預擬的總支出，但是實現的總產出一定等於實現的總支出？其原因在於存貨的變動。當預擬的總產出大於預擬的總支出時，存貨會發生非預期的增加，此增加的數量會造成投資支出項目非預期的增加，於是實現的投資支出與總支出會較預擬的投資支出與總支出為多，而等於實現的總產出。相反地，當預擬的總產出小於預擬的總支出時，存貨會發生非預期的減少，此減少的數量會造成投資支出項目非預期的減少，於是實現的投資支出與總支出會較預擬的投資支出與總支出為少，而等於實現的總產出。

在簡單凱因斯模型中，所謂均衡的達成，指的是預擬的總支出等於預擬的總產出。在以下的說明中，預擬的總支出，將以有效需求稱之；而「預擬的總產出」在許多的教科書中只以「總產出」稱之，所以在以下的內容也只稱之為「總產出」，但是讀者不要認為這裡指的是「實現的總產出」，跟第 11 章所介紹的國民所得帳中的「總產出」混為一談。

14.3.2 二部門模型

最簡單的二部門的模型，只考慮家計單位與廠商。如同第 12 章的經濟周流圖所顯示的，以支出面而言，有效需求由消費與預擬投資兩項構成：

$$y^{ed} = C + I \qquad （式14.15）$$

式中，預擬消費 $C = a + by$，預擬投資（planned investment）是一固定常數 I_0。由此可以導出有效需求曲線，如圖 14.2 所示：

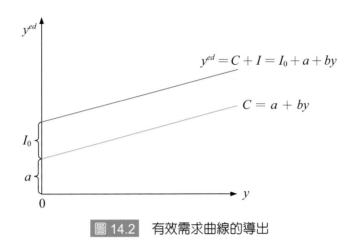

圖 14.2　有效需求曲線的導出

　　圖 14.2 中的橫軸為總產出 y，縱軸為有效需求 y^{ed}，截距部分 a 為自發性的消費支出，I_0 部分為自發性的投資支出，均不受總產出或所得的影響，另外 b 為斜率，表示消費支出以及有效需求受到總產出或所得的影響程度。圖中，我們先利用消費函數繪出消費函數的圖形，再加上自發性的投資支出，就可以得到有效需求的曲線。在均衡時，總產出等於有效需求。要求出總產出等於有效需求的均衡點，可在圖 14.2 加劃一條 45 度線，45 度線所對應之縱軸數值恆等於橫軸數值。因此，45 度線與有效需求曲線相交的地方就是均衡的總產出（$y*$）與均衡的有效需求（$y^{ed}*$）。均衡點如圖 14.3 之 E 點所示：

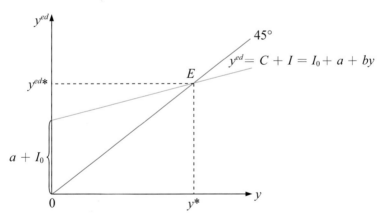

圖 14.3　均衡有效需求與均衡總產出的決定

　　圖 14.3 也稱為凱因斯的交叉模型，或 45 度線分析法，圖中均衡點的意義為總產出等於有效需求，此關係可以下列式子表示：

$$y = y^{ed} = C + I \qquad\qquad （式 14.16）$$

因此，$y = a + by + I_0$，由此式可以求出均衡總產出，如（14.17）式所示：

$$y = \frac{1}{1-b}(a + I_0) \qquad （式 14.17）$$

以所得面而言，則總產出可用於消費與儲蓄兩種用途：

$$y = C + S$$

兩部門模型在均衡時，總產出等於有效需求，$y = y^{ed}$。因此，令上面的式子與（14.16）式相等，可將均衡條件改以**預擬的投資等於預擬的儲蓄**來表達：

$$I = S$$

在兩部門的模型時，儲蓄函數為 $S = -a + (1-b)y$，其中 $-a$ 為自發性儲蓄，$(1-b)$ 為邊際儲蓄傾向。因此，儲蓄曲線如圖 14.4 所示：

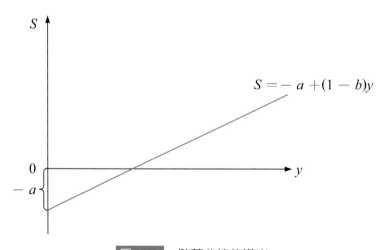

圖 14.4　儲蓄曲線的導出

　　由於投資是一固定常數 I_0，在圖形上為一條與橫軸平行的直線，在儲蓄曲線與投資曲線相交的一點，就是均衡的達成。在均衡點 E 上，預擬投資等於預擬儲蓄，總產出也等於有效需求。如圖 14.5 所示：

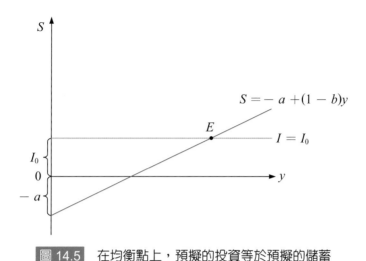

圖 14.5　在均衡點上，預擬的投資等於預擬的儲蓄

上圖中均衡點的意義為預擬的投資等於預擬的儲蓄，此關係以（14.18）式表示：

$$I_0 = -a + (1 - b)y \qquad （式 14.18）$$

由此式可以導出均衡總產出為 $y = \dfrac{1}{1-b}(a + I_0)$ ，與之前（14.17）式所導出的總產出相同。因此，無論從有效需求等於總產出，或是從預擬投資等於預擬儲蓄求解均衡的總產出，其結果均相同。

以事後的觀點來看，家計部門的國民所得如未用於消費，則必然成為儲蓄，故 $Y = C + S$，而生產部門其產品如不是消費財，即是生產財（其金額通常稱為企業投資），故 $Y = C + I$。於此可知，就事後而言，儲蓄恆等於投資。但就事前而言，廠商之預擬投資金額，可能偏離事後投資金額，而造成事後投資與事前投資之乖離。在此情況下，就須進行調整，才能達成均衡。

14.3.3　三部門模型

在包含政府部門的模型中，有效需求包含三個項目 $y = C + I + G_0$。首先是有效需求須考慮政府部門的支出。如同在本章第二節所言，政府的支出，一般都假設由經濟體系所得以外其他因素來決定，因此設為固定常數 G_0，與所得無關。此外，在政府部門存在時，家計單位的消費支出會受到政府部門存在的影響，如同本章第二節中所提到的，政府部門存在時，必須考慮課稅與政府部門對家計單位的移轉性支付淨額等問題。在三部門的模型中，家計單位的可支配所得為所得減去賦稅，再加

上政府支付民間之移轉性支付淨額，而家計單位的消費支出為其可支配所得的函數，如下式所示：

$$C = a + by^d = a + b(y - T + TR) \quad\quad (式 14.19)$$

為了方便說明起見，我們假設移轉性支付的淨額為零。此處有關於政府的課稅，可以有兩種假設：一者為課徵定額稅（lump-sum tax）；一者為課徵所得稅（income tax）。

定額稅的課徵不受所得影響，因此可以假設為固定的常數。在此假設之下，家計單位的消費支出為：

$$C = a + b(y - T_0)$$

有效需求因此可為：

$$y^{ed} = a + b(y - T_0) + I_0 + G_0$$

在均衡達成時，總產出須等於有效需求（$y = y^{ed}$），藉此可以得出均衡總產出如下：

$$y = \frac{1}{1-b}a - \frac{b}{1-b}T_0 + \frac{1}{1-b}I_0 + \frac{1}{1-b}G_0 \quad\quad (式 14.20)$$

其中自發性消費支出前面的係數 $\frac{1}{1-b}$ 稱為自發消費乘數（autonomous consumption expenditure multiplier），表示當自發性消費支出增加一塊錢時，均衡總產出會對應變動的金額；相同的道理，自發性投資支出前面的係數 $\frac{1}{1-b}$ 稱為投資乘數（investment multiplier），表示當自發性投資支出增加一塊錢時，均衡總產出會對應變動的金額；自發性政府支出前面的係數 $\frac{1}{1-b}$ 稱為政府支出乘數（government spending multiplier），表示當政府消費支出增加一塊錢時，均衡總產出會對應變動的金額；至於定額稅 T_0 前面的的係數 $\frac{b}{1-b}$，稱為定額稅乘數（lump-sum tax multiplier），表示當政府多課徵一塊錢定額稅時，均衡總產出會對應變動的金額。這些乘數（multiplier）在財政政策上具有重要意義，因此將在以後的章節作更為詳細的討論，此處只作簡要的介紹。

以上均衡總產出的求出，是直接從支出面的有效需求著手，以所得面而言，在**三部門的模型**中，總產出可用於消費、儲蓄與繳納政府賦稅等三種用途：

$$y = C + S + T$$

令支出等於所得（$C + I + G = C + S + T$），則**在均衡時，預擬的投資加上預擬的政府部門消費支出應該等於預擬的儲蓄加上預擬的課稅。**

$$I + G = S + T$$

在課徵定額稅的假定下，家計單位的儲蓄函數為 $S = -a + (1-b)(y-T_0)$，因此，當均衡達成時，將各函數代入以上的均衡式，可得

$$I_0 + G_0 = -a + (1-b)(y - T_0) \qquad （式14.21）$$

以上式求出的均衡總產出為：

$$y = \frac{1}{1-b}a - \frac{b}{1-b}T_0 + \frac{1}{1-b}I_0 + \frac{1}{1-b}G_0$$

與直接從支出面的有效需求著手求出者（14.20）式相同。

其次，在政府課徵所得稅的假定下，課稅的數額是所得的函數，假設政府課徵的稅率為 t，則家計單位的可支配所得為 $y^d = y - ty$，其消費函數因此成為：

$$C = a + b(y - ty) \qquad （式14.22）$$

在此情況下，有效需求因此成為 $y^{ed} = a + by - bty + I_0 + G_0$。

當均衡達成時，總產出（y）須等於有效需求（y^{ed}），藉此可以得出均衡總產出如下：

$$y = \frac{1}{1-b+bt}a + \frac{b}{1-b+bt}I_0 + \frac{1}{1-b+bt}G_0 \qquad （式14.23）$$

在課徵所得稅的情況下，自發消費乘數由 $\frac{b}{1-b}$ 轉為 $\frac{b}{1-b+bt}$，投資乘數也轉為 $\frac{b}{1-b+bt}$，政府支出乘數也有類似的情形。

14.3.4　四部門模型 ＊

　　四個部門的模型增加了國外部門，在此情況下，經濟體系的有效需求可以下式表示：

$$y^{ed} = C + I + G + (EX - IM) = C + I + G + NX$$

　　其中淨出口 $NX = EX_0 - IM_0 - m_{IM}y$，至於其他有效需求的項目與二部門、三部門模型並無不同。只不過為了說明方便起見，假設政府課徵的是定額稅。現將所有有效需求的項目臚列如下：

$$C = a + by^d$$
$$y_d = y - T_0$$
$$I = I_0$$
$$G = G_0$$
$$EX = EX_0$$
$$IM = IM_0 + m_{IM}y$$

　　當均衡達成時，總產出 y 須等於有效需求 y^{ed}，因此：

$$y = a + b(y - T_0) + I_0 + G_0 + EX_0 - IM_0 - m_{IM}y$$

由上式可以解出均衡總產出如下：

$$y = \frac{1}{1-b+m_{IM}}a - \frac{1}{1-b+m_{IM}}T_0 + \frac{1}{1-b+m_{IM}}I_0$$
$$+ \frac{1}{1-b+m_{IM}}G_0 + \frac{1}{1-b+m_{IM}}EX_0 - \frac{1}{1-b+m_{IM}}IM_0 \qquad （式 14.24）$$

　　由（14.24）式可以看出自發消費乘數、定額稅乘數、投資乘數、政府支出乘數的分母改變了，與三部門模型不同，它們現在也受到邊際進口傾向的影響。除此之外，四部門模型也增加了兩個乘數，在出口項 EX_0 前面的係數 $\frac{1}{1-b+m_{IM}}$ 稱為出口乘數（export multiplier），表示當出口增加一塊錢時，均衡總產出會對應變動的金額；在自發性進口項 IM_0 前面的係數 $\frac{1}{1-b+m_{IM}}$ 稱為進口乘數（import multiplier），表示當進口增加一塊錢時，均衡總產出會對應變動的金額。

以上均衡總產出的求出，是直接從支出面的有效需求著手，以所得面而言，在**四部門的模型中**，總產出可用於消費、儲蓄與繳納政府賦稅三種用途。

$$y = C + S + T$$

令總支出等同於總所得（$C + I + G + EX - IM = C + S + T$），則在均衡時，預擬的投資加上預擬的政府部門支出與預擬的淨出口應該等於預擬的儲蓄加上預擬的課稅：

$$I + G + EX - IM = S + T$$

在課徵定額稅的假定下，家計單位的儲蓄函數成為：

$$S = - a + (1 - b)(y - T_0)$$

當均衡達成時，將各函數代入以上的均衡式，可得：

$$I_0 + G_0 + EX_0 - IM_0 - m_{IM}y = - a + (1 - b)(y - T_0) + T_0 \qquad （式 14.25）$$

以上式求出的均衡總產出為：

$$y = \frac{1}{1 - b + m_{IM}} a - \frac{1}{1 - b + m_{IM}} T_0 + \frac{1}{1 - b + m_{IM}} I_0$$
$$+ \frac{1}{1 - b + m_{IM}} G_0 + \frac{1}{1 - b + m_{IM}} EX_0 - \frac{1}{1 - b + m_{IM}} IM_0 \qquad （式 14.26）$$

與直接從支出面的有效需求著手求出者（14.24）式相同。

14.3.5　均衡總產出的調整

以二部門的凱因斯交叉模型為例，有效需求曲線與 45 度線相交的地方，是決定總產出等於有效需求的所在。圖 14.6 假定經濟體系的總產出在起始時為 y_A，有效需求處於 y_A^{ed} 的位置，有效需求高於總產出，A 點右方箭頭所示線段代表有效需求高於總產出的數量。廠商係為滿足消費者而生產，因而，當實際消費金額大於預擬消費金額時，廠商將面臨意願性存貨不足的現象。隨著此一現象的發生，廠商將會增加產品的產量，冀使存貨回升至原先預擬的水準。廠商根據有效需求 y_A^{ed} 來增加生產，總產出將增加為 y_B，而且 $y_B = y_A^{ed}$，但是根據新的總產出，也就是總所得 y_B 所決定

出來的有效需求卻已上升到 y_B^{ed}，新的有效需求仍大於新的總產出 y_B，於是廠商再度增加生產使總產出增加，此一過程將重複進行，直到達成均衡點 E 為止。

　　至於在有效需求曲線上的 C 點，其總產出在起始時為 y_C，有效需求處於 y_C^{ed} 的位置，有效需求小於總產出，圖中 C 點左方的箭頭所示線段代表有效需求小於總產出的數量。廠商係為了滿足消費者而生產，因而，當實際消費金額小於預擬消費金額時，廠商將面臨非意願性存貨增加的現象。隨著此一現象的發生，廠商將減少產品的產量，冀使存貨調降至原先預擬的水準。廠商根據有效需求 y_C^{ed} 來減少生產，總產量將減少為 y_D，而且 $y_D = y_C^{ed}$，但是根據新的總產出 y_D 所決定出來的有效需求卻已下降到 y_D^{ed}，有效需求依然小於總產出，於是廠商再度減少生產使總產出下降，此一過程將重複進行，直到達成均衡點 E 為止。此時均衡總產出（y^*）恰好等於有效需求（$y^{ed}*$）。

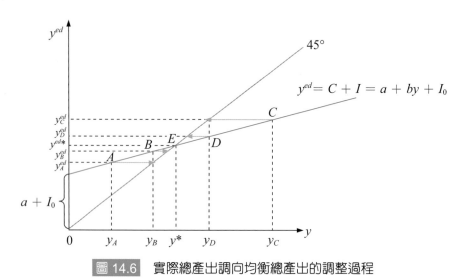

圖 14.6　實際總產出調向均衡總產出的調整過程

經濟小百科

羅斯福新政與凱因斯學派

　　許多教科書將羅斯福新政視為凱因斯思想的具體實現，但是這可能是簡化的事實。新政的支持者從未接受凱因斯學派的論點：以財政赤字擴大政府支出是經濟復興的有效工具。那個時代中多數的經濟學家，以及財政部的小亨利・摩根索都拒絕凱因斯式的解決方案，且偏好平衡預算。

由預算主管路易斯‧道格拉斯起草的經濟法於 1933 年 3 月 14 日通過。此法案計畫平衡「尋常性（非緊急）」的聯邦預算，方法是減少政府雇員的薪水以及退伍軍人的退休金達 15%。如此每年省下了 5 億美元，並且讓如道格拉斯等憎惡赤字的鷹派角色放心：新的總統在財政上屬於保守派。羅斯福則認為有兩種預算，他要平衡「尋常性」的聯邦預算，而「緊急預算」則是用來從景氣蕭條中復甦，此種預算會暫時無法達成平衡。

羅斯福起初偏向平衡預算，但是他很快就發現他正在藉由運作支出赤字來資助各種他所建立計畫。道格拉斯則反對尋常性與緊急預算的區別，他在 1934 年辭職並且成為有力的新政反對者。羅斯福竭力反對給予一戰退伍軍人現金紅利的紅利法案。國會最後還是在 1936 年通過這項法案，財政部就在 1936 年選舉前支出了 15 億元的現金給 4 百萬位退伍軍人。

凱因斯在 1934 年拜訪白宮，力促羅斯福總統增加赤字開支。後來羅斯福抱怨道「他留下了一堆無聊的圖表，他一定是一位數學家、而非政治經濟學家。」新政中嘗試藉由公共工程、農業補貼、以及其他種種方式來削減失業，但羅斯福從未完全放棄平衡預算的企圖。1933 至 1941 年間，聯邦政府每年平均的預算赤字為 3%。羅斯福沒有完全利用赤字開支的方式。聯邦公共工程支出的效果在相當程度上被胡佛於 1932 年的大幅增稅所抵銷。根據凱因斯學派學者如保羅‧克魯曼的說法，新政因此在短期而言不如長期來看得那麼成功。

資料來源：維基百科

Did FDR End the Great Depression?（中文字幕）
https://youtu.be/F9HT4fQWtdg

14.4 乘數理論與緊縮缺口、膨脹缺口

在二、三部門的模型裡，我們介紹了乘數，例如自發性消費乘數或者是投資乘數，這些**乘數所要表達的，即是有關自發性的有效需求項目變動一單位時，均衡總產出會變動的金額**。自發性的有效需求項目指的是自發性的消費支出、投資支出、政府支出以及出口或是自發性的進口項。

以二部門模型中之自發消費乘數 $\frac{1}{1-b}$ 而言，由於邊際消費傾向 b 小於 1 大於 0，所以自發性消費乘數 $\frac{1}{1-b}>1$，因此，所謂的乘數效果指的是自發性的有效需求增

加可以導致均衡總產出呈倍數的增加。在圖 14.7 中，自發性的消費支出由 a_0 增加到 a_1，增加的金額為 $\Delta a\,(=a_1-a_0)$，總產出將由增加到，增加的金額為 $\Delta y\,(=y_1-y_0)$，由圖 14.7 可看出 $\Delta y > \Delta a$。事實上，如果假設邊際消費傾向 $b = 0.8$，則自發性消費乘數 $\dfrac{1}{1-b}=5$，也就是說自發性消費支出增加一單位的金額，均衡總產出將增加 5 單位的金額。

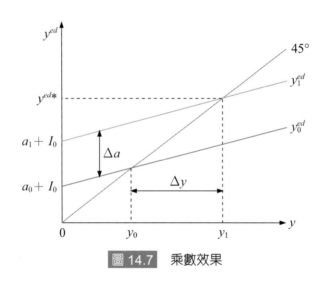

圖 14.7　乘數效果

　　經濟體系達成充分就業時，則與之對應的總產出水準，稱為充分就業總產出或是充分就業總所得。此一總產出可以看成潛在總產出水準。由**有效需求所決定的均衡總產出，則不一定會等於充分就業總產出**。以圖 14.8 二部門模型為例，如果均衡總產出小於充分就業總產出，表示此時經濟體系的生產要素並未充分就業，有資源閒置的情形發生，這也表示經濟體系內的有效需求不足，為減少資源的閒置，有效需求必須增加。**緊縮缺口**（deflationary gap）**表示為了達成充分就業的產出水準，有效需求必須增加的金額**。

　　相反地，有效需求所決定的總產出高於充分就業總產出，表示經濟體系內有效需求過高，以致於均衡總產出超過充分就業總產出，因此必須抑制有效需求，方能重回充分就業的產出水準。否則，在總產出無法再增加之情形下，將導致一般物價水準持續上漲的現象，即發生通貨膨脹。**膨脹缺口**（inflationary gap）**表示為了重新回到充分就業的產出水準，有效需求所必須減少的金額**。

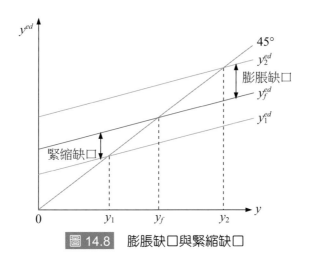

圖 14.8　膨脹缺口與緊縮缺口

FYI 專欄

擴大政府支出因應經濟衰退的實例

　　凱因斯擴大政府支出以因應經濟衰退的思想，在 21 世紀依然不見衰退。2001 年全球網路科技泡沫化，臺灣經濟成長率首度負成長，失業率創歷史新高，當時中華民國政府實施「工業區土地 006688 優惠出租措施」促進國內投資；採取擴大公共支出包括 200 億救失業、500 億救經濟、300 億整治基隆河合計 1000 億的特別預算，並親自主導「促進民間投資公共建設」三年達成 2,000 億投資，終於促使經濟有效復甦，三年平均經濟成長率達到 5.4%，失業率也從 5.17% 下降 0.73% 至 4.44%，增加 45 萬個就業機會。

　　為了因應 2008 年因美國次級房貸風暴，中華民國政府於 2009 年對國民與具有長期居留資格的住民全面發放「振興經濟消費券」。2008 年 11 月，行政院經濟建設委員會建議以發放消費券方案來促進景氣活絡。經立法院立法通過《振興經濟消費券發放特別條例》，以舉債新臺幣 858 億元（以臺灣總人口約 2,300 萬人，每人 3,600 元估算）的方式籌措財源編列特別預算。基於經濟學中的乘數效果，在鼓勵全民踴躍購買國產貨與及早消費、多次流通的期許下，學者預估發放消費券可使 2009 年臺灣的 GDP 增加約 0.66% ～ 1%。最後結果顯示：消費券的投入對國內生產毛額增加 363 億元，但中華民國政府舉債 858 億元。經建會自估消費券對於 GDP 的貢獻僅約 0.28% ～ 0.43%，替代率達六至七成，即六成至七成的花費是用以購買本來就打算購入的項目，成果低於預期。

資料來源：新聞報導、維基百科

商總籲「再發消費券」民眾冷感：沒啥幫助
https://youtu.be/V8fsocKHUVY

14.5 節儉的矛盾

節儉一向是我們稱頌的美德,但是,**根據簡單凱因斯模型,家計單位自發性儲蓄的增加,卻有可能造成實現的儲蓄數量,即事後儲蓄,無法增加,甚或減少的狀況。此一現象,經濟學者稱之為節儉的矛盾**(paradox of thrift)。

如圖 14.9,以最簡單的兩部門模型為例,儲蓄函數為 $S = -a + (1-b)y$,自發性的消費支出為 a,即自發性的儲蓄為 $-a$,預擬投資函數為 $I = I_0$,原始的均衡總產出為 y_0,實現的儲蓄 $S_0 = I_0$。

如果自發性的儲蓄增加,則儲蓄曲線向上平行移動到 S_1,則新的儲蓄曲線與預擬投資曲線所決定的均衡總產出為 y_1,在此均衡總產出下實現的儲蓄為 $S_1 = I_0$,此新的實現的儲蓄($\overline{Ay_1}$)與原有的實現的儲蓄($\overline{By_0}$)相同,均為 I_0。

由圖形所作的推理,也可以由模型加以導出,如果假設邊際消費傾向為 0.8,家計單位自發性儲蓄增加 1 單位,其自發性的消費將減少 1 單位,根據乘數效果,均衡總產出將減少 5 單位,由於邊際儲蓄傾向為 0.2,所以誘發性儲蓄會因此減少 1 單位。將自發性的儲蓄增加 1 單位與誘發性儲蓄減少 1 單位相加,實現儲蓄的數量維持不變,所以自發性儲蓄的增加並未造成實現儲蓄的增加。

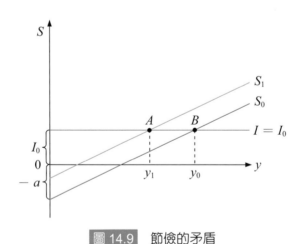

圖 14.9　節儉的矛盾

本章結論

　　簡單凱因斯模型只考慮到商品市場，並且假設一般物價水準維持固定。由於一般物價水準假設為固定，因此無法透過價格機能的調整，使經濟體系從不均衡重回均衡。在簡單凱因斯模型中，經濟體系由不均衡趨向均衡的過程，是藉著數量的調整來達成。

　　有效需求指的是將某一特定期間內，經濟體系中各部門對於最終商品的支出加總。在分析上，區分預擬總支出與實現總支出，有效需求指的是預擬的總支出。

　　均衡的達成，指的是預擬的總支出等於預擬的總產出。利用 45 度線分析法，45度線與有效需求曲線相交之處就是均衡點。當自發性的有效需求發生變動時可以導致均衡總產出倍數的變動，這就是「乘數效果」。充分就業總產出可以看成潛在總產出水準。由有效需求所決定的均衡總產出，則不一定會等於充分就業總產出。

　　如果均衡總產出小於充分就業總產出，會出現緊縮缺口，即有效需求少於達成充分就業產出水準所需有效需求的部分。

　　反之，則會出現膨脹缺口，即有效需求超過達成充分就業產出水準所需有效需求的部分。簡單凱因斯模型，在政策上，強調自發性有效需求的變動可以達成充分就業總產出水準的政策目標。換句話說，即在強調財政政策的有效性與重要性。

　　對於這一結論，秉持古典學派傳統的經濟學者們並不認同。他們的批評以及凱因斯學派的駁斥，卻不是簡單凱因斯模型可以呈現的，因此有介紹修正凱因斯模型的必要。但由於修正的凱因斯模型同時考慮了貨幣市場的均衡，因此有必要先對貨幣與金融體系進行說明，而這也就是下一章探討的主題。

Chapter 15

金融體系、貨幣供給與貨幣需求

許可達

名人名句

丹尼爾・艾爾伯特

（Daniel Alpert，生年不詳～仍在世）

　　政府補助、提供保證、放款並且准許銀行經營，是為了達到公共的目的。

研習重點

- 金融體系的分類
- 金融市場及可貸資金市場理論
- 金融中介機構
- 中央銀行的經營目標與業務
- 貨幣的定義與功能
- 貨幣總計數的衡量
- 貨幣供給與貨幣數量學說
- 存款貨幣的創造
- 貨幣需求：流動性偏好理論及新貨幣數量說

學習架構圖

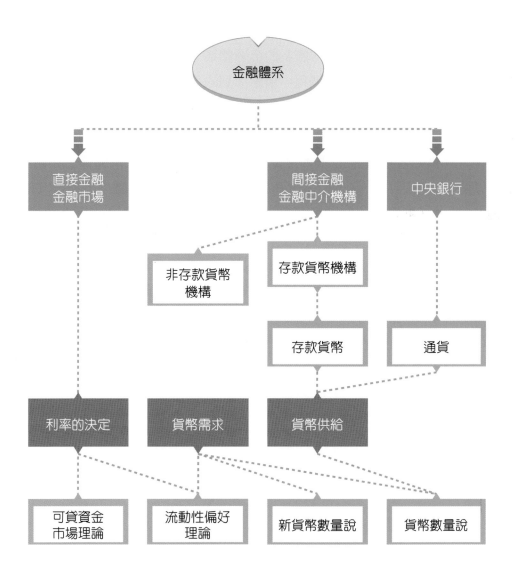

15.1 金融體系的分類

金融（finance）意指資金的融通。資金有餘單位是資金的供給者，基於投資與創造收益的緣故，他們會將多餘的資金購買資金赤字單位所發行的融通工具，這些融通工具包括：債權憑證、債券、股票、保單等。而資金的赤字單位則發行融通工具，向外尋求資金的融通，以支應其資金需求超過自有資金的部分。

資金融通的方式分為直接金融（direct finance）與間接金融（indirect finance），二者共同構成一個經濟體系的金融體系（financial system）。直接金融與間接金融的分別在於資金融通的過程中所牽涉到的不同型態的債權債務關係。

以直接金融而言，資金供給者雖然透過金融市場（financial markets）（如綜合證券商、票券公司）對資金需求者融通資金，但是不管中間融通的過程多麼複雜與迂迴，資金供給者與資金需求者之間總是有直接的債權債務關係，如圖 15.1 所示；而以間接金融而言，資金供給者將剩餘的資金存放於金融中介機構（financial intermediaries）（如銀行、保險公司等）等取得存摺、保險單等間接金融證券，金融中介單位如銀行再將此等資金貸放給資金需求者，取得債權憑證，資金供給者與資金需求者之間並不存在直接的債權債務關係，債權債務關係存在於資金供給者與金融中介機構，以及金融中介機構與資金需求者之間，如圖 15.2 所示。從這裡也可以知道，金融中介機構提供間接金融方面的服務；金融市場以提供直接金融為主要業務。

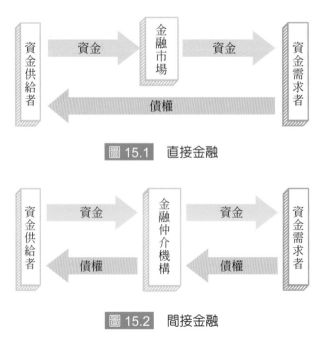

圖 15.1　直接金融

圖 15.2　間接金融

直接金融中，參與金融市場的機構例如綜合證券商、票券公司等。間接金融中，參與的機構稱為金融中介機構。金融中介機構可分為存款貨幣機構（depository institution）與非存款貨幣機構（non-depository institution）。

存款貨幣機構的特色主要可以同時承作存款與放款業務，並因此具有創造存款貨幣（deposit money）的能力，我國的存款貨幣機構包括了商業銀行、專業銀行、基層金融機構等。非存款貨幣機構則為間接金融體系中其他金融機構，這些機構無法同時承作存款與放款業務，因此並沒有創造存款貨幣的能力，如保險公司、中華郵政、信託投資公司等。

參與直接金融時，資金供給者或投資人對於資金需求者以及資金流向等，有關信用風險的資訊都必須自行查證，這也表示，資金供給者必須自行負責融通過程中有關的信用風險。但是間接金融則非如此。資金供給者參與間接金融時，並不需要對於資金需求者以及資金流向等有關信用風險的資訊有所了解，風險的承擔與資訊的收集都是金融中介機構的責任。

資金需求者經由直接金融管道取得資金的成本較低，促使資金需求者逐漸轉向以直接金融的方式融通資金。因此，直接金融在最近的十餘年有逐步興盛的趨勢，其成長率往往高於間接金融，這似乎影響了間接金融的發展，甚至令人認為間接金融有逐漸萎縮的印象。不過截至目前為止，在臺灣，間接金融仍然是遠比直接金融更為重要的資金融通管道。以下分別就金融體系的兩大支柱加以介紹。

▎15.2 金融市場

金融市場對於促進資金從沒有生產效率的經濟個體融通，到有生產效率的經濟個體極為重要，一個有效率運行的金融市場是經濟成長的必要條件。金融市場上的交易活動對於個人的財富、消費者的行為、企業的決策以及經濟體系所經歷的景氣循環都有直接的影響。金融市場上交易的標的稱為「證券」（security）或稱金融工具（financial instrument）。證券是對於證券發行人的資產或是未來所得之求償權（claim）的憑證。

15.2.1　金融市場的種類

金融市場的種類，可以區分如下：

一、依金融工具是否首次發行區分

1. 初級市場（primary markets）

指資金需求者（政府或企業）提供新發行的金融工具（股票、債券）給資金供給者（投資人）的市場，又稱為「發行市場」。當金融工具第一次發行時，又稱之為「初次發行」（initial public offering, *IPO*）。

2. 次級市場（secondary markets）

指金融工具發行之後，其後續的買賣市場，又稱之為「流通市場」。金融工具的發行固然很重要，而流通與否關係著金融工具的流動性，而流動性的高低，則是金融工具是否被普遍接受的關鍵因素。

二、依交易是否標準化區分

1. 集中市場（centralized order markets）

次級市場有兩種交易方式：集中市場與店頭市場。在集中市場中進行的交易是標準化的交易，有特定的交易時間，每次交易時以規定的標準單位倍數數量交易，在買賣雙方之間有交易所（Exchange）作為交易雙方的保證人，確保交易時雙方不會面臨交易對手違約的風險。臺灣股票市場中的集中市場與櫃台買賣交易市場都屬於此種交易方式。

2. 店頭市場（over-the-counter markets, *OTC*）

或者稱為客製化的交易。交易的時間以及交易的金額都可以根據雙方的需求加以約定。但是在店頭市場的交易並沒有交易所作為交易雙方的保證人，因此參與店頭市場交易的投資人必須自行面對交易對手違約的風險。臺灣股票市場中的興櫃市場即屬於此種交易方式。

三、依金融工具請求權區分

1. 債權市場（debt markets）

公司在金融市場籌資的方式有兩種。最常見的方式是發行債權工具，例如發行債券（bond）。債券是一種發行人與債券持有人之間的契約，在固定的時間間隔，發行者付給債券的持有人一定金額的利息（有時也包括本金），直到最後的本金付清為止。債權工具發行者對於持有人有支付本金及利息的義務。

2. 權益市場（equity markets）

第二種方式是發行權益證券，例如普通股（common stock）。普通股是對於未來利潤以及資產淨值的請求權，普通股的持有者，即股東，可能可以每年獲得股利的分配，但是不一定會如此。與債權市場不同，股權工具發行者對於持有人並沒有支付本金及利息的義務。

四、依金融工具到期的期限區分

1. 貨幣市場（money markets）

指交易之金融工具，其到期期限在一年以內者。

2. 資本市場（capital markets）

指交易之金融工具，其到期期限在一年以上者。 通常將資金到期期限在一年以內者，稱之爲「短期資金」；資金到期期限在一年以上、七年以下者，稱之爲「中期資金」；資金到期期限超過七年以上者，稱之爲「長期資金」。 換言之，貨幣市場即指上述短期金融工具交易的市場，而資本市場即指上述中、長期金融工具交易的市場。

15.2.2　古典學派的利息理論—可貸資金市場理論

金融市場中最重要的變數或是價格無疑是利率。利率是使用資金的價格或是借款的成本，由於借款目的、期限的不同以及其他借款條件的不同，因此有許多不同的利率，例如房貸利率、信用貸款利率，或是不同的債券利率。對於個人而言，如果利率很低，比較容易貸款購買住宅或是車子，因爲此時動用資金的成本很低。在另一方面，利率很低時，個人儲蓄的意願也比較低，這樣的決策會影響到日後財富的累積。對於企業而言，較低的利率表示此時動用資金進行投資，成本較低，企業會比較有意願進行新的投資案。就整個經濟體系而言，由於較低的利率帶來較高的消費以及新的投資，所以整個經濟體系的活動開始變多了。由此可以推論：利率的高低對於消費者的行爲、企業的投資決策以及整個經濟體系所面臨的景氣，諸如榮景衰退等循環現象都有很重大的影響。

對於金融市場中利率如何決定，古典學派與凱因斯學派都各自提出他們的看法。古典學派（classical school）所指的並不是一個單一的學派，它所指稱的是自1776 年 A. Smith 出版《國富論》以來，歷經 J. B. Say、D. Ricardo、J. S. Mill、A. Marshall 以及 A. C. Pigou 以來的傳統。在經濟學教科書中，常把 1936 年凱因斯發表《就業、貨幣與利息的一般理論》乙書之前的學說統稱爲古典學派。

　　古典學派有關資金供需以及利率的理論，稱爲可貸資金市場理論（loanable funds market theory）。經濟體系中，資金的需求以及資金的供給，是透過可貸資金市場來達成資金的融通。廠商部門由於投資，而有資金需求；家計單位由於儲蓄，而有資金供給。

　　可貸資金的供給與需求均與實質利率（real interest rate）有密切的關係。廠商在決定可貸資金的需求量時，受到資金成本的影響。資金成本越高，可貸資金的需求量就越低；資金成本如果越低，可貸資金的需求量就越高。而實質利率就是使用資金的成本。因此，可貸資金的需求量與實質利率呈反方向變動。換句話說，可貸資金需求量爲實質利率（即使用可貸資金之成本）之遞減函數。另一方面，家計單位在決定可貸資金供給量時，會受到可貸資金收益的影響。可貸資金收益越高，可貸資金的供給量就越高；可貸資金收益越低，可貸資金的供給量就越低。家計單位的資金收益，就是實質利率。因此可貸資金的供給量與實質利率呈同方向變動。換句話說，可貸資金供給量爲實質利率（即提供可貸資金之收益）之遞增函數。

　　圖 15.3 中表示債券市場與資金市場的均衡。縱座標爲實質利率，橫座標爲可貸資金的需求量與供給量。圖中以投資 I 代表可貸資金的需求量，以儲蓄 S 代表可貸資金的供給量。綜合前述說明，可貸資金需求曲線之斜率爲負，可貸資金供給曲線之斜率爲正，兩線相交之處構成可貸資金市場之均衡點，即決定了均衡可貸資金之金額（$I^* = S^*$）與均衡之實質利率（r^*）。

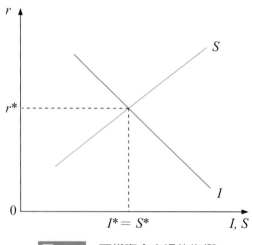

圖 15.3　可貸資金市場的均衡

▎15.3 金融中介機構

金融體系的功能在於提供資金供給者，與資金需求者之間資金融通的管道。由於資金供給者與資金需求者從事資金融通時，可能因為融通的金額、融通的期限、資金需求者的還款能力及意願等，無法獲得共識，因此，藉由金融體系功能的發揮，在於提供資金供給者與資金需求者之間共識達成的管道。

金融中介機構的解決之道，在於它們具有對擬放款對象的相關資訊的蒐集、篩選及已放款客戶的監督的專業知識，特別是金融中介機構相較於家計單位的資金供給者，在資訊收集與監督的平均成本上有規模經濟的效果，從而能輕易解決此一存在於資金供給者與資金需求者之間的重大問題。

資訊是一種需要成本去取得的商品。在市場的買方必須蒐集交易商品的價格與品質的資訊，在蒐集資訊時，可能必須放棄其他的活動，因而產生機會成本。這些機會成本可能會影響買方的購買意願，因此賣方可利用管道提供資訊來提高買方的成交意願。但是這種情況表示，在交易中互動的雙方可能擁有交易對手所不知道的訊息，這些訊息稱為私人資訊（private information）。擁有私人資訊者自然是具有優勢的一方，此種情況可稱為資訊的不對稱（information asymmetry）。

私人資訊的存在自然會影響到交易的進行，在資訊不對稱性存在時，參與交易的一方往往會對另一方沒有提供充分的資訊以供作為正確決策的基礎。資訊的不對稱所產生的逆選擇與道德風險都在資金融通的市場上產生資訊成本。金融中介機構則能減少因資訊不對稱性而產生的資訊成本。

金融中介機構的功用在於提供資金供給者一個共同承擔風險的平台，且降低由於資訊不對稱而產生的資訊成本。金融中介機構可以較許多其他的途徑更有效的解決資訊不對稱的問題。如果一般的家計單位與金融中介機構都可以運用某種途徑來解決資訊不對稱問題時，金融中介機構由於享有規模經濟的優勢，一般都可以更有效率的循相同途徑解決。金融中介機構處在資金的供給者以及資金的需求者間協助他們，以間接金融方式進行資金的融通，此為傳統上最主要的融資方式。

15.4 中央銀行的經營目標與業務

中央銀行（central bank）基本上名稱分為兩大類：一者以國家為名，表示其代表國家，是政府的銀行，也是銀行的銀行；二者以準備為名，反應央行存在的原意是提供準備及流動性，扮演最後貸款者角色。早期大部分國家的中央銀行由商業銀行演變而來。17 世紀只有瑞典與英國有中央銀行。

最早設立中央銀行的目的在，對政府提供融資，獨占紙幣發行權利，以及幫助金融體系發展。19 世紀以後，中央銀行的任務在維持本國通貨對外價值及維持金融體系穩定。1930 年代以後，中央銀行的任務又包括促進充分就業以及追求最大總產出。我國中央銀行法明定經營之目標為：一、促進金融穩定、二、健全銀行業務、三、維護對內及對外幣值之穩定、四、於上列目標範圍內，協助經濟之發展。

中央銀行的業務首先為發行貨幣的銀行。以我國而言，中央銀行發行之貨幣為國幣，對於中華民國境內之一切支付，具有法償效力。中央銀行於必要時得分區委託公營銀行代理發行貨幣，視同國幣；其有關發行之資產與負債，均屬於中央銀行。例如，1961 年 7 月 1 日中華民國中央銀行在臺復業，依照「中央銀行在臺灣地區委託臺灣銀行發行新臺幣辦法」，由中央銀行委託臺灣銀行發行，紙幣上印「臺灣銀行」字樣，法定地位比照國幣。1992 年原「銀元及銀元兌換券發行辦法」公告廢止，作為國幣之銀元喪失發行法源。由於國幣依中央銀行法規定由中央銀行發行，於是在 2000 年 7 月 1 日訂頒「中央銀行發行新臺幣辦法」，停止委託臺灣銀行發行，將新臺幣正式訂為中華民國國幣。作為發行的銀行，中央銀行提供適當的通貨數量，以及提供適當的鈔券組合。

其次，中央銀行有代理國庫的職能，為政府的銀行。中央銀行經理國庫業務，經管國庫及中央政府各機關現金、票據、證券之出納、保管、移轉及財產契據之保管事務。當然，我國龐大的外匯存底也是由中央銀行管理，因此，中央銀行也是外匯的管理者。

再者，中央銀行也是銀行的銀行，對一般銀行融通資金，扮演最後貸款者（Lender of Last Resort）的角色。商業銀行在欠缺資金時可以向其他銀行尋求融通，或者是向中央銀行尋求融通，其主要考慮因素為資金成本何者較低。

目前中央銀行最重要的業務為扮演貨幣政策執行者。作為貨幣政策執行者的角色奠基在銀行的銀行、與貨幣政策執行者的角色之上。中央銀行可以進行公開市場操作、訂定各種存款準備金比率，或是藉著訂定重貼現率（rediscount rate）及其他融通利率，以影響貨幣的數量或是價格，即利率。

經濟小百科

非中央銀行的央行

　　貨幣發行局（Currency Board）可以是私人機構也可以是政府機關，可以發行當地的貨幣，接受他人以固定比率將準備貨幣轉換為當地貨幣。在一個經濟體中，可能有不只一個貨幣發行局。當這種情況發生的時候，就會有兩種以上互相競爭的貨幣。任何人都可持準備貨幣去換發當地貨幣，而且可以當地貨幣以固定匯率兌換回準備貨幣。當地貨幣的價值釘住準備貨幣，在外匯市場上的匯率也不會偏離太遠。在這樣的系統下，貨幣發行局決定當地貨幣與準備貨幣的匯率給外匯市場有所遵循，而不是反其道而行。如果準備貨幣對其他貨幣的匯率有所波動，當然當地貨幣的匯率也會有所波動。

　　在貨幣發行局的制度下，央行將不存在。相反的，貨幣發行局發行可隨時轉換的貨幣，且可依固定比率轉換為外國準備貨幣。貨幣發行局保有以準備貨幣計價的高品質、附利率證券以作為準備金。其準備金將百分之百等於流通的通貨。但是，貨幣供給額並無法百分之百以準備貨幣為準備。

　　由於成功的貨幣發行局很少會需要以準備貨幣贖回其發行的通貨，所以他們可以準備貨幣購買以準備貨幣計價的高品質、附利率證券，賺取利息收入。

　　貨幣發行局無法決定貨幣供給額，而是由市場力量來決定貨幣的供給。只有在市場上有對當地貨幣的需求出現，以準備貨幣兌換當地貨幣時，才能發行當地貨幣。因此也無法以借款給政府的方式來增加貨幣供給額。而且，貨幣發行局也無法扮演銀行體系最後貸款者的角色。

　　在過去的 150 年間，超過 70 個國家（主要為前英國殖民地）已成立貨幣發行局。只要他們繼續保有貨幣發行局，所有國家就擁有與發行準備貨幣之國家相同的通貨膨脹率，且成功的維持依固定匯率轉換成準備貨幣的可轉換性。

　　新加坡屬於貨幣發行局系統，直到 1972 年，其準備貨幣為英鎊，其後為美元。1983 年柴契爾夫人的首席經濟顧問 Alan Walters 於香港創立了一個「外匯基金」，即香港的貨幣發行局，1988 年以後香港逐漸將貨幣發行局向中央銀行發展。

　　1950 年代與 1960 年代偏好中央銀行的風潮犧牲了許多國家的貨幣發行局，另外，貨幣發行局常被錯誤地視為殖民主義的表徵。

FYI 專欄

美國曾經的中央銀行與聯準會

美國最早具有中央銀行職能的機構是 1791 年批准的美國第一銀行和美國第二銀行。美國第一銀行得到了 20 年的營業授權。美國第二銀行（Second Bank of the United States）在 1816 年獲得營業授權，即美國第一銀行失去授權之後 5 年。與第一銀行一樣，美國第二銀行也得到了 20 年的營業授權，最初的總部也設在費城木匠廳，也在全國各地設分支機構，也未能延長其營業授權，第二銀行在 1841 年破產，破產前 5 年是一個普通銀行。1836 年「美國第二銀行」執照到期，總統安德魯．傑克遜並沒有對其延長執照。此時美國沒有任何形式上的中央銀行。

1837 年之後美國並沒有正式的中央銀行，這個期間美國銀行體系與歐洲最大的不同是沒有中央銀行，人們一直認為美國經濟即使沒有中央銀行也是堅不可摧的。1907 美國發生金融大恐慌，也被稱為 1907 年美國銀行危機或尼克伯克危機。1907 年破產率達到歷史第二高，工業產量的下降比以往任何一次銀行擠稅後都要嚴重。產量下降了 11%，進口下降了 26%，與此同時失業率從不到 3% 上升到了 8%。1907 年移民數量是 1,200 萬，2 年後下降到了 75 萬。在處理危機的過程中，最負盛名的的銀行家 J. P. 摩根自掏腰包押上了大量金錢為市場注入流動性，並說服紐約的其他銀行家也照做。1913 年 12 月 23 日國會通過了聯邦儲備條例，威爾遜總統立即簽署然後法律頒布成立了聯邦準備系統。

資料來源：改寫自維基百科

《華爾街》第 03 集：兩條道路
https://youtu.be/cANjqcKBaLo

▌15.5 貨幣的概念

15.5.1　貨幣的定義與功能

貨幣的法律上標準，係指貨幣的法償能力（legal tender power），**具有無限法償**（unlimited legal tender）**的資格，此為貨幣的充分條件**。因此具有法償能力的貨幣，即稱之為法定貨幣。法定貨幣係由法律強制規定其具有流通能力，任何人均不得拒絕其用來支付債務，亦不得要求債務人非以其他非貨幣型態之工具來支付不可。

由於貨幣具有概念上與法律上的標準，使得貨幣可以在市場上流通，因而購買力由貨幣原擁有者流向另外一位貨幣擁有者。由此觀之，貨幣就如 M. Friedman

所說的「貨幣是購買力的暫時留駐所」（Money is a temporary abode of purchasing power）。

在了解貨幣的重要性與貨幣的定義之後，接著要進一步說明貨幣的功能。整體而言，**貨幣具有交易的媒介、價值的標準、延期支付的標準與價值的貯藏等四種功能**。現在，就分別針對這四種功能說明如下：

1. 交易的媒介（**medium of exchange**）

    貨幣最重要的一項功能，就是作為物品與物品之間的交易媒介。因為在貨幣尚未形成的原始社會，或稱為以物易物的社會（barter economy），由於個人不能生產所有的物品，因此，若需要別人的生產物品時，必須用物物交易的方式來進行。然而，交易發生必須基於交易品的需求與供給的一致性，也就是需求者與供給者須具有「雙方欲望的疊合」（double coincidence of wants），否則交易即無從發生。因此，整個社會必須浪費相當多的時間從事尋找交易對象的工作。此時，若能引進交易雙方彼此同意的物品作為交易的媒介，即可有效解決此一問題。於是乎，貨幣乃應運而生。

2. 價值的標準（**standard of value**）

    貨幣的第二個獨特功能就是「價值的標準」，貨幣是進行商品交易時的度量標準。在原始經濟社會，因為缺少共同的單位標準作為測量財貨與勞務的相對價值，也就是沒有計價的單位（unit of account），致使物品無法分割，交換比率變得極為複雜。例如，只有兩種物品（A, B）時，其交換比率只有一個（$A.B$），當有三種物品（A, B, C）時，其交換比率有三個（$A.B$）（$A.C$）（$B.C$）；但有四個物品要交換時，其交換比率多達六個。申言之，有 N 種物品在兩人之間交換時即有 $[N(N-1)/2]$ 個交換比率。試想此時花在取得交易情報的資訊成本（information cost）與進行交易的交易成本（transaction cost）將是多麼的昂貴。

    解決此一問題的方法就是將貨幣引進經濟社會，並且讓所有的物品的計價都以貨幣單位來表示。如此一來，資訊成本與交易成本均可大幅降低，對日趨複雜的經濟社會，其益處更為彰顯。

3. 延期支付的標準（**standard of deferred payment**）

    在經濟發達的社會，人們因收支時點不同，必須藉助於債權的形成、債務的調度以為因應，而有許多信用交易產生，例如住宅建築貸款、汽車貸款、生產設備貸款等。此類信用交易都須在未來的時點支付或收取價款，而價款則以貨幣單位計算，所以貨幣所具有之延期支付標準的功能也益顯重要。

4. **價值的貯存（store of value）**

　　貨幣的延期支付功能使每個人的收入與支付的時點不須同時，所以個人未支用的所得可用貨幣形式保存到未來使用，此即貨幣所具有之價值儲存的功能。具體言之，貨幣容易保存，可儲存作為投資企業或購置其他資產之用，故有價值貯藏或財富貯藏的功能。而且貨幣是所有資產中流動性最高的一種，無須轉換成其他交易工具即可從事交易活動。因此，伴隨著流動性之需求，人們有極高的意願持有貨幣。

貨幣價值的來源－道格‧萊文森（中文字幕）
https://youtu.be/XNu5ppFZbHo

15.5.2　貨幣總計數的衡量

　　中央銀行在統計經濟體內的貨幣供給，或者以中央銀行的用語，貨幣總計數（monetary aggregates）時，**其目的在衡量經濟體系的整體支付能力**，因此只有能代表經濟體系的支付能力的項目才應被列計。在性質上，貨幣總計數是一個存量的概念。

　　中央銀行使用多種貨幣總計數來衡量貨幣的多寡。其一為 M_{1A}，此定義著重於從事交易與清算債務時，最為人們所樂意接受的金融工具，並將這些金融工具納入貨幣總計數衡量的範圍：

$$M_{1A} = 通貨淨額 + 支票存款 + 活期存款 \qquad （式 15.1）$$

　　M_{1A} **包括通貨淨額、支票存款與活期存款等三項。** 其中，通貨淨額指的是央行通貨發行額扣除銀行及郵局的庫存現金，因為銀行及郵局的庫存現金並不代表經濟體系中現行的支付能力。

　　在存款貨幣機構業務的發展中，許多銀行發行比支票存款或是活期存款利率為高的金融商品，而且這些商品的流動性並不亞於支票存款與活期存款，因此這些較晚近發展的金融商品也同樣代表經濟體系的支付能力。這些金融商品當中，較具代表性的是美國的 NOW 帳戶（negotiable order of withdrawal accounts）。財政部於民國 70 年取消活期儲蓄存款每半年提款不得超過 19 次之限制，活期儲蓄存款在我國實質上已與活期存款相當，我國央行也因此採用 M_{1B} 將活期儲蓄存款計入貨幣總計數的衡量。換言之，M_{1B} **的定義是** M_{1A} **所含的項目，再加上活期儲蓄存款：**

$$M_{1B} = 通貨淨額 + 支票存款 + 活期存款 + 活期儲蓄存款 \qquad (式\ 15.2)$$

M_{1A} 或 M_{1B}，**也稱爲狹義貨幣供給**（narrow money supply）。**支票存款、活期存款、活期儲蓄存款稱爲存款貨幣**（deposit money），因爲它們都是存款貨幣機構所能夠創造出來的貨幣，至於通貨則是指中央銀行創造的貨幣。通貨淨額佔 M_{1B} 的比例大約只有 10% 左右，佔最大宗的是存款貨幣機構創造出來的貨幣。但須指出者，存款貨幣機構所能創造貨幣數量的多寡，取決於中央銀行之貨幣政策，詳本章第 7 節之說明。

自 1990 年起，因活期存款與短天期定期存款之替代性大爲提高，導致 M_{1B} 呈現極端的不穩定，亦喪失與經濟活動的緊密關係，自此央行逐轉而強調 M_2 的重要性。與 M_{1B} 相比，M_2 多了準貨幣（quasi money）。**堪稱準貨幣的金融性資產必須很容易轉換成狹義貨幣**，包括：

1. 定期存款。
2. 可轉讓定存單。
3. 定期儲蓄存款。
4. 外幣存款。
5. 外匯存款（包括外幣活存、定存、外幣定期存單）。
6. 外國人新臺幣存款。
7. 重購回協定。
8. 郵局儲金。

$$M_2 = 通貨淨額 + 存款貨幣 + 準貨幣 \qquad (式\ 15.3)$$

M_2 **也被稱爲廣義貨幣供給**（broad money supply），其中佔最大比例的爲準貨幣，約佔廣義貨幣 70% 左右，準貨幣中又以定期存款佔最大宗，約佔準貨幣 70% 左右。M_{1A}、M_{1B} 與 M_2 各有其特定的用途。有關我國各個定義之下貨幣總計數的變化以及其構成成分之改變，詳見表 15.1、表 15.2：

表 15.1　我國貨幣總計數（日平均數）

單位：百萬元（新臺幣）

民國	貨幣機構與中華郵政公司儲匯處以外各部門持有通貨	存款貨幣	準貨幣	貨幣總計數		
				M_{1A}	M_{1B}	M_2
88 年	544,508	3,508,078	12,933,634	1,674,024	4,052,585	16,986,220
89 年	561,471	3,920,026	13,701,119	1,797,276	4,481,497	18,182,617
90 年	554,971	3,880,815	14,800,195	1,712,971	4,435,786	19,235,981
91 年	553,815	4,636,595	14,727,862	1,860,031	5,190,410	19,918,273
92 年	597,627	5,206,268	14,865,900	2,069,908	5,803,895	20,669,795
93 年	671,942	6,233,496	15,303,848	2,506,628	6,905,439	22,209,286
94 年	742,546	6,653,249	16,194,882	2,698,274	7,395,795	23,590,678
95 年	781,381	7,006,146	17,269,531	2,852,708	7,787,527	25,057,057
96 年	802,126	7,487,071	17,833,533	3,046,597	8,289,198	26,122,731
97 年	830,785	7,214,988	18,774,365	3,076,242	8,045,773	26,820,137
98 年	908,095	8,468,444	19,376,597	3,487,682	9,376,539	28,753,137
99 年	995,656	9,780,971	19,189,428	3,993,624	10,776,627	29,966,056
100 年	1,093,675	10,454,111	20,166,095	4,316,200	11,547,786	31,713,881
101 年	1,189,332	10,757,388	21,090,927	4,469,216	11,946,720	33,037,647
102 年	1,305,551	11,510,216	21,800,920	4,878,347	12,815,767	34,616,687
103 年	1,430,564	12,405,508	22,740,614	5,329,800	13,836,072	36,576,685
104 年	1,545,331	13,134,635	24,214,088	5,678,043	14,679,966	38,894,054
105 年	1,656,500	13,953,344	25,037,053	6,081,693	15,609,843	40,646,896
106 年	1,772,482	14,563,830	25,834,464	6,282,064	16,336,311	42,170,775
107 年	1,907,194	15,298,062	26,448,166	6,707,898	17,205,256	43,653,422
108 年	2,074,502	16,360,983	26,728,254	7,150,959	18,435,485	45,163,739

資料來源：中華民國臺灣地區金融統計月報，中央銀行。

表 15.2　我國貨幣總計數構成成分比例

民國	通貨淨額占 M_{1B} 比例	通貨淨額占 M_2 比例	存款貨幣占 M_2 比例	準貨幣占 M_2 比例
88 年	0.13	0.03	0.21	0.76
89 年	0.13	0.03	0.22	0.75
90 年	0.13	0.03	0.20	0.77
91 年	0.11	0.03	0.23	0.74
92 年	0.10	0.03	0.25	0.72
93 年	0.10	0.03	0.28	0.69
94 年	0.10	0.03	0.28	0.69
95 年	0.10	0.03	0.28	0.69
96 年	0.10	0.03	0.29	0.68
97 年	0.10	0.03	0.27	0.70
98 年	0.10	0.03	0.29	0.67
99 年	0.09	0.03	0.33	0.64
100 年	0.09	0.03	0.33	0.64
101 年	0.10	0.04	0.33	0.64
102 年	0.10	0.04	0.33	0.63
103 年	0.10	0.04	0.34	0.62
104 年	0.11	0.04	0.34	0.62
105 年	0.11	0.04	0.34	0.62
106 年	0.11	0.04	0.35	0.61
107 年	0.11	0.04	0.35	0.61
108 年	0.11	0.05	0.36	0.59

資料來源：中華民國臺灣地區金融統計月報，中央銀行。

15.6 貨幣供給與貨幣數量學說

15.6.1 存款貨幣的創造

從表 15.2 中，可以清楚的看出，**代表經濟體系的支付能力的貨幣總計數有一大部分是由存款貨幣以及準貨幣構成**。不管是存款貨幣或是準貨幣均是可以由銀行，或者是存款貨幣機構加以創造。以存款貨幣的創造爲例，銀行可經由兩個步驟創造存款貨幣，茲進一步說明如下：第一個步驟爲原始存款（primary deposits），假定某甲存入第一銀行現金 1,000 元，則該銀行的資產負債表會出現如下的變化：

第一銀行資產負債表

資產		負債
現金	(+)1,000 存款貨幣	(+)1,000

從上列 T 字帳可以得知：原始存款的增加，可使存款貨幣作等額的增加，但貨幣總計數維持不變。因爲，經濟體系中通貨淨額減少了 1,000 元，同時存款貨幣增加了 1,000 元。第二個步驟稱爲引申存款（derivative deposits），假定第一銀行對某甲放款 1,000 元，則該銀行的資產負債表會出現如下的變化：

第一銀行資產負債表

資產		負債
放款	(+)1,000 存款貨幣	(+)1,000

從上列 T 字帳可以得知：引申存款使銀行的資產與負債同時增加，但主動權在銀行手中，且會改變貨幣總計數。因爲放款的增加並不會影響任何構成貨幣總計數的項目，但存款貨幣的增加卻會造成貨幣總計數的增加。這裡可以引申出：**銀行以及其他的存款貨幣機構有主動創造存款貨幣，增加貨幣總計數的能力**。

爲了對存款貨幣的創造作一番更詳盡的說明，我們先作一些讓推論能夠簡化的假設：首先，假設全體金融體系只有一家獨占銀行。其次，假設貨幣總計數 M 僅包括存款貨幣 D，不包括通貨，因此 $M = D$。再其次，獨占銀行會放足貸款，無超額準備 ER，即 $ER = 0$。最後則假設家計部門以及廠商不持有現金、定期存款等準貨幣。我們假定存款貨幣的創造，源自中央銀行融通資金 1,000 元予獨占銀行，獨占銀行資產負債表首先有了如下的變化：

獨占銀行資產負債表

準備金	(+)1,000	央行借款	(+)1,000

　　憑著來自中央銀行的借款，獨占銀行從事放款的業務，將所獲得的資金全數貸放，收到貸款 1,000 元之收受者，將該等款項存入獨占銀行，即獨占銀行同時創造了等額存款貨幣 1,000 元。此時，獨占銀行資產負債表會出現如下的變化：

獨占銀行資產負債表的變化

準備金 ΔR	(+)1,000	央行借款	(+)1,000
放款 $\Delta L = \Delta R$	(+)1,000	存款貨幣 $\Delta D = \Delta R$	(+)1,000

　　但在存款貨幣增加的同時，獨占銀行也必須遵守中央銀行的規定，**為存款貨幣提存存款準備金**（deposit reserve），**稱為應提準備。應提準備通常佔存款貨幣的一定百分率，此一百分率稱為法定準備率**（required reserve ratio）。假設法定準備率（r）為 20%，表示該獨占銀行應提準備金為 200 元，其餘的 800 元準備金稱為超額準備。於是乎，獨占銀行資產負債表出現如下的變化：

獨占銀行資產負債表的變化

應提準備 $\Delta R \times r$	(+)200		
超額準備 $\Delta R \times (1-r)$	(+)800	央行借款	(+)1,000
放款 (1) ΔR	(+)1,000	存款貨幣 ΔR	(+)1,000

　　獨占銀行可以利用超額準備進行第二階段放款 800 元，然後提存應提準備金 360 元（即原提準備金 200 元與新提準備金 160 元兩者之和），超額準備為 640 元，獨占銀行資產負債表乃出現以下的變化：

獨占銀行資產負債表的變化

應提準備 $[\Delta R + \Delta R \times (1-r)] \times r$	(+)360		
超額準備 $\Delta R \times (1-r)^2$	(+)640	央行借款	(+)1,000
放款 (1) ΔR	(+)1,000	存款貨幣 (1)	(+)1,000
放款 (2) $\Delta R \times (1-r)$	(+)800	存款貨幣 (2) $\Delta R*(1-r)$	(+)800

　　獨占銀行又可以利用超額準備 640 元進行第三階段放款，如此進行到超額準備降至零為止。假定到第 N 階段，超額準備為 0。則獨占銀行創造的存款貨幣將會累計為

$$\Delta D = \Delta R + \Delta R \times (1-r) + \cdots + \Delta R \times (1-r)^{N-1} = \frac{1}{r}\Delta R \times [1-(1-r)^N] \qquad （式 15.4）$$

若 N 為無限大，則（15.4）式可改寫如下：

$$\begin{aligned}
\Delta D &= \Delta R + \Delta R \times (1-r) + \Delta R \times (1-r)^2 + \Delta R \times (1-r)^3 + \cdots \\
&= \Delta R[1 + (1-r) + (1-r)^2 + (1-r)^3 + \cdots] \\
&= \Delta R \times \frac{1}{r}
\end{aligned}$$

（由無限等比級數公式：$1 + a + a^2 + a^3 + \cdots = \dfrac{1}{1-a}$，令 $a = 1-r$，即可求得）

依假設，貨幣總計數僅包括存款貨幣，因此 $\Delta M = \Delta D$。（15.4）式因此可以改寫為：

$$\Delta M = \frac{1}{r} \times \Delta R$$

定義 $m = \dfrac{1}{r}$，m 稱為貨幣創造乘數（money multiplier）。

$$\Delta M = m \times \Delta R \qquad （式 15.5）$$

中央銀行如果當初釋出 1,000 元，法定準備率為 20%，最後存款貨幣創造的總額將是 5,000 元（$\Delta M = \dfrac{1}{r} \times \Delta R = \dfrac{1}{0.2} \times 1,000 = 5,000$）。由（15.5）式也可以得知：**「法定準備率 r 越高，存款貨幣創造乘數乘數就越小。」**

　　與上述獨占銀行情形類似，如果銀行體系係由多家存款金融機構所構成，則收到貸款人支付款項之收受人，回存的對象不再是獨占銀行，而是與它有來往的銀行。但是，與它有來往之銀行，亦須依中央銀行之規定提列準備金，因而超額準備即為存款準備金額減去法定準備，而後該銀行再將該筆超額準備從事貸放。具體言之，**由多家存款機構構成之銀行體系，其創造存款貨幣的過程，與單一獨占銀行完全相同，不再贅述。**

　　在上述存款貨幣創造的過程裡，可以發現：中央銀行控制法定準備率，即可以影響存款準備金的多寡；存款金融機構可以控制超額準備的多寡，即貸款的上限；

家計單位以及廠商等申貸單位決定存款金融機構實際貸放數量。因此，**貨幣總計數是由「中央銀行」、「商業銀行」、以及「家計部門與廠商」三群行為主體共同決定的**。只不過，基於中央銀行所扮演的主導性角色，在理論的推導中，為了簡單起見，我們通常會假定中央銀行可以完全控制貨幣總計數。最後要注意的是，並不是所有的金融中介機構都能夠創造存款貨幣，**只有存款貨幣機構才擁有創造存款貨幣之能力**。

15.6.2　貨幣數量學說

　　對於存款貨幣的創造有所了解後，可能有人會問：貨幣供給的改變對於經濟活動有何影響？古典學派對於貨幣的基本看法是：貨幣只是覆蓋在實質經濟活動上的一層面紗，對於實質經濟活動並無影響。更精確地說，貨幣供給量的變動對實質變數並無影響。此一基本信念稱為貨幣的中立性（neutrality of money）。進一步言，這層面紗還阻礙我們看清楚實質經濟活動的運作過程，這樣的看法係從貨幣數量學說（quantity theory of money）推論而來。

　　貨幣數量學說其實有多種類型，其假設與結論均不盡相同。最初的類型稱為 Irving Fisher 交易方程式（Fisher equation of exchange），它的主要假設認為貨幣的主要功能在於交易。交易方程式可用（15.6）式表示如下：

$$M \times V_T = P \times T \qquad\qquad (式 15.6)$$

M：貨幣流通數量　　　　　　　　　　V_T：貨幣交易流通速度
P：商品平均價格水準　　　　　　　　T：總交易量，包括中間產品與最終產品

　　交易方程式表示貨幣流通總量等於交易總值。貨幣流通總量等於貨幣流通數量乘以貨幣交易流通速度；交易總值等於商品平均價格水準乘以交易量之總和。交易方程式本身為一恆等式。

　　舉例而言，如一個經濟體在一個年度當中，只對衣服、水果與稻米進行單次交易，而這三種商品之平均價格為 1,000 元，則該經濟體之商品交易總值為每次交易金額（即 1,000 元）乘以交易次數（即 3 次），即 3,000 元，有如（15.6）式右所示。如上述交易行為，係透過面額為 1,000 元之貨幣進行，則貨幣易手之次數為 3 次，如係透過面額為 500 元之貨幣進行，則貨幣易手之次數為 6 次。貨幣易手之次數，稱為貨幣的流通速度。故交易之總值可表為貨幣供給量乘以貨幣流通速度，有如（15.6）式所示。

由於交易方程式是一條必然相等的恆等式，並無法構成任何學說。但如加上一些適當的假設，則可以導出貨幣數量學說的主要結論。首先，假設貨幣數量 M 為外生變數，為貨幣當局所控制；其次，假設貨幣流通速度 V_T 為固定；最後，假設經濟體系達到充分就業，生產力短期間不變，因此總交易量 T 維持不變。式中的 V_T 與 T 均為常數，因此 M 如果發變動，會導致 P 同方向同比例的變動，這就是貨幣學說的主要內容。

由於經濟體系的總交易量與商品平均價格水準難以衡量，我們可以只針對最終的商品來作分析，亦即將總交易量易換為實質總產出，並將商品平均價格水準易換為一般物價水準，此時，貨幣流通速度改稱為貨幣所得流通速度。此種貨幣數量學說稱為所得型的交易方程式。採用上述經過修正的假設，在所得期間內，交易媒介的貨幣需求可用（15.7）式表示：

$$M_d \times V_y = P \times y = Y \qquad (式 15.7)$$

M_d：貨幣流通數量　　　　　　V_y：貨幣所得流通速度
P：一般物價水準　　　　　　　y：實質總產出
Y：名目總產出

所得型的交易方程式強調為購買構成總產出之最終商品而保有貨幣的數量。在貨幣市場均衡時，貨幣供給 M 等於貨幣需求 M_d。因此，所得型的交易方程式可改寫為：

$$M \times V_y = P \times y \qquad (式 15.8)$$

如果再加上一些適當的假設，則可以導出與交易方程式相似的結論。首先假設貨幣數量 M 為外生變數，為貨幣當局所控制；其次假設貨幣所得流通速度 V_y 為固定；最後假設經濟體系達到充分就業，生產力短期間不變，因此實質總產出額維持為充分就業總產出 y_f。所得型的交易方程式可改寫為：

$$M \times V_y = P \times y_f \qquad (式 15.9)$$

此時，即可得到貨幣數量說的主要結論：在經濟體系內貨幣流通速度、實質總產出與貨幣供給無關之假設前提下，貨幣供給的變動勢必導致一般物價水準同方向同比例的調整。此一結論可用圖 15.4 加以說明。縱軸 P 為一般物價水準，橫軸 y 為

實質總產出或實質國內生產毛額。在總產出
為充分就業總產出 y_f 及貨幣所得流動速度 V_y
均維持不變的假定之下當貨幣供給量為 M_0
時，所決定的一般物價水準為 P_0，當貨幣供
給增加為 M_1 時，所決定的一般物價水準則
增加為 P_1。換言之，一般物價水準的變動與
貨幣供給量的變動，其間存有等比例的變動
關係。

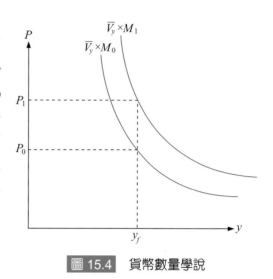

圖 15.4　貨幣數量學說

15.7 貨幣需求

15.7.1　凱因斯的貨幣需求理論—流動性偏好理論

　　貨幣數量學說同時代表古典學派的貨幣供給與貨幣需求理論。凱因斯有關貨幣
需求與利率的理論稱為流動性偏好理論（liquidity preference theory）。古典學派的
可貸資金理論認為利率水準由債券市場上決定，並且只考慮債券市場。流動性偏好
理論則同時考慮債券市場與貨幣市場，不過應用華爾拉斯法則，由於此二市場互相
關聯，當貨幣市場均衡時，債券市場也會同時達到均衡，因此認為利率的水準是由
貨幣市場決定。

　　惟此處的貨幣市場與一般金融市場分析中所謂的貨幣市場在意義上有所不同：
金融市場分析中所謂的貨幣市場，指的是融資工具到期期限在一年以下的金融市場；
而流動性偏好理論中所謂的貨幣市場，指的是對於貨幣總計數的需求與供給。經濟
個體根據對其目前消費與未來消費的時間偏好態度，以及所得限制，決定當期消費
與儲蓄。當期消費則依商品相對價格，分別購買各種商品，依據在個體經濟學效用
理論中所推導出來的，每一元所購買的各種商品的邊際效用必須相同，以達到效用
極大。此種因當期消費而對貨幣產生需求，形成「交易性」與「預防性」貨幣需求。

　　依凱因斯，交易動機（transactions motive）可再分為所得動機與營業動機：出
於所得動機的貨幣需求必須依所得水準與收支時距長短而定；出於營業動機的貨幣
需求，指廠商為僱用生產要素與購買原料，必須保有貨幣來應付各項成本支出。因
營業收入不確定，故需保有貨幣來作為週轉之用。凱因斯在處理交易動機的貨幣需
求函數時，將這兩動機合併處理。交易性貨幣需求為在確定的狀況下，經濟個體面

臨可預期的收支缺口時，必須保有的貨幣；預防性的貨幣需求為在不確定的狀況下，經濟個體面臨不可預期的收支缺口時，必須保有的貨幣。

依凱因斯的說法，預防性貨幣需求，與交易性貨幣需求相同，均是所得的函數，隨著所得的增加（減少）而增加（減少）。交易性與預防性貨幣需求，兩者合稱活動餘額（active balance），活動餘額與總產出或所得的關係，可用（15.10）式表示：

$$L_T = L_T(y)，L_T' > 0 \qquad\qquad （式 15.10）$$

L_T：活動餘額上式表示 L_T 與 y 同向變動，即 y 增加時，L_T 亦增加。為了簡化說明起見，可假設 L_T 曲線可表為 $L_T = ky$，如圖 15.5 所示。而且，假設 $k > 0$。

經濟個體決定跨期消費後，其次選擇保有儲蓄的形式，流動性偏好理論假設有貨幣與債券兩種方式，經濟個體必須在這兩種方式中作選擇，由此產生的貨幣需求稱為投機性動機（speculative motive）的貨幣需求，也可稱為閒置餘額（idle balance）。保有貨幣，即擁有流動性之機會成本，為喪失購置債券之收益。

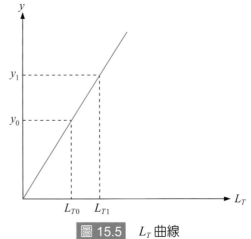

圖 15.5 　L_T 曲線

債券的價格與利率水準呈反向的關係，也就是說當利率下降（上升）時，債券的價格會上升（下降）。凱因斯認為每個經濟個體心目中都有一個常態性的利率水準，作為衡量市場目前利率是偏高，或偏低，這一常態性之利率也稱為臨界利率。當市場利率水準大於臨界利率的水準（如圖 15.6 的 r_C），表示經濟個體預期市場利率將下降。換句話說，此一經濟個體，預期債券價格將上漲，為求享有資本利得，故手中資產悉數以債券形式保有，即貨幣需求量減至零。而當市場利率水準小於臨界利率時，表示經濟個體預期市場利率將上升。換句話說，此一經濟個體，預期債券價格將下降，故停止債券之購買，而將手中資產全部以貨幣形式保有。以經濟個體而言，其流動性需求由兩段斷裂之線段所構成（Ar_C 與 BC），如圖 15.6 所示。

如以整個經濟體系而論，每個經濟個體心目中的常態性的利率水準並不相同，在水平加總之下，經濟體系的投機性貨幣需求將會是一條平滑的曲線（L_S）。如果目前市場利率在一個比較低的水準，會有比較多的經濟個體認為市場利率將會超越

目前的水準，預期債券的價格將會下跌，則整個經濟體系將減少債券的持有與增加貨幣的需求量。如果目前市場利率處在一個比較高的水準，會有比較多的經濟個體認為未來市場利率將會低於目前的水準，預期債券的價格將會上漲，則整個經濟體系將增加債券的持有，而減少貨幣的需求量。水平加總之後，經濟體系的投資機性貨幣需求曲線將如圖 15.7 所示。

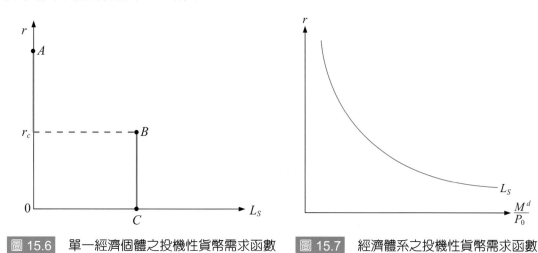

圖 15.6 單一經濟個體之投機性貨幣需求函數　　圖 15.7 經濟體系之投機性貨幣需求函數

　　基於上述之說明，投機性的貨幣需求與利率水準因此是反向的關係，投機性的貨幣需求（L_S）與利率水準之間的關係可用（15.11）式表示：

$$L_S = L_S(r)，L_S'(r) < 0 \qquad （式 15.11）$$

L_S 為閒置餘額，上式表示 L_S 與 r 反向變動，即 r 增加時，L_S 會下降。依照凱因斯的流動性偏好理論，貨幣的總實質需求量由活動餘額（L_T）與閒置餘額（L_S）共同構成，如（15.12）式所示：

$$\frac{M^d}{P_0} = L_T(y) + L_S(r) = L(y, r) \qquad （式 15.12）$$

$\dfrac{M^d}{P_0}$ 表實質貨幣需求量，式中的物價水準 P_0 為常數。

　　在圖 15.8 中，不同的所得水準 y 決定了不同活動餘額的需求量（交易性的貨幣需求），不同利率決定了閒置餘額的需求量（投機性的貨幣需求），將對應於給定所得水準之活動餘額需求量（L_T）與對應於給定利率水準之閒置餘額需求量（L_S）兩者相加，即可得貨幣的總需求量（$L_T + L_S$）。在圖 15.8(I) 中，縱軸為利率水準，橫軸為貨幣總需求，圖中的曲線代表利率水準與貨幣總求量的關係，而總貨幣需求是由

圖 15.8(II) 中的交易性貨幣需求 L_T 加上投機性貨幣需求 L_S。例如，在利率爲 r_0，$y = y_0$ 下，$L_T + L_S = r_0A + AB = L_{T0} + L_S$ 曲線。在圖 15.8(II) 中，縱軸爲所得水準，橫軸爲交易性的貨幣需求，圖中正斜率的直線代表所得水準與交易性貨幣需求的關係。當所得水準變動，從 y_0 增加到 y_1 時，交易性貨幣需求量會從 L_{T0}（r_0A）增加到 L_{T1}（r_0C），導致貨幣總需求曲線整條往右移動，從 $L_{T0} + L_S$ 移動到 $L_{T1} + L_S$（此時，投機性貨幣需求不變，故 $AB = CD$，但 $L_T + L_NS = r_0C + CD = L_{T1} + L_S$。最後，從圖 15.8(I) 中，也可看出貨幣總需求的利率彈性完全根源於投機動機的貨幣需求 L_S。

美國升息 對臺灣市井小民有何影響？
https://youtu.be/xd6XYYQHaKk

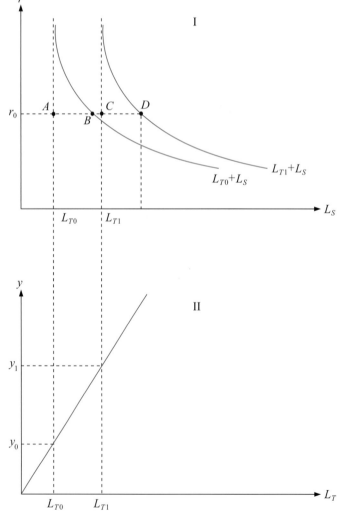

圖 15.8 凱因斯的總合貨幣需求函數

15.7.2　Friedman 的貨幣需求理論—新貨幣數量說

　　Friedman 的貨幣需求理論旨在闡明：「影響貨幣需求的重大變數只有恆常所得，凱因斯的流動性偏好理論並不適用。」依照流動性偏好理論，貨幣需求是利率與所得的函數。換句話說，Friedman 承續古典學派的傳統，認為貨幣需求量與利率無關，形成修正凱因斯模型中重貨幣學派適用的場合。

　　Friedman 把貨幣的需求當成一樁現實來分析，並不去分析貨幣需求有哪些動機，這些動機又分別受到哪些變數的影響。相反地，Friedman 將經濟個體對貨幣的需求視為一種資產選擇行為。諷刺地是，此種分析方式卻是由凱因斯率先提出，凱因斯用它來分析投機動機的貨幣需求。

　　貨幣，對家計單位而言是資產，對廠商而言是資本。對於經濟個體而言，持有貨幣與持有債券、股權、實質資產等資產相同，是持保有財富的一種方式。同時，有類於個體經濟學中的分析，經濟個體在名目財富總額的限制下，追求效用之極大化。換言之，經濟個體所要選擇的，是各種資產的組合，當資產之間的邊際代替率（無異曲線的斜率）於資產之間價格或是報酬率的比值（財富限制線的斜率）時，效用達極大，此時的資產組合才是最適的組合。

　　Friedman 所提出的財富觀念遠較前人所提者為廣泛。依照 Friedman 的說法，名目總財富提供未來的所得與可消費財貨與勞務資金的來源。人力資產因此也是財富的一部分，它是勞動所得的根源。從這個定義而來的名目財富與名目所得的關係，以所得的觀點來看，財富是將未來的所有所得加以折現，然後經加總後得到的結果。以財富的觀點來看，預期的名目所得為總財富所能獲取之報酬。在無限多期，以及每期的名目所得均相同的假設下，名目所得與名目財富之間的關係可用（15.13）式表示如下：

$$Wl = \frac{Y_p}{r} \qquad (式 15.13)$$

Wl：總財富　　r：資產的平均報酬率　　Y_p：名目所得，預期的恆常所得

　　因此名目所得（nominal income）可代替名目財富（nominal wealth）作為貨幣需求的決定因素。這裡的所得因此為預期的恆常所得（expected permanent income）。

　　Friedman 認為經濟個體可用貨幣、債券、股權資產、實質資產及人力資本（human capital）等方式持有財富。經濟個體只有以定存或是活期存款方式持有貨

幣（假設貨幣供給額的定義包括定存與活存），也就是說，貨幣在作為價值儲藏的單位時，貨幣才能帶來真正的報酬，其報酬率稱為 r_M。

如以貨幣作為交易的媒介以及計算的標準時，持有貨幣的報酬主要在於交易成本的減少。每單位貨幣所能減少的交易成本取決於貨幣購買力，貨幣購買力卻是隨物價水準而變動的。因此持有貨幣的實質報酬，乃至對名目貨幣餘額的需求，自然受到物價水準變動的影響。持有貨幣一方面能減少交易成本，另一方面卻也會引發機會成本。持有貨幣表示放棄了其它可以帶來報酬的投資機會，例如，放棄購買生利資產（interest-bearing assets），例如債券以及股權資產。債券以及股權資產的報酬，除了利息以及股息之外，還必須計算因為價格變動而引起的資本利得（capital gains）或資本損失（capital losses）。

持有實質資產並無利息或是股息的收入，其報酬主要來自價格的上漲，資產的價格變動受到物價變動影響。由於這些資產之間互相有替代關係：例如債券的報酬率上升，會使債券需求增加，造成經濟個體出售其它資產，例如股票，轉而購買債券。因此，債券的價格上升，股票的價格下降。經濟個體在此過程中，調整其投資組合，造成資產的相對價格變動，也造成資產的相對報酬率發生變動，直到投資組合的調整完成，新的均衡產生為止。

人力資本與其它資產之間的替代性很小，因此當人力資本佔總財富的比率越高時，為了彌補人力資本在市場上變現不易的缺點，經濟個體將會持有更多的貨幣。因此，人力資本佔總財富的比率越高（低）時，對於貨幣的需求越高（低）。

除了以上對於貨幣需求的決定因素之外，Friedman 還加上經濟個體對於貨幣需求的偏好，該變數主要決定於經濟個體對流動性的偏好，及其對未來經濟情況變動之預估。

綜合以上之說明，名目貨幣需求函數可用（15.14）式加以定義：

$$M^d = f(\frac{Y_p}{r}, r_M, P, r_B - \dot{r}_B, r_e - \dot{r}_E + \dot{P}, \dot{P}, h, U) \qquad （式 15.14）$$

r_M：持有貨幣報酬率，定存利率或活存利率　　P：物價水準　　　　r_B：債券殖利率

$\dot{r}_B = \dfrac{1}{r_B}\dfrac{dr_B}{dt}$：債券殖利率的變動率　　　　r_E：股權資產的報酬率

$\dot{r}_E = \dfrac{1}{r_E}\dfrac{dr_E}{dt}$：股權資產報酬率的變動率　　　$\dot{P} = \dfrac{1}{P} = \dfrac{dp}{dt}$：物價變動率

h：人力資本佔財富的總比率　　　　　　　U：偏好或制度因素

Friedman 認為，影響貨幣需求的最主要變數是恆常所得，有如（15.15）式所示：

$$\frac{M^d}{P} = f(\frac{Y_p}{P}) \qquad\qquad （式 15.15）$$

本章結論

金融體系包括兩大支柱：「以間接金融為主要業務的金融中介機構；以及以直接金融為主要業務的金融市場。」

在金融市場上，依照古典學派的可貸資金市場決定均衡實質利率與均衡可貸資金量的水準。在可貸資金市場，廠商決定投資，即可貸資金的需求，家計單位決定儲蓄，即可貸資金的供給。

能夠創造存款貨幣的金融中介機構稱為存款貨幣機構，不能創造存款貨幣者，稱為非存款貨幣機構。貨幣具有交易的媒介、價值的標準、延期支付的標準與價值的貯藏等四大功能。

中央銀行界定了各種貨幣總計數的意義。代表經濟體系的支付能力的貨幣總計數有一大部分是由存款貨幣以及準貨幣所構成。不管是存款貨幣或是準貨幣均是可以由銀行，或者是存款貨幣機構加以創造。

在創造的過程裡，貨幣總計數是由「中央銀行」、「商業銀行」、以及「家計部門與廠商」三群行為主體共同決定的。

只不過，基於中央銀行所扮演的主導性角色，在以後的理論推導中，為了簡單起見，我們通常假定中央銀行可以有效控制貨幣總計數。貨幣數量學說同時代表古典學派的貨幣供給與貨幣需求理論。

凱因斯有關貨幣需求與利率的理論稱為流動性偏好理論（liquidity preference theory）。古典學派的可貸資金理論認為利率水準由債券市場上決定，並且只考慮債券市場。流動性偏好理論則同時考慮債券市場與貨幣市場。Friedman 的貨幣需求理論在闡明，影響貨幣需求的最主要變數是恆常所得，貨幣需求與利率無關，形成修正凱因斯模型中重貨幣學派的場合。在下一章「修正凱因斯」模型中，將會納入貨幣市場，並以本章的內容將作為討論貨幣供給時之立論基礎（rationale）。

Chapter

16

修正凱因斯模型：凱因斯學派與重貨幣學派

許可達

名人名句

米爾頓‧傅利曼

（Milton Friedman，1912 年 7 月 31 日～ 2006 年 11 月 16 日）

政府所提出解決問題的辦法，通常都跟問題本身一樣差勁。

研習重點

- 基本概念與特色
- 商品市場與 IS 曲線
- 貨幣市場與 LM 曲線
- 商品市場與貨幣市場均衡

學習架構圖

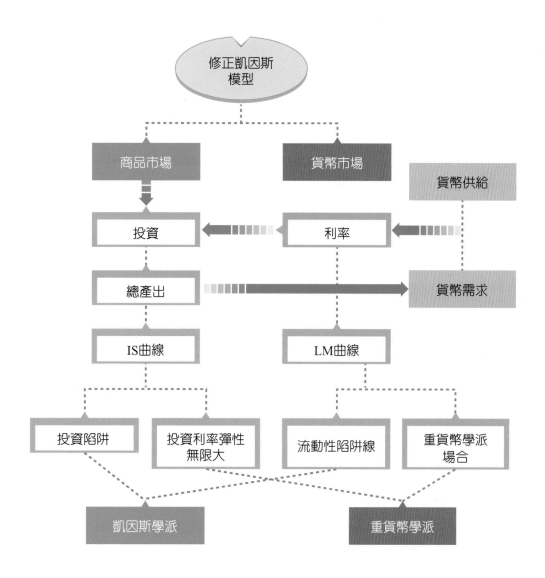

▋16.1 基本概念與特色

簡單凱因斯模型運用有效需求來決定均衡總產出，有效需求本身是總所得，也即是總產出的函數。在簡單凱因斯模型中，總產出是唯一的內生變數（endogenous variable）。但是這一個模型卻無法充分解釋造成總產出波動的原因。因為在第 14 章中，會造成總產出波動的常常是自發性的支出項目，例如自發性的消費支出，自發性的政府支出。然而，事實上，**造成總產出波動的最主要原因在於受到利率影響投資之波動**，而不是自發性的投資項波動。且利率本身就很容易大幅波動。因此，有必要在模型中加入第二個內生變數。

J. R. Hicks 因此提出一個同時包括商品市場與貨幣市場的總體模型，後經由 A. Hansen 與 P. A. Samuelson 發揚光大，發展出修正凱因斯模型（modified Keynesian model），經常也通稱 IS-LM 模型，或稱不完整的凱因斯模型（incomplete Keynesian model），因為，模型中仍然未將一般物價水準納為內生變數。也因為這個原因，本章所討論的變數，例如總產出，利率水準等，均為實質變數，如實質總產出以及實質利率水準。或者更精確地說，由於一般物價水準不在模型的考慮之內，實質變數（real variable）與名目變數（nominal variable）並無差別。

在投資為利率函數的假設下，利率決定投資，投資決定所得，欲決定所得，須先知道利率。利率決定於貨幣供給與貨幣需求，也就是貨幣市場，貨幣需求為所得（也即是總產出）與利率之函數，欲決定利率，須先知道總產出。只有商品市場達成均衡，無法決定均衡所得；只有貨幣市場達成均衡，無法決定均衡利率。只有兩市場同時達成均衡，方可決定均衡的利率與均衡所得。

本章旨在說明修正凱因斯模型，以作為往後討論貨幣政策與財政政策的理論基礎：修正凱因斯模型係從（goods market）與貨幣市場（money market）的同時均衡中導出。因此，本章依次從商品市場均衡條件導出 IS 曲線，再從貨幣市場均衡導出 LM 曲線。所謂 IS 曲線是假設在其他條件不變的情況下，能維持經濟體系內商品市場均衡條件的各種利率與總產出水準的組合所形成的軌跡。所謂 LM 曲線是假設在其他條件不變的情況下，能維持經濟體系內貨幣市場均衡的各種利率與總產出水準的組合所形成的軌跡。接著再由 IS-LM 模型中導出商品市場與貨幣市場同時達成均衡時的總產出與利率水準。

　　由於經濟體系的失衡可能從商品市場發生，亦可能從貨幣市場發生：商品市場的均衡點必須落在 IS 曲線上，若落在 IS 曲線之外，則表示商品市場失衡；貨幣市場的均衡點必須落在 LM 曲線上，若落在 LM 曲線之外，則表示貨幣市場失衡。所以分別探討這兩種失衡的可能性及其恢復均衡的過程。在模型中，同時考慮兩個市場時，可以區分為四個情況加以討論說明，其恢復均衡的過程。

　　修正凱因斯模型是一個功能遠比簡單凱因斯模型強大的分析工具，它不僅可以用來說明凱因斯學派的思想，也可以用來說明秉持古典學派傳統的重貨幣學派對於凱因斯學派的反動。為了說明各自學派立場的特性，不管凱因斯學派或是重貨幣學派都曾經提出一些特殊場合，來強化自己的觀點。

　　在這個模型中，凱因斯學派的立場獲得更堅定的支持，例如所謂的投資陷阱（investment trap）與流動性陷阱（liquidity trap）。當投資人對於經濟前景完全喪失信心，單只有利率的下降將不會產生任何作用；存款人找不到任何其他合適的投資管道，只好把錢存放在銀行，於是銀行的存款暴增，但銀行也無法為存款找到出路。這兩個場合就是投資陷阱與流動性的陷阱，凱因斯學派對於這樣的場合特別有效。

　　同樣的，重貨幣學派的火力也因為這個分析工具更為猛烈，他們提出了投資利率彈性（interest elasticity of investment demand）無限大的場合與重貨幣學派的場合對當時獨霸的凱因斯學派揮出了第一次的重擊。凱因斯的學說因應 1930 年代的大蕭條而起，在二次世界大戰之後，一個全然不同的問題「通貨膨脹」（inflation）逐漸地取得主要的地位。而且物價的波動通常伴隨著國內生產毛額與失業率的波動。

　　對於美國在 1960 年代的物價上漲經驗，凱因斯學派給人的印象是，貨幣供給量的變動幾乎無關總產出與失業率。在修正凱因斯模型中，極端凱因斯學派適用的場合，財政政策（fiscal policy）極端有效，而貨幣政策（monetary policy）無效。相反地，重貨幣學派認為，貨幣數量（貨幣供給額）（money supply）是影響經濟活動的主要變數。

　　貨幣數量問題因此是重貨幣論者（monetarist）處理的核心，其中以 M. Friedman 為主要代表人物。重貨幣學派在修正凱因斯模型中，以不受利率影響的貨幣需求，否定財政政策的有效性。

　　為了說明重貨幣學派的貨幣需求與凱因斯學派貨幣需求的不同，本章除了介紹凱因斯提出的流動性偏好理論，也介紹 Friedman 提出的新貨幣數量學說，以便介紹二者所導出的不同 LM 曲線。

經濟小百科

M. Friedman 與全球化 2.0 版

1980 年代掀起的自由化與全球化風潮，並不是歷史上的第一次，因為 1914 年第一次世界大戰前已經上演了自由化與全球化的第一版。在往後的數十年時間中，共產主義、社會主義、國家社會主義、甚至凱因斯主義等引領風潮的思想與政治運動無一不帶著管制主義的色彩。1980 年代由美國總統雷根與英國首相柴契爾夫人率先開始的消除管制運動才開始逆轉政府管制的浪潮。這波消除管制化的浪潮後來發展為全球化 2.0 版。

M. Friedman 無疑是美國總統雷根與英國首相柴契爾夫人施行政策的重要理論來源。他提倡將政府的角色最小化以讓自由市場運作，以此維持政治和社會自由，強調自由市場經濟的優點，並反對政府的干預。

M. Friedman 強烈反對以貨幣政策作為總合需求管理的手段，並且主張政府在經濟上扮演的角色應該被嚴格限制。他亦深信經濟自由，最終將導致政治自由。

在他各項主張中，影響最大的論說是對大蕭條的批判。他把大蕭條稱為「大緊縮」，主張 30 年代的全球經濟災難實是源於一場普通的金融風暴，由於聯邦儲備銀行的政策和管理失誤，錯誤的緊縮貨幣供給進一步惡化了這場風暴，最終演變成無法收拾的大恐慌。他主張經濟大恐慌並非「自由放任」造成的，反而是政府對市場過多的干預和管制造成的。

M. Friedman 傅利曼也支持許許多多自由主義的政策，例如對於毒品和賣淫的合法化。除此之外，他也在 1970 年代廢除徵兵制的運動上扮演了重要角色。

依據 Kenneth Minogue 和 Harry Girvetz 的說法，M. Friedman 與海耶克兩人是促使古典學派在 20 世紀復甦的主要人物。

資料來源：改寫自維基百科

16.2 商品市場與 IS 曲線

16.2.1　IS 曲線的的意義與導出

所謂 IS 曲線，是指在商品市場達成均衡時，利率與總產出水準的組合點所形成的軌跡。這些組合點所形成的 IS 曲線代表的是商品市場達成均衡時的條件，而不是利率與總產出之間的因果關係。IS 曲線命名的由來，是因為在兩部門時，商品市場均衡時，預擬投資須等於預擬儲蓄，$I = S$，而 IS 曲線即由此關係導出。

　　以下我們以圖形說明如何導出 IS 曲線，至於數理的推導則因本書係經濟學之入門書籍而予以省略。

　　為求簡單起見，我們暫時使用包含廠商與家計單位的兩部門模型來說明 IS 曲線的導出。在圖 16.1 中，由兩個子圖形構成：左圖中的 I 曲線，代表投資曲線，它是一條負斜率的曲線，因為實質利率（real interest rate）上升代表資金成本（cost of funds）上升，使得投資者對資本存量的需求下降，從而減少預擬投資的支出。S 曲線則代表儲蓄曲線，預擬儲蓄隨著實質利率上升而增加，為一條正斜率的曲線。預擬投資須等於預擬儲蓄為商品市場均衡的條件。預擬儲蓄除了受到實質利率的影響之外，也受到總產出的影響。

　　假定原始的均衡點 E_0，總產出水準為 y_0，此總產出所決定的儲蓄曲線為 $S(y_0)$，與投資曲線 I 曲線決定實質利率水準為 r_0。當總產出由上升到 y_1 時，儲蓄曲線會因此右移到 $S(y_1)$，換句話說，預擬的儲蓄在每個實質利率水準之下都增加了，為維持商品市場均衡，實質利率水準必須下降，才能使預擬的投資等於預擬的儲蓄。連結舊均衡點 E_0 與新均衡點 E_1 所形成的軌跡，就是 IS 曲線。

　　由圖 16.1 可以看出 IS 曲線為負斜率，這是因為當總產出上升（下降）時，導致預擬儲蓄上升（下降），為維持商品市場之均衡，預擬投資支出必須增加（減少），而只有實質利率下降（上升），才能使預擬投資支出增加（減少）。於此可見，為使商品市場達成均衡，利率水準 r 與總產出 y 須為反方向變動。換言之，IS 曲線之斜率必須為負。

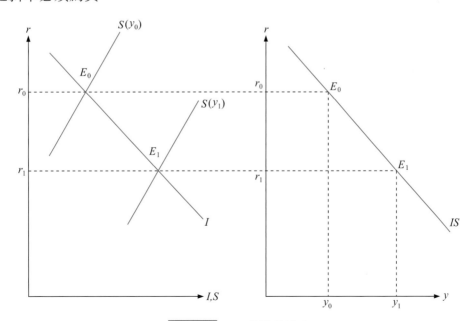

圖 16.1　IS 曲線的導出

16.2.2 影響 IS 曲線移動的因素

接下來，探討影響 IS 曲線移動的因素，由於內生變數是利率 r 與總產出 y，這些內生變數的變動產生利率與總產出組合點在 IS 曲線上的移動。而內生變數以外變數的變動，則會使整條 IS 曲線移動，討論這些外生變數（exogenous variable）的變動時，我們最好把兩部門的模型擴充到三部門，包括政府部門，因為絕大多數的變動是從政府部門發生的。

加入政府部門之後，支出部分會包括政府支出，所得面會包括賦稅，因此 I 曲線會成為 $(I + G)$ 曲線，S 曲線會成為 $(S + T)$ 曲線。如果將這些影響 IS 曲線變動的因素分類，可以大致分為使 $(I + G)$ 曲線移動的因素以及使 $(S + T)$ 曲線移動的因素：例如，自發性消費支出、投資支出以及政府支出是使 $(I + G)$ 曲線移動的因素；定額稅的變動則是使 $(S + T)$ 曲線移動的因素。

根據圖 16.2，以政府支出增加為例，在利率水準 r_0 下，政府支出與投資支出總和原為 $(I + G)_0$，與之對應的 $(I + G)$ 曲線為 $(I + G)_0$。現如政府自發性的支出增加，政府支出與投資支出總和須增加至 $(I + G)_1$，$(I + G)$ 曲線移動到 $(I + G)_1$，為維持商品市場均衡，在總產出不變的情況下，實質利率必須上升，才能讓預擬儲蓄與賦稅總和增加，以因應投資支出與政府支出總合的增加。

儲蓄與賦稅總和須增加到 $(S + T)_1$，在總產出不變下，只有在利率增加到 r_1 的條件之下才有可能。因此，原有的總產出 y_0 所對應的利率水準 r_0 上升到 r_1。

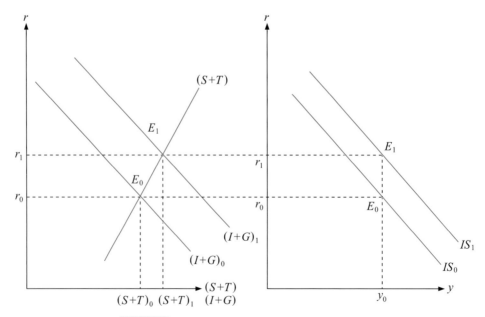

圖 16.2　政府自發性支出增加後的 IS 曲線

16.2.3 投資陷阱：凱因斯學派特殊場合下的 IS 曲線

凱因斯學派曾經提出一些特殊場合，來強化自己的觀點。與 IS 曲線有關的特殊場合，凱因斯學派曾經提出投資陷阱的特殊情況。

所謂投資陷阱是指當景氣十分低迷時，投資者的投資意願極低，即使利率下降，投資也不會增加，投資的利率彈性為零。由於投資的利率彈性為零，$(I + G)$ 曲線在圖 16.3 中為一條垂直於橫軸的直線。假定原始的均衡點在 E_0，此時利率水準為 r_0，此利率水準所決定的投資以及政府支出為 $(I + G)_0$。原始均衡時總產出水準為 y_0，此總產出水準所決定的儲蓄與賦稅總和為 $(S + T)_0$。如果利率上升至 r_1，由於投資與政府支出均不受利率變動的影響，所以投資以及政府支出之總和維持原來的水準。為維持商品市場之均衡，儲蓄與賦稅總和也必須維持在原來的水準，但為使儲蓄與賦稅總和維持原來的水準，總產出也必須維持在原來的水準。因此，新的均衡點 E_1 會較高的利率水準 r_1 與原有總產出水準 y_0 的組合。連接舊均衡點 E_0 與新均衡點 E_1 所形成的 IS 曲線是一條垂直於橫軸的直線。

投資陷阱此一特殊場合旨在說明貨幣政策無效，以強化凱因斯學派重視財政政策的立場。有關此點，將在以後的章節再作進一步的說明。

降息煙霧彈？彭淮南：對投資效果不顯著
https://youtu.be/5UiML4jZN70

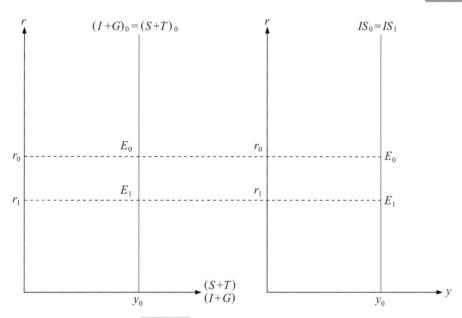

圖 16.3 投資陷阱下的 IS 曲線

16.2.4 投資利率彈性無限大：重貨幣學派特殊場合下的 IS 曲線

現在，我們要介紹反對凱因斯學派的重貨幣學派所提出的特殊場合，投資利率彈性無限大與重貨幣學派場合。前者與 IS 曲線有關；後者與 LM 曲線有關。

首先介紹投資利率彈性無限大的特殊場合。投資利率彈性無限大指的是利率水準如果些微的上升，將使預擬投資劇降至零；或者換個角度看，投資利率彈性無限大指的是特定的利率水準可以對應任何預擬投資。

由於投資的利率彈性無限大，$(I + G)$ 曲線在圖 16.4 中為一條平行於橫軸的直線。假定原始的均衡點在 E_0，此時利率水準為 r_0，此利率水準所決定的投資以及政府支出為 $(I + G)_0$。原始均衡時總產出水準為 y_0，此總產出水準所決定的儲蓄與賦稅總合為 $(S + T)_0$。如果總產出上升至 y_1，儲蓄與賦稅總和會上升至 $(S + T)_1$。為維持商品市場之均衡，投資以及政府支出必須上升到 $(I + G)_1$，但由於投資以及政府支出不受利率水準變動的影響，利率水準並不需要變動來造成 $(I + G)$ 的上升，因此維持原有的水準。新的均衡點 E_1 會是較高的總產出水準 y_1 與原有利率水準 y_0 的組合。連接舊均衡點 E_0 與新均衡點 E_1 所形成的 IS 曲線是一條平行於橫軸的直線。其政策涵義表示擴張性的貨幣政策，即 LM 曲線右移，可在不影響均衡利率下，使均衡所得大幅提升。這可呼應重貨幣學派強調貨幣政策的立場。有關此點，將在以後的章節，再作進一步的說明。

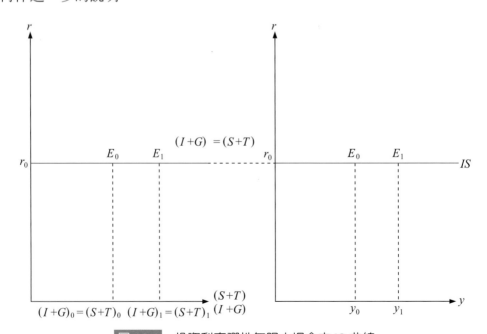

圖 16.4 投資利率彈性無限大場合之 IS 曲線

16.3 貨幣市場與 LM 曲線

16.3.1　LM 曲線的意義與導出

　　所謂 LM 曲線，是指在貨幣市場達成均衡時（債券市場因此也同時達成均衡），利率與總產出水準的組合點所形成的軌跡。與 IS 曲線相同，這些組合點的軌跡所形成 LM 曲線所代表的是貨幣市場與債券市場市場達成均衡時的條件，而不是利率與總產出之間的因果關係。LM 曲線命名的由來，是因為在貨幣市場均衡時，貨幣的需求量 L 等與貨幣的供給量 M，即 $L = M$，如（16.1）式所示：

$$\frac{M}{P_0} = L_T(y) + L_S(r) = L(y, r) \qquad\qquad （式 16.1）$$

上式中，$\frac{M}{P_0}$ 代表實質貨幣供給量，在物價水準為固定常數的情況下，也等同於名目貨幣供給量。$L(y, r)$ 代表貨幣的總需求，$L(y, r)$ 受到所得與利率水準的影響。

　　以下我們以圖 16.5 說明如何導出 LM 曲線。在圖 16.5 中，假定原始的均衡點在 E_0，此處貨幣實質供給（$\frac{M}{P_0}$）等於貨幣實質需求 $L(y_0)$，此時利率水準為 r_0，對應的總產出水準為 y_0。如果總產出增加到 y_1，貨幣需求因為總產出增加會右移到 y_0，使利率上升到 r_1，才能維持貨幣市場均衡，新的均衡點為 E_1。將圖 16.5 左圖的 r 與 y 之關係對應到右圖，連接舊均衡點 $E_0(y_0, r_0)$ 與新均衡點 $E_1(y_1, r_1)$ 所形成的軌跡，就是 LM 曲線。於此可見，為便於貨幣市場達到均衡，利率水準 r 與總產出 y 須為同方向變動。換言之，LM 曲線之斜率必須為正。

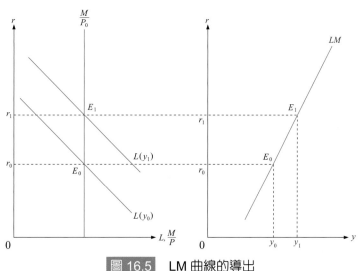

圖 16.5　LM 曲線的導出

16.3.2　影響 LM 曲線移動的因素

接下來探討影響 LM 曲線移動的因素。由於內生變數是利率與總產出，這些內生變數的變動產生利率與總產出組合點在 LM 曲線上的移動。而內生變數以外變數的變動，則會使整條 LM 曲線移動，如果將這些變數分類，可以大致分為影響實質貨幣供給的因素以及影響貨幣需求的因素：名目貨幣供給與一般物價水準之變動，為影響實質貨幣供給的因素；自發性貨幣需求項的變動，則是影響貨幣需求的因素。

以圖 16.6 中名目貨幣供給量 M 增加為例，名目貨幣供給量由於中央銀行貨幣政策操作的結果，由 M_0 增加到 M_1，實質貨幣供給量由 $\frac{M_0}{P_0}$ 增加到 $\frac{M_1}{P_0}$，假設總產出維持在原有的水準 y_0，貨幣需求曲線也因此維持於 $L(y_0)$，由於實質貨幣供給量增加，為維持貨幣市場的均衡，利率水準由 r_0 降至 r_1，使得貨幣市場均衡由 E_0 移到 E_1（如圖 16.6 之右圖），表示在圖中之 LM 曲線由 LM_0 右移到 LM_1。

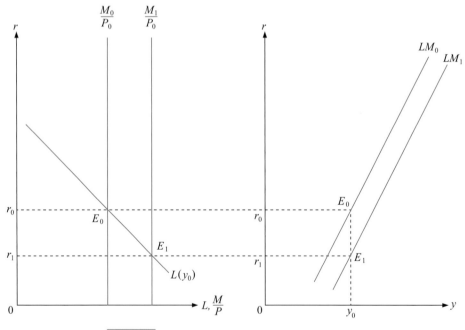

圖 16.6　名目貨幣供給額增加後的 LM 曲線

16.3.3　流動性陷阱：凱因斯學派特殊場合下的 LM 曲線

與 LM 曲線有關的特殊場合，凱因斯學派曾以流動性陷阱的特殊場合，來強化自己的觀點。當現有利率跌至某一相當低之水準，則社會全體成員均認定該一利率水準，已低於各成員心目中之臨界利率水準，故所有社會成員均將手中資產，以貨

幣形式保有，出現**投機性貨幣需求量之利率彈性達於無窮大的情況，即出現流動性陷阱**（liquidity trap）。

假定原始的均衡點為 E_0，總產出水準為 y_0，決定總合貨幣需求 L_0 中活動餘額貨幣需求為 $L_T(y_0)$，在利率水準為 r_0 時，由於利率低於社會全體成員心目中之臨界利率水準，閒置餘額 L_S 的利率彈性無限大，總合貨幣需求中閒置餘額 L_S 部分呈現水平，閒置餘額為無限大，總合貨幣需求因此也為無限大。假設總產出上升到 y_1，決定總合貨幣需求 L_1 中活動餘額貨幣需求為 $L_T(y_1)$，由於利率水準仍為 r_0，閒置餘額 L_S 的利率彈性無限大，閒置餘額為無限大，總合貨幣需求因此也為無限大，因此 LM 曲線不會隨著總產出的下降而移動，而是一條平行於橫軸的直線，如圖 16.7 所示。

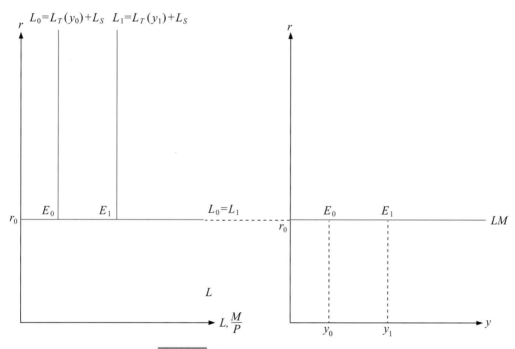

圖 16.7 流動性陷阱下之 LM 曲線

為維持貨幣市場之均衡，所以利率並不須變動。因此，新的均衡點 E_1 會是原有的利率水準 r_0 與較高的總產出水準 y_1 的組合。連接舊均衡點 E_0 與新均衡點 E_1 所形成的 LM 曲線是一條平行於橫軸的直線。其政策涵義表示擴張性的財政政策，即 IS 曲線的右移，可在不影響均衡利率下，使均衡所得大幅提升，可呼應凱因斯學派強調財政政策的立場。有關此點，將在以後之章節，再作進一步的說明。

FYI 專欄

在流動性陷阱中，利率下降無法降低人們對存款貨幣的需求

1999 年 2 月，日本央行將短期指標利率降到史上最低的 0.15%，當時的日本央行總裁速水優說：「利率就算變成零也可以！」這句聽來像是賭氣一般的說詞，宣告日本正式走進了零利率時代。臺灣的中央銀行的貨幣政策自 2008 年金融海嘯以來進入降息通道，央行重貼現率自調降前的 3.625% 下滑至 2016 年 7 月的 1.375%，形成了長期的低利率時代。2015 年日本、德國宣布實施負利率。各國中央銀行祭出低利率的目的，是期望民眾別把錢存銀行，而是拿去消費或是投資。這樣的想法奠基於古典學派的可貸資金市場理論利率與儲蓄的關係。

在金融危機爆發的前幾年，股價和房價攀升，使家計單位的資產以及總產出也隨之升高，利率的下降可以讓民眾的儲蓄減少，因為他們仍然認為足夠的錢過退休生活，這時家計單位的儲蓄行為符合古典學派的假設。

在金融危機爆發之後的期間，家計單位的儲蓄行為發生重大改變。股價和房價嚴重下挫，家計單位開始極力存錢。當中央銀行希望降低利率，以刺激消費與投資，卻發現低利率往往增強家計單位對於儲蓄或存款貨幣的需求。

臺灣近年來實施低利率政策的成效。根據主計總處的數據，國內投資率逐年下滑，從 2010 年的 24.23%，降到 20.06%，創下近 7 年最低，但超額儲蓄率，卻年年成長，2014 年達到 14.44%。儲蓄率在 2014 年都在 33% 以上。

以低利率政策最大的目標—降低儲蓄、促進投資來說，臺灣目前的現況明顯沒有達成政策制定的目的。因為家計單位渴望累積財富，在低利率情況下，需要投入更多錢，以其達到同樣的目標收益。利率決定的收益率決定家計單位可以回收的收入，因此會影響達標速度，因此較低的利率需要更多存款，以達到同樣的財富目標。

資料來源：整理自新聞報導

「最幸福國家」丹麥祭負利率抗高物價
https://youtu.be/xX7ZLzbL0-A

16.3.4　重貨幣學派特殊場合下的 LM 曲線

接著，介紹重貨幣學派有關 LM 曲線的特殊場合。自古典學派以來對貨幣需求的傳統看法是，持有貨幣的主要目的是供作交易之用。因此影響貨幣需求的主要變數是所得，而非利率。此一看法在 Friedman 重貨幣學派學說中復活。如上所言，基本上，Friedman 等重貨幣學派認為主要影響貨幣需求的變數是恆常實質所得，而非

利率。貨幣需求對利率的反應極低，甚至可予忽略。因此，貨幣持有的主要目的是供交易用，這是繼承了自古典學派以來對貨幣需求的傳統看法。

　　由於貨幣需求量不受利率變動的影響，使貨幣需求曲線 L 曲線在圖 16.8 中成為一條垂直於橫軸的直線，由於實質貨幣供給曲線（$\frac{M}{P_0}$ 線）也是一條垂直於橫軸的直線，為維持貨幣市場均衡，兩條直線會重合（$\frac{M}{P_0} = L$）。假定原始的均衡點在 E_0，此時總產出水準為 y_0，其所對應的利率水準為 r_0。如果利率下降到 r_1，由於貨幣需求不受利率影響，為一垂直直線，其所對應的總產出也維持不變在 r_0，均衡點由 E_0 移到 E_1。因此，新的均衡點 E_1 會是較低的利率水準 r_0 與原有總產出水準 y_0 的組合。連接舊均衡點 E_0 與新均衡點 E_1 所形成的 LM 曲線是一條垂直於橫軸的直線。

　　重貨幣學派提出這條垂直的 LM 曲線的目的在說明，增加政府支出的財政政策會產生完全排擠效果（full crowding-out effect），換句話說，財政政策完全失效。有關此點，將在以後之章節，再作進一步的說明。

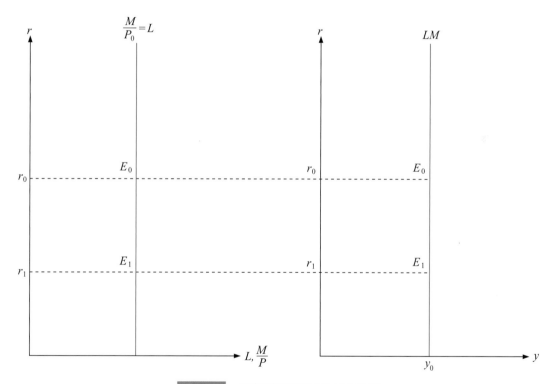

圖 16.8　重貨幣觀點下之 LM 曲線

16.4 總體經濟均衡與失衡調整

IS 曲線上的各點代表商品市場達成均衡時，利率與總產出水準的組合點所形成的軌跡；LM 曲線上的各點代表貨幣市場達成均衡時，利率與總產出水準的組合點所形成的軌跡。因此，如圖 16.9 中落於 IS 曲線與 LM 曲線交點之均衡點 E^*，代表商品市場與貨幣市場同時達成均衡。圖中的利率 r^* 代表商品市場與貨幣市場同時達成均衡時的均衡利率；圖中的總產出 y^* 代表商品市場與貨幣市場同時達成均衡時的均衡總產出。

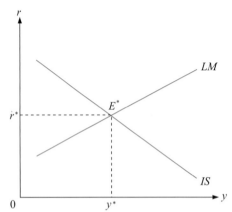

圖 16.9　商品市場與貨幣市場之同時均衡

　　一個未落在 IS 曲線上的利率與總產出水準的組合點，代表商品市場並未達成均衡。如圖 16.10 中 A 點位於 IS 曲線的上方，它對應的總產出為 y_0，對應的利率水準卻是 r_1，高於均衡的利率水準 r_0，為既定總產出下利率過高的區域。此時儲蓄的水準為 S_1，但投資支出的水準只有 I_1，造成商品市場上的超額供給。

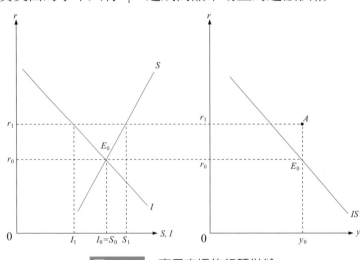

圖 16.10　商品市場的超額供給

又如圖 16.11 中 B 點位於 IS 曲線的下方，它對應的總產出為 y_1，對應的利率水準卻是 r_0，低於均衡的利率水準 r_1，為既定總產出下利率過低的區域。此時儲蓄的水準為 S_1，但投資支出的水準卻是 I_0，造成商品市場的超額需求。此時若 y_1 不變，利率必須上升到 r_1，商品市場才會均衡（E_1 點）。或是利率 r_0 不變，所得必須增加到 y_0，$S(y_1)$ 右移成 $S(y_0)$，此時 $I = S_0$，商品市場恢復均衡（E_0 點）。

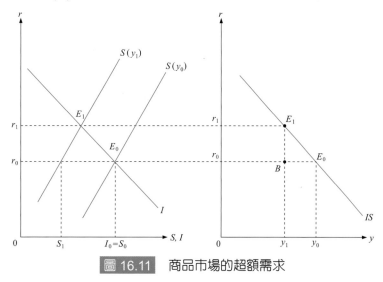

圖 16.11　商品市場的超額需求

　　一個位置未落在 LM 曲線上的利率與總產出水準的組合點代表貨幣市場並未達成均衡。 如圖 16.12 中 C 點位於 LM 曲線的上方，它對應的總產出為 y_0，對應的利率水準卻是 r_1，高於均衡利率水準 r_0，為既定總產出下利率過高的區域。此時，貨幣需求量為 L_1，實質貨幣供給量為 $\dfrac{M_0}{P_0}$（$> L$），造成貨幣市場上的超額供給。

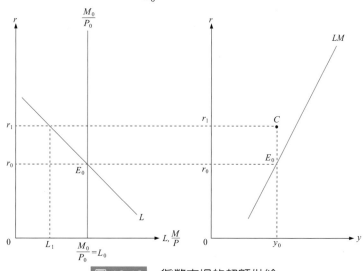

圖 16.12　貨幣市場的超額供給

如圖 16.13 中 D 點位於 LM 曲線的下方，它對應的總產出為 y_0，對應的利率水準卻是 r_1，低於均衡的率水準 r_0，為既定總產出下利率過低的區域。此時貨幣需求量為 L_1，大於實質貨幣供給量 $\frac{M_0}{P_0}$，造成貨幣市場上的超額需求。

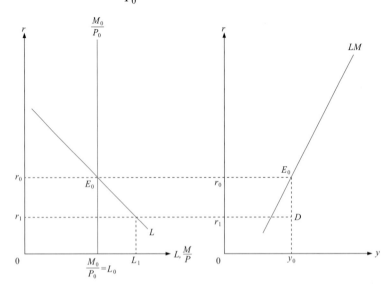

圖 16.13　貨幣市場的超額需求

　　當商品市場發生失衡時，會以變動總產出進行調整。若商品市場發生超額需求時（如 B 點），總產出會因而調高；反之，若商品市場存有超額供給時（如 A 點），總產出會因而調低。如圖 16.14 中的 I 圖所示。貨幣市場發生失衡時，會以利率變動進行調整。當貨幣市場產生超額需求時（如 D 點），利率因而調高，以降低投機性貨幣需求量，回復均衡；反之，當貨幣市場存有超額供給時（如 C 點），利率因而調低，以提高投機性貨幣需求量，回復均衡。

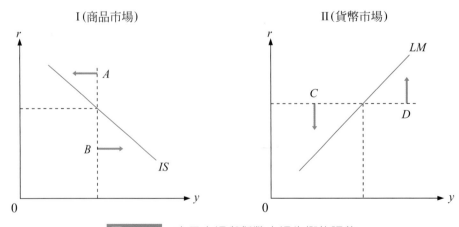

圖 16.14　商品市場與貨幣市場失衡的調整

　　以上所述為單一市場失衡的調整，但如同時考慮兩個市場時，可以區分為四個情況加以討論，如圖 16.15 所示。

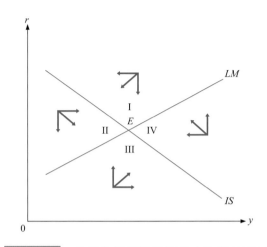

圖 16.15　修正的凱因斯模型趨向均衡的路徑

1.　在圖 **16.15** 的 **I**

　　商品市場有超額供給，貨幣市場也有超額供給。因商品市場存有超額供給，總產出會下降；因貨幣市場存有超額供給，利率會下降。在此情形下，趨向均衡的路徑如圖 16.15 的 I 所標示之箭頭所示。

2.　在圖 **16.15** 的 **II**

　　商品市場有超額需求，貨幣市場有超額供給。因商品市場存有超額需求，總產出會上升；因貨幣市場存有超額供給，利率會下降。在此情形下，趨向均衡的路徑如圖 16.15 的 II 所標示之箭頭所示。

3.　在圖 **16.15** 的 **III**

　　商品市場有超額需求，貨幣市場有超額需求。因商品市場存有超額需求，總產出會上升；因貨幣市場存有超額需求，利率會上升。在此情形下，趨向均衡的路徑如圖 16.15 的 III 所標示之箭頭所示。

4.　在圖 **16.15** 的 **IV**

　　商品市場有超額供給，貨幣市場有超額需求。因商品市場存有超額供給，總產出會下降；因貨幣市場存有超額需求，利率會上升。在此情形下，趨向均衡的路徑如圖 16.15 的 IV 所標示之箭頭所示。

本章結論

　　本章之目的在提供一個分析總體經濟之架構，可用於探討各學派學者總體經濟達成均衡之風貌，進而可用於分析總體經濟政策對均衡國民所得之影響。藉由貨幣市場加入第二個內生變數「利率」之後，本章提供的模型可同時描述凱因斯學派與承襲古典學派的重貨幣學派論點。

　　IS 曲線根據商品市場之均衡條件而導出。影響 IS 曲線移動的因素可以大致分為使 $I+G$ 曲線移動的因素以及使 $S+T$ 曲線移動的因素。投資陷阱此一特殊場合旨在說明貨幣政策無效，以強化凱因斯學派重視財政政策的立場；有關 IS 曲線，重貨幣學派所提出的特殊場合為投資利率彈性無限大，此一特殊場合旨在說明財政政策無效，只有貨幣政策有效。

　　凱因斯學派之貨幣需求面之分析為流動性偏好理論，將流動性偏好與貨幣供給結合，可導出 LM 曲線。影響 LM 曲線移動的因素可以大致分為影響實質貨幣供給的因素以及影響貨幣需求的因素。流動性陷阱是凱因斯學派強化其立論的特殊場合，目的在說明只有財政政策有效，貨幣政策無效；有關 IS 曲線，重貨幣學派所提出的特殊場合為垂直的 LM 曲線，目的在說明增加政府支出的財政政策會產生完全排擠效果，財政政策完全失效。

　　這些特殊形狀之 IS 曲線、LM 曲線，其政策意涵將分別在第 18 與第 19 章再作較為完整之說明。接下來，我們說明何以 IS、LM 兩曲線相交處，可使商品市場與貨幣市場兩個市場同時獲得均衡，即決定了均衡的總產出與均衡利率水準。另為求論述之完整，本章同時討論，當總體經濟處於失衡狀態時，如何透過商品市場總產出之調整，以及，貨幣市場利率之調整，使總體經濟重回均衡。

　　在第 17 章本書會在本章既有的基礎上，加入勞動市場的分析，說明如何達到總合需求與總合供給的均衡，包括一般物價水準如何決定。

Chapter 17

總合供需模型與經濟學派

許可達

名人名句

歐文・費雪

（Irvin Fisher，1867 年 2 月 27 日～ 1947 年 4 月 29 日）

你所認得的美元已經不是戰前你認得的美元。

研習重點

- 說明總合需求與總合供給模型的特色
- 介紹總合需求曲線的導出與影響因素
- 求導不同勞動市場假設下之總合供給曲線
- 論述短期均衡與長期均衡的差異

學習架構圖

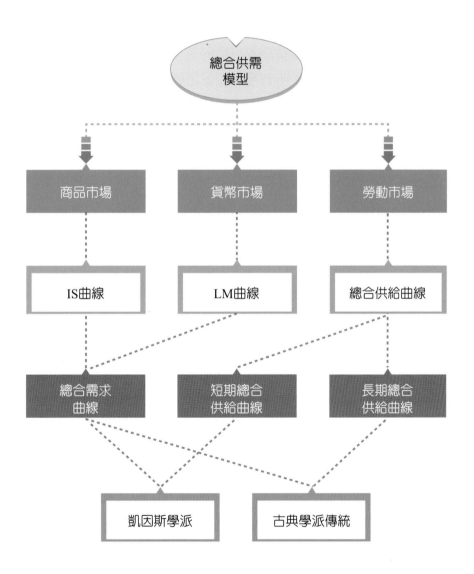

▌17.1 總合供需模型的特色

最近幾年，失業率成了新聞上的熱門話題，它是年輕人以及中壯年在職者或是再次求職者的共同恐懼，而且這種恐懼不限於臺灣，在許多地區都可以見到這樣的現象，甚至比臺灣嚴重許多。2010 年 10 月歐元區的失業率高達 10.1%，創 12 年的新高，失業人口達 2,315 萬人。在歐元區 16 國中，西班牙失業率繼續蟬聯「冠軍」，維持在 20.7% 的高檔，其中 25 歲以下年輕人的失業率高達 21.4%。

除了由於政策性影響而產生產業調整導致的失業之外，由於景氣變動而產生的失業更是全民所關心，因為它影響了所有受到景氣影響的產業。在「簡單凱因斯模型」與「修正凱因斯模型」中，旨在探討總產出的決定（國內生產毛額），並未針對勞動市場的狀況加以討論，因而無法說明勞動的供給與需求的變化對總產出所造成的影響，這不能不說是一個重大的缺陷。因為生產要素在要素市場上的均衡交易量，特別是勞動的均衡交易量，對總產出有直接而重要的影響。本章將把勞動市場納入分析。

在「簡單凱因斯模型」與「修正凱因斯模型」中，假設一般物價水準不變，這樣的分析工具可以適用於某些情況，但在另一些情況的應用上可能產生很大的困難。經濟體系兩個最大的難題就是通貨膨脹以及伴隨著景氣衰退而來的高失業率，政府執行經濟政策時，其目標在避免經濟體系陷入通貨膨脹或是景氣衰退。

2001 年初，以美國為首的世界經濟景氣陷入衰退，經濟體系面臨的是不斷下降的物價水準及日漸升高的失業率，在此情況下，政府可以不用考慮通貨膨脹的問題，採行擴張性的財政政策，增加政府支出，以挽救高失業率，其實這段期間經濟體系所碰到的問題跟 1930 年代經濟大蕭條時期所碰到的很類似。

但是如果情況改變了，例如，1970 年代的「停滯性通貨膨脹」（stagflation），由於石油價格的上漲，經濟體系陷入自 1930 年代大蕭條以來最嚴重的經濟衰退，同時也引起高失業率，政府採行擴張性的財政政策只會讓通貨膨脹火上加油。 高失業率與高物價上漲率結合的情況，讓「簡單凱因斯模型」與「修正凱因斯模型」無用武之地，因為政府執行政策時必須考慮一般物價水準的因素，不能把物價水準假設為不變。

針對這些缺點，總合需求與總合供給模型將整個經濟體系分為兩個部門，即總合需求（aggregate demand）部門與總合供給（aggregate supply）部門。總合供給部門則包含勞動市場，加入這個市場後，可決定勞動的均衡數量。總合需求部門則包括了商品市場與貨幣市場，也就是修正凱因斯模型所能夠說明的部分。從這一點來看，我們也可以將修正凱因斯模型視為一個總合需求的理論，可以說明總合需求部

門。

　　相對的，總合需求與總合供給模型除了說明需求面的變動因素（這些變動因素造成 1930 年代的大蕭條）之外，還可以說明供給面的變動因素（這些變動因素造成 1970 年代的停滯性通貨膨脹）。當經濟體系達到均衡時，**總合需求與總合供給模型所能決定的變數，除了總產出、利率之外，還包括一般物價水準**，也可以導出一般物價水準與總產出的關係。

17.2 總合需求曲線

17.2.1　總合需求曲線的導出

　　總合需求曲線（aggregate demand curve）**表示在其他條件**，諸如貨幣供給額、財政政策、消費支出及要素給付支出等**變數維持不變的情況下，在商品市場與貨幣市場皆處於均衡狀態時，總合需求量與一般物價水準之組合點所連成的軌跡。**

　　如圖 17.1 所示，總合需求量與一般物價水準為負向關係，總合需求曲線（AD 線）為負斜率。其他條件不變的狀況下，在一般物價水準較高時，總合需求量會減少；在一般物價水準較低時，總合需求量會增加。

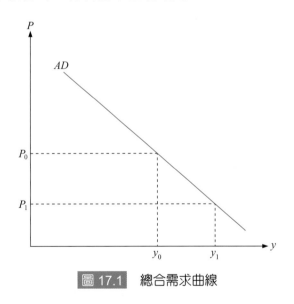

圖 17.1　總合需求曲線

　　為何總合需求曲線為負斜率？首先我們可以將總合需求量視為由支出面計算的實質總產出，即實質 GDP，也就是

$$GDP = C + I + G + EX - IM \qquad\text{（式 17.1）}$$

　　為何一般物價水準上升時，會伴隨著實質 *GDP* 的下降？這是因為一般物價水準的改變會產生財富效果（wealth effect）與利率效果（interest rate effect）。

　　財富效果的產生是因為，當一般物價水準上升時，會減少購買力，例如李先生擁有 1 萬元的存款，當一般物價水準上漲 25% 時，他所擁有的購買力只有原來的 8 千元。由於購買力的下降，李先生可能會削減他的消費預算，如果經濟體系中所有的經濟個體都跟李先生一樣的反應（因為一般物價水準上漲是所有的人都必須面臨到的），那麼民間消費 *C* 就會下降，實質 *GDP* 也因此下降。相反的，如果一般物價水準下降時，會提升購買力，所有的經濟個體認為自己比以前有錢了，就會增加消費預算，那麼民間消費 *C* 就會上升，實質 *GDP* 也因此上升。

　　此外，經濟個體持有貨幣一部份動機是因為交易的需求。當一般物價水準上升時，減少貨幣的購買力，經濟個體必須持有更多的貨幣以完成交易的需求。這樣一來，經濟個體可能向其他經濟個體借錢，或是把手中的債券賣出去。這樣的反應使得經濟體系中可以借取的資金減少了，同時也將利率提高了。利率提高之後，民間投資 *I* 會因此減少，同時民間消費 *C* 也會減少，因為經濟個體會因此把更多的資金存放在銀行裡。也就是說，一般物價水準上升，導致利率上升，降低民間投資 *I* 與民間消費 *C*，最後使得實質 *GDP* 下降。

　　由於財富效果與利率效果，總合需求曲線為負斜率。一個常見的誤解為，與本書第 2 章所提到的需求曲線一樣，總合需求曲線是由於需求法則，因此為負斜率。這也是一個自然的類比推論，如果任何一種商品的需求曲線為負斜率，則總合需求曲線難道不是也應該是負斜率？但是這樣的類比推論是錯誤的。需求曲線為負斜率，是因為假設其他商品的價格不變，因此當某一商品的價格上漲時，其需求量下降，是因為消費者將轉往消費其他商品。但是當我們提到總合需求曲線上一般物價水準下降，是指所有的商品價格同時下降。

　　總合需求曲線可以由簡單凱因斯模型導出，也可以由修正凱因斯模型導出。

　　首先，我們先介紹如何由簡單凱因斯模型導出總合需求曲線，可用圖 17.2 加以說明。假設最初的均衡點為 E_0，一般物價水準為 P_0，此一物價水準所對應的有效需求為 $y^{ed}(P_0)$，根據簡單凱因斯模型所決定出來的均衡實質總產出為 y_0。現在假設一般物價水準下降，由 P_0 下降至 P_1，由於財富效果與利率效果，有效需求上升到 $y^{ed}(P_1)$，在簡單凱因斯模型中決定出來新的均衡實質總產出為，新的均衡點為 E_1，將圖 17.2 下圖中的兩個均衡點（E_0 和 E_1）連接，就可以得到總合需求曲線 *AD*。

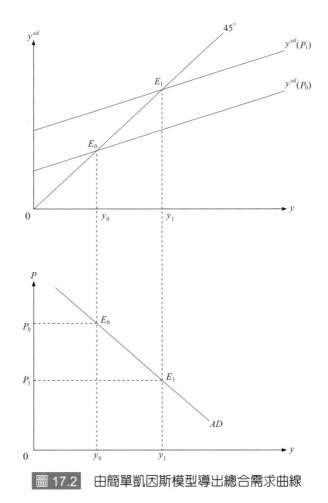

圖 17.2　由簡單凱因斯模型導出總合需求曲線

　　其次，我們介紹如何由修正凱因斯模型導出總合需求曲線。總合需求曲線是由
IS 曲線與 LM 曲線在外生物價水準變動時，所對應總產出水準變動（總合需求變動
量）兩者組合而成。總合需求曲線的導出過程，可用圖 17.3 加以說明，由於總合需
求曲線是由商品市場與貨幣市場同時達到均衡時所導出，IS 曲線代表商品市場的均
衡，LM 曲線代表貨幣市場的均衡，因此兩條曲線的交點就代表商品市場與貨幣市
場同時達到均衡。

　　首先，假定最初的均衡點在 LM_0 (P_0) 曲線與 IS 曲線之交點 ，一般物價水準爲
P_0，總產出爲 y_0，利率爲 r_0。由於總合需求曲線在求解一般物價水準與總產出的關
係，當一般物價水準 P_0 由下降到 P_1，使得實質貨幣供給量上升，LM 曲線向右移動
到 $LM_1(P_1)$，產生新的均衡點（E_1），總產出爲 y_1，利率爲 r_1；同理，若一般物價
水準進一步從 P_1 下降到 P_2，實質貨幣供給量進一步增加，LM 曲線向右移動到 LM_2
(P_2)，產生新的均衡點（E_2），總產出爲 y_2，利率爲 r_2。

　　將這些均衡點對應的一般物價水準與總產出構成的點連接起來，就可以導出總合需求曲線 *AD*。由圖 17.3 可看出，總合需求曲線是一條負斜率的曲線，該曲線之所以是負斜率的原因在於當一般物價水準下降時，實質貨幣供給量上升，為了維持貨幣市場的均衡，必須以利率下降作為因應。進一步言，當利率下降時，投資金額會隨之增加，為了維持商品市場的均衡，總產出即會隨之增加。綜合以上說明，可得知：「一般物價水準的下降導致總產出的增加，使得總合需求曲線為負斜率。」

　　由以上的討論可以初步得知：總合需求曲線並非取代簡單凱因斯模型與修正凱因斯模型，而是將一般物價水準變動在簡單凱因斯模型或修正凱因斯模型中的結果加以簡化的表達。在實務上，經濟學家經常以簡單凱因斯模型或是修正凱因斯模型分析短期經濟的波動，但在理論上，簡單凱因斯模型或是修正凱因斯模型實為構成總合需求與總合供需模型的一部分。

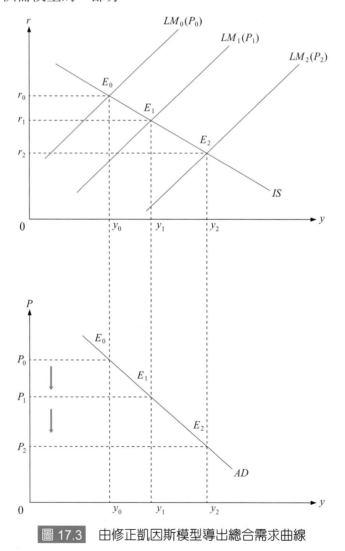

圖 17.3　由修正凱因斯模型導出總合需求曲線

17.2.2 總合需求面的變動－總合需求曲線的移動

討論需求曲線時，我們區分了**需求量的變動與需求的變動，前者爲在需求曲線上點的移動，後者爲整條需求曲線的移動**。與需求曲線相同，總合需求曲線也有這樣的區別：點在總合需求曲線的移動與整條總合需求曲線的移動。圖 17.1 與圖 17.2 中的總合需求曲線上的均衡點 E_0、E_1 與 E_2 就是點在總合需求曲線的移動，這是由於一般物價水準的變動造成的。至於整條總合需求曲線的移動是由一般物價水準變動以外的因素所造成的。

整條總合需求曲線向右移動，如圖 17.4 中的 AD_0 移動到 AD_1，表示總合需求的增加，因為在任何的物價水準之下，總合需求量上升。整條需求曲線向左移動，如圖 17.4 中的 AD_0 移動到 AD_2，表示總合需求的下降，因為在任何的物價水準之下，總合需求量下降。

有許多因素會造成總需求面的變動，最重要的因素如預期的改變、財富的改變，現有資本存量的規模，以及財政政策與貨幣政策對總合需求的影響。以下簡要加以說明：

1. 預期的改變

   消費者預擬的消費支出與廠商預擬的投資支出部份取決於他們對於未來的預期。消費者的預擬消費支出不僅取決於目前的所得，也部份取決於他們預期的未來所得。廠商的預擬投資支出不僅取決於目前的銷售量，也部份取決於未來預期的銷售量。如果消費者與廠商對於未來的預期趨於樂觀，則總合需求增加（AD 線右移）；如果消費者與廠商對於未來的預期趨於悲觀，則總合需求減少（AD 線左移）。

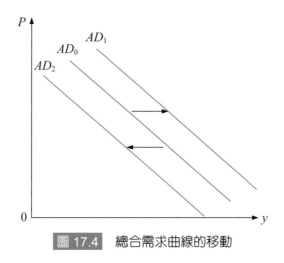

圖 17.4 總合需求曲線的移動

2. 財富的改變

消費者的消費支出部份取決於其擁有資產價值的多寡，當其持有資產價值上升時，其隱含的購買力也隨之上升，因此總合需求也會隨之增加。例如民國 1989 年 6 月 17 日臺灣股市第一次站上萬點時，由於經濟個體握有的資產市值上升，所以也導致總合需求的上升。相反的，臺灣股市在往後一路下滑，於低檔盤旋許久，經濟個體握有的資產市值大幅縮水，也導致總合需求的下降。

3. 現有資本存量的規模

廠商的投資支出會增加其資本存量。因此，目前的資本存量越大，廠商越沒有意願投資以增加其現有的資本存量，相反的，如果目前的資本存量越小，廠商越有意願投資以增加其現有的資本存量。

4. 財政政策

當政府增加財政支出時，由於政府支出為總合需求的一部份，所以財政支出的增加使總合需求曲線向右方移動。相反的，當政府削減加財政支出時，總合需求曲線向左方移動。另一方面，減稅或是政府補貼的改變對於總合需求的影響則較為間接，因為需要透過可支配所得。將所得稅率降低，消費者可以保留較多的可支配所得，而將政府的補貼增加，可以增加消費者的可支配所得，這些政策都可以讓消費者增加消費支出，使總合需求向右方移動。相反的，將所得稅率提高，或者是減少政府的補貼，會讓消費者減少消費支出，使總合需求向左方移動。

5. 貨幣政策

當經濟體系面臨景氣衰退時，中央銀行向經濟體系注入資金，以防止景氣衰退；當經濟體系面臨通貨膨脹時，中央銀行由經濟體系抽離資金，以避免通貨膨脹發生。當中央銀行向經濟體系注入資金時，家計單位與廠商所持有的貨幣增加，使得他們更有意願將貨幣借出，這導致利率下降。利率下降導致投資支出增加與消費支出增加，最終使得總合需求曲線向右方移動。當中央銀行由經濟體系抽離資金時，家計單位與廠商所持有的貨幣減少，使得他們更有意願借錢，這導致利率上升。利率上升導致投資支出減少與消費支出減少，最終使得總合需求曲線向左方移動。

▌17.3 總合供給曲線

17.3.1　凱因斯學派的勞動市場與短期總合供給曲線

　　凱因斯思想的提出，跟 1930 年代的大蕭條有直接的關連。在 1929 與 1933 年間，總合需求大幅滑落，其結果之一爲一般物價水準的大幅下降。1933 年美國的 *GDP* 平減指數較 1929 年的水準下降 26%，其他的物價指數也有相同的結果。結果之二爲總產出的大幅下降，1933 年美國的實質 *GDP* 較 1929 年的水準下降 27%。結果之三爲失業率的大幅攀升，由 3% 上升到 25%。

　　由前面的章節可以知道，總合需求的下降代表總合需求曲線向左方移動。如果總合需求曲線沿著總合供給曲線移動，大蕭條時一般物價水準的大幅下降伴隨著總產出的大幅下降，隱含著總合供給曲線爲正斜率，也就是一般物價水準與總產出的關係爲正向的，其變動爲同一方向。這裡的總產出，指的是由產出面衡量的實質 *GDP*，也可稱爲總合供給量（the quantity of aggregate output supplied）。只不過這樣的總合供給曲線爲短期總合供給曲線，因此短期總合供給曲線（short-run aggregate supply curve）如圖 17.5 所示：

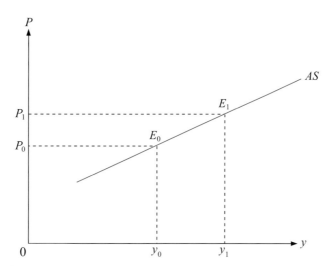

圖 17.5　短期總合供給曲線（凱因斯學派的總合供給曲線）

　　爲了解短期總合供給曲線爲何爲正斜率，我們先從廠商的行爲開始討論。廠商之平均利潤之計算可如下表示：

$$\text{單位產出之平均利潤} = \text{單位產出之價格} - \text{單位產出之平均成本} \quad （\text{式 17.2}）$$

在任何的一個時間點，廠商面臨的大部分成本基本上是固定的，而且在一定的期間無法改變。其中最大部份無法改變的成本為付給勞動要素的成本。凱因斯學派提出幾個理由，並且根據這些理由導出總合供給曲線。

首先，名目工資可能無法自由調整，也就是具有僵固性（stickiness）。許多的產業，名目工資均是以長期合約的方式來簽定，勞動供給者與廠商雙方議定在一段特定的期間內維持名目工資不變，而無法隨時隨著一般物價水準的變動作出調整。而且就算沒有正式的合約，不成文的約定也可能限制名目工資的變動。另外，在某些特定群體之勞動市場，工會組織的力量強大，有能力與廠商就名目工資加以協商，也有力量要求所有加入工會的會員在議定的工資水準提供勞動力。因此，在勞動市場上，名目工資的僵固性是一個合理的假設。

另一方面，**如果勞動供給者無法意識到實際物價水準發生改變，而存有貨幣幻覺（money illusion），當實際物價水準發生改變時，勞動供給者無法適時要求調整名目工資，也會發生工資僵固的現象。**

工資僵固性（sticky wage）為凱因斯學派對於勞動市場的基本假設。為何工資的僵固性會導致正斜率的短期總合供給曲線？首先，我們先要知道，在不同的市場結構中廠商具有不同的價格影響能力。在完全競爭市場中，廠商為價格接受者；在不完全競爭市場中，廠商具有價格影響力。兩種市場結構都可以導出正斜率的短期總合供給曲線，但原因有些微不同。

在完全競爭市場中，廠商為價格接受者，當一般物價水準下降時，代表性廠商所能收到的最終商品與勞務的價格下降。由於在短期中，廠商所面臨的成本，特別是勞動成本並無法變動，廠商的平均利潤下降，導致廠商減少其供給量，最終使得總產出（實質 GDP）下降。如果相反的，一般物價水準上升時，代表性廠商所能收到的最終商品與勞務的價格上升。這時，廠商所面臨的成本，特別是勞動成本也一樣僵固不動，廠商的平均利潤上升，導致廠商增加其供給量，最終使得總產出（實質 GDP）上升。

在不完全競爭市場中，廠商對於價格有影響力，如果對於最終商品的需求上升，代表性廠商會選擇同時提高商品的價格與商品的產量；如果對於最終商品的需求下降，代表性廠商會選擇同時降低商品的價格與商品的產量。因此，一般物價水準與總產出有正向的關係。

短期總合供給曲線因此可以定義為：在生產成本，特別是勞動成本無法變動的期間內，一般物價水準與總產出之間的正向關係。

17.3.2　總合供給面的變動 – 短期總合供給曲線的移動

與總合需求曲線相同，總合供給曲線也有這樣的區別：點在總合供給曲線的移動與整條總合供給曲線的移動。圖 17.5 中的總合供給曲線上的均衡點 E_0 與 E_1 就是點在總合供給曲線的移動，這是由於一般物價水準的變動造成的。至於整條短期總合供給曲線的移動，是由一般物價水準變動以外的因素造成的。

整條短期總合供給曲線向右移動，如圖 17.6 中的 AS_0 移動到 AS_1，表示總合供給的增加，因為在任何的物價水準之下，總合供給量上升。整條短期供給曲線向左移動，如圖 17.6 中的 AS_0 移動到 AS_2，表示總合供給的下降，因為在任何的物價水準之下，總合供給量下降。

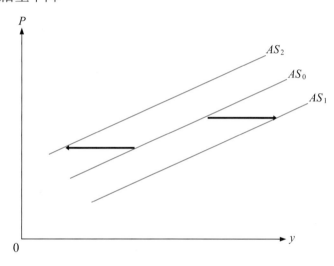

圖 17.6　短期總合供給曲線的移動

有許多因素會造成總供給面的變動，最重要的因素如商品與勞務的生產成本發生變動、名目工資的改變，勞動供給量的增加以及技術進步。以下簡要加以說明：

1. 商品與勞務的生產成本發生變動

一般所謂供給面遭受衝擊，指的是商品與勞務的生產成本發生變動，對經濟體系造成衝擊而導致的一般物價水準改變。因此，供給面的衝擊又稱為價格衝擊（price shocks）。供給面的衝擊最為人熟知的要數石油價格的上漲，由圖 17.7 可以看出在 2006 與 2007 年原油價格大幅的上漲，可是在 2009 年初期又大幅的崩落，接著又發生大幅的反彈。一般而言，原油價格的漲跌會對勞動的需求產生影響，接著再反映到短期總合供給曲線。當原油價格上漲時，短期總合供給曲線最終會向左移動；當原油價格下跌時，短期總合供給曲線最終會向右移動。

2. 名目工資的變動

前面曾經提過，在短期，廠商面臨的名目工資可能無法自由調整，具有僵固性，但是當期間較長時，名目工資可能可以重新議定。例如，名目工資中包含雇主應該負擔的健保費用，當全民健保的費用調整時，如同雇主面臨了名目工資的調升，此種變動會使短期總合供給曲線也會如圖 17.6 所示，由 AS_0 向左移動到 AS_2。當然如果全民健保費用調降時，雇主所付的名目工資下降，使得短期總合供給曲線向右方移動。名目工資變動的另一個可能性為政府調整最低的名目工資，當政府把最低名目工資提高時，會造成短期總合供給曲線向左方移動。

圖 17.7　原油價格走勢

3. 勞動供給量的變動

勞動供給量的增加，可能歸因於外來人口的移入或者是政府開放外國勞動人口至本國就業所致，諸如德國開放土耳其勞工，臺灣開放泰國、越南及印尼等國勞工至境內工作。如圖 17.6，當政府開放外勞進口時，短期總合供給曲線則會向右移動到 AS_1。至於勞動供給量的減少可能為戰爭、疾病或者是出生率的下降，這將會造成短期總合供給曲線向右移動到 AS_2。目前出生率已經成為我國未來的重大隱憂。1958 年出生的嬰兒數為 413,679 人，粗出生率（出生人數與總人口之比率）為 41.7%；1981 年出生的嬰兒數為 414,069 人，粗出生率為 22.97%；在 2000 年出生的嬰兒尚有 305,312 人，粗出生率為 13.76；2010 年出

生的嬰兒降至 166,886 人，粗出生率為 7.21%，再創歷史新低，與德國並列最低粗出生率國家；2016 年出生的嬰兒為 208,440 人，粗出生率為 8.86，較前略有回升。

4. 技術進步

在一個經濟體經濟發展過程中，可能由於累積相當的經驗，而導致技術進步，因而各個既定廠商勞動雇用量對應的總產出水準隨之上升，在其他條件不變的情況下，短期總合供給曲線因總生產函數的變動而向右移動。

17.3.3　古典學派的勞動市場與長期總合供給曲線

凱因斯學派認為，由於工資的僵固性，一般物價水準的下降會伴隨著總產出的下降，一般物價水準的上升會伴隨著總產出的上升。但是，當時間經過越久，名目工資可能會重新議定，換句話說，只有時間夠長，名目工資的僵固性將不復存在。因此，長期而言，總合供給曲線也可能不再是正斜率，一般物價水準與總合供給量之間的關係也不一定是正向的。那麼他們之間的關係應該是如何呢？

假設中央銀行的總裁是個耶誕老人，他在耶誕夜坐著直昇機飛到某個經濟體的上空分送禮物。他送禮物的方式非常特殊，就是從天空往下灑錢。但是這位耶誕老人灑錢的本領非常高強，所有的人口袋裡的錢都成了兩倍。大家一覺醒來，發覺自己的錢都變成兩倍，人人非常高興，於是上街大肆採購，物價開始上漲，而且瞬間反應，結果新的均衡物價水準為原來的兩倍，包括名目工資也成為原來的兩倍。結果會發生什麼事？

正確的答案是，什麼事都沒發生！我們重新回到（17.2）式，當一般物價水準成為原來的兩倍，雖然商品的價格、成本以及利潤都成為原來的兩倍，但是以購買力計算的價格、成本以及利潤與原來並無不同，代表性廠商並不會因此變動供給量，因此總合供給量也不會改變。換句話說，長期而言，一般物價水準的變動對於總合供給量並沒有影響。所謂長期也可以定義為，在此期間，經濟體系內所有的價格，包括名目工資，都可以自由調整。此一情況與古典學派對於勞動市場的假設相符，古典學派假設勞動市場上的名目工資隨著一般物價水準的變動，作出同方向同比例的調整，勞動市場因而可在充分就業處達成均衡。換句話說，當物價水準變動時，名目工資也隨之變動，維持原來的實質工資不變，也因此勞動市場仍維持在原有均衡就業處達成均衡。

　　古典學派的勞動市場均衡觀念，可用圖 17.8 加以說明。象限 III 中的 N^s 代表總體勞動供給，N^d 代表勞動需求。總體勞動供給曲線為實質工資之增函數，總體勞動需求曲線為實質工資之減函數，兩曲線相交之處即決定了均衡就業水準 N_f 及均衡實質工資 $\frac{W}{P}$。由圖 17.8 之象限 III 可以看出：勞動市場上的均衡點為 E_0，此時，勞動市場的均衡就業量為 N_f。象限 II 表示一般物價水準 P 與實質工資 $\frac{W}{P}$ 的關係。原有的一般物價水準 P_0，名目工資為 W_0，因此原有的均衡實質工資為 $\frac{W_0}{P_0}$。象限 IV 代表生產函數曲線，在均衡的均衡就業水準 N_f 下，產生均衡總產出 y_f。

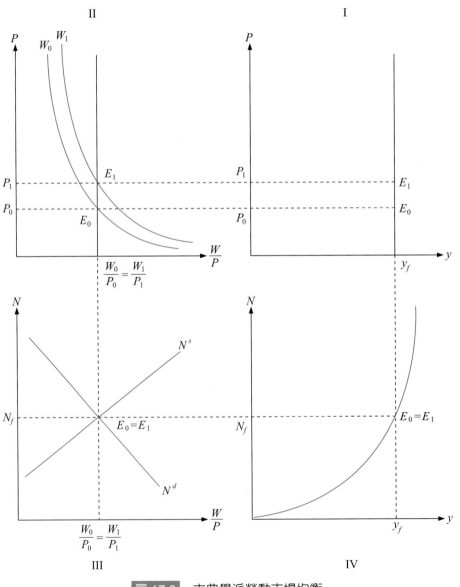

圖 17.8 古典學派勞動市場均衡

　　當一般物價水準由 P_0 上升爲 P_1 時，由於在一般物價水準上升時，因勞動供給者與需求者均擁有充分的資訊，故名目工也上升，名目工資調升爲 W_1，使得實質工資維持在原來的水準，即 $\dfrac{W_0}{P_0} = \dfrac{W_1}{P_1}$，故勞動市場均衡就業水準維持在 N_f。這表示在古典學派的理論中，總產出不受一般物價水準變動的影響，永遠維持在充分就業的水準 y_f。換句話說，對於古典學派而言，均衡就業水準不會隨著一般物價水準之變動而發生改變，即始終維持充分就業。

　　實質工資維持一定，就業量也維持一定，即充分就業，沒有非自願性失業。此一充分就業水準可以根據總體經濟的生產函數，決定經濟體系在充分就業時的總產出水準 y_f，不管一般物價水準如何變，均衡就業量均維持相同的水準。由於不同的一般物價水準對應相同的總產出水準 y_f，所以導出一條垂直於橫軸的總合供給曲線。這表示在古典學派的理論中，總產出不受一般物價水準變動的影響，永遠維持在對應於勞動充分就業時的總產出水準。

　　長期總合供給曲線（*LAS*）因此如圖 17.9 所示，爲一條垂直於橫軸的直線，表示不管在任何一般物價水準之下，總合供給量（實質 *GDP*）並不會發生改變。另外，**此總合供給量有其特殊涵義，由於此總產出是在勞動市場達成均衡時達成的，此一總產出的水準即稱爲充分就業產出水準**（full-employment level of output）**或自然產出水準**（natural level of output）。由於不同的一般物價水準均對應相同的總產出水準 y_f，所以導出一條垂直於橫軸的總合供給曲線。

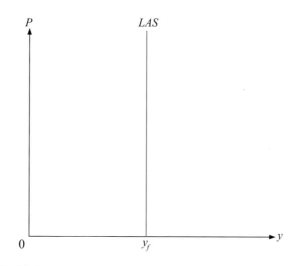

圖 17.9　長期總合供給曲線（古典學派總合供給曲線）

經濟小百科

Irving Fisher 與貨幣幻覺

美國經濟學家歐文 · 費雪（Irving Fisher）是耶魯大學第一個經濟學博士，但卻是在耶魯大學數學系獲得這個學位。他的學位論文《價值與價格理論的數學研究》用定量分析研究效用理論，至今為經濟學家稱道。這篇論文奠定了他作為美國第一位數理經濟學家的地位。費雪涉獵的領域相當廣泛，據他的兒子 I.N. 費雪為他們寫的傳記所列，他一生共發表論著 2,000 多種，合著 400 多種，用著作等身來形容並不為過。

費雪對經濟學的主要貢獻是在貨幣理論方面闡明利率如何決定和物價為何由貨幣數量來決定，其中尤以費雪方程式為當代貨幣主義者所推崇。費雪方程式是貨幣數量說的數學形式。

"貨幣幻覺" 一詞是費雪於 1928 年提出來的，它是指人們只是對貨幣的名目價值做出反應，而忽視其實際購買力變化的一種心理錯覺。換句話說，金錢的面額數字（名目價值）常被誤認為其購買力（實際價值）。因為通貨膨脹，貨幣的實際購買會隨時間變化，貨幣的實際購買力不會與其名目價值一致，因此可能產生貨幣幻覺。凱因斯學派認為，因為存在貨幣幻覺，即使出現通貨緊縮，勞工也不會願意將自己的名目工資調低，工資僵固性造成了失業的產生。貨幣學派與理性預期學派反對貨幣幻覺的存在，他們堅持認為人們面對自己的財富時行為十分理性。米爾頓·傅利曼認為，在進行工資談判時，勞工會將通貨膨脹列入工資的調整的考慮中，完全抵消貨幣幻覺。他據此提出自然失業率。

資料來源：改寫自維基百科

Costs of Inflation: Price Confusion and Money Illusion（中文字幕）
https://youtu.be/Q_C3whhH2gc

17.3.4 從短期總合供給曲線到長期總合供給曲線

由於有短期總合供給曲線與長期總合供給曲線，可以想見的，一個經濟體系所處狀況可能位於兩條曲線的交點，也就是同時位於兩條曲線之上。但是也有可能只位於短期總合供給曲線之上，而沒有位於長期總合供給曲線之上。如果是後者，經濟體系還要經歷一連串調整的過程，短期供給曲線將會慢慢調整，使得經濟體系位於兩條曲線的交點。

以圖 17.10 為例，E_0 點位於短期總合供給曲線之上，而沒有位於長期總合供給曲線之上，且其總產出（y_1）高於充分就業產出水準（y_f），而之所以會如此，可能

是因為名目工資還來不及向上調整，廠商因此享有較高的利潤，也願意有較高的總合供給量。但是較充分就業產出水準高的總產出也代表較低的失業率，未就業的勞動人口較為稀少，可以想見名目工資將會逐漸上升，短期總合供給曲線也會因此逐漸向左方移動，最後會由 AS_0 移到 AS_1 的位置。

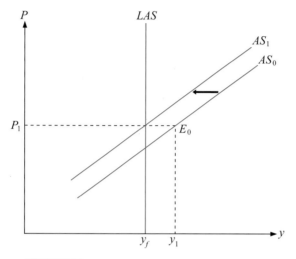

图 17.10　短期總合供給曲線的調整（一）

　　如果情況如圖 17.11 所示，E_0 點之總產出（y_1）低於充分就業產出水準（y_f），而之所以會如此，可能是因為名目工資還來不及向下調整，廠商享有的利潤較低，總合供給量也因此較低。但是較充分就業產出水準低的總產出也代表較高的失業率，可以想見名目工資將會逐漸下降，短期總合供給曲線也會因此逐漸向右方移動，最後會由 AS_0 移到 AS_1 的位置。

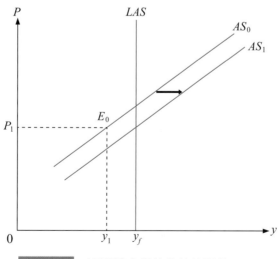

图 17.11　短期總合供給曲線的調整（二）

17.4 總合供給與總合需求模型下的經濟均衡

17.4.1 短期總體經濟均衡

　　首先我們介紹短期均衡的達成。在圖 17.12 中，如果一般物價水準偏離均衡的水準，如何重新回復均衡呢？假設原始的均衡點為 E_0，均衡的總產出為 y_0，均衡的一般物價水準為 P_0。如果一般物價水準 P_1 大於均衡的一般物價水準 P_0，總合供給（y_1^{AS}）會大於總合需求（y_1^{AD}），故一般物價水準必須下跌，實質工資上升，降低勞動雇用量，從而使總合供給量等於總合需求量，這就構成總合供給與總合需求模型的短期均衡。

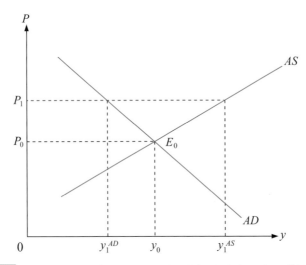

圖 17.12　總合供給與總合需求模型下的短期均衡：凱因斯學派觀點

　　如果碰到總合需求面的變動呢？例如 1930 年代的經濟大蕭條或是 2008 年由美國次級房貸風暴（subprime mortgage crisis）所引起金融海嘯，經濟學家大都認為它們是負面的總合需求面的變動所引起的，它的影響可以用圖 17.13 加以說明。原有的均衡點為 E_0，如果發生負向的總合需求面的變動，將使得總合需求曲線向左方移動到 AD_1，產生新的短期均衡點 E_1。一般價格水準將會由 P_0 下降到 P_1，而總產出也會由下降到 y_1，而這也是我們在經濟大蕭條期間與金融海嘯時觀察到的現象。

　　如果是正向的總合需求面的變動，其影響可以用圖 17.14 加以說明。原有的均衡點為 E_0，如果發生正向的總合需求面的變動，將使得總合需求曲線向右方移動到 AD_1，產生新的短期均衡點 E_1。一般價格水準將會由 P_0 上升到 P_1，而總產出也會由 y_0 上升到 y_1。

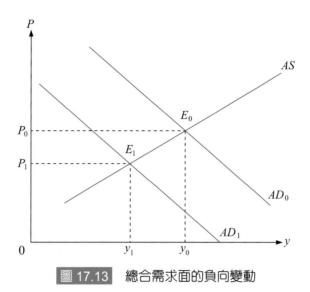

圖 17.13 總合需求面的負向變動

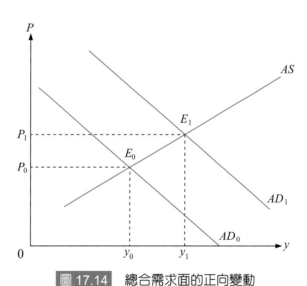

圖 17.14 總合需求面的正向變動

　　而最著名的負向總合供給面的變動莫過於石油危機所引起的石油價格大幅上漲，其影響可以用圖 17.15 加以說明。原有的均衡點為 E_0，如果發生負向總合供給面的變動，將使得總合供給曲線向左方移動到 AS_1，產生新的短期均衡點 E_1。一般價格水準將會由 P_0 上升到 P_1，而總產出也會由 y_0 下降到 y_1，這種特殊的情況就稱為**停滯性通貨膨脹**（stagflation），**指高通貨膨脹率與高失業率同時發生，簡單凱因斯模型與修正凱因斯模型無法描述此特殊狀況。**

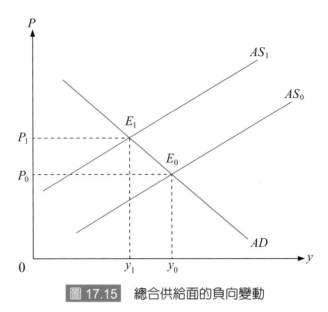

圖 17.15　總合供給面的負向變動

　　總合供給面的正向變動可能是最令人高興的，其影響可以用圖 17.16 加以說明。原有的均衡點為 E_0，如果發生正向的總合供給面變動，將使得總合供給曲線向右方移動到 AS_1，產生新的短期均衡點 E_1。一般價格水準將會由 P_0 下降到 P_1，而總產出也會由上升到 y_1，這種令國家前景樂觀的組合曾經發生在 1990 年代。

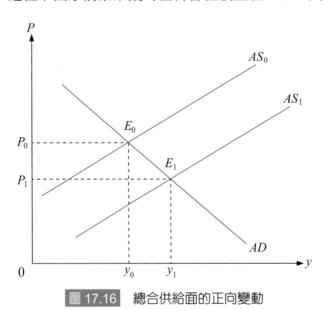

圖 17.16　總合供給面的正向變動

FYI 專欄

1990 年代網際網路技術的興起與泡沫化

從歷史上看，網際網路技術的進步所帶來的繁榮可被視為類似於其它新技術興起所帶動的繁榮――包括 1840 年代的鐵路，1920 年代的汽車和收音機，1950 年代的電晶體，1960 年代的計算機，以及 1980 年代早期的家用電腦和生物技術。

1994 年，Mosaic 瀏覽器及全球資訊網的出現，令網際網路開始引起公眾注意。期人們只看見網際網路具有免費出版及即時世界性資訊等特性，但逐漸人們開始適應網上的雙向通訊，並開啓以網際網路為媒介的直接商務（電子商務）及全球性的即時群組通訊。這種可以低價在短時間接觸世界各地數以百萬計人士、向他們銷售及通訊的技術，令傳統商業信條包括廣告業、郵購銷售、顧客關係管理等因而改變。網際網路成為一種新的最佳媒介，它可以即時把買家與賣家、宣傳商與顧客以低成本聯繫起來。

在網際網路技術進步所帶來繁榮的初期，包括網際網路基建（如 WorldCom），網際網路工具軟體（如 Netscape，1995 年 12 月首次公開發行），及入口網站（如雅虎，1996 年 4 月首次公開發行）等三個主要科技行業因此獲益。

投資銀行目睹網際網路公司股價的不斷地上漲，股價不斷地創新紀錄，因此大量地 尋找新的公司作為投資標的。一小部分公司的創始人在網際網路股市興盛的初期公司，靠讓 公司上市獲得巨大的財富。

大量網際網路公司在相同的領域均有著相同的商業計劃，就是通過網路效應來壟斷，這樣即使計劃再好，每一板塊都只會有一個勝出者，因此大部分有著相同商業模式的公司將會失敗。實際上，許多板塊甚至連支援一家獨大的能力都沒有。

2000 年 3 月，納斯達克綜合指數攀升到 5,048，網路經濟泡沫達到最高點。4 月 3 日聯邦政府審理宣布微軟為壟斷觸發股價指數反轉及隨後的熊市。導致納斯達克綜合指數和所有網路公司崩潰的可能原因之一，是大量對高科技股的領頭羊如思科、微軟、戴爾等數十億美元的賣單碰巧同時在 3 月 10 號週末之後的第一個交易日（星期一）早晨出現。賣出的結果導致納斯達克綜合指數 3 月 13 日一開盤就從 5,038 跌到 4,879，整整跌 4 個百分點 - 全年「盤前（pre - market）」拋售最大的百分比。泡沫破裂也有可能與 1999 年聖誕期間網際網路零售商的業績不佳有關。到了 2001 年，泡沫全速消退。大多數網路公司在把資金燒光後停止交易，許多甚至還沒有盈利過。

資料來源：改寫自維基百科

美科技股暴跌　網路泡沫化疑慮再起
https://youtu.be/jAA2zNFz9u8

17.4.2　長期總體經濟均衡

　　古典學派眼中的總體經濟均衡，也是長期總體經濟均衡，可以用圖 17.17 加以表示。長期總體經濟均衡點位於長期總合供給曲線、短期總合供給曲線以及總合需求曲線三條曲線的交點 E^*，其對應的總產出為充分就業產出水準 y_f。

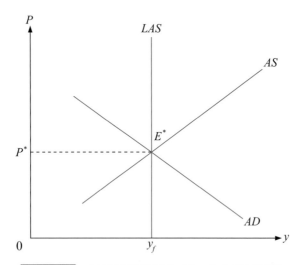

圖 17.17　長期總體經濟均衡：古典學派觀點

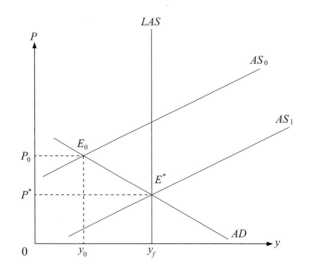

圖 17.18　從短期總體經濟均衡到長期總體經濟均衡

　　就古典學派的傳統觀點而言，短期均衡並不一定等於長期均衡，當短期均衡不等於長期均衡時，經濟體系會逐步調整至長期均衡。在圖 17.18 中，假設原始的均衡點為 E_0，均衡的總產出為 y_0，均衡的一般物價水準為 P_0。由於總產出偏離充分就

業的產出水準，因此，此一短期均衡偏離長期均衡。總產出 y_0 小於充分就業產出水準 y_f，表示勞動市場上有失業發生，因此名目工資會下降，而重新回復充分就業的水準；在調整過程中，總合供給曲線會向右移動。隨著總合供給曲線的右移，一般物價水準逐步下降，總產出也告增加。最後均衡點落在點為止。此時，總產出回到充分就業水準，而一般物價水準則降至 P^*。

接著討論總合需求面發生負向變動時，經濟體系的長期調整過程，如圖 17.19 所示。假設原始的均衡點為 E_0，同時位於短期均衡與長期均衡，均衡的總產出為 y_0，均衡的物價水準為 P_0。

假設經濟體系發生了類似美國次級房貸風暴所引起的金融海嘯衝擊，總合需求曲線由 AD_0 向左方移動到 AD_1，產生新的短期均衡點 E_1。一般價格水準將會由 P_0 下降到 P_1，而總產出也會由 y_f 下降到 y_0，總產出低於充分就業產出水準。這時總產出與充分就業產出水準之間的差距可以比照簡單凱因斯模型稱為「緊縮缺口」（deflationary gap）。

緊縮缺口的產生代表高失業率，名目工資將會逐漸下降，短期總合供給曲線也會因此逐漸向右方移動，最後會由 AS_0 移到 AS_1 的位置。新的均衡點 E_2 代表經濟體系重新回到長期均衡，總產出也回到充分就業產出水準，只不過新的一般物價水準為 P_2，較原有的一般物價水準為低。

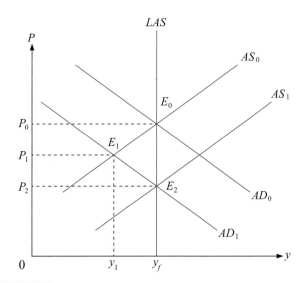

圖 17.19　總合需求面發生負向變動後的長期調整過程

接著討論總合需求面發生正向變動時，經濟體系的長期調整過程，如圖 17.20 所示。假設原始的均衡點為 E_0，同時位於短期均衡與長期均衡，均衡的總產出為 y_0，均衡的物價水準為 P_0。假設經濟體系經歷了股市異常的繁榮，總合需求曲線由 AD_0 向右方移動到 AD_1，產生新的短期均衡點 E_1。一般價格水準將會由 P_0 上升到 P_1，而總產出也會由 y_f 上升到 y_1，總產出高於充分就業產出水準。這時總產出與充分就業產出水準之間的差距可以比照簡單凱因斯模型稱為「膨脹缺口」（inflationary gap）。膨脹缺口的產生代表生產要素高度就業，名目工資將會逐漸上漲，短期總合供給曲線也會因此逐漸向左方移動，最後會由 AS_0 移到 AS_1 的位置。新的均衡點 E_2 代表經濟體系重新回到長期均衡，總產出也回到充分就業產出水準，只不過新的一般物價水準為 P_2，較原有的一般物價水準為高。

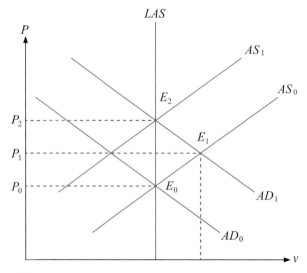

圖 17.20　總合供給面發生正向變動後的長期調整過程

我們可以根據充分就業產出水準與實際總產出計算總產出缺口（output gap）。

$$總產出缺口 = \frac{（實際總產出 - 充分就業產出水準）}{充分就業產出水準} \times 100\% \qquad （式 17.3）$$

當緊縮缺口發生時，總產出缺口為負值，這表示名目工資將會下降，使經濟體系回到充分就業產出水準，總產出缺口也會重新趨近零。當膨脹缺口發生時，總產出缺口為正值，這表示名目工資將會上升，使經濟體系回到充分就業產出水準，總產出缺口也會重新趨近零。這樣的調整過程隱含，經濟體系有自我修正（self-correcting）的能力，即使短期內遭受干擾，也總是會回到長期均衡。這剛好是古典

學派的經濟學家所堅持的信念。只不過，從短期干擾的發生到經濟體系重新回到長期均衡，需要花費多少時間，古典學派的經濟學家卻不認為是一個重要的問題。凱因斯本人從沒有反對過古典學派的經濟體系長期而言可以自我修正的信念，但他認為短期內經濟個體所遭受的痛苦才是經濟學家所應該在意的，所以他說過：「長期而言，我們都死光了！」（In the long run, we are all gone!）。

本章結論

　　與修正凱因斯模型相較，總合需求與總合供給模型加入了勞動市場的分析，故可用於同時決定總產出、利率與一般物價水準等三個變數。從針對勞動市場所作的分析中，我們可更加清楚看出凱因斯學派與秉持古典學派傳統的經濟學家之間論點的不同。

　　根據前幾章有關於商品市場與貨幣市場的總合需求面分析為基礎，可以導出總合需求曲線，這一條曲線可以看成是在商品市場與貨幣市場皆處於均衡狀態時，總合需求量與一般物價水準之組合點所連成的軌跡。

　　由於總合需求曲線是結合 IS 與 LM 所導出，因此影響 IS 曲線與 LM 曲線變動之因素就是影響總合需求曲線移動的因素。總合供給曲線則可以看成是在勞動市場處於均衡時，總產出與一般物價水準之組合點所連成的軌跡線。

　　總合供給曲線的推導則必須區分古典學派與凱因斯學派的不同。從古典學派充分就業的假設，可以導出古典學派的總合供給曲線是一條垂直於橫軸的總合供給曲線。

　　凱因斯學派學者則提出工資僵固模型、貨幣幻覺模型與價格僵固模型，這些模型的共同特徵，是根據前述論點可導出斜率為正區段的總合供給曲線。供給面的變動可能為價格衝擊、勞動人口的增加或是技術進步。

　　從事均衡分析時，短期分析以凱因斯學派的總合供給曲線為基礎，長期均衡分析則以古典學派的總合供給曲線為基礎。總合需求與總合供給模型不僅可以同時描述古典學派與凱因斯學派的觀點，它同時也可以用以說明重貨幣學派與新興古典學派適用的場合。

Chapter 18

政府收支與財政政策

許可達

名人名句

讓 - 巴普蒂斯特 · 柯爾貝爾

（Jean-Baptiste Colbert，1619 年 8 月 29 日～ 1683 年 9 月 6 日）

稅收這種技術，就是拔最多的鵝毛，聽最少的鵝叫。

研習重點

- 說明政府收入與支出的來源，財政赤字時的融通之道，與預算編列原則的介紹
- 以簡單凱因斯模型介紹凱因斯學派對財政政策所持的基本立場
- 以修正凱因斯模型介紹凱因斯學派與貨幣學派有關財政政策有效性的論爭
- 以總合供需模型介紹古典學派與凱因斯學派有關財政政策有效性之歧異立場

學習架構圖

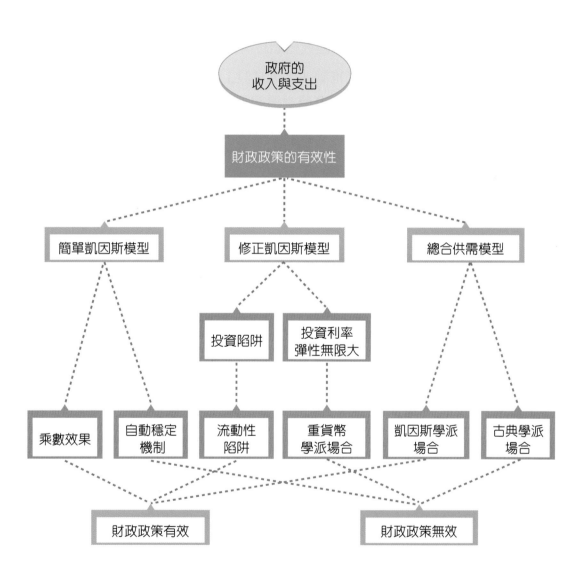

18.1 財政政策的目的

在以一個國家為主之經濟體系中可以大致區分為三個部門：第一個是家計單位；第二個是廠商；第三個是政府部門。由於財政政策屬於中央政府的權責。一方面，政府部門中的中央政府的收入與支出，反映了它在經濟體系中的重要性；另一方面，中央政府在收入與支出權衡性的調整又構成了財政政策（fiscal policy），對經濟體系總體有直接的影響。因此財政政策最直接的目的在於支應中央政府的各項經常活動以及計畫，另外則是為了達成總體經濟特定政策目標而進行的支出。

1974 年到 1979 年蔣經國總統推動「十大建設」，帶領臺灣走出全球性的經濟衰退，加速經濟及社會的發展，並對臺灣經濟起飛有巨大的貢獻。2017 年蔡英文總統提出「前瞻基礎建設計畫」，包含「綠數水道鄉」五大建設計畫：綠能建設、數位建設、水環境建設、軌道建設以及城鄉建設，規劃以八年時間投入總經費約新臺幣 8,824 億 9,000 萬元的特別預算。行政院認為此計畫可增加民間投資產值約新臺幣 1 兆 7,777 億 3,000 萬元，希望透過政府興建及完善各種基礎設施，強化民間投資動能，帶動經濟成長。

除了企圖利用財政政策帶動經濟成長，面對突如其來的高度不確定經濟衝擊時，政府也會利用財政政策減緩衝擊的力道。例如馬英九總統為對抗金融海嘯所引發的不景氣，2009 年針對國民與具有長期居留資格的住民全面發放「振興經濟消費券」，每人新臺幣 3,600 元。這個政策的用意在於以政府支出提高人民的自發性消費支出，最後達到增加國內生產毛額的目的。此一政策也複製到其他國家，至 2009 年止，亞洲地區共有日本、中華民國、泰國、中華人民共和國及部分地區發行過消費券。

2020 年由於新型冠狀病毒（COVID-19）所引起的疫情而引發經濟活動衰退，許多國家也進行了史無前例的刺激方案，除了貨幣政策外，當然也有擴張性的財政政策。以財政政策而言，社會救助（低收入戶補貼及失業保險等）、企業補貼（低利貸款及政府直接補貼等）及增列醫療預算為多國共識；在租稅方面，如延期繳稅之優惠，及提供減稅優惠。

亞洲區來看，中國這次刺激政策達 4,260 億美元，主要挹注於失業救濟金、中小企業減稅與基礎設施建設，中國此次刺激政策僅佔中國 *GDP* 3%，其他亞洲國家如日本刺激規模佔 *GDP* 達 2 成，韓國與澳洲則佔近 1 成。美洲區中以美國刺激規模

最大，規模達 2 兆美元以上，佔 *GDP* 達 15%，其中 3,490 億美元用於支應企業人力成本支出，以及 160 億美元的農業救濟等；而歐洲國家中，德國挹注刺激政策達 1 兆美元，刺激規模佔 *GDP* 近 35%，其中有一半以上為銀行擔保的貸款措施。

救經濟！新冠肺炎衝擊　政府將發「振興券」
https://youtu.be/npxqfY2Yk-E

　　但是政府支出增加是不是真能提高國內生產毛額？此一問題是總體經濟學最重要的問題之一，對於這個問題的討論從凱因斯學派總體經濟學的誕生就已開始，並不斷的在各學派之間引起巨大的回響。本章將利用「簡單凱因斯模型」、「修正凱因斯模型」以及「總合需求與總合供給模型」對相關之論爭作一有系統的探討。另須指出者，賦稅的制度有把國內生產毛額重新加以分配的功能，因此賦稅的公平性與所得重分配後的公平性會受到大家的重視。

▌18.2 政府收入、支出與預算

　　根據財政部中央政府歲入案來源別分，政府收入包括稅課收入、獨占及專賣收入、罰款及賠償收入、規費收入、財產收入、營業盈餘及事業收入、其他。其中稅課收入包括關稅、所得稅、貨物稅、證券交易稅、營業稅及其他稅課收入。

　　稅收以稅率的結構又可分為比例稅（proportional tax）與定額稅（lump-sum tax）兩類：比例稅指依財產、所得或是交易量的多寡而課徵的稅；定額稅則指對每個人、每項交易均課以固定金額的稅。多數的稅都是以比例稅的方式來課徵，例如，綜合所得稅、營利事業所得稅、土地稅與房屋稅等。至於依定額稅來課徵的稅並不多，古代課徵的人頭稅，依人頭來課征田賦或稅收，可以視為正式的定額稅，現代的規費與罰金可以視為非正式的定額稅。比例稅又可分為均一稅（flat tax）、累進稅（progressive tax）以及累退稅（regressive tax）。

FYI 專欄

人頭稅與窗稅

雖然比例稅可以依課徵對象的能力徵收稅額，但是所需的資訊卻可能是政府所無力獲得的，因此在古代，資訊需求量較低的稅制較易施行。

人頭稅（poll tax 或 head tax）是一種向每一個人課相同、定額的稅制。19 世紀之前，此稅曾為許多國家的重要稅收。華夏文明所建立的朝代課徵的丁稅，即是一種人頭稅。英國也曾於 14 及 20 世紀徵收人頭稅。加拿大也曾於 1885 年通過 1885 年華人移民法案，向所有進入加拿大的華人徵收 $50 人頭稅。其用意在阻擾低層華人在加拿大太平洋鐵路完工後繼續向加拿大移民。在美國部份地區，人頭稅曾被用來當投票資格；主要目的為排除非裔美國人、美洲原住民及非英國後裔白人的投票權。吉茲亞是一種曾經在伊斯蘭國家向非穆斯林人民實施的人頭稅，徵稅對象是有體力當兵及有財力繳稅的成年男子，不包括奴隸。穆斯林統治者容許繳納了吉茲亞稅的非穆斯林居民繼續信仰其原有宗教。

1697 年英國威廉三世在位期間，向建築物開鑿窗戶而徵收的窗稅。引入窗稅以前，英國亦曾經開徵過壁爐稅（Hearth Tax），按房屋的壁爐多寡收稅。不過，由於壁爐在屋外往往難於觀察，評稅人員要入屋才能確知樓宇的壁爐數目，結果此稅被指侵犯隱私，而於 1689 年廢除。最初在 1697 年開徵的窗稅原本只適用於英格蘭地區，後來擴展到蘇格蘭及整個大不列顛王國。由於輿論批評窗稅無異於向「光和空氣」徵稅，在輿論壓力下，窗稅最終在 1851 年獲廢除。由於房屋愈大，窗戶愈多，業主就要相對繳交更多的稅，不少人為了減輕負擔，索性將一些窗戶封起，因此時至今日，英國到處仍可見到一些窗戶被封起的歷史建築。

資料來源：維基百科

以租稅負擔是否可以轉嫁區分為直接稅（direct taxes）與間接稅（indirect taxes）。納稅義務人與實際負擔租稅者同一者稱為直接稅，不可轉嫁。間接稅則是納稅義務人與實際負擔租稅者不同一人，納稅義務人透過交易行為，將稅負移轉給最後購買者或消費者負擔。直接稅包括綜合所得稅、營利事業所得稅、證券交易稅、期貨交易稅、遺產與贈與稅、房屋稅、土地增值稅等。一般而言間接稅是對商品和服務徵收的，包括營業稅、關稅、貨物稅、菸酒稅、娛樂稅、印花稅、使用牌照稅。我國雖以直接稅為主流，但間接稅有歷年增加趨勢。

以租稅客體的種類區分，可以區分為所得稅、財產稅、消費稅及流通稅。所得稅包括綜合所得稅、營利事業所得稅與土地增值稅等。**綜合所得稅以家庭作為申報**

繳納的單位，以課稅所得來計算個人應納稅額，納入課稅所得者包括股利，合作社或合夥營利事業分配之盈餘，薪資、利息、租金、版稅及權利金，非經常性財產交易所產生的資本所得，駐外人員在國外提供勞務之報酬，在國內經營工商、農林、漁牧、礦冶等事業之盈餘，競技、彩券中獎獎金、在我國境內取得之其他收益等項。所得稅的公平性原則可分兩種：「一者爲水平性公平（horizontal equity）；另一者爲垂直性公平（vertical equity）。」所謂水平性公平指的是，所得相同的人應該繳交相同的稅額；所謂垂直性公平指的是，所得越高的人繳交的稅額應該越高。

　　消費稅是以商品或勞務的生產或銷售作爲課稅對象。消費稅依課徵方法不同，可以分爲三類：一般銷售稅、選擇性銷售稅及加值型營業稅。「一般銷售稅」是對商品在交易時就其價格課以一定比例的稅，非消費商品往往也被列入課徵範圍。一般銷售稅可再分爲單階段銷售稅與多階段銷售稅兩種。單階段銷售稅指在產銷過程中，以某一特定階段爲課徵對象；多階段銷售稅則以產銷過程的每一階段爲課徵對象。在 1986 年加值型營業稅實施之前，多階段銷售稅在臺灣實施多年。它的缺點在於重複課稅、稽徵成本較高、不利國際貿易。至於「加值型營業稅」則指針對附加價值課稅，所以沒有重複課稅的問題。

　　流通稅是針對交易行爲課稅，我國主要的流通稅有證券交易稅、印花稅與契稅。證券交易稅是針對有價證券買賣課稅，印花稅是對特定交易憑證課稅，契稅則是對房屋賣出的交易事實課稅。

　　財產稅以「財產」作爲稅基所課徵之租稅，亦即針對財產「所有、使用或移轉之事實」所課徵之租稅。財產稅計算稅額之方式，係按照財產價值及適用稅率，計算應納稅額，即財產稅是屬從價稅。現行我國財產稅，主要亦針對不動產課徵（如地價稅、房屋稅）；但是在財產稅的稅基方面並不限於不動產，也部份課及動產，例如：遺產贈與稅。此外，在臺灣房屋與土地則分別課徵賦稅。土地在平時課徵地價稅；土地產生一般移轉時課徵土地增值稅；土地因繼承而移轉時課徵遺產稅；土地因贈與而移轉時既課贈與稅也課土地增值稅。房屋在平時課徵房屋稅；房屋在一般移轉時課徵契稅；房屋因繼承而移轉時課徵遺產稅；房屋因贈與而移轉時既課贈與稅也課契稅。

　　我國的公營事業有相當大的規模，而且曾經對於政府的預算有過很大的挹注效果。但公營事業的盈餘是否應該列入政府收入，事實上，有所爭議。由於公營事業不列入財政部中的政府部門，所以有人認爲，公營事業的盈餘不應列爲政府收入。但

也有學者則認為，只要政府實際上有能力主導公營事業的經營，公營事業當然是政府的一部分，而公營事業的盈餘自然可視為購買公營事業提供財貨及勞務的附加稅。

政府的支出可以區分為經常性支出以及資本性支出。經常性支出所包含的範圍較國民所得帳中的政府購買更為廣泛，除了政府購買的項目之外，還包括移轉性支出以及公債利息支出。移轉性支出最常見的例子就是老人年金以及貧窮救濟金。公債利息支出是政府部門對前期留存下來的公債而本期尚未償還者所支出的利息。資本性支出則包括資本財的購買以及權利的取得、公債的償還。

在表 18.1 中，稅課收入被區分為財產及企業所得、生產及進口稅以及所得稅及其他經常稅；獨占及專賣收入、罰款及賠償收入、規費收入、財產收入、營業盈餘及事業收入等非課稅收入，則歸類為其他經常移轉收入。從表 18.1 可以看出，在民國 70 年代，生產與進口稅為政府收入的最重要來源，佔政府收入的 56.26%，到了民國 107 年，這項收入來源已經遞減為 24.93%，反而在民國 70 年代占比重很低的其他經常移轉性收入，到了民國 107 年已經遞增為 36.61%，成了最重要的收入來源。至於所得稅及其他經常稅除了在民國 77 到 83 年間，升高到 30% 以上之外，其餘時間大致均低於 30%，且相對穩定。財產及企業所得稅從民國 70 年的 15.27% 到民國 74 年最高的 19.30%，逐漸下降到民國 107 年的 8.80%。

表 18.1　我國政府支出所得結構

單位：%

民國	收入					支出					
	合計	財產及企業所得	生產及進口稅	所得稅及其他經常稅	其他經常移轉收入	合計	政府消費支出	財產所得支出	補助金	經常移轉支出	儲蓄
70 年	100.00	15.27	56.26	21.53	6.94	76.55	67.87	0.35	2.34	5.98	23.45
71 年	100.00	14.40	53.93	21.60	10.07	82.80	73.36	0.45	3.67	5.32	17.20
72 年	100.00	15.44	54.72	20.65	9.19	81.13	71.82	1.00	2.45	5.86	18.87
73 年	100.00	15.79	53.35	20.95	9.91	79.64	72.33	0.81	2.53	3.97	20.36
74 年	100.00	19.30	49.67	20.66	10.36	81.72	73.93	0.87	2.47	4.46	18.28
75 年	100.00	16.59	49.44	21.86	12.10	82.42	73.86	0.90	2.32	5.34	17.58
76 年	100.00	15.52	45.56	26.66	12.26	75.51	68.17	1.09	1.06	5.18	24.49
77 年	100.00	15.34	42.57	30.37	11.72	72.64	64.73	1.20	0.87	5.84	27.36
78 年	100.00	14.75	40.49	32.40	12.37	73.09	65.33	1.00	0.83	5.94	26.91
79 年	100.00	12.96	38.72	35.87	12.45	80.21	70.28	1.72	0.83	7.38	19.79
80 年	100.00	11.13	40.59	33.73	14.55	90.56	75.69	3.36	0.75	10.76	9.44

（表18.1續）

民國	收入					支出					儲蓄
	合計	財產及企業所得	生產及進口稅	所得稅及其他經常稅	其他經常移轉收入	合計	政府消費支出	財產所得支出	補助金	經常移轉支出	
81 年	100.00	12.94	38.99	33.60	14.47	83.09	68.39	4.03	0.81	9.86	16.91
82 年	100.00	13.93	40.21	30.96	14.89	84.42	67.96	5.72	0.82	9.93	15.58
83 年	100.00	13.05	40.54	31.84	14.57	84.96	65.24	6.01	0.88	12.82	15.04
84 年	100.00	11.06	37.64	27.49	23.81	89.48	66.58	5.99	0.62	16.29	10.52
85 年	100.00	13.73	34.67	25.99	25.61	92.54	69.53	5.69	0.85	16.46	7.46
86 年	100.00	12.66	33.13	29.60	24.62	89.78	68.14	3.74	0.99	16.90	10.22
87 年	100.00	18.00	31.06	26.53	24.42	90.97	66.96	6.06	1.99	15.95	9.03
88 年	100.00	12.80	31.92	28.12	27.15	100.30	71.52	6.72	1.83	20.22	− 0.30
89 年	100.00	14.31	30.02	27.60	28.07	97.15	68.99	6.58	1.90	19.68	2.85
90 年	100.00	12.98	29.91	26.51	30.59	109.64	75.58	7.60	2.95	23.51	− 9.64
91 年	100.00	14.98	30.62	22.94	31.46	107.64	75.63	7.20	2.37	22.43	− 7.64
92 年	100.00	16.66	28.90	22.99	31.45	101.76	72.21	6.20	2.64	20.71	− 1.76
93 年	100.00	14.07	29.55	25.11	31.27	99.03	70.44	5.04	2.41	21.13	0.97
94 年	100.00	12.74	27.85	28.26	31.16	95.28	65.58	4.57	2.58	22.55	4.72
95 年	100.00	13.19	26.39	28.15	32.27	93.60	62.81	4.75	2.44	23.59	6.40
96 年	100.00	12.71	25.58	30.84	30.87	93.34	62.20	4.74	2.62	23.79	6.66
97 年	100.00	12.01	24.35	31.82	31.82	100.14	63.23	4.58	3.10	29.24	− 0.14
98 年	100.00	13.74	24.08	27.02	35.16	103.65	68.00	4.38	3.92	27.35	− 3.65
99 年	100.00	11.89	26.51	25.04	36.56	99.94	66.82	3.80	3.32	26.00	0.06
100 年	100.00	12.66	25.72	26.34	35.29	95.04	63.35	3.55	3.07	25.08	4.96
101 年	100.00	11.70	25.26	26.65	36.39	101.49	64.61	3.53	3.06	30.30	− 1.49
102 年	100.00	10.71	25.35	25.73	38.21	99.70	61.78	3.50	2.78	31.65	0.30
103 年	100.00	10.88	25.46	26.47	37.18	96.88	60.84	3.25	2.69	30.10	3.12
104 年	100.00	10.18	24.77	28.34	36.71	94.44	57.72	2.99	2.59	31.14	5.56
105 年	100.00	8.49	24.30	28.60	38.61	93.28	58.28	2.79	1.78	30.43	6.72
106 年	100.00	8.84	24.62	29.08	37.45	96.06	58.11	2.47	1.71	33.77	3.94
107 年	100.00	8.80	24.93	29.66	36.61	97.43	58.43	2.33	1.72	34.95	2.57

資料來源：國民所得年報，行政院主計處

在政府支出方面，經常性移轉支出從民國民國 70 年的 5.98%，民國 90 年代已經增加到 20% 以上，而且無法回頭地維持遞增趨勢，到民國 107 年時此項支出劇升到 34.95%，成為政府的第二大支出，這種變化顯示了臺灣向福利國家趨近，因而產生了大量的經常移轉支出。政府消費支出一直都是政府支出的最大宗，在民國 93 年以前都接近 70% 或以上，到了民國 107 年只有 58.43%。從以上的描述可以知道：政府的收入與支出結構從民國 70 年代到今天已經歷經了重大的改變，過去重要的收入或是支出來源在目前的重要性已經減低，而過去微不足道的收入或是支出來源在目前已經變得很重要。

在民國 87 年以前，政府的收支都是有盈餘的，在民國 70 年代大部分的時間，政府的儲蓄在 20% 以上。但是我們可以看到，大概在民國 88 年經常移轉支出提高到 20.22% 以後，政府財政開始出現赤字，自此以後，政府儲蓄在 20% 以上的時代已經一去不復返了，這也表示政府較之前在社會福利上扮演更大的角色。

近年我國中央政府歲入及歲出總額以及它們占 GDP 比率變化如表 18.2 所示，雖然不管歲入或是歲出總額在趨勢上為逐年攀升，但是它們占 GDP 比率卻都逐漸下降，而我國中央政府支出佔國內生產毛額的比重，由表 18.2 與圖 18.1 可知，約在 10% 至 17% 之間，此反映公共支出理論中之華格納法則（Wagner's law）及皮寇克（Peacock）與魏茲曼（Wiseman）之移位效果（displacement effect），亦即隨著每人平均實質國內生產毛額的提高，政府部門的支出佔國內生產毛額的比重將會提高。新加坡、德國與美國雖然平均每人 GDP 均高於我國，但是中央政府支出占 GDP 比率卻與我國相去不遠，英國的中央政府支出占 GDP 與平均每人 GDP 相去不多的德國相比，高出甚多。可見在高所得國家，Wagner 法則可能不再適用。以福利社會著稱的北歐國家以丹麥為代表，中央政府支出占 GDP 比率跟英國類似，因為它們都是社會福利國家。

另外一個大家關注的問題是：臺灣的稅賦負擔是否比其他國家來得重？一句常見的口頭禪似乎反應了大家心裡的想法：「中華民國萬萬稅」，好像臺灣的賦稅負擔是很重的。但是如果檢視圖 18.2 所提供的資訊，似乎與這樣的印象很不相符，我國的賦稅負擔率低於日本與韓國，也低於新加坡。西歐的法國、德國與荷蘭都是賦稅負擔率較高的國家，至於北歐國家更高，這些國家就不用比較了。在 1980 年代賦稅負擔率較低的國家如義大利，到了 2015 年時賦稅負擔率都已經向西歐的法國、德國看齊了。美國的稅賦負擔率也高於我國及其他東亞國家。相較於歐美國家，東亞國家的稅賦負擔率似乎是較低的。

臉書在臺灣稅繳太少 國庫少了 4 億稅收
https://youtu.be/SHH7ezHsUR4

　　政府預算可以有三個主要的功能：第一是影響資源的分配，政府部門課徵賦稅，將家計部門的消費資源或是廠商可供投資用的資源轉移到公共財的支出，例如公園的興建或是國防安全的建立；**第二是影響國民所得分配**，例如政府部門課稅後，將之運用於老人年金的發放，就是將資源由繳稅的人口轉移到老年的人口；**第三是影響總體經濟變數**。第三項功能中影響的總體變數，最重要者為總產出（或者以國內生產毛額表示）以及失業率。本章只針對第三項作深入討論。

經濟小百科

皮古稅（Pigouvian Tax）

　　在社會成本高於經濟個體成本的經濟活動中，例如生產時會產生負外部效果（污染）的廠商為例，完全由經濟個體觀點所做的生產或消費選擇，數量一定高於資源效率配置的水準，在此情況下，便可藉由皮古稅的課徵，使資源達到有效率的配置水準。

表 18.2　我國中央政府歲入歲出總表

單位：千元；%

民國	歲入	歲入占 GDP 比率	歲出	歲出占 GDP 比率	餘絀	餘絀占 GDP 比率
82 年	1,031,130,572	17.4	1,031,130,572	17.4	0	0.0
83 年	1,024,255,479	15.8	1,024,255,479	15.8	0	0.0
84 年	1,012,520,781	14.3	996,698,256	14.1	15,822,525	0.2
85 年	1,092,525,675	14.1	1,085,076,670	14.0	7,449,005	0.1
86 年	1,190,761,733	14.3	1,190,761,733	14.3	0	0.0
87 年	1,308,428,217	14.4	1,194,011,103	13.1	114,417,114	1.3
88 年	1,363,606,960	14.2	1,360,395,963	14.1	3,210,997	0.0
89 年	2,106,845,213	13.7	2,306,145,252	15.0	−199,300,039	−1.3
90 年	1,444,969,045	14.2	1,664,757,641	16.4	−219,788,596	−2.2
91 年	1,331,267,027	12.5	1,579,149,062	14.8	−247,882,035	−2.3
92 年	1,341,923,875	12.2	1,656,619,550	15.1	−314,695,675	−2.9
93 年	1,392,744,718	12.0	1,644,205,947	14.1	−251,461,229	−2.2
94 年	1,481,489,585	12.3	1,669,297,335	13.8	−187,807,750	−1.6

（表18.2續）

民國	歲入	歲入占 GDP 比率	歲出	歲出占 GDP 比率	餘絀	餘絀占 GDP 比率
95 年	1,546,372,421	12.2	1,636,866,411	12.9	−90,493,990	− 0.7
96 年	1,635,461,806	12.2	1,645,116,763	12.3	−9,654,957	− 0.1
97 年	1,640,895,745	12.5	1,748,121,819	13.3	−107,226,074	− 0.8
98 年	1,553,815,091	12.0	1,992,965,330	15.4	−439,150,239	−3.4
99 年	1,497,672,217	10.6	1,903,380,134	13.5	−405,707,917	−2.9
100 年	1,671,460,418	11.7	1,911,256,544	13.4	−239,796,126	−1.7
101 年	1,668,380,003	11.4	1,897,014,455	12.9	−228,634,452	−1.6
102 年	1,730,857,843	11.4	1,860,935,608	12.2	−130,077,765	−0.9
103 年	1,726,442,715	10.7	1,856,908,861	11.5	−130,466,146	−0.8
104 年	1,885,696,136	11.3	1,904,586,726	11.4	−18,890,590	−0.1
105 年	1,895,742,556	10.8	1,939,947,363	11.1	-44,204,807	-0.3
106 年	1,929,818,773	10.7	1,927,300,863	10.7	2,517,910	0
107 年	2,020,338,924	11	1,909,411,908	10.4	110,927,016	0.6
108 年	2,076,530,034	11	1,955,807,152	10.4	120,722,882	0.6

說明：
1. 資料為決算審定數。　　2. 歲入及歲出均不包括融資調度。

單位：%

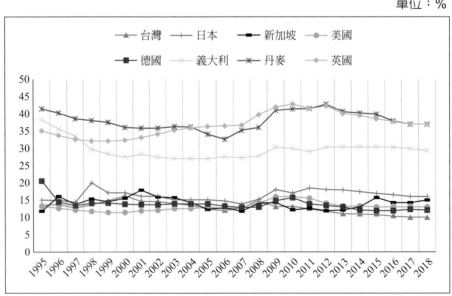

資料來源：中華民國財政統計年報、IMF "Government Finance Statistics" 資料庫

圖 18.1　主要國家中央政府支出占國內生產毛額（GDP）比率（不含社會安全捐）

單位：%

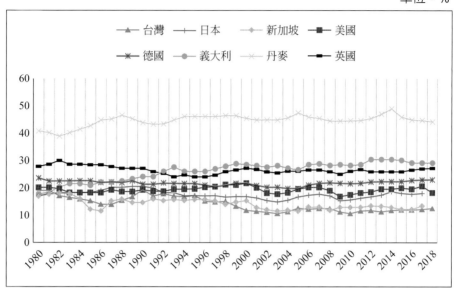

資料來源：中華民國財政統計年報、IMF "Government Finance Statistics" 資料庫

圖 18.2　本國與世界其他國家賦稅負擔率比較（不含社會安全捐）

　　預算餘額（budget balance）指政府收入減去政府支出後的餘額：當政府收入大於支出時，餘額為正，表示有預算盈餘（budget surplus）。當政府收入小於支出時，餘額為負，表示有預算赤字（budget deficit）。當政府收入等於支出時，餘額為零，表示預算處於平衡狀態（balanced budget）。

　　政府預算編列的原則依其目的的不同而可有不同的分類。如果預算的編製追求平衡，稱為年度預算平衡原則，此原則為古典派學者的一貫主張。如果認為政府的預算應該針對總體變數可能產生的影響來加以考量，例如可利用赤字預算來達成較高的總產出以及較低失業率的目標，則不應拘泥預算平衡的原則，此種觀念稱為功能預算原則，

其重點在於如何利用預算來影響總體經濟變數，此一原則為凱因斯學派所追隨。

　　某些經濟學家服膺預算平衡原則，但卻認為牽涉的期間不應該只以某一會計年度為限，而應該以景氣循環的週期為準。某一會計年度容許有赤字或盈餘發生，但就整個景氣循環的週期，預算則恰好平衡，此可稱為循環性預算平衡原則。

　　在追求預算平衡原則的同時，如果以高度就業作為前提，此一原則可以稱為充分就業預算平衡原則。在功能預算原則與循環性預算平衡原則下，可以容許權衡性的財政政策（discretionary fiscal policies），而可能造成政府預算的不平衡。但是在充分就業預算平衡原則下，如果有權衡性的財政支出就必須提高稅率以獲得同額的賦稅收入。

FYI 專欄

Jean-Baptiste Colbert 與預算平衡及重商主義

　　讓 - 巴普蒂斯特・柯爾貝爾（Jean-Baptiste Colbert，1619 年 8 月 29 日 － 1683 年 9 月 6 日）是法國政治家、國務活動家。他長期擔任財政大臣和海軍國務大臣，是路易十四時代法國最著名的偉大人物之一。他生於蘭斯的中產階級家庭。1651 年，路易十四的宰相、法國的實際統治者樞機主教茹爾・馬扎然，雇用柯爾貝爾處理私人財務。1661 年，馬扎然在即將去世前，向路易十四舉薦了柯爾貝爾的才華，他說：「陛下，我對您虧欠不少，但我把柯爾貝爾留給您，足以彌補一切」。

　　他在 1668 年兼王室國務秘書。1660 年代後期，他就讓政府的預算平衡，收入高於支出；但在 1672 年後，赤字重新出現，使他展開更大規模地改革與進行關稅戰爭，全力打擊商貿對手荷蘭共和國的力量。總算在 1670 年代末消除了赤字，並且一直到他 1683 年過世前，法國財政大多是收支相抵的平衡狀態，有時還有盈餘（但是因為 1680 年代修建奢華昂貴的凡爾賽宮，財政又出現惡化的趨勢）。他以增加財政收入來使國家自給自足。開始他採取了相當激烈的手段來整頓財政機構，包括起訴腐敗的官僚和拒絕向銀行償付公債。

　　他按照重商主義的經濟社會理論，鼓勵發展本國工商業，並且提高關稅來予以保護，重商主義因此也被稱為「柯爾貝爾主義」。通過政府直接控制經濟部門，建立殖民貿易公司和開辦新式工廠，柯爾貝爾成功地擴展了法國的工業和貿易能力。1664 至 1673 年間，他陸續建立了法國東印度公司和法國西印度公司（1664 年），以及北方公司（1669 年）、近東公司（1670 年）、非洲公司（1673 年）等貿易特許公司。

　　柯爾貝爾了解大多從事工商業的胡格諾派，對法國的經濟商貿有極大的貢獻，他們擁有熟練的技術、充裕的資本和眾多的外國客戶，所以柯爾貝爾一直主張保護

胡格諾派，維持南特詔令下的宗教寬容。但是天主教激進派的盧福瓦和教士們，大力鼓動國王去壓制胡格諾派、廢除南特詔令。於是當 1683 年失意的柯爾貝爾過世後，路易十四就在 1685 年廢除南特詔令、迫害胡格諾派，使得二十多萬的胡格諾教徒逃亡外國、法國工商半毀，讓柯爾貝爾一生的心血，喪失近半（1692 年後長達十六年的海上封鎖，使法國的經貿全毀，吃掉柯爾貝爾另一半的心血）。

資料來源：維基百科

　　在財政赤字發生時，可以有幾個可能的財源以供支應。**首先可用前年度之歲計盈餘來支應。**當政府決定採行擴張性之財政政策，並以前年度之歲計盈餘來籌措財源時，表面上不會影響本年度的預算，但實際上卻有導致貨幣供給量增加的可能。

　　其次，可以增加稅收。當政府實施赤字預算的財政政策時，如果以增加等額的稅收作為支出的來源，其經濟學上的意義即等同於平衡預算的效果。由於邊際消費傾向小於一，政府課稅後增加的支出量一定大於家計單位因納稅而減少的消費量，因此 IS 曲線仍然會向右移動，乃造成總產出的增加。

　　再者，可以發行新的公債，此即所謂的公債融通（public debt financing）。以發行公債作為赤字預算支出的來源，可以因不同的購買者，諸如家計單位、商業銀行或中央銀行，而有不同的結果。然此部分涉及貨幣銀行學深一層的課題，在本書暫予省略。

經濟小百科

李嘉圖對等命題（**Ricardian equivalence position**）

　　李嘉圖對等命題的核心思想在於：政府無論是以稅收形式，還是以公債形式來取得政府收入，對於經濟個體的行為選擇的影響是相同的。政府的財政支出無論是通過目前課稅還是通過發行公債籌資，沒有任何區別，即公債只是延遲的稅收，在具有完全理性的消費者眼中，公債和賦稅是等價的。

　　最後，政府部門可向中央銀行借貸。中央銀行對政府的融通有兩種可能：「其一為對政府的直接放款；另一，則是在發行市場承受政府發行的公債。」在發行市

場上購買政府債券，等同於對發行者直接融資；而在流通市場上購買政府債券，只是債券所有權的轉移，與資金的融通無關。

中央銀行雖然有代理國庫的職能，但除緊急情況外，不對國庫融資。依法，中央銀行禁止承受發行市場上公債之發行及承貸中央政府一年期以上之借款。至於流通市場，中央銀行雖可在公開市場買賣政府債券，但其目的在達成貨幣政策的目標，而非配合財政政策的施行。只有在國家發生緊急災難或重大變故急需應變時，基於國庫存款不敷支付，才由央行先行臨時墊借。

當有這種情事發生時，我們可就理論層面探討央行融資（墊借）的後果－**中央銀行對政府部門的直接融通，最終會導致貨幣供給額的增加，因此被稱為貨幣融通**（money financing）。

FYI 專欄

貨幣融通與惡性通貨膨脹

貨幣融通就是大家常常在說的：「中央銀行印鈔票」。但是現在大家說的「中央銀行印鈔票」卻常常用來指中央銀行從事的「公開市場操作」，嚴格來說，只有貨幣融通才是「中央銀行印鈔票」。歷史的經驗告訴我們，貨幣融通的後果常常是惡性通貨膨脹，因此現代國家的中央銀行法中原則上禁止貨幣融通的發生。

以下舉幾個因為貨幣融通而發生的惡性通貨膨脹實例。

德國在 1923 年至 1924 年間遇到最嚴重的惡性通貨膨脹。在 1922 年間，最高的貨幣面值是五萬馬克；而在 1923 年間，最高的貨幣面值就是一百兆馬克。在最嚴重的時候，4 兆 5 千億馬克幣只與一美元等值。1923 年時，德國馬克已貶值到孩童整疊整疊當玩具、壁紙、甚至直接扔進暖爐當柴火使用。

中國在 1937 年日本發動侵華戰爭後便陷入了惡性通貨膨脹，在 1946 ～ 1949 年間達到高潮。政府因開戰而支出大為增加，但戰後的中國通膨仍在繼續。當時的輿論稱：在百業蕭條的中國，唯一仍在全力開動的工業是鈔票印刷業。1947 年發行的鈔票最高面額為 5 萬元，到了 1948 年中已到了 1 億 8 千萬。法幣的發行量自抗戰結束時的 5,569 億元增長到 1946 年發行的 8.2 兆元，而後到 1948 年時已激增至 660 兆元。當時甚至有造紙廠以低面額法幣作為生產原料而獲利。

資料來源：維基百科

『四萬元換一元 ?! 戰後動盪與民國四零年代的臺灣』- 被遺忘的臺灣 - 第 3 集
https://youtu.be/lxzxz53VJXA

▌18.3 簡單凱因斯模型與財政政策

1930 年代大恐慌時期最嚴重的是 1933 年，美國有四分之一的勞動力失業，實質國內生產毛額比 1929 年的水準低了 30%。1936 年凱因斯出版了「就業、利息與貨幣的一般理論」，主張有效需求的不足，是總產出下降與失業率攀升的原因。如同在第 14 章所言，總產出由家計單位、廠商以及政府部門的有效需求所決定，有效需求越高時，總產出就會越高。簡單凱因斯模型就是將這種觀點模型化。

當家計單位與廠商的有效需求因為某些原因產生不足的現象時，為求充分就業的達成，就應該由政府部門加以填補。這就彰顯出財政政策的在凱因斯學派中的重要性。

經由政府部門財政政策所增加的有效需求，是屬於自發性的支出。當自發性的支出產生變動時，均衡總產出會出現**乘數效果**（multiplier effect）。**此一效果指的是，自發性支出的改變導致均衡總產出呈倍數的改變。換句話說，當政府部門支出的增加，使有效需求增加，最終會導致均衡總產出呈倍數的增加。**此一現象可以數理模型方式加以分析：

$$y^{ed} = C + I + G$$
$$C = a + by_d$$
$$y_d = y - T_0$$
$$I = I_0$$

y^{ed}：有效需求　　　　　　　a：自發性消費支出
y：總產出　　　　　　　　　b：邊際消費傾向
C：家計部門的消費　　　　　y_d：可支配所得
I：廠商部門的投資　　　　　T_0：定額稅
G：政府部門的支出

當均衡達成時，總產出等於有效需求，$y = y^{ed}$，此時 $y = C + I + G = [a+b(y-T_0)] +I_0+G$，解出的均衡總產出（$y$）如下：

$$y = \frac{1}{1-b}a - \frac{b}{1-b}T_0 + \frac{1}{1-b}I_0 + \frac{1}{1-b}G \qquad \text{（式 18.1）}$$

從上式可以得知，當政府支出增加 ΔG，總產出增加 $\frac{1}{1-b}\Delta G$，$\frac{\Delta y}{\Delta G}=\frac{1}{1-b}$ 稱為政府支出乘數（government-purchases multiplier），意為當政府每增加一單位支出時所能帶動的總產出增加量是一個大於一的倍數（$\frac{1}{1-b}$）。

以圖 18.3 加以說明，原有的有效需求為 y_0^{ed}，決定出來的總產出為 y_0。當政府支出增加 ΔG，有效需求移動到 y_1^{ed}，決定出新的均衡總產出 y_1，總產出的增加量 Δy 大於政府支出的增加量 ΔG。因此，**擴張性的財政政策**（expansionary fiscal policy）**是對付有效需求不足的有效工具**。

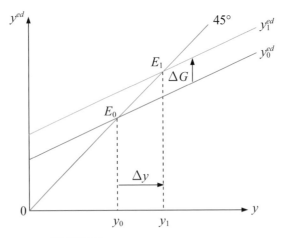

圖 18.3　政府支出的乘數效果

假設政府同時增加定額稅與消費支出，而且實施平衡預算政策（balanced budget policy)，增加支出的財源完全來自於增加的定額稅（$\Delta G = \Delta T_0$），則總產出會受到什麼影響？

一方面，假設其他的自發性支出不變，當政府支出增加 ΔG，總產出增加 $\frac{1}{1-b}$ ΔG。另一方面，當稅收增加 ΔT，總產出增加 $-\frac{b}{1-b}\Delta T_0$（即減少 $\frac{b}{1-b}\Delta T_0$）。因此，總產出最終的增減量為 $\Delta y = \frac{1}{1-b}\Delta G - \frac{1}{1-b}\Delta T_0 = \frac{1-b}{1-b}\Delta G = \Delta G$，故平衡預算之乘數（balanced budget multiplier) 為 1，表示政府每增加一單位支出，在平衡預算政策下，總產出亦增加一單位。

在以上的分析中，我們假定政府的稅收為定額稅，但在現實世界中，政府課稅的方法大多採用比例稅。也就是說，大多數的賦稅都會隨著總產出或國內生產毛額

的增加而增加。此種隨著總產出的增加而增加賦稅收入的課稅方式，稱為**誘發性賦稅**（induced taxation）。誘發性賦稅對於總產出變動的影響，可作如下之說明：

假設政府課徵比例稅，例如所得稅：$T = T_0 + ty$，t 為所得稅的稅率。當均衡達成時，總產出（y）等於有效需求（y^{ed}），即：

$$y^{ed} = C + I + G$$
$$y = y^{ed}$$
$$y = C + I + G$$
$$C = a + (y - T_0 - ty)$$
$$I = I_0$$
$$G = G_0$$
$$y = a + by - bT_0 - bty + I_0 + G_0$$

均衡總產出可決定如下：

$$y = \frac{1}{1-b+bt}a - \frac{b}{1-b+bt}T_0 + \frac{1}{1-b+bt}I_0 + \frac{1}{1-b+bt}G_0 \qquad (式 18.2)$$

在上式中的投資乘數為 $\frac{1}{1-b+bt}$，政府支出乘數為 $\frac{1}{1-b+bt}$。相較而言，在政府課徵定額稅的假定下，投資乘數為 $\frac{1}{1-b}$，政府支出乘數為 $\frac{1}{1-b}$。政府課徵比例稅時的乘數較課徵定額稅時的乘數為小。

在景氣擴張時，總產出增加快速，實施比例稅時，總稅收也上升，會自動產生抑制總產出因乘數效果而快速成長的現象；在經濟步入不景氣時，總產出增加速度減緩甚至負成長，實施比例稅時，總稅收下降，會自動產生抑制總產出因乘數效果而快速減少的現象。換句話說，**比例稅的稅制是經濟體系中的自動穩定機制**（built-in stabilizer）。**自動穩定機制指的是，經濟體系內部自身所擁有之調節機制，它能夠降低有效需求自發性變動所引發的總產出變動幅度。**

在上述的分析中，我們均假設比例稅為固定比例，事實上，以所得稅而言，其稅率為累進稅率（progressive tax rate）。在累進稅率的稅制下，景氣擴張時期，政府的稅收增加的更多，在經濟衰退時期，民間部門所負擔的稅負也更低，**累進稅率的自動穩定機能又比固定比例的稅制來的大。**

　　除此之外，失業保險制度也是自動穩定機制的一種，因爲在景氣衰退時期，失業人口增加，政府發給的失業補助，可使家計單位的消費維持在一定的水準，不會引起巨大的乘數效果，造成總產出大幅下降。**在有自動穩定機制的假設下，可以推論出擴張性的財政政策效果將會打些折扣**，因此我們可以把自動穩定機制的設置視爲反對凱因斯想法的經濟學家所提出來的主張。

18.4 修正凱因斯模型與財政政策

在簡單的凱因斯模型中，凱因斯學派十分強調擴張性的財政政策是對付有效需求不足的有效工具。但是我們也看到不同意見，另一方提出經濟體系的自動穩定機制來加以回應。修正凱因斯模型包含商品市場與貨幣市場，秉持古典傳統的重貨幣學派反對凱因斯學派的出發點是 Friedman 的貨幣需求理論，此一理論下的特殊場合，將使財政政策失效。

　　在修正凱因斯模型中，首先以正常狀況下的 IS 曲線以及 LM 曲線分析財政政策的有效性。如圖 18.4，假定原有的利率水準爲 r_0，總產出水準爲 y_0，均衡點在 E_0。政府認爲目前的總產出水準太低，亟思以擴張性的財政政策提高總產出，在政府的支出提高後，IS_0 曲線向右移動到 IS_1，造成總產出提高到 y_1。這似乎說明了財政政策的有效性，但是有些經濟學家認爲，除了總產出增加的效果之外，利率也提高了，由 r_0 上升到 r_1，這會使得投資金額減少，從而抵銷總產出增加的幅度，此種效果稱爲排擠效果（crowding-out effect）。**排擠效果因此可定義爲政府支出增加，造成利率上升，進而造成投資金額減少，因而降低了總產出原可獲增加的程度。**

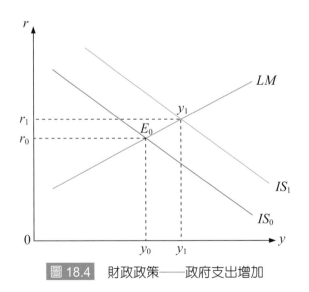

圖 18.4　財政政策——政府支出增加

換言之，**財政政策的有效性必須考慮兩個效果：「第一是政府支出增加造成總產出增加的效果，第二是排擠效果。」**而這兩種效果影響方向相反，有相互抵銷的作用。

18.4.1 凱因斯學派的特殊場合

為彰顯財政政策的有效性，凱因斯學派提出了兩個特殊的場合：流動性陷阱與投資陷阱，在這兩個特殊場合中，財政政策都是最為有效的工具；相反地，貨幣政策則沒有任何效果。

所謂**流動性陷阱，是指當利率下降至某一水準，便無法再行下降，貨幣需求利率彈性無限大時，曲線斜率為零，曲線會呈水平形狀。**凱因斯提出這樣的場合，其實反映了他的時代，1935 年的美國，短期的名目利率低於 1%。中央銀行再也無法有效調降利率，貨幣政策失去其有效性，只有財政政策可以處理這樣的窘境。在圖 18.5 中，政府採用寬鬆的財政政策，使得曲線整條線右移至曲線，其所增加的總產出效果最大，因總產出增加了。另外，因利率水準並沒有改變，仍然維持在原先的利率水準 r_0。因此，**在存有流動性陷阱時，財政政策的效果最為宏大，**其原因在於：當政府支出增加時，並不會使得利率上升，因此不會降低民間部門的投資金額。

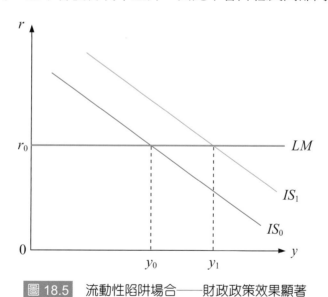

圖 18.5　流動性陷阱場合──財政政策效果顯著

投資陷阱指的是投資需求利率彈性為零，曲線斜率無限大，曲線會呈垂直形狀。在大恐慌的時期，銀行的擔保品價格下降，部分借款戶開始違約，形成呆帳，使得廠商不易取得資金進行投資，另一方面，由於對於前景感到悲觀，廠商也不願

進行投資。以圖 18.6 為例，此時若政府採用寬鬆的財政政策，使得 IS_0 曲線整條線右移至 IS_1 曲線時，其所增加的所得效果宏大，固然也會造成利率水準上升，由 r_0 上升至 r_1，但由於投資對利率的變動完全沒反應，所以排擠效果不致發生。**在此種場合，財政政策十分有效。**

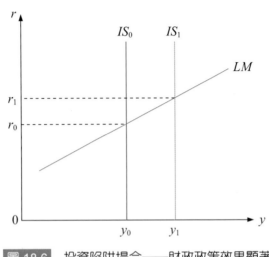

圖 18.6　投資陷阱場合──財政政策效果顯著

18.4.2　重貨幣學派的特殊場合

　　稟承著古典學派傳統的重貨幣學派提出貨幣需求對利率完全沒有反應的場合，目的在說明增加政府支出的財政政策會產生完全排擠效果，使財政政策失效。在第 15 章中曾經說明，根據 Friedman 的貨幣需求理論，貨幣需求是由恆常實質所得，而非利率所決定，貨幣需求對利率的反應極低，甚至可予忽略。換句話說，貨幣需求的利率彈性幾乎等於零。當貨幣需求的利率彈性等於零時，LM 曲線斜率無限大，LM 曲線會呈垂直形狀，在圖 18.7 中，若政府採用擴張性的財政政策，使得 IS_0 曲線整條線右移至 IS_1 曲線時，其所增加的所得效果為零，只會造成利率水準上升，由 r_0 上升至 r_1，利率的上升所導致投資金額的減少完全抵銷了政府支出所造成的有效需求增加之效果。因此，**當貨幣需求的利率彈性等於零時，財政政策失效。**

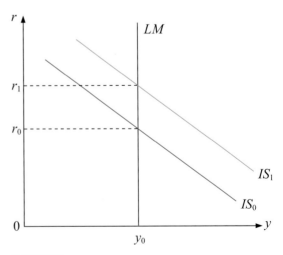

圖 18.7　貨幣需求利率彈性為零之場合──財政政策失效

　　另一個造成財政政策失效的場合，為投資的利率彈性無限大。當投資的利率彈性無限大，曲線斜率為零，IS 曲線會呈水平形狀。在圖 18.8 中，若政府採行擴張性的財政政策，政府支出增加（由 G_0 增為 G_1），但利率仍然維持原有水準，IS 曲線仍是同一條水平線，IS 曲線的位置不會發生任何變化，$IS(G_0) = IS(G_1)$，故總產出與利率水準也不會發生任何變化。因此，**當投資的利率彈性無限大時，財政政策失效。**

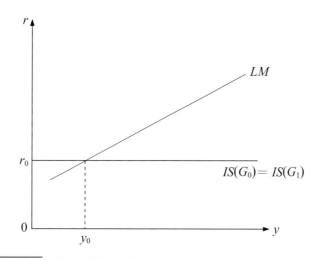

図 18.8　投資利率彈性為無限大之場合──財政政策失效

18.5 總合供需模型與財政政策

總合供需模型包含商品市場、貨幣市場與勞動市場。商品市場與貨幣市場構成總合需求面，勞動市場構成總合供給面。修正凱因斯模型討論了需求面的變動，因此，這一節主要討論凱因斯學派與古典傳統下各學派有關勞動市場的爭論，以及引申出來的財政政策是否有效之相關議題。

　　財政政策影響商品市場，而商品市場均衡是構成總合需求曲線的一個條件，因此，財政政策影響總合需求曲線。另一方面，總合供給曲線可因各學派不同的假設而有不同的形狀。如本書第 17 章所言，基本上，總合供給曲線可以分為古典學派與凱因斯學派兩種狀況來加以討論，在許多的教科書中，古典學派的場合又稱為長期，凱因斯學派的場合又稱為短期：長期的總合供給曲線為維持在充分就業產出水準的垂直線，短期的供給曲線為正斜率的曲線。由於**總合供給曲線依照古典學派與凱因斯學派的不同假設，而有不同的形狀**，因此，在分析財政政策的有效性時，也必須區分係屬古典學派或屬凱因斯學派兩種狀況來加以討論。

18.5.1　古典學派

　　圖 18.9 適用於**古典學派**場合，經濟體系原來的均衡點 E_0，物價水準為 P_0，總產出為充分就業水準產出。假定政府實施擴張性的財政政策，增加政府支出（由 G_0 增為 G_1），使總合需求曲線向右方移動到 $AD(G_1)$。如果只考慮商品市場與貨幣市場，假設物價水準暫時不變，則經濟體系會達到新的均衡點 E_1，即均衡所得上升。但把勞動市場列入考慮後，由於在原有的物價水準 P_0 時，總合需求大於總合供給，因此物價水準會從 P_0 上升到 P_2，總產出也回到原來的水準 y_f，即充分就業總產出的水準，物價水準則調高至 P_2。因此擴張性的財政政策僅造成物價水準的上漲，對於總產出並沒有影響。另一方面，緊縮性貨幣政策的效果僅會造成物價水準的下降，亦對於總產出沒有影響。

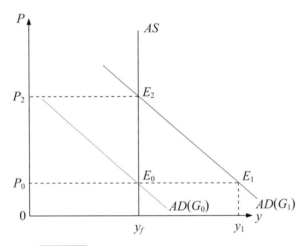

圖 18.9　古典學派觀點下財政政策效果

18.5.2　凱因斯學派

　　圖 18.10 適用於**凱因斯學派**場合，假定經濟體系原來的均衡點 E_0，物價水準為 P_0，總產出為 y_0。假定政府實施擴張性的財政政策，增加政府支出（由 G_0 增為 G_1），造成總合需求曲線向右方移動到 $AD(G_1)$。如果只考慮商品市場與貨幣市場，假設物價水準暫時不變，則經濟體系會達到新的均衡點 E_1，即均衡所得會上升。但把勞動市場列入考慮後，由於在原有的物價水準 P_0 時，總合需求大於總合供給，因此物價水準會從 P_0 上升到 P_1。與古典學派場合不同的是，總產出並不會回到原來的水準 y_0，而是落 y_0 在與 y_1 之間的 y_2，物價水準則維持在 P_1。因此，**擴張性財政政策造成物價水準的上漲以及總產出的增加**。

　　在修正凱因斯模型中，凱因斯學派提出兩個特殊場合，流動性陷阱與投資陷阱，說明財政政策的極端有效性與貨幣政策的無效性，另一方面，秉持古典學派傳統的學者則提出極端重貨幣學派的場合與投資利率彈性無限大場合，說明貨幣政策的極端有效性與財政政策的無效性。這些特殊場合也可以用總合需求與總合供給模型來加以分析，且會得到相同的結論。

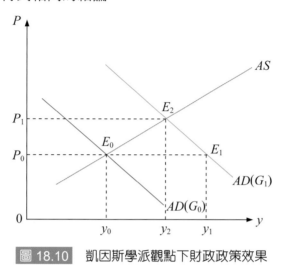

圖 18.10　凱因斯學派觀點下財政政策效果

本章結論

　　在本章的分析中，可以清楚地看出，自簡單凱因斯模型、乃至於「修正凱因斯」模型，凱因斯學派一貫的主張都是堅持財政政策的有效性，甚至提出各種特殊的場合，闡明財政政策的效果最為宏大。至於古典學派傳統之下的各個學派，則提出財政政策效果不彰的主張：「首先，在簡單凱因斯模型中提出經濟體系中的自動穩定機制，闡明政府財政政策的效力將因而被削弱。在修正凱因斯模型中，重貨幣學派極力否定財政政策所可能產生的效力，同時主張貨幣政策才是有效的政策。這是因為重貨幣學派的基本觀點認為，經濟活動的調整主要是由於貨幣性的因素所導致的，財政政策所能影響的層面相對來說極為微弱，甚或可予忽略。」

　　在總合需求與總合供給模型，古典學派、凱因斯學派當然亦持有極不相同之觀點：「古典學派的基本思想從一開始就看的出來，擴張性的財政政策造成物價水準的上漲，對於總產出並沒有影響。凱因斯學派則認為，擴張性的財政政策，雖會帶來物價的上漲，但確有增加總產出的效果。」

　　下一章，本書將探討政府部門影響總支出的另一項重要政策工具，即貨幣政策。

Chapter 19

中央銀行與貨幣政策

許可達

名人名句

亞倫‧葛林斯潘

（Alan Greenspan，1926 年 3 月 6 日～）

如果你們認為確切地了解我講話的含義，那麼，你們一定是誤解了我講的話。

研習重點

- 中央銀行業務與貨幣政策
- 貨幣政策目標
- 貨幣政策的工具
- 修正的凱因斯模型與貨幣政策
- 總合供需模型與貨幣政策的效果
- 貨幣政策執行上之時間落後的問題

學習架構圖

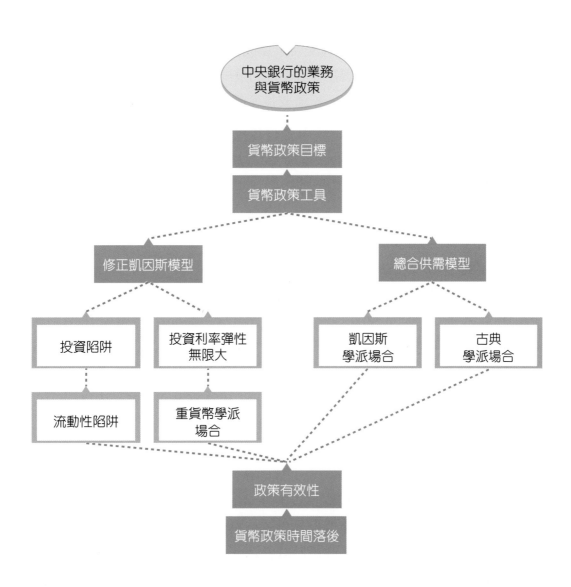

中央銀行的業務
與貨幣政策

貨幣政策目標

貨幣政策工具

修正凱因斯模型

總合供需模型

投資陷阱

投資利率彈性
無限大

凱因斯
學派場合

古典
學派場合

流動性陷阱

重貨幣學派
場合

政策有效性

貨幣政策時間落後

▌19.1 中央銀行的業務與貨幣政策

中央銀行（Central Bank）是世界各國金融體系中最為重要的金融機構。史上第一家中央銀行於 1668 年出現於瑞典。1850 年前出現的中央銀行都是在戰爭的背景上特許成立，其目的都在對政府融資，提供軍事費用。而雖然歷史上最初設立中央銀行的目的係在著眼於對該國的政府提供融資，其後隨著經濟發展，也演化出發行貨幣以及穩定金融體系的功能，亦擴及擔負執行貨幣政策與外匯政策之任務，期能在與其他總體經濟政策執行機構配合下達成充分就業、促進經濟成長之總體經濟目標。由於中央銀行是整個經濟社會流動性的泉源，具有控制貨幣與信用的權限，足以影響產出、就業、物價、利率、經濟成長等總體經濟變數。

歐、美、日各國的中央銀行組織均各有其特色，本書僅以最具參考性的美國聯邦準備體系（Federal Reserve System, Fed）以及歐洲中央銀行體系（European System of Central Banks, ESCB）加以說明。

美國的中央銀行在幾經變革之後，於 1913 年依據「聯邦準備法」（Federal Reserve Act of 1913）所成立，復經 1935 年「銀行法」（Banking Act of 1935）之頒行，確立了聯邦準備及其架構。以組織架構而言，Fed 包括聯邦準備理事會（Board of Governors）、聯邦公開市場委員會（Federal Open Market Committee, FOMC）、聯邦諮詢委員會（Federal Advisory Council, FAC）、十二家區域聯邦準備銀行（Federal Reserve Banks, FRB）、會員銀行（member banks）等。聯邦準備理事會之主要職能在研訂貨幣政策，聯邦公開市場委員會係公開市場操作政策的決定者。

歐元區不僅採行單一貨幣－歐元，並成立 ESCB。ESCB 包括歐洲中央銀行（The European Central Bank, ECB）及歐元區會員國央行。ECB 執行理事會（Executive Board）係由六名成員所組成。理事會理事之任命，須歐元區全體會員國政府同意，任期八年，不得連任。ECB 管理委員會則係由執行理事會理事及歐元區國家央行總裁組成，決定歐元區貨幣政策。相較於 Fed，ESCB 比較分權，將執行貨幣政策之任務留給各國中央銀行。ESCB 之主要目標為維持物價之穩定，且該目標優先於其他任何政策目標。在成立 ESCB 時，政策制訂者賦予 ECB 較高的獨立性－獨立於各會員國政府及歐盟。求以各會員國中央銀行之獨立性做為其加入歐元體系的先決條件。

根據我國中央銀行法，我國中央銀行的業務對象為政府機關、銀行及其他金融機構以及國際及國外金融機構。中央銀行法中所規定的業務可以歸納為以下幾個面

向：

1. 發行的銀行

中央銀行負責國幣的發行與管理，提供適當的通貨數量及提供適當的鈔券組合。貨幣之印製及鑄造，由中央銀行設廠專營並管理。券幣規格由中央銀行擬定。發行之貨幣數額及準備狀況，定期公告。

2. 政府的銀行（經理國庫）

經理國庫包括經理國庫業務，經管國庫及中央政府各機關現金、票據、證券之出納、保管、移轉及財產契據之保管事務；經理中央政府國內外公債與國庫券之發售及還本付息業務。

3. 銀行的銀行

中央銀行是銀行的銀行，也是最後的貸款者（lender of last resort），在商業銀行有資金需求時，給予合理的資金融通，融通包括合格票據之重貼現、短期融通及擔保放款之再融通。中央銀行可以視金融及經濟狀況調節對銀行融通資金的成本以及例外管理銀行融通給非銀行部門之資金成本，即重貼現率及融通利率之調整以及存放款利率之例外管理。

4. 金融體系安全之維護者

中央銀行集中保管本國銀行之法定準備金，並訂定存款準備率，規定商業銀行依規定提存準備金，由中央銀行集中保管，以保障存款戶的安全。收管信託投資公司繳存之賠償準備。中央銀行經洽商金融監督管理委員會後，得隨時就銀行最低流動準備比率規定其最低標準。於必要時，中央銀行得辦理金融機構業務之查核及各該機構與中央銀行法中規定有關業務之專案檢查，其餘金融監理業務已移由民國 93 年 7 月 1 日成立之金融管理委員會管轄。

5. 信用管理者

中央銀行可以在必要時，就銀行對非銀行部門之擔保放款最高貸放率、付現條件及信用期限以及最高貸放限額加以規定，以避免銀行過度貸放，造成資金過度寬鬆。中央銀行也可針對銀行對證券商或證金公司融通加以管理，以避免證券市場資金的過度寬鬆。

6. 貨幣政策執行者

作為貨幣政策執行者的角色奠基在銀行的銀行、與信用管理者的角色之上。中央銀行可以藉著訂定各種存款準備金比率、重貼現率及其他融通利率等達成貨幣政策之目標。此外，中央銀行也可以進行公開市場操作，視金融狀況，於公開市場

買賣債券、發行定期存單、儲蓄券及短期債券，並於公開市場買賣。在執行貨幣政策的過程中，金融及經濟資訊的取得是相當重要的，為求降低貨幣政策時間落後之遺憾，中央銀行必須持續地蒐集相關的金融與經濟資訊，作為制定貨幣政策或提供政府相關部門決策之用。

7. 外匯管理者

中央銀行藉著集中保管本國之外匯準備，統籌調度外匯，進行外匯市場的管理，視對外收支情況，調節外匯供需，維持本國貨幣幣值的穩定，促進國際貿易。

8. 支付系統管理者

中央銀行得於總行及分行所在地設立票據交換所，辦理票據交換及各銀行間之劃撥結算。

中央銀行，若就掌理之總體經濟政策而言，主要功能在執行貨幣政策與外匯政策：**在貨幣政策方面最主要的指標就是貨幣總計數及利率；而在外匯政策方面，最主要的指標就是匯率。**有關前述利率、匯率之政策，即通稱之央行「雙率」政策。

「貨幣政策」指中央銀行為了達到活絡經濟，透過貨幣政策工具，對貨幣供給量與利率水準進行鬆緊的彈性調節，進而影響整個經濟社會的活動。具體而言，所謂貨幣政策乃是貨幣主管當局，即中央銀行運用公開市場操作、重貼現率、存款準備率等貨幣政策工具，影響貨幣的數量（如貨幣總計數）或是貨幣的價格（如利率）等中間目標，以達成社會各界共所追求之經濟成長、物價穩定、充分就業、國際收支均衡等目標的總體經濟政策。

FYI 專欄

臺灣與美國任職最久的央行總裁

中華民國中央銀行總裁彭淮南於 1939 年 1 月 2 日生於日治臺灣新竹市。畢業於新竹高商與中興大學法商學院（現國立臺北大學）日間部經濟學系，美國明尼蘇達大學經濟研究所碩士。1998 年，因華航大園空難，前任中央銀行總裁許遠東不幸喪生，臨危授命由李登輝總統提名接任中央銀行總裁，2 月 25 日就任。同年 3 月 25 日起兼任亞洲開發銀行理事與中美洲銀行理事。其任期經歷過 4 位總統，14 個不同的內閣，是中華民國歷史上在位最久的央行總裁。

美國全球金融雜誌從 2000 年第一次給予彭淮南總裁 A 級評等，再加上從 2005 年至 2016 年，共累積 13 度蟬聯 A 級的成績，因此被臺灣媒體譽為「13A 總裁」。2005 年 3 月，彭淮南提出柳樹理論：匯率需具有彈性，始能化解外來衝擊，正如同柔軟的柳樹面臨狂風不會折斷。匯率如固定不變，易受投機客攻擊，會引發危機。

2015 年 5 月 27 日，會晤美國聯準會前主席柏南克時，直接向柏南克抗議：「你的 QE（量化寬鬆）帶來很多副作用，讓我們很煎熬（suffer）。」並遞上 2014 年應邀撰寫的文章，要柏南克「給點評論」。他在該文寫著，先進國家不斷輸出貨幣，未必有利全球經濟，反而干擾全球金融市場穩定；透過貨幣政策刺激股市，也無法達到提振經濟效果，最佳的方式仍該是從基本面著手。

　　美國第十三任聯邦準備理事會主席亞倫 · 葛林斯潘（Alan Greenspan）1926 年出生於美國紐約市，是一位猶太人。他早年曾在朱利亞德學院修習單簧管，並成為職業演奏家。後來他放棄音樂，改為修習經濟，並分別於 1948 年及 1950 年分別獲得紐約大學經濟學學士及碩士學位。畢業後，他進入哥倫比亞大學深造，但之後輟學。

　　他是艾茵 · 蘭德的朋友，受到對方影響，立場側重市場制度。1954 年，與陶森共同創辦「陶森—葛林斯潘經濟顧問公司」（Townsend-Greenspan & Co.）。1987 年 8 月 11 日葛林斯潘就任聯邦準備委員會主席。他被雷根、老布希和柯林頓提名多次。到 2004 年 5 月 18 日，小布希總統提名他繼任，這是他的第五次續任聯準會主席，是美國歷史上前無所有的。2006 年 1 月 31 日，葛林斯潘卸任美國聯準會主席。

　　他在柯林頓時代創造出「零通貨膨脹型」經濟奇蹟。米爾頓 · 傅利曼認為葛林斯潘是最好的美聯儲主席，因為葛林斯潘任下的美聯儲將通貨膨脹始終控制在 2% ～ 4% 的低水平。美國的一家媒體在 1996 年美國總統選舉時說道：「誰當美國總統都無所謂，只要讓葛林斯潘當聯準會主席就行。」也許是意識到自己的影響力太大，為了不至於給市場帶來太大的衝擊，葛林斯潘講話一直都很含糊，他的名言因此而產生：「如果你們認為確切地了解我講話的含義，那麼，你們一定是誤解了我講的話。」

　　在葛林斯潘卸任之後，爆發 2007 年次級房屋信貸風暴，造成貝爾斯登、Countrywide、花旗、美林、UBS 等一連串金融機構大幅度減記資產創紀錄。有些人將原因歸咎於葛林斯潘。

資料來源：改寫自維基百科

圖解新聞：彭淮南如何影響你的荷包？
https://youtu.be/wZHEVPxhR8c

19.2 貨幣政策目標

若以時間長短來區分，貨幣政策目標可以區分為短期的操作目標（operating targets）、中期的中間目標（intermediate targets）、長期的目標（long-term goals）。茲分別說明如後：

一、操作目標（運作目標）

由於中央銀行的貨幣政策工具有時間落後的特性，無法立即對長期的最終目標產生影響。所以，必須制定一些介於貨幣政策工具施行時點與最終的貨幣政策產生功效時點之間，隨著不同時間長短期變化，對具不同敏感度的一組變數，加以監控以逐步達到所設定的目標。因此，即有所謂的短期操作目標與中期中間目標。其中，**短期操作目標即是中央銀行每天所需加以控制的經濟變數**。通常，這些經濟變數包括：銀行體系的準備金總額（包括準備金、非借入準備金、貨幣基數、非借入性貨幣基數）、利率水準（即指短期的貨幣市場利率，如銀行拆款利率、國庫券利率、商業本票利率、銀行承兌匯票利率）。選擇準備金總額與利率作為貨幣政策運作目標監控對象的主要原因，在於此兩者具有三個特性：

(1) 此兩項經濟變數在短期內能較正確地測知。

(2) 此兩項經濟變數較易於監控與調整。

(3) 準備金總額與利率水準與貨幣政策的中間目標之關係非常密切，且為中央銀行所熟知。

二、中間目標

中央銀行貨幣政策的中間目標，是央行期盼透過運作目標予以控制之後，藉由中間目標以影響最終目標的變數。這些經濟變數包括貨幣存量（M_{1A}、M_{1B}、M_2）、長期利率水準（長期政府公債利率、公司債利率、股票收益率、長期放款或抵押貸款利率）。選擇貨幣存量與長期利率水準作為貨幣政策中期中間目標的原因，在於此兩項經濟變數具有三個特性：

(1) **可測性**（measurability）的考量，因其可較正確地且快速地加以量測。

(2) **可控性**（controllability）的考量，因為中央銀行對此兩項經濟變數具有極高的控制能力。

(3) 對最終目標造成效果的**可預測性**（predictable effect on goals）。此乃中間變數最須具備的特質。

経済小百科

貨幣基數（monetary base）

　　貨幣基數又稱為準備貨幣（reserve money)、強力貨幣（high power money)，為流通在外貨幣與銀行保有的準備的加總。

三、長期目標

　　長期目標為中央銀行的貨幣政策所要達成的最終目標，包括：高度就業（high employment）、經濟成長（economic growth）、物價穩定（price stability）、利率穩定（interest-rate stability）、金融市場安定（stability of financial markets）、匯率穩定（stability in foreign exchange markets）等六大目標。

　　中央銀行為了要達成最終的長期目標，必須經由短期的運作目標與中期的中間目標之調控來完成。 因此，在實現長期目標的過程中，中央銀行針對經濟景氣的變動，經常採取反方向的操作。

　　經濟繁榮期，此時經濟成長率逐步走高，但物價也可能上揚，中央銀行盱衡經濟情勢通常採行緊縮政策，企圖將過熱的景氣壓縮，並回歸至長期趨勢。反之，則採行膨脹性的貨幣政策。

▌19.3 貨幣政策工具

貨 幣政策工具（tools of monetary policy）可以區分為「**主要的貨幣政策工具**」及「**次要的貨幣政策工具**」：前者**包括**「**公開市場操作**」（open market operation）、「**重貼現政策**」（re-discount rate policy）、「**準備率政策**」（reserve requirements policy）等三項；後者則包括「選擇性信用管制」（selective credit control）、「直接管理」（direct control）、「間接管理」（indirect control）等三項。茲分別加以說明如下：

一、主要的貨幣政策工具

　　主要貨幣政策工具又稱之為一般性的貨幣政策工具，基本上，主要貨幣政策工具包括下列三種：

1. 公開市場操作

是指中央銀行在貨幣市場中買賣短期票券（主要是短期國庫券）的方式，以擴張或緊縮銀行體系的超額準備金，藉以控制貨幣的供給額。換言之，若中央銀行要採行寬鬆性的貨幣政策時，即在公開市場買進短期票券，並釋放出等額的貨幣，使得市場可貸資金水位增加。反之，若中央銀行要採行緊縮性的貨幣政策時，即在公開市場賣出短期票券，則可貸資金市場的資金會回籠至中央銀行，而使得市場的資金水位下降。

公開市場操作是中央銀行最重要的貨幣政策工具，它又可以區分為「動態性操作」（dynamic operation）與「防衛性操作」（defensive operation）。動態性操作是指央行利用公開市場操作，使得銀行體系的準備部位（或是貨幣基數；monetary base），產生變化以達到執行貨幣政策目標所設定水準的積極性操作，故又稱之為「自主性操作」或「積極性操作」。而防衛性操作則是指中央銀行利用公開市場操作，消除銀行體系對貨幣基數（MB）的影響；例如銀行在外匯市場賣出外匯資產時，則銀行的超額準備金會上升，造成信用的擴張。當此一信用擴張危及金融的安定時，中央銀行可以透過賣出票券的方式，以吸收銀行體系的超額準備，達到穩定金融的功能。然而，由於貨幣政策的執行是持續性的，且具有試誤（trial-and-error）的特性。因此，在公開市場操作之初，很難區分是動態性操作或防衛性操作。

FYI 專欄

量化寬鬆政策（Quantitative easing，簡稱 QE）

量化寬鬆政策是一種非常態的貨幣政策，常被簡單地描寫為「中央銀行印鈔票」，但其實它是一種公開市場操作政策，目的在增加經濟體系中流通的貨幣總計數。

中央銀行通過公開市場操作從商業銀行等金融機構購入國債、房貸債券、等證券，使商業銀行在央行開設的準備金帳戶的超額準備增加，使銀行體系增加額外的放款能力。從量化寬鬆的過程中增加的放款能力，銀行可通過借貸，再創造出更多的貨幣供應，即貨幣創造乘數效果。

中央銀行透過公開市場操作從商業銀行等金融機構購入證券，引起政府債券收益率的下降；量化寬鬆使銀行同業拆款市場提供充足流動資金，使銀行同業拆借利率下降。銀行從而坐擁大量只能賺取極低利息的資產，央行期望銀行會因此較願意提供貸款以賺取回報，以紓緩市場的資金壓力。

針對 2007 年開始的金融海嘯，美國聯準會主席柏南克以量化寬鬆手段應付，在實施三次後於 2014 年 10 月結束。英國也同樣以量化寬鬆政策作為金融政策以減低金融危機的影響。日本在 2012 年底開始實施的安倍經濟學實質上也是量化寬鬆政策。2015 年 1 月 22 日，歐洲央行也宣布歐元區於 2015 年 3 月至 2016 年 9 月實施歐洲版量化寬鬆政策。2015 年 12 月 4 日，歐洲央行宣布延長 QE 至 2017 年 3 月，再度調降主要利率從負 0.2% 下調至負 0.3%，並將量化寬鬆期限延長至少半年，每個月維持購債 600 億歐元不變，總規模將擴大至 1.5 兆歐元。

聯準會（Fed）決策 2014 年 1 月起開始縮減 QE 規模，於 2014 年 10 月 QE 退場。2020 年 3 月，受新冠肺炎疫情對全球經濟的衝擊，Fed 宣布將無限量收購美國公債與房貸擔保證券（MBS），重啓 QE 的資產收購計畫。

拍板定案！歐洲量化寬鬆　接續美日登場
https://youtu.be/sJOae5TA-Zs

FYI 專欄

財政赤字貨幣化

中國財政科學院院長劉尚希提出「財政赤字貨幣化」，意指財政政策所產生的赤字由政府發行債券彌補，發行的債券則中央銀行直接購買，換句話說，即是貨幣融通。但是一般而言，許多國家不允許貨幣融通。以美國為例，中央銀行並不直接購買政府債券，而是在市場上大規模買回政府公債，私部門的政府債券部位下降，因此私部門繼續買入財政部源源不絕、倍數發行的新公債，然後再賣給中央銀行。中央銀行實際保證了政府債券可以無上限發行。這樣的過程會讓中央銀行的資產負債表膨脹，也一樣會讓貨幣供給額增加。

美國聯邦政府債務在 2008 年金融海嘯之前突破 10 兆美元，到 2020 年 6 月底卻已經衝至 26.5 兆美元。至 2020 年美國立國 244 年，前面 232 年（2008 年

金融海嘯前夕）聯準會的資產負債表才累積到 9,000 億美元，後來為了拯救金融海嘯造成的經濟衰退，聯準會開始量化寬鬆（QE），花了 5 年將資產負債表膨脹 5 倍，到 4.5 兆美元，後來在葉倫主席後期開始縮表，2019 年 8 月底略減至 3.7 兆美元。2020 年 3 月美國聯準會宣布「無上限」量化寬鬆，將無限量地買進美國國債，以及房屋擔保證券，強調金額將足夠讓市場順利運作，確保貨幣政策能夠有效傳播至金融體系中。2020 年 3 月至 6 月聯準會資產負債表暴增 3 兆美元，比美國金融海嘯前累積 232 年的還多 3 倍。

日本央行長期實施財政赤字貨幣化，而且已經買入將近 5 成的國債，仍然沒有出現通貨膨脹的威脅。美國聯邦政府財政赤字占 GDP 在 2020 年 6 月底升抵 123%，仍然遠低於日本的 200%，而且此次「無上限」量化寬鬆，沒有引發貶值風暴，美元匯率指數依舊堅挺，而且全球物價仍然平穩。

資料來源：整理自新聞報導

甚麼是量化寬鬆 QE（Quantitative Easing）🔈
https://youtu.be/HpxTri66gxY

2. 重貼現率政策

所謂**重貼現率政策**（re-discount rate policy）**是指商業銀行向中央銀行要求融通資金時，中央銀行可採行之一種政策工具。**當商業銀行在準備金不足的情況下，基於中央銀行是「銀行的銀行」的理念，商業銀行為了達成準備金的要求，乃以其對顧客貼現而持有之商業票據，轉手向中央銀行請求給予再貼現，而此一再貼現的利率即稱之為「重貼現率」。

中央銀行可藉著重貼現率的調整，一方面影響商業銀行的借入性資金的成本，一方面也可藉此掌控銀行準備金的數量（R），進而監控貨幣基數（MB），或稱強力貨幣。換言之，若中央銀行要採行寬鬆性貨幣政策時，即可用調降重貼現率政策的方式，以降低商業銀行的借入性資金成本，同時使得銀行的準備金部位提高，強力貨幣也跟著增加。反過來說，若中央銀行要採行緊縮性貨幣政策時，即以調升重貼現率政策的方式為之。

在執行重貼現率政策時，除了由商業銀行以商業票據向中央銀行請求重貼現融通之外，還包括下列三種融通方式：

(1) 期限不超過 10 天之短期融通，主要在協助商業銀行度過短期流動性不足的窘境，此種貸款又稱之為**「調整性信用貸款」**。

(2) **季節性信用**，其目的在提供商業銀行的季節性資金需求。

(3) **展延性信用**，其目的係針對有經營困難而發生擠兌的商業銀行，所提供的舒困資金。

3. 存款準備率政策

所謂「**存款準備率政策**」（reserve requirement policy），**係指中央銀行在銀行法所規定的存款準備率範圍內，調整各類存款之準備率，進而影響銀行創造信用的能力**。因此，中央銀行可要求商業銀行必須對其所吸收的存款按不同類別提存不同之準備金比率，繳交給中央銀行，藉以約束商業銀行的放款能力與品質。例如，中央銀行在採行寬鬆性貨幣政策時，即可調降存款準備率，以提高銀行創造信用貨幣的能力，活絡市場經濟；反之，當中央銀行要採行緊縮性的貨幣政策時，即以提高存款準備率的方式，達到收縮銀行創造信用貨幣的能力，避免經濟景氣過熱所帶來的不良影響。有關信用創造或信用緊縮的過程，請參閱第 15 章之相關說明。

二、次要的貨幣政策工具

次要的貨幣政策工具又稱之為選擇性的貨幣政策工具。基本上，次要貨幣政策包括下列三種：

1. 選擇性信用管制

採取選擇性信用管制（selective credit control），**在避免主要貨幣政策的全面性影響**。因為，有些總體經濟問題是局部性、特殊性的問題，若施之以一般性的貨幣政策可能導致適用對象過廣之政策性錯誤。此時，宜針對特殊的個別情況，採取適用之選擇性信用管制政策。

選擇性的信用管制又可區分為：保證金比率（margin requirement）、**消費者信用管制**（consumer credit control）、**不動產信用管制**（mortgage control or real estate control）**等三種**。

(1) 保證金比率，乃是在證券市場過度繁榮之際，例如股票市場過熱時，中央銀行可商請主管機關，請其提高保證金比率，使證券融資額度下降，達到降溫的效果。反之，當股市過於低迷，中央銀行可促請主管機關調降保證金比率，達到升溫的效果。

(2) 消費者信用管制，乃於消費信用過於膨脹時，中央銀行透過提高頭期款（down payment）金額，或縮短還款期限、提高利率等方式，達到緊縮消

費信用的目的。反之，若降低頭期款金額、延長還款期限、降低利率等，均可以使消費信用得以擴張。

(3) 不動產信用管制雖與消費者信用管制相類似，但因不動產信用的期限通常較消費者信用的期限為長，依利率行為的觀點而言，較容易受利率的影響。另因不動產業與其他產業的關聯性大，供需調節較為不易。因此，不動產信用管制的施行要較消費者信用管制的施行來得複雜。

2. 直接管制

直接管制（direct control）係指中央銀行對銀行信用施以直接干預之措施，其具體作法包括信用配給（credit rationing）、設定流動性比率（liquidity ratio）、直接干預（direct action）、設定利率上限（regulation Q）等四種。

(1) 信用配給係中央銀行盱衡當時經濟情勢與客觀需要之緩急，對銀行信用創造上加以合理的分配與限制等措施，它是屬於信用分配的管制性作法。例如中央銀行為了避免信用過度擴張，對於銀行的融資需求得加以拒絕，或為了促進產業發展，要求銀行對需要協助之產業給予較為優惠的低利融資。

(2) 流動性比率是指中央銀行為了限制銀行創造信用的能力，除了規定銀行對其所吸收的存款應按法定準備率提存法定準備金之外，更要求銀行進一步須將其流動資產與總資產之比率（即流動性比率）維持在某一特定水準。此處所指的銀行流動性資產包括：超額準備、國庫券、銀行間拆借款、可轉讓定存單、銀行承兌匯票、商業本票、公債、公司債等。通常，中央銀行若要擴張信用，可降低此一流動性比率之要求；反之，則提高此一流動性比率之要求。

(3) 直接干預為中央銀行直接管制銀行信用的措施，它與信用配給相似。例如直接限制銀行的貸款額度，干涉銀行吸收存款的種類，或限制銀行的業務範圍、投資標的等。

(4) 利率上限為中央銀行對銀行定期存款、活期存款等設定某一個上限，銀行業必須遵守此一上限不得逾越。若利率上限提高時，銀行取得資金的來源增加，所以資金將更為充裕，銀行創造信用的能力將會增強。反之，則銀行創造信用的能力將會減弱。

3. 間接管制

間接管制（indirect control）乃指中央銀行為了執行其控制全國金融體系的信用，達到其政策目標時，尚可採行道德勸說等非直接性與非一般性的管制措施，間接管制措施，包括：

(1) 配合金融檢查制度的執行，建立主導金融的威信；

(2) 利用道德勸說（moral suasion），使銀行業了解中央銀行的立場及其政策目標；

(3) 透過公開宣導（public announcement）的方式，期使全國各界明白中央銀行所執行貨幣政策之用意及內涵；

(4) 促成金融機構的自願合作（voluntary cooperation），以達到影響銀行信用成本之目的。

19.4 修正凱因斯模型與貨幣政策

在圖 19.1 修正凱因斯模型中，首先以正常狀況下的 IS 曲線以及 LM 曲線分析貨幣政策的有效性。假定原有的利率水準為 r_0，總產出水準為，均衡點在 E_0。政府認為目前的總產出水準太低，亟思以擴張性的貨幣政策提高總產出，在中央銀行提高其貨幣供給額後，LM_0 曲線向右移動到 LM_1，造成總產出提高到 y_1，而且利率水準由 r_0 下降到 r_1。這似乎說明了貨幣政策的有效性。

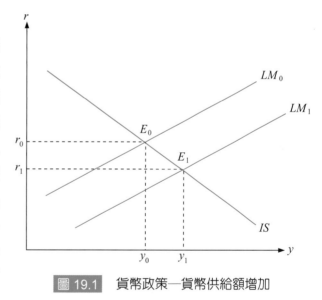

圖 19.1　貨幣政策—貨幣供給額增加

19.4.1　凱因斯學派的特殊場合

持凱因斯學派立場的學者力主財政政策的有效性，認為只有財政政策才是唯一有效的政策。持這種立場的學者提出了兩個特殊的場合：流動性陷阱與投資陷阱。在這兩個特殊場合，財政政策都是最為有效的工具。相反地，貨幣政策則沒有任何效果。

　　所謂流動性陷阱，是指當利率下降至某一水準，便無法再下降，貨幣需求彈性趨於無窮大。當貨幣需求利率彈性無限大時，LM 曲線斜率為零，LM 曲線成水平狀的場合。在圖 19.2 中，中央銀行採行擴張性的貨幣政策，使得 LM 曲線由 LM_0 右移至 LM_1 曲線，並無法影響總產出，另外均衡利率水準亦沒有改變，仍然維持在原先的利率水準 r_0。因此，當發生流動性陷阱時，擴張性的貨幣政策並無法影響利率與總產出。

　　投資陷阱指的是投資需求利率彈性為零，曲線斜率無限大，IS 曲線會呈垂直形狀。在大恐慌的時期，銀行的擔保品價格下降，部分借款戶開始違約，形成呆帳，使得廠商不易取得資金進行投資，另一方面，由於對於前景感到悲觀，廠商也不願進行投資。在圖 19.3 中，此時，若中央銀行採行擴張性貨幣政策，使得 LM_0 曲線整條線右移至 LM_1 曲線時，對總產出並無影響，只會造成利率水準的大幅下降。因此，在投資需求利率彈性為零之場合，貨幣政策無效。

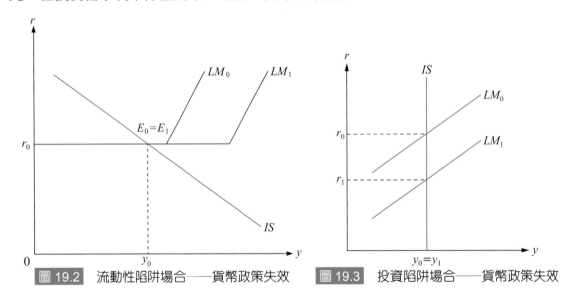

圖 19.2　流動性陷阱場合──貨幣政策失效　　圖 19.3　投資陷阱場合──貨幣政策失效

19.4.2　古典傳統的特殊場合

　　秉承著古典學派傳統的重貨幣學派，除了主張財政政策無效之外，同時認為只有貨幣政策方屬有效。他們提出的**極端重貨幣學派場合以及利率彈性無限大**兩個特殊場合，都是在強化這個立場。

　　在第 15 章中曾經說明，根據 Friedman 的貨幣需求理論，貨幣需求是由恆常實質所得，而非利率所決定。貨幣需求量對利率的反應極低，甚至可予忽略。換句話說，貨幣需求的利率彈性幾乎等於零。當貨幣需求的利率彈性等於零時，LM 曲線

斜率無限大，LM 曲線會呈垂直形狀。在圖 19.4 中，若中央銀行採行擴張性的貨幣政策，使得 LM 曲線整條線由 LM_0 右移至 LM_1 曲線時，其所增加的總產出將會比任何其他情況下，例如由 LM_0^1 右移到 LM_1^1 都要來得大，同時造成利率水準下降，由 r_0 下降至 r_1。因此貨幣需求的利率彈性等於零時，**貨幣政策效果最大。由於曲線的垂直部分係由 Friedman 等強調貨幣重要性之貨幣學派學者所提出的，故又稱為極端重貨幣學派場合。**

　　另一個造成貨幣政策效果最大的場合為投資的利率彈性無限大。當投資的利率彈性無限大時，IS 曲線斜率為零，IS 曲線會呈水平形狀。在圖 19.5 中，若政府採行寬鬆的貨幣政策，使得 LM_0 曲線整條線向右移至 LM_1 曲線處，其所增加的所得效果最大（由 y_0 增為 y_1），但利率並沒有變動而維持在原先 r_0 的水準。因此，當投資的利率彈性為無限大時，貨幣政策效果最大。

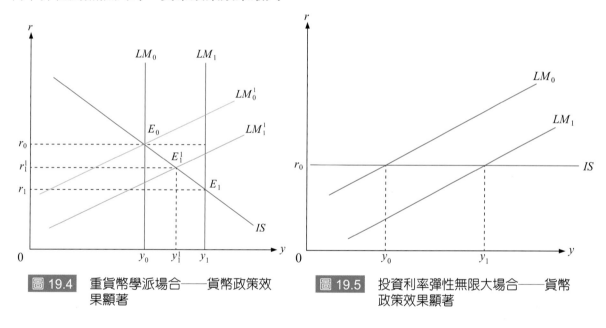

圖 19.4　重貨幣學派場合──貨幣政策效果顯著

圖 19.5　投資利率彈性無限大場合──貨幣政策效果顯著

19.5 總合供需模型與貨幣政策

本節以總合供需模型來分析貨幣政策的效果。貨幣政策影響貨幣市場，而貨幣市場均衡是構成總合需求曲線的一個條件，因此，貨幣政策會影響總合需求曲線。由於總合供給曲線依照古典學派與凱因斯學派的不同假設，而有不同的形狀，因此分析貨幣政策的效果時，須區分為古典學派與凱因斯學派兩種狀況來加以討論。

19.5.1 古典學派

在總合供給曲線為古典學派場合，如圖 19.6，經濟體系原來的均衡點 E_0，物價水準為 P_0，利率水準為 r_0，總產出為 y_0。假定施行寬鬆貨幣政策，提高貨幣供給額（由 M_0 增為 M_1），造成 LM 曲線向右方移動到 $LM\left(\dfrac{M_1}{P_0}\right)$，進而使總合需求曲線向右方移動到 $AD(M_1)$。

如果只考慮商品市場與貨幣市場，假設物價水準暫時不變，則經濟體系會於新均衡點 E_1 處達成均衡，所得會上升，利率會下降。但把勞動市場納入考慮後，由於在原有的物價水準 P_0 時，總合需求大於總合供給，因此物價水準會 P_0 從上升到 P_1。這會使得實質貨幣供給由 $\dfrac{M_1}{P_0}$ 下降到 $\dfrac{M_1}{P_1}$，而且新的實質貨幣供給水準須等於原來的 $\dfrac{M_0}{P_0}$，才能使得商品市場、貨幣市場及勞動市場同時達到均衡。但如此一來，LM 曲線也須向左移回原來的位置 $LM\left(\dfrac{M_0}{P_0}\right)=LM\left(\dfrac{M_1}{P_1}\right)$，利率重回原有的 r_0，總產出也回到充分就業總產出的水準。

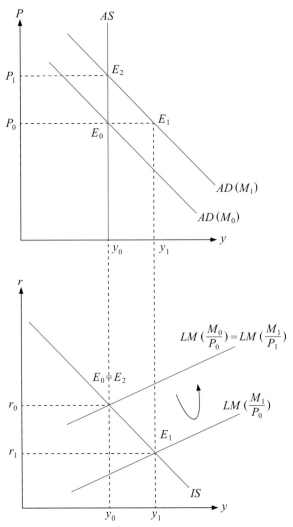

圖 19.6　古典學派場合的貨幣政策效果

因此擴張性的貨幣政策最終效果，只有造成物價水準的上漲，對於總產出及利率水準並沒有影響。反之，**緊縮性貨幣政策的最終效果只造成物價水準的下降，對於總產出及利率水準則沒有影響**。以上所述的調整過程可以下列因果關係表示：

$$M_0\uparrow \to M_1 \Rightarrow y\uparrow,\ r\downarrow \Rightarrow AD>AS \Rightarrow P\uparrow \Rightarrow \frac{M}{P}\downarrow \Rightarrow LM\text{左移}$$

$$\Rightarrow r\uparrow,\ y\downarrow,\ P\uparrow \Rightarrow \bar{r}\ (\text{利率不變}),\ y\ (\text{總產出不變}),\ P\uparrow\ (\text{物價上漲})$$

19.5.2　凱因斯學派

在總合供給曲線為凱因斯學派場合，如圖 19.7，經濟體系原來的均衡點 E_0，物價水準為 P_0，利率水準為 r_0，總產出為 y_0。假定施行寬鬆的貨幣政策，提高貨幣供給額，造成 LM 曲線向右方移動到 $LM\left(\dfrac{M_1}{P_0}\right)$，進而使總合需求曲線向右方移動到 $AD(M_1)$。

如果只考慮商品市場與貨幣市場，假設物價水準暫時不變，則經濟體系會在新的均衡點 E_1 處達成均衡，所得會上升，利率會下降到 r_1。但把勞動市場納入考慮後，由於在原有的物價水準 P_0 時，總合需求大於總合供給，因此物價水準會從 P_0 上升到 P_1。這會使得實質貨幣供給由 $\dfrac{M_1}{P_0}$ 下降到 $\dfrac{M_1}{P_1}$。但是，與古典學派場合不同的是，新的實質貨幣供給水準並不會回到原來的水準 $\dfrac{M_0}{P_0}$，而是須比原有水準 $\dfrac{M_0}{P_0}$ 高，才能使得商品市場、貨幣市場及勞動市場同時達到均衡。如此一來，LM 曲線向左移動到新的位置 $LM\left(\dfrac{M_1}{P_1}\right)$，利率由 r_1 至 r_2，總產出達到比原有的 y_0 總產出水準更高的 y_2。

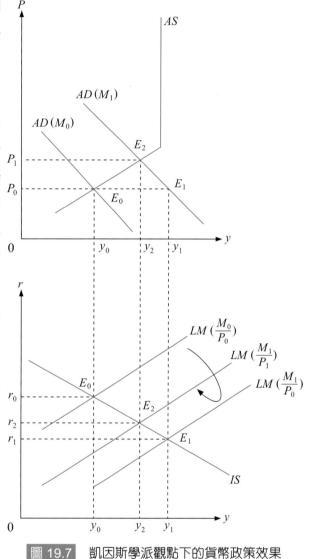

圖 19.7　凱因斯學派觀點下的貨幣政策效果

因此寬鬆的貨幣政策會造成物價水準的上漲，以及總產出增加及利率水準的下降。反之，緊縮的貨幣政策會造成物價水準的下降，以及總產出下降及利率水準的上升。以上所述的調整過程可以下列因果關係表示：

$$M_0\uparrow\to M_1 \Rightarrow LM \text{右移 } AD \text{右移} \Rightarrow E_0\to E_1 \Rightarrow AD>AS \Rightarrow P\uparrow \Rightarrow \frac{M}{P}\downarrow \Rightarrow LM\text{左移}$$

$$\Rightarrow E_1\to E_2 \Rightarrow \text{y（總產出）}\uparrow, r\text{（利率）}\downarrow, P\text{（物價）}\uparrow$$

▎19.6 貨幣政策之時間落後 ＊

中央銀行在採行貨幣政策時，其目的在達成經濟安定等六項長期目標，但經濟環境瞬息萬變，影響貨幣政策長期目標的因素又多如繁縷，從問題發生到中央銀行採取適當的貨幣政策加以因應，甚或採取貨幣政策之後，是否能夠發揮立竿見影的效果，不無疑問。換言之，貨幣政策總是存在著「時間落後」（time lag）的問題。

圖 19.8 中，我們可以看出貨幣政策在各個時點出現之「時間落後」問題：因應經濟問題發生必須採取適當的貨幣政策（t_0）到中央銀行體認到必須採取貨幣政策（t_1）間之時間落後，稱之為「認知落後」（recognition lag）；由到中央銀行具體地執行貨幣政策（t_2），稱之為「行政落後」（administration lag）；由到貨幣政策真正影響到經濟活動（t_3），稱之為「外在落後」（outside lag），外在落後又稱之為「衝擊落後」（impact lag）。通常將「認知落後」與「行政落後」統稱之為「內在落後」（inside lag），此乃由問題發生到中央銀行採行貨幣政策之間，必須經由監控、搜集資料、分析、作成決策等內部決策過程中發生，故稱之為「內在落後」。而整個貨幣政策的「總落後」（total lag）即包含了「內在落後」與「外在落後」。

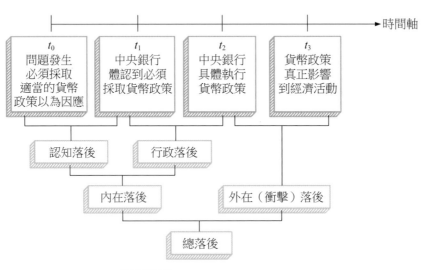

圖 19.8　貨幣政策之時間落後

　　由於貨幣政策免不了有時間落後的問題，所以時機（timing）的掌握如非得宜，即會對經濟活動與經濟景氣循環產生不良的政策干擾效果。圖 19.9 中，實線是自然的經濟波動，在 t_1 時為經濟繁榮期，故中央銀行採行緊縮政策，但因時間落後的關係，其政策效果到 t_2 時才發揮作用，但此時經濟已進入衰退期，使得整個經濟景氣更是雪上加霜（虛線部份）。而對此一新經濟情勢，必須改採寬鬆政策（t_3），但其效果又落後到 t_4 才發揮作用。反而再度造成經濟景氣更為偏離自然波動，逼使中央銀行必須採行更為激烈的緊縮政策以為因應。如何避免因時間落後造成政策偏離預期的目標是中央銀行在制定與執行貨幣政策時，必須考量的重點。

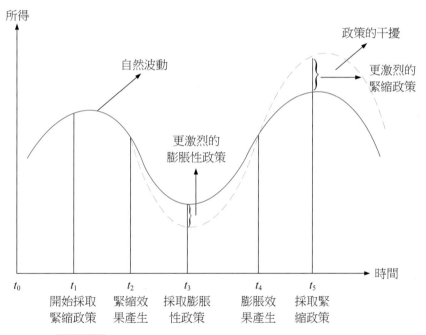

圖 19.9　不良的貨幣政策促使景氣循環波動更形劇烈

本章結論

本章接續對貨幣供給總計數的定義、中央銀行的職能、貨幣政策工具、貨幣政策的有效性等四項加以說明：在貨幣供給額方面，可以區分為狹義的貨幣供給額與廣義的貨幣供給額。

在中央銀行的職能方面，本章分別從我國中央銀行的業務、美國的聯邦準備制度、中央銀行的獨立性等三個層面加以說明。在貨幣政策工具方面，分別闡明主要的貨幣政策工具及次要的貨幣政策工具。在貨幣政策的有效性方面，極端凱因斯學派立場的學者提出了「流動性陷阱」與「投資陷阱」等兩個特殊場合，用以強調財政政策才是最為有效的工具。

相反地，在這兩種特殊場合下，貨幣政策則沒有任何效果。秉承著古典學派傳統的重貨幣學派則提出「極端重貨幣學派」與「利率彈性無限大」兩個特殊場合，用以說明貨幣政策才是最為有效的工具。

相反地，在這兩種特殊場合下，財政政策則無任何效果。在總合需求與總合供給模型中，古典學派認為，擴張性的貨幣政策只有造成物價水準的上漲，對於總產出及利率水準並沒有影響；然而凱因斯學派認為，擴張性的貨幣政策會造成物價水準的上漲及利率水準的下降，但也會帶來總產出的增加。除了學理上的論爭，貨幣政策的時間落後問題也會影響其有效性。

至本章為止，凱因斯學派以及秉承古典學派傳統的各個學派有關總體經濟均衡的討論，已經全部結束。

Chapter 20

失業問題與通貨膨脹

李見發

名人名句

約翰・梅納德・凱因斯

（John Maynard Keynes，1883 年 6 月 5 日～ 1946 年 4 月 21 日）

經濟學家和政治哲學家的思想比世俗理解的更有影響力，無論其正確還是錯誤。實際上世界是被一小部分人統治的。自信不被知識分子影響的那些所謂務實的人，往往只是幾個過時經濟學家思想的奴隸。

研習重點

- 失業的類型、衡量的方法、所造成的影響及經濟學家提出的解決之道
- 概述近年來我國的就業情況通貨膨脹的類型、衡量方法、所造成的影響及解決之道
- 解決通貨膨脹的對策
- 失業與通貨膨脹的可能抵換關係：Phillips 曲線

學習架構圖

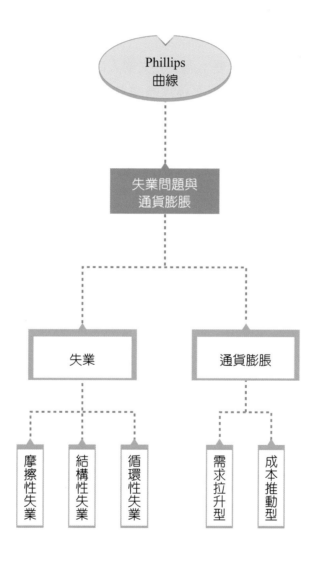

20.1 失業的類型與對策

在過去，我國一直是以低失業率著稱，1990 年代更出現勞動短缺的現象，除 1985 與 1986 兩年以外，失業率一直維持在 2% 以下。此種低失業率的情況，令世界各國稱羨不已，特別是歐洲國家，他們長期以來爲居高不下的失業率所困擾，有些西歐國家的失業率更高達 20% 以上。惟自 1995 年以降，臺灣的失業率不但節節上升（如圖 20.1），且一直徘徊在 3% 附近，2010 年 2 月更飆升至 5.76%，但近年來失業率有下降走勢（低於 4%）。

我國失業人口的結構也在轉變：過去，失業人口中，以剛從學校畢業、年輕人、初次尋找職業者爲主；現在，非初次尋找職業者，特別是因爲公司結束營業、業務緊縮的非自願性失業者，已在失業人口中佔有愈來愈高的比例。統計數字顯示：在 1994 年，因爲公司結束營業的非自願性失業人口，只佔全體非初次尋找職業者的 13.5%，但之後遽升，達到 2009 年的 62.8%。此波高失業率不但影響到藍領階級的勞動人口，也影響到白領階級的勞動人口，如工程師及中、高階主管。換言之，失業問題近年來已儼然成爲我國當前一個重要的經濟課題。

圖 20.1　臺灣地區失業率趨勢圖（2020 年 10 月）

20.1.1　勞動市場

失業人口的存在，顯示出經濟社會中有一些可用而未用的人力資源，由於現在未加以利用的人力資源，基本上無法保存起來留待未來再供使用。因此，失業本身就是一種資源的浪費，這就是失業的經濟成本。此外，失業也會引起其他的社會成

本：失業者容易產生自尊的喪失，引發心理問題，甚至造成自殺；當失業率升高時，犯罪率通常也隨之升高。職是之故，各國政府無不視降低失業率為經濟政策的主要目標之一。

　　失業率是勞動市場的重要指標之一，在探討失業現象之前，我們首先介紹幾個與勞動市場攸關的重要概念。**在我國的總人口中，15 足歲以上的人口，可區分為三種類型：勞動力、非勞動力、現役軍人與監獄管理人員（簡稱監管人員）**（如圖 20.2）。凡是有能力參與生產活動，且積極尋找工作的 15 足歲以上（包括 15 足歲）的人口，現役軍人與監管人員除外，不論就業與否，皆屬勞動力（labor force）。而勞動力以外的人，則稱為非勞動力，衰老、殘障、失能等無基本工作能力者，及全職學生、家庭主婦、提早退休、自願遊民等無積極意願尋找工作者，均屬之。

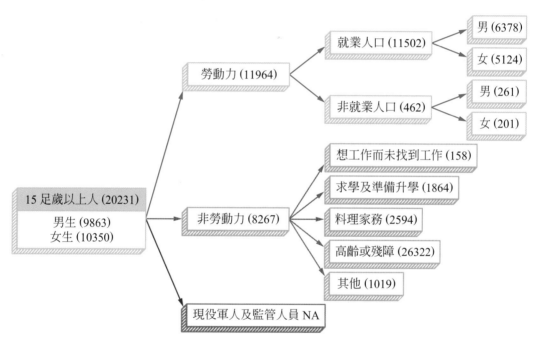

資料來源：中華民國統計資料網

備註：1. 圖中所示者為 2020 年 11 月之資料；NA 指缺乏該項統計資料
　　　2. 統計單位為千人

圖 20.2　臺灣地區勞動力與非勞動力（2020 年 11 月）

　　而勞動力又可區分為兩大類型：就業人口（employment）與失業人口（unemployment）。就業人口指的是在某一特定週（稱資料標準週）擁有一份有報酬的工作，或者在自己的企業裡工作 15 小時以上的無報酬工作者。勞動力中，不屬於就業人口，即稱之為失業人口。所謂的失業人口，**是指 15 足歲以上，現在沒有工作、可以馬上工作、而且正在尋找工作的人**。值得特別強調地是，依照上述定

義，失業者必須以「正在尋找工作」爲必要條件。因此，如果某人有工作能力、想工作也可以馬上工作，但因爲某些原因並未積極尋找工作，他就不算是失業，而是歸類爲非勞動力。我們在探討失業問題時，最常用的指標是失業率（unemployment rate）。所謂**失業率是指失業人口占勞動力之比例，勞動力則爲就業人口與失業人口兩者之和**。因此，失業率可以表示爲：

$$失業率＝失業人口／（就業人口＋失業人口） \qquad （式 20.1）$$

20.1.2　失業的類型

依照定義，失業者一定需具備想找工作的行爲。因此，我們可依其是否曾工作過，將失業者區分成「初次尋找職業者」與「有工作經驗的尋找職業者」。前者如剛從學校畢業進入勞動市場而尚未找到工作者，後者包括離開原來工作而正在找工作者，以及離開工作一段時間（成爲非勞動力）再度進入勞動市場尋找工作者，例如，婦女因結婚或生育離職，後來又想重新進入就業市場。故失業人口是勞動力中想找工作且積極地尋找工作，但尚未尋找到工作的人口，經濟學者依據找不到工作的原因，將**失業區分成三種類型**：(1) **摩擦性失業**（frictional unemployment）；(2) **結構性失業**（structural unemployment）以及 (3) **循環性失業**（cyclical unemployment）。前兩種類型的失業是一個經濟社會裡的自然現象，因此，若失業人口僅包括這兩類型的失業，則此經濟社會的失業率稱之爲自然失業率（natural rate of unemployment），或稱之爲正常失業率（normal rate of unemployment）。以下，就這三種失業類型以及解決對策分別加以說明：

摩擦性失業，是一種短期的失業現象，是指勞動市場機制不完善，在新舊工作之間，或於新進入、重新進入勞動市場時，一時無法找到工作的現象。主要的特徵是勞動市場的供需雙方因資訊不足，發生短暫失衡的現象。在每年 6、7 月間學校畢業生進入勞動市場尋找工作時，某些人無法立刻找到工作，而處於失業的狀態。因此，解決摩擦性失業的方法，應從提供求才求職的資訊著手。例如，國民就業輔導機構及求才求職服務資訊網站的設立。

而結構性失業，是指因產業結構轉變或區域經濟發展的消長，導致求才與求職間「不能配合」的失業狀態。在我國的經濟發展過程中，由農業社會轉型爲工業社會，再轉型成爲以服務業爲主的產業結構。由於各產業之間的消長，引起雇用結構的變化：新興產業可能需要較多科技人才或學有專精之人才，因此，在新興產業的勞動市場裡，勞動需求遠大於勞動供給；在傳統產業裡，勞動供給卻可能遠超過勞動需求。另外，原有公司的技術革新或組織變革，也可能造成現有員工的不再適用，

而需另謀出路。勞動者即使有能力在不同產業之間轉換跑道，也可能會因遷徙的困難或不願離開現有的居住環境，而無法接受新工作。又如區域性產業的榮枯變化，也會造成求才所在地無法找到足夠的勞動者，求職者所在地則缺乏工作機會的情形。此類型失業者的特徵是指失業者「缺乏移動性」（lack of mobility）：包括產業間的移動與地域間的移動。因此，解決此失業類型之方法為增加求職者的移動能力。例如，教育精緻化，使勞動供給能因應市場的變化與趨勢，而能與之密切結合；配合產業升級，設立專長、專才的職業訓練中心，以輔導就業或培養第二專長；或是平衡區域間產業發展，建立區域間求才求職訊息連線，或給予求職者遷徙便利等，以消除地域性的失業。

　　循環性失業，是因為經濟景氣變壞所引起的波動性失業，其特徵為「勞動的需求不足」（deficiency in labor demand），以致缺乏工作機會。例如，國際間經濟景氣低迷，造成我國出口不振；國內經濟蕭條，廠商經營不善，導致內需萎縮；面臨本土性金融風暴之陰影，使得就業機會喪失。當經濟景氣好的時候，循環性失業的人口下降；經濟不景氣的時候，循環性失業的人口上升。而失業率維持在自然失業率的水準時，循環性的失業人口為零。解決循環性失業的方法為設法刺激經濟景氣，例如，政府致力於改善本國的投資環境，刺激本土及外來的投資，使商品有效需求增加，進而提高對勞動的需求。（只適用於高級技術人力，技術層次低之工人可能為機器所取代。）

經濟小百科

Okun 法則

　　美國經濟學家 Okun（1962）指出失業率每高於／低於自然失業率 1 個百分點，實質 *GDP* 變動百分比將低於／高於潛在 *GDP* 增長率 2 個百分點。（Okun, A. M. (1962). Potential GNP & Its Measurement and Significance, American Statistical Association, Proceedings of the Business and Economics Statistics Section, 98-104.）

　　這種關係也可用下列式子表示：
　　失業率變動百分比 ＝ － 1/2 ×（*GDP* 變動百分比 － 3%)
　　Okun 法則可做為預測失業率與實質 *GDP* 的關係，也反應出當經濟成長率愈高，而失業率就愈低的負向關係的意義。

資料來源：整理自 MBA 智庫百科

經濟退回「大蕭條」　美財長悲觀：失業率恐達 25%
https://www.youtube.com/watch?v=NRocbVW0EIo

▌20.2 通貨膨脹的意義、類型與影響

而另一重要經濟課題爲通貨膨脹，**通貨膨脹是指經濟社會的一般價格水準在一定的時期內持續不斷上升的現象**。而一般價格水準是把所有財貨和勞務的交易價格以加權平均的方式加總而得。貨幣數量論學者認爲一般價格水準的波動主要是由名目貨幣供給額的增加所引起，當經濟社會中貨幣的發行量超過人們因購買財貨或勞務對貨幣所產生的實際需要量時，物價水準就會上漲，通貨膨脹就表現爲一般價格水準的上升。但也有學者主張，通貨膨脹之發生，是生產成本持續不斷的推升，例如，國際原油價格持續的調升、廠商壟斷市場能力的發揮所導致的結果。在本節，我們將先介紹通貨膨脹的意義與類型，進而探究其可能成因及可能造成之不利影響，接著討論經濟學家所提出的一些解決方案。

20.2.1 通貨膨脹的意義

相對於「一次即止」（once-and-for-all）的物價上漲，**通貨膨脹**（inflation）**是指「一般物價水準在一定時間內持續上漲的現象。」** 例如，如果物價指數從今年開始，連續 6 年每年都上升 4%，則 6 年之後物價水準將上升了 $(1 + 0.04)^6 - 1 = 26.5\%$，因爲是連續性的上漲，故符合通貨膨脹之定義。反之，若今年的物價水準一下子上升了 15%，之後就維持在這較高的水準而沒有變動，此爲「一次即止」式的物價調整，即不符合通貨膨脹之定義。

因此，通貨膨脹包含兩層意義：「首先，物價水準的上漲是全面性的，而不是只有少數幾樣商品價格的上漲；其次，物價水準的上漲是持續性的，而不僅僅是暫時性或偶發性物價水準揚升。」但是也有學者主張，雖屬一般物價水準之連續上漲，但如漲幅不大，則無須將之視爲通貨膨脹。根據此種觀點，可將通貨膨脹之定義修正爲：通貨膨脹是指「一般物價水準在一定期間內持續且顯著上漲的現象」。通貨膨脹率的計算是以一般物價水準變動的百分比來表示。

通常可用以下三種價格指數來反映通貨膨脹率：

1. 消費者物價指數（consumer price index, *CPI*）
   指透過計算日常消費的生活用品和勞務的價格水準變動而得的指數。

2. 生產者價格指數（producer price index, *PPI*）
   指透過計算生產者在生產過程中所有階段所獲得的產品的價格水準變動而得的指數。

3.　**國內生產毛額價格平減指數（*GDP* price deflator）**

它反映的是所有計入國內生產毛額（*GDP*）最終財貨和勞務的價格水準的變化。

另外一點值得補充的是，在觀察期間內沒有政府管制價格的行為，否則為壓制型的通貨膨脹。物價水準輕微上漲之趨勢是不足憂慮的，甚至有利於工商業發展，但如漲幅太高則將構成重大的經濟問題。通貨膨脹傷害本國產業對外的競爭力，使得國際貿易赤字攀升，外匯存底流失，同時造成本國貨幣貶值。通貨膨脹的原因不必然是貨幣數量太多，仍須視財貨與勞務供給面的變動情形，方能論定。然則，貨幣在短期間內大量增加，常常是歷史上許多國家通貨膨脹的直接肇因。貨幣價值由物價水準反映，物價猛漲也使貨幣價值劇跌，因此早期學者常用「通貨」之大量膨脹，或「貨幣」之大量膨脹，來描述一般物價水準持續上升的現象。

20.2.2　**通貨膨脹的類型**

由總合供需模型可知，不論是總合供給曲線（aggregate supply curve, *AS*）向左移動或是總合需求曲線（aggregate demand curve, *AD*）向右移動皆能使均衡物價水準上升。因而，經濟學者將**通貨膨脹分為兩種類型：需求拉升型的通貨膨脹**（demand pull inflation）**與成本推動型的通貨膨脹**（cost push inflation）。

1.　**需求拉升型的通貨膨脹**

商品市場上，在現有的價格水準之下，如果總合需求持續增加，在總合供給維持不變的情形下，就會導致一般物價水準的不斷上升，引起通貨膨脹。**需求拉升型的通貨膨脹是指總合需求過度增長所引的通貨膨脹，即「太多的貨幣追逐太少的財貨與勞務」**。茲以圖 20.3 說明如下：

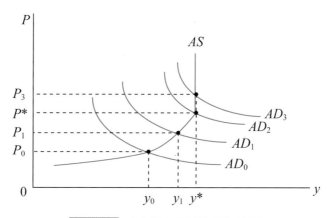

圖 20.3　需求拉升型的通貨膨脹

當總合需求線從 AD_0 上升為 AD_1 時，總產出由 y_0 增加到 y_1，但一般物價水準也從 P_0 上升為 P_1。因此，總合需求的擴張拉升了一般物價水準。若總合需求持續的增加，物價水準與總產出也會不斷地上升。但是，若總合需求增加到 AD_2 時，總產出已達充分就業水準 y^*。此時，若總合需求再增加至 AD_3，物價水準繼續上升（P_3），但總產出則維持不變（y^*）。

依照貨幣學派的看法，若貨幣當局增加貨幣供給，物價水準必定會上揚。由於貨幣供給增加源自需求面的擴張因素，因此，此種通貨膨脹乃是一種需求拉升型的通貨膨脹。事實上，除了貨幣供給增加外，任何會引起總合需求曲線向右移動的擴張性因素，都可能引起物價水準的持續上漲，例如，消費需求增加、投資需求擴大、政府採行增加公共支出或減稅之擴張性財政政策。不過，在所有引發需求拉升型通貨膨脹的原因當中，貨幣供給增加的效果似乎最為明顯。臺灣史上惡性的通貨膨脹時期，是在民國 34 年到民國 39 年之間，這段期間也是因為需求拉升而造成物價水準的持續上漲，主要的拉升成因是貨幣供給量的過度增加。

2. 成本推動型的通貨膨脹

相對於需求拉升型的通貨膨脹，成本推動型的通貨膨脹是指由於生產成本的增加，而引起一般價格水準的上升。生產成本的增加，可能有以下兩種不同的原因：一方面包括工資水準、原料價格和能源價格等的上漲；另一方面可能為擁有壟斷力之廠商利用其市場力量追逐壟斷利潤而限制產量，從而引起價格水準的普遍上揚。

在現有的價格水準下，勞動者如果要求提高工資，廠商能夠雇用的勞動就會減少，其產量也就隨之減少，導致總合供給曲線向左移動，此時將出現供不應求，而一般價格水準也會隨之上升。與需求拉升型的通貨膨脹不同的是，在成本推動型的通貨膨脹將減少短期產出水準。假設總合需求不變，凡生產要素價格的增加大於其生產力的增加，將使生產成本上升而使總合供給減少，終將引起一般物價水準的上揚—這類型的通貨膨脹通常可能是短期的現象—因為在短期間內，若生產成本增加而物價維持不變，會使得廠商的利潤降低而減產，導致總合供給曲線向左移動，造成物價上漲。茲以圖 20.4 說明如次：若原油價格上漲，使生產要素價格的增加，大於其生產力的增加，將使生產成本增加，總合供給曲線因而左移（$AS_0 \rightarrow AS_1 \rightarrow AS_2$），致使一般物價水準上漲（$P_0 \rightarrow P_1 \rightarrow P_2$），產出減少（$y_0 \rightarrow y_1 \rightarrow y_2$）。

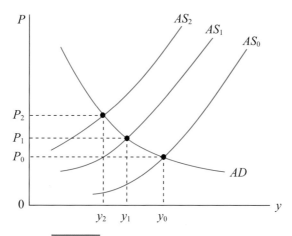

圖 20.4 成本推動型的通貨膨脹

　　成本推動型的通貨膨脹最顯著的例子，莫過於 1970 年代，石油輸出國家組織
（The Organization for Petroleum Exporting Countries, OPEC）突然將原油價格調高四
倍，使得世界各國的一般物價水準節節攀升。由於石油是現代經濟社會生產活動所
不可或缺的重要生產要素。當國際原油價格飆漲時，廠商的生產成本水漲船高，產
品的售價也必須調升，以反映生產成本的增加。

　　成本推動型通貨膨脹所引起的衝擊，除了一般物價水準上漲外，產出也會減少，
如圖 20.4 中，產出由 y_0 減為 y_1，再減為 y_2。當成本推動型的通貨膨脹發生時，許多
國家為了要穩定經濟情勢免於落入蕭條狀態，而採行擴張性貨幣政策，結果隨著總合
需求的增加，進而造成一般物價水準更進一步地攀升。在 1974 年，OPEC 調高原油的
價格，美國面對石油價格上漲的衝擊，連續幾年增加貨幣供給額，使
得成本推動型的通貨膨脹轉而帶動需求拉升型的通貨膨脹，造成通貨
膨脹問題的惡化。

『漲價不要不要的？！』拼經濟吧 第 2 集
https://youtu.be/xyfaDf3Bkfl

20.2.3　通貨膨脹影響分析

　　通貨膨脹對經濟社會有何影響呢？在短期間內，對均衡總產出有如下的影響：
需求拉升型的通貨膨脹可能促進產出水準的提升；而成本推動型的通貨膨脹卻會導
致產出水準的下降。需求拉升型的通貨膨脹對就業的影響清楚不過，它會刺激就業、
減少失業；成本推動型的通貨膨脹，在通常情況下，則會造成就業量的減少。在長
期，上述對產出和就業量的有利影響將會消失，而主要表現在一般物價水準之持續
上升。

又以通貨膨脹可否被預期來分類，我們可將通貨膨脹區分為，可預期的通貨膨脹（anticipated or expected inflation）及未可預期的通貨膨脹（unanticipated or unexpected inflation）兩種類型：可預期的通貨膨脹是人們可以正確預見到的通貨膨脹，因為在這種可預期的通貨膨脹之下，各種名目變數（名目工資、名目利率等）都可以根據通貨膨脹率進行調整，從而使實質變數（實質工資、實質利率等）維持不變，其影響較為輕微，僅會增加少許社會成本；而未可預期的通貨膨脹是人們無法正確預期的通貨膨脹，則會產生巨大的影響，除了增加社會成本之外，亦將導致所得重分配的效果，並產生資源配置不當的效果。當然，通貨膨脹對經濟社會的不利影響，須視通貨膨脹惡化的程度而定。在高度通貨膨脹期間，除了前述所說問題的影響程度更深之外，還有可能造成本國貨幣貶值、資金外移等嚴重的金融危機。

以下我們分別就三種情況，討論通貨膨脹所帶來的不利影響：

1. 預期且經濟社會充分調整

若物價水準上揚能事先預知，且交易雙方都能即時作適度的調整，則通貨膨脹造成的不利影響可減至最低程度。此時，通貨膨脹的不良後果，主要是經濟社會在因應物價水準變動時所付出的額外成本。**通貨膨脹發生之後，商品必須重新標價，餐廳的菜單必須重新刊印，計程車的里程計費表必須重新設定等。凡此種種的調整適應，是經濟社會額外付出的成本，經濟學上稱之為菜單成本**（menu cost）。

除了菜單成本之外，另外還有一種調整成本，就是所謂的皮鞋成本（shoe leather cost）——當通貨膨脹率上升使大眾所欲持有的貨幣數量減少，因此而花用在交易上的額外時間或成本隨之增加。例如，在作成購買決策前須探訪較多家之廠商，或增加前往金融機構自動櫃員機提領的次數，這些成本統稱為皮鞋成本。

2. 預期但經濟社會未能充分調整

如果通貨膨脹是在大眾預期之內，可是經濟社會由於種種原因無法立即充分調整，則上述的「菜單成本」及「皮鞋成本」還是存在。除此之外，還會造成財富重分配（redistribution of wealth）的效果。當利率未能充分反映通貨膨脹率時，通貨膨脹犧牲債權人的利益而使得債務人獲利。若通貨膨脹率大於名目利率，實質利率將成為負值，吸收存款機構從其中獲利，而存款人將遭受損失。伴隨此種類型通貨膨脹的發生，債務人有「所得」，而債權人有「所失」，就是一種財富重分配的現象。

3. 未預期的通貨膨脹

如果通貨膨脹為社會大眾的預期之外，則會進一步造成勞資間所得重分配及降低資源配置效率二種影響：

(1) 由於工資契約並不會隨時作動態的調整，所以在通貨膨脹發生之後，只有物價水準上漲，但工資契約卻不能即時作調整。此時，一般物價水準上漲有利於雇主而不利於勞工，產生了勞資間所得重分配的效果。

(2) 當預期物價將膨脹時，生產者對於產品售價、生產要素價格以及其他的生產成本的變化較難有正確的估算，此種不確定性的存在使廠商的投資裹足不前，或因擔心造成錯誤決策而增加決策成本，對資源的配置效率將造成不利的影響。

通膨飆漲百分之 1 萬 8 委內瑞拉民不聊生
https://youtu.be/oey-9yGFdRM

20.3 通貨膨脹的解決對策

就長期而言，通貨膨脹的根源在於貨幣供給量的持續成長，故政府若能維持穩定的貨幣供給成長率，即可有效地降低通貨膨脹率。短期而言，抑制通貨膨脹的方式有兩種：沿著短期 Phillips 曲線下滑（以較高之失業率換取較低之通貨膨脹率），以及設法使短期 Phillips 曲線整條往左下方移動。（請參閱 20.4 節有關 Phillips 曲線，或稱「失業率－通貨膨脹率」抵換曲線之相關說明。） 前者在 Phillips 曲線上點的移動，係來自需求面政策的變動，後者整條 Phillips 曲線的移動，係來自供給面政策的變動。以下，就針對這些降低通貨膨脹不利衝擊的政策加以探討：

一、需求面的政策

政府需求管理政策使總合需求減少，即可降低通貨膨脹率。例如，一國的中央銀行採取緊縮性的貨幣政策，如提高重貼現率、提高法定存款準備率及在公開市場賣出債券等。又如政府採取增加稅收與減少公共支出的緊縮性財政政策，亦可產生類似的效果。

二、供給面的政策

政府增加就業訊息提供或加強在職訓練，可降低自然失業率，使得總合供給曲線向右下方移動，將有助於一般物價水準的下降。另如能降低民眾對物價水準上漲的預期，可使得短期 Phillips 曲線往左下方移動，即在相同失業水準下，只須忍受較低之通貨膨脹率。

三、所得政策

所得政策是指透過限制工資增長率，期能限制通貨膨脹的政策，因此也稱工資和物價管理政策。之所以對所得進行管理，是因為通貨膨脹有時是由成本推動所造成。根據前述想法，一國政府可採取一些行政措施以抑制通貨膨脹，例如：直接管制工資、物價與利潤，或提供誘因以限制工資與物價的上漲，讓大眾降低通貨膨脹預期的心理。

所得政策一般分為幾種型式：「一方面，一國政府可以限定工資和物價上漲的幅度，其中主要是規定工資增長率。企業和工會據此確定產品的價格變動幅度，如果違反，則以增加稅賦方式予以處罰。另一方面，一國政府也可採取法律和行政命令手段凍結工資物價，禁止在一定時期內提高工資與物價。除此以外，還有所得指數化政策，即根據物價指數自動調整個人所得、調節稅收等。」唯須指出者，如整體經濟環境持續惡化，所得政策不易有效施行，則前述通貨膨脹之不利影響將逐漸浮現。

▌20.4 失業率與通貨膨脹率的關係

根據上節的說明，我們知道若一般物價水準上升是因為需求拉升而引起，則一般物價水準上升時，產出也會跟著增加。此時，若經濟社會尚未達到充分就業水準，則失業率將下降。因此，一般物價水準上升時，失業率會隨之下降。

而為了探討通貨膨脹率與失業率兩個變數之間的關係，我們可用 Phillips 曲線來描述兩者之間的關係。Phillips 曲線最早是由經濟學家 A. W. Phillips（1958）根據英國 1861～1957 年實際統計資料所推導出的名目工資成長率與失業率之間關係後所提出：名目工資成長率愈高時，失業率愈低；名目工資成長率愈低時，失業率愈高。Phillips 以其在這方面的貢獻，於 2006 年榮獲諾貝爾經濟學獎。

Phillips 曲線自左上方向右下方傾斜。由於名目工資成本是產品價格的重要構成部分，從而通貨膨脹率與名目工資成長率之間存在著相當穩定的正向關係（兩者之差額為勞動生產力的成長率），從而通常用通貨膨脹率替代名目工資成長率。具體言之，Phillips 曲線所描述著，即通貨膨脹率愈高，失業率愈低，反之亦然。換言之，**Phillips 曲線反映出通貨膨脹率與失業率的抵換關係**（trade-off）。Phillips 曲線有如圖 20.5 中 *AA* 線與 *BB* 線所示：

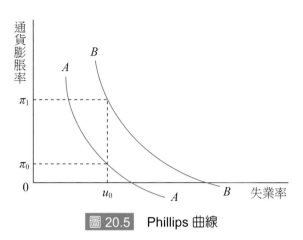

圖 20.5 Phillips 曲線

為什麼通貨膨脹率與失業率之間存有抵換關係呢？我們可以利用總合供需模型來作一簡單說明：若名目工資率具有向下調整的僵固性，則總合供給曲線（AS）將如圖 20.6 所示，**在經濟社會達到充分就業水準（y_2）之前，其斜率為正，當總合需求增加，一般物價水準上升，而失業率則下降，即反映出通貨膨脹率與失業率的抵換關係。當達到充分就業之後，總合供給曲線（AS）成為一條垂直線，此時通貨膨脹率與失業率的抵換關係遂告消失。**

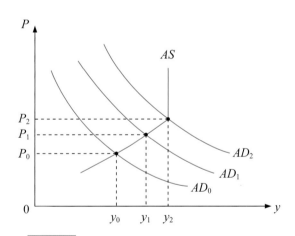

圖 20.6 通貨膨脹率與失業率之抵換關係

凱因斯學派在解釋 Phillips 曲線時，假設名目貨幣工資率具有向下僵固性。但是，當經濟社會歷經一段長時間的通貨膨脹之後，人們會逐漸預期通貨膨脹的現象可能將持續發生。此時，勞資雙方在訂定工資時，會把預期的通貨膨脹率設定在工資調整的契約中。換言之，名目工資率的調整已能充分反映物價的變動。若是如此，則總合供給曲線不會再有斜率為正的線段，而是一條垂直線。在此情況下，緊縮性的貨幣政策或財政政策會使物價水準下跌，但總產出水準或失業率則不受影響。

Phillips 曲線描述出通貨膨脹率與失業率之間的抵換關係，也可用來分析抑制通貨膨脹的對策。在一定的時點上，一國政府可設定一個經濟社會可承受通貨膨脹率與失業率的極限，透過需求管理政策把通貨膨脹率和失業率兩者控制在可接受範圍之內。

當通貨膨脹率過高時，可採行緊縮性的經濟政策，犧牲就業率，以降低通貨膨脹率；當失業率過高時，可採行擴張性的經濟政策，犧牲一般物價水準之穩定，來換取較低的失業率。

而當通貨膨脹成為一種持續性的長期現象時，人們對通貨膨脹的預期就會使 Phillips 曲線向右上方移動（由圖 20.5 的 AA 移至 BB）。這時，通貨膨脹率與失業率之間的關係發生了如下的變化：經濟社會必須以更高的通貨膨脹率才能降低一定的失業率（如圖 20.5，維持 u_0 的失業率，原先只須忍受的通貨膨脹率 π_0，但 Phillips 曲線移至 BB 後，則須忍受較高的通貨膨脹率 π_1）。

在長期，如果 Phillips 曲線不斷向右上方移動，抵換一定的失業率所需的通貨膨脹率就愈來愈高，最終 Phillips 曲線將成為一條垂直線，這就是所謂的長期 Phillips 曲線。如果經濟社會一開始在某一個自然失業率的水準下運作，長期 Phillips 曲線就是固定在自然失業率之的一條垂直線。長期垂直 Phillips 曲線否定了短期存在的失業率和通貨膨脹率之間的抵換關係：由於自然失業是經濟社會無法消除的常態，任何政府試圖以通貨膨脹來降低自然失業率的努力，在長期都將是徒勞無功。

本章結論

本章討論的重點是現代經濟社會的兩個重要課題：失業問題與通貨膨脹。由於失業人口的結構在轉變，失業問題已成為近年來我國的一個重要的經濟課題。在本章中，我們將找不到工作的原因，區分為三種類型：

(1) 「摩擦性失業」係由於訊息的障礙，造成求職與求才之間無法配合；

(2) 「結構性失業」則是產業結構改變或廠商在各地域間的分佈，造成求職與求才之間無法配合；

(3) 「循環性失業」是經濟不景氣，廠商解雇員工所造成的失業。

摩擦性失業率及結構性失業率兩者所形成失業率的合計，稱為自然失業率。接著，我們討論不同成因下失業問題之對策，並對我國之就業概況作說明。

本章亦討論通貨膨脹的定義與成因及通貨膨脹造成的影響、以及通貨膨脹的解決對策。就通貨膨脹的形成原因而言，可分為「需求拉升」與「成本推動」兩種型態。

次就通貨膨脹造成影響論，可視該通貨膨脹屬預期或未預期，以及經濟體系是否可以適時修訂契約，而發生菜單成本與皮鞋成本、財富重分配效果、甚或資源配置效率減損效果。最後，就解決通貨膨脹之對策論，一國政府可透過總體經濟政策，選擇 Phillips 曲線上某一特定的通貨膨脹率與失業率之組合，Phillips 曲線告訴我們，政府為了降低通貨膨脹率，必須付出失業率增加、產出減少的代價，即二者間具有相互抵換的關係。

另外，工資與物價管理政策亦屬解決對策之一。但若人們因通貨膨脹之持續發生，改變了人們對通貨膨脹的預期，則 Phillips 曲線在長期可能成為固定於自然失業率之垂直線。此時，前述「通貨膨脹率」與「失業率」間之抵換關係將不復存在。

Chapter

21

景氣循環

許可達

舊約‧創世紀

　　法老做夢,夢見自己站在河邊,有七隻母牛從河裏上來,又美好又肥壯,在蘆荻中吃草。隨後又有七隻母牛從河裏上來,又醜陋又乾瘦,與那七隻母牛一同站在河邊。這又醜陋又乾瘦的七隻母牛吃盡了那又美好又肥壯的七隻母牛。法老就醒了。他又睡著,第二回做夢,夢見一棵麥子長了七個穗子,又肥大又佳美,隨後又長了七個穗子,又細弱又被東風吹焦了。這細弱的穗子吞了那七個又肥大又飽滿的穗子。

研習重點

- 景氣循環的現象
- 各學派的景氣循環理論
- 景氣指標的意義與編製

學習架構圖

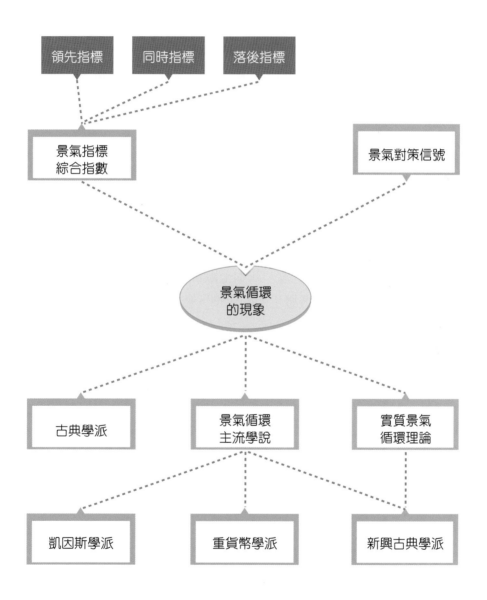

▌21.1 景氣循環的現象與過程

景 氣時而上揚，時而蕭條的現象似乎是現代經濟社會的宿命，就好像農業社會時代一樣，受到氣候的影響，而有豐年與荒年一樣。但是作為一個經濟學家不能將經濟現象歸諸宿命，而應努力去找出問題的解答。這種整體環境，或是影響總體表現之單一產業，時而景氣低迷、時而景氣活絡的情況，深深影響著我們的所得與就業機會，自然成為我們最關心的經濟議題之一。

　　如果從 2010 年回頭看去，股市似乎已經擺脫了 2008 年美國次級房貸風暴所引起的金融海嘯的低潮，只不過 2 月間又面臨希臘、葡萄牙、西班牙、義大利與愛爾蘭等國主權債務惡化，不少經濟學家已經預言全球很可能陷入二次衰退，而引起經濟大蕭條重演的導火線。

　　2018 年上半年的臺灣經濟成長率 3.16%，連續 4 季達 3% 以上，失業率平均 3.66% 為近 18 年來同期最低，商品出口連續 7 季維持雙位數成長，股市高於萬點已逾 14 個月，企業獲利也逐漸好轉，經濟表現亮眼。在全球其他地區，美國經濟復甦力道最為顯著，也順勢拉抬了就業市場表現。美國 *PMI* 與 *NMI* 指數雙雙上揚，且顯著高於 50 點臨界點以上，意味美國經濟將維持強勁的擴張態勢。歐洲經濟亦屬持續復甦態勢，只是復甦力道遠不如美國。基本上歐洲的失業率已經為 2008 年底以來的新低，緩慢的回復到全球金融危機發生前的水準。依據中國國家統計局初步核算 2018 年第 2 季及上半年 *GDP* 年成長率分別為 6.7% 及 6.8%，為連續 12 季維持在 6.7% 至 6.9% 區間。在全球經濟持續增溫下，中國上半年貿易額較去年同期成長 16.0%；出口達年增率 12.8%；進口額年增率 19.9%。在生產與商業活動方面，中國製造業與非製造業 *PMI* 皆處在景氣擴張區。但是在年底時股市的表現卻讓人無比震撼。

　　以 2018 年臺股大盤表現來看，臺股創下史上最長萬點行情。據統計，自 2018 年初 1 月 2 日起至 10 月 9 日，共計連續 189 個交易日收在萬點之上。受到 10 月初美國股災波及，臺股自 10 月初的最高 11,064 點高點跌落急轉直下，2018 年股匯市最後一個交易日，臺股漲 85.85 點，收在 9,727 點，臺股整年度下跌了 8.6%。中國的上證指數從年初 3,314 點一路跌到耶誕節時剩下 2,504 點，跌幅達 24.44%，歐洲的德國股市則從 12,897 跌到 10,633 點，跌幅 17.55%，日本股市從 23,074 跌到 19,156 點，跌幅 16.98%，美國道瓊工業指數雖然在 10 月還創下歷史新高，但在第四季也撐不住了，12 月 25 日的收盤剩下 21,792 點，比起年初的 24,809 點，也跌了 12.16%。

2018 臺股匯市 年度大回顧
https://youtu.be/oTnV3yRmxVc

經濟小百科

採購經理人指數（Purchasing Managers' Index, PMI）

採購經理人指數（Purchasing Managers' Index, PMI）為一綜合性指標，係每月對受訪企業的採購經理人進行調查，並依調查結果編製成的指數。採購經理人通常是指企業中負責支付原料或產品採購金額的最高層級負責人，以製造業而言，通常由採購相關部門（採購、資材、供應鏈管理等）經理級以上高階主管填寫問卷，少數則由財務相關部門高階人員填寫；至於非製造業因較無實體存貨概念，難以直覺定義採購經理人，問卷可能由商品企劃部、公共事務部、投資部或財務部等高階主管填寫。

臺灣採購經理人指數係參考美國 ISM（Institute for Supply Management）編製方法，調查範圍包括製造業與非製造業。其中，製造業以新增訂單數量、生產數量、人力僱用數量、現有原物料存貨水準，以及供應商交貨時間等 5 項細項擴散指數（Diffusion Index）綜合編製而成；非製造業組成項目則包括商業活動（生產）、新增訂單數量、人力雇用數量，以及供應商交貨時間等 4 項擴散指數。

採購經理人指數介於 0% ～ 100% 之間，若高於 50% 表示製造業或非製造業景氣正處於擴張期（Expansion），若低於 50% 表示處於緊縮期（Contraction）。

資料來源：國家發展委員會

跟你的荷包有關？ 為什麼一定要懂 " 製造業 PMI"？
https://youtu.be/tucjLeUPAXQ

根據行政院國家發展委員會統計資料顯示，如表 21.1，我國自第二次世界大戰結束迄今，已歷經 13 次景氣循環，自 2012 年 1 月開始進入第 14 次的景氣循環擴張期。從表 21.2 所提供的資料可以推知，此次景氣循環中的擴張與收縮的可能原因。2014 年由於歐元區經濟景氣增溫，而且美國經濟持續穩定成長，全年經濟成長率達 3.92%。但是從 2014 年第 4 季開始，全球景氣漸露疲態，礦產品與塑膠製品出口呈現衰退，而且受到中國供應鏈在地化影響，我國貿易動能開始急速降溫。此外，從此時開始，廠商對於景氣的前景也開始充滿疑慮，政府投資從 2015 年第一季也呈現負成長，固定資本形成也從這時開始呈現衰退。民間消費在 2014 年第 3 季到 2015 年第 2 季都維持穩定成長，隨著對未來景氣的疑慮擴散到家計部門，家計部門的消費信心受到衝擊，民間消費成長率也開始下降。

　　雖然每次景氣循環的型態、收縮因素、擴散程度與後續復甦力道都不盡相同，根據表 21.1 呈現的數據，平均而言，擴張期約 38 個月、收縮期約 15 個月，整個循環平均約 53 個月，歷次景氣循環日期詳見表 21.1。從表中也可以看到，從第 2 次景氣循環到第 8 次景氣循環，整個循環期間大多在 60 個月以上，但是從第 9 次景氣循環之後，整個循環期間很明顯的縮短，這是否顯示：我們將面臨循環週期越來越短的景氣循環？

　　景氣的循環如何測定？在經濟發展過程中，爲何會發生景氣循環？是否有指標可以加以預測？尋求這些問題的解答，正是本章論述的重點。

　　景氣係指一國在某一時期經濟活動的波動，也就是當時一般經濟活動盛衰的狀況。而景氣循環（business cycle）亦稱企業循環、經濟循環或景氣變動，它是市場經濟社會相當發達而進入工業化以後產生的現象，其特徵爲一國工業生產的速度在某些時期內特別快速，景氣很好，形成擴張時期，但經過一段時間後這擴張必然到達頂點（peak），而後不但成長速度緩慢下來，甚至工業產量反而減少，致使總產出成長率成爲負數。在由不景氣翻轉變動過程中，景氣由好轉到熱絡，以至達到頂點，然後經濟會轉而衰退，經過蕭條時期後，將達於谷底（trough）。到達谷底以後，景氣會復甦好轉，如此再繼續啓動另一個景氣循環的過程。

表 21.1　我國歷次景氣循環基準日期

循環次序	谷底 （年月）	高峰 （年月）	谷底 （年月）	持續期間		
				擴張期	收縮期	全循環
第 1 次	1954.11	1955.11	1956.09	12	10	22
第 2 次	1956.09	1964.09	1966.01	96	16	112
第 3 次	1966.01	1968.08	1969.10	31	14	45
第 4 次	1969.10	1974.02	1975.02	52	12	64
第 5 次	1975.02	1980.01	1983.02	59	37	96
第 6 次	1983.02	1984.05	1985.08	15	15	30
第 7 次	1985.08	1989.05	1990.08	45	15	60
第 8 次	1990.08	1995.02	1996.03	54	13	67
第 9 次	1996.03	1997.12	1998.12	21	12	33
第 10 次	1998.12	2000.09	2001.09	21	12	33
第 11 次	2001.09	2004.03	2005.02	30	11	41
第 12 次	2005.02	2008.03	2009.02	37	11	48

（表21.1續）

循環次序	谷底	高峰	谷底	持續期間		
	（年月）	（年月）	（年月）	擴張期	收縮期	全循環
第 13 次	2009.02	2011.02	2012.01	24	11	35
第 14 次	2012.01	2014.10	–	33	–	
平均				38	15	53

資料來源：行政院國家發展委員會

　　景氣循環的概念可分為成長循環（growth cycles）與古典循環（classical cycles）。所謂「成長循環」是指經濟持續成長的國家，表面上看來似乎沒有景氣循環的現象存在，但仔細觀察仍有景氣波動，亦即經濟成長的速度時而超過、時而低於平均趨勢，而產生循環波動。「古典循環」係以總體經濟活動水準值（絕對值）之上升或下降作為衡量經濟波動的標準，大致上包括擴張（expansion）、衰退（recession）、收縮（contraction）及復甦（recovery）等四個階段，較適用於經濟成長不持續的國家，但對於經濟呈現持續快速成長的國家卻不適用。

　　景氣循環可粗分為擴張期與收縮期二個階段（如圖 21.1），但亦有將擴張期再劃分為復甦（recovery）、繁榮（prosperity）兩階段，同時亦有將收縮期再劃分為緩滯（slowdown）、衰退（recession）、蕭條（depression）等階段。一般而言，復甦是指景氣脫離谷底逐漸恢復的階段；繁榮係指經濟維持相當活絡狀態的階段；景氣緩滯是指景氣由高峰轉降呈現趨緩的階段；景氣衰退則是指經濟活動持續下降的階段。至於景氣蕭條，一般指經濟長時間呈現嚴重衰退的現象，此現象很少發生。

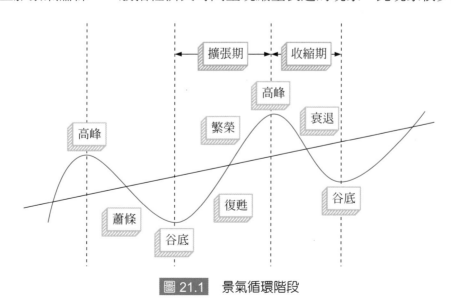

圖 21.1　景氣循環階段

在長期經濟發展過程中，某些時期經濟活動頻繁，形成景氣擴張，經過一段時間，擴張達於高峰後，經濟活動緩和下來，甚至出現負成長，形成景氣收縮期，最後降至谷底，此後景氣又開始復甦好轉，再進入另一階段的擴張。如此，擴張與收縮交替出現，變化過程往往具有某種程度的週期性。

如前所指出，古典循環雖具週期性，但波動週期並無規則性。它可以細分如下：短期波動，指存貨循環，循環週期約 3 到 4 年，影響因素為生產、銷售、庫存調整等，又稱「Kitchin 循環」；中期波動可能為設備投資循環，循環週期約 10 年，影響因素為設備投資、技術革新、生產力變動等，又稱「Juglar 循環」，或是可能為建築循環，循環週期約 17 到 18 年，影響因素為房屋使用年限、住宅需求、都市化等，又稱「Kuznets 循環」；長期波動，循環週期約 40 到 60 年，影響因素為人口成長、新資源開發、資本累積、戰爭等，又稱「Kondratieff 循環」。

表 21.2　臺灣經濟成長率（依支出分）

	民間消費	政府消費	資本形成	商品及服務輸出	商品及服務輸入	GDP
2012Q1	1.95	2.25	− 10.9	− 2.92	− 6.29	0.78
2012Q2	1.86	4.03	− 7.19	− 2.77	− 4.13	0.42
2012Q3	1.46	0.73	0.54	3.32	1.89	2.31
2012Q4	2.02	1.78	6.87	3.82	1.64	4.63
2013Q1	0.92	− 0.02	5.96	4.14	5.18	1.46
2013Q2	2.43	− 1.67	− 1.21	4.62	2.43	2.51
2013Q3	1.71	− 0.41	− 0.21	1.74	0.9	1.47
2013Q4	4.32	− 0.99	8.86	3.61	5.22	3.31
2014Q1	3.06	4.15	1.63	4.37	3.14	3.84
2014Q2	3.67	2.53	4.99	4.73	4.08	4.31
2014Q3	4.16	3.81	7.8	7.49	8.84	4.39
2014Q4	2.86	4.12	3.18	6.67	6.53	3.56
2015Q1	3.52	− 2.96	− 0.37	6.13	2.71	4.01
2015Q2	3.63	0.79	5.53	− 1.23	2.91	0.66
2015Q3	1.2	0.16	0.53	− 2.92	− 0.95	− 0.7
2015Q4	2.42	0.72	− 0.49	− 2.59	0.29	− 0.79
2016Q1	2.64	6.34	− 3.29	− 3.88	− 1.39	− 0.23

（表21.2續）

	民間消費	政府消費	資本形成	商品及服務輸出	商品及服務輸入	*GDP*
2016Q2	1.59	2.03	− 1.64	0.21	− 0.29	1.13
2016Q3	2.7	3.37	3.05	3.66	5.34	2.12
2016Q4	2.01	1.25	6.73	7.96	9.59	2.79

資料來源：主計總處
註：以 2011 年為參考年計算之連鎖實質值不具可加性

FYI 專欄

2020 新冠肺炎後的全球經濟表現

IMF 2020 年 10 月 13 日上調 2020 年全球經濟成長率預估為 -4.4%，高於原估的 -5.2%（修正後），臺灣成長率預估也從原估的 -4% 上修至 0，是亞洲四小龍唯一上修的國家。主計總處也預估我國 2020 年經濟成長率為 1.56%。

2020 年 10 月美國商務部經濟分析局（Bureau of Economic Analysis, BEA）再次上修 2020 年第二季 GDP 成長年增率至 -9.0%，上修幅度為 0.1 個百分點。美國第二季的內需表現雖然不佳，但已經是第二次上修，意味沒有初次估計表現的那麼差，特別是民間消費的部分。BEA 調整後的第二季民間消費與民間投資成長年增率為 -10.2% 與 -16.9%。至於 2020 年全年度經濟成長，IMF 與 IHS Markit 分別於 10 月 13 與 15 日最新發佈預測，估計今年美國經濟成長率分別為 -4.3% 與 -3.5%。有關美國就業市場表現方面，根據美國勞動統計局發佈的 2020 年 9 月美國失業率為 7.9%。

歐盟統計局（Eurostat）公佈之 2020 第二季的歐洲經濟數值，歐盟 27 國（EU27）與歐元區 19 國（EA19）於第二季 GDP 成長年增率，分別為 -13.9% 與 -14.7%。IMF 與 IHS Markit 分別於 10 月 13 與 15 日最新發佈預測，估計今年歐元區經濟成長率分別為 -8.3% 與 -8.1%。在歐洲就業市場表現方面，根據 Eurostat 最新公佈數據，歐盟於 2020 年 8 月失業率為 7.4%。

IHS Markit 10 月份對日本 2020 年經濟成長率預測為 -5.62% 的水準，中國 2020 年經濟成長率為 1.85%。對南韓 2020 年經濟成長率預測，來到 -1.01% 的水準。對 2020 年東協主要國家經濟成長看法，仍受到新冠肺炎疫情擴張影響，除印尼持平，維持 9 月年增率預測值為 -3.37% 的看法外，菲律賓 GDP 成長率較 9 月減少

0.26 個百分點，來到 -8.42% 的水準，其餘國家則調升預測值，依 GDP 成長率高低排序分別為越南（-2.17%）、新加坡（-7.39%）、泰國（-7.57%）及馬來西亞（-8.33%）。

資料來源：整理自新聞報導

肺炎疫情：疫情下，經濟衰退會怎樣影響你？
https://youtu.be/_zbetJjrjiw

　　依照經濟學者的分析，景氣變動可分為外在的與內在的兩種原因。外在的原因，指經濟體系以外的原因，例如戰爭、革命、政治上的驟變、新資源的發現、科學上的發明、科技或管理上的創新等。內在的原因指存在於經濟體系的原因，例如投資、儲蓄、政府支出、貨幣供給、政府政策的變動等屬之。就內在原因而言，經濟學家特別重視儲蓄與投資的因素。這些內在原因的存在，使經濟由擴張而衰退，又在衰退後出現擴張，而無止境地反覆循環的過程。就外在原因而言，從過往第一次世大戰、第二次世界大戰、韓戰、越戰等至近來的二次波灣戰爭、911 恐怖攻擊事件等，均為過去景氣循環發生的重大原因。

　　本章就較為重要之景氣循環理論逐一加以介紹。其中，凱因斯學派、以及重貨幣學派或是新興古典學派的觀點均認為總合需求面的波動造成景氣循環，因而側重造成總合需求面波動原因的探討，這樣的探討方式可以稱為景氣循環主流學說（mainstream business cycle theory）。而實質景氣循環理論（real business cycle theory）則認為生產力的隨機波動造成總合供給面的波動才是造成景氣循環的主因。在經濟學創立伊始的古典年代，所謂內在原因的景氣循環理論卻並不存在，以下分別加以介紹。

21.2 古典學派的景氣循環理論

在古典學派完全競爭、經濟個體追求最大私利與具有完全的資訊的基本假設下，其基本精神相信價格機能會充分運作，經濟體系的總產出達於充分就業總產出水準。因此在嚴格的意義下，**古典學派並沒有所謂內在原因的景氣循環理論。在古典學派有關景氣循環的論述中，都將景氣循環歸因於經濟體系以外的因素。**

　　W. S. Jevons（1885），H. S. Jevons（1910），Moore（1914；1923）等人的農業收穫理論（harvest theory）指出：「農業產出會影響到廠商的投資行為，廠商將農業產

出的變化視爲決定經濟繁榮、蕭條的主要因素。由於自然環境的變動會引發農業部門產出的波動，進而影響經濟體系的榮枯，即造成景氣之循環。」W. S. Jevons（1885）率先將此農業理論歸爲氣象學理論。Moore（1914；1923）進而主張，太陽黑子出現的數量與頻率會造成氣候變化，進而造成農業產出變化，以致釀成景氣循環。

Cass & Shell（1883）提出「動物本能」（animal instinct）或「市場心理」（market psychology）臆說，與太陽黑子理論類似，由於經濟體系外部不確定性因素的存在，會影響經濟體系中經濟個體行爲主體的心理，影響其決策，造成景氣的波動。

以上學說的特性在於，它們都將景氣循環歸因於外在於經濟體系的因素，但也都指出景氣循環的關鍵在於廠商投資行爲的變動。凱因斯本人也服膺心理學說。

21.3 景氣循環主流學說：凱因斯學派、重貨幣學派與新興古典學派

景氣循環主流學說的共同特色是假設充分就業總產出（長期的總合供給）是以穩定的速度成長，相對的，總合需求面的成長率則常有波動，因此景氣循環的原因在於總合需求面的波動。他們不同的地方在於解釋總合需求面的波動所提出的原因不同。

在簡單凱因斯模型中，投資支出的變動被視爲經濟波動的主因。因爲投資的決策取決於企業家對於未來獲利的預期，凱因斯認爲此種預期屬樂觀或悲觀，極難捉摸。換句話說，企業家獲利的預期極不穩定，因此投資支出也極不穩定，成爲總產出不穩定的主因。乘數理論由凱因斯提出，Clark 則於 1917 年提出加速原理，此二者均著重於投資函數的討論，Samuelson 於 1939 年將簡單凱因斯模型結合乘數效果與加速原理，發展出「乘數—加速理論」來解釋景氣循環的現象。

乘數理論（theory of multiplier）**所探討的是自發性支出的增加，包括自發性投資支出的增加會引起總產出呈倍數增加的概念；而加速原理**（acceleration principle）**所強調的是投資支出是總產出的函數，總產出的增加會引起投資的增加，而且總產出的變動對於投資支出的變動有加速度的影響。**

加速原理的基本假設如下：

1. 現有的資本設備都已經充分運用，因此如果要增加總產出，就一定要增加投資支出。

2. 總產出與理想的資本設備數量之間存在一固定比例關係。在第 t 期時，為了生產特定的總產出 y_t，必須搭配一定數量的資本設備 K_t。因此

$$K_t = v \times y_t \text{，} v > 1 \qquad (\text{式 21.1})$$

第 t 期的投資支出（I_t）為第 t 期期末與第 $t-1$ 期期末資本存量的差額（$K_t - K_{t-1}$），即：

$$
\begin{aligned}
I_t &= K_t - K_{t-1} \\
&= (v \times y_t) - (v \times y_{t-1}) \\
&= v \times (y_t - y_{t-1}) \\
&= v \Delta y
\end{aligned}
\qquad (\text{式 21.2})
$$

式中，v 稱為加速因子（accelerator）。

（21.2）式告訴我們：「Δy 必須大於零，投資支出才會為正。」當總產出增加的數量在每一段期間都固定的時候，投資支出的水準也會固定。因此，如果總產出增加的數量一直在增加時，投資支出的水準也會跟著上升；反之，如果總產出增加的數量一直在減少時，投資支出的水準也會跟著下降，即 $\Delta y < 0$ 時（總產出減少時），投資支出為負數。但當總產出減少的數量一直在減緩時，只要它減少的幅度遞減，投資支出雖然仍為負數，但投資額會比上一期增加，即成為一較小的負數。

因此，總產出雖然還在增加，但只要它的增加幅度遞減，則會造成投資減少；反之，總產出雖然還在減少，但只要它減少的幅度遞減，則投資依然會增加。由此可知，投資之開始減少，不必等到總產出減少以後才會發生；又投資之開始增加，也不必等到總產出增加以後才會發生。如此，在景氣循環中，多數的情況是投資的變動會在總產出變動之前就發生。

以下，以簡單凱因斯模型之兩部門模型為例，說明 Samuelson 如何運用乘數效果與加速原理之交互作用來解釋景氣循環。由於：

$$y^{ed} = C + I \qquad (\text{式 21.3})$$
$$C = a + by \qquad (\text{式 21.4})$$

為了簡化說明起見，我們將（21.2）式中的時間因素（t）去除，直接假設總產出（y）的增加會造成投資支出（I）的增加，如下所示：

$$I = I_0 + vy \qquad (式\ 21.5)$$

上式的 I_0 為自發性的投資支出，v 為加速因子。將（21.4）式與（21.5）式代入（21.3）式中，可以得到：

$$y^{ed} = a + I_0 + (b + v)y$$

當市場均衡，有效需求（y^{ed}）等於總產出（y）時，$y = a + I_0 + (b + v)y$，均衡的總產出可以導出如下：

$$y = \frac{1}{1-b-v} \times (a + I_0) \qquad (式\ 21.6)$$

此時，當自發性的投資支出 I_0 增加時，造成總產出呈倍數增加，增加的倍數為 $\frac{1}{(1-b-v)}$，此倍數比單純的乘數效果 $\frac{1}{1-b}$ 為大。當總產出呈倍數增加後，再度造成投資支出的增加，又進而造成總產出以比單純乘數更大的倍數增加。相對地，當自發性的投資支出減少，會造成總產出呈倍數減少，此減少的倍數為 $\frac{1}{(1-b-v)}$，總產出呈倍數減少後，再度造成投資支出的減少，進而造成總產出以比單純乘數更大的倍數減少。因此，景氣的波動是由於乘數效果與加速原理共同運作所形成的傳遞過程，不穩定的自發性投資支出經由此種傳遞過程，導致總產出發生更大的波動，從而造成景氣循環的發生。

Hicks 沿用 Samuelson 的「乘數—加速」交互作用原理，並採用動態均衡的觀點，認為經濟體系會因為自身的調整力量，而以某一種特定的循環軌跡在「頂限」與「底限」的範圍作週而復始的擺動。依據 Hicks 的定義，景氣循環為脫離長期均衡成長的變動。經濟的長期均衡成長，則決定於自發投資之長期均衡。Hicks 區分經濟體系的均衡為兩種型態：

1. 經濟體系處於靜止狀態
   此時總產出為固定值，誘發性投資行為及因而產生的經濟循環均不存在。
2. 經濟體系處於穩定狀態
   投資與儲蓄以相同比例增加，假設其他條件不變，總產出的水準將循著此長期均衡狀態移動。

Hicks 認為自發性投資（autonomous investment）是指政府的公共投資及隨著技術改進所需要的投資等，是長期性的必要投資；其他的投資稱為誘發性投資（induced investment），指由過去的生產直接或間接所誘發出來的投資。Hicks 承認自發性投資與誘發性投資之間，不易明顯區分，但在他的理論中，這項區別卻非常重要。在實際世界上，自發性投資並不一定以固定的成長率增加，當經濟體系有外來之衝擊時，會有突發性的自發性投資之變動，以致引起總產出之變動，也就是景氣循環的現象。針對此一景氣循環現象，Hicks 將之劃分為四個階段加以說明：

1. **繁榮階段**

    自發性投資支出的增加使得總產出增加，由於加速原理使得誘發性投資支出增加，由於乘數效果，這又使總產出進一步增加。透過乘數效果與加速原理的交互作用，使得總產出逐漸上升。

2. **頂限**

    當經濟體系內的生產要素都已經充分就業時，總產出就無從再增加，由加速原理可以知道，投資支出將降為零。

3. **緊縮階段**

    由於投資支出下降至零，透過乘數效果，這會帶來總產出的下降。經由加速原理，總產出的下降使得投資支出呈現負值的狀況。在此狀況下，誘發性投資已經全然消失，只剩下為彌補折舊而有的自發性投資支出。此時，已經沒有加速原理的作用，只剩下乘數效果。此時，經濟體系進入所謂的底限或低度均衡（low equilibrium）。

4. **底限**

    由於只有乘數效果，所以總產出會以遞減速度下降。但依據加速原理，此時投資支出雖然仍為負數，然仍較上一期投資金額來得大，於是總產出開始增加，透過加速原理與乘數效果的交互作用，開始進入復甦期。

至此為止，凱因斯學派的 Samuelson 與 Hicks 兩位學者都把景氣循環歸因於經濟體系中自發性投資支出的變動，經由乘數效果與加速原理的擴大傳遞，造成景氣循環的現象。

稟承古典學派傳統的重貨幣學派也認為造成短期內總產出偏離充分就業水準的波動是由於投資或是投資支出的波動，但是重貨幣學派學者認為投資或是投資支出的波動係源於貨幣供給額的波動，而貨幣供給額的變動主要是由於貨幣基數的變動，貨幣基數卻是貨幣政策的操作目標。因此，歸根結底，景氣循環的主要原因就在於

貨幣政策對於經濟體系所造成的干擾。同樣稟承古典學派傳統的新興古典學派，相信不論在長期或短期，經濟體系的總產出都會維持在充分就業的水準，唯一會讓總產出偏離充分就業水準的原因只有超乎經濟個體行為主體理性預期的變動，例如政府部門所採行突如其來的政策。這些未被理性預期料中的財政政策或是貨幣政策，才是景氣循環發生的主因。

　　總合需求面的波動如何造成景氣循環可以用如下的圖來加以解釋。假設最出的均衡點 E_0，為充分就業，總產出為充分就業總產出 y_0^f，一般物價水準為 P_0。如果充分就業總產出的水準提高到 y_1^f，長期總合供給因此從 LAS_0 移動到 LAS_1。在此擴張期間，總合供給面成長的速度假設並不快速，短期內均衡點為 E_1，因此物價水準會上升到 P_1，總產出會增加到 y_1，並未超過了新的充分就業產出的水準 y_1^f。在短期均衡 E_1，產生了緊縮缺口，由於緊縮缺口的產生代表高失業率，名目工資將會逐漸下降，短期總合供給曲線也會因此逐漸向右方移動，最後會由 AS_0 移到 AS_1 的位置，重新回到長期均衡，但均衡點在 E_2，如圖 21.2 所示。

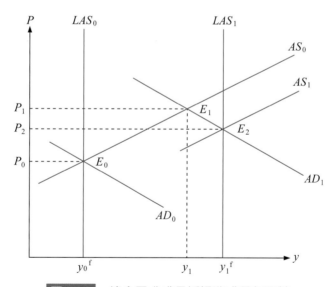

圖 21.2　總合需求成長緩慢造成景氣緊縮

　　另一個可能的情況是：充分就業總產出的水準提高到 y_1^f 時，總合供給面成長的速度假設很快速，使得總產出會增加到 y_1，超過了新的充分就業產出的水準 y_1^f。在短期均衡 E_1，產生了膨脹缺口，膨脹缺口的產生代表生產要素高度就業，名目工資將會逐漸上漲，短期總合供給曲線也會因此逐漸向左方移動，最後會由 AS_0 移到的 AS_1 位置，重新回到長期均衡，但均衡點在 E_2，如圖 21.3 所示。

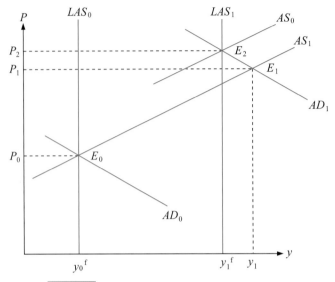

圖 21.3　總合需求成長快速造成景氣膨脹

　　以上的兩個例子闡明了總合需求成長過於緩慢或是快速會造成短期均衡的總產出低於或是高於充分就業總產出，從而造成景氣的緊縮或是膨脹。

經濟小百科

熊彼得的創造性破壞理論

　　約瑟夫‧阿洛伊斯‧熊彼特（Joseph Alois Schumpeter）1883 年出生於奧匈帝國摩拉維亞省（今捷克共和國）。1906 年獲維也納大學法學博士，1919 年任奧國財政部長，1926 年回任德國波昂大學。在納粹興起之後，1932 年移居美國，取得公民資格，任教於哈佛大學經濟學系。

　　「創造性破壞」是熊彼得最有名的觀點，這是其企業家理論和經濟週期理論的基礎。當景氣循環到谷底的（creative destruction）同時，也是某些企業家不得不考慮退出市場或是另一些企業家必須要「創新」以求生存的時候。只要將多餘的競爭者篩除或是有一些成功的「創新」產生，便會使景氣提升、生產效率提高，但是當某一產業又重新是有利可圖的時候，它又會吸引新的競爭者投入，然後又是一次利潤遞減的過程，回到之前的狀態。所以說每一次的蕭條都包括著一次技術革新的可能，這句話也可以反過來陳述為：技術革新的結果便是可預期的下一次蕭條。在熊彼得看來，資本主義的創造性與毀滅性因此是同源的。

熊彼得認為資本主義成功的一個主要原因即創造性破壞。資本主義不僅包括成功的創新，也包括打破舊的、低效的工藝與產品。這種替代過程使資本主義處於動態過程，並刺激所得迅速成長。他也指出經濟創新過程是改變經濟結構的「創造性破壞過程」。經濟創新不斷地從內部使這個經濟結構革命化，不斷地破壞舊結構，不斷地創造新結構。這個創造性破壞的過程就是資本主義的本質性事實。有價值的競爭不是價格競爭，而是新商品、新技術、新供應來源、新組合形式的競爭，也就是占有成本上或品質上決定性優勢的競爭，這種競爭威脅的不是現有企業的利潤和產量，而是它們的基礎和它們的生命。

資料來源：維基百科

21.4 實質景氣循環理論

1970 年代的石油危機造成的景氣低迷長達數年，如果以新興古典學派的觀點來解釋，似乎欠缺說服力。因為，政府部門的權衡性政策（discretionary policy）不會持續數年而沒有被經濟個體行為主體察覺。某些新興古典學派的學者因此另起爐灶，認為生產力的隨機波動才是景氣循環的主因，這就是實質景氣循環理論（real business cycles theory）的源頭，它可以視為新興古典學派的支系。與新興古典學派相同的是，提出實質景氣循環理論之學者亦認為：「物價可隨時上下自由調整，使供需重回均衡；經濟個體行為主體會採取理性預期，而且訊息具有效率。」

　　經由實證研究，實質景氣循環理論主張造成總產出波動的原因主要來自總合供給面，尤其是技術進步所造成的生產力波動。生產力的波動是技術進步或改變的過程中的隨機波動所產生的。換句話說，生產力波動是景氣循環的推動力。大部分的時間，技術的進步是十分穩定的，生產力的成長也是相當溫和的。但是在某一些時候，生產力會出乎意外的加速成長，當然，偶爾也會有下降的時候。在生產力加速成長的期間，景氣擴張了，生產力的下降則觸發了景氣的緊縮。

景氣循環復甦確立！高收益債市有甜頭
https://youtu.be/l2FH48-XrTQ

生產力的變動會影響投資支出的改變與勞動需求的改變。首先我們先考慮如果生產力的變動帶動投資支出的增加，在圖 21.4 以可貸資金理論說明此情況。圖中以投資 I 代表可貸資金的需求量，以儲蓄 S 代表可貸資金的供給量。原始的均衡點 E_0，均衡實質利率為 r_0。假設生產力提升了，因此對於投資的需求也提升了，投資 I 向右移動到 I_1，均衡實質利率因此提高為 r_1。

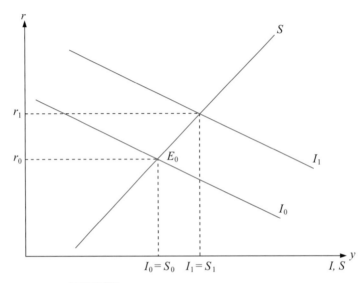

圖 21.4　生產力上升造成實質利率上升

生產力的上升也會帶動對於勞動的需求。另一方面，實質利率的上升會影響勞動的供給。在決定勞動供給時，勞工會比較目前所能領到的實質薪資與未來實質薪資的折現值。如果目前的實質工資高於未來實質薪資的折現值，勞工會增加現在的工作時數而減少將來的工作時數。由於實質景氣循環理論假設：勞動供給的跨期替代性很高。換句話說，本期的實質工資只要出現暫時性小幅度的變動，也可能會造成勞動供給量很大幅度的改變。當實質利率上升時，未來實質工資的折現率上升，其折現值下降，使得目前的實質工資相對於未來實質工資的折現值上升，造成勞動供給會增加。反之，當實質利率下降時，未來實質工資的折現率下降，其折現值上升，目前的實質工資相對於未來實質工資將下降，勞動供給會減少。

這些實質利率對於勞動需求與勞動供給的影響可以由圖 21.5 加以說明。假設最出的均衡點 E_0，勞動供給曲線為 N_0^s，勞動需求曲線為 N_0^d，就業量為 N_0。當生產力的上升帶動勞動需求的上升時，勞動需求曲線由 N_0^d 右移到 N_1^d；另一方面，實質利率的上升造成勞動供給增加，使勞動供給曲線由 N_0^s 右移到 N_1^s。結果使得均衡點由 E_0 向右移動到 E_1，勞動就業量增加為 N_1。

　　實質利率會受到政府支出的影響，因此財政政策會影響到總產出。相反地，名目貨幣供給額的增加只會導致物價水準同比例的上漲，實質利率與總產出因此不會受到影響。在實質景氣循環模型裡，也因而保住了古典學派的遺產，即：「**貨幣面與實質面完全沒有關聯，符合古典二分法（classical dichotomy）。**」換言之，**貨幣供給額的增加不會造成總產出的增加，貨幣供給額的減少也不會造成總產出的減少。**

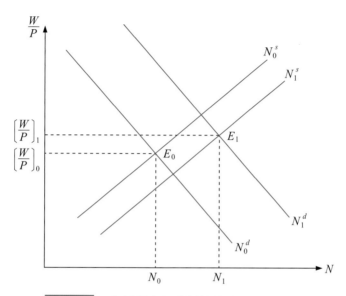

圖 21.5　實質利率上升對於勞動市場的影響

FYI 專欄

非正統經濟學的景氣循環理論：康德拉捷夫長波與世界體系理論

　　除了上面所談的古典學派、景氣循環主流學說以及實質景氣循環學說，在正統的經濟學之外，特別是奠基於馬克思理論的經濟理論，對於景氣循環也有他們的論點。

　　蘇聯經濟學家康德拉捷夫。他在著作《大經濟週期》（1925 年）及同一時期的其餘著作中提出了康德拉捷夫長波，又稱長波或 K- 波。指的是一種約 50～60 年為一循環的經濟週期現象。一般將長波分成兩段：上升的 A 階段與下降的 B 階段。另兩位荷蘭經濟學家 J. van Gelderen 與 Samuel de Wolff 在 1913 年歸結出類似的現象，對於資本主義經濟的長波現象，早先有四種解釋，分別就「創新」、「投資」、「戰爭」與「資本主義危機」入手。康德拉捷夫將長波的 A 階段對應到過度的投資，由此帶來價格與利率的上升，B 階段則反之。熊彼得則在 1930 年代以技術的創新解釋長波，A 階段對應到新技術的傳播及採用，B 階段對應到技術普及後，各企業的激烈競爭時期。

多數長波理論學者同意：自工業革命以後，已經歷了五個長波，而第六個長波即將展開。在熊彼得的理論框架下，這五個長波分別是工業革命（1771 年）、蒸汽機與鐵路時代（1829 年）、鋼鐵、電力與重工程時代（1875 年）、石油、汽車與量產時代（1908 年）與資訊時代（1971 年）。

長波是許多非正統經濟學理論的基石，華勒斯坦的世界體系理論亦奠基於此。世界體系理論是一套由 Samir Amin、Giovanni Arrighi、Andre Gunder Frank 與伊曼紐 · 華勒斯坦等人創建的一套後馬克思主義國際關係理論及社會理論。世界體系論主要建基於馬克思的著作，屬於後馬克思主義。它的根基之一在於對帝國主義的探討，列寧在其名著《帝國主義是資本主義的最高階段》中首開其端，世界體系論中談及的核心與邊陲概念也源於列寧。

華勒斯坦從邊陲與核心的資源分配機制入手。「核心」係指已開發的工業化地區、政治集團，「邊陲」指較貧窮並以出口原物料為主的未開發或開發中國家，「半邊陲」是一方面支配某些邊陲國，另一方面又被技術更先進的強國支配的中小國家。透過市場機制，邊陲受到中心的剝削。這是世界體系的空間劃分。

至於時間向度，華勒斯坦定義了世界體系的四個時間特色：週期節律代表經濟的短期波動，華勒斯坦基於康德拉捷夫的長波理論，指出資本主義具有約 40～50 年的擴張-收縮週期，而中心、邊陲與半邊陲的格局也隨之調整。長期趨勢一如其名，代表經濟成長或衰退等長期的傾向。矛盾是系統內的一般爭議，通常是關於短期與長程目標之間的取捨。最後一個特色是危機，這也代表該系統的終結。

資料來源：整理自維基百科

21.5 景氣指標

為衡量週期性景氣循環現象，經濟學家選定某些與景氣波動密切相關的指標數列，以適當計量方法編製合成景氣指標（business indicators），用以觀測景氣。依編製方法不同，目前世界各國所編製的景氣指標大致可分三：

一、景氣動向指標（business cycle indicators）

依照呈現方式不同又可分為景氣動向指數（diffusion index, *D.I.*）與景氣指標綜合指數（composite index, *C.I.*）。景氣動向指數又稱景氣擴散指數，僅能反應景氣變動的方向；而景氣指標綜合指數除反應景氣變動方向外，亦可反應景氣變動幅度，為目前多數國家採用。景氣指標綜合指數係將經濟體各部門重要經濟指標，依一定計量方法，編製成綜合指數，以反映景氣變化。

　　2007 年 7 月以前，經建會（現已改制爲國發會）參考美國 NBER 及商務部作法編製景氣指標，惟美國係採用「古典循環」概念衡量景氣變化，與我國採用「成長循環」概念不相一致。故自 2007 年 7 月起，參考經濟合作暨發展組織（OECD）作法，用符合成長循環概念之編製程序，重新建構景氣指標系統，並於 2010 年 8 月運用二階段 HP（Hodrick-Prescott, 1977）計算方式，分離時間數列之長期趨勢與循環波動，達到平滑化效果，進一步提升景氣指標的穩定性與對景氣之預判能力。

　　景氣指標綜合指數依與景氣變動在時間上的先後關係，又可區分爲領先、同時、落後三類指標：

1. **領先指標（leading indicators / leading index)**
   指具有領先景氣變動性質之指標，其轉折點常先於景氣循環轉折點發生，因指標具領先景氣變動之性質，可預測未來景氣之變動。

2. **同時指標（coincident indicators / coincident index)**
   指具有與景氣變動性質同步之指標，其轉折點常與景氣循環轉折點同步發生，代表當時的景氣狀況，可衡量當前景氣。

3. **落後指標（lagging indicators / lagging index)**
   可於事後驗證或確認領先、同時指標過去的運行軌跡是否正確，幫助我們排除不合理的訊號，俾便確認某一景氣循環是否眞正結束。

二、景氣對策信號（monitoring indicators）

　　原是沿襲 1960 年代美國 Formula Flexibility 與法國景氣政策信號制度的概念，做爲政策預警之用，但目前僅臺灣與中國繼續編製。臺灣的景氣對策信號更已成爲各界普遍應用爲判斷景氣榮枯之重要參考，且爲一般社會大眾廣泛使用。我國景氣對策信號構成項目之選取，除包含與景氣波動較爲密切之統計數列外，並參酌當時經濟發展階段之政策目標決定。我國景氣對策信號自 1977 年發布以來，歷經 1978 年、1984 年、1989 年、1995 年、2001 年、2007 年與 2013 年共 7 次修訂，構成項目由原先 12 項修訂爲當前 9 項，包括：(1) 貨幣總計數 M_{1B}、(2) 股價指數、(3) 工業生產指數、(4) 非農業部門就業人數、(5) 海關出口值、(6) 機械及電機設備進口值、(7) 製造業銷售量指數、(8) 批發、零售及餐飲業營業額、(9) 製造業營業氣候測驗點。

三、經濟氣候指標（economic climate indicators）

　　根據德國 ifo 經濟研究院獨創之「經濟趨勢調查法」編製而成，利用調查資料編製經濟氣候曲線，以反應當前景氣並預測未來景氣變動。

臺灣景氣動向由經建會（現已改制為國發會）自 1977 年起按月發布，包含景氣
指標綜合指數與景氣對策信號，另外產業景氣調查則是根據廠商提供的客觀數據及
主觀判斷，來了解個別產業之景氣狀況。

	紅燈 Red	黃紅燈 Yellow-red	綠燈 Green	黃藍燈 Yellow-blue	藍燈 Blue
	●	◐	○	◓	⬤
	熱絡 Booming	轉向 Transitional	穩定 Stable	轉向 Transitional	低迷 Sluggish
綜合判斷(分) Total Score	45-38分	37-32分	31-23分	22-17分	16-9分
個別項目分數 Scores of Component Indicators	5分	4分	3分	2分	1分
貨幣總計數M1B Monetary Aggregates M1B		17 —	（％ yoy） 10.5 —	6 —	2 →
股價指數 Stock Price Index		22.5 —	11.5 —	-2 —	-22 →
工業生產指數 Industrial Production Index		11 —	8 —	3.5 —	-1 →
非農業部門就業人數 Nonagricultural Employment		2.4 —	2.1 —	1.4 —	0.4 →
海關出口值 Customs-Cleared Exports		16 —	13 —	5.5 —	0 →
機械及電機設備進口值 Imports of Machineries and Electrical Equipments		23.5 —	9.5 —	-2.5 —	-11.5 →
製造業銷售量指數 Manufacturing Sales Index		11 —	8.5 —	3 —	-1 →
批發、零售及餐飲業營業額 Sales of Trade and Food Services		9 —	7 —	4.5 —	0 →
製造業營業氣候測驗點 The TIER Manufacturing Sector Composite Indicator		104.5 —	點 (2006=100) 101 —	96.5 —	91.5 →

註：1.除製造業營業氣候測驗點檢查值為點（2006=100）外，其餘項目則為年變動率。
　　2.各個別項目除股價指數外均經季節調整。
Notes: 1. Individual Componenets and check points are in terms of pecentage changes over 1-year span, except that
　　the TIER Manufacturing Sector Composite Indicator is points (2006=100).
　　2. All components, except stock price index, have been seasonally adjusted.

資料來源：國家發展委員會

圖 21.6 景氣對策信號各構成項目檢查值，與編製說明

國發會編製景氣對策信號之方法係先將每一構成項目做初步處理，然後分別訂
出四個「檢查值」（check point）。按這四個檢查值可將每一構成項目切割成五個
區間，依序訂為「藍燈」、「黃藍燈」、「綠燈」、「黃紅燈」及「紅燈」五種信
號，並分別給予藍燈 1 分、黃藍燈 2 分、綠燈 3 分、黃紅燈 4 分、紅燈 5 分之分數。
每月再將各構成項目年變動率與檢查值比較，視其落於何種燈號區間即為個別項目
燈號及分數，最後加總得綜合判斷分數，並據以判斷當月的景氣對策信號是何種燈
號。

如圖 21.6 所示，景氣對策信號各燈號之解讀意義如下：若對策信號亮出「綠
燈」，表示當前景氣穩定、「紅燈」表示景氣熱絡、「藍燈」表示景氣低迷，至於

「黃紅燈」及「黃藍燈」二者均為注意性燈號，宜密切觀察後續景氣是否轉向。將我國景氣對策信號與經濟成長率變動放在一起，如圖 21.7，可以看出二者若合符節。

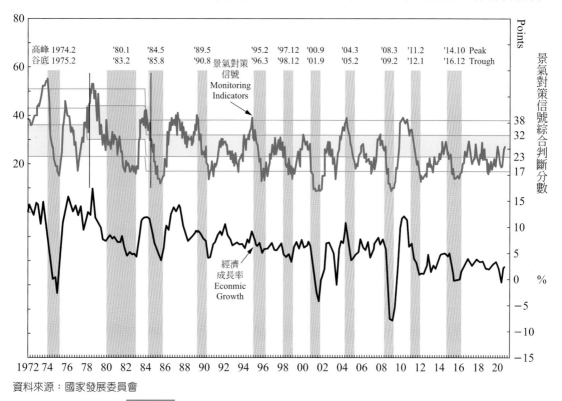

資料來源：國家發展委員會

圖 21.7　歷年我國景氣對策信號與經濟成長率變動圖

經濟小百科

擴散指數（Diffusion index）

擴散指數（Diffusion Index，簡稱 DI）係衡量景氣變動方向的一種常用指標，公式為：

DI = 50 + 1/2（（上升數列數 – 下降數列數) / 總構成項目數)× 100

DI 之數值介於 0 ～ 100 之間，當 DI > 50 時，通常表示景氣處於擴張期，反之表示則處於收縮期。

資料來源：國家發展委員會

國發會發布的景氣指標包含景氣領先、同時、落後指標。其中，「領先指標」綜合指數，是根據能夠提前反映景氣變動情況的指標編製而成，可用來預測未來景

氣之變動。臺灣領先指標由外銷訂單指數、實質半導體設備進口值、製造業營業氣候測驗點、實質貨幣總計數 M_{1B}、股價指數,工業及服務業受僱員工淨進入率、核發建照面積七項構成項目組成,領先指標之逐年趨勢如圖 21.8 所示。

　　「同時指標」綜合指數,是根據能夠反映當時景氣狀況的指標編製而成,可用以判斷當時的景氣狀況。臺灣同時指標由工業生產指數、電力(企業)總用電量、實質製造業銷售值、批發零售及餐飲業營業額指數、非農業部門就業人數、實質海關出口值、實質機械及電機設備進口值七項構成項目組成,同時指標之逐年趨勢如圖 21.9 所示。

　　「落後指標」綜合指數,由失業率、工業及服務業經常性受僱員工人數、製造業單位產出勞動成本指數、金融業隔夜拆款利率、主要金融機構放款與投資、製造業存貨率 6 項構成項目組成,用以驗證過去之景氣波動,落後指標之逐年趨勢如圖 21.10 所示。

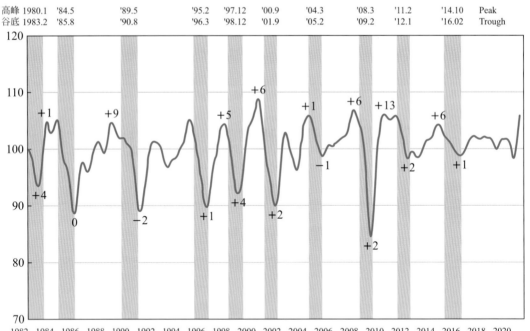

註:陰影區表景氣循環收縮期。+表領先月份數,0表同時,−表落後月份數,以下圖同。

資料來源:國家發展委員會

圖 21.8　領先指標不含趨勢指數

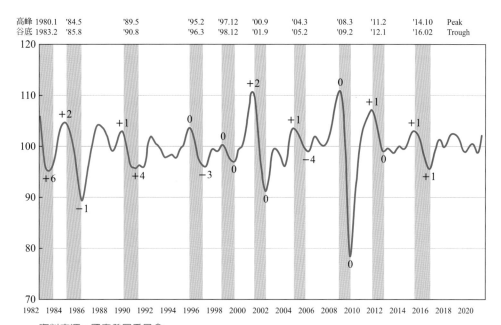

資料來源：國家發展委員會

圖 21.9 同時指標不含趨勢指數

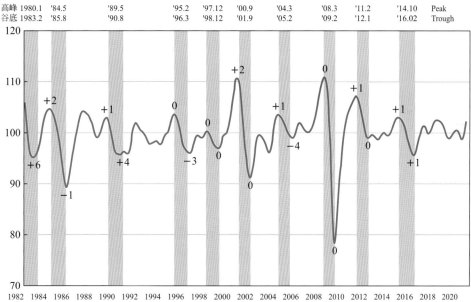

資料來源：國家發展委員會

圖 21.10 落後指標不含趨勢指數

消費信心 6 指標全跌！ 股市樂觀轉悲觀
https://youtu.be/QxRu7lcePAk

本章結論

　　景氣循環是指長期經濟發展過程中，經濟活絡時期與低迷時期交互出現的現象，其為經濟社會進入工業化時代後無可避免的現象。在嚴格的意義下，古典學派並沒有內在原因的景氣循環理論。古典學派有關景氣循環的論述中，都將景氣循環歸因於經濟體系以外的因素。

　　農業收穫理論認為，由於自然環境的變動會引發農業部門產出的波動，進而影響經濟體系的榮枯，即造成總體經濟體系的循環。心理學說則認為，市場心理會影響經濟體系中經濟個體行為主體的心理，影響其決策，造成景氣的波動。凱因斯本人也服膺心理學說。

　　凱因斯學派的學者則奠基於簡單凱因斯模型，以經濟體系中的變數來說明景氣循環的現象。Samuelson 將簡單凱因斯模型結合乘數效果與加速原理，發展出「乘數—加速」理論來解釋景氣循環的現象。Hicks 沿用 Samuelson 的「乘數—加速原理」，並採用動態均衡的觀點，認為經濟體系會因為自身的調整力量，而以某一種特定的循環軌跡在「頂限」與「底限」的範圍內，作週而復始的變動。

　　稟承古典學派傳統的重貨幣學派，相信在長期均衡達成時，經濟體系的總產出會回到充分就業的水準。貨幣政策的干擾才是造成景氣循環的主因。同樣稟承古典學派傳統的新興古典學派，則相信政府部門突如其來的政策才是造成景氣循環的主因。實質景氣循環理論是新興古典學派的支系，該一學派主張，造成總產出波動的原因來自總合供給面的變動，尤其是技術進步。

　　經由這些景氣循環學說的討論，不難發現：「凱因斯學派學者，主張在經濟體系民間部門中存在的不穩定因素造成景氣循環；稟承古典學派傳統的各學派，則強調不穩定的根源在於政府部門。這些觀點與各學派的基本理論以及政策主張相互輝映。」在下一章，本書將介紹在更長時間歷程中所涉及的總產出的變動，即經濟成長。

Chapter 22

經濟成長

陳俊宏

名人名句

米爾頓・傅利曼

（Milton Friedman，1912 年 7 月 31 日～ 2006 年 11 月 16 日）

　天下沒有白吃的午餐

原文：There is no such thing as a free lunch

研習重點

- 了解經濟成長的定義及經濟成長率的計算方法 *GDP*
- 世界各國的經濟成長經驗顯然有所不同，經濟成長究竟受哪些因素之影響
- 了解古典成長理論、Harrod-Domar 成長模型、新古典成長理論、內生成長理論等對經濟成長之看法

學習架構圖

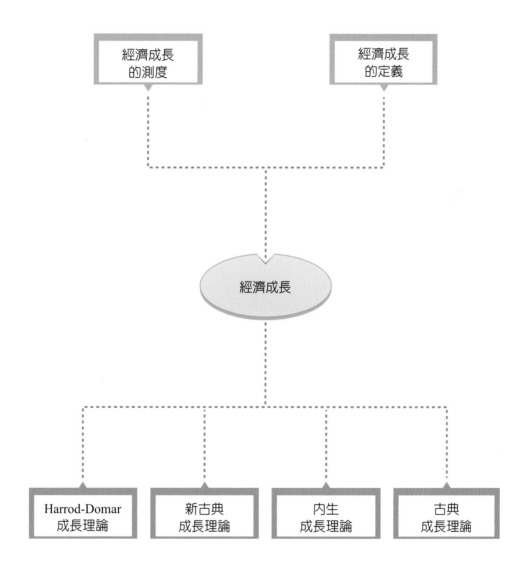

▌22.1 經濟成長與成長來源的測度

般而言，**經濟成長**（economic growth）係指一個經濟社會，實質國民所得或產出，隨時間之經過而不斷增加的現象；**經濟成長率**（economic growth rate）則是本期產出增額與上期產出額的比率。因此經濟成長率可視為一國經濟在時間歷程之總體表現。自 1994 年起，我國經濟成長率由原 *GNP*（國民生產毛額）改為 *GDP*（國內生產毛額），並按固定價格計算之年增率加以衡量。根據此定義，經濟成長率的計算公式如（22.1）式所示。而表 22.1 為近年臺灣之 *GDP* 及經濟成長率，由表 22.1 可得知：**除了在 2009 年由於金融海嘯的影響，經濟成長率較低，出現負成長外，近年臺灣的經濟成長率大多維持在** 0.80%～ 10.25%之間。

$$g_t = \frac{Y_t - Y_{t-1}}{Y_{t-1}} \times 100\%$$

（式 22.1）

式中 g_t：第 *t* 年的經濟成長率

Y_t：第 *t* 年的實質 *GDP*（以固定價格計算之 *GDP*）

Y_{t-1}：第 *t* − 1 年的實質 *GDP*（以固定價格計算之 *GDP*）

FYI 專欄

經濟成長率的觀念

經濟成長率（economic growth rate）可分為年經濟成長率與季經濟成長率。年經濟成長率的計算式僅有一種，為（22.1）式所示。季經濟成長率在各國採用的計算方式不盡相同，主要可分為三類：年增率（year-on-year growth rate, yoy）、季增率（seasonally adjusted quarterly growth rate, saqr）與季增年率（seasonally adjusted annualized rate, saar）。

$$\text{yoy} = \frac{Y_t - Y_{t-4}}{Y_{t-4}} \times 100\%$$

Y_t：第 *t* 季的實質 *GDP*

Y_{t-4}：去年同季的實質 GDP

$$\text{saqr} = \frac{Y_t - Y_{t-1}}{Y_{t-1}} \times 100\%$$

$$\text{saar} = \left[\left(\frac{Y_t}{Y_{t-1}}\right)^4 - 1\right] \times 100\% = [(1 + \text{saqr})^4 - 1] \times 100\%$$

Y_t：第 t 季的實質 GDP

Y_{t-1}：前一季的實質 GDP

表 22.1　近年臺灣之 GDP 及經濟成長率

單位：百萬元（新臺幣）

t（年）	GDP（當期價格）	GDP（2016 年固定價格）	經濟成長率 g_t
2002	10,630,911	10,258,057	5.48%
2003	10,924,029	10,691,422	4.22%
2004	11,596,241	11,434,651	6.95%
2005	12,036,675	12,050,225	5.38%
2006	12,572,587	12,745,595	5.77%
2007	13,363,917	13,618,739	6.85%
2008	13,115,096	13,727,568	0.80%
2009	12,919,445	13,506,148	-1.61%
2010	14,060,345	14,889,912	10.25%
2011	14,262,201	15,436,975	3.67%
2012	14,677,765	15,779,909	2.22%
2013	15,270,728	16,171,821	2.48%
2014	16,258,047	16,935,007	4.72%
2015	17,055,080	17,183,235	1.47%
2016	17,555,268	17,555,268	2.17%
2017	17,983,347	18,136,589	3.31%
2018	18,375,022	18,642,014	2.79%
2019	18,932,525	19,194,635	2.96%
2020	19,774,477	19,791,301	3.11%

資料來源：行政院主計處

FYI 專欄

新冠疫情造成全球經濟衰退

2020 年的一整年是新冠肺炎疫情（COVID-19）肆虐全世界的一年，它不僅威脅人類的健康，改變人們的生活型態，減少國際之間的人員往來，更降低了世界各國經濟成長的活力。國際貨幣基金會（IMF）曾在 2020 年 10 月 13 日在《全球經濟展望》（World Economic Outlook）公佈 2020 年經濟成長率的預測，對全球的經濟成長率預估為 -4.4%，是 1929 年 -1933 年經濟大蕭條（Great Depression）以來最嚴重的全球性的衰退。

IMF 針對 2020 年的經濟預測，臺灣被 IMF 預估為 0%，較原先同年四月的預估 -4% 來得高，仍屬低估。但該項預測臺灣卻是亞洲四小龍中唯一被上修的國家，南韓經濟成長率被預估為 -1.9%，新加坡被預估為 -6%，香港則被預測為 -7.5%。亞洲四小龍除了臺灣之外皆為下修，顯示臺灣在 2020 年的經濟成長率已重返四小龍之首，在防疫能力或是經濟前景方面，皆獲世界組織肯定。亞洲四小龍之外，美國亦被 IMF 預估為 -4.3%，中國為 1.9%。

此外，IMF 亦對 2021 年做了預測，這項預估臺灣的經濟成長率為 3.2%，南韓為 2.9%，新加坡為 5%，香港則為 3.7%。亞洲四小龍之外，美國被預測為 3.1%，中國為 8.2%。顯示世界組織看好新冠肺炎疫苗的開發，將足以使人類在 2021 年重返經濟的常態，雖然如此，卻也耗掉 2020 年一整年的全球經濟成長率。

資料來源：整理自新聞報導

《世界經濟展望》2020 年 10 月
https://youtu.be/fQoEbUeuysk

至於一國社會經濟的成長來源，許多研究經濟成長的學者均認為：「第二次世界大戰之後，先進國家的經濟之所以能夠長期持續成長，技術進步有很大的貢獻」。例如，Denison 與美國勞工部在 1991 年的研究發現：「1948 至 1989 年之間，美國每年平均經濟成長率為 3.3%，其中歸因於生產要素增加的部分為 1.9%（約佔 58%），歸因於技術進步的部分為 1.4%（約佔 42%）。」因此，要了解一個國家經濟成長的來源，不可忽略技術進步此一重要的因素。對於如何測度技術進步，1957 年 Solow 提出如下的公式：

$$g = \alpha g_k + \beta g_L + g_T \qquad (式 22.2)$$

（22.2）式中，g 為實質產出成長率（經濟成長率），α 為資本所得份額（資本所得佔國民所得之比例），g_k 為資本成長率，β 為勞動所得份額（勞動所得佔國民

所得之比例），g_L 爲勞動成長率，g_T 爲技術進步率。（22.2）式又稱爲成長會計基本方程式（fundamental equation of growth accounting），由（22.2）式可計算技術進步率如（22.3）式所示：

$$g_T = g - \alpha g_k - \beta g_L \qquad （式 22.3）$$

由（22.2）式可知，**經濟成長的來源，除了資本成長與勞動成長之外，其餘可歸功於技術進步的貢獻。因此，技術進步又稱爲總要素生產力成長**（total factor productivity growth）**或 Solow 殘差項**。以一實例說明技術進步率的計算方法：令某國 2010 年之 $g = 5\%$，$\alpha = 0.4$，$g_k = 3\%$，$\beta = 0.6$，$g_L = 1\%$，則某國 2010 年之技術進步率 $g_T = 3.2\%$，如（22.4）式所示。由（22.4）式可知，某國 2010 年 5% 的經濟成長率中，約有 64%（= 3.2% ÷ 5%）來自技術進步的貢獻。

$$g_T = 5\% - 0.4 \times 3\% - 0.6 \times 1\% = 3.2\% \qquad （式 22.4）$$

FYI 專欄

顧志耐曲線

顧志耐曲線（Kuznets Curve；簡稱 KC），又稱為「倒 U 假說」，是由 1971 年諾貝爾經濟學獎得主的俄裔美國經濟學家 Simon Kuznets 所提出，該曲線是指隨著經濟成長，則國民所得的分配不均度將逐漸提高，但隨後又將逐漸降低，呈現倒 U 字型的現象。因此，依此假說可推論：在低度經濟發展社會中，經濟成長是造成貧富不均的原因；而在高度經濟發展社會中，經濟成長又成為均富的原因。

▌22.2 古典成長理論

在十八世紀末期和十九世紀初期的經濟學家 Adam Smith、 Malthus 以及 Ricardo 等人所建立的經濟概念和理論，大部份與經濟發展有關，一般稱爲「古典學派」成長理論，或簡稱爲古典成長理論。這些經濟學家的結論非常悲觀，認爲一個國家的經濟成長將逐年趨緩，最後會陷於停滯。茲就古典成長理論說明如下：

1. **Smith 的成長理論**

   Adam Smith 認為，一國經濟成長的關鍵在於分工，強調只要有足夠的資本及廣大的市場，再加上精密的分工，便可使生產技術改進、生產力提高、生產範圍擴大，而導致產量增加。而且分工愈精細，表示愈專業化，生產效率愈能發揮，所得隨之提高，經濟成長亦能持續維持下去。但是由於自然資源的限制以及報酬遞減的影響，經濟成長達到某一程度後，自然會停頓下來，而以較遲緩的速率增長，終有停止的一天。

2. **Malthus 的成長理論**

   Malthus 的「人口論」（An Essay on the Principle of Population），認為當一國生活水準超過維持生活所需要的最低水準時，該國的人口將會增加。但是人口呈幾何級數增加（即以 1、2、4、8、16…之方式增加）；而糧食僅呈算數級數增加（即以 1、2、3、4、5…之方式增加）。換言之，人口增加速度遠大於糧食的增加速度。（若社會中有一個存活工資率的水準，所謂「存活工資率」是指人類為了維持生存，僅足以購買生活必需品的最低工資水準）而「工資鐵律」，指的是：

   (1) 當工資率低於存活工資率時，人們無法維持自己及家庭的生計，將導致整個社會人口的減少。

   (2) 當工資率高於存活工資率時，整個社會的人口也會自然增加。

   (3) 當工資率等於存活工資率時，整個社會的人口將維持不變。

   因此，除非資本或技術持續快速的成長，否則，以幾何級數增加的人口，終會使實質工資率降至存活工資率的水準。因此，不可能有長期的經濟成長。

   以上的情況主要是因為土地的面積固定，人口不斷增加的結果，終將導致勞動報酬遞減。因此，就某一國而言，即使在初期的經濟情況很好、工資水準高、生活舒適，但經過一段期間以後，由於人口成長率增加太快，將迫使人們的生活回到先前最低的水準。除非能有效遏止人口成長，否則一國經濟發展到最後，人類終將難逃悲慘與貧窮之厄運。Malthus 認為有兩種抑制人口成長的方法：「一為消極性限制，如道德的約束、晚婚、獨身主義等；另一為積極性限制，亦即前述方法失效後，以戰爭、瘟疫、疾病或饑荒等外力來減少人口。」

3. **Ricardo 的成長理論**

　　Ricardo 認為最終產品價值扣除最低工資給付後之差額，即為生產者的經濟剩餘。他認為經濟發展初期利潤率會大於 0，生產者利用此經濟剩餘，為追求更大的利潤，資本家開始從事儲蓄。若儲蓄累積到相當數量時就會轉為投資，以增僱工人或擴充設備，此時若自然資源充裕，投資增加將促成經濟的成長。但由於自然資源有限，在生產技術沒有改進的情形下，會產生報酬遞減的現象。根據報酬遞減法則，若其他生產要素的數量不變，一種生產要素數量的增加，邊際產量雖然在初期可能增加，但最後終將下降。因此，當最肥沃的土地開墾殆盡時，在人口不斷成長的壓力下，勢必要開墾次等土地，於是產生差額地租，**根據 Ricardo 的地租論，地租決定於兩塊土地產量的差額。隨著土地逐漸開發，最後利潤率和工資都會隨之下降，資本的累積減少，工人的工資逐漸接近最低生活水準。隨著時間的經過，此情況發展到最後，將使整個社會經濟陷於停頓狀態。**

　　由以上說明可知，古典學派學者對經濟成長持有如下之看法：「Smith 認為自然資源的缺乏，經濟成長終有停止的一天。Malthus 和 Ricardo 則認為，由於生產技術的限制，以及報酬遞減現象的發生，人類終將面對悲慘的世界。」由於古典學派經濟學家對經濟成長始終抱持著悲觀的看法，**因此英國歷史學家 Carlyle 將經濟學稱為「憂鬱的科學」**（dismal science）。

　　一般而言，古典學派的經濟學家對於經濟發展的前途都抱持悲觀的看法，此與當時所處的時代背景有關。當時，技術進步緩慢、人口成長率高，經濟只能以很低的速率成長。但在現代社會中，人口成長並不像「工資鐵律」所預測般的大幅變動，而是維持在一個較合理的成長水準。衡諸歷史實際現況，大部分的先進國家，人口成長趨緩。因此，古典成長理論適用的範圍，僅限於人口成長壓力較大的低度開發國家。

　　古典成長理論雖然是建立在農業經濟社會基礎之上，是一種非常簡化的推論，但是仍然可以幫助我們對經濟成長有所了解。從古典成長模型中可知：「經濟成長，是技術進步與人口成長兩因素競賽的過程。如果技術進步超越人口成長，則平均工資率（平均每人所得）可以增加，社會大眾的生活水準得以提高。反之，如果人口增加超越技術進步，則經濟發展的成果將為人口增加所抵消，總產量雖然增加，但人均所得（income per capita）並不會隨之增加，生活水準無法獲得改善」。

FYI 專欄

新冠疫情破壞全球經濟　臺灣逆風高飛

《經濟學人》雜誌（The Economist）在 2020 年 12 月 2 日發文標題為「新冠肺炎疫情毀壞了全球經濟，但臺灣除外」（Covid-19 has ravaged economies all over the world — but not Taiwan's)。文中開門見山提到，三年前有一位知名學者曾宣稱臺灣的經濟「瀕臨死亡」，臺灣面臨著一系列的棘手問題，例如：臺灣最好的公司西進中國、工資停滯不前、經濟成長率低迷、人口老化等問題，強烈對比著過去臺灣在亞洲四小龍的光輝歲月。

然而，臺灣卻在 2020 年重返榮耀，成為全球經濟成長率最快的國家之一，臺灣在這十幾年來，首次可能超越中國。問題是臺灣這項出人意表的實力，是否是象徵著新的變化或僅短暫地偏離常軌？

文中提到，臺灣面臨嚴峻的疫情，卻仍能逆風高飛，主要有兩個關鍵因素：第一，防疫有成。第二，臺灣製造業定位在滿足世界所需。首先，防疫方面，臺灣沒有封城、關校、停班與封市，並一開始便對中國的新疾病有所警覺、對來自於武漢的旅客採全檢、完善的接觸史追蹤、全民戴口罩等。其次，臺灣電子產品約佔出口的三分之一，由於疫情使得全世界許多人被迫在家工作，因此平板電腦與耳機等電子產品需求旺盛，在全球貿易降幅 10% 的情況下，臺灣的出口反而增加 5%。

另也提到，隨著未來疫情的結束，臺灣這兩項優勢可能不再，但臺灣未來仍會受惠於美中貿易戰，美國對中國的高關稅，也導致在中國的台商資金回流臺灣。即便如此，臺灣仍需注意土地、水源、電力、勞工、人才、人口不足等問題，且臺灣對中國外貿的依存度過高，也是疫後優勢的隱憂。

資料來源：整理自新聞報導

新冠衝擊全球經濟　臺灣 GDP" 疫 " 軍突起
https://youtu.be/qCY19oAUC-U

22.3 Harrod-Domar 成長理論

Harrod-Domar 模型乃針對凱因斯理論的缺失，加以修改而成。在凱因斯模型下，投資的增加會引起有效需求的增加，此一部分稱為「需求創造效果」。事實上，投資往往產生兩種效果，除了創造需求外，另一方面，投資又可使資本存量增加，進而導致最終商品的供給能量增加，即產生「產能擴增效果」。由此可知，投資行為同時具有「需求創造效果」及「產能擴增效果」，此稱為「投資的雙重

性」。有鑑於此,「Harrod-Domar」成長模型(Harrod-Domar growth model),乃進一步將靜態凱因斯模型擴展成動態模型,其基本假設如下:

1. 儲蓄(S)佔國民所得(Y)的比例固定,即 $S = \rho Y$,ρ($0 < \rho < 1$)既為平均儲蓄傾向,也是邊際儲蓄傾向,其為外生決定之固定參數。

2. 勞動(或人口)成長率(n),亦為外生決定之固定參數。

3. 沒有技術進步,資本亦無折舊發生。

4. 令 K = 資本量,L = 勞動量,Y = 總產出或國民所得,假設「資本 – 產出」比率($K/Y = \alpha$)及「勞動 – 產出」比率($L/Y = \beta$)均是固定的,即生產函數為固定比例投入生產函數 $Y = \min\left\{\dfrac{K}{\alpha}, \dfrac{L}{\beta}\right\}$,此種生產函數表示生產 1 單位產量需要 α 單位的資本或 β 單位的勞動。

5. 生產要素,無論是資本,或是勞動,均處於充分就業的狀態。

在以上假設下,根據「Harrod-Domar」成長模型可以得到(22.5)式之經濟成長率(g),其中 $\Delta Y = Y_t - Y_{t-1}$,表示 t 期所得減去 $t-1$ 期所得,ΔY 即 t 期所得的增量。

$$g = \frac{\Delta Y}{Y} = \frac{\rho}{\alpha} \qquad\qquad (\text{式 22.5})$$

(22.5)式表示,經濟成長率(g)等於儲蓄率(ρ)除以「資本 – 產出」比率(α)。由「Harrod-Domar」成長模型可以得知:「一個國家的經濟成長率,與其儲蓄率呈遞增函數關係(儲蓄率 ρ 增加,經濟成長率 g 亦隨之增加),與「資本 – 產出」比率呈遞減函數關係(「資本 – 產出」比率 α 增加,經濟成長率 g 亦隨之降低)。」在「資本 – 產出」比率固定之前提下,一個國家只要能夠提高儲蓄率就可以加速其經濟成長。(22.5)式中的成長率 g 稱為保證成長率(warranted rate of growth),亦稱為充分產能成長率(full capacity growth rate)。**因為,所得若按此一成長率成長,則投資所增加的機器設備(資本)均能充分運用,而不會有閒置的現象。**

因此,當經濟成長率等於保證成長率時,可確保資本充分就業,但不保證勞動市場充分就業。**為使資本及勞動同時達成充分就業,保證成長率(或經濟成長率)必須等於勞動成長率(n),此勞動成長率又稱為自然成長率**(natural rate of growth),**或充分就業成長率**(full employment growth rate)。經濟若按勞動成長率

成長，則可維持勞動充分就業。因此當保證成長率等於自然成長率時（$\rho/\alpha = n$），經濟即可達到 Mrs. J. Robinson 所稱的「黃金年代」（golden age），此時資本及勞動皆充分就業。不過，「Harrod-Domar」成長模型存有以下之缺點：

1. 固定「資本－產出」比率的假設，意謂資本與勞動之間完全無法替代，此與實際經濟現象不合。

2. 觀察現實經濟社會的成長經驗，通常經濟成長率並不等於勞動成長率，此與「Harrod-Domar」模型的臆說不一致。

3. 「Harrod-Domar」成長模型在本質上，屬不安定（unstable）理論模型，令 g_a 表示實際經濟成長率，g_w 為保證成長率，則只要 $g_a \neq g_w$，就會出現模型解不安定的狀況。

   (1) $g_a > g_w$ **情況**：假設 $g_a = 5\%$，$g_w = 2\%$，表示如果要維持資本充分就業，經濟成長率只需 2% 即可，而實際經濟成長率已達 5%。因此，資本財已完全使用而無閒置，經濟體系中需求的增量大於供給的增量，在供不應求的情形下，廠商一定會增加投資。廠商增加投資後，會進一步推升實際成長率，反而更加大 g_a 與 g_w 之間的差距。換言之，只要 $g_a > g_w$，g_a 與 g_w 的差距就會不斷擴大，g_a 持續大於 g_w，整個體系並不會達到 $g_a = g_w$ 的均衡狀態。

   (2) $g_a < g_w$ **情況**：假設 $g_a = 2\%$，$g_w = 5\%$，實際經濟成長率只有 2%，但如果要使資本充分就業，經濟成長率至少要等於 5%。此時表示資本設備有閒置的現象，且體系中需求的增量小於供給的增量，供過於求，所以廠商一定會減少投資。廠商減少投資後，會使實際成長率下降，反而加大 g_a 與 g_w 之間的差距。換言之，只要 $g_a < g_w$，g_a 與 g_w 的差距就會不斷的擴大，g_a 持續小於 g_w，經濟體系亦不會達到 $g_a = g_w$ 的均衡狀態。

由上述討論，可得知「Harrod-Domar 成長模型」屬不安定之理論模型，因為決定均衡條件的參數：資本－產出比率（α）、勞動（人口）成長率（n）、及儲蓄率（ρ）均為外生決定之固定參數。因此，當體系有外在力量改變任何一個參數值，將使經濟體系脫離原均衡點，而與長期均衡漸行漸遠，陷入失衡狀況，而且經濟體系本身並沒有可重新回到均衡的力量。除非新的經濟環境，使 α、n、ρ 等參數的變動能夠剛好維持 $\rho/\alpha = n$。但是此種情形，只有在極為偶然或巧合的狀況下才會發生，**如同在剃刀邊緣，極易失衡而不穩定，因此此一模型又稱為剃刀邊緣**（razor edge）**理論**。雖然「Harrod-Domar 成長模型」存有上述缺點，但「Harrod-Domar 成長模型」為近代經濟成長模型開啓一條研究路徑，為往後之成長模型奠定發展的基礎。

FYI 專欄

經濟學人的年度國家

　　《經濟學人》雜誌（The Economist）在 2020 年 12 月 19 日發文標題為「讚賞的國家：哪一國是經濟學人的年度國家？」（Admiration nation: Which is The Economist's country of the year?），文中評論了 2020 年度最進步的國家。而在 2020 年新冠肺炎疫情（COVID-19）猖獗，提早死亡與經濟緊縮卻變成新常態，多數國家皆希望能規避最差的結果。 因此，被經濟學人雜誌入選為最進步的國家，則包含一些倖免於衰退的國家。

　　文中提及臺灣因為防疫工作表現優異，因此病症死亡僅有七例，且臺灣的經濟成長率逆勢成長。更重要的是臺灣並無關閉學校、商店與餐廳，更遑論封城。而臺灣的正經濟成長率，在 2020 年是碩果僅存的國家之一。同時在面對鄰國的威脅毫不退卻，勇氣可佳，因此被選為最進步國家的候選國。

資料來源：整理自新聞報導

臺灣入選 " 年度風雲國家 "　因為這兩件事
https://youtu.be/Xtqa5txFUP4

22.4　新古典成長理論

鑑於「Harrod-Domar」成長模型中，資本與勞動間完全沒有替代性，產生有如剃刀邊緣的不安定經濟體系。1950 年代，Swan 與 Solow 遂根據新古典學派的假設，先後提出要素間具替代性的新古典成長模型（neoclassical growth model），通常以 Solow 成長模型（Solow growth model）稱之。

　　所謂新古典成長理論是相對於古典成長理論而言，相對於古典成長理論只強調勞動（人口）成長率、產能成長率與經濟成長三者之間的關係。新古典成長理論強調資本累積與技術進步對經濟成長的重要性，同時重視市場價格機能及邊際生產力理論，假設生產過程中勞動與資本之間具有替代性。在生產要素相對價格維持一定下，生產者根據生產要素的邊際生產力等於生產要素實質報酬的市場法則，雇用生產要素，使某一產出水準對應的生產成本達到極小化。新古典成長理論的基本假設為：

1. 經濟社會只生產一種可供各種用途使用的產品，即單一產品模型。此種產品既可供消費，亦可供投資之用，所以儲蓄即是投資，在模型中，無需設定投資函數。

2. 儲蓄（S）佔國民所得（Y）的比例固定，即 $S = \rho Y$，$0 < \rho < 1$。

3. 沒有資本折舊發生，因此資本的增量即等於投資，即 $\Delta K = I = S = \rho Y$。其中，$\Delta K = K_t - K_{t-1}$，表示 t 期資本量減去 $t-1$ 期資本量，即 t 期資本的增量。因無資本折舊，所以 $\Delta K = K_t - K_{t-1}$ 等於 t 期新增的投資。

4. 勞動成長率（n）為外生決定之固定參數。

5. 生產函數為連續的總合生產函數（即要素可相互替代）、以及固定規模報酬的總合生產函數，生產要素（或資本與勞動）的組合比例取決於完全競爭市場的相對要素價格。

　　根據以上的假設，可導出新古典成長模型的基本方程式，如（22.6）式所示：

$$\Delta k = \rho f(k) - nk \qquad \text{（式 22.6）}$$

　　（22.6）式中之 $k = K/L$，表示每人所使用之資本，因此 $\Delta k = k_t - k_{t-1}$，表示 t 期每人資本減去 $t-1$ 期每人資本，即 t 期每人可使用資本的增量。因無資本折舊，所以 $\Delta k = k_t - k_{t-1}$ 等於 t 期新增的每人投資。（22.6）式可用圖 22.1 表示，由圖 22.1 可知，$y = \dfrac{Y}{L} = f(k)$，表示每人資本為 k 時之每人產出或所得。若 $\rho f(k)$（表示每人資本為 k 時之實際每人投資或每人儲蓄）大於 nk（人口變動所造成每人可使用資本 k 的變動），如 $k = k_1$ 時，A 點之 $\rho f(k) > B$ 點之 nk，每人使用資本 k 會逐漸增加（$k_1 \to k_0$）。反之，如果 $\rho f(k)$ 小於 nk，如 $k = k_2$ 時，D 點之 $\rho f(k) < C$ 點之 nk，則每人使用資本 k 會逐漸減少（$k_2 \to k_0$）。只有當 $\rho f(k)$ 等於 nk 時（E 點），「資本 – 勞動」比率（或每人使用資本 k）才會達到均衡而不再變動的狀態（k_0）。因此，$\rho f(k)$ 線與 nk 線相交之點，決定經濟達到長期均衡穩定狀態時的「資本 – 勞動」比率（k_0）與每人產出（y_0）。由此可知，新古典成長模型的特點如下：

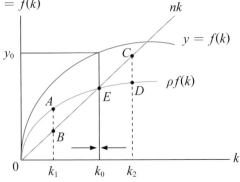

1. 無論最初模型中 k 值（資本 – 勞動比率）為多少，經濟必然能夠自動調整到穩定均衡成長狀態的路徑（k 會收斂到 k_0）。因此，**新古典成長模型是安定的理論模型**。

圖 22.1　新古典成長模型

2. 根據新古典成長模型，勞動成長率爲外生決定之固定參數，當經濟達到長期均衡穩定狀態時，每人資本 $k = k_0$，爲固定值，因此每人產出 $y = y_0$，亦爲固定值，此意謂資本成長率等於勞動成長率（因爲 $k = K/L = k_0$ 固定），產出成長率等於勞動成長率（因爲 $y = Y/L = y_0$ 固定）。**因此長期經濟成長率與長期資本存量成長率兩者均等於外生固定的勞動成長率，而與儲蓄無關。**

　根據以上之特性可知，新古典成長理論可以解決「Harrod-Domar」模型不穩定的問題。接著，探討儲蓄率與勞動成長率的變動對經濟體系長期均衡的影響：

1. 儲蓄率（ρ）增加的情形

　圖 22.2 的原均衡點爲 E，每人資本與每人產出分別爲 k_0 與 y_0。當儲蓄率由 ρ_0 提高至 ρ_2 時，$\rho_0 f(k)$ 線會上移至 $\rho_2 f(k)$ 線。每人使用資本將開始由 k_0 逐漸增加至 k_2，同時每人產出也隨之提高，最後會到新均衡點 F，體系才停止調整。此時，每人資本及每人產出分別爲 k_2 與 y_2，且 $k_2 > k_0$，$y_2 > y_0$。經由以上分析可知，**隨著儲蓄率的提高，投資增加，進而累積資本存量，短期可導致每人資本及每人產出的增加。**

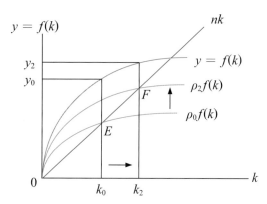

圖 22.2 　新古典成長模型：儲蓄率提高，將使每人資本及產出增加

2. 勞動成長率（n）增加的情形

　若圖 22.3 中的 E 點爲原均衡點，當勞動成長率由 n_0 增加至 n_1 時，將使 n_0k 線逆時針旋轉至 n_1k 線。勞動增加的結果，使 E 點的每人使用資本由 k_0 逐漸減少爲 k_1，由於每人資本減少，因而導致產出的減少，每人產出遂由 y_0 降至 y_1。由此可知，**勞動成長率增加，會使每人使用資本及每人產出降低。**

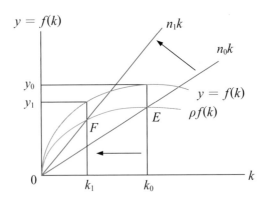

圖 22.3　新古典成長模型：勞動成長率提高，將使每人資本及產出降低

FYI 專欄

在新冠疫情災難中脫穎而出的亞洲國家

　　在 2020 年新冠肺炎疫情（COVID-19）肆虐下，各國經濟看壞的情況，仍有部分國際研究中心提出不同的論點。日本經濟研究中心（Japan Center for Economic Research；JCER）在 2020 年 12 月 10 日公佈每年一次的中期預測報告，報告標題為「亞洲在新冠肺炎疫情的災難中：哪些國家會脫穎而出呢？」（Asia in the coronavirus disaster：Which countries are emerging?），該文提出中國的經濟若在兩項因素之下，最快有可能會在 2020 年代的末期，提前超越美國，成為最大的經濟體。

　　這兩項前提因素包括：第一，若中國較美國提前自新冠肺炎疫情中脫困而出；第二，若中國較美國在研發（R&D）費用為多且持續拉開。若在這兩個前提成立之下，則不論在標準疫情或嚴重疫情的兩種版本，中國最快有可能會在 2020 年代末期，提前超越美國，成為最大經濟體。而若這項 2020 年代末期的預測成立，則比 JCER 在 2019 年時預測的 2036 年來得早。且此狀況若成真，則中國的人均所得將可能在 2035 年與臺灣不分軒輊。該項報告也分析臺灣因為人口老化的因素，2035 年時的經濟成長率將有可能降為 1%。

　　日本 JCER 的這項預測模型是採取勞動、資本及生產力來預測 GDP，而其中的生產力則是依據都市化程度、研發費用及貿易開放程度加以衡量。

資料來源：整理自新聞報導

陸 GDP 何時超越美國？　日經濟研究中心：提前至 2027
https://youtu.be/6m4GVDhM_F4

22.5 內生成長理論

1950年代，Solow 對美國 1909～1949 年的經濟成長進行研究，結果發現有相當大比例的成長來自技術創新（innovation in technology），而後來 1960 年代的 Denison、Jorgenson 與 Griliches 的實證研究也顯示，美國經濟的成長有 1/3 可歸功於技術進步。雖然以上之研究是將技術進步視為外生，但基本上均肯定技術進步對經濟成長的貢獻。而此種經濟成長主要由外生技術進步決定的看法直至 1980 年代，經濟學家嘗試透過各種因素解釋技術進步，即將技術進步視為內生變數，才起了重大的改變。

相對於上述新古典成長理論的「外生性技術進步」，**內生成長理論強調技術會受到人們經濟行為的影響**。亦即，**在新古典成長理論中，技術進步完全是模型外部變數給定的，是無法解釋的原因所產生的。但在內生成長理論中，以新古典成長模型為基礎，加入生產函數具有外溢效果（spillover effect）及規模報酬遞增等特性，而發展出不必假設技術進步率為外生，便可解釋經濟活動長期變動的內生成長模型。**即經濟成長率受到經濟體系內變數的影響，從而探討造成各國經濟成長差異的原因。因此，1980 年代開始發展的內生成長理論，不同於先前介紹的新古典成長理論（或稱外生成長理論）。

內生成長理論，基本上，從兩個方向將穩定狀態成長率予以內生化：「一是將技術進步率予以內生化（例如技術進步率受到研究發展支出的影響）；另一是穩定狀態成長率受生產要素（例如有形實物資本或無形的人力資本）累積的影響。」一般而言，**內生成長理論由總體經濟模型內的變數來尋求解釋經濟成長的動力，此類模型主要由規模報酬、人力資本、研究發展及政府活動等四個面向探討經濟的成長，**茲分別說明如下：

1. 規模報酬遞增與技術外溢效果

   1980 年代中期，Romer 發現一個產業（廠商）增加投資，會帶動其他產業（廠商）的投資及產值的增加，即產業（廠商）間會產生正面的外溢效果（外部經濟）。此效果源於個別產業（廠商）在資本的累積過程中，創造社會經驗價值及知識資本，導致技術進步，使廠商由生產規模報酬遞減變成規模報酬遞增，使經濟得以持續成長。

   規模報酬遞增的內生成長模型便是基於上述觀點，**將經驗與知識視為一種投入要素，使生產函數產生規模報酬遞增的特性，進而使經濟社會產生持續成長的**

動力。因此，Arrow 強調透過邊做邊學（learning by doing）可累積經驗，並產生專業化及規模報酬遞增的現象。Romer 亦認為知識具有邊際生產力遞增的特性，透過邊做邊學的過程，會使經濟具有內生自動成長的力量。

一般而言，規模報酬遞增的處理方式有兩種：第一種處理方式，乃經由廠商的投資，使勞動者透過邊做邊學而累積知識存量。由於知識存量對產出的影響呈非遞減的關係，而且累積愈多，其邊際生產力愈高，因此能提高產出，使經濟體系產生內生之成長動力。另一種處理方式，係透過全社會的知識總量對個別廠商產生外部效果，使個別廠商的要素邊際生產力隨知識總量增加而遞增，同時並可增進廠商生產技術，進而使經濟體系產生內生之成長動力。

2. 人力資本累積

1980 年代中期，Lucas 認為，除了實物資本的累積有助於經濟成長外，人力資本的累積及經由邊做邊學之專業化技能水準的累積，亦可促進長期的經濟成長。因為人力資本或技能水準等生產要素，除了對個別廠商的生產行為具有內部效果外，亦對社會的生產活動產生外部效果。因此，Lucas 將人力資本引入生產函數，有別於新古典成長理論只強調有形的實質資本累積。Lucas 進一步指出，人力資本累積是促成技術進步的關鍵因素，而技術進步可帶動經濟之成長。

3. 研究發展（R&D）

此種內生成長模型主要是從技術的創新來解釋經濟成長的原因，強調新產品的誕生是經濟成長的動力，而新產品的誕生主要是透過研究發展而來。此乃因研究發展的投入，可開發出新種類的資本，或改進既有資本的生產力，或降低生產成本，而使產出的種類增加。因此創新活動可視為經濟體系內可提升技術進步或總要素生產力的因素，並可對社會產生外部效果，新產品隨之湧現，構成經濟成長的動力。

4. 政府活動與基礎建設

有關政府活動與經濟成長的關係，在 1990 年代，Barro 認為，政府部門的各項支出會對私人部門產生一定程度的外部效果，進而對經濟成長產生影響。政府活動的內生成長理論便是根據此觀點，將政府在基礎建設之支出視為可解釋經濟成長的變數。Barro 並發現，開發中國家基礎建設投資（如電力、水力、道路、機場、港口、e 化環境設施等）的不足，是造成開發中國家經濟成長落後的主要原因。因此，將政府公共支出納入生產函數，認為公共建設對產業（廠商）能產生正面之外溢效果，是生產技術進步的源頭。

　　總而言之，內生成長理論認為，加強研究發展與產品創新、人力資本累積與人才培育、公共基礎建設的改善等，經由學習效果，以及產業間或知識經驗之外溢效果的產生，可使邊際報酬遞減程度減緩或產生報酬遞增現象，進而加速產業升級與促進經濟成長。由此可知，政府可採行下述之政策，促進經濟成長：

1. 獎勵民間投資

   透過減稅、免稅、投資扣抵等方式，減少民間投資的成本，增加廠商的投資意願。

2. 累積人力資本

   經由學校教育、在職訓練、在職進修等方式，提升社會大眾的知識水準。

3. 鼓勵研究發展

   政府可以補助高等研究機構從事基礎研究，或鼓勵學術與企業合作，將基礎研究轉成可應用於商業生產上的應用研究，或透過抵稅及獎勵的方式，鼓勵廠商直接從事與其生產有關的研究與發展。

4. 改善基礎建設

   一個國家的基礎建設通常包括公路、鐵路、航空、航運等交通系統，以及水庫、電力等與生產相關的公共事業，透過基礎建設的改善可以增進經濟成長。

稅收變化與經濟成長率的關係。
https://youtu.be/cYQMDZ_vCf0

經濟小百科

蜜蜂的寓言故事

　　曼德維爾（Bernard Mandeville，1670 ～ 1733 年）是一位荷蘭籍的醫生，也是英國古典經濟哲學家，他在 1705 年時，出版了一本名為〈抱怨的蜂巢〉的詩作，並於 1714 年再版時，改名為知名的書名《蜜蜂的寓言：私人的惡習，公眾的利益》（The Fable of The Bees: Or, Private Vices, Public Benefits）。

　　蜜蜂的寓言的故事概念十分簡明，即當每隻蜜蜂遵從自己黑白分明的自利心，且汲汲營營追求滿足個人的利益、欲望與貪婪時，對社會創造出勤勉、創新與豐沛的財貨，產生舒服且便利的物質及文化生活。然而，

當一夕之間蜜蜂們開始自我反省，對於先前有違道德去滿足個人私慾的行為感到十分愧疚，它們便停止追求私人的快樂，開始過著有道德的生活，不再考慮到個人的欲望之後，卻反而使得經濟發展與創新皆不復存在，並使社會陷入停滯與貧窮的狀態。

　　蜜蜂的寓言內容是極具爭議，並成為眾矢之的，極度宣揚私慾有效及浪費有功的思想，也啟迪了經濟學家凱因斯建立了總體經濟學理論模型，凱因斯他認為在短期下，影響經濟發展的僅是總需求而非總供給。亦即由勞動、資本與技術所決定的總供給，在短期是既定的，因此決定經濟發展的關鍵就是有效需求，而經濟大恐慌他認為正是有效需求不足所引起。此外蜜蜂的寓言也被亞當‧斯密在其曠世巨作《國富論》中所引述，並使得《國富論》成為經濟學最重要的一部著作。另外經濟學家耶克（Friedrich August von Hayek）在 20 世紀時，也提到他的「自發社會秩序理論」，即是受蜜蜂的寓言思想所影響。

本章結論

　　各種經濟成長理論代表經濟學者對於各國經濟成長現象所提出之系統性觀點。經由本章的討論，可以得知：「古典成長理論認為經濟成長的決定因素主要包括：分工、專業化、資本累積、技術進步、市場擴大等。而 Harrod-Domar 成長模型，認為在『資本－產出』比率固定下，經濟成長取決於儲蓄率及勞動成長率。新古典成長理論則認為長期的經濟成長由外生的技術進步率及勞動成長率所決定。內生成長理論則強調規模報酬遞增（透過邊做邊學及外溢效果）、人力資本累積、研究發展、政府活動等之重要性。」因此，藉由各種經濟成長理論的學習，可知在不同經濟環境下，各國政府宜採行合適之經濟成長政策，方能有效促進一國之經濟成長。

Chapter 23 國際貿易

許可達

名人名句

約瑟夫·史迪格里茲

（Joseph Eugene Stiglitz，1943 年 2 月 9 日～）

　　首先，任何貿易協議必須是對等的。…第二，貿易協議不應把商業利益放在國家利益之上，尤其是當貿易協議會影響到金融管制與智慧財產權的情況之下。…最後，談判過程必須透明化。

研習重點

- 絕對利益理論與比較利益理論
- 要素稟賦理論
- 貿易條件的決定與社會福利的分析
- 貿易障礙與貿易管制的損失
- 關稅貿易總協定，世界貿易組織與區域經濟整合

學習架構圖

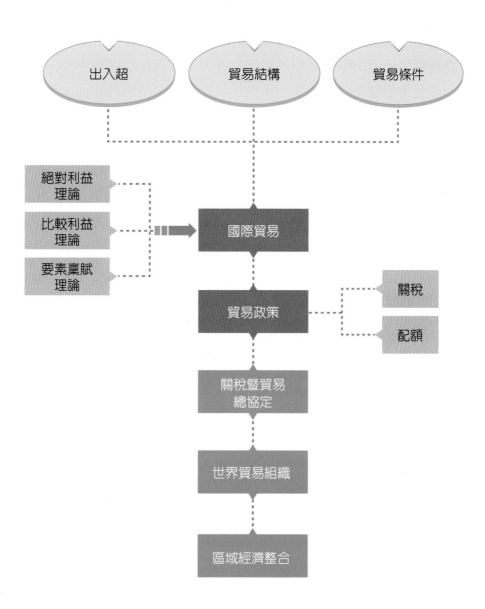

▍23.1 國際貿易的意義

美國是一個高科技產業或者是以知識經濟為主的國家，諸如隱形戰機、各種太空探險事業，在基因解碼、新興研發等生化領域，電腦軟體、電腦硬體方面的專利、音樂、電影等娛樂事業，均屬產業領先的國家。但是這樣一個國家，卻為了其生產的牛肉能否出口到其他的國家而動作頻頻。

依照我們的印象來判斷，美國所在乎的應該是高科技產品、智慧財產權相關產品，而非農業產品。但如仔細觀察，我們身邊的美國農產品還真不少，我們進口美國的麵粉、黃豆及相關產品、玉米、牛肉、奶粉、甚至美國的雞肉。而常常自許為自古以農業立國的臺灣，出口到美國的農產品反而佔極少數，工業產品甚至是較高科技的產品反而佔絕大多數。難道臺灣的某些科技比美國發達？而美國反而應視為以農立國的國家？如存有這樣的疑問，我們可用比較利益原則來加以說明。

國際貿易（international trade）的發生，帶給參與的經濟體更高的福利，如今許多窮困的家庭仍然可以用極低的價格，為小孩購買中國大陸生產的玩具，而這些玩具，是我們在孩提時代夢寐以求的對象。從臺灣乃至歐洲各國湧至中國大陸的服飾，推翻了奉行幾十年的藍色「毛裝」，改變了十三億人口藍螞蟻的形象。雖然如此，許多人依然認為國際貿易有其危險性。

例如，這幾年電視劇以及電影流行「韓流」，韓國的影星當道，有人認為這影響了臺灣本國藝人的演出機會，認為播放韓劇的時段跟時間應該有所限制。可是1990 年代臺灣的電視連續劇橫掃韓國、中國大陸以及東南亞各國時，國人卻不認為外國應該限制電視播放台劇的時段。國際貿易是否應加以管制？又有哪些管制的方式？以及它們的效益與成本在哪裡？這些，都是值得我們深思的問題。

在定義上，貿易是兩個經濟個體間商品與勞務的買賣或交換行為，如果牽涉的經濟個體是兩個經濟體或是兩個國家，則稱之為「國際貿易」。**如果一個經濟體生產的產品能夠完全自給自足，則稱之為封閉性經濟**（closed economy）**；相反地，如一個經濟體生產的產品無法自給自足，則稱之為開放性經濟**（open economy）。

基本上，沒有一個經濟體能夠完全的自給自足。可能的原因有以下幾項：第一，由於氣候以及地理環境的差異；第二，由於生產原料分布不平均；第三，專業分工上的差異。因此，每個經濟體生產產品的條件自然有所不同。對任何一個經濟體而言，與其他的經濟體間的貿易是必然的。我們所說的封閉性經濟，其實僅是指

國際貿易在該一經濟體中所佔的比重，相對而言，十分微小，並不是完全沒有國際貿易的存在。在亞馬遜或是婆羅洲叢林裡自給自足的部落，仍然需要與外界交換鐵製的器具。現今考古學上的發現，足以顯示，所有古代的經濟體間大多藉著國際貿易而有相當的聯繫，而非如同過去所想像中的孤立。

　　一個經濟體向別的經濟體購買商品與勞務，稱爲進口（imports）；相反地，如果是將商品與勞務銷售給另一個經濟體，則稱爲出口（exports）。**當一個經濟體出口金額大於進口金額時，稱爲貿易順差**（trade surplus）；反之，**當一個經濟體進口金額大於出口金額時，稱爲貿易逆差**（trade deficit）。**出口的總價值減去進口的總價值，稱爲貿易餘額**（balance of trade）。在一個經濟體有貿易順差時，貿易餘額爲正，稱爲淨出口國（net exporter）；當有貿易逆差時，貿易餘額爲負，稱爲淨進口國（net importer）。

　　臺灣地區在 1976 年以前，大部分的年度都是處於貿易逆差的狀況，1976 年以後，貿易順差成爲常態，貿易赤字十分罕見。如表 23.1 所示，我國在 2001 年到 2016 年間，貿易總額已經倍增，且均處於貿易順差狀態。雖然在 2015 年貿易總額較 2014 年衰退 13.27%，出口衰退 10.95%，但是由於進口衰退更多，達到 15.91%，所以這一年的出超反而成長 25.41%。

表 23.1　我國歷年貿易、出口、進口及出入超總值及增減率

單位：百萬元（美元）

年度	貿易總值	出口總值	進口總值	出（入）超	與上年同期比較增減率（%）			
					貿易總值	出口總值	進口總值	出（入）超
1971	3,905	2,061	1,844	217	0	0	0	0
1972	5,512	2,997	2,514	483	41.13	45.41	36.34	122.52
1973	8,299	4,505	3,794	711	50.58	50.3	50.91	47.11
1974	12,657	5,684	6,973	-1,289	52.51	26.17	83.79	-281.43
1975	11,316	5,354	5,962	-608	-10.6	-5.81	-14.51	52.82
1976	15,831	8,218	7,613	605	39.9	53.5	27.69	199.51
1977	17,940	9,406	8,534	873	13.32	14.46	12.1	44.16
1978	23,802	12,755	11,047	1,709	32.67	35.6	29.45	95.82
1979	30,967	16,169	14,798	1,370	30.1	26.76	33.96	-19.8
1980	39,639	19,878	19,760	118	28	22.94	33.53	-91.4

（表23.1續）

年度	貿易總值	出口總值	進口總值	出（入）超	與上年同期比較增減率（%）			
					貿易總值	出口總值	進口總值	出（入）超
1981	43,922	22,686	21,235	1,451	10.81	14.13	7.46	1131.83
1982	41,219	22,297	18,923	3,374	-6.15	-1.72	-10.89	132.52
1983	45,523	25,207	20,316	4,891	10.44	13.05	7.36	44.97
1984	52,574	30,580	21,994	8,586	15.49	21.32	8.26	75.54
1985	50,959	30,819	20,141	10,678	-3.07	0.78	-8.43	24.37
1986	64,125	39,931	24,195	15,736	25.84	29.57	20.13	47.36
1987	88,754	53,754	35,001	18,753	38.41	34.62	44.66	19.18
1988	110,497	60,784	49,713	11,071	24.5	13.08	42.03	-40.96
1989	118,749	66,435	52,314	14,120	7.47	9.3	5.23	27.54
1990	122,211	67,425	54,786	12,639	2.91	1.49	4.72	-10.49
1991	139,705	76,563	63,142	13,421	14.31	13.55	15.25	6.19
1992	154,475	82,122	72,353	9,770	10.57	7.26	14.59	-27.2
1993	163,349	85,957	77,393	8,564	5.75	4.67	6.97	-12.34
1994	179,998	94,300	85,698	8,602	10.19	9.71	10.73	0.45
1995	217,354	113,342	104,012	9,330	20.75	20.19	21.37	8.46
1996	220,503	117,581	102,922	14,659	1.45	3.74	-1.05	57.11
1997	239,126	124,170	114,955	9,215	8.45	5.6	11.69	-37.14
1998	217,825	112,595	105,230	7,366	-8.91	-9.32	-8.46	-20.07
1999	234,929	123,733	111,196	12,537	7.85	9.89	5.67	70.21
2000	292,682	151,950	140,732	11,218	24.58	22.8	26.56	-10.52
2001	236,194	126,609	109,586	17,023	-19.3	-16.68	-22.13	51.75
2002	250,883	135,770	115,113	20,657	6.22	7.24	5.04	21.35
2003	281,579	151,334	130,244	21,090	12.24	11.46	13.14	2.1
2004	355,178	183,631	171,547	12,084	26.14	21.34	31.71	-42.7
2005	385,183	199,753	185,430	14,322	8.45	8.78	8.09	18.52
2006	432,346	225,904	206,442	19,462	12.24	13.09	11.33	35.88
2007	471,652	248,670	222,982	25,688	9.09	10.08	8.01	31.99
2008	501,952	257,755	244,197	13,558	6.42	3.65	9.51	-47.22
2009	382,334	205,202	177,133	28,069	-23.83	-20.39	-27.46	107.04
2010	533,098	277,352	255,746	21,606	39.43	35.16	44.38	-23.02

（表23.1續）

年度	貿易總值	出口總值	進口總值	出（入）超	與上年同期比較增減率（%）			
					貿易總值	出口總值	進口總值	出（入）超
2011	599,498	312,182	287,316	24,866	12.46	12.56	12.34	15.09
2012	581,781	305,315	276,466	28,848	-2.96	-2.2	-3.78	16.01
2013	588,250	310,866	277,384	33,481	1.11	1.82	0.33	16.06
2014	600,509	319,413	281,096	38,318	2.08	2.75	1.34	14.44
2015	520,814	284,434	236,380	48,053	-13.27	-10.95	-15.91	25.41
2016	508,374	279,175	229,199	49,975	-2.39	-1.85	-3.04	4
2017	572,686	315,487	257,200	58,287	12.65	13.01	12.22	16.63
2018	618,799	334,007	284,792	49,216	8.05	5.87	10.73	-15.56
2019	614,809	329,157	285,651	43,506	-0.64	-1.45	0.3	-11.6

資料來源：財政部，「貿易統計資料查詢」。

　　所謂的「貿易型態（pattern of trade）」，是指將貿易的內容依據不同的標準加以分類。例如依照農產品、農產加工或是工業產品加以分類。當然，也可依照生產過程中使用資本或是勞力的密集程度，區分為資本密集產品或是勞力密集產品。如圖 23.1 及圖 23.2 所示，目前我國財政部的貿易統計資料，是以資本設備、農工原料、消費品與其他作為貿易內容分類的標準。

　　圖 23.1 顯示，臺灣的出口商品從 2000 年到 2019 年間，以中間商品為最大宗，且所占比例穩定成長，到 2019 年時約占 78% 左右，這是因為臺灣廠商在國外的工廠或是其下游廠商由臺灣進口其所需的中間商品。當臺灣的廠商將產業鏈的下游廠商向海外移動，而在臺灣的工廠作為其產業鏈的上游廠商時，就會產生這樣的貿易型態。

　　另一方面，臺灣出口的終端消費產品所占出口比例越來越少，到 2019 年時只有8.94%，這也表示臺灣廠商在本國的生產越來越往產業鏈的中上游發展。至於進口結構，則以農工原料為最大宗，佔了七成左右，其次為資本設備，大約佔了 16%，再其次為消費品。從 2000 年到 2019 年間，我國進口資本設備的比例則逐步下降，進口農工原料及消費品的比例則逐步上升。

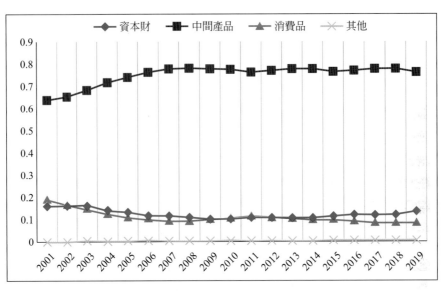

資料來源：財政部，「貿易統計資料查詢」

圖 23.1　我國歷年出口商品結構

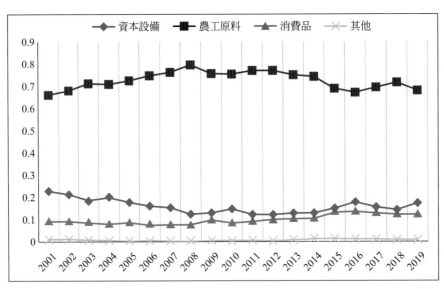

資料來源：財政部，「貿易統計資料查詢」

圖 23.2　我國歷年進口商品結構

　　由圖 23.3 可知，目前中國及香港為我國較大的出口國家，早期我國透過香港間接進行對中國的出口，但對中國的直接出口重要性與日俱增，造成香港與中國地位的扭轉，另外東協的出口重要性也與日俱增，到 2007 年時的重要性已經超越美國，這可能是由於臺灣的廠商也日益將其下游工廠遷到東協國家。美國曾是我國最大的出口對象國家，但目前已經落後中國及香港與東協國家，但從 2018 年以後美國的地位又日漸增加，這是由於美中貿易衝突後，美國降低從中國進口的金額改向我國進口所致。

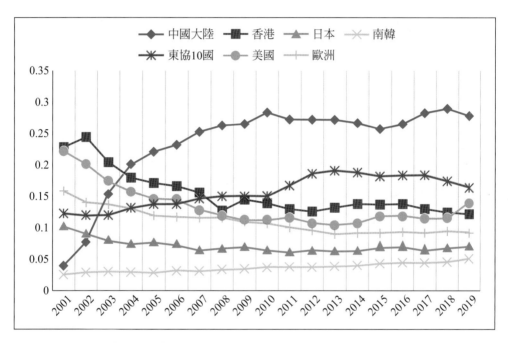

資料來源：財政部，「貿易統計資料查詢」

圖 23.3　我國對主要國家（地區）出口百分比結構

　　由於日本廠商一向都是我國廠商的上游廠商，所以我國廠商需向日本廠商進口中間商品，因此日本曾為我國最大的進口商品國家。由圖 23.4 可知，在 2001 年時，我國從日本進口的金額為從中國進口金額的 4 倍以上，但是到 2013 年以後，中國已經取代日本成為我國最重要的進口國家。目前，中國已經是我國最重要的進口國，至於香港在我國進口貿易的地位則並不重要。值得注意的是中東與非洲地區雖然並非在我國出口貿易不具地位，但在進口貿易上則相對較重要，特別是我國進口原油的中東。

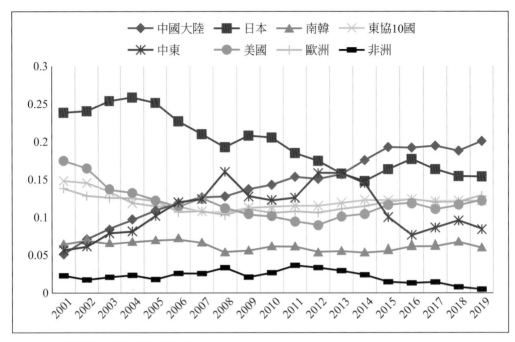

資料來源：財政部，「貿易統計資料查詢」。

圖 23.4　我國對主要國家（地區）進口百分比結構

『貿易94狂ㄅ！』拼經濟吧 第4集
https://youtu.be/YBR6uR3VPIE

23.2 絕對利益理論與比較利益理論

身為海洋國家的臺灣，國際貿易絕對是我們的立國之基。早先來臺灣的住民，不管是原住民或是漢民族，都絕對是精於國際貿易的民族。這些我們可以在出土的原住民遺物中，有遠方的貿易商品獲得證實；也可以從鄭芝龍、鄭成功父子，或是其他明朝的大海盜掌控日本到南洋的貿易路線獲得證實。

直到今日為止，我們仍然遵循前人的道路，國際貿易是我們創造經濟發展最主要的動力。但為什麼臺灣出口的不是農產品，而是高科技產品，美國出口到臺灣的反而是農產品？要了解這樣的現象，我們必須從英國的經濟學家們所發展的理論來談起，那個時候，英國人也專注於海上貿易，當然也跟鄭芝龍、鄭成功父子一樣，偶而扮演海盜的角色。

經濟學之父 Adam Smith 提出的有關國際貿易的理論稱爲絕對利益理論（absolute advantage theory），依據此一理論，**貿易的發生是由於兩個經濟體在生產方面的專長不同，每個經濟體利用自己的專長去生產擅長的產品，然後再透過貿易，與其他的經濟體進行交換或交易。**

假定現在有兩個經濟體，一爲臺灣，另一爲貿易對手國；假定現在有兩種商品，一者爲農產品，另一者爲工業產品。假定臺灣爲工業產品的出口國，貿易對手國爲工業產品的進口國，表示生產工業產品是臺灣所擅長的；另一方面，假定臺灣爲農業產品的進口國，貿易對手國爲農業產品的出口國，表示生產農業產品是貿易對手國所擅長的。但是這裡有一個問題，臺灣擅長生產工業產品，而貿易對手國，擅長生產農業產品，這是什麼意思？

我們利用下面的例子來說明「絕對利益」：假定臺灣與世界其他國家所具有的生產要素都只有勞動力，二者均具有 1,200 單位的勞動力（兩個經濟體所具有的勞動力單位不同，並不影響整個分析），兩個經濟體均具有生產工業產品與農業產品的生產能力，但是兩個經濟體在兩類產品的生產能力並不相同。

表 23.2 資料顯示：臺灣每生產 1 單位的工業產品須要 3 個單位勞動力的投入，每年可生產工業產品最大數量爲 400 單位，每生產 1 單位的農業產品須要 6 個單位的勞動力，每年最大可生產農業產品數量爲 200 單位；世界其他各國（貿易對手國）每生產 1 單位的工業產品須要 12 個單位勞動力的投入，每年可生產最大工業產品數量爲 100 單位，每生產 1 單位的農業產品須要 4 個單位勞動力的投入，每年可生產最大農業產品數量爲 300 單位。臺灣生產一單位的工業產品所需勞動力的投入較世界其他各國爲低，因此可說臺灣在生產工業產品上具有絕對利益，另一方面世界其他各國在生產農業產品上具有絕對利益。我們可根據上述的資料繪出兩個經濟體貿易前的生產可能曲線如下：

表 23.2　臺灣與貿易對手國的絕對利益

	生產每單位產品所需勞動力		每年最大可生產數量	
	工業產品	農業產品	工業產品	農業產品
臺灣	3	6	400	200
貿易對手國	12	4	100	300

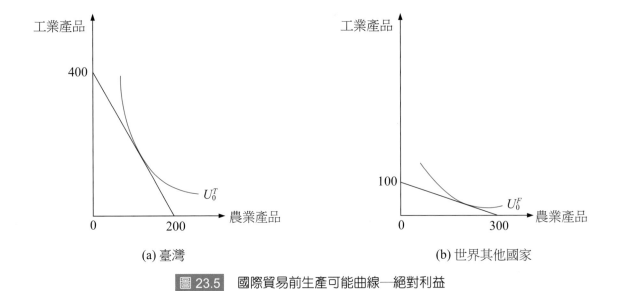

圖 23.5　國際貿易前生產可能曲線—絕對利益

在國際貿易發生前，兩個經濟體的消費組合只能在各自的生產可能曲線上面作選擇，如圖 23.5。但是，如果有國際貿易，每個經濟體都只專注於自己具有絕對利益的產品生產，然後在生產後，**透過國際貿易，每個經濟體都可以達到比之前更高的效用水準**，此可由生產可能曲線發生旋轉（如圖 23.6 的虛線部分），可選擇座落於東北方無差異曲線之新消費點看出來。

在上述的例子裡，臺灣與世界其他各國兩個經濟體分別在工業產品與農業產品具有絕對利益，各自在各自專長的產品專業生產，而後有國際貿易的發生，所有的經濟體都能藉著國際貿易來達到整體效用的提升。**如果按照絕對利益理論，在某些國家之間不可能發生國際貿易**。例如按照絕對利益理論美國與某些發展極度落後國家之間，不可能有貿易發生，因爲美國不管在農業產品與工業產品與這些國家比較起來，均具有絕對利益。但是，衡諸現實，美國與這些發展極度落後國家之間還是有貿易行爲存在。爲了說明這種現象，就有比較利益理論（comparative advantage theory）的出現。比較利益理論是由十八世紀末時的經濟學家 Ricardo 所提出。

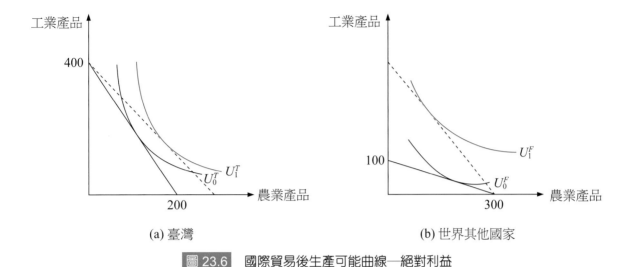

圖 23.6   國際貿易後生產可能曲線—絕對利益

　　以下的例子將說明，即使一個經濟體在所有的商品都享有絕對利益，國際貿易
依然可能發生。假設二國皆具有 1,200 單位的勞動力，表 23.3 資料顯示：臺灣每生
產 1 單位的工業產品須要 3 個單位的勞動力，每年可生產工業產品最大數量為 400
單位，每生產 1 單位的農業產品須要 6 個單位的勞動力，每年最大可生產農業產品
數量為 200 單位；世界其他各國（貿易對手國）每生產 1 單位的工業產品須要 12 個
單位勞動力的投入，每年可生產工業產品最大數量為 100 單位，每生產 1 單位的農
業產品須要 8 個單位勞動力的投入，每年最大可生產農業產品數量為 150 單位。不
管在工業產品或是農業產品，臺灣都具有絕對優勢。

表 23.3   臺灣與貿易對手國的比較利益

	生產每單位產品所需勞動力		每年最大可生產數量	
	工業產品	農業產品	工業產品	農業產品
臺灣	3	6	400	200
貿易對手國	12	8	100	150

我們可根據以上的資料，繪出兩個經濟體的生產可能曲線，如下圖 23.7：

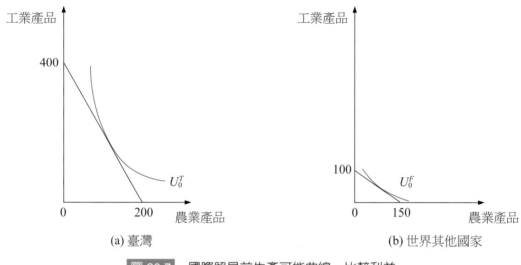

圖 23.7　國際貿易前生產可能曲線—比較利益

在這種情況之下，是否有可能發生國際貿易？我們可以計算兩個經濟體在生產時的機會成本。臺灣生產一單位工業產品的機會成本是單位的農業產品，生產一單位農業產品的機會成本是 2 單位的工業產品；貿易對手國生產一單位工業產品的機會成本是 $\frac{3}{2}$ 單位的農業產品，生產一單位農業產品的機會成本是 $\frac{2}{3}$ 單位的工業產品。在生產工業產品方面，臺灣的機會成本較低；在生產農業產品方面，貿易對手國的機會成本較低。因此可以說，臺灣在生產工業產品具有比較利益，貿易對手國在生產農業產品具有比較利益。

表 23.4　臺灣與貿易對手國的機會成本

	生產每單位產品的機會成本	
	工業產品	農業產品
臺灣	$\frac{1}{2}$ 單位農業產品	2 單位工業產品
貿易對手國	$\frac{3}{2}$ 單位農業產品	$\frac{2}{3}$ 單位工業產品

依據 Ricardo 所提出的**比較利益原則**，一個經濟體在生產某產品時具有比較利益，表示這個經濟體在生產此種產品時所需的機會成本較其他經濟體為低，則此一經濟體應該**專業化**（specialization）生產該產品。換句話說，臺灣應專業化生產工業

產品，世界其他各國應專業化生產農業產品。具體言之，如果臺灣多生產一單位工業產品，則臺灣會減少生產 $\frac{1}{2}$ 單位的農業產品；貿易對手國多生產一單位農業產品，則貿易對手國會減少生產 $\frac{2}{3}$ 單位的工業產品。但是以全世界而言，工業產品因此而增加生產 $\frac{1}{3}$ 單位，農業產品因此而增加 $\frac{1}{2}$ 單位，兩種產品的總產量都因爲兩個經濟體的專業化生產而增加。

表 23.5　全世界的國際貿易利得

	專業化生產與國際貿易的利得	
	工業產品	農業產品
臺灣（a）	+1	$-\frac{1}{2}$
貿易對手國（b）	$-\frac{2}{3}$	+1
全世界（$a + b$）	$+\frac{1}{3}$	$+\frac{1}{2}$

　　根據比較利益理論，我們可作成如下之推論：國際貿易使得每一個經濟體專業化生產其具有比較利益的產品。以上面的例子而言，臺灣將只專業化生產工業產品，貿易對手國將只專業化生產農業產品。但是在現實世界中，卻看不到這樣極端的分工現象。例如中國大陸在泡腳按摩服務可能較臺灣享有比較利益，可是臺灣卻無法進口這項勞務，這是因爲某些產品或勞務並無法進出口。這些無法透過國際貿易來進行交換的商品稱爲「非貿易財」（non-traded goods）。**由於有「非貿易財」的存在，各個經濟體系並不會進行全面的專業分工。**

23.3 要素稟賦理論

在之前的章節只用比較利益原則來說明國際貿易之所以發生，但是對於爲何在生產上機會成本會有所不同，以至於有比較利益的發生，並未加以說明。**要素稟賦理論**（factor endowment theory）**是由瑞典經濟學家 Heckscher 及 Ohlin 所提出。要素稟賦理論可用來說明爲何不同的經濟體在不同的商品生產上有不同的機會成本，而形成各自的比較利益。**

此一理論是現代國際貿易理論的濫觴，主導了第二次世界大戰之後的理論走向。它其實包含了四個主要的定理。最為人所熟知，且最為重要的，就是 Heckscher-Ohlin 定理。該一定理假定，不同的商品生產時有不同的要素投入比例，例如有兩種生產要素，勞動（L）與資本（K），兩種商品，一者為農產品，其資本與勞動比 $\frac{K}{L}$ 較低，另一者為工業產品，其資本與勞動比 $\frac{K}{L}$ 較高。生產要素可以在不同的部門之間自由移動，但是無法在不同的經濟體系間移動。因此每個經濟體只能就其擁有較多的要素，在某些商品享有比較利益。

假定現在有兩個經濟體，一者為臺灣，另一者為貿易對手國。臺灣擁有比較多的資本，因此臺灣的比較利益是生產資本密集的工業產品；貿易對手國擁有充沛的勞動力，工資低廉，因此，其比較利益是生產勞力密集的農業產品。

除了 Heckscher-Ohlin 定理之外，要素稟賦理論還包括三個定理。其一為要素價格均等化定理（factor-price-equalization），指生產要素無法在不同的經濟體系間移動的假設下，國際貿易會使兩個經濟體中生產要素的報酬趨於均等；其二為 Stolper-Samuelson 定理，指國際貿易會使一個經濟體的出口商品價格上升，進口商品的價格下降，這使得密集用於生產出口品的要素報酬上升，密集用於生產進口品的要素報酬下降；其三為 Rybczynski 定理，指在產品價格不變的假設下，有兩生產要素時，一生產要素數量增加，密集使用此生產要素生產的商品產量會因此增加，另一生產要素數量不變，密集使用此生產要素生產的商品產量會因此減少。

要素稟賦理論，分析重點擺在生產面，但是需求面因素對國際貿易也應有重大影響。只有將需求面因素同時納入考慮，才能達到國際貿易較為一般化之分析。除此之外，如果沒有將時間的因素考慮進去，這些分析都只能算是靜態分析，隨著時間的推移，技術可能發生改變，生產要素數量可能增加，經濟可能發生成長，將這些時間因素考慮進去，方能進行國際貿易的動態分析。上述問題，留待同學們在修習較高年級相關課程時，再行研習。

23.4 貿易條件的決定

假設世界上只有兩個經濟體，在國際貿易發生後，雙方是以自己的出口品來交換進口品。一單位的出口品可以換得多少單位的進口品，稱為貿易條件（terms of trade）。換句話說，就是本國出口商品與外國進口該種商品的交換比例。事實

上，貿易條件就是商品價格，只不過這裡指的是商品的相對價格，而不是以貨幣來表示的絕對價格。

　　為了說明貿易條件的決定，我們以圖 23.8 來說明。為了說明方便起見，仍然採用絕對價格的方式來說明，同時為了避免匯率換算的問題，在兩個經濟體中假定採用同一貨幣來計算價格。假設世界上有兩個經濟體，一者為臺灣，另一者為貿易對手國，國際貿易的商品為工業產品。在國際貿易發生前，臺灣工業產品市場的均衡價格為 P_T，均衡點為 E_T，即無超額供給或超額需求；貿易對手國工業產品市場的均衡價格為 P_F，均衡點為 E_F，亦無超額供給或超額需求。但是貿易對手國工業產品價格 P_F 較臺灣工業產品價格 P_T 昂貴。

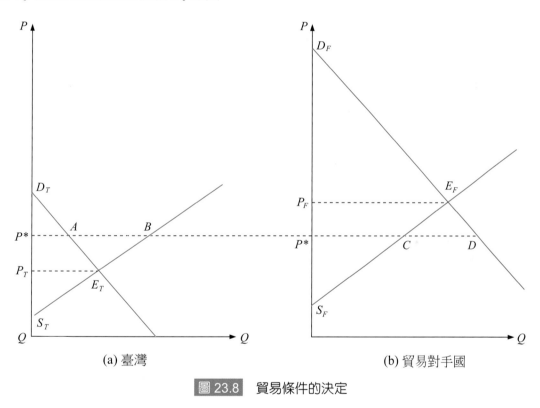

(a) 臺灣　　　　　　　　　　　(b) 貿易對手國

圖 23.8　貿易條件的決定

　　在國際貿易發生後，臺灣開始出口工業產品，貿易對手國開始進口工業產品。臺灣工業產品的價格開始上升；貿易對手國工業產品的價格開始下降。在新的均衡達成時，兩個經濟體中的工業產品價格必須一致，而且臺灣工業產品的出口量等於貿易對手國工業產品的進口量。假設新的均衡價格為 P^*，在這個價格下，貿易對手國會產生超額需求，此一超額需求的缺口將會由進口來加以填補；另一方面，臺灣會產生超額供給，此一超額供給將會出口到貿易對手國，來加以消除。如此一來，

兩個經濟體的不均衡都不復存在。如果在新的價格，臺灣的超額供給不等於貿易對手國的超額需求，或者說，臺灣的出口量不等於貿易對手國的進口量，市場的力量將會驅使價格繼續進行調整。

我們還可以藉著圖 23.8 來分析國際貿易對於出口國家（臺灣），與進口國家（貿易對手國），有何利得與損失。以出口國「臺灣」而言，國際貿易發生前，社會的總福利為 $\Delta D_T E_T S_T$，在國際貿易發生後，社會的總福利除了原有的之外，另外加上 ΔABE_T。如果詳加分析，國際貿易發生前，消費者剩餘為 $\Delta D_T E_T P_T$，生產者剩餘為 $\Delta P_T E_T S_T$；國際貿易發生後，消費者剩餘減為 $\Delta D_T P^* A$，生產者剩餘增為 $\Delta P_T E_T S_T + P^* A E_T P_T + \Delta ABE_T$。兩相比較，社會總福利增加了 ΔABE_T，消費者剩餘減少了 $P^* A E_T P_T$，生產者剩餘則增加了 $P^* A E_T P_T + \Delta ABE_T$。總而言之，國際貿易使出口國家的社會總福利增加，消費者剩餘減少，生產者剩餘增加。

以進口國家，貿易對手國而言，國際貿易發生前，社會的總福利為 $\Delta D_F E_F S_F$，在國際貿易發生後，社會的總福利除了原有的之外，另外加上 ΔCDE_F。如果詳加分析，國際貿易發生前，消費者剩餘為 $\Delta D_F E_F P_F$，生產者剩餘為 $\Delta P_F E_F S_F$；國際貿易發生後，消費者剩餘增為

$\Delta D_F E_F P_F + P_F E_F C P^* + \Delta CDE_F$，生產者剩餘減為 $\Delta P^* C S_F$。兩相比較，社會總福利增加了 ΔCDE_F，消費者剩餘增加了 $P_F E_F C P^* + \Delta CDE_F$，生產者剩餘則減少了 $P_F E_F C P^*$。總而言之，國際貿易使貿易對手國的社會總福利增加，消費者剩餘增加，生產者剩餘減少。

因此，**國際貿易使得不管出口國家或是進口國家的社會總福利都增加了**。只不過，就出口國而言，其主要的受惠者為生產出口品的生產者；反之，就進口國而言，其主要的受惠者，為消費進口品的消費者。

▎23.5 貿易障礙與貿易管制

在 17 世紀時，英國有保護主義（protectionism）與自由貿易論（liberal trade）的論爭，保護主義的學者主張獎勵有益的貿易而抑制有害的貿易。有益的貿易，指的是出口本國生產的工業或農業產品，進口原料或是本國不可或缺的產品；有害的貿易指的是進口的商品傷害本國的產業，而且需要耗用本國的金銀來購買。為了避免本國的產業受到有害貿易的傷害，提倡以關稅（tariffs）或是非關稅的障礙（non-tariff barriers）來避免來自外國的競爭。

　　除了一些較原始的論證，在國際貿易與經濟學發展的過程裡，有許多管制國際貿易的主張被提出來，不管他們在經濟學家的眼裡看起來多麼的似是而非，**限制自由貿易都是一種既存的現實**。因此，有必要對一些常見的限制貿易主張作一個回顧。

一、幼稚工業論（Infant-Industry Argument）

　　由於每個經濟體的發展程度不一致，工業發展較爲落後的經濟體的產業，在國際貿易中會直接面對國外高效率的廠商競爭。提出幼稚工業論學者有如下的主張：「爲了使本國產業也有機會發展，落後國家有必要採取關稅或是非關稅的貿易障礙，來保護本國產業，直到其有能力與外國的廠商競爭爲止。」

二、保護就業理論

　　一個經濟體的出口就是另一個經濟體的進口，一個經濟體的貿易順差就是另一個經濟體的貿易逆差。出口與順差意味著本國所得與就業的增加；相反地，進口與逆差意味著本國所得與就業的減少。如果只以本國經濟體的利益爲最大考量，可採取關稅或是非關稅的貿易障礙，減少進口，增加順差或是減少逆差，使本國的就業與所得提高。

The real reason manufacturing jobs are disappearing | Augie Picado（中文字幕）
https://youtu.be/H03o2WCBoDU

三、保護工資理論

　　此派論者認爲，在國際貿易中，高工資水準的經濟體無法與低工資水準的經濟體競爭。進口低工資國家的產品將會導致本國勞工工資水準的下降。

四、國際收支論

　　如果一個經濟體處於經常帳餘額逆差的狀況，很容易傾向於以關稅或是非關稅的貿易障礙，減少進口，來達到迅速有效地改善經常帳餘額逆差的目的。

五、反傾銷論

　　面對著滿街都是由開發中國家而來的廉價商品時，許多歐洲或是北美洲國家的人民很容易以傾銷來看待此一現象。這些廉價商品排擠了原有在本國生產的代替品，造成了失業或是工資水準的下降，如果未充分考量這些進口品對消費者之正面影響，很容易讓政治人物以之作爲話題，而建議採取反傾銷（anti-dumping）的措施予以反制。

六、流血輸出論

對於出口國家而言，出口品的製造需要耗費其自然資源，某些自然資源可能無法再生，或是無法在短期內回復。更有甚者，出口國家的工資水準如果相對而言，極為低廉，很容易讓出口國家盲目愛國之士認為，以其國家的廉價勞力結合珍貴不可恢復的資源耗損而創造出來的出口，是一種流血輸出的行為。

這些貿易限制的論點牽涉到層面十分複雜，且極容易引發貿易對手國採行報復措施（retaliatory action），這些無法在本概論書裡逐一加以剖析，留待同學們修習高年級之相關課程時，再行研習。

FYI 專欄

美國與歐盟有關禁止含荷爾蒙牛肉措施爭端

歐盟於 1970 年代發現法國牛農非法使用一種生長激素，可能是導致義大利青少年荷爾蒙失調的原因，歐洲消費者乃普遍反對飼養牲畜時使用生長激素。嗣後英國於 1990 年代發生狂牛症事件，由於狂牛症的起因與牛隻飼料中含有動物骨粉有關，歐洲民眾更加反對在牛隻飼料添加生長促進劑。歐盟因其農業保護政策，牛價較貴，其牛農業者一方面恐消費疑懼，另一方面，禁止使用生長促進劑可避免與較為廉價之美、加、澳、紐等進口牛肉競爭，因此，亦支持禁用生長促進劑。

歐盟於 1980 年代規定，禁止添加動物用荷爾蒙於動物飼料之中作為生長促進劑。由於有 6 項生長荷爾蒙係美、加等國合法的動物用藥，美國有 90% 的牛肉使用動物用荷爾蒙，該項禁令等同禁止美、加之牛肉進口。美、加等爰於 1996 年向 WTO 控訴，歐盟措施違反 WTO 之「食品安全檢驗與動植物防疫檢疫措施協定（SPS 協定）」。

WTO 爭端解決小組以本案之內容複雜且技術性高，直到 2008 年才提出裁決報告。美、加控訴歐盟之 WTO 爭端案，爭端解決小組判決，歐盟之措施風險評估科學證據不足，判決歐盟敗訴，美、加並據以對歐盟實施貿易報復。美、歐雙方於 2009 年 WTO 判決後談判和解，並於 5 月 13 日達成協議。協議內容主旨為美、歐雙方將分階段檢討，歐盟賠償美國，提供符合歐盟規定之牛肉免關稅進口；美國將逐年解除對歐盟之報復措施。

資料來源：經濟部，2012，美國與歐盟有關禁止含荷爾蒙牛肉措施爭端案簡介

23.6 貿易政策—關稅與配額的經濟分析 *

政府課徵關稅的目的，首先在於可以帶來收入，其次可以提高進口商品的價格，減少進口的數量，以求緩和來自於受到國外進口商品強力競爭的國內利益團體之壓力。接著以圖 23.9 分析關稅的影響。

假定現在有兩個經濟體，一者為臺灣，屬小型經濟體，沒有能力影響國際間商品的價格，另一者為貿易對手國，國際貿易的商品為農產品，臺灣為農產品的進口國，貿易對手國為農產品的出口國。

在國際貿易發生前，臺灣農業產品市場的均衡價格為 P_T，均衡點為 E_T，無超額供給或超額需求；貿易對手國農產品市場的均衡價格為 P_F，均衡點為 E_F，亦無超額供給或超額需求。但是，貿易對手國農業產品價格 P_F 較臺灣農業產品價格 P_T 便宜。

在發生國際貿易後，在臺灣沒有課徵關稅的情況下，均衡價格為 P^*。此時，假設臺灣對農業產品的進口課以 t 元關稅，在課徵關稅後，臺灣的農產品價格必須比貿易對手國高出 t 元，而且臺灣的農產品進口量須等於貿易對手國的出口量，才能達到新的均衡點。

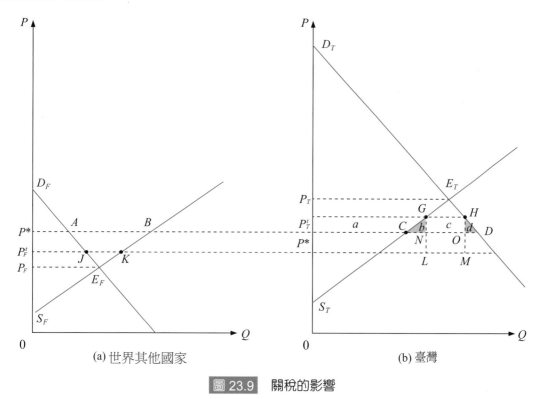

(a) 世界其他國家　　　　(b) 臺灣

圖 23.9 關稅的影響

假設在課徵關稅後，臺灣達到的新均衡價格為 P'_T，貿易對手國的新均衡價格為 P'_F，二者之間的差距為 t 元，也就是 $P'_T - P'_F = t$，而且貿易對手國會產生 $\overline{JK}$ 的超額供給，此一超額供給將會出口到臺灣，來加以清除；另一方面，臺灣會產生 $\overline{GH}$ 的超額需求，此一超額需求將會從貿易對手國進口，來加以填補。如此一來，兩個經濟體的不均衡都不復存在。

我們借助圖 23.9 來分析課徵關稅對臺灣的影響。首先，課徵關稅之後的農業產品價格上升，由課徵前的 $P*$ 上升到 P'_T，上升的價格使得臺灣對農業產品的需求量減少，臺灣農業產品廠商的生產增加。

其次，進口的數量減少，由課徵前的 $\overline{CD}$ 下降到 $\overline{GH}$。再者，以消費者剩餘而言，在實施關稅前為 $\Delta D_T D P*$，關稅實施後減為 $\Delta D_T H P'_T$，消費者剩餘減少了 $a+b+c+d$ 的面積。以生產者剩餘而言，在實施關稅前為 $\Delta P* C S_T$，關稅實施後增為 $\Delta P'_T G S_T$，生產者剩餘增加了 a 的面積。但是，除了消費者剩餘以及生產者剩餘之外，還須考慮到政府的關稅收入，在實施關稅之後，政府的關稅收入從 0 增為 □ GHON，也就是面積 c 的部分。

若就課徵關稅前後之社會總剩餘，即消費者剩餘、生產者剩餘，以及政府關稅收入三者之總和，作一比較，將產生 $\Delta GNC + \Delta HDO$ 之無謂的損失（deadweight loss），也就是面積 b 與面積 d 的加總。面積 a 稱為重分配效果（redistributive effect），因為這部分剩餘由消費者轉移到生產者。面積 b 為保護效果（protective effect），代表臺灣保護本國廠商，無效率使用本國資源生產因關稅保護而增加的本國產品生產。面積 c 稱為收入效果（revenue effect），這部分代表臺灣政府課徵關稅所獲得的收入。面積 d 稱為消費效果（consumption effect），代表國內價格提高之後，消費者消費減少所造成的損失。

以上分析只限於臺灣屬於小型經濟體，沒有能力影響國際價格的狀況，如果假設臺灣為有能力影響國際價格的大型經濟體，有可能可以藉著課徵關稅，以貿易對手國的福利為代價，謀取本國的最大利益。有關於這部分的分析則有賴於國際經濟學的專門課程再作詳細的介紹。

FYI 專欄

301 條款與美中貿易戰

美國 1974 年制定的《貿易法》第 301 條，為總統對認定的不公平貿易關係，展開為期一年調查，結束後與美國業者及商務部討論對策，多為徵收關稅。1995 年世界貿易組織（WTO）運作以來，301 條款即閒置，然而，2015 年與 2016 年，美國對中國貿易接連逆差，金額都超過 3000 億美元，促使這項條款再啟用。

貿易爭端源起於美國總統川普於 2018 年 3 月 22 日簽署備忘錄，宣布依據 301 條款指示美國貿易代表對中國進口的 600 億美元商品課徵關稅，以「懲罰中國偷竊美國智慧財產和商業秘密」，擬對中國大陸進行貿易制裁，將向 WTO 提請技術授權差別待遇的爭端解決，並要求美國貿易代表署（USTR）及美國財政部於限期內分別提交對中國大陸進口產品加徵關稅清單及限制中國大陸投資美國的新規範。

川普在 2018 年 7 月引用《貿易法》第 301 條，宣布對從中國進口的 340 億美元產品徵收 25% 的關稅。迄至 2019 年 12 月，美國已對中國實施四波貿易制裁，商品涵蓋化學品、汽機車、飛機、船舶、面板等。8 月 13 日，USTR 進一步針對自中國進口的剩餘近約 3,000 億美元商品，公布第四波課稅清單，其中已自 9 月 1 日起，針對合計約 1,200 億美元商品，包括鞋類、紡織品、食品、洗碗機、平板電視等民生商品（4A 清單）課徵 15% 關稅，另原定 12 月 15 日針對合計約 1,600 億美元商品，主要包括智慧型手機、筆記型電腦、電子遊戲機、部分玩具、電腦螢幕等產品（4B 清單）課徵 15% 關稅。

美國政府宣稱此舉是回應中國不公平貿易行為而做出的決定。這些不公平的貿易行為包括：強迫技術移轉、中國對美國公司的投資和活動施加重大限制和干預、中國指導並幫助中國公司對美國公司和資產進行系統性的投資和收購、中國從事並支持對美國公司電腦網絡的擅自侵入和盜竊。

中國政府的技術轉讓和智慧財產權政策是「中國製造 2025」（Made In China 2025）意圖在全球主導先進的製造業的一部分。中國利用外資所有權限制，包括合資要求、產權限制和其它投資限制，要求或強迫外國公司向中國轉讓技術。中國還利用行政與許可程序要求或強迫技術轉讓。由於外國企業必須與中企共設合資公司，並有法規規定外企將技術轉移給合資公司、中企後，經過中國國內技術改良，中企便可無限制運用該技術。

大部分想去中國投資的業者都擔心北京對外國投資設下的障礙。中國當局對於外國投資的規定與其他國家對於中國在當地投資的規定並不對等，中國身為世界貿易組織成員理應鬆綁的部門，包括農業、金融、媒體和電信，在形式上或實質上仍不開放讓外國投資。例如歐洲企業不滿的是，在電信、建築、金融及物流等產業領域，中資在歐洲投資幾乎不受限制，但歐企在中國投資卻出現困難重重的強烈對比。

針對此貿易衝突，美國與中國在 2020 年 1 月 15 日完成第一階段貿易協議，中國承諾將履行協議的義務及擴大自美國進口，至此暫時化解貿易衝突升高為全面性關稅戰爭的危機。原定對中國 1,600 億美元產品加徵 15% 關稅已暫停實施，而對 2,500 億美元中國產品加徵 25% 關稅雖維持不變，但同意對 2019 年 9 月加徵 15% 關稅的 1,200 億美元產品，自 2 月 14 日起下調為 7.5%。中國亦宣布將暫緩對美國商品實施的反制措施，並將減半自 2019 年 9 月已實施的關稅稅率。

資料來源：整理自新聞報導

【致命中國】Death by China
https://youtu.be/Au5hhrXzUmQ

　　配額（quota）是一種常見的非關稅貿易障礙，它指的是一個經濟體在某一段時間內所能容許某商品進口的數量。非關稅貿易障礙包括進出口配額、進出口補貼、行政檢疫等，這些非關稅貿易障礙有時其效果比關稅更為直接，而且比較不容易招致貿易對手國採取報復措施。因此，在第二次世界大戰之後，非關稅貿易障礙日益普遍。與關稅比較的話，配額實施的行政手續較麻煩，成本較高，除此之外，配額的實施還可能帶來哪些後果，可用圖 23.10 加以分析：

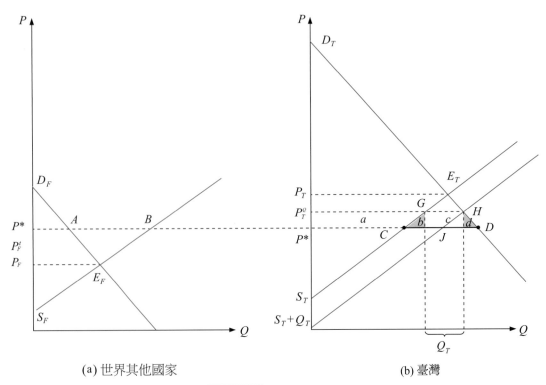

(a) 世界其他國家 　　　　　　　　　　(b) 臺灣

圖 23.10　配額的影響

　　假設臺灣對農業產品的進口施以 Q_T 的配額限制，在配額實施後，臺灣農業產品的供給增加，臺灣農產品的供給曲線從原來的右移到 $S_T + Q_T$ 曲線，新的均衡價格爲 P_T^Q，與實施配額前的情形相較，農業產品價格上升，上升的價格使得臺灣對農業產品的需求量減少，進口的數量等於 $\overline{GH} = Q_T$。以消費者剩餘而言，在實施配額前爲 $\Delta D_T D P^*$，配額實施後減爲 $\Delta D_T H P_T^Q$，消費者剩餘減少了。以生產者剩餘而言，在實施配額前爲 $\Delta P^* C S_T$，配額實施後增爲 $\Delta P_T^Q H(S_T + Q_T)$，生產者剩餘增加了。

　　以消費者剩餘而言，配額實施後比配額實施前少了 $a+b+c+d$ 的面積。以生產者剩餘而言，配額實施後比配額實施前多了 a 的面積，稱爲重分配效果。另外面積 c 稱爲收入效果，這部分可能代表政府拍賣配額所獲得的收入，也可能代表獨佔進口商所額外獲得的利潤，或是外國的獨佔出口商所獲得的額外利潤。結算之後，跟關稅一樣，產生了面積 b 與面積 d 的無謂損失。面積 b 爲保護效果，面積 d 爲消費效果。

▌23.7 關稅暨貿易總協定、世界貿易組織與區域經濟整合

在 1930 年代的大蕭條中，因爲貿易保護主義的興起與盛行，原有世界貿易體系也受到相當大的衝擊而崩毀。二次大戰行將結束之時，美國及其盟國希望重新建立世界貿易體系之秩序。戰後以多邊談判的基礎邁向貿易自由化的重要的一步就是 1947 年簽訂的關稅暨貿易總協定（General Agreement on Tariffs and TradeTrade, GATT）。關稅暨貿易總協定成立的目的在減少會員國間的貿易障礙，以及在貿易關係尚將所有國家都置於相同的立足點。如同其名，關稅暨貿易總協定並非一個組織，而是一個存在於會員國間的協定。1995 年世界貿易組織（World Trade Organization, WTO）成立，75 個關稅暨貿易總協定的簽約國和歐洲共同體成爲了 WTO 的創始成員。其他 52 個關稅暨貿易總協定成員國在隨後兩年內陸續重新加入世界貿易組織，我國則在 2002 年加入。

　　關稅暨貿易總協定的原則爲：非歧視性的貿易、促進自由貿易、經由承諾與透明達成的政策可預測性、以及多邊談判。在關稅暨貿易總協定簽訂之前，貿易談判是以雙邊方式達成的，例如臺灣與日本，本國與單一的外國間的談判達成的。多邊談判指的是本國與所有關稅暨貿易總協定會員國之間的談判。如表 23.6 所示，關稅暨貿易總協定成立後迄今一共進行了 9 個回合的貿易談判，最顯著的結果是各會員國的關稅稅率降低到前所未有的低點。

2001 年在世界貿易組織架構下展開的杜哈談判遭遇挫折後，以簽署區域貿易協定（regional trade agreement, RTA）為核心的區域經濟整合（Regional economic integration）模式蔚為主流，成為進入 21 世紀之後來國際間經濟整合與貿易合作的主要方式。

經濟整合是國與國之間為了生產、消費、貿易等利益的獲取而使商品、服務與生產資源的市場逐漸合而為一的過程。經濟整合按整合程度的深淺有如下幾個類型：

1. 優惠性貿易協定（Preferential Trade Agreement）

   兩個或兩個以上國家結合，單方面或互相降低關稅，是經濟整合層次最低的一種。例如加勒比海盆地經濟復興法（Caribbean Basin Economic Recovery Act, CBERA）、安地斯貿易優惠法（Andean Trade Preference Act, ATPA）。

表 23.6　GATT 成立後的貿易談判回合

回合名稱	談判期間	參與國家數目	降低關稅比例
日內瓦回合	1947	23	21
安錫回合	1949	13	2
托奇回合	1951	38	3
日內瓦回合	1956	26	4
迪隆回合	1960 ～ 1961	26	2
甘迺迪回合	1964 ～ 1967	62	35
東京回合	1973 ～ 1979	99	33
烏拉圭回合	1986 ～ 1993	125	34
杜哈回合	2001 ～	149	–

2. 自由貿易區（free trade area）

   二個以上國家，相互間完全除去商品貿易之關稅，但仍個別維持原來的對外關稅，可以歐洲自由貿易協定（European Free Trade Association, EFTA）、以及 2020 年被美墨加協定（United States-Mexico-Canada Agreement, USMCA）取代的北美自由貿易區（North American Free Trade Agreement, NAFTA）為代表。

3. 關稅同盟（customs union）

   指二個以上國家，不僅完全廢除相互間之商品貿易關稅，並且對外採取共同關稅。1957 年組成的歐洲經濟共同體（European Communities）為典型關稅同盟。

4. 共同市場（**common market**）

   較關稅同盟更進一步，將合作推展至生產要素在會員國之間可以自由移動而沒有限制。可以南方共同市場（The Southern Common Market, MERCOSUR）、中美洲共同市場（Central American Common Market, CACM）以及 1992 年成立的歐洲共同市場（European Common Market）為代表。

5. 貨幣同盟（**monetary union**）

   除了以共同市場為基礎外，會員國進一步使用共同的通貨並採取協調的貨幣政策，歐盟為最著名的例子。

6. 貨幣與經濟同盟（**monetary and economic union**）

   為最深層次的經濟整合，由貨幣同盟進一步推展至會員國採行一致的財政、貨幣及社會經濟政策。這是經濟合作最高境界，會員國使用共同的通貨、建立單一的貨幣銀行制度，放棄經濟政策的自主權，而由超國家的機構決定同盟內及同盟外之一切經濟政策。1944 年，二戰將近尾聲，荷蘭、比利時與盧森堡三國流亡政府於倫敦簽署「荷比盧三國關稅同盟協議」，並於二戰後的 1947 年正式生效。1960 年，荷比盧經濟聯盟（Union Economique Benelux）取代了關稅同盟。早在 1921 年，比盧兩國已組成比盧經濟聯盟（現時仍存在），是為三國經濟聯盟的前身。西非經濟暨貨幣同盟（Union Economique et MontaireOuest-Africaine, UEMOA）則是另外一個案例。

表 23.7　各階段經濟整合之特性

	降低關稅	相互間完全除關稅，維持個別原來對外關稅	完全廢除相互間關稅，對外採取共同關稅	生產要素在會員國之間可以自由移動	使用共同的通貨並採取協調的貨幣財政政策	採行一致的財政、貨幣及社會經濟政策
優惠性貿易協定	○					
自由貿易區	○	○				
關稅同盟	○	○	○			
共同市場	○	○	○	○		
貨幣同盟	○	○	○	○	○	
貨幣與經濟同盟	○	○	○	○	○	○

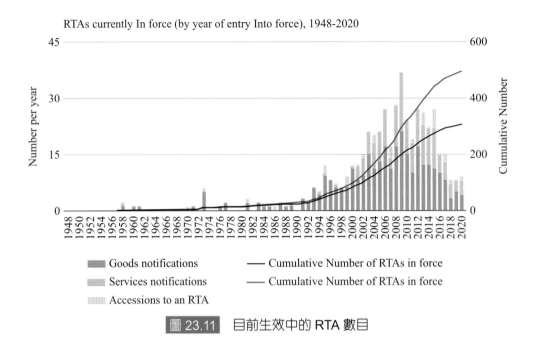

RTAs currently In force (by year of entry Into force), 1948-2020

Goods notifications
Services notifications
Accessions to an RTA
Cumulative Number of RTAs in force
Cumulative Number of RTAs in force

圖 23.11　目前生效中的 RTA 數目

　　區域整合（regional integration）可以定義爲是兩國以上的國家或政體所共同組成之一個集團，以促進合作關係，甚至形成一特殊經濟或政治實體，造成所謂的「區域化」（regionalization）現象。

　　全球化發展與區域集團化是當今國際社會的兩個重要發展趨勢。區域經濟整合以簽署區域貿易協定（regional trade agreement，RTA）爲核心。區域貿易協定指 2 個或 2 個以上國家（或關稅領域）所簽署之互惠性貿易協定（不侷限於同一地理區域），涵蓋的協定類型包括關稅同盟、自由貿易協定、部分範圍協定、經濟整合協定）等 4 種協定類型。

　　如圖 23.11 所示，至 200 年有效的區域貿易協定有 305 個，東亞地區的國家特別是新加坡與韓國是簽署區域貿易協定最積極的國家。我們簡短介紹這兩個國家洽簽區域貿易協定的策略，了解其成功之處。比臺灣腹地更爲狹小，天然資源更爲缺乏的新加坡，在 WTO 多邊談判停滯後，轉而轉向區域經濟整合。

　新加坡推動區域經濟整合的策略主軸有兩個：

1. **七小時飛行範圍腹地**
把距離新加坡 7 小時飛行時間內的國家都視為洽簽自由貿易協定（FTA）的潛在國家。

2. **與不同發展階段的國家進行整合**
新加坡洽簽自由貿易協定涵蓋不同階段的國家。與發展程度高的經濟強國進一步擴展與深化既有的貿易關係，而且可以利用自由貿易協定避免日後遭受經濟強國貿易保護措施的干擾。與開發中國家洽簽自由貿易協定，則可以確保本國廠商至開發中國家拓展產業鏈下游工廠的可能，以及確保未來成長中的市場。此一模式已經成為亞洲其他國家區域整合的範本。

　由於新加坡開放程度高，而且沒有農業保護的議題存在，成為許多國家洽簽自由貿易協定的優先對象。

　韓國是我國在國際貿易上最主要的假想敵。韓國的自由貿易協定覆蓋率到 2015 年為止，有 67.3%，相較之下，日本的覆蓋率只有 22.7%，美國只有 39.6%，歐盟只有 28.5%，中國只有 29.0%。對於韓國而言，洽簽自由貿易協定是關乎國家生存的議題。韓國洽簽自由貿易協定的策略如下：

1. **同時多軌**
同時間與多個國家洽簽自由貿易協定，建立起在每個區域或是大陸的橋頭堡後，對主要貿易對手國進行擴大戰略。

2. **重視關稅談判減免**
韓國簽定自由貿易協定的目的在關稅的降低及減免，並希望在短期內將簽定自由貿易協定的效益極大化，所以只簽訂簡單的自由貿易協定，避免簽訂經濟夥伴協定（economic partnership arrangement, EPA）。

3. **簽訂對象的選擇標準**
符合經濟利益、政治及外交考量、有意願與韓國簽署 FTA 之國家、有助於進一步與大型經濟體及先進經濟圈推動 FTA 之國家。

經濟小百科

歐元之父與最適貨幣區域

勞勃 · 亞歷山大 · 孟岱爾（Robert Alexander Mundell），1932 年 10 月 24 日出生於加拿大，是 1999 年諾貝爾經濟學獎得主，被譽為「歐元之父」。

曾就讀於英屬哥倫比亞大學和倫敦經濟學院，23 歲時以關於國際資本流動的論文從 MIT（麻省理工學院）得到哲學博士學位。在 1961 年任職於國際貨幣基金組織（IMF）前曾在斯坦福大學和約翰霍普金斯大學高級國際研究院 Bologna（義大利）中心任教。自 1966 年至 1971 年，他是芝加哥大學的經濟學教授和《政治經濟期刊》的編輯；他還是瑞士日內瓦的國際研究研究生院的國際經濟學暑期教授。1974 年他受聘美國紐約哥倫比亞大學至今。

他在北美洲、南美洲、歐洲、非洲、澳大利亞和亞洲等地廣泛講學。他是聯合國、國際貨幣基金組織、世界銀行、加拿大政府、拉丁美洲和歐洲的一些國家、聯邦儲備委員會和美國財政部等許多國際機構和組織的顧問。1970 年，他擔任歐洲經濟委員會貨幣委員會的顧問；他還是 1972-3 年度在布魯塞爾起草關於統一歐洲貨幣的報告的九名顧問之一。自 1964 年至 1978 年，他擔任 Bellagio-Princeton 國際貨幣改革研究小組成員；自 1971 年至 1987 年，他擔任 Santa Colomba 國際貨幣改革會議主席。

孟岱爾教授對經濟學的偉大貢獻是開放條件下 IS-LM 模型，即 Mundell-Fleming model。另外還有「最適貨幣區域理論」，此理論直接促成了歐元的誕生。

所謂「最適貨幣區域」的問題可以如下方式理解。如果我們只根據貨幣交換媒介的功能來設定一最適貨幣區域的範圍，此一範圍應包括全世界。因為如此一來，人們將不再需要以外國貨幣來購買貨物，也不用因此而負擔交易成本及匯率風險。但是如果全世界均流通同一貨幣，地區性或國家性自主的穩定性經濟政策工具將趨於喪失。當國家間決定締結貨幣同盟或匯率同盟時，會員國就必須放棄國家性自主的穩定性經濟政策工具。

面對經濟衝擊時，必需的調整就必須經由數量的改變或者是一般物價水準的改變。結果便是更高的失業率及更高的通貨膨脹率。那麼我們應依據那項標準來設定一對內為固定匯率制度，對外為浮動匯率制度之最適貨幣區域的範圍？

資料來源：改寫自維基百科

本章結論

國際貿易為牽涉到兩個經濟體或是兩個國家間財貨與勞務的買賣或交換行為。Adam Smith 提出絕對利益理論來解釋國際貿易的發生。依據這個理論，貿易的發生是由於兩個經濟體在生產方面的專長不同，每個經濟體利用自己的專長去生產擅長的產品，然後再透過貿易，與其他的經濟體進行交換或交易。

如果按照絕對利益理論，在某些國家之間不可能發生國際貿易。因此，Ricardo 提出比較利益理論，依據此原則，一個經濟體只要在生產某產品上享有比較利益，則此一經濟體就應該專業化生產該產品。但由於有非貿易商品的存在，完全專業分工並不會發生。要素稟賦理論旨在說明為何不同的經濟體在不同的商品生產上有不同的機會成本，而形成各自比較利益的原因。

貿易條件就是本國出口商品與外國進口該種商品的交換比例。當發生國際貿易後，貿易條件由市場力量來決定，決定的同時，使進行國際貿易的兩個經濟體的不均衡都不復存在，而且結果使得不管出口國家或是進口國家的社會總福利都增加。

雖然如此，限制自由貿易仍是一個既存的現實。這些常見的限制貿易主張，其理論基礎包括有幼稚工業論、保護就業理論、保護工資理論、國際收支論、反傾銷論與流血輸出論。關稅以及配額是最常見的限制自由貿易措施。如果分析關稅以及配額實施的結果可以發現：「它們都會產生社會福利的無謂損失。」

二次大戰結束後，關稅暨貿易總協定於 1947 年簽訂。1995 年世界貿易組織成立。關稅暨貿易總協定成立後迄今一共進行了 9 個回合的貿易談判，最顯著的結果是各會員國的關稅稅率降低到前所未有的低點。杜哈談判遭遇挫折後，區域經濟整合成為進入 21 世紀之後來國際間經濟整合與貿易合作的主要方式。

本章涵蓋的層面在於經濟體以及經濟體間財貨以及勞務的交易，但經濟體以及經濟體間之互動，並不以實物面為限。在下一章，本書將對經濟體以及經濟體間在金融面之互動，即國際金融，作一說明。

Chapter 24

國際金融

許可達

名人名句

喬治・索羅斯

（George Soros，1930 年 8 月 12 日～）

　　操作就像動物世界的森林法則，專門攻擊弱者，這種做法往往能夠百發百中。

研習重點

- 認識國際收支表
- 了解外匯市場的基本概念
- 認識匯率制度的種類
- 了解匯率決定的基本理論
- 國際金融市場的特性
- 認識國際金融危機的類型、成因及影響

學習架構圖

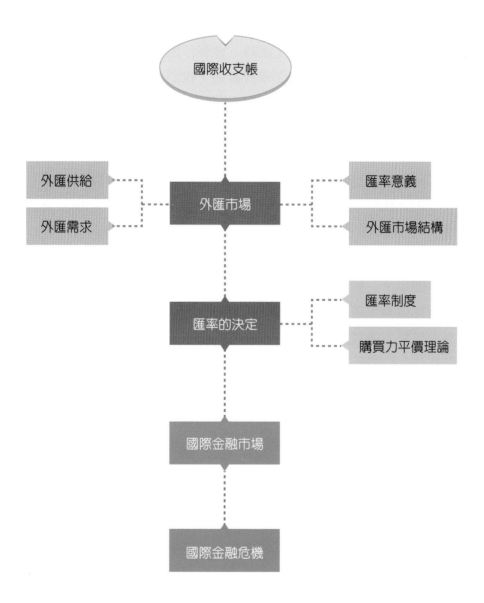

24.1 國際收支帳

卡債的問題在過去爭吵的如火如荼，卡奴似乎隨時就在你身邊，甚至正在研讀這本書的您，可能也是卡奴一族。卡奴產生的原因在於入不敷出，說得白話一些，賺的太少，花的太多。所以必須舉借卡債來填補支出的漏洞。收入與支出的不一致則來自於從事過多的購買商品行為。

如同一個家庭或是個人一樣，一個經濟體或是國家在與其他國家從事交易時，也會存有類似的問題，當收入大於支出時，會有什麼後果？多的錢哪裡去了？反過來說，當支出大於收入時，少的錢從哪裡填補？我們怎麼知道國家在與其他國家從事交易時，到底是收入大於支出，還是支出大於收入？從哪裡可以得知？

一個經濟體與其他的經濟體會發生許多不同的交易，這些交易可能牽涉到有關財貨與勞務的交易、資金的轉移、金融商品的交易、或是所有權的移轉等。這些交易會產生對於外國貨幣的供給或者是需求，對這些交易加以有系統的紀錄，可以使我們了解外匯供給與需求的來源，從而可以知道在外匯市場上，供給與需求如何產生，均衡如何達成。

國際收支表（balance of payments accounts）**就是這樣的一個紀錄：它可以彰顯在一段特定期間中，一個經濟體對外貿易與資金流通的整體表現**。國際收支表可作為政府制定對外貿易、資金流通之外貿政策或匯率政策之主要依據。另外，國民所得的「對外交易帳」是以國際收支統計為資料的主要來源。我國的國際收支表是依照國際貨幣基金會的國際收支手冊（balance of payments manual）加以編訂。

以定義而言，國際收支表是於某一段期間內，以貨幣形式記載一個經濟體內居民與其他經濟體居民間所有經濟活動的有系統記載。在上述定義中，所謂的一段期間內指的是會計記帳所選取的時間單位，通常以一年的會計時間為基準。這也表示國際收支表所列示的經濟變量是流量。

企業之資產負債（平衡）表為存量報表，國際收支表，約定俗成，亦稱國際收支（平衡）表，但它是流量報表。再者，經濟行為必須能以貨幣的形式加以記載。其次，居民的定義是以居住地而非以國籍作為認定的標準，指長久居住在該經濟體境內的自然人及法人。常住於本國的本國人民當然也是本國居民。如果僅是暫時至外國旅行、求學、醫療、及工作的本國人員，以及非長期派駐國外的外交、軍事及商業人員也列為本國居民。相對的，非長久時間留住本國的外國使節、駐軍、私人在本國工作者，或它國企業、政府及國際機構遣派至本國工作者，則視為外國居民，

屬非本國居民。最後，經濟活動指經濟體與經濟體之間財貨、勞務等實質資源的雙向有償交易，以及無償移轉支付的互動行為。

　　依照國際貨幣基金會的國際收支手冊，國際收支表的內容應包括經常帳（current account）、資本帳（capital account）、金融帳（financial account）、誤差與遺漏淨額（net errors and omissions）、準備與相關項目（reserves and related items）等五個部分。

　　首先，經常帳包括商品貿易、服務、所得及經常移轉四大項。資本帳則包括資本移轉（債務的免除、資本設備之贈與及移轉性支付）與非生產、非金融性交易（專利權、商譽等無形資產）之取得與處分。金融帳的內容為經濟體對外的金融資產與金融負債，可區分為直接投資（direct investment）、證券投資（portfolio investment）與其他投資等三大項。誤差與遺漏淨額產生的原因是由於國際收支表採用複式簿記（Double-entry bookkeeping）原則處理，因此理論上各項交易的總和應為零。但在進行統計時，借貸雙方的資料來源常有不同。因此，借貸的總額會略有出入，需用誤差與遺漏淨額的方式加以調整。準備與相關項目指官方的準備餘額。有關近年我國國際收支表的內容請參看表 24.1。

表 24.1　我國國際收支簡表

單位：百萬美元

	1984	2000	2018
A. 經常帳 1	6980	8219	70843
商品：收入（出口）	30548	157309	345495
商品：支出（進口）	21296	138250	278461
商品貿易淨額	9252	19059	67034
服務：收入（出口）	2475	13969	50209
服務：支出（進口）	5319	26624	56831
商品與服務收支淨額	6408	6404	60412
初次所得：收入	1881	9115	39051
初次所得：支出	1124	4696	25299
商品、服務與初次所得收支淨額	7165	10823	74164
二次所得：收入	115	3202	7643
二次所得：支出	300	5806	10964
B. 資本帳 1	....	....	63
資本帳：收入	....	....	86

（表24.1續）

	1984	2000	2018
資本帳：支出	....	....	23
經常帳與資本帳合計	6980	8219	70906
C. 金融帳 1	2605	7970	54220
直接投資：資產	72	6701	18058
股權和投資基金	72	6380	17431
債務工具	—	321	627
直接投資：負債	199	4928	7114
股權和投資基金	209	5014	7195
債務工具	-10	-86	-81
證券投資：資產	—	9780	68853
股權和投資基金	—	9265	2376
債務證券	—	515	66477
證券投資：負債	-50	9556	-15175
股權和投資基金	40	8489	-14385
債務證券	-90	1067	-790
衍生金融商品	....	255	1638
衍生金融商品：資產	....	-465	-16748
衍生金融商品：負債	....	-720	-18386
其他投資：資產	1879	8368	-20082
其他股本	2	—	5
債務工具	1877	8368	-20087
其他投資：負債	-803	2650	22308
其他股本	—	—	—
債務工具	-803	2650	22308
經常帳＋資本帳 - 金融帳	4375	249	16686
D. 誤差與遺漏淨額	-402	2228	-4187
E. 準備與相關項目	3973	2477	12499
準備資產 2	3973	2477	12499
基金信用的使用及自基金的借款	—	—	—
特殊融資	—	—	—

資料來源：中央銀行

24.2 外匯市場與匯率

一個經濟體或是國家的居民在與其他國家的居民從事交易時，這些交易會在外匯市場（foreign exchange market）上產生對外國貨幣的供給或是需求，因此會影響到本國貨幣與外國貨幣的交換比例，也就是匯率（exchange rate）。在你出國旅遊時，對於匯率可能會比較敏感些，因為同樣的新臺幣可以換到的外國貨幣會因為匯率的不同而有所不同。

舉例而言，1990 年代早期，25 元新臺幣兌換一美元時，我們臺灣人在外國都昂首闊步，講話很大聲，而且可以放縱自己採購各種名牌商品，若新臺幣貶為 33 元才能兌換一美元，則講話的聲音就小了很多，買名牌商品時也要精打細算。為什麼匯率會變動？匯率的表達方式有哪些？具有何種意義？外匯市場上面新臺幣兌換美元的匯率是如何被決定？人民幣兌換美元的匯率又是如何被決定？經濟體之間進行交易時，不管這些交易是有關商品的經常帳交易，或者是資本轉移的資本帳交易，或者是有關金融商品買賣的金融帳交易，都必須使用貨幣作為媒介。由於不同的經濟體基本上使用不同的法定貨幣，因此在交易發生時，也必須進行貨幣間的兌換，**外匯市場是不同貨幣進行兌換的場所，因此也是決定匯率之所在。**

24.2.1 外匯之需求與供給

首先說明外匯市場的供給與需求的來源。外匯市場上的供給與需求是由各項交易所產生，這些交易都可以依國際收支表來加以分類。

外匯市場的供給是由以外國貨幣兌換本國貨幣的需要而產生，即產生外幣的供給，依國際收支表，這些相關的交易可以區分為以下八項：

1. 商品出口
   可移動財貨的所有權由居民移轉給非居民。例如，美國戴爾電腦公司向臺灣廣達電腦採購筆記型電腦。

2. 服務收入
   非居民支付給本國居民的服務包括運輸、旅行、通訊服務、建築服務、保險服務、金融服務、電腦與資訊服務、專利權等使用費、其他事物服務、個人文化與休閒服務以及不包括在其他項目的政府勞務。例如，日本的觀光客到臺灣旅遊，或者是德國的留學生到臺灣學習中文。

3. 所得收入

　　包括本國居民至外國從事季節性工作、越境工作或其他短期工作的報酬，或擁有國外金融資產於固定期間的收益。

4. 經常移轉收入

　　如居住外國的本國移民匯款至本國。又如，國際慈善團體對於 921 震災災民的捐款。

5. 本國對外國資本帳的收入

　　例如，臺灣居民將其發明所獲得的專利權售予外國公司。

6. 外國居民來台直接投資

　　例如，美國的惠普電腦公司在臺灣設廠。

7. 外國居民來台證券投資

　　例如，美國的大型基金，在臺灣的證券市場上購買股票、債券。

8. 外國居民來台的其他金融帳投資

　　例如，我國進口商進口外國產品時所產生的信用狀交易。

　　外匯市場的需求是由以本國貨幣兌換外國貨幣的需要而產生，即產生外匯之需求，依國際收支表，這些相關的交易可以區分為以下八項：

1. 商品進口

　　可移動財貨的所有權由非居民移轉給居民。例如，我國賓士汽車的代理商從德國進口賓士汽車。

2. 服務支出

　　本國居民支付於非居民的服務支出包括運輸、旅行、通訊服務、建築服務、保險服務、金融服務、電腦與資訊服務、專利權等使用費、其他事物服務、個人文化與休閒服務及不包括在其他項目的政府勞務。例如，與家人到美國迪士尼樂園遊玩等。

3. 所得支出

　　包括外國居民在本國從事季節性工作、越境工作或其他短期工作的報酬，以及使用外國金融資產固定期間的支出。例如菲律賓女傭在我國家庭幫傭，我國居民將支付的薪水匯至她們在菲律賓的帳戶。

4. 經常移轉支出

　　如我國的居民捐款給慈濟，慈濟再將這些捐款投入非洲饑民的救助工作。

5. **本國從外國資本帳的支出**

   例如，我國企業買下其他國家居民之專利權。

6. **本國居民對外直接投資**

   例如，我國廠商赴越南設立紡織廠、製鞋廠。

7. **本國居民對外證券投資**

   例如，我國居民購買美國的股票、債券以及其他金融商品。

8. **本國居民對外其他金融帳投資**

   例如，我國出口商出口產品到外國時所產生的信用狀交易。

　　以上外匯的需求與供給的各個項目中，第一項至第四項為國際收支表中的經常帳項目，第五項為資本帳項目，第六項至第八項則為金融帳項目。

　　在自由浮動匯率制度（free floating exchange rate）或是管理浮動匯率制度（managed floating exchange rate）之下，匯率基本上由市場的供給與需求來決定。因此可以經由以上的各項交易科目之加總，導出在不同匯率下對應的外匯供給量或需求量，即可導出外匯的供給或需求曲線。

24.2.2　外匯市場結構

　　外匯市場的結構可用不同的標準來加以分類，最常見的是以外匯市場的參與者來分類，依此標準，可用三層結構加以說明，如圖 24.1 所示：

　　第一層為個人或廠商與銀行間的市場，是最原始的外匯需求與供給產生之源頭，這些最原始的外匯需求與供給需要由銀行來吸收。舉例而言，臺灣的留學生到美國求學須先將新臺幣兌換成美元，然後才能前往美國唸書，構成外匯的需求。或者臺灣居民購買美國發行的金融商品，包括在美國境內的銀行開戶、購入美國公司發行的股票或債券，須先將新臺幣兌換成美元才能進行交易。再舉一例，泰國勞工將其所得匯回泰國時，就必須將手中雇主以新臺幣支付的所得兌換成可以匯回泰國的貨幣。

　　第二層是銀行與銀行間的市場（interbank foreign exchange trading），此一市場在於外匯銀行為軋平部位或創造利潤所產生，它是外匯市場的主體部分，也是外匯匯率決定之主要場所。這一部分市場的參與者有：(1) 銀行；(2) 外匯交易員；(3) 外匯自營商；以及，(4) 外匯經紀商。

　　第三層是中央銀行與銀行間的市場，這也是各國中央銀行執行匯率政策的場所。其實，第三層市場也可以視為第二層市場的一部分，所以某些教科書提及外匯市場僅存有雙層的市場結構。

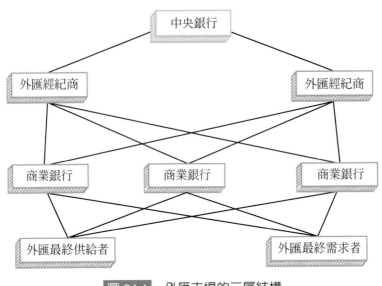

圖 24.1 外匯市場的三層結構

　　附帶一提，當外匯市場的參與者在進行外幣買賣的時候，大部分的情況並非是以現鈔換取現鈔，而是以各種的外幣存款來進行交易。

24.2.3 匯率的意義

　　匯率（foreign exchange rate）**指貨幣間在外匯市場進行兌換的比例**。兩種貨幣在外匯市場的兌換比例可有兩種表示的方式：第一種爲**直接報價方式**（direct quotation），**又稱價格報價法**（price quotation），**又稱爲美國基礎法**（U.S. terms），**指的是一單位外國貨幣可以換取多少單位的本國貨幣**。例如，*USD/NTD*=32 表示一單位的美元可兌換 32 單位的新臺幣。

　　第二種爲**間接報價方式**（indirect quotation），**又稱數量報價法**（volume quotation），**又稱歐洲基礎法**（European terms），**指的是一單位本國貨幣可以兌換的多少單位的外國貨幣**。此種報價方式係以本國貨幣爲基準，而以可換取外國貨幣來表示的報價方式。例如 *NTD/USD*=1/32，表示一單位的新臺幣可兌換 $\frac{1}{32}$ 單位的美元。

　　由於現在美元是外匯市場上最重要的貨幣。因此，**銀行間的報價方式通常是以美元爲基準來報價**。也就是說，以一單位的美元可兌換多少單位的其他貨幣來報價，此種報價方式最爲常見。

　　在測量貨幣升值或貶值的幅度時，必須分辨本國貨幣的升貶值幅度，與外國貨幣的升貶值幅度。以新臺幣兌美元爲例，這表示必須分別計算新臺幣兌美元的升貶值幅度、美元兌新臺幣的升貶值幅度，二者並不相同。

24.3 匯率制度的種類

匯率制度有兩個極端：一個是固定匯率制度（fixed exchange rate system）；另一個是浮動匯率制度（free floating exchange rate system）。這兩個極端可能有不同的變形，在兩個極端之間還有一些過渡型、折衷型的制度。某些制度在歷史上存在，但是現在不復存在，而某些制度可能只在當下存在。因此，對於這些制度的分類可用兩種方式來區分：「一者可以依歷史的演進加以分類；一者可運用橫斷面資料，用現存的制度來分類。」

　　根據國際貨幣基金會對世界各國匯率制度的分類，主要的匯率制度依照中央銀行或貨幣當局干預外匯市場的程度高低，可以區分為八類：無法定貨幣之匯率機制、貨幣發行局制度、傳統釘住匯率機制、區間釘住匯率、爬行釘住匯率、區間內爬行匯率、管理浮動匯率、與自由浮動匯率等八類。國際貨幣基金會的分類是依現存的制度來分類：

1. **無法定貨幣之匯率機制（exchange arrangements with no separate tender）**
   以其他經濟體的貨幣作為本國的法償貨幣，或者是貨幣同盟中的會員國與其他會員國共同使用同一法定貨幣。例如歐盟會員國以歐元作為所有加入歐洲貨幣同盟的會員國之法定貨幣，另一例為巴拿馬以美元作為該國的流通貨幣。

2. **貨幣發行局制度（currency board arrangements，或稱聯繫匯率）**
   一個經濟體透過立法方式將其貨幣與另一特定外國貨幣維持穩定的兌換關係。在貨幣發行局的制度下，央行在匯率上之功能不復存在。相反地，貨幣發行局發行可隨時轉換貨幣，且可依固定比率轉換為外國準備貨幣。貨幣發行局保有以準備貨幣計價的高品質、附利率證券，以作為準備金。其準備金將百分之百等於流通的貨幣。貨幣發行局無法決定貨幣供給額，而是由市場力量來決定貨幣的供給額。只有在市場上有對當地貨幣的需求出現，以準備貨幣兌換當地貨幣時，才能發行當地貨幣。因此，在此制度下，也無法以墊款給政府的方式來增加貨幣供給額。同時，貨幣發行局也無法扮演銀行體系最後貸款者的角色。這些貨幣發行局制度的國家的貨幣膨脹率會與發行準備貨幣之國家相同。在過去 150 年間，超過 70 個國家（主要為前英國殖民地）成立過貨幣發行局。目前貨幣發行局仍存在於香港、新加坡與汶萊。

3. **傳統釘住匯率機制（conventional pegged arrangements）**
   一個經濟體的貨幣其中心價位釘住一個主要國際貨幣或是一籃貨幣組合（basket of currencies）。實際的匯率可在中心匯率 1% 以內的區間上下波動。

4. 區間釘住匯率（pegged exchange rate within horizontal bands，或稱匯率目標區）

   大體與傳統釘住匯率機制相同，只不過實際匯率可在中心位置的 1% 以上的區間波動。中央銀行或是貨幣當局，對外匯市場的干預程度會隨著實際匯率逼近央行所能容忍的界線而增強。

5. 爬行釘住匯率（crawling pegs）

   一個經濟體定期小幅調整其匯率，或者是根據一組指標的變動來進行匯率的調整。

6. 區間內爬行匯率（crawling band）

   一個經濟體對其貨幣定出一中心價位，並允許其實際匯率在此中心價位一定的區間上下波動，但是中心價位定期根據一組指標的變動以固定的幅度調整。

7. 管理浮動匯率（managed floating with no preannounced path for exchange rate）

   中央銀行或是貨幣當局不事先預告或未事前設定匯率變動的方向，而是主動干預外匯市場，影響匯率的走勢。

8. 自由浮動匯率制度（independently floating exchange rate）

   匯率交由市場機能決定，中央銀行或是貨幣當局進場干預的行動，僅在緩和匯率波動的幅度，並非在決定匯率的水準。

FYI 專欄

人民幣納入特別提款權（Special Drawing Right, SDR）

2015 年 10 月 30 日國際貨幣基金會（IMF）開會決定把人民幣納入「特別提款權」（SDR）。SDR 是 IMF 1969 年創造的一種國際儲備資產。黃金和美元的供應沒辦法跟上全球貿易的成長速度及金融市場的新發展，造成國際間國際貨幣的供應不足，60 年代初爆發的美元第一次危機，暴露出以美元為中心的不列敦森林貨幣體系的重大缺陷，以一國貨幣為支柱的國際貨幣體系是無法保持長期穩定，IMF 就創造出 SDR 來加以彌補。

特別提款權是 IMF 分配給會員國的一種使用資金的權利，它亦稱「紙黃金（Paper Gold）」，參加國分得特別提款權以後，即列為本國的外匯準備，可以償付國際收支逆差或償還 IMF 的貸款和支付利息費用。使用特別提款權時需通過國際

貨幣基金組織，由於特別提款權只是一種記帳單位，不是真正貨幣，使用時必須先換成其他貨幣，由 IMF 指定一個參加國接受特別提款權，並提供可自由使用的貨幣，主要是美元、歐元、日元和英鎊。參加國之間只要雙方同意，也可直接使用特別提款權提供和償還貸款，進行贈予，以及用於遠期交易和借款擔保等各項金融業務。會員國不需國際貨幣基金事前審查就可以動用特別提款權，而且不需要按照規定日期償還。會員國原有的「普通提款權」（General Drawing Rights, GDR），動用時必須受基金協定的約束，而且必須按照規定日期償還。

因為它是 IMF 原有的普通提款權以外的一種補充，所以稱為特別提款權。特別提款權創立初期，它的價值由含金量決定，當時規定 35 個特別提款權單位等於 1 盎司黃金，即與美元等值。1974 年 7 月，基金組織正式宣佈特別提款權與黃金脫鉤，改用「一籃子」16 種貨幣作為定值標準。

這 16 種貨幣包括截至 1972 年的前 5 年中在世界商品和勞務出口總額中占 1% 以上的成員國的貨幣。除美元外，還有西德馬克、日元、英鎊、法國法郎、加拿大元、義大利里拉、荷蘭盾、比利時法郎、瑞典克朗、澳大利亞元、挪威克郎、丹麥克郎、西班牙比塞塔、南非蘭特以及奧地利先令。每天依照外匯行市變化，公佈特別提款權的牌價。

1976 年 7 月基金組織對「一 籃子」中的貨幣作了調整，去掉丹麥克郎和南非蘭特，代之以沙烏地阿拉伯里亞爾和伊朗里亞爾，1980 年 9 月 18 日，基金組織又宣佈將組成「一籃子」的貨幣，簡化為 5 種西方國家貨幣，即美元、西德馬克、日元、法國法郎和英鎊。在歐元成立後，「一籃子」的貨幣只包含 4 種貨幣。

人民幣 2016 年 10 月正式納入之後，特別提款權將變成有 5 種貨幣，另外 4 種是歐元、日圓、英鎊和美元。人民幣在特別提款權貨幣籃子中的權重為 10.92%，美元、歐元、日元和英鎊的權重分別為 41.73%、30.93%、8.33% 和 8.09%。新的貨幣籃子於 2016 年 10 月 1 日正式生效。

由此觀之，被納入特別提款權貨幣籃子中首先象徵了中國在國際貿易體制中的重要性。其次，世界各國在外匯存底的選擇多了人民幣。但是由於納入特別提款權貨幣籃子中而引起的外匯存底對於人民幣需求的增加恐怕非常有限，因為特別提款權占各國外匯存底的比例並不高。此外，人民幣到目前為止，由於中國嚴密控管資本帳交易，都還不是自由流通、自由兌換的貨幣。

資料來源：改寫自 MBA 智庫

IMF 宣布 人民幣納入特別提款權 SDR
https://youtu.be/w7sNRbme4Y8

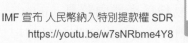

24.4 購買力平價理論

在完全競爭市場的型態下，扣除掉交易成本、關稅等市場不完全性的因素之後，當以相同的貨幣來衡量商品的價格時，任何一種商品在任何一個經濟體中其價格必須一致，此稱爲單一價格法則（Law of one price）。單一價格法則如果應用在可貿易商品（tradable goods）的場合時，稱爲購買力平價理論（Purchasing power parity theory）。由於購買力平價理論是應用在可貿易商品的場合，因此計算出來的均衡匯率是使經濟體間的貿易餘額維持平衡的匯率。

單一價格法則之所以能夠成立，與完全競爭市場中的價格機能有些許的不同。完全競爭市場中的價格機能，是由於當市場價格偏離均衡價格時，會產生超額供給或是超額需求，因此促使生產者與消費者朝著均衡點進行調整，而回到均衡狀態。但是在國際貿易或是國際金融中成立的單一價格法則，其能夠成立是建立在套利（arbitrary）行爲。

在國際貿易中的可貿易商品市場，或是在國際的各種金融市場上，假設有許多套利者存在，這些套利者尋求買低賣高的機會，一旦有某個市場的價格偏離均衡價格，就可以成爲套利標的。

例如，當美元的價格在臺灣的外匯市場高於世界其他外匯市場的價格時，套利者就會在臺灣市場賣出美元，同時在世界其他市場買進美元，如果有許多的套利者同時這樣交易時，或者是只有少數的套利者但交易部位相當大時，臺灣外匯市場上的美元價格就會下跌，而趨近世界其他市場的美元價格。

購買力平價學說最早是由十九世紀的經濟學家 Ricardo 等人所提出來的，時隔百年之後，才由瑞典的經濟學家 Casel 予以有系統的整理並擴充。依 Balassa 在其 1964 年的論文所提出的，購買力平價理論可分爲兩種：絕對購買力平價理論（Absolute Purchasing Power Parity）與相對購買力平價理論（Relative Purchasign Power Parity）。本書只說明絕對購買力平價理論。

以下說明絕對購買力平價理論。首先假設存在兩個不同的經濟體，本國與外國。兩國間的匯率採直接報價法，也就是指一單位外國貨幣可以換得多少單位的本國貨幣。在兩個經濟體間，無貿易障礙，而且國際貿易不存在交易成本，兩個經濟體均充分就業，都生產同質性的可貿易商品，此一貿易商品的市場結構爲完全競爭。此種型態之貿易稱爲產業內貿易（intra-industry trade），至於何以會出現產業內貿易，留待同學們修習較高階國際貿易課程時，再行研習。

依單一價格法則，在市場均衡時，透過匯率轉換後，同一商品在兩國的價格須相等：

$$P_d = P_f \times e \qquad （式 24.1）$$

P_d：本國物價水準

P_f：外國物價水準

e：匯率

　　舉例而言，如果一個麵包在臺灣賣 20 元，而 $e = NTD/USD = 34$，則在商品市場均衡時，同樣的麵包在美國應賣，$20 = P_f \times 34$，$P_f = \dfrac{20}{34}$ 美元。應用此一觀念，在商品市場均衡時，均衡匯率應由兩國對同一商品的相對物價（$\dfrac{P_d}{P_f}$）來決定。

　　換個方式說，如果知道一個麵包在臺灣賣 20 元，同樣的麵包在美國賣 $\dfrac{20}{34}$ 美元，則美元兌新臺幣的匯率應為 34，這就是單一價格法則的運用。由絕對購買力平價的觀點來說，如假設全球有一共同的貨幣，當一貿易商品以此共同貨幣表示時，其價格應全球一致。

　　如果將此一推論擴展到包含所有商品的場合，由於兩個經濟體貿易後，每一種同質的商品價格均相等，且假定所有的商品都是可貿易的商品，則兩個經濟體的一般物價指數，在經過匯率換算後，也會相等。假設所有商品包含有 n 種商品，兩個經濟體使用相同的商品組合與相同的權數建構其物價指數，則匯率可由以下的關係求得：

$$匯率\, e = \frac{\displaystyle\sum_{i=1}^{n} w_i P_d^i}{\displaystyle\sum_{i=1}^{n} w_i P_f^i} \qquad （式 24.2）$$

w_i：編製物價指數時所用之權數

　　根據絕對購買力平價理論，高物價指數的國家，其貨幣應該貶值。絕對購買力平價理論意味著，在經濟體與經濟體間的可貿易商品市場上存在完全套利的機會。但是，經濟體與經濟體間可能由於交易成本、稅賦、補貼、貿易障礙、不可貿易商品的存在、不完全競爭、外匯市場的干預、在不同的國家間計算物價指數的商品組合不同，而使得絕對購買力平價理論，只有在長期均衡達成時方能成立。

經濟小百科

大麥克指數（Big Mac index）

　　大麥克指數是由《經濟學人》之編輯 Pam Woodall 於 1986 年 9 月提出。之所以選擇大麥克是因為這一產品在多個國家均有供應，它在各地的制作規格也大致相同，都由當地麥當勞的經銷商負責為材料議價。

　　大麥克指數以購買力平價為基礎，這一理論認為各國的匯率會自行調整，直到一籃子商品在不同國家的售價相同。這一籃子裡只有一件商品——在 120 個國家都能買到的大麥克漢堡。在美國的平均售價為 5.06 美元，如果一個國家的大麥克售價換算成美元後，高於 5.06 美元，那麼該國貨幣就偏貴。如果低於這個數字，這個國家的貨幣就被低估。

　　大麥克 2017 年 1 月份在美國的平均售價為 5.06 美元，但在中國的售價卻只有 2.83 美元（約人民幣 19.6 元），也就是在其他因素忽略不計的情況下，人民幣低估了 44%。另一方面，大麥克在墨西哥的售價是 49 披索、相當於 2.23 美元，也就是說，墨西哥披索低估了 55.9%。把鏡頭拉回至臺灣，大麥克 1 月份在臺灣的平均售價為新台幣 69 元、相當於 2.16 美元。經濟學人指出，這意味著若其他因素忽略不計，新台幣低估了 57.3%，比人民幣的低估程度還要多。

　　2004 年 1 月，《經濟學人》還曾推出過「中杯拿鐵咖啡指數」（Tall Latte index）。計算原理一樣，只是把大麥克換成了一杯星巴克咖啡。2017 年《華爾街日報》效仿經濟學人的做法推出了最新的「星巴克指數」，只是比較對象從國家變成了城市，他們在全球 29 個城市統計了當地大杯星巴克拿鐵的價格。

資料來源：新聞報導

24.5 國際金融市場簡介

在國際收支帳中，有關資本帳與金融帳的交易都牽涉到經濟體間資金的流通，這些發生國際間資金交易的市場，稱為國際金融市場。國際金融市場主要有兩種型態：一者稱為國際市場（international market），指的是資金由本國的資金供給者，融通給外國的資金需求者，或者是資金由外國的資金供給者，融通給本國的資金需求者；二者為境外市場（offshore market），指的是資金由外國的資金供給者，融通給外國的資金需求者，或稱歐洲市場（Euromarket）。所謂的「境外金融中心」，如盧森堡、巴林、開曼群島等地，均為境外市場之範例。

　　「歐洲市場」是一個極為特殊的市場，而且所謂的歐洲並非地理上的歐洲，它是一個形容詞，泛指「境外的」，而且最早的意義是「美國本土以外」，因為該市場最初係發生於歐洲之故。所謂歐洲美元（Eurodollar），依照國際清算銀行（Bank for International Settlements, BIS）的定義，乃指由美國本土以外之銀行取得，直接或經貨幣轉換後，貸放給非銀行部門之美元存款，例如客戶存在英國倫敦銀行裡的美元存款。除了歐洲美元之外，後來也對其他的貨幣存款衍生出相同的業務，例如歐洲英鎊（Eurosterling）、歐洲日圓（Euroyen）、歐洲歐元（Euroeuro）。這類的業務通稱為歐洲通貨業務。

　　吸收歐洲通貨的銀行一般稱為歐洲銀行（Eurobanks），或稱境外金融業務銀行。境外金融業務銀行在開辦歐洲通貨業務時，通常會選擇稅率較低的地點開辦。而美國以外的國家為了提高本國所得、稅收以及創造就業機會，競相開辦此項業務，這也造成有優渥稅賦待遇「境外金融中心」的興起。

　　歐洲美元市場不斷成長，其範圍自歐洲擴及亞洲和美洲。存於新加坡的稱為「亞洲美元」（Asian Dollar），存於巴西的稱為「里約美元」（Rio Dollar）。另外，更多的貨幣也衍生了類似的市場，於是產生了一個涵蓋更多通貨、更廣業務的名詞，即俗稱**歐洲通貨市場**（Euro Currency Market）。**這個名詞泛指所有存放在發行通貨國以外銀行的外幣存款。**例如歐洲英鎊、歐洲瑞士法郎（Euroswiss Francs）。甚至美國也成立了境外金融中心－國際金融業務單位（IBF）。而所謂的亞洲通貨市場（Asian Currency Market）也是歐洲通貨市場的一個類型，只不過為了強調其位置在亞洲，所以別立名稱。但除了地域上的原因之外，亞洲通貨市場也擁有其他歐洲通貨市場所沒有的特點。

　　1968 年新加坡政府允許美國商業銀行的新加坡分行接受外幣存款，此為亞洲通貨市場的濫觴，就如同在歐洲地區的美國分行收受境外存款一般。亞洲美元市場存在的部分原因緣於許多亞洲人握有大量的美元資產，不過更可能源於政府實施外匯管制，所以無法將美元匯回本國作有效的運用。

　　在發展早期，亞洲通貨市場扮演亞洲美元與歐洲通貨市場間的媒介角色，吸收亞洲的美元存款貸放予歐洲地區的銀行。所以這些美元資金並沒有留在亞洲，也未供應亞洲企業之所需。然而，現今亞洲通貨市場已經發展出屬於亞洲的區域貸款網路，提供亞洲地區所需要以歐洲通貨計價的資金，同時也提供全球的投資人在亞洲、中東與歐洲的各個歐洲通貨市場的套利機會。而其獨特的優勢在於它是位處亞洲時區的歐洲美元市場，正好彌補美國西岸與歐洲間的時差，使得美元交易市場得以 24

小時連續交易而不中斷。儘管如此，歐洲通貨市場的排名仍以英國倫敦爲首、日本居次、美國則排名第三。

　　由於**歐洲通貨市場不受國內銀行業務法令的限制。而且，因不需提存款準備金，歐洲業務銀行的資金成本因此比本國銀行來得低。**另外，透過歐洲通貨市場的構建，歐洲業務銀行間已建立起良好的交易網。因此，使歐洲通貨市場快速發展，形成了一個完整的國際資本市場，影響到國際資金的流動、利率水準、國際貿易與公司融資，當然也影響到各國的經濟發展與金融政策。

　　由於歐洲通貨市場的建立，石油輸出國家之油元（petrodollar），可透過歐洲貨幣市場流向不產石油之工業化國家及開發中國家，且擁有剩餘資金的跨國公司與貿易商可將剩餘資金投入此市場賺取較高的短期利息，而短缺資金的跨國公司與貿易商亦可從這個市場獲取所需的資金。最後，政府與超國家組織也可以在這個市場上從事資金調度。不待言，國內市場與歐洲通貨市場間的利率差距，因歐洲業務銀行的套利行爲而縮小。

FYI 專欄

主權財富基金（Sovereign Wealth Funds, SWF）

　　主權財富基金的設立可以追溯到 1956 年，當時屬於英國保護地的密克羅尼西亞吉爾伯特群島，英國政府針對該島出口的磷酸鹽（鳥糞）徵收稅收並成立基金，然而當鳥糞逐漸採掘枯竭後，這一筆預留資金就成爲「吉里巴斯收益平衡儲備基金」（Kiribati RevenueEqualisation Reserve Fund），其數目至 2006 年時已經超過 6 億美金。主權基金早於半世紀前即已出現，但資產規模快速成長則是近年才有的現象，2007 年底全球主權基金管理的資產約 3.259 兆美元，歷經全球金融海嘯與歐美債務危機事件之洗禮後，迄今已約 7.3 兆美元，增幅一倍，且持續增長。

　　主權財富基金與私人財富是相對應的，由於是由政府所控制與支配，所以通常是以外幣形式所持有的公共財富。不同於傳統的政府養老基金，也不同於那些簡單持有儲備資產以維護本幣穩定的政府機構，而是一種全新的專業化、市場化的積極投資機構。目前，全球已有 22 個國家和地區設立了主權財富基金，其他一些國家的主權財富基金也在醞釀之中。

　　根據成立主權財富基金的目的，可以區分爲以下五種類型：

　　穩定型主權財富基金：一方面爲了避免資源枯竭後影響到政府的穩定收入，另一方面則爲了避免因短期自然資源生產波動而造成經濟的大起大落，因此設立主權基金進行多元化投資，以延長資產投資期限，並提高長期投資收益水準。

沖銷型主權財富基金：根據國際貨幣基金的定義以主權財富基金形式用於中長期投資的外匯資產不屬於國家外匯存底，使得一些具有高額外匯存底的國家，藉由設立主權財富基金來將其分流，以降低名目上的外匯數量，進而減少貨幣升值的壓力以維持匯率穩定。

儲蓄型主權財富基金：希望藉由國際投資，以緩解高齡化社會所可能帶來的沈重財政負擔，並因應自然資源收入下降對養老金體系所帶來的衝擊，因此在尋求國際間更公平進行財富分配之前提下所成立的主權財富基金。

預防型主權財富基金：正如個人預防性儲蓄動機一樣，許多亞洲國家都持有巨額外匯儲備，以應對潛在社會經濟危機和發展的不確定性。以科威特為例，伊拉克戰爭結束後，科威特之所以能夠重新獲得獨立並重建家園，很大程度上應該歸功於科威特投資局（Kuwait Investment Authority, KIA）所積累並管理的主權財富基金。

策略型主權財富基金：支持國家發展戰略，在全球範圍內將資源配置最佳化，進入緊缺資金的國家和地區，分享其經濟成長成果。如新加坡政府投資公司、新加坡淡馬錫控股公司。

資料來源：MBA 智庫。郭秋榮，2016，從全球主權財富基金發展看我國可行之道，經濟研究，16，43-69。
范世平，2009，主權財富基金發展與影響的政治經濟分析，問題與研究，48(3)，123-154。

24.6 國際金融危機

金融危機（financial crisis）對於市場導向的經濟體系而言，一直都不是件罕見的事情。金融危機的發生幾乎是必然，而非偶然。特別是自從 1980 年代之後，在各個方面逐步放鬆自第二次世界大戰結束後，為了防止 1930 年代經濟大恐慌而有的各項管制措施，在金融面也逐步自由化，讓走向開放的國家之金融業也大幅發展，國際間資本流動的數量也大幅提高。但是自由所帶來的風險提高，在 1990 年代之後大幅爆發，1997 年的亞洲金融風暴（Asian Financial Crisis）讓大家第一次覺察到，一個發生在偏遠小國的金融風暴可以在短時間擴散到全東亞地區，甚至影響到北美與歐洲。

根據 IMF 的定義，我們可以將金融危機區分為三種基本類型：銀行危機（banking crisis）、貨幣危機（currency crisis）、國家債務危機（sovereign debt crisis）。這三個基本型態的金融危機可以混在一起，形成雙元

危機（twin crisis）或是三元混合危機（triple crisis）。根據 IMF 的統計，從 1970 年至 2007 年底，全世界共發生 124 次銀行危機，208 次貨幣危機，65 次國家債務危機與 42 次雙元及 10 次三元混合危機。其發生的頻率可以如表 24.2 所示。

如果我們進一步觀察其發生的時間，可以看出來，進入 1980 年代以後各類的金融危機發生的頻率比之前高了很多，到了 1990 年代，發生的頻率又比 1980 年代更高。

進入 21 世紀後，好像經過 1990 年代的教訓，讓金融危機發生的頻率降低了，可是到了 2008 年發生了規模在歷史上極為罕見的次級房貸風暴（subprime mortgage crisis），由美國迅速蔓延到全球各國，無論規模與程度都超過近年來之國際金融危機，堪與 1929 年之經濟大蕭條相當，可稱之為金融海嘯。

表 24.2　金融危機發生的頻率

年 / 危機	銀行危機	貨幣危機	國家債務危機	雙元危機	三元危機
1970					
1971		1			
1972		5			
1973		1			
1974					
1975		5			
1976	2	4	1		
1977	2	1	1		
1978		5	3		
1979		3	2		
1980	3	4	3	3	
1981	3	9	6	1	
1982	5	5	9	1	1
1983	7	12	9	2	1
1984	1	10	4		
1985	2	10	3		
1986	1	4	3		
1987	6	6		1	

（表24.2續）

年/危機	銀行危機	貨幣危機	國家債務危機	雙元危機	三元危機
1988	7	5	1		
1989	4	8	3	1	1
1990	7	10	2		
1991	10	6			
1992	8	9	1	1	
1993	7	8		1	
1994	11	25		2	
1995	13	4		2	
1996	4	6		1	
1997	7	6		4	
1998	7	10	2	3	3
1999		8	2		
2000	2	4			
2001	1	3	2	1	1
2002	1	5	4		
2003	1	4	1	1	1
2004		1	1		
2005		1			
2006					
2007	2				
總計	124	208	63	26	8

資料來源：Laeven Luc, and Fabian Valencia （2008）, "Systemic Banking Crises: A NewDatabase," IMF Working Paper WP/08/224.

　　以上 IMF 的統計並沒有包含臺灣在內。臺灣也經歷了 1995 年前後的基層金融擠兌、1998 年本土金融危機、2001 年逾放比大幅增加與 2005 年的雙卡風暴等金融危機。但其規模與影響程度均無法與國際性金融危機相比擬。

經濟小百科

次級房貸

美國銀行辦理房貸通常採用 Fair Isaac Corporation 徵信公司所開發之信用風險評分（FICO Score）系統。該系統公式運算基於按時還款（占 35%）、信用歷史（15%）、債務總額（30%）、債務類型（10%）及最近申貸次數（10%）等五類因素，再按二十多組時間數列資料統計得之，最低為 300 分，最高為 850 分，分數愈高，信用狀況愈好。分數超過 700 者為較佳信用評等，可申請優級房貸（Prime Mortgage）；介於 620 至 700 為中度信用評等，可申請準優級（Alt-A）房貸，低於 620 分為較差信用評等，適用次級貸款（Sub-prime）借款人。非優級房貸包括 Alt-A 房貸與次級房貸，此兩類型房貸的平均房貸自備款比重分別為 12% 與 6%，遠低於優級房貸，部分房貸案件甚至不需繳交自備款。

銀行積極進行放款並予以證券化，使其不需增加資本即可拓展放款業務。在優級房貸市場飽和下，銀行進而放寬核貸標準與還款條件以承作次級房貸業務，導致次級房貸大幅增加。因信用標準趨於寬鬆、對風險較高借款者之放款增加以及創始機構的道德風險被忽略等因素，造成房貸品質下滑。

次級房貸占新房貸的比重，由 2000 年初的 9%，上升至 2006 年的 40%；次級房貸用於證券化房貸所占比重，由 2001 年底的 7%，上升至 2006 年底的 14%。2006 年第二季房地產價格開始下跌後，以及 2007 年 6 月信評機構調降次級房貸相關證券之等級，房貸證券化市場中隱藏的缺失逐一浮出，房貸市場的信用風險開始顯現，房貸證券化體系亦因而趨向崩潰。

資料來源：中央銀行 全球金融危機專輯

《華爾街》第 09 集：拯救危機
https://youtu.be/ynmbQ97L-QE

我們可以依照圖 24.2 對於金融危機的類別、成因及其對於總體經濟的影響作一個簡短的說明。金融危機區分為三種基本類型，即銀行危機、貨幣危機與國家債務危機。但是國家債務危機（龐大財政赤字）通常是造成銀行危機的原因。除了龐大財政赤字，房地產泡沫化與股票市場泡沫化都會導致銀行危機。而經由國際金融市場導致股市或是房地產泡沫化的可能原因為國外短期投資資金流入或是巨額的國外短期借款。

銀行危機可以導致貨幣危機，但相對的，貨幣危機也可以導致銀行危機。貨幣危機可以導致國外資金的流出，資金流出進一步加深貨幣貶值的危機，這又讓更多資金迫不及待地流出，從此形成一個惡性的循環。最後，這些金融危機會讓實質經濟受損。

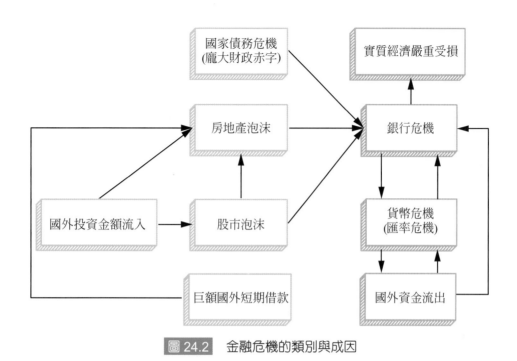

圖 24.2　金融危機的類別與成因

　　有關金融危機對於實質經濟的影響，可以 2007 年下半年開始的金融海嘯為例。金融海嘯對於全球以及我國有關消費、生產與投資、出口以及就業等實質經濟的影響可以如下分別說明。

　　美國、歐元區、英國與日本等國之消費者信心指數，自 2007 年下半年起全面下滑。歐美人民逐漸改變消費習慣，慢慢縮減非民生用品支出，致使主要國家銷貨表現明顯欠佳，美國、歐元區與日本銷貨年增率，至 2009 年 10 月續呈負成長。根據 IMF 計算，先進國家自 2008 年 5 月起工業生產轉呈負成長。新興市場國家工業生產活動則受國外需求銳減波及，自 2008 年 9 月起轉呈負成長。美、英、日、歐洲地區等先進國家的失業率均自 2008 年下半年起顯著攀升，美國及歐元區失業率分別高達 10.2% 與 9.7%，且美國創 1983 年 3 月以來新高紀錄，歐元區則為 1999 年 1 月以來新高；同期間，英國創 1997 年 8 月以來新高，日本則於 7 月創歷史新高。國際勞工組織的統計資料顯示，新興經濟體 2008 年的失業人口增加 8 百萬人，失業率為 5.9%。

　　我國實質民間消費自 2008 年第 3 季起，連續四季呈現負成長，為繼 2003 第 2 季因 SARS 因素導致消費衰退後，再度出現罕見的負成長情況，並導致 2008 年全年民間消費為負成長 0.57%。2008 年第 3 季以後，由於全球景氣急速反轉直下，廠商產能閒置，加以庫存增加，我國廠商投資意願轉趨保守，致 2008 年第 4 季實質民間投資衰退幅度擴大為 29.49%，其後連續三季減幅超過二成。自 2008 年 9 月起，我國海關出口由前 8 個月平均二位數成長，急速反轉大幅萎縮。影響所及，實質輸出

（含商品與服務）自 2008 年第 3 季起轉呈負成長，至 2009 年第 1 季減幅更擴大爲－26.87%，爲 1974 年第 2 季以來最大降幅，並導致國外淨需求對經濟成長的貢獻由 2007 年之 4.65 個百分點，持續下滑至 2009 年之 1.09 個百分點。觀察我國 2008 年下半年來的失業原因，多以「因場所歇業或業務緊縮者」爲主，因此一原因而失業者於 2009 年 6 月達 35.5 萬人高峰，並創下歷史新高。

Didier Sornette: How we can predict the next financial crisis（中文字幕）
https://youtu.be/C_eFjLZqXt8

FYI 專欄

喬治‧索羅斯與國際金融危機

　　喬治‧索羅斯（George Soros）出生於 1930 年 8 月 12 日，是匈牙利出生的美籍猶太人。著名的貨幣投機家，股票投資者，進步主義政治及社會運動家和哲學家、慈善家，用金融市場來實驗自身的哲學理念。

　　他出生於匈牙利的首都布達佩斯，一直到 1946 年都在匈牙利生活。父親蒂瓦達‧索羅斯是世界語作家，喬治‧索羅斯從小學習世界語當作母語之一。二次大戰期間，索羅斯在匈牙利的黑市交易貨幣。14 歲時，德國在戰爭的最後時期取得了匈牙利的軍事控制權。索羅斯的祖父是納粹統治下的匈牙利官員，他在女婿提瓦達‧索羅斯的幫助下，負責聚斂猶太人財富的工作。喬治‧索羅斯的家庭雖然有猶太血統，但因為親友為納粹官員的緣故下而躲過一劫。家人於 1947 年移民至英國，他在 1952 年畢業於倫敦政治經濟學院，1956 年遷居到美國。

　　索羅斯是索羅斯基金會的創辦者，在 1970 年時，他和吉姆‧羅傑斯共同創立了量子基金。在接下來十年間，量子基金回報率每年大約 142.6%，共回收了 33.65 倍的利益。

　　在 1992 年 9 月 16 日的黑色星期三，索羅斯更以放空 100 億以上的英鎊而聲名大躁，並利用英格蘭銀行頑固堅守英鎊匯率和可與其它歐洲匯率機制參加國相當的利率水準而獲利。而最終英格蘭銀行僅能被迫退出歐洲外匯機制並且讓英鎊貶值，估計索羅斯在此役中獲得了約 11 億美元的利潤，也因此他被封為「讓英格蘭銀行破產的男人」。

　　在 1997 年的亞洲金融風暴中，馬來西亞首相馬哈蒂爾‧本‧穆罕默德指控索羅斯打壓馬幣，之後他稱索羅斯為蠢蛋（moron）。泰國則稱其為「吸取人民鮮血的經濟戰犯」。2011 年進入中國大陸與臺灣房地產，引發恐慌。

資料來源：維基百科

台幣飆 央行追炒家「索羅斯」
https://youtu.be/6iI95kFyLLg

本章結論

　　國際收支表可以彰顯在一段期間中，一個經濟體對外貿易與資金融通的總體經濟表現。依照國際貨幣基金會的國際收支手冊，國際收支表的內容應包括經常帳、資本帳、金融帳、誤差與遺漏淨額、準備與相關項目等五個部分。

　　一個經濟體或是國家的居民在與其他國家的居民從事交易時，會在外匯市場上產生對外國貨幣的供給或是需求。換句話說，外匯市場上的供給與需求是由各項交易所產生。而這些交易都可以依國際收支表來加以分類。

　　匯率指貨幣間在外匯市場進行兌換的比例，在外匯市場可有兩種表示的方式：第一種為直接報價方式，第二種為間接報價方式。由於現在美元是外匯市場上最重要的貨幣，因此，銀行間的報價方式通常是以美元為基準來報價，此種報價方式最為常見。匯率的決定受到制度面及經濟面的影響。有關制度面，在本章中介紹了國際貨幣基金會對世界各國匯率制度的分類，其分類是依現存的制度而來。有關經濟面，本書主要介紹之對象，為奠基於單一價格法則的購買力平價理論。

　　在國際收支帳中，有關資本帳與金融帳的交易都牽涉到經濟體間資金的流通，這些發生國際間資金交易的市場，可以稱為國際金融市場。國際金融市場主要有兩種型態：「其一，為國際市場；其二，為境外市場，或稱歐洲市場（Euro Market）。」由於歐洲通貨市場不受國內銀行業務法令的限制，促成歐洲通貨市場快速發展，不但影響到國際資金的流動、利率水準、國際貿易與公司融資，同時也影響各國的經濟發展以及金融政策。

　　自 1980 年代以來，在各個方面逐步放鬆管制措施，在金融面也逐步自由化，讓走向開放的國家之金融業也大幅發展，國際間資本流動的數量也大幅提高。但是自由所帶來的風險提高。進入 1980 年代以後各類的金融危機發生的頻率比之前高了很多，到了 1990 年代，發生的頻率又比 1980 年代更高。我們可以將金融危機區分為三種基本類型：銀行危機、貨幣危機、國家債務危機。這三個基本型態的金融危機可以混在一起，形成雙元危機或是三元混合危機。這些金融危機會讓實質經濟受到嚴重損害。

Index
英文索引

517

I

歡迎加入 全華會員

● **會員獨享**

會員享購書折扣、紅利積點、生日禮金、不定期優惠活動…等。

● **如何加入會員**

掃 QRcode 或填妥讀者回函卡直接傳真 (02) 2262-0900 或寄回，將由專人協助登入會員資料，待收到 E-MAIL 通知後即可成為會員。

全華網路書店 全華書籍

如何購書

1. **網路購書**

   全華網路書店「http://www.opentech.com.tw」，加入會員購書更便利，並享有紅利積點回饋等各式優惠。

2. **實體門市**

   歡迎至全華門市（新北市土城區忠義路21號）或各大書局選購。

3. **來電訂購**

   (1) 訂購專線：(02) 2262-5666 轉 321-324
   (2) 傳真專線：(02) 6637-3696
   (3) 郵局劃撥（帳號：0100836-1　戶名：全華圖書股份有限公司）
   ※ 購書未滿 990 元者，酌收運費 80 元。

OpenTech.com.tw 全華網路書店

全華網路書店 www.opentech.com.tw
E-mail: service@chwa.com.tw

※ 本會員制如有變更則以最新修訂制度為準，造成不便請見諒。

讀者回函卡

✂ （請由此線剪下）

掃 QRcode 線上填寫 ▶▶▶

姓名： 生日：西元 年 月 日 性別：□男 □女

電話：（ ） 手機：

e-mail：（必填）

註：數字零，請用 Φ 表示，數字1與英文L請另註明並書寫端正，謝謝。

通訊處：□□□□□

學歷：□高中·職 □專科 □大學 □碩士 □博士

職業：□工程師 □教師 □學生 □軍·公 □其他

學校／公司： 科系／部門：

· 需求書類：

□A. 電子 □B. 電機 □C. 資訊 □D. 機械 □E. 汽車 □F. 工管 □G. 土木 □H. 化工 □I. 設計
□J. 商管 □K. 日文 □L. 美容 □M. 休閒 □N. 餐飲 □O. 其他

· 本次購買圖書為： 書號：

· 您對本書的評價：

封面設計：□非常滿意 □滿意 □尚可 □需改善，請說明
內容表達：□非常滿意 □滿意 □尚可 □需改善，請說明
版面編排：□非常滿意 □滿意 □尚可 □需改善，請說明
印刷品質：□非常滿意 □滿意 □尚可 □需改善，請說明
書籍定價：□非常滿意 □滿意 □尚可 □需改善，請說明
整體評價：請說明

· 您在何處購買本書？

□書局 □網路書店 □書展 □團購 □其他

· 您購買本書的原因？（可複選）

□個人需要 □公司採購 □親友推薦 □老師指定用書 □其他

· 您希望全華以何種方式提供出版訊息及特惠活動？

□電子報 □DM □廣告 （媒體名稱 ）

· 您是否上過全華網路書店？（www.opentech.com.tw）

□是 □否 您的建議

· 您希望全華出版哪方面書籍？

· 您希望全華加強哪些服務？

感謝您提供寶貴意見，全華將秉持服務的熱忱，出版更多好書，以饗讀者。

填寫日期： / /

2020.09 修訂

親愛的讀者：

感謝您對全華圖書的支持與愛護，雖然我們很慎重的處理每一本書，但恐仍有疏漏之處，若您發現本書有任何錯誤，請填寫於勘誤表內寄回，我們將於再版時修正，您的批評與指教是我們進步的原動力，謝謝！

全華圖書 敬上

勘 誤 表

書 號			作 者
頁 數	行 數	書 名	
		錯誤或不當之詞句	建議修改之詞句

我有話要說： （其它之批評與建議，如封面、編排、內容、印刷品質等...）

得　分
全華圖書（版權所有，翻印必究）

經濟學
學後評量
CH01 經濟學導讀

班級：＿＿＿＿＿＿
學號：＿＿＿＿＿＿
姓名：＿＿＿＿＿＿

一、選擇題

(　　) 1. 下圖是某國生產 X 和 Y 的生產可能線。從 A 點移動到 F 點，這樣向外凸出的特性，可以看出生產 X 的機會成本：　(A)固定　(B)為零　(C)遞增　(D)遞減。　【107年普考】

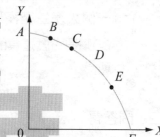

(　　) 2. 下列關於「機會成本」的敘述，何者錯誤？
(A)假設某一稀少資源僅有一種用途，則該稀少資源沒有機會成本　(B)享受冬日午後陽光不需付費，故陽光沒有機會成本　(C)某一資源的機會成本，是指此一資源所有用途價值之總和　(D)某一經濟行為動用到好幾個資源，這個經濟行為的機會成本，是指所動用的資源之機會成本總和。

(　　) 3. 小趙有10萬元，放在銀行的利率為2%，投資 A 方案的報酬率是3%，投資 B 方案的報酬率是4%。近日小趙的朋友資金周轉困難，小趙情義相挺，決定無息出借朋友10萬元。小趙出借資金給朋友，機會成本是多少報酬率？　(A)0%　(B)2%　(C)3%　(D)4%。　【105年普考】

(　　) 4. 下列何種原因造成資源的使用具有機會成本？　(A)稀少且具有單一用途　(B)取之不盡且具有單一用途　(C)稀少且具有多種用途　(D)取之不盡且具有多種用途。　【106年普考】

(　　) 5. 生產可能線可直接用來說明何種概念？　(A)比較利益　(B)絕對利益　(C)機會成本　(D)交易成本。　【106年關務人員考試】

(　　) 6. 下列關於資源的敘述，何者錯誤？　(A)資源很豐富，但仍可能會有稀少性問題　(B)自由財是指數量很多的財貨　(C)自由財可能是維生不可或缺的必需品　(D)經濟財是要放棄別的東西為代價才能取得。　【109年公務人員初考】

(　　) 7. 假設某農家為了多生產45公斤稻米必須少生產15公斤蔬菜，則生產一公斤稻米的機會成本為：　(A)3公斤稻米　(B)3公斤蔬菜　(C)1/3公斤蔬菜　(D)1/3公斤稻米。　【109年公務人員特考】

( ) 8. 經濟學始祖亞當·斯密（Adam Smith）所謂「看不見的手」指的是：
(A)價格機制 (B)政府財政政策 (C)政府貨幣政策 (D)政府產業政策。

( ) 9. 使用一項資源的機會成本是： (A)該項資源的生產成本 (B)取得該項資源的價格 (C)該項資源在此特定用途的價值 (D)該項資源在其他用途的最大價值。

( ) 10.一個大學生徹夜玩網路遊戲，下列何者不是他玩網路遊戲的機會成本？
(A)購買遊戲道具的支出 (B)晚餐支出 (C)隔天翹課 (D)使用電腦上網的電費。

二、問答題

1. 請問Adam Smith認為個人的利益與社會的利益之關係如何？他的觀點是否可以成立？試舉例說明。

2. 為何自由會造成不平等？

3. 為何自由放任的經濟體系可能造成自我毀滅？

三、計算題

1. 小明為了開一家雞排店，從他的郵局帳戶中提出新臺幣10萬元，其年利率為3%；此外又向銀行借了20萬元，其年利率為5%。小明今年為了開這家雞排店所付出的機會成本為？

2. 假設某一國家生產X與Y兩種產品，生產可能線為$2X + 5Y = 10$。該國生產1單位X產品之機會成本為何？

得 分

經濟學
學後評量
CH02 需求、供給、市場均衡與彈性

班級：＿＿＿＿＿＿＿＿
學號：＿＿＿＿＿＿＿＿
姓名：＿＿＿＿＿＿＿＿

一、選擇題

( )1. 假設小王吃燒餅時一定要加油條，且燒餅對小王是正常財。在其他條件不變下，若燒餅價格下跌，則下列何者正確？ (A)小王對燒餅的需求增加 (B)小王對燒餅的需求量減少 (C)小王對油條的需求增加 (D)小王對油條的需求量減少。　【107普考 財經廉政】

( )2. 假設臺灣稻米的需求為無彈性（inelastic）。若全球氣候異常使得臺灣每位農夫的稻米收成都減少兩成，則每位農夫的總收益（total revenue）會：(A)增加 (B)不變 (C)減少 (D)可能增加也可能減少。　【107普考 財經廉政】

( )3. 需求法則指的是商品之價格和需求量為： (A)正相關 (B)無關 (C)負相關 (D)不知道。

( )4. 下列哪一項不會造成起司的需求改變？ (A)通常和起司一起消費的餅乾的價格上升 (B)購買起司的消費者收入增加 (C)偏愛起司的消費者人口增加 (D)起司的價格上升。

( )5. 下列哪一項不是供給的決定因子？ (A)原料價格 (B)生產技術 (C)偏好 (D)未來預期。

( )6. 若某商品的供給曲線符合供給法則，則 (A)供給曲線為負斜率 (B)供給曲線為垂直線 (C)供給曲線為水平線 (D)供給曲線為正斜率。

( )7. 市場經濟的運作主要依靠的是 (A)道德 (B)法律 (C)暴力 (D)價格。

( )8. 假設你觀察到一物品的市場價格上升且交易數量下降，下列何者可能是造成此情形的原因？ (A)供給增加 (B)供給減少 (C)需求增加 (D)需求減少。

( )9. 若電影票價由100元調為120元，但電影收入卻不變，則表示人們對電影票之需求彈性（取絕對值）為 (A)0 (B)1 (C)−1 (D)無窮大。

(　　)10.已知P為每單位桃子的價格，Q為每週桃子的需求量，當$P_0 = 27$，$Q_0 = 70$；$P_1 = 30$，$Q_1 = 69$。問桃子之需求價格彈性為何？（利用點彈性公式）
(A)－87/70　(B)－0.012658228　(C)－0.042857143　(D)－0.128571429。

(　　)11.牛肉價格上升5%使雞肉的需求量增加2%，由此可知　(A)雞肉的需求彈性為2.5　(B)雞肉對牛肉的交叉彈性為0.4　(C)雞肉為一正常品　(D)牛肉與雞肉為互補品。

(　　)12.若需求曲線為一水平線，則下列何者正確？　(A)均衡價格由供給面決定(B)需求彈性為1　(C)需求曲線為完全無彈性　(D)需求曲線為完全彈性。

(　　)13.下列何種變化會導致在需求曲線上的移動？　(A)相關商品價格的變化(B)商品本身價格的變化　(C)人口變化　(D)商品本身價格的變化和人口的變化。

【109年公務人員特考】

二、問答題

1. 影響需求量的變數有哪些？
2. 影響供給量的變數有哪些？
3. 需求的改變和需求量的改變有何不同？
4. 供給的改變和供給量的改變有何不同？
5. 繪圖說明政府對房租實施價格上限政策，對市場的影響。
6. 繪圖分析小麥價格下跌對臺灣稻米市場的影響。

得　分

經濟學
學後評量
CH03 消費者行為分析

班級：_____

學號：_____

姓名：_____

一、選擇題

(　　) 1. 假設小瑛只消費食物（F）與休閒（H）她一天中有12 個小時可以用來分配在工作與休閒活動假設目前的工資率是2，食物的價格是3除了工資她沒有其他所得，則小瑛的預算限制是下列何者？　(A) $3F + 2H = 12$　(B) $2F + 3H = 12$　(C) $3F + 2H = 24$　(D) $3F + H = 24$。　【109年公務人員特考】

(　　) 2. 承上題，假設小瑛的效用函數是$U(F, H) = F \cdot H$，則在最適時小瑛的工作時間有多少？　(A) 3小時　(B) 5小時　(C) 6小時　(D) 8小時。　【109年公務人員特考】

(　　) 3. 假設葡萄酒的價格為3元，奶酪的價格為1元，小民有20元所得。當她消費2瓶葡萄酒及14塊奶酪時，最後一瓶葡萄酒的邊際效用為6，最後一塊奶酪的邊際效用為3，則在消費均衡時小民會：　(A)多買奶酪少買葡萄酒　(B)多買葡萄酒少買奶酪　(C)全部所得都買葡萄酒　(D)維持原消費組合。

【109年公務人員高考】

(　　) 4. 假設一消費者之效用函數為$U(x, y) = xy$，預算限制式為$2x + 3y = 60$，下列何者為此消費者效用極大化下之最適財貨組合？　(A) $x = 30, y = 0$　(B) $x = 12, y = 12$　(C) $x = 15, y = 10$　(D) $x = 0, y = 20$。　【109年公務人員普考】

(　　) 5. 追求效用最大的小美將其所得用於購買蘋果及柳丁。小美的最適蘋果及柳丁購買量會滿足：　(A)消費蘋果的效用等於消費柳丁的效用　(B)消費每顆蘋果的邊際效用等於消費每顆柳丁的邊際效用　(C)每塊錢花在蘋果所得到的邊際效用等於每塊錢花在柳丁所得到的邊際效用　(D)邊際替代率為1。

【109年公務人員普考】

(　　) 6. 若有X與Y兩種財貨可供消費，則下列何者代表消費者達到效用極大之消費組合？　(A)消費X 財的總效用等於消費Y 財的總效用　(B)消費X 財的平均效用等於消費Y 財的平均效用　(C)只消費比較便宜的財貨　(D)花在兩財貨上的最後一塊錢所帶來的邊際效用相等。　【109年公務人員特考】

(　　) 7. 小美、小丁以及小吳對漢堡的願付價格分別是20元、18元以及10元，若漢堡的市場價格為15 元，則此三人的總消費者剩餘為何？　(A)3元　(B)5元　(C)8元　(D)10元。　【109年公務人員特考】

二、問答題

1. 試論述基數效用理論和序數效用理論在分析精神上的主要差異。

2. 何謂消費邊際替代率？消費邊際替代率為什麼呈現遞減的態勢？

3. 試用替代效果和所得效果分析說明，如果蘋果的價格下降，對它的需求量何以會增加？

4. 鑽石對人類的用途很有限但卻價格昂貴，生命不可或缺的水卻很便宜。請運用所學經濟學原理來解釋這一價值矛盾現象。

5. 試用作圖方法表示正常財貨、劣等財貨（含Giffen財貨）以及所得中性財貨在需求曲線上的差異。

6. 試作一無異曲線說明Y財貨或勞務超過某一數量後便成為令人討厭的財貨或勞務。

7. 說明在同一條無異曲線上，為什麼 $\Delta X \cdot MU_X = -\Delta Y \cdot MU_Y$？

三、計算題

1. 若張三的所得為270元，他在財貨和財貨的無異曲線上的斜率為 $\frac{\Delta Y}{\Delta X} = -\frac{20}{Y}$ 的點上實現均衡。已知X財貨和Y財貨的價格分別為 $P_X = 2$，$P_Y = 5$，那麼此時張三所消費之X和Y各為多少？

2. 已知張三的效用函數為 $U = XY$，他打算購買X和Y兩種財貨或勞務，當其每月所得（I）為120元，$P_X = 2$元，$P_Y = 4$元時，請問：

   (1) 為獲得極大效用，張三應該如何選擇X和Y兩種財貨或勞務的消費組合？

   (2) 貨幣的邊際效用是多少？

   (3) 假設X財貨或勞務的價格提高44%，Y財貨或勞務的價格維持不變，張三須增加多少所得才能維持原有的效用水準？

3. 李四的效用函數為 $U = XY$，$P_X = 1$元，$P_Y = 2$元，$I = 40$元，現在如果P_Y降到1元。請回答以下問題：

   (1) Y價格下降的替代效果使李四購買更多還是更少的Y？

   (2) Y價格下降，對Y需求量的所得效果相當於李四增加或減少多少所得所產生之效果？所得效果使李四購買更多還是更少的Y？

   (3) Y價格下降的替代效果使李四購買更多還是更少的X？所得效果使李四購買更多還是更少的X？Y價格下降對X需求量的總價格效果是多少？對Y需求量的總價格效果是多少？

得 分

經濟學

學後評量

CH04 生產者行為：實物面與成本面分析

班級：＿＿＿＿＿＿＿＿

學號：＿＿＿＿＿＿＿＿

姓名：＿＿＿＿＿＿＿＿

一、選擇題

（　　）1. 在短期，某廠商僱用的第5個工人可以使總產量增加12，但是第6個工人只能使總產量增加9，此現象稱為：　(A)規模報酬遞增　(B)規模報酬遞減　(C)邊際報酬遞增　(D)邊際報酬遞減。　　【109年公務人員特考】

（　　）2. 某國對於營業用駕駛人提高牌照稅，這對於他們的短期總成本函數有什麼樣的影響？　(A)平行上移　(B)平行右移　(C)旋轉上移　(D)旋轉右移。　　【109年公務人員特考】

（　　）3. 若廠商的生產函數為固定規模報酬，有關其擴張線的敘述，下列何者錯誤？　(A)必通過原點　(B)必為正斜率　(C)線上兩點距原點的距離比例即為產量的比例　(D)必凹向橫軸。　　【109年公務人員特考】

（　　）4. 關於固定成本的敘述，下列何者正確？　(A)固定成本越高的產業退出率越高　(B)固定成本越高的產業加入率越低　(C)固定成本越高的產業供給量越小　(D)固定成本的高低與產業結構無關。　　【109年公務人員特考】

（　　）5. 若廠商目標為利潤極大且其生產函數為固定規模報酬，關於其等產量線的敘述下列何者正確？

(A)因為投入越多產量越多，所以等產量線是正斜率

(B)邊際生產力遞減，使得等產量線的切線越來越陡

(C)距離原點愈遠的等產量線，其對應的產量一定越大

(D)因為規模報酬固定，等產量線的數量也是有限的。　　【109年公務人員特考】

（　　）6. 當廠商的邊際成本大於短期平均總成本時，該廠商的：　(A)邊際成本處於遞減狀態　(B)短期平均總成本處於遞增狀態　(C)邊際成本達到最低點　(D)短期平均總成本達到最低點。　　【109年公務人員高考】

( ) 7. 生產稻米必須同時使用勞力和資本，若勞力替代資本的邊際技術替代率為5，則在維持相同的產量水準下，每減少僱用勞工1單位，就必須增加多少資本？ (A)1/5 (B)1 (C)4 (D)5。 【109年公務人員高考】

( ) 8. 若勞動是廠商唯一的生產要素，當該廠商的產量在其生產函數上反曲點的左側，下列敘述何者正確？ (A)勞動邊際生產力與平均生產力均為遞增 (B)勞動邊際生產力與平均生產力均為遞減 (C)勞動的邊際生產力遞增，平均生產力遞減 (D)勞動的邊際生產力遞減，平均生產力遞增。 【109年公務人員普考】

( ) 9. 總固定成本下降對平均變動成本與平均成本的影響，下列敘述何者正確？
(A)可能使平均成本與平均變動成本相交
(B)平均成本最低點與平均變動成本最低點距離變小
(C)平均成本線與平均變動成本間的垂直距離變小
(D)平均成本線與平均變動成本均往下平行移動。 【109年公務人員普考】

二、問答題

1. 在生產的三個階段中，為什麼廠商的理性決策應在第二階段？

2. 為什麼短期平均成本曲線和長期平均成本曲線都是U形曲線？為什麼由無數短期平均成本曲線推導出來的長期平均成本曲線必有一點也只有一點才和短期平均成本最低點相等。

3. 說明為什麼在產量增加時，平均成本曲線與平均可變成本曲線越來越接近？

三、計算題

1. 已知生產函數$Q = LK$，當$Q = 10$，$P_L = 4$，$P_K = 1$時，求：

(1) 廠商的最佳要素組合。 (2) 最小成本是多少？

2. 已知某廠商的需求函數為$Q = 6{,}750 - 50P$，總成本函數為$TC = 12{,}000 + 0.025Q^2$。求：

(1) 利潤最大化時的產量和價格。 (2) 最大利潤是多少？

得　分		

經濟學
學後評量
CH05 完全競爭市場

班級：＿＿＿＿＿＿＿＿
學號：＿＿＿＿＿＿＿＿
姓名：＿＿＿＿＿＿＿＿

一、選擇題

（　　）1. 下列哪一項不是完全競爭產業的特點？　(A)廠商家數很多　(B)短期內可有正的利潤　(C)廠商追求利潤最大化　(D)有許多差異化的產品。

【106公務員高考三級】

（　　）2. 生產期限的長期是指：　(A)固定生產要素不存在　(B)變動生產要素不存在　(C)至少有一生產要素可變動　(D)至少有一生產要素不可變動。

（　　）3. 在生產的短期之下，廠商在固定的生產規模下，當總產量增加時，邊際產量　(A)一定會遞增　(B)必定遞減　(C)必定小於零　(D)可能遞增或遞減，但必大於零。

（　　）4. 平均成本與平均變動成本之間差距為：　(A)利潤　(B)損失　(C)平均變動成本　(D)平均固定成本。

（　　）5. 執業會計師所付的執照費可視為一種：　(A)固定成本　(B)變動成本　(C)邊際成本　(D)平均成本。

（　　）6. 下列何者為真？　(A)在邊際成本最小時，平均變動成本會等於邊際成本　(B)不論產量為何，平均變動成本均等於邊際成本　(C)在固定成本等於零時，邊際成本會等於固定成本　(D)在最小平均成本點時，邊際成本會等於平均成本。

（　　）7. 某生產者在產量為11單位時，總固定成本為200，總成本為500，若該生產者增加一單位產品的生產，邊際成本為60，則產量為12單位時的總變動成本為：　(A)340　(B)300　(C)240　(D)360。

（　　）8. 假設平均變動成本為13及平均總成本為15元。當總產出為100單位時，則其固定成本為：　(A)20元　(B)120元　(C)200元　(D)300元。

（　　）9. 老張有一間店面，他如果開早餐店每月可獲利5萬元，如果開租書店每月獲利4萬元，如果出租則每月6萬元，借給朋友每月收入3萬元，若最後老張決定借給朋友。請問在這種情況下機會成本為何？　(A)3萬元　(B)4萬元　(C)5萬元　(D)6萬元。

( ) 10.邊際成本曲線（MC）與下列各曲線的關係為何？ (A)通過SATC、SAVC與AFC之最低點 (B)通過SAC與SAVC之最低點 (C)通過SAC與AFC之最低點 (D)通過AFC與SAVC之最低點。

( ) 11.以下敘述何者錯誤？ (A)LTC為STC的下包絡曲線 (B)LAC為SAC的下包絡曲線 (C)LMC為SMC的下包絡曲線 (D)以上皆非。

( ) 12.SAVC曲線和SAC曲線之間的距離愈來愈小是因為 (A)總成本的減少 (B)報酬遞減 (C)平均固定成本的遞減 (D)邊際成本上升。

( ) 13.陳總經營一家零件廠不善，該企業在短期內之生產量為零，請問下列何者錯誤？ (A)總成本為正 (B)利潤為零 (C)固定成本為正 (D)變動成本為零。

( ) 14.若市場均衡價格高於平均變動成本，但低於平均總成本，則廠商 (A)有損失，故短期間應停止生產 (B)可賺取經濟利潤 (C)有損失，但短期間仍可生產 (D)有正常利潤，可生產。

( ) 15.完全競爭廠商即使虧本也會繼續生產，只要價格超過其： (A)平均固定成本 (B)總成本 (C)平均變動成本 (D)邊際成本。

二、問答題

1. 為什麼在完全競爭市場中，有些時候廠商即使面臨虧損，卻仍然願意生產？試加以說明。

2. 下列哪一種產品的市場最接近完全競爭市場？並請說明理由。

(1)自來水 (2)礦泉水 (3)可樂 (4)啤酒

3. 您帶女朋友上餐廳吃飯，點了一客要價一千元的龍蝦，但卻只吃了一半就吃不下了。女朋友勸你勉強把它吃完，因為錢都花了，而該餐廳又規定不能打包回家。您會作成何種決策？並請利用本章所學的經濟學原理來解釋您的決策。

4. 您的室友發明了一個秘方，這個秘方使人可以只花五分鐘唸書，就能獲得相當於唸書一個小時的功效。到目前為止，他已經售出了200個秘方，他的平均成本如下：

產量	平均成本
199	$199
200	$200
201	$201

若有一新客戶願意出價$200 來買一符他的新秘方，您認為他應該賣嗎？為什麼？

得 分

經濟學

學後評量

CH06 完全獨占市場

班級：＿＿＿＿＿＿＿＿＿

學號：＿＿＿＿＿＿＿＿＿

姓名：＿＿＿＿＿＿＿＿＿

一、選擇題

(　　) 1. 臺灣電力公司對商業、工業及家庭用電分別訂定不同的費率，且夏季用電費率亦高於冬季用電費率，這是屬於下列哪一種訂價方式？　(A)平均成本訂價　(B)競爭價格　(C)差別訂價　(D)均衡價格。

(　　) 2. 若政府欲採取內銷補貼外銷的措施，以增加廠商的利潤，則外銷的價格要比內銷的價格　(A)高　(B)低　(C)一樣　(D)無法比較。

(　　) 3. 就經濟效率而言，在各種市場類型中，哪一種市場引起的生產資源的浪費較大？　(A)獨占競爭市場　(B)完全競爭市場　(C)完全獨占市場　(D)寡占市場。

(　　) 4. 獨占廠商如欲對不同市場採取差別訂價，則可訂高價的市場為　(A)需求彈性大的市場　(B)需求彈性小的市場　(C)供給彈性大的市場　(D)供給彈性小的市場。

(　　) 5. 下列何者是獨占市場與完全競爭市場的相同點　(A)由 $MR = MC$ 決定均衡產量　(B)由 $P = MC$ 決定均衡產量　(C)資源分配最具效率　(D)消費者福利最大。

(　　) 6. 目前我國制訂用以規範制裁企業獨占及聯合壟斷行為之法律是　(A)消費者保護法　(B)反托拉斯法　(C)公平交易法　(D)反獨占及聯合壟斷法。

(　　) 7. 假設獨占廠商在鄉村及都市實施差別訂價，若都市之需求彈性為6，鄉村之需求彈性為4，又都市訂價為950元，則鄉村訂價為若干元？　(A)大於950元　(B)小於950元　(C)等於950元　(D)無法確定。

(　　) 8. 以下敘述何者不是廠商可實施差別訂價的條件？　(A)不同市場能明顯劃分　(B)廠商在不同市場所提供的財貨，其需求的價格彈性不一樣　(C)產品在不同市場的買者之間不能轉讓　(D)廠商為獨占性競爭廠商。

(　　) 9. 完全競爭廠商與獨占廠商之比較，下列何者正確？　(A)完全競爭廠商的邊際收入曲線呈水平狀，而獨占廠商的邊際收入曲線的斜率為負　(B)完全競爭廠商的短期供給線是平均成本曲線　(C)完全競爭廠商的平均收益＞邊際收益　(D)獨占廠商的長期利潤為零。

( ) 10.下列有關獨占廠商的敘述，何者正確？　(A)由於唯一廠商，故對其價格有充分決定權，可以隨意訂價　(B)不可能有長期利潤，但也不可能有長期虧損　(C)容易造成資源分配不當，所得分配不均　(D)同一產品在同一時間，只有一種價格存在。

( ) 11.獨占廠商採何種訂價方法，可獲社會福利最大，經濟效率最高？　(A)利潤最大訂價法　(B)收入最大訂價法　(C)邊際成本訂價法　(D)平均成本訂價法。

( ) 12.客運運輸票價區分為學生票、軍警票、全票之別，是為　(A)階段訂價法　(B)完全差別訂價　(C)市場分割訂價法　(D)第二級差別訂價。

( ) 13.獨占廠商實施差別訂價以求利潤最大，當甲、乙、丙、丁四個市場之E_d絕對值分別為3、5、6、9，且甲市場之訂價為180元時，則　(A)乙市場之訂價為120　(B)丙市場之訂價為144　(C)丁市場之訂價為150　(D)彈性大的市場訂價愈高。

( ) 14.獨占廠商實施差別訂價時，為求利潤最大，應使不同市場的　(A)平均收益相等　(B)平均成本相等　(C)邊際收益相等　(D)總收益相等。

二、問答題

1. 甲廠商的利潤極大化產量為1,000單位，在此產量下，其產品售價為50元，生產的邊際成本亦為50元；乙廠商的利潤極大化產量則是200單位，在該產量下，其產品售價為50元，生產的邊際成本則為30元。請問這兩家廠商何者可能為獨占廠商？何者可能為完全競爭廠商？為什麼？

2. 日本人出國旅遊時，時常在海外逛街時買回一些日本製的電氣產品，請問這是否可用差別取價與所處市場之需求價格彈性有關之說法加以解釋？為什麼？

3. 既然在完全獨占市場中，獨占廠商是唯一的供給者，那麼他必然可以為所欲為地訂定任何價格，消費者都無法拒絕。這個說法對嗎？為什麼？

4. 台電公司在夏季針對用電戶常採離峰與尖峰訂價法，也就是在用電尖峰期間的電價較高，離峰期間的電價較低。請問此一作法是否符合台電追求利潤極大化之目標？為什麼？

5. 請說明何以無法從生產均衡條件中導出獨占廠商的供給曲線。

6. 相對於完全競爭市場結構，由完全獨占廠商形成之市場結構對資源配置效率的影響為何？

得　分

經濟學
學後評量
CH07 獨占性競爭市場

班級：＿＿＿＿＿＿＿＿
學號：＿＿＿＿＿＿＿＿
姓名：＿＿＿＿＿＿＿＿

一、選擇題

（　）1. 臺灣美容美髮業的市場結構為：　(A)獨占市場　(B)完全競爭市場　(C)寡占市場　(D)獨占性競爭市場。　【107普考】

（　）2. 何以獨占性競爭廠商對價格具有影響力？　(A)廠商數目眾少　(B)各廠商之產品各具特色　(C)自由進出　(D)以上皆非。

（　）3. 獨占性競爭廠商為　(A)不具價格影響力，短期利潤可為零　(B)不具價格影響力，長期利潤為零　(C)具價格影響力，短期利潤為零　(D)具價格影響力，長期利潤為零。

（　）4. 為何獨占性競爭廠商長期利潤為零？　(A)廠商數目眾多　(B)產品同質　(C)自由進出　(D)以上皆非。

（　）5. 獨占性競爭市場與完全競爭市場之主要差異在於　(A)廠商數目　(B)長期能否自由進出　(C)產品是否同質　(D)以上皆非。

（　）6. 獨占性競爭廠商之利潤極大條件與下列何者相同？　(A)完全競爭廠商　(B)獨占廠商　(C)寡佔廠商　(D)以上皆是。

（　）7. 以下何種產業常為獨占性競爭市場　(A)農產品　(B)汽車　(C)3C產品　(D)藥妝。

（　）8. 獨占性競爭廠商的利潤極大條件為　(A)邊際成本等於產品價格　(B)邊際成本等於投入價格　(C)邊際成本等於平均成本　(D)以上皆非。

（　）9. 獨占性競爭廠商的長期均衡　(A)與獨占廠商同　(B)與完全競爭下廠商同　(C)產量較「最低平均成本點」產量少　(D)產量較「最低平均成本點」產量多。

（　）10.有關壟斷性競爭的敘述，下列敘述何者錯誤？　(A)壟斷性競爭市場中有許多供給廠商　(B)壟斷性競爭市場中各廠商銷售完全同質的商品　(C)壟斷性競爭市場中的廠商在長期可以自由地進出市場　(D)壟斷性競爭市場中的廠商在長期下利潤為零。　【109年公務人員普考】

二、問答題

1. 請問獨占性競爭市場的特性為何？

2. 請畫圖表示獨占性競爭廠商的長期均衡，並說明其經濟利潤為零。

3. 請畫圖分析獨占性競爭市場與完全競爭市場之差異。

得　分

經濟學
學後評量
CH08 寡占市場

班級：＿＿＿＿＿＿＿
學號：＿＿＿＿＿＿＿
姓名：＿＿＿＿＿＿＿

一、選擇題

(　) 1. 參加卡特爾（Cartel）的廠商分別得到相同的產出配額，則個別廠商採取欺騙行為的主要誘因為：　(A)利潤極大化下，產出永遠大於配額　(B)利潤極大化下，產出永遠小於配額　(C)最好的價格永遠大於卡特爾的價格　(D)最好的價格永遠小於卡特爾的價格。　　　【107普考】

(　) 2. 完全競爭市場與寡占市場之不同處，是在於「寡占市場」　(A)決策會相互影響　(B)可能生產異質產品　(C)很難自由進出市場　(D)以上皆是。

(　) 3. 在臺灣，下列何種商品市場較趨近寡占市場的結構？　(A)洗髮精　(B)稻米　(C)飯店　(D)汽油。

(　) 4. 寡占市場異於其他所有市場的是　(A)個別廠商生產異質產品　(B)個別廠商之間的決策互相牽制　(C)常依賴價格的競爭　(D)均衡時的價格高於邊際成本。

(　) 5. 賽局理論適於分析寡占廠商間的互動乃因為　(A)寡占廠商具有價格影響力　(B)寡占市場進入不易　(C)各寡占廠商產品同質　(D)各寡占廠商之價量決策彼此相影響。

(　) 6. 寡占市場之產品價格具有相當的穩定性，可由下列何者說明？　(A)卡特爾行為　(B)價格領導制　(C)拗折的需求曲線　(D)平均成本訂價法。

(　) 7. 在拗折需求曲線模型中，邊際收益曲線的缺口指出　(A)在各種價格水準下，邊際收益等於0　(B)價格的少量變動不影響產出　(C)邊際成本的少量變動將影響價格及產出　(D)邊際成本的少量變動不影響產出。

(　) 8. 寡占市場與獨占性競爭市場的共同點為　(A)有長期利潤　(B)非價格競爭　(C)廠商數量　(D)進入難易度。

(　) 9. 下列何種理論常用於分析寡占市場？　(A)價格領導模型　(B)拗折需求曲線　(C)賽局理論　(D)以上皆是。

( ) 10.市場產品的訂價以某一最大廠商之價格為依歸，其他小廠跟隨其價格來訂價，此稱為　(A)價格領導　(B)無差別法則　(C)非價格競爭　(D)價格歧視。

( ) 11.寡占市場下，拗折需求曲線形成的缺口，主要是發生在下列何者？　(A)邊際收入曲線　(B)平均收入曲線　(C)平均成本曲線　(D)邊際成本曲線。

( ) 12.下列有關寡占市場拗折需求曲線的敘述，何者正確？　(A)可解釋寡占市場中廠商價格的穩定性　(B)當價格上漲時，廠商面對需求彈性比較大的需求曲線　(C)當價格下跌時，廠商面對需求彈性比較小的需求曲線　(D)以上皆是。

( ) 13.寡占廠商勾結所形成的組織稱為：　(A)合作會議（cooperation）　(B)自由貿易協定（FTA）　(C)卡特爾（cartel）　(D)共同體（community）。

【109年公務人員特考】

二、問答題

1. 請解釋為什麼當生產成本變化時，某些寡占市場中廠商仍選擇維持原來訂價而不予調整。

2. 試簡述寡占市場的特質為何。

3. 一般來說，卡特爾組織能否持續運作，和哪些因素有關？

4. 如果一家寡占廠商面對一條拗折的市場需求曲線，當這家廠商調整價格時，他對於競爭對手的行為會有什麼樣的預期？

5. 如果市場中只有 A、B 兩家手機廠商，他們都只可以選擇「高」、「低」兩種產量策略，下表是他們在不同產量組合下的利潤水準：

廠商		B	
		高產量	低產量
A	高產量	(20 億，20 億)	(50 億，10 億)
	低產量	(10 億，50 億)	(30 億，30 億)

備註：括弧內第一個數字為 A 之利潤，第二個數字為 B 之利潤。

(1) 不管 B 廠商的選擇，A 廠商會選擇高產量還是低產量之生產策略（優勢策略）？為什麼？

(2) 在未進行勾結之前提下，兩家廠商最後最可能各會選擇生產何種產量？各自的利潤將是多少？

得　分

經濟學
學後評量
CH09 生產要素市場

班級：＿＿＿＿＿＿＿＿
學號：＿＿＿＿＿＿＿＿
姓名：＿＿＿＿＿＿＿＿

一、選擇題

(　　) 1. 在其他條件不變下，追求利潤極大的廠商會調整其勞動需求量，直到下列何項條件成立為止？ (A)邊際生產收益等於實質工資率 (B)勞動邊際產量等於實質工資率 (C)邊際成本等於產品價格 (D)勞動需求量等於勞動供給量。 【107普考】

(　　) 2. 勞動需求線描繪的是下列何種關係？ (A)工資率與產品需求量的關係 (B)勞動邊際產量與勞動需求量的關係 (C)勞動平均產量與工資率的關係 (D)工資率與勞動邊際產量的關係。 【107普考】

(　　) 3. 傢俱廠對於木材的需要稱之為： (A)直接需求 (B)引申需求 (C)最終需求 (D)替代需求。

(　　) 4. 地租與地價的關係為： (A)沒有絕對的關係 (B)受到利率影響，利率愈高，相同地租的地價愈低 (C)受到利率影響，利率愈高，相同地租的地價愈高 (D)以上皆非。

(　　) 5. 下列何者會影響實質均衡工資： (A)產品價格 (B)勞動生產力 (C)資本數量 (D)以上皆是。

(　　) 6. 開放外籍勞工進入本國，下列何者不正確： (A)會使本國工資下降 (B)會使本國資本邊際產量提高 (C)會使本國失業提高 (D)本國的資本與勞動皆受益。

(　　) 7. 假設某農地每年地租收入為6萬元，市場的年利率為6%，依收益資本化的方法計算，該農地的價值為： (A)36萬元 (B)100萬元 (C)360萬元 (D)1,000萬元。

(　　) 8. 勞動的供給在短期內會受下列何種因素影響而缺乏彈性： (A)工資率 (B)人口數量 (C)戰爭 (D)經濟景氣。

( ) 9. 若廠商的邊際生產收益（MRP）大於生產要素的價格時，廠商對要素的使用量會： (A)增加 (B)減少 (C)不變 (D)不一定。

( ) 10.勞動的邊際生產收益為： (A)增加一單位產量引致的總收益增加 (B)增加一單位勞動引致的總收益增加 (C)增加一單位勞動索引起的產量增加 (D)使收益增加一元所需的產量增加。

( ) 11.資本的報酬，稱為： (A)利率 (B)利息 (C)利潤 (D)地租。

( ) 12.假設勞動市場為完全競爭，若政府將最低工資率訂在高於市場均衡工資率水準，則： (A)對市場工資不會有影響 (B)會造成勞動的超額供給 (C)會造成勞動超額需求 (D)以上皆非。

( ) 13.下列那一個因素會使得勞動市場的需求線向外移動？ (A)產品市場需求減少 (B)勞工的生產力提高 (C)政府提高外籍勞工的限額 (D)市場工資率上升。

【109年公務人員初考】

二、問答題

1. 政府開放外勞對勞動市場的人力資源運用，以及產業發展會造成什麼影響？
2. 設定基本工資水準是對勞動市場的一種人為干預，可能產生後遺症為何？
3. 土地的供給曲線為什麼是垂直的？
4. 何謂地租？地租與地價有何關係？

三、計算題

1. 計算下表資料之的邊際產值（VMP）和邊際生產收益（MRP）。

(1)	(2)	(3)	(4)	(5)	(6)	(7)	(8)	(9)	(10)
x	q	P	MR	TR	Δq	MP_x	ΔTR	VMP_x	MRP_x
1	10	11	–	110	–	–	–	–	–
2	20	10	9						
3	28	9	6.5						
4	34	8	3.3						
5	38	7.5	3.3						

得　分

經濟學

學後評量

CH10 市場失靈、政府管制與資訊經濟學

班級：＿＿＿＿＿＿＿

學號：＿＿＿＿＿＿＿

姓名：＿＿＿＿＿＿＿

一、選擇題

（　　）1. 下列何項說明了外部利益的概念？　(A)充足的水分增加了花朵的數量 (B)新的肥料增加了玫瑰花的鮮豔程度　(C)園丁很欣賞他精心培育的玫瑰花 (D)鄰居很喜歡隔壁人家種的玫瑰花。　　　　　　　　【109年公務人員特考】

（　　）2. 經濟學分析中，「二手煙」：　(A)屬於公共財　(B)具外部性　(C)不具外部性　(D)會使社會效用極大。　　　　　　　　　　　【109年公務人員特考】

（　　）3. 鋼鐵工廠排放的空氣污染：　(A)會產生正的外部性　(B)會產生負的外部性 (C)會產生搭便車行為　(D)不產生外部性問題。　　　　【109年公務人員特考】

（　　）4. 交通建設計畫評估考量成本面與效益面，下列何者屬於外部效益的評估項目？　(A)空氣污染減少效益　(B)施工成本減少效益　(C)旅行時間節省效益 (D)行車成本節省效益。　　　　　　　　　　　　　　【109年公務人員特考】

（　　）5. 下列何者是造成運輸市場失靈（market failure）的原因？　①公共財性質 ②消費者對價格變化反應延滯時間很短　③外部性　④生產技術或資源可自由取得　⑤獨占性或寡占性　⑥沉沒成本性　(A)①②⑤　(B)②③⑥　(C)① ③⑤　(D)①④⑥。　　　　　　　　　　　　　　【109年公務人員特考】

（　　）6. 你的朋友在一家三明治店打工。當你每次到這家店拜訪他時，他經常偷偷送一個免費的三明治給你。這代表你的朋友最有可能有下列那個問題？　(A)逆向選擇　(B)道德危險　(C)送訊號　(D)替老闆做廣告。　　【109年公務人員高考】

（　　）7. 澎湖縣政府在小門村港外的無人島興建了一座新的燈塔。漁民小林從燈塔獲得4,000元的邊際利益、遊客小胡獲得2,000元的邊際利益、餐廳業者小李獲得5,000元的邊際利益。假設小林、小胡與小李是燈塔興建的僅有受益者，請問燈塔的邊際社會效益為何？　(A)5,000元　(B)2,000元　(C)11,000元 (D)9,000元。　　　　　　　　　　　　　　　　【109年公務人員普考】

（　　）8. 趁著連續假期去公有土地爬山，發現山徑上到處都是人，導致多花了兩倍的時間才走完原先規劃的路徑。請問以上所述假期中的山徑具有下列那項

特性？　(A)競爭性與排他性　(B)非競爭性與排他性　(C)競爭性與非排他性 (D)非競爭性與非排他性。　【109年公務人員普考】

(　　)9. 公共財的「免費享用者」（free rider）問題，係源於財貨的下列何種性質？ (A)無敵對性　(B)不可排他性　(C)敵對性　(D)可排他性。　【109年公務人員普考】

(　　)10. 關於將污染排放之外部成本內部化，以達到經濟效率之方式，下列何者無需 政府介入？　(A)透過污染排放者與受害者的自願性協商　(B)對污染排放者 課徵租稅　(C)發行可交易污染排放憑證　(D)訂定污染排放配額。
　【109年公務人員高考】

(　　)11. 下列關於市場失靈的敘述何者正確？　(A)若無市場失靈，則政府不應干預市 場　(B)若無市場失靈，則經濟體系達到伯瑞圖效率　(C)逆向選擇和市場失 靈無關　(D)若有市場失靈，則應降低市場均衡產量。　【109年公務人員普考】

(　　)12. 保險市場中常提到的道德危機（moral hazard）是指：　(A)因為被保險人 和保險公司間存在資訊不對稱，因而高風險的被保險人有逆向選擇的誘因 (B)保險公司擴大保險對象以降低每位被保險人承擔的風險　(C)風險趨避的 人買火險，是為了不論火災是否發生，他的財富都不會變動太大　(D)被保險 人買了保險因而可能疏於注意或過度從事具風險的行為。　【109年公務人員普考】

(　　)13. 下列何者無法降低保險所產生的道德危機（moral hazard）？　(A)提高 自付額（deductible）　(B)提高共付額（copayment）　(C)提高共保費率 （coinsurance rate）　(D)提高保費（insurance premium）。【109年公務人員普考】

(　　)14. 假設邊際外部成本為$2Q$，Q為數量。若市場與社會的最適數量分別為10及 8單位，當政府欲採取減產補貼矯正外部性時，請問最適單位補貼額應為多 少？　(A)$16　(B)$20　(C)$64　(D)$100。　【109年公務人員普考】

二、問答題

1. 何謂市場失靈？何謂政府失靈？

2. 說明「公共財」：

   (1) 與「私有財」不同之處。

   (2) 與「外部性」不同之處。　【92年高等檢定考】

3. (1) 何謂外部性？

   (2) 外部性之成因為何？

   (3) 外部性之補救辦法有哪些？。　【90年三等特考】

得　分

經濟學

學後評量

CH11　總體經濟學綜述

班級：＿＿＿＿＿＿＿＿

學號：＿＿＿＿＿＿＿＿

姓名：＿＿＿＿＿＿＿＿

一、選擇題

(　　) 1. 所謂停滯性膨脹（stagflation）係指下列何種現象？　(A)失業上升且通貨膨脹上升　(B)失業下降且通貨膨脹下降　(C)失業上升且通貨膨脹下降　(D)失業下降且通貨膨脹上升。　　　　【106年公務人員高等考試三級】

(　　) 2. 下列何者不是古典學派的主張？　(A)流動性陷阱　(B)賽依法則　(C)貨幣中立性　(D)貨幣數量學說。　　　　【107年關務人員考試四等考試】

(　　) 3. 下列的敘述何者錯誤？　(A)「經濟」二字是「經世濟民」四個字的縮寫　(B)個體經濟學而言，研究目的只限於探討個別行為主體的經濟行為抉擇　(C)日本明治時期的學者用經濟一詞翻譯英文的「political economy」而後中國學者將此種譯法引入漢語　(D)就總體經濟學而言，則以總體經濟變數為對象。

(　　) 4. 下列何者不是總體經濟學的問題？　(A)台積電股票價格的起伏　(B)政府財政收支　(C)18%優惠存款利率　(D)油價上漲造成通貨膨脹。

(　　) 5. 下列的敘述何者錯誤？　(A)總體經濟變數可能是由專職的政府統計部門所衡量　(B)總體經濟學則跳過經濟個體的行為分析　(C)個體經濟學與總體經濟學是針對不同的對象而發展的不同經濟學　(D)總體經濟學直接進行總體經濟變數間相互關係的探討。

(　　) 6. 下列的敘述何者錯誤？　(A)總體經濟學的誕生歸因於經濟大恐慌　(B)經濟大恐慌發生後，直到第二次世界大戰爆發，才使嚴重的失業問題獲得解決。(C)古典學派認為，在不受政府干預的經濟體制下，價格機能這隻看不見的手，長期而言，可以使經濟體系中的各個市場達成均衡　(D)經濟體系處於充分就業為常態。

(　　) 7. 下列的敘述何者錯誤？　(A)凱因斯主張：「干預最少的政府就是最好的政府。」　(B)主張「自由」信念的古典學派經濟學家相信經濟體系運行的力量如同自然的力量　(C)主張「平等」信念的經濟學家卻認為經濟體系是一部精密的機器，需要熟悉經濟體系運作的技術官僚來加以調控　(D)日益自由的經濟活動的擴張，卻會帶來財富與所得分配的日益不平等。

（　）8. 下列哪些經濟學家不相信市場的自由調節機能？　(A)D. Partinkin　(B)M. Friedman　(C)A. C. Pigou　(D)Tobin。

（　）9. 下列的敘述何者錯誤？　(A)凱因斯本人所提出的模型稱為簡單凱因斯模型　(B)簡單凱因斯模型之中，經濟體系還是會自動均衡　(C)凱因斯以擴張性貨幣政策對治有效需求的不足　(D)古典學派認為供給可以創造自己的需求。

（　）10.根據國民所得恆等式：$Y=C+I+G+X-M$，其中Y為所得，C為消費，I為投資，G為政府支出，X為出口，M為進口，假設政府稅收為T，請問下列何者等於來自國外的儲蓄（foreign saving）？　(A)$Y-T-C$　(B)$T-G$　(C)$X-M$　(D)$M-X$。
【109年公務人員普考】

（　）11.下列的敘述何者正確？　(A)停滯性通貨膨脹是高失業率與高通貨膨脹率的同時存在　(B)停滯性通貨膨脹是低失業率與高通貨膨脹率的同時存在　(C)停滯性通貨膨脹是高失業率與低通貨膨脹率的同時存在　(D)停滯性通貨膨脹是低失業率與低通貨膨脹率的同時存在。

（　）12.在總體經濟模型中，下列何者不屬於市場結清模型（market clearing model）？　(A)古典學派模型　(B)實質景氣循環模型　(C)凱因斯模型　(D)盧卡斯模型（Lucas model）。
【104年高考三級】

（　）13.有關1929年美國經濟大恐慌的特徵，下列敘述何者錯誤？　(A)失業率上升到約25%　(B)貨幣數量下降　(C)國內產出減少　(D)消費者物價指數上升。
【105年地特四等】

二、問答題

1. 以下哪一些經濟活動隸屬總體經濟學探討的範圍？
   (1) 單一債券均衡利率的決定
   (2) 單一股票均衡價格的決定
   (3) 利率是否影響總體投資活動
   (4) 單一銀行所屬行員薪水的多寡
   (5) 一般物價水準的變動

2. 試簡述總體經濟學與個體經濟學的定義及其間的關係。（提示：主要答案在第1章）

3. 國際原油均衡價格的決定，是否為總體經濟學的一個議題？國際原油價格上升帶動一般物價水準的上升，是否為總體經濟學的一個議題？請加以回答，並說明理由。

4. 試簡要說明（新）古典學派與凱因斯學派間觀點的主要差異。

5. 重貨幣學派、新興古典學派與實質景氣循環學派的興起有何不同的歷史背景？試加以討論。

得 分

經濟學
學後評量
CH12 總產出的衡量

班級：＿＿＿＿＿＿＿＿
學號：＿＿＿＿＿＿＿＿
姓名：＿＿＿＿＿＿＿＿

一、選擇題

( ) 1. 在一個簡單的封閉經濟體系中，下列敘述何者正確？ (A)總工資等於總利潤 (B)總消費等於總儲蓄 (C)總所得等於總產出 (D)總工資等於總消費。
【107年普考】

( ) 2. 麵包店製造麵包，製造過程中花費1萬元買糖，2萬元買麵粉，3萬元支付工資，4萬元支付店租，已知其生產的附加價值為8萬元，則麵包店銷售麵包的收益為多少？ (A)10 萬元 (B)11萬元 (C)15萬元 (D)18萬元。
【107年普考】

( ) 3. 可支配所得（DI）等於： (A)消費加儲蓄 (B)消費加所得稅 (C)儲蓄加所得稅 (D)儲蓄加消費加所得稅。
【107年關務人員考試四等考試】

( ) 4. 下列何者支出不包含於「民間消費支出」的計算中？ (A)耐久財 (B)非耐久財 (C)住宅購買 (D)服務。
【109年公務人員特考】

( ) 5. 下列有關國內生產毛額（GDP）與國民生產毛額（GNP）的敘述，何者有誤？ (A)GNP是指一國的全體國民，在一定期間內所生產之所有最終財貨與勞務，以市場價值計算的總值 (B)$GNP = GDP +$ 要素在國外所得淨額 (C)GDP是屬於流量的概念 (D)證券交易的手續費不列入當年的GDP。
【101年四技二專】

( ) 6. 國民所得（NI）為國民生產淨額減去下列何者？ (A)直接稅 (B)間接稅淨額 (C)移轉性支付 (D)折舊。
【109年公務人員初考】

( ) 7. 運輸工具投資為國內固定投資的組成項目，故只要華航或長榮向波音或 Airbus 購買飛機，當年的投資增加，國民所得也增加以上敘述是否正確？ (A)正確，買飛機確實會增加運輸工具投資，因而國內固定投資與國民所得也增加 (B)錯誤，從外國購入的飛機不算投資 (C)錯誤，向國外廠商買飛機確實會增加投資，但進口會作等幅度增加，對國民所得沒有影響 (D)正確，買飛機會增進關稅收入，國民所得也增加。
【109年公務人員特考】

( ) 8. 假設國民所得會計帳，總投資為$741（百萬），企業固定投資為$524（百萬），住宅投資為$222（百萬），則： (A)存貨為$5（百萬） (B)存貨為－$5（百萬） (C)存貨投資為－$5（百萬） (D)折舊為$5（百萬）。
【104年高考三級】

( ) 9. 假設其他條件不變。當一國的進口轎車金額大幅增加時： (A)該國的出口淨額和民間消費支出都增加 (B)該國的出口淨額和民間消費支出都減少 (C)該國的出口淨額減少且民間消費支出增加 (D)該國的出口淨額和民間投資支出都增加。
【105年地特四等】

( ) 10.假設其他條件不變。當企業提撥更多的保留盈餘（retained earnings）時： (A)國民生產毛額與國民生產淨額都會增加 (B)國民生產淨額與國民所得都會減少 (C)國民所得與個人所得都會增加 (D)個人所得與個人可支配所得都會減少。
【105年地特四等】

( ) 11.從支出面來看，近年來我國國內生產毛額的項目中占最大比重的是下列何項？ (A)民間消費支出 (B)固定投資支出 (C)政府部門支出 (D)證券交易支出。
【109年公務人員特考】

二、問答題

1. 若A = 本國生產要素在本國的所得
   B = 本國生產要素在外國的所得
   C = 外國生產要素在本國的所得
   D = 外國生產要素在外國的所得
   則GDP等於_____，GNP等於GDP + _____。

2. 試論述GNP、NNP、NI、NDI、PI與DPI等各種國民所得概念間之關係。

三、計算題

1. 臺灣國民所得帳如下，單位新臺幣百萬元：

出口	555	受僱人員薪資	390（不含國外部分）
進口	436	營業盈餘	239（不含國外部分）
民間消費支出	450	政府消費支出	115
國內資本形成毛額	180	國內資本形成淨額	120

要素在國外所得淨額9（受僱人員國外報酬淨額為−3，營業盈餘國外所得淨額為+12）

試求算國內生產毛額、國民生產毛額、國民生產淨額、國民所得、折舊、以及企業間接稅淨額。

2. 若臺灣於民國100年的國內生產毛額為14,312,200（新臺幣百萬元，下同），民間消費7,798,976，政府消費2,167,595，固定資本形成3,346,945，存貨變動35,921，請問淨輸出（net export）為？
【107年原住民族考試三等考試】

得　分	

經濟學
學後評量
CH13 國內生產毛額與經濟福利

班級：_____
學號：_____
姓名：_____

一、選擇題

(　) 1. 有關家庭所得五等分位差距倍數，下列敘述何者正確？　(A)存貨投資上升
　　　　(B)其值為全國所得除以第五等分位所得　(C)其值為全國所得除以第一等分
　　　　位所得　(D)其值愈大表示家庭所得分配愈不平均。　　　　　　【107年普考】

(　) 2. 下表顯示只生產西瓜與芭樂的某國其價格與數量資料，基期年為1990年。
　　　　根據該表，該國1991年的實質經濟成長率為：　(A)10%　(B)20%　(C)40%
　　　　(D)60%。　　　　　　　　　　　　　　　　　【107年關務人員考試四等考試】

年	西瓜價格	西瓜數量	芭樂價格	芭樂數量
1990	$3	200	$2	200
1991	$4	200	$3	300

(　) 3. 若2013年GDP平減指數為125，實質GDP為1,000億元；2014年GDP平減指
　　　　數為200，實質GDP為800億元。則下列敘述何者正確？　(A)2014年之名目
　　　　GDP為1,600億元　(B)2014年之名目GDP為400億元　(C)2013年之名目GDP
　　　　為800億元　(D)2013年之名目GDP為2,000億元。　　【107年關務人員考試四等考試】

(　) 4. 假設臺灣只生產米及玉米兩種商品在2000 年（基期），米及玉米的單價
　　　　分別為100 元/斤及10 元/支，產量分別為150 斤及200 支在2001 年中，米
　　　　及玉米的單價分別為110 元/斤及8 元/支，產量分別為200 斤及150 支臺灣
　　　　2001 年的名目國內生產毛額為：　(A)23,200元　(B)21,500元　(C)18,100元
　　　　(D)17,000元。　　　　　　　　　　　　　　　　【109年公務人員特考】

(　) 5. 下表顯示某國生產柳丁與芒果的價格與數量資料，基期年為2010年。根據
　　　　該表，該國2011年的實質經濟成長率為：　(A)50%　(B)100%　(C)200%
　　　　(D)250%。

年	柳丁價格	柳丁數量	芒果價格	芒果數量
2010	$1	100	$2	100
2011	$3	300	$4	300

( ) 6. 當「洛侖士曲線」（Lorenz Curve）接近直角線時： (A)所得分配愈平均 (B)所得分配愈不平均 (C)所得稅負擔愈平均 (D)所得稅負擔愈不平均。

【105年地特四等】

( ) 7. 下列關於國民所得與物價之敘述，何者正確？ (A)若名目GDP不變，則GDP平減指數與實質GDP呈同向變動 (B)若名目GDP不變，則GDP平減指數與實質GDP呈反向變動 (C)CPI年增率大於GDP平減指數年增率 (D)CPI年增率小於GDP平減指數年增率。

【105年地特四等】

二、問答題

1. 與世界主要國家比較，臺灣的所得分配是屬於相對平均的國家？還是，相對不平均的國家？另外，臺灣的所得分配是趨於惡化，還是趨於平均？世界其他主要國家的所得分配是趨於惡化，還是趨於平均？

2. 何謂地下經濟？對政府部門的施政有何影響？

3. 如果女同學成婚後為了工作將小孩托付保姆照顧，但是她找到的工作是到其他人家當保姆兼管家，請問對國內生產毛額有何影響？對經濟體系的福利水準有何影響？

三、計算題

1. 假設一人口固定而且只生產X及Y兩種財貨的經濟體中，2010年X及Y的價格分別為2元及5元，消費量分別為50及100單位；2015年X及Y的價格分別為4元及7元，消費量分別為100及300單位。請以2010年為基期：

(1) 計算2015年的名目及實質GDP。

(2) 計算2015年GDP平減指數和消費者物價指數（CPI）以及相對應的通貨膨脹率。

(3) 如果政府依2015年CPI計算求得的通貨膨脹率調高同比率的國民所得，是否代表消費者的福利維持不變？請說明理由。

【105年公務人員特種三等考試】

得　分

經濟學
學後評量
CH14 簡單凱因斯模型

班級：＿＿＿＿＿＿＿
學號：＿＿＿＿＿＿＿
姓名：＿＿＿＿＿＿＿

一、選擇題

（　　）1. 消費函數為$C = 200 + 0.80(Y - T)$，若課稅增加1單位，則儲蓄將：　(A)減少0.80單位　(B)減少0.20單位　(C)增加0.80單位　(D)增加0.20單位。

【107年普考財經廉政】

（　　）2. 下列關於支出乘數效果的敘述，何者正確？　(A)其為誘發性支出變動，導致均衡所得作倍數的同方向變動　(B)其為自發性支出變動，導致均衡所得作倍數的同方向變動　(C)其為誘發性支出變動，導致均衡所得作倍數的反方向變動　(D)其為自發性支出變動，導致均衡所得作倍數的反方向變動。

【107年普考】

（　　）3. 無論所得水準為何，A國今年打算投資100單位。此外，若該國今年的所得水準為1,200單位時，該國的預擬（planned）消費為1,060單位；若該國今年的所得水準為900單位時，該國的預擬（planned）消費為780單位。根據這些資訊，在簡單凱因斯模型下，A國今年的均衡所得水準為何？　(A)大於1,200單位　(B)小於900單位　(C)介於1,200單位及900單位之間　(D)介於1,300單位及1,100單位之間。

【107年普考】

（　　）4. 當$Y = C + I + G$，$C = 100 + 0.75Y_D$，$I = 50$，$G = 70$，$Y_D = Y - T$，$T = 60$，其均衡所得為：　(A)500　(B)600　(C)700　(D)800。

【107年普考】

（　　）5. 在簡單凱因斯模型中，實質所得主要取決於下列那項因素？　(A)物價　(B)總合支出　(C)總合供給　(D)租稅。

【107年關務人員考試四等考試】

（　　）6. 下列有關凱因斯模型之敘述，何者正確？　(A)膨脹缺口是指自發性支出低於維持充分就業所需水準之數量　(B)平均消費傾向小於邊際消費傾向　(C)平均儲蓄傾向小於邊際儲蓄傾向　(D)政府支出乘數小於減稅乘數。

【109年公務人員初考】

（　　）7. 某一封閉經濟體系，其充分就業的所得水準為2,000單位，邊際儲蓄傾向為0.2在簡單凱因斯模型下，若該經濟體系目前的自發性支出為500單位，則該國目前：　(A)有膨脹缺口200單位　(B)有緊縮缺口200單位　(C)有膨脹缺口100單位　(D)有緊縮缺口100單位。

【109年公務人員特考】

（請沿虛線撕下）

( ) 8. 在簡單凱因斯模型中，當所得增加5,000 元時，消費增加4,000 元，則：
(A)平均消費傾向等於0.8　(B)邊際消費傾向等於0.8　(C)平均儲蓄傾向等於
0.8　(D)自發性支出乘數為1.25。　　　　　　　　　　　　　【109年公務人員特考】

( ) 9. 已知消費函數為C＝132＋0.63Yd，當可支配所得Yd＝264時，平均消費傾向
（APC）與平均儲蓄傾向（APS）分別為：　(A)0.63與0.37　(B)1.32與－0.32
(C)2.64與－1.64　(D)1.13與－0.13。　　　　　　　　　　【109年公務人員高考】

二、問答題

1. 在不均衡趨向均衡之調整過程中，為何簡單凱因斯模型強調數量的調整，而非價格的調整？

2. 請解釋下列名詞：

(1) 預擬的支出與實現的總支出。

(2) 有效需求。

(3) 膨脹缺口與緊縮缺口。

三、計算題

1. 假設消費函數為$C = 100 + 0.75Y^d$，可支配所得為$Y^d = Y - T$，而賦稅為$T = 20 + 0.05Y$，請計算平均消費傾向與邊際消費傾向？平均消費傾向與平均儲蓄傾向之和為何？邊際消費傾向與邊際儲蓄傾向之和為何？

2. 設有下列總體經濟模型，$y = C + I + G + NX$，$C = 100 + 0.75Y^d$，$Y^d = Y - T$，$I^P = 50$，$G = 60$，$T = 20$，$EX = 100$，$IM = 50$，則均衡總產出＝＿＿＿＿＿、淨出口 ＝＿＿＿＿＿、及消費支出＝＿＿＿＿＿。

3. 試以圖形說明何謂「節儉的矛盾」？

4. 試繪出總產出曲線、有效需求曲線，並據以說明簡單凱因斯模型之調整過程。

得　分

經濟學
學後評量
CH15 金融體系、貨幣供給與貨幣需求

班級：＿＿＿＿＿＿＿
學號：＿＿＿＿＿＿＿
姓名：＿＿＿＿＿＿＿

一、選擇題

(　　)1. 根據貨幣數量學說，若貨幣供給增加 10%，流通速率減少4%，實質 GDP 增加4%，則物價變動率為：　(A)2%　(B)4%　(C)6%　(D)10%。

【107年高等考試三級考試】

(　　)2. 當人們增加對貨幣的需求時，貨幣市場均衡會產生：　(A)財貨價格上漲　(B)通貨膨脹率增加　(C)利率上漲　(D)貨幣需求量增加。　【107年普考財經廉政】

(　　)3. 假設法定存款準備率為25%，且每家銀行的超額準備率為15%。若中央銀行賣出500 萬元的政府公債，下列敘述何者正確？　(A)貨幣供給數量最多增加1,250萬元　(B)貨幣供給數量最多增加2,000萬元　(C)貨幣供給數量最多減少1,250萬元　(D)貨幣供給數量最多減少2,000萬元。　【107年普考】

(　　)4. 中央銀行所發行的通貨屬於：　(A)強力貨幣　(B)國債　(C)存款貨幣　(D)外匯存底。　【107年普考】

(　　)5. 如果一國的銀行體系採百分之百存款準備，則下列敘述何者正確？　(A)該國沒有存款貨幣　(B)該國無法創造存款貨幣　(C)該國沒有流通在外的現金　(D)該國銀行體系可以創造信用。　【109年公務人員初考】

(　　)6. 下列何者不是物物交換經濟的缺點？　(A)無法找零　(B)商品無法分割　(C)可以作為交易媒介　(D)要找到雙方可以交換的商品，必須花很多搜尋成本。　【104年高考三級】

(　　)7. 下列何者與實質貨幣需求呈正向關係？　(A)所得　(B)利率　(C)通貨膨脹率　(D)所得、通貨膨脹率。　【104年高考三級】

(　　)8. 假設銀行不保有超額準備以及社會大眾不會持有通貨的前提下，若商業銀行的存款準備率是25%，則貨幣乘數為：　(A)2　(B)4　(C)25　(D)100。　【105年地特五等】

(　　)9. 下列何者是從事直接金融業務的金融機構？　(A)銀行　(B)保險公司　(C)證券公司　(D)基金公司。　【105年地特五等】

(　　)10.根據凱因斯的流動性偏好理論（theory of liquidity preference），貨幣市場藉由下列何者的調整達成均衡？　(A)所得　(B)利率　(C)一般物價　(D)貼現率。　【109年公務人員特考】

（請沿虛線撕下）

( ) 11.依凱因斯的流動性偏好理論，下述那一項不是人們持有貨幣的主要動機？
(A)交易需求　(B)價值儲存　(C)預防突發需求　(D)把握投機機會。

【109年公務人員特考】

( ) 12.有關「準備貨幣」（reserve money）的說明，下列何者錯誤？　(A)又稱為
貨幣基數（monetary base）　(B)又稱為貨幣基數（monetary base）　(C)包
括中央銀行發行的通貨　(D)包括中央銀行的外匯存底。　【109年公務人員初考】

( ) 13.有關凱因斯學派流動性偏好理論，下列何者正確？　(A)本理論說明如何
由貨幣供給與需求來決定物價　(B)持有貨幣是為了交易動機　(C)貨幣
需求同時受所得與利率影響　(D)流動性陷阱存在時貨幣政策效果最大。

【109年公務人員特考】

( ) 14.下列何者未包含在我國貨幣統計量M1B 當中？　(A)志偉皮夾中的零錢三千
元　(B)保達公司新增其第一銀行的支票存款三百萬元　(C)欣然食品存放在
玉山銀行的定期存款五十萬元　(D)鴻海公司新增其華南銀行的活期存款兩百
萬元。　【109年公務人員特考】

( ) 15.下列何者對於可貸資金的敘述錯誤？　(A)可貸資金的供給為儲蓄　(B)可貸
資金的需求為投資　(C)在其他條件不變下，可貸資金的需求增加會使得均衡
物價水準上升　(D)在其他條件不變下，可貸資金的需求增加會使得均衡時的
可貸資金數量增加。　【109年公務人員高考】

二、問答題

1. 試說明 M_{1A}，M_{1B} 及 M_2 等各項貨幣總計數定義之組成內容。何者屬狹義貨幣，何者
屬廣義貨幣？又其間的關係為何？

2. 請回答下列問題：

(1) 那些因素會影響一國的貨幣供給量（MI）？

(2) 試以貨幣乘數（貨幣供給與貨幣基數之關係）方程式說明之。

三、計算題

1. 假設新臺幣的通貨發行額為30,000億元，活期存款為25,000億元，活期儲蓄存款為
40,000億元，定期存款與定期儲蓄存款兩者合計為200,000億元，銀行庫存現金為
5,000 億元，存簿儲金為35,000億元，支票存款淨額為20,000億元，則貨幣供給額
M_{1A}、M_{1B}、M_2 與準貨幣分別為多少？

得　分

經濟學

學後評量

CH16 修正凱因斯模型：凱因斯學派與重貨幣學派

班級：＿＿＿＿＿＿＿＿＿

學號：＿＿＿＿＿＿＿＿＿

姓名：＿＿＿＿＿＿＿＿＿

一、選擇題

（　　）1. 假設其他條件不變且政府的財政政策與中央銀行的貨幣政策均有效。根據 IS-LM 模型，當政府減少投資支出且中央銀行調高重貼現率時，可以確定： (A)均衡所得會增加　(B)均衡所得會減少　(C)一般物價會上漲　(D)一般物價會下跌。　【107年高等考試三級考試】

（　　）2. 令橫軸變數為實質 GDP，縱軸變數為利率。就 IS-LM 模型而言，下列關於 LM 線的敘述，何者正確？　(A)貨幣需求對所得的敏感程度愈高時，LM 線會愈平坦　(B)貨幣需求對利率的敏感程度愈高時，LM 線會愈平坦　(C)貨幣需求對物價的敏感程度愈高時，LM 線會愈平坦　(D)貨幣需求對物價的敏感程度愈低時，LM 線會愈平坦。　【107年高等考試三級考試】

（　　）3. 政府支出的增加通常會對民間投資產生排擠效果，主要原因為：　(A)利率會下降　(B)產出會增加　(C)利率會上漲　(D)產出會減少。　【107年普考】

（　　）4. 貨幣需求對利率之敏感性愈小，則：　(A)貨幣政策及財政政策效果也愈小　(B)貨幣政策效果愈大但財政政策效果愈小　(C)貨幣政策及財政政策效果也愈大　(D)貨幣政策效果愈小但財政政策效果愈大。　【106年高雄銀行】

（　　）5. 根據 IS-LM 模型，在其他條件不變且正常情境下，擴張性財政政策造成：　(A)產出的增加，利率的下跌　(B)產出的增加，利率的上揚　(C)產出的減少，利率的下跌　(D)產出的減少，利率的上揚。　【106年高雄銀行】

（　　）6. 所謂流動性陷阱，下列何者正確？　(A)人們手中所擁有的貨幣很少　(B)發生在利率過高的時候　(C)依照凱因斯的說法，即使貨幣供給變動，利率也不會變動　(D)貨幣需求的利率彈性為零。　【106年臺灣銀行】

（　　）7. 在其他條件不變下，若政府對每位國民發放消費券5,000元，則根據 IS-LM 模型，在短期會造成：　(A)均衡實質利率上升，且均衡實質產出上升　(B)均衡實質利率上升，且均衡實質產出下降　(C)均衡實質利率下降，且均衡實質產出上升　(D)國均衡實質利率下降，且均衡實質產出下降。　【109年公務人員普考】

（　）8. 假設其他條件不變，以IS-LM模型而言，政府支出減少將會造成何種影響？
(A)IS線右移，利率上升　(B)IS線右移，利率下降　(C)IS線左移，利率上升
(D)IS線左移，利率下降。
【104年高考三級】

（　）9. 下列何者會導致市場均衡利率下降？　(A)物價水準上升　(B)中央銀行出售
公債　(C)GDP下降　(D)存款準備金水準提升。

（　）10. 下列敘述中，何者最可能造成「IS曲線往右上方移動」？　(A)政府增加貨幣
供給並提高稅收　(B)政府減少貨幣供給並提高稅收　(C)政府支出增加並提
高稅收　(D)政府支出增加並減少稅收。

（　）11. 若經濟處於停滯性膨脹（Stagflation），理論上，下列那一種政策可以同時
穩定產出與物價？　(A)擴張性貨幣政策　(B)增加政府消費支出　(C)發放消
費券給民眾　(D)提升生產技術水準。
【109年公務人員初考】

（　）12. 假設其他條件不變且政府的財政政策有效根據IS-LM 模型，政府增稅會造
成：　(A)均衡所得與均衡利率水準同時上升　(B)均衡所得與均衡利率水準
同時下降　(C)均衡所得增加且均衡利率下降　(D)均衡所得減少且一般物價
下跌。
【109年公務人員特考】

二、問答題

1. 試說明下列名詞：

(1) 投資陷阱

(2) 流動性陷阱

2. 在商品市場，凱因斯學派與重貨幣學派的假設有何不同？在貨幣市場，凱因斯學派
與重貨幣學派的假設有何不同？

三、計算題

1. 試以修正凱因斯模型分析貨幣需求不受利率影響時，貨幣供給增加對利率、所
得、投資的影響？試以IS-LM模型分析投資不受利率影響時，貨幣供給增加對利
率、所得、投資的影響？

2. 試以 IS-LM 模型繪圖分析，最近線上購物盛行，現金交易減少，致貨幣需求下
降，對所得和利率影響的效果。
【107年公務人員特種考試】

得　分	

經濟學
學後評量
CH17 總合供需模型與經濟學派

班級：＿＿＿＿＿＿＿＿

學號：＿＿＿＿＿＿＿＿

姓名：＿＿＿＿＿＿＿＿

一、選擇題

(　　) 1. 根據凱因斯的總合供需模型，當經濟體系的名目工資具向下僵固性，但不具向上僵固性，且目前均衡所得水準小於充分就業水準時，政府若對軍公教人員加薪，則該國均衡的： (A)利率、物價、產出及就業水準皆增加 (B)利率下降，但物價、產出及就業水準皆增加 (C)物價下降，但利率、產出及就業水準增加 (D)利率、物價、產出及就業水準皆下降。 【107年普考】

(　　) 2. 下列何者不會造成總合需求線移動？ (A)原物料價格上漲 (B)廠商對未來景氣樂觀 (C)國際景氣好轉 (D)自發性儲蓄增加。 【107年普考】

(　　) 3. 根據總合供需模型，在其他條件不變下，實質GDP下降將導致： (A)總合供給線左移 (B)總合生產函數下移 (C)勞動供給線左移 (D)沿著總合供給線由右往左做線上移動。 【107年普考】

(　　) 4. 在總合需求分析中，物價下跌會導致： (A)自發性消費增加，總合需求線右移 (B)自發性消費減少，總合需求線左移 (C)自發性消費減少，總合需求線右移 (D)總合需求線不變。 【107年關務人員考試四等考試】

(　　) 5. 假設一國經濟原先處在長期均衡狀態下，根據總合供給與總合需求模型，當其中央銀行調高法定準備率時，在其他條件不變下： (A)長短期均衡實質GDP都會增加 (B)長短期均衡實質GDP都會減少 (C)長短期均衡一般物價水準都會上升 (D)長短期均衡一般物價水準都會下跌。 【109年公務人員普考】

(　　) 6. 若是貨幣供給在充分就業的情況下增加，其結果將導致： (A)價格水準下降、產量水準上升 (B)價格水準上升、產量水準下降 (C)價格水準和產量水準皆上升 (D)價格水準上升。 【105年高考三級】

(　　) 7. 假設物價為縱軸，實質產出為橫軸。下列何選項的發生，最可能使長期的總合供給線（the long-run aggregate supply curve）會往右移動： (A)一個經濟體的資本總量下降 (B)一個經濟體的勞動供給總量下降 (C)一個經濟體的技術水準退步 (D)一個經濟體的自然失業率下降。 【105年特考三級】

( )8. 假設其他條件不變下列何者會使本國所面對的總合需求增加？ (A)本國一般物價下跌 (B)本國一般物價上漲 (C)中央銀行調高應提準備率 (D)本國以外之其他國家的國民所得增加。

【109年公務人員特考】

( )9. 理性預期學派主張： (A)寬鬆的貨幣政策無效，緊縮的貨幣政策有效 (B)未被預期到的貨幣政策有效，被預期到的貨幣政策無效 (C)被預期到的貨幣政策有效，未被預期到的貨幣政策無效 (D)貨幣政策完全無效。

【105年普考】

二、問答題

1. 試說明以下模型中的均衡，何者屬於長期均衡？何者屬於短期均衡？

(1) 古典模型

(2) 工資僵固模型

(3) 貨幣幻覺模型

(4) 價格僵固模型

2. 近年來，世界各國皆在引進數位科技取代類比技術，原本各自獨立的產業現可跨業經營（數位匯流），行動支付、物聯網、製造業4.0、創新服務業，乃因應而生。進入數位經濟時代後，請利用AD-AS（總合需求與供給）模型來探討：

(1) AD是否會受到影響？為什麼？

(2) AS是否會受到影響？為什麼？

(3) 國內一般物價水準與實質國民所得是否會受到影響？為什麼？

【106年公務人員高等考試三級考試】

三、計算題

1. 假如經濟體正面臨停滯性通貨膨脹（stagflation），政府該採取擴張性（expansionary）或緊縮性（contractionary）的財政政策，來克服短期產出波動？請以總合供需模型（AD-AS model）繪圖說明之，並舉出政府可採行的財政政策兩個例子。

【107年國際經濟商務人員考試三等考試】

2. 2016年12月以來，國際油價一直處於上升趨勢。市場預期，2018年油價很可能繼續維持在高水位。請以AD-AS模型分析原油價格上漲的短、中、長期效果，並評析政府穩定政策的優劣。

【107年中華郵政】

得　分

經濟學
學後評量
CH18 政府收支與財政政策

班級：_____

學號：_____

姓名：_____

一、選擇題

(　　)1. 假設某國政府在某段期間其債務餘額持續擴大，由此可推斷在這段期間：
(A)其決算支出持續增加　(B)其決算收入持續增加　(C)其收入未隨經濟成長而
增加　(D)其決算赤字之總金額多於其決算盈餘之總金額。　【109年公務人員初考】

(　　)2. 排擠效果（Crowding-out effect）會產生，當：　(A)政府在貨幣市場購回
短期公債，使利率下跌　(B)政府在貨幣市場發行短期公債，使利率下跌
(C)政府在貨幣市場購回短期公債，使利率上升　(D)政府在貨幣市場發行短
期公債，使利率上升。　【109年公務人員特考】

(　　)3. 政府若欲減少政府預算赤字，則可以採取下列何種財政政策？　(A)發行公債
(B)增加貨幣供給　(C)增稅　(D)增加政府支出。　【107年普考財經廉政】

(　　)4. 政府進行貨幣融通，主要是指：　(A)中央銀行對某銀行給予資金融通
(B)中央銀行擴大發行定期存單，擴大貨幣供給　(C)中央銀行發行貨幣作為
政府支出的財源　(D)銀行間互相借貸資金，以融通短期資金的需求。

【109年公務人員特考】

(　　)5. 在景氣蕭條時期，通常政府會採用那些財政政策？　(A)加稅、增加公共支
出、減少企業補貼　(B)減稅、增加公共支出、增加企業補貼　(C)加稅、減
少公共支出、增加企業補貼　(D)減稅、減少公共支出、減少企業補貼。

【107年關務人員考試四等考試】

(　　)6. 當政府利用定額稅來融通其消費支出時，最可能造成：　(A)民間投資
受到排擠　(B)可支配所得維持不變　(C)利率下降　(D)物價水準下降。

【107年關務人員考試四等考試】

(　　)7. 如果民眾儲蓄意願降低而導致物價上漲，政府可以採行何種政策因應？
(A)增加政府公共支出　(B)增加貨幣發行量　(C)增加存款準備率　(D)增加發
放老人津貼。　【106年普考】

(　　)8. 下列何者不屬於總體經濟的「自動穩定因子」（automatic stabilizers）？
(A)法定最低工資　(B)失業補助計畫　(C)綜合所得稅　(D)社會福利制度。

【109年公務人員特考】

( ) 9. 假設其他條件不變且政府的財政政策有效。根據IS-LM模型，政府投資支出增加會造成：　(A)均衡所得與均衡利率水準同時上升　(B)均衡所得與均衡利率水準同時下降　(C)均衡所得增加且利率下降　(D)均衡所得增加且一般物價下跌。　　　　　　　　　　　　　　　　　　　　　【109年公務人員高考】

( ) 10.當一經濟體系處於「流動性陷阱」（liquidity trap）時：　(A)利率極低，擴張性的財政政策難以發揮效果　(B)利率極高，擴張性的財政政策難以發揮效果　(C)利率極低，擴張性的貨幣政策難以發揮效果　(D)利率極高，擴張性的貨幣政策難以發揮效果。　　　　　　　　　　　　　　　　　　　　　　　　【105年原特四等】

( ) 11.假設一國經濟原先處在長期均衡狀態下，根據總合供給與總合需求模型，當其政府的消費支出與對家戶所課徵的定額稅都恆常性增加100億元時，在其他條件不變下，其：　(A)長短期均衡名目GDP都會增加　(B)長短期均衡名目GDP都會減少　(C)長短期均衡名目GDP都不變　(D)在經濟體系趨向長期均衡的過程中，人們會調降物價的預期水準。　　　　　　【109年公務人員普考】

二、問答題

1. 何謂公債融通？何謂貨幣融通？

2. 古典學派以及繼承其傳統的各學派在財政政策上之主張，與凱因斯學派之主張，兩者之間有何基本差異？

三、計算題

1. 請以圖形分析以下的情況：

   (1) 試以LM型分析貨幣需求之利率彈性為零時，政府支出增加對利率、所得、投資的影響為何？

   (2) 試以LM型分析存有投資陷阱時，擴張性財政政策對利率、所得、投資的影響為何？

   請求出：

   a. 均衡產出為多少？政府預算為赤字或盈餘？

   b. 政府的購買由60增至85，則該國均衡產出為多少？其政府預算為赤字或盈餘？

   c. 投資由85增至120，則該國均衡產出為多少？　　　　　　　　　　【100年中華郵政】

2. 財政擴張向來是許多國家用以刺激國內景氣的政策之一。請以簡單凱因斯模型的圖形與財政政策乘數公式評析，給定政府所欲達成的景氣刺激目標，擴張支出與減稅兩種方式所造成的政府預算赤字有何不同？　　　　　　　　　【107年中華郵政】

得 分

全華圖書（版權所有，翻印必究）

經濟學

學後評量

CH19 中央銀行與貨幣政策

班級：_____

學號：_____

姓名：_____

一、選擇題

( )1. 央行是一個經濟體內的貨幣政策制定者，央行有很多欲達成的目標，請問下列何者為央行的目標呢？ (A)促進股票市場之發展 (B)促進所得分配之公平性 (C)金融市場的穩定性 (D)增加外匯存底。 【107年臺灣中小企業銀行】

( )2. 在美國，聯邦準備銀行執行很多與經濟和金融市場相關的功能，下列何者屬於聯邦準備銀行執行的功能？ a.發行新通貨，b.清算支票，c.處理當地銀行的不良債權 (A)僅a和b (B)僅a和c (C)僅b和c (D)a，b，c皆是。 【107年臺灣中小企業銀行】

( )3. 有關央行的獨立性，學者有許多看法，請問歐洲中央銀行的獨立性如何？ a.以地區而言，是世界上最具有自主性的中央銀行，b.自行決定預算，c.不禁止央行貸款給政府部門 (A)僅a和b (B)僅a和c (C)僅b和c (D)a，b，c皆是。 【107年臺灣中小企業銀行】

( )4. 中央銀行的資產負債表不同於商業銀行的資產負債表，請問在中央銀行資產負債表中，下列何者屬於資產科目？ (A)流通中的貨幣 (B)準備金 (C)政府債券 (D)央行定期存單。 【107年臺灣中小企業銀行】

( )5. 中央銀行增加貨幣供給，當人們發現當下貨幣供給量大於其貨幣需求量時，下列何者正確？ (A)減少購買債券 (B)利率會上漲 (C)增加購買債券 (D)增加貨幣需求。 【107年普考財經廉政】

( )6. 下列何者不是中央銀行所採用的貨幣政策工具？ (A)法定存款準備率 (B)重貼現率 (C)公開市場操作 (D)銀行存款利率。 【107關務人員考試四等考試】

( )7. 假設其他條件不變且中央銀行的貨幣政策有效根據IS-LM 模型，當人們預期其未來的實質所得會增加且中央銀行調降法定準備率時，下列敘述何者正確？ (A)均衡所得會增加 (B)均衡所得會減少 (C)均衡利率會上升 (D)均衡利率會下降。 【109年公務人員特考】

( )8. 下列何者是中央銀行最主要的貨幣政策工具？ (A)調整法定準備率 (B)公開市場操作 (C)調整重貼現率 (D)調整郵政儲金轉存款比例。 【105年特考】

( )9. 當景氣過熱時，中央銀行所使用的緊縮性貨幣政策，不包括下列哪項？ (A)提高利率 (B)增加公開市場買入 (C)選擇性信用管制 (D)提高應提準備率。 【105年地特五等】

（請沿虛線撕下）

（　）10.所謂量化寬鬆貨幣政策是指中央銀行：　(A)單純印鈔，像直升機在空中撒錢一樣　(B)印鈔並賣出黃金準備　(C)印鈔並大量買進債券　(D)印鈔並大量賣出債券。　【109年公務人員特考】

（　）11.當股市繁榮、股價飆漲而影響總合需求時，中央銀行可以採取下列何項措施來抵銷該影響？　(A)調高應提準備率　(B)調降應提準備率　(C)調降重貼現率　(D)買進債券。　【105年普考】

（　）12.當美國聯邦公開市場委員會（Federal Open Market Committee, FOMC）決定讓貨幣供給增加時，它會：　(A)賣出債券　(B)調降聯邦資金目標利率（federal funds target rate）　(C)調高法定準備率　(D)發行定期存單。　【109年公務人員特考】

（　）13.中央銀行的下列那一項措施將使貨幣供給增加　(A)公開市場賣出票券　(B)提高重貼現率　(C)提高法定存款準備率　(D)買進外匯。【109年公務人員特考】

（　）14.當中央銀行買進債券時，在其他條件不變下：　(A)短期均衡所得會減少　(B)長期均衡所得不變　(C)短期均衡物價會下跌　(D)在經濟體系趨向長期均衡的過程中，人們會調降物價的預期水準。　【109年公務人員普考】

二、問答題

1. 主要的貨幣政策工具有哪些？請分別加以說明。
2. 次要的貨幣政策工具有哪些？請分別加以說明。
3. 何謂「貨幣政策的時間落後」？造成貨幣政策時間落後的原因為何？
4. 請說明古典學派與凱因斯學派對於貨幣功能的看法有何不同？這兩個學派因此發展出哪些貨幣理論？根據相關的理論，貨幣政策效果為何？

【臺灣土地銀行106年度一般金融人員及專業人員甄試】

三、計算題

1. 請以圖形分析以下的情況：
   (1) 試以IS-LM模型分析，在極端重貨幣學派場合，緊縮性貨幣政策對利率、所得、投資的影響為何？
   (2) 試以IS-LM模型分析，當出現投資陷阱時，緊縮性貨幣政策對利率、所得、投資的影響為何？

得　分

經濟學
學後評量
CH20　失業問題與通貨膨脹

班級：＿＿＿＿＿＿＿＿
學號：＿＿＿＿＿＿＿＿
姓名：＿＿＿＿＿＿＿＿

一、選擇題

（　　）1. 假設其他條件不變，一般而言，當一國的產業結構調整速度變快時：　(A)其結構性失業與自然失業率（natural rate of unemployment）都不會上升　(B)其結構性失業與向然失業率都會下降　(C)其結構性失業會上升且自然失業率會下降　(D)其結構性失業會下降且自然失業率會上升。　【108年公務人員初等考試】

（　　）2. 未預期到的通貨膨脹不會產生何種影響？　(A)鞋皮成本增加　(B)菜單成本增加　(C)財富重分配　(D)自然失業率下降。　【108年公務人員初等考試】

（　　）3. 下列何者不會影響已婚女性參與勞動力與否的保留工資？　(A)市場工資上升　(B)提供有初生子女的先生育嬰假　(C)提高女性勞工生育給付　(D)提供完善的托嬰與托育政策。　【109年公務人員特考】

（　　）4. 當通貨膨脹率意外增加1.0%，採取利率法則的中央銀行，若為穩定物價而調升利率，最有效的升息幅度為多少？　(A)0.5%　(B)0.75%　(C)1.0%　(D)1.25%。　【109年公務人員特考】

（　　）5. 下列關於失業率的敘述，何者正確？　(A)一國的失業率高於其自然失業率（natural rate of unemployment）　(B)一國的失業率等於其自然失業率　(C)提一國的失業率低於其自然失業率　(D)自然失業率的估算不包括循環性失業。　【109年公務人員初考】

（　　）6. 因撮合勞工與工作需花費時間而產生的失業稱為：　(A)摩擦性失業　(B)結構性失業　(C)循環性失業　(D)隱藏性失業。　【109年公務人員初考】

（　　）7. 若預期物價變動率與自然失業率同時上升，則：　(A)短期菲利普曲線右移　(B)短期菲利普曲線左移　(C)短期菲利普曲線不變　(D)長期菲利普曲線左移。　【109年公務人員特考】

（　　）8. 下列有關人力資源運用的敘述，何者正確？　(A)趙先生為失業者，他必然屬於勞動力　(B)張先生目前沒有工作，他必然屬於失業人口　(C)王先生在獄中服刑，他必然屬於非勞動力　(D)李先生在軍中服役，他必然屬於就業者。　【109年公務人員特考】

（　　）9. 下列那一個政策最容易造成通貨膨脹？　(A)政策補助企業的資本投資　(B)政府增加支出建造高速公路　(C)中央銀行擴大公開市場賣出　(D)政府採用「貨幣融通」支應預算赤字。　【109年公務人員特考】

( ) 10.在失業率與景氣循環的關係中，下列何者正確？ (A)在景氣擴張時，失業率增加；而在景氣蕭條時，失業率減少 (B)失業率與景氣循環間沒有對應關係 (C)景氣不論擴張或蕭條，失業率都下降 (D)在景氣擴張時，失業率下降；而在景氣蕭條時，失業率增加。 【109年公務人員特考】

( ) 11.菲力普曲線（Phillips curve）是描繪那兩個總體經濟變數的關係？ (A)失業率和經濟成長率 (B)通貨膨脹率和經濟成長率 (C)通貨膨脹率和失業率 (D)經濟成長率和利率。 【109年公務人員特考】

( ) 12.如果以目前之通貨膨脹率及最近過去（recent past）之通貨膨脹率預測未來之價格，稱之為： (A)結構性預期（structural expectation） (B)理性預期（rational expectation） (C)通膨型預期（inflationary expectation） (D)適應性預期（adaptive expectation）。 【109年公務人員高考】

( ) 13.下列何者會造成自然失業率（nature rate of unemployment）增加？ (A)緊縮的財政政策 (B)緊縮的貨幣政策 (C)完全競爭的產品市場 (D)勞動市場的資訊不完整。 【109年公務人員高考】

( ) 14.下列何種情形會造成停滯性通貨膨脹（stagflation）？ (A)總合需求曲線往左移 (B)短期總合供給曲線往右移 (C)短期總合供給曲線往左移 (D)長期總合供給曲線往右移。 【109年公務人員普考】

( ) 15.假設A國成年人口為50百萬人，勞動參與率為60%，失業率為5%。則A國的就業人口為： (A)1.5百萬人 (B)28.5百萬人 (C)30百萬人 (D)47.5百萬人。 【109年公務人員普考】

二、問答題

1. 失業類型有哪些？
2. 失業的社會經濟損失有哪些？
3. 通貨膨脹的類型有哪些？
4. 衡量通貨膨脹的指標有哪些？

三、計算題

1. 設某國價格水準在2014年為107.9，2015年為111.5，2016年為114.5。求：
   (1) 2015年和2016年通貨膨脹率各為多少？
   (2) 若以前兩年通貨膨脹的平均值作為第三年通貨膨脹的預期值，試計算2017年的預期通貨膨脹率？
   (3) 若2017年的利率為6%，計算該年的實質利率。

得　分

全華圖書（版權所有，翻印必究）

經濟學
學後評量
CH21 景氣循環

班級：＿＿＿＿＿＿＿
學號：＿＿＿＿＿＿＿
姓名：＿＿＿＿＿＿＿

一、選擇題

(　　) 1. 依據實質景氣循環理論，造成經濟衰退的原因為： (A)短期總合供給偏離長期潛在經濟成長（potential economic growth）趨勢 (B)貨幣因素衝擊總合需求 (C)民眾選擇多休閒、少工作 (D)貨幣供給量的減少。

【107年身心障礙特考三等】

(　　) 2. 產出與就業的短期波動稱為： (A)產業變遷 (B)景氣循環 (C)古典的二元性（the classical dichotomy） (D)熊彼德的創造性毀滅（Schumpeter's creative destruction）。

【107年身心障礙特考四等】

(　　) 3. 在景氣蕭條的階段，下列敘述何者錯誤？ (A)政府財政赤字縮減 (B)失去工作的人比找到工作的人多 (C)廠商投資減少 (D)家庭消費減少。

【107年身心障礙特考五等】

(　　) 4. 下列那一項不是我國國家發展委員會所使用的景氣動向領先指標？ (A)外銷訂單指數 (B)農業部門就業人數 (C)股價指數 (D)實質貨幣總計數 M1B。

【107年身心障礙特考五等】

(　　) 5. 經濟學家認為造成景氣循環的原因，可分為來自經濟體系內部（internal）與經濟體系外部（external）的不穩定因素。下列何者是經濟體系外部不穩定因素？ (A)不動產市場泡沫化 (B)石油危機 (C)超級通貨膨脹 (D)股票市場泡沫化。

【107年特考】

(　　) 6. 下列何者總體變數是較合乎季節性順週期（seasonally procyclical）之性質？(A)對勞務之支出 (B)失業率 (C)對耐久性財貨之支出 (D)真實工資。

【107年高等考試三級考試】

(　　) 7. 下列那一項為景氣衰退的領先指標？ (A)存貨投資上升 (B)耐久財消費上升 (C)政府支出下降 (D)進口上升。

【107年普考】

(　　) 8. 下列何者是景氣循環的同時指標？ (A)外銷訂單指數 (B)實質貨幣指數 (C)失業率 (D)企業總用電量。

【105年鐵路三等】

（請沿虛線撕下）

（　）9. 在景氣剛開始復甦時，下列那一項廠商的行為會率先變動？　(A)增加投資擴建廠房　(B)提高資本設備使用率　(C)紛紛到海外投資　(D)增加採購機器設備。　【109年公務人員初考】

（　）10.下列何者不是常用衡量景氣循環的指標之一？　(A)工業生產指數　(B)就業人數（非農業部門）　(C)實質個人所得　(D)匯率升貶的幅度。　【105年地特五等】

（　）11.主張投資波動引發景氣循環的理論是：　(A)凱因斯學派景氣循環理論（Keynesian Cycle Theory）　(B)實質景氣循環理論（Real Business Cycle Theory）　(C)貨幣學派景氣循環理論（Monetarist Cycle Theory）　(D)新興古典景氣循環理論（New Classical Cycle Theory）。　【109年公務人員初考】

（　）12.下列何項可以用於事後驗證景氣循環的波動？　(A)領先指標　(B)落後指標　(C)同時指標　(D)技術指標。　【109年公務人員普考】

（　）13.我國自從1960年代開始編製臺灣景氣指標，以利了解景氣狀態。試問下列何者屬於「領先指標」？　(A)工業生產指數　(B)實質貨幣總計數　(C)實質海關出口值　(D)製造業存貨率。　【109年公務人員高考】

二、問答題

1. 試說明景氣循環的意義，它與經濟成長有何不同？

2. 重貨幣學派與新興古典學派對於景氣循環的看法有何異同？何以實質景氣循環理論，可視為新興古典學派景氣循環理論的支系？

3. 試解釋以下名詞：
   (1) 領先指標
   (2) 落後指標
   (3) 景氣對策信號
   (4) 景氣綜合指數

三、計算題

1. 何謂加速原理？何謂乘數效果？Paul A. Sammuelson如何透過「乘數效果」與「加速原理」之交互作用，說明何以會有景氣循環的發生。

得 分

經濟學
學後評量
CH22 經濟成長

班級：＿＿＿＿＿＿＿＿＿
學號：＿＿＿＿＿＿＿＿＿
姓名：＿＿＿＿＿＿＿＿＿

一、選擇題

（　　）1. 去年年底烏托邦國的實質GDP為5,000億元且人口為2,000萬人；今年年底烏托
邦國的實質GDP為5,610億元且人口為2,200萬人。根據以上資訊，烏托邦國今
年平均每人實質GDP的成長率約為：　(A)12%　(B)10%　(C)8%　(D)2%。
【108年公務人員初等考試】

（　　）2. 內生成長理論主要的任務是：　(A)以內含貨幣成長取代Solow成長模
型無貨幣之缺陷　(B)要解釋社會如何可達黃金比例的成長　(C)顯示
人口成長如何導致資本及產出之減少　(D)要解釋何以生產力會改變。
【107年特種考試三等考試】

（　　）3. 假設梭羅成長模型（Solow growth model）為$Y = K^\alpha(AN)^\beta$，當勞動效率
（efficiency of labor）A的成長率為g，人口成長率為n，折舊率為d，儲蓄
率為s，則在穩定狀態（steady state）下總產出的成長率為：　(A)0　(B)n
(C)$n + g$　(D)$sf(k)-(n + d + g)$。　【107年原住民特種考試三等考試】

（　　）4. 由梭羅（Solow）模型中，假使關注的焦點是如何使長期穩定狀態下，讓
消費（steady-state consumption）極大化之資本勞動比，下列何者正確？
(A)應由折舊率、人口成長率及技術成長率共同決定　(B)應找出黃金法則
（golden rule）之最適技術成長率　(C)應由最適折舊率決定　(D)應先找出
長期穩定狀態下之所得水準。　【107年公務人員高等考試三級考試】

（　　）5. 成長理論中，所謂有條件收斂（conditional convergence）是在說明，在長期
間：　(A)生活水準只在相似特質之國家之中會收斂　(B)生活水準只在初始之
資本–勞動相同的國家之中會收斂　(C)全世界生活水準最後會一樣　(D)縱使
人口成長率不一，生活水準最終仍會一樣。　【107年公務人員高等考試三級考試】

（　　）6. 某一國家的生產函數為$Y=K^{0.3}L^{0.7}$，其中Y 為GDP、K 為資本量、L 為勞動量
若該國今年GDP 的成長率為3%、勞動量的成長率為3%，則依據成長所得
會計，該國今年平均每一勞動者GDP 的成長率為多少？　(A)0%　(B)0.5%
(C)1%　(D)1.5%。　【109年公務人員特考】

(　) 7. 根據Solow成長模型，假設人口成長率與技術的成長率皆為零，在長期均衡
狀態（steady state），若資本的邊際產量為0.1，折舊率為0.1，儲蓄率為
0.2，則長期均衡狀態的資本存量：　(A)大於黃金法則水準　(B)小於黃金法
則水準　(C)等於黃金法則水準　(D)可能高於或低於黃金法則水準。

【109年公務人員高考】

二、問答題

1. 名詞釋義
   (1) 經濟成長
   (2) 工資鐵律
   (3) 自然成長率
   (4) 保證成長率
   (5) 剃刀邊緣理論
2. 試比較古典成長理論、Harrod-Domar成長模型、新古典成長理論、內生成長理論
   等之經濟成長決定因素。

三、計算題

1. 令 2010年臺灣之勞動所得份額 = 0.8，勞動成長率 = 3%，技術進步率 = 4%，資本
   所得份額 = 0.2，資本成長率 = 5%，試求算2010年之經濟成長率。

2. 在Harrod-Domar成長模型中
   (1) 令某國生產函數$Y = \min \{K/5，L/40\}$，資本量$K = 1000$，勞動量$L = 4000$，儲蓄
       $S = 30$，則儲蓄率ρ為多少？
   (2) 使資本設備充分就業之經濟成長率為多少？
   (3) 若勞動成長率為0.02，均衡儲蓄率為多少？

3. 若一梭羅成長模型（Solow growth model）的生產函數為$Y = 5k^{0.5}N^{0.5}$，其中Y為總產
   出，K為資本存量，N為總勞動人口數。同時在此模型中折舊率為0.2，人口成長率
   為0.05，儲蓄率為0.2。
   (1) 請寫出平均每人生產函數。
   (2) 穩定狀態（steady state）的條件為何？
   (3) 在穩定狀態時的平均每人資本存量為何？
   (4) 在穩定狀態時的平均每人資本產出為何？
   (5) 在穩定狀態時的平均每人消費為何？

【107年公務人員高等考試三級考試】

得　分　　**全華圖書**（版權所有‧翻印必究）

$\boxed{}$

經濟學　　　　　　　　　　　　　　　　班級：＿＿＿＿＿＿＿

學後評量　　　　　　　　　　　　　　　學號：＿＿＿＿＿＿＿

CH23 國際貿易　　　　　　　　　　　　姓名：＿＿＿＿＿＿＿

一、選擇題

(　　) 1. 小型開放經濟的甲國，若禁止Z產品進口，甲國國內Z產品將會：　(A)增加生產　(B)增加消費　(C)價格下降　(D)總剩餘增加。　【107年高等考試三級考試】

(　　) 2. 根據國際貿易比較利益法則，自由貿易比自給自足好，是因為自由貿易可以：　(A)增加參與貿易國家加總的產出與消費　(B)降低出口部門的勞工工資　(C)同時提昇進出口部門的勞動生產力　(D)降低進出口產品的價格。
【107年高等考試三級考試】

(　　) 3. 老王一個小時可以做80 個包子或3 個蛋糕，小魏一個小時可以做100 個包子或6 個蛋糕則老王做那一項有「比較利益」？　(A)包子　(B)蛋糕　(C)兩者皆有　(D)兩者皆無。　【109年公務人員初考】

(　　) 4. 假設在兩國兩財貨的理論分析中，A、B兩國生產一單位的X財貨與Y財貨所需的勞動量如下表所示。根據下表資訊，下列敘述何者正確？　(A)A國生產一單位X財貨之機會成本為0.8單位Y財貨　(B)B國生產一單位X財貨之機會成本為2.5單位Y財貨　(C)A國對X財貨在生產上具有絕對利益　(D)B國對X財貨在生產上具有比較利益。　【105年外交三等特考】

	X 財貨	Y 財貨
A 國	5人	4人
B 國	2人	3人

(　　) 5. 臺灣原先自國外進口100 公噸砂糖，後來政府實施「進口配額」後，限制進口量為80 公噸，在其他條件不變下，國內砂糖的價格會有何變化？　(A)下降　(B)上升　(C)不變　(D)先下降後上升。　【109年公務人員初考】

(　　) 6. 假設本國是小國，是國際市場價格的接受者，當本國課徵進口關稅，對本國將會產生下列何種經濟效果？　(A)進口量增加　(B)國內消費數量增加　(C)生產者剩餘增加　(D)消費者剩餘增加。　【105年外交三等特考】

（　）7. 歐盟（European Union）屬於下列何種形式的區域經濟整合（Regional Economic Integration）？　(A)自由貿易區　(B)共同市場　(C)經濟同盟　(D)關稅同盟。　　　　　　　　　　　　　　　　　　　　　　【105年外交三等特考】

（　）8. 貿易條件（terms of trade）的定義為：　(A)出口品成本除以進口品成本　(B)能換得的進口品數量除以出口品數量　(C)兩國關稅之比率　(D)出口國匯率除以進口國匯率。　　　　　　　　　　　　　　　　　　　　　【105年原特四等】

（　）9. 當新臺幣相對美元貶值，其它條件不變時，臺灣對美國的進口量，一般而言會如何變動？　(A)增加　(B)減少　(C)不變　(D)無法確定。　　【109年公務人員特考】

（　）10. 小型開放經濟體系政府對進口品課徵關稅，將會造成何種影響？　(A)生產者剩餘提高　(B)國內需求量增加　(C)進口量增加　(D)社會福利提高。　　　　　　　　　　　　　　　　　　　　　　　　　　　　　【109年公務人員特考】

（　）11. 假設只有日本與臺灣兩個國家且只有壽司與滷肉飯兩種商品。下列敘述何者正確？　(A)若日本對生產壽司具有絕對利益，則臺灣對生產滷肉飯一定具有絕對利益　(B)若日本對生產壽司具有比較利益，則臺灣對生產滷肉飯一定具有比較利益　(C)若日本對生產壽司具有比較利益，則日本對生產壽司也具有絕對利益　(D)若日本對生產壽司不具有比較利益，則日本對生產壽司也一定不具有絕對利益。　　　　　　　　　　　　　　　　　　　　　　　　【109年公務人員普考】

二、問答題

1. 如果您是一位打字能力很強的專業經理人，與您的秘書相比，您在打字能力與經營管理方面均具有絕對利益，請問您為何需要一位秘書來專門幫你處理打字的工作？

2. 請說明有哪些貿易管制措施？

三、計算題

1. 請說明進口關稅與進口配額對於非社會福利方面的經濟影響後果。

【107年原住民特考三等】

2. 試以圖形分析進口國課徵關稅對該國消費者剩餘、生產者剩餘、政府關稅收入、以及社會總剩餘之影響。

得　分

經濟學
學後評量
CH24 國際金融

班級：＿＿＿＿＿＿＿＿＿

學號：＿＿＿＿＿＿＿＿＿

姓名：＿＿＿＿＿＿＿＿＿

一、選擇題

（　　）1. 經濟學人雜誌（The Economist）每年公布的大麥克指數（Big Mac Index）主要是關於那一種匯率的統計？　(A)名目匯率　(B)實質匯率　(C)不固定匯率　(D)浮動匯率。　　　　　　　　　　　　　　　　　　　　　【107年普考】

（　　）2. 假設其他條件不變。如果預期美元升值（相對於臺幣），在資金可以自由移動下，國際資金會：　(A)匯出臺灣　(B)匯入臺灣　(C)不會移動　(D)同時匯入和匯出且金額相等。　　　　　　　　　　　　　　　　　　　　【107年普考】

（　　）3. 一般而言，當美元貶值時，美元計價商品（例如石油）的價格會：　(A)上升　(B)下降　(C)不變　(D)不確定如何改變。　　　　　　　【107年關務人員考試四等考試】

（　　）4. 在國際油價高漲的時候，若石油進口國打算降低通膨壓力，此時該國中央銀行應該設法讓：　(A)該國貨幣升值　(B)該國貨幣貶值　(C)該國貨幣供給不變　(D)該國貨幣供給增加。　　　　　　　　　　　　　【107年關務人員考試四等考試】

（　　）5. 下列何者不是指中央銀行買賣外國資產的交易紀錄？　(A)準備資產（reserve）　(B)官方準備帳（official reserve transaction）　(C)外匯存底交易帳（reserve transaction）　(D)國際收支帳（balance of payment）。　　　　　　　　　　　　　　　　　　　　　　　　　　　　　　　　【105年特考】

（　　）6. 當新臺幣兌美元匯率下跌時，其他條件不變下，外匯市場的：　(A)美元需求增加　(B)美元需求減少　(C)美元需求量增加　(D)美元需求量減少。　　　　　　　　　　　　　　　　　　　　　　　　　　【109年公務人員特考】

（　　）7. 本國投資人購買了外國的有價證券（foreign securities），此部分的交易將記載於本國國際收支帳（Balance of Payments）中的那一個帳目？　(A)經常帳　(B)資本帳　(C)金融帳　(D)準備資產變動。　　　　　　【105年外交三等特考】

（　　）8. 若經常帳餘額為出超，而官方國際準備帳餘額為零，若無統計誤差，則下列敘述何者正確？　(A)資本帳與金融帳餘額為資金淨流出　(B)資本帳與金融帳餘額為資金淨流入　(C)出口小於進口　(D)政府收支餘額為赤字。　　　　　　　　　　　　　　　　　　　　　　　　　　【109年公務人員普考】

（請沿虛線撕下）

二、問答題

1. 請問下列的交易應紀錄應列在國際收支帳的哪一個項目中？

   (1) 臺灣居民購買美國股票

   (2) 美國IBM公司在台投資設廠

   (3) 臺灣的紡織公司赴越南投資設廠

   (4) 臺灣中央銀行在外匯市場買進美元

2. 截至2015年6月，臺灣累積之外匯存底已超過4千億美元，而中國大陸則接近4兆美元。

   (1) 何謂外匯存底？許多開發中或新興市場國家會持有大量之外匯存底，尤其是1997-98年亞洲金融危機之後，根據國際收支會計帳（balance of payment accounting），說明大量外匯準備之來源為何？

   (2) 說明許多新興市場國家會持有大量之外匯準備之原因，尤其是1997-98年亞洲金融危機之後。評述持有大量之外匯準備主要之利弊得失為何？

【104年公務人員普通考試】

三、計算題

1. 請依下列資料計算：商品貿易淨額、商品與服務收支淨額、經常帳餘額、資本帳餘額：

商品：出口 f.o.b	143,447	資本收入	1
商品：進口 f.o.b	−118,548	資本支出	−88
服務：收入	23,102	對外直接投資	−5,679
服務：支出	−25,635	來台直接投資	453
所得：收入	12,991	證券投資（資產）	−35,620
所得：支出	−3,436	證券投資（負債）	29,693
經常移轉：收入	2,673		
經常移轉：支出	−5,392		

2. 依照絕對購買力平價理論，如果一個麵包在臺灣賣新臺幣20元。若在商品市場均衡時，同樣的麵包在A國賣當地貨幣60元，則兩國間的匯率依照直接報價法為多少？依照間接報價法為多少？

3. 依相對購買力平價理論，若預期我國明年的通貨膨脹率為3%，而預期美國明年的通貨膨脹率為6%，則美元兌換新臺幣應升值或是貶值？變動幅度應為多少？